ISBN 978-0-331-11263-4
PIBN 11015463

ANNUAIRE

DE

L'ACADÉMIE ROYALE

DES

SCIENCES, DES LETTRES ET DES BEAUX-ARTS

DE BELGIQUE.

ANNUAIRE

DE

L'ACADÉMIE ROYALE

DES

SCIENCES, DES LETTRES ET DES BEAUX-ARTS

DE BELGIQUE.

1890.

CINQUANTE-SIXIÈME ANNÉE.

BRUXELLES,

F. HAYEZ, IMPR. DE L'ACADÉMIE ROYALE DES SCIENCES, DES LETTRES
ET DES BEAUX-ARTS DE BELGIQUE,

RUE DE LOUVAIN, N° 108.

ÉPHÉMÉRIDES POUR L'ANNÉE 1890.

Année d'après les ères anciennes et modernes.

Année de la période julienne 6603
— de la fondation de Rome selon Varron. 2643
— de l'ère de Nabonassar. 2637

L'année 2666 des Olympiades, ou la 2e année de la 667e Olympiade, commence en juillet 1890.

L'année 1307 des Turcs, commencée le 28 août 1889, finira le 16 août 1890, selon l'usage de Constantinople.

L'année 1890 du calendrier julien commence le 13 janvier de la même année.

L'année 5650 des juifs, commencée le 26 septembre 1889, finira le 14 septembre 1890.

Comput ecclésiastique.

Nombre d'or 10
Épacte IX
Cycle solaire 23
Lettre dominicale . . . . E

Fêtes mobiles.

Septuagésime	2 février
Les Cendres	19 février.
Pâques.	6 avril.
Ascension	15 mai.
Pentecôte	25 mai.
La Trinité.	1er juin.
La Fête-Dieu.	5 juin.
Premier dimanche de l'Avent	30 novembre.

Quatre-Temps.

Les 26 et 28 fév., 1er mars.
Les 28, 30 et 31 mai.
Les 17, 19 et 20 septembre.
Les 17, 19 et 20 décembre.

Commencement des saisons.

(Temps civil de Bruxelles.)

Printemps	le 20 mars,	à 3 h.	58 m.	du soir.
Été	le 21 juin,	à 0	11	du soir.
Automne	le 23 sept.,	à 2	40	du matin.
Hiver	le 21 déc.,	à 9	2	du soir.

Éclipses.

(Temps civil de Bruxelles.)

Il y aura, en 1890, deux éclipses de Soleil, une annulaire et une totale, et une éclipse partielle de Lune. La première éclipse de Soleil sera, seule, partiellement visible en Belgique.

Le 17 juin, éclipse annulaire de Soleil, visible à Bruxelles comme éclipse partielle : commencement de l'éclipse partielle à 8 h. 37 m. du matin; milieu de l'éclipse à 9 h. 54 m.; fin de l'éclipse partielle à 10 h. 57 m.

Janvier.

—

1 M. Circoncision.
2 J. S. Adélard, ab. de C.
3 V. Ste Geneviève, vierge.
4 S. S. Tite, Ste Pharaïlde, v.
5 D. S. Télesphore, pape.
6 L. Épiphanie ou les Rois.
7 M. Ste Mélanie, vierge.
8 M. Ste Gudule, vierge.
9 J. S. Marcellin, évêque.
10 V. S. Agathon, pape.
11 S. S. Hygin, pape.
12 D. S. Arcade, martyr.
13 L. Ste Véronique de Milan.
14 M. S. Hilaire, év. de Poit.
15 M. S. Paul, ermite.
16 J. S. Marcel, pape.
17 V. S. Antoine, abbé.
18 S. Chaire de s. P. à Rome.
19 D. S. Canut, roi de Danem.
20 L. SS. Fabien et Sébastien.
21 M. Ste Agnès, v. et mart.
22 M. SS. Vincent et Anastase.
23 J. Épousailles de la Vierge.
24 V. S. Timothée, év. d'Eph.
25 S. Conversion de S. Paul.
26 D. S. Polycarpe, év. et m.
27 L. S. Jean Chrysostome, év.
28 M. S. Julien, év. de Cuença.
29 M. S. Franç. de Sales, év.
30 J. Ste Martine, v. et mart.
31 V. S. Pierre Nolasque.

Pleine Lune le 6.
Dernier Quartier le 14.
Nouvelle Lune le 21.
Premier Quartier le 27.

Février.

—

1 S. S. Ignace, év. et mart.
2 D. *Sept.* Purif. ou Chandel.
3 L. S. Blaise, év. et mart.
4 M. S. André, Ste Jeanne, r.
5 M. Ste Agathe, vierge et m.
6 J. S. Amand, Ste Dorothée.
7 V. S. Romuald, abbé.
8 S. S. Jean de Matha.
9 D. S. Cyrille, Ste Apolline.
10 L. Ste Scholastique, vierge.
11 M. S. Sévérin, abbé.
12 M. Ste Eulalie, v. et mart.
13 J. Ste Euphrosine, vierge.
14 V. S. Valentin, p. et m.
15 S. SS. Faustin et Jovite, m.
16 D. Ste Julienne, vierge.
17 L. SS. Théodore et Julien.
18 M. S. Siméon, évêque et m.
19 M. *Cendres*. S. Boniface, év.
20 J. S. Éleuthère, év. de Tourn.
21 V. Le bap. Pépin de Landen.
22 S. C. de s. Pier. à Antioche.
23 D. S. Pierre Damien, év.
24 L. SS. Mathias et Modeste.
25 M. Ste Walburge, vierge.
26 M. *Q. temps*. Ste Aldetrude, a.
27 J. S. Alexandre, évêque.
28 V. *Q.-temps*. S. Julien.

Pleine Lune le 5.
Dernier Quartier le 12.
Nouvelle Lune le 19.
Premier Quartier le 25.

Mars.

1 S. *Q.-temps.* S. Aubin, év.
2 D. S. Simplice, pape.
3 L. Ste Cunégonde, impérat.
4 M. S. Casimir, roi.
5 M. S. Théophile.
6 J. Ste Colette, vierge.
7 V. S. Thomas d'Aquin.
8 S. S. Jean de Dieu.
9 D. Ste Françoise, veuve.
10 L. Les 40 Mart. de Sébaste.
11 M. S. Vindicien, év. d'Arras.
12 M. S. Grégoire le G., pape
13 J. Ste Euphrasie.
14 V. Ste Mathilde, reine.
15 S. S. Longin, soldat.
16 D. Ste Eusébie, vierge.
17 L. Ste Gertrude, abb. de Niv.
18 M. S. Gabriel, archange.
19 M. S. Joseph, patr. de la B.
20 J. S. Wulfran, év. de Sens.
21 V. S. Benoit, abbé.
22 S. S. Basile, martyr.
23 D. *Passion.* S. Victorien, m.
24 L. S. Agapet, év. de Synn.
25 M. Annonciat. S. Humbert.
26 M. S. Ludger, év. de Munster.
27 J. S. Rupert, év. de Worms.
28 V. S. Sixte III, pape.
29 S S. Eustase, abbé.
30 D *Rameaux.* S. Veron, ab
31 L. S. Benjamin, martyr.

Pleine Lune le 6.
Dernier Quartier le 14.
Nouvelle Lune le 20
Premier Quartier le 28.

Avril.

1 M. S. Hugues, év. de Gren.
2 M. S. François de Paule.
3 J. S. Richard, ev. de Chich.
4 V. S. Isidore de Seville
5 S. S. Vincent Ferrier.
6 D. PAQUES. S. Célestin, p.
7 L. S. Albert, ermite.
8 M. S. Perpétue, év. de Tours.
9 M. Ste Waudru, abbesse.
10 J. S. Macaire, évêque.
11 V. S. Léon le Gr pape
12 S. S. Jules I, pape.
13 D. S. Herménégilde, mart.
14 L. S. Tiburce, martyr.
15 M. SS. Anastasie et Basilisse.
16 M. S. Drogon, ermite.
17 J. S. Anicet, p. et martyr.
18 V. S. Ursmar, évêque.
19 S. S. Léon IX, pape.
20 D. Ste Agnès, vierge.
21 L. S Anselme.
22 M. SS. Soter et Cajus, p. et m.
23 M. S. Georges, martyr.
24 J. S. Fidèle de Sigmaring.
25 V. S. Marc, évangéliste.
26 S. SS. Clet et Marcellin, p.
27 D. S. Antime, évêq. et m.
28 L. S. Vital, martyr.
29 M. S. Pierre de Milan, mart.
30 M. Ste Catherine de S., v.

Pleine Lune le 5.
Dernier Quartier le 12.
Nouvelle Lune le 19
Premier Quartier le 27.

Mai.

—

1 J. SS. Phil. et Jacq., apôt.
2 V. S. Athanase, évêque.
3 S. Invention de la Croix.
4 D. Ste Monique, veuve.
5 L. S. Pie V, pape.
6 M. S. Jean Porte Latine.
7 M. S. Stanislas, év. et mart.
8 J. Apparition de S. Michel.
9 V. S. Grégoire de Nazianee.
10 S. S. Antonin, archevêque.
11 D. S. Franç de Hiéronymo.
12 L. SS. Nérée et Achillee, m.
13 M. S. Servais, év. de Tongr.
14 M. S. Pacôme, abbé de Tab.
15 J. ASCENSION. Ste Dymph.
16 V. S. Jean Népomucène, m.
17 S. S. Pascal Baylon.
18 D. S Venance, martyr.
19 L. S. Pierre Célestin, pape.
20 M. S. Bernardin de Sienne.
21 M. Ste Itisberge, vierge.
22 J. Ste Julie, vierge et mart.
23 V. S. Guibert.
24 S. N. D. Sec. des Chrétiens.
25 D. PENTECOTE. S. Grég.
26 L. S. Phililippe de Néri.
27 M. S. Jean I, pape.
28 M. *Q.-temps*. S. Germain, év.
29 J. S. Maximin, év. de Trèv.
30 V. *Q.-temps*. S. Ferdinand.
31 S. *Q.-temps*. Ste Pétronille.

Pleine Lune le 4.
Dernier Quartier le 11.
Nouvelle Lune le 18.
Premier Quartier le 26.

Juin.

—

1 D. TRINITÉ. S. Pamphile, m.
2 L. SS. Marcellin et Érasme.
3 M. Ste Clotilde, reine.
4 M. S. Optat, ev. de Milève.
5 J. FÊTE-DIEU. S. Boniface.
6 V. S. Norbert, évêque.
7 S. S. Robert, abbé.
8 D. S. Médard, év. de Noyon.
9 L. S. Prime.
10 M. Ste Marguerite, reine.
11 M. S. Barnabé, apôtre.
12 J. S. Jean de Sah.
13 V. S. Antoine de Padoue.
14 S. S. Basile le Gr.
15 D. SS. Guy et Mod.
16 L. S. J.-François-Rég.
17 M. Ste Alène, vierge et mart.
18 M. SS Marc et Marcellin, m.
19 J. Ste Julienne de Falconieri.
20 V. S. Sylvere, pape.
21 S. S. Louis de Gonzague.
22 D. S. Paulin, év. de Nole.
23 L. Ste Marie d'Oiguies.
24 M. Nativ. de S. Jean-Bapt.
25 M. S. Guillaume, abbé
26 J. SS Jean et Paul, mart.
27 V. S. Ladislas, roi de Hong.
28 S. S. Léon II, pape.
29 D. SS. PIERRE ET PAUL, ap.
30 L. Ste Adile, vierge.

Pleine Lune le 3.
Dernier Quartier le 9
Nouvelle Lune le 17.
Premier Quartier le 25.

Juillet.

—

1 M. S. Rombaut, évêque.
2 M. Visitation de la Vierge.
3 J. S. Euloge, martyr.
4 V. S. Théodore, évêque.
5 S. SS. Cyrille et Méth.
6 D. Ste Godelive, martyre.
7 L. S. Willebaud, évêque.
8 M. Ste Élisabeth, r. de Port.
9 M. SS. Martyrs de Gorcum.
10 J. Les sept Frères Martyrs.
11 V. S. Pie I, pape.
12 S. S. Jean Gualbert, abbé.
13 D. S. Anaclet, pape et m.
14 L. S. Bonaventure, évêque.
15 M. S. Henri, emp. d'Allem
16 M. N.-D. du Mont Carmel.
17 J. SS. Lamb., Alexis, conf.
18 V. S. Camille de Lellis.
19 S. S. Vincent de Paul.
20 D. *S. Sacr. de Mir.* à Brux.
21 L. Ste Praxède, vierge.
22 M. Ste Marie-Madeleine.
23 M. S. Apollinaire, év. de R.
24 J. Ste Christine, v. et mart.
25 V. S. Jacques le Majeur, ap.
26 S. Ste Anne, mère de la Vier.
27 D. S. Pantaléon, martyr.
28 L. S. Victor, martyr.
29 M. Ste Marthe, vierge.
30 M. SS. Abdon et Sennen, m.
31 J. S. Ignace de Loyola.

Pleine Lune le 2.
Dernier Quartier le 9.
Nouvelle Lune le 17.
Premier Quartier le 25.
Pleine Lune le 31.

Août.

—

1 V. S. Pierre-ès-Liens.
2 S. S. Alphonse de Liguori.
3 D. Invention de S. Étienne.
4 L. S. Dominique, confess.
5 M. Notre-Dame-aux-Neiges.
6 M. Transfiguration de N. S.
7 J. S. Donat, év. et mart.
8 V. S. Cyriac, martyr.
9 S. S. Romain, martyr.
10 D. S. Laurent, martyr.
11 L. S. Géry, év. de Cambrai.
12 M. Ste Claire, vierge.
13 M. S. Hippolyte, martyr.
14 J. S. Eusèbe, martyr.
15 V. ASSOMPTION. S. Arnld.
16 S. SS. Hyac. et Roch, conf.
17 D. SS. Joachim et Libérat, a.
18 L. Ste Hélène, impératrice.
19 M. SS. Louis Flores, Jules.
20 M. S. Bernard, abbé.
21 J. S. J.-Franç. de Chantal.
22 V. S. Timothée, martyr.
23 S. S. Philippe Béniti.
24 D. S. Barthélemi, apôtre.
25 L. S. Louis, roi de France.
26 M. S. Zéphirin, pape et m.
27 M. S. Joseph Calasance.
28 J. S. Augustin, év. et doct.
29 V. Décoll. de S. Jean-Bapt.
30 S. Ste Rose de Lima, vierge.
31 D. S. Raymond Nonnat.

Dernier Quartier le 7.
Nouvelle Lune le 15.
Premier Quartier le 23
Pleine Lune le 30.

Septembre.

—

1 L. S. Gilles, abbé.
2 M. S. Étienne, roi de Hong.
3 M. S. Remacle, év. de Maest.
4 J. Ste Rosalie, vierge.
5 V. S. Laurent Justinien.
6 S. S. Donatien, martyr.
7 D. Ste Reine, vierge.
8 L. Nativité de la Vierge.
9 M. S. Gorgone, martyr.
10 M. S. Nicolas de Tolentino.
11 J. SS. Prote et Hyacinthe.
12 V. S. Guy d'Anderlecht.
13 S. S. Amé, év. Sion en Val.
14 D. Exaltation de la Croix.
15 L. S. Nicomède, martyr.
16 M. SS. Corneille et Cyprien.
17 M. *Q.-temps.* S. Lambert, év.
18 J. S. Joseph de C.
19 V. *Q.-temps.* S. Janvier, m.
20 S. *Q.-temps.* S. Eustache, m.
D. S. Mathieu, apôtre.
L. S. Maurice et ses comp.
M. Ste Thècle, vierge.
M. N.-D. de la Merci.
J. S. Firmin, év. et mar.
V. S. Cyprien et Ste Justine.
S. SS. Côme et Damien, m.
D. S. Wenceslas, martyr.
L. S. Michel, archange.
21
[illegible] M. S. Jérôme, docteur.

Dernier Quartier le 6.
Nouvelle Lune le 14.
Premier Quartier le 21.
Pleine Lune le 28.

Octobre.

—

1 M. S. Bavon, patr. de Gand.
2 J. S. Léodegaire, évêque.
3 V. S. Gérard, abbé.
4 S. S. François d'Assise.
5 D. S. Placide, martyr.
6 L. S. Brunon, confesseur.
7 M. S. Marc, pape.
8 M. Ste Brigitte, veuve.
9 J. S. Denis et ses comp., m.
10 V. S. François de Borgia.
11 S. S. Gommaire, p. de Lier.
12 D. S. Wilfrid, év. d'York.
13 L. S. Édouard, roi d'Angl.
14 M. S. Calixte, pape et mart.
15 M. Ste Thérèse, vierge.
16 J. S. Mummolin, évêque.
17 V. Ste Hedwige, veuve.
18 S. S. Luc, évangéliste.
19 D. S. Pierre d'Alcantara.
20 L. S. Jean de Kenti.
21 M. Ste Ursule et ses comp. m.
22 M. S. Mellon, évêque.
23 J. S. Jean de Capistran.
24 V. S. Raphaël, archange.
25 S. SS. Crépin et Crépinien.
26 D. S. Evariste, pape et m.
27 L. S. Frumence, apôtre.
28 M. SS. Simon et Jude, apôt.
29 M. Ste Ermelinde, vierge.
30 J. S. Foillan, martyr.
31 V. S. Quentin, martyr.

Dernier Quartier le 5.
Nouvelle Lune le 13.
Premier Quartier le 21.
Pleine Lune le 27.

Novembre.

—

1 S. TOUSSAINT.
2 D. *Les Trépassés.*
3 L. S. Hubert, év. de Liége.
4 M. S. Charles Borromée.
5 M. S. Zacharie, S^e Élisabeth.
6 J. S. Winoc, abbé.
7 V. S. Willebrord, év. d'Ut.
8 S. S. Godefroi, év. d'Am.
9 D. Déd. de l'égl. du Sauv. à R.
10 L. S. André Avellin.
11 M. S. Martin, év. de Tours.
12 M. S. Liévin, év. et mart.
13 J. S. Stanislas Kostka.
14 V. S. Albéric, év. d'Utrecht.
15 S. S. Léopold, confesseur.
16 D. S. Edmond, archevêq.
17 L. S. Grégoire Thaumatur.
18 M. Déd. des SS. Pier. et Paul.
19 M. Ste Élisabeth de Thur.
20 J. S. Felix de Valois.
21 V. Presentat. de la Vierge.
22 S. Ste Cécile, vierge et mar.
23 D. S. Clément I, pape et m.
24 L. S. Jean de la Croix.
25 M. Ste Catherine, v. et m.
26 M. S. Albert de Louv., év
27 J. S. Acaire, évêque.
28 V. S. Rufe, martyr.
29 S. S. Saturnin, martyr.
30 D. *Avent.* S. André, apôtre.

Dernier Quartier le 4.
Nouvelle Lune le 12.
Premier Quartier le 19.
Pleine Lune le 26.

Decembre.

—

1 L. S. Éloi, év. de Noy.
2 M. Ste Bibienne, v. et m.
3 M. S. François-Xavier.
4 J. Ste Barbe, martyre.
5 V. S. Sabbas, abbé.
6 S. S. Nicolas, év. de Myre.
7 D. S. Ambroise, év. et doct.
8 L. CONCEPTION DE LA VIERGE.
9 M. Ste Léocadie, v. et mart.
10 M. S. Melchiade, p. et m.
11 J. S. Damase, pape.
12 V. S. Valéry, abbé en Pic.
13 S. Ste Lucie, vierge et m.
14 D. S. Nicaise, évêque.
15 L. S. Adon, arch. de Vienne.
16 M. S. Eusèbe, évêque.
17 M. *Q.-temps* Ste Begge, v^e.
18 J. Exposition de la Vierge.
19 V. *Q.-temps.* S. Némésion, m.
20 S. *Q.-temps.* S. Philogone.
21 D. S. Thomas, apôtre.
22 L. S. Hungère, év. d'Utr.
23 M. Ste Victoire, vierge et m.
24 M. S. Lucien.
25 J. NOEL.
26 V. S. Étienne, premier m.
27 S. S. Jean, apôt. et évang.
28 D. SS. Innocents.
29 L. S. Thomas de Cantorb.
30 M. S. Sabin, évêq. et mart.
31 M. S. Sylvestre, pape.

Dernier Quartier le 4.
Nouvelle Lune le 12.
Premier Quartier le 18.
Pleine Lune le 26.

Calendrier de l'Académie.

Janvier. — Élection du Directeur dans les trois Classes.
Élection des membres, associés et correspondants de la *Classe des Beaux-Arts.*
Élection du jury pour le Prix De Keyn.
Formation provisoire du programme de concours annuel de la *Classe des Sciences.*

Février. — Les mémoires destinés au concours annuel ouvert par la *Classe des Lettres* doivent être remis avant le 1er de ce mois.
Élection du *Comité chargé de la présentation des candidats aux places vacantes dans la Classe des Lettres.*
Réunion de la Commission administrative pour le réglement des comptes.
Rédaction définitive du programme de concours de la *Classe des Sciences.*

Mars. — Proposition de candidats pour les élections aux places vacantes dans la *Classe des Lettres.*
Rapport de la Commission spéciale des finances de chaque Classe sur le budget.

Avril. — Lecture des rapports sur les mémoires de concours de la *Classe des Lettres* et des Prix De Keyn.
Discussion des titres des candidats aux places vacantes dans la *Classe des Lettres*, et, éventuellement, propositions de candidatures nouvelles.

Mai. — Jugement des mémoires envoyés au concours annuel de la *Classe des Lettres* et au concours De Keyn.
Élection des membres, associés et correspondants de la *Classe des Lettres.*
Élection des membres de la Commission administrative.
Séance générale des trois Classes pour régler leurs intérêts communs.
Séance publique de la *Classe des Lettres;* distribution des récompenses.

Juin. — Désignation par la *Classe des Lettres* des anciennes questions à maintenir au programme; détermination des matières sur lesquelles porteront les questions nouvelles et nomination pour chacune de celle-ci, d'une Commission de trois membres qui sera chargée de présenter trois sujets.
Les mémoires destinés au concours ouvert par la *Classe des Beaux-Arts* doivent être remis avant le 1er de ce mois.

Juillet. — Rapport des Commissions de la *Classe des Lettres* sur les sujets à mettre au concours, détermination des prix et rédaction définitive du programme annuel.

Août — Les vacances, pour chaque Classe, commencent après les séances respectives.

Les memoires destinés au concours ouvert par la *Classe des Sciences* doivent être remis avant le 1er de ce mois.

Septembre. — Les sujets d'art appliqué mis au concours par la *Classe des Beaux-Arts* doivent être remis avant la fin de ce mois.

Fin des vacances le 30.

Octobre. — Proposition de candidats pour les élections aux places vacantes dans la *Classe des Sciences.*

Rappel aux membres et aux correspondants de la *Classe des Lettres* au sujet des lectures à faire pendant l'annee.

Jugement des mémoires littéraires et des sujets d'art appliqué, envoyés au concours annuel ouvert par la *Classe des Beaux-Arts.*

Dernier dimanche du mois : Séance publique de la *Classe des Beaux-Arts ;* distribution des récompenses.

Novembre. — Discussion des titres des candidats aux places vacantes dans la *Classe des Sciences,* et, eventuellement, propositions de candidatures nouvelles.

Proposition de candidats pour les elections aux places vacantes dans la *Classe des Beaux-Arts.*

Designation par la *Classe des Beaux-Arts* des matières du concours annuel, formation des Commissions chargées de composer le programme.

Élection, par la *Classe des Lettres,* des candidats pour la formation des jurys charges de juger la 11e période du concours triennal de *littérature française,* la 2e periode du concours quinquennal des *sciences historiques* et la 9e période du concours quinquennal d'*histoire nationale.*

Décembre. — Nomination des Commissions spéciales des finances pour la verification des comptes de chaque Classe.

Jugement des mémoires envoyés au concours annuel ouvert par la *Classe des Sciences.*

Élection des membres, associes et correspondants de la *Classe des Sciences.*

Rédaction definitive du programme de concours de la *Classe des Beaux-Arts.*

Discussion des titres des candidats aux places vacantes dans la *Classe des Beaux-Arts,* et, eventuellement, propositions de candidatures nouvelles.

Seance publique de la *Classe des Sciences ;* distribution des récompenses.

Réunion de la Commission administrative pour arrêter le Budget.

ORGANISATION DE L'ACADÉMIE.

ORGANISATION DE L'ACADÉMIE ROYALE DES SCIENCES, DES LETTRES ET DES BEAUX-ARTS DE BELGIQUE.

Aperçu historique (1).

En 1769, il se forma à Bruxelles une *Société littéraire*, sous les auspices du comte de Cobenzl, ministre plénipotentiaire de l'Impératrice Marie-Thérèse auprès du prince Charles de Lorraine, gouverneur général des Pays-Bas. La première séance de cette Société eut lieu chez le comte de Neny, le 5 mai de la même année.

Trois ans après, la Société littéraire vit élargir son cadre et reçu de Marie-Thérèse, par lettres patentes datées du 16 décembre 1772, le titre d'*Académie imperiale et royale des sciences et belles-lettres*, ainsi que plusieurs privilèges importants pour cette époque. La première séance fut tenue à la Bibliothèque royale, sous la présidence du chancelier de Brabant, M. de Crumpipen, le 13 avril 1773.

L'Académie impériale et royale continua paisiblement ses travaux jusqu'au 21 mai 1794, jour où elle s'assembla pour la dernière fois à cause des événements politiques; elle publia,

(1) Un abrégé de l'Histoire de l'Académie (1769-1872) a été donné par Ad. Quetelet, dans l'ouvrage intitulé : *Centième anniversaire de fondation*, tome Ier.

M Éd. Mailly, membre de la Classe des sciences, a écrit, en 1882, l'Histoire de l'Académie impériale et royale des sciences et belles-lettres de Bruxelles. (Voyez *Mémoires couronnés et autres Mémoires*, coll. in-8°, tomes XXXIV et XXXV.)

outre cinq volumes de mémoires sur les sciences et les lettres, un grand nombre d'ouvrages couronnés, dont la liste a été insérée dans l'*Annuaire* pour 1841, 7e année.

Par arrêté du 7 mai 1816, le Roi Guillaume Ier la rétablit, sous le titre d'*Académie royale des sciences et belles-lettres*. L'installation eut lieu au Musée des tableaux de la ville, le 18 novembre de la même année (1).

En 1832, l'Académie, consultée par M. le Ministre de l'Intérieur sur le projet de création d'une Classe des beaux-arts, répondit, à l'unanimité, qu'elle regardait cette extension comme nécessaire. Différents plans de réorganisation furent proposés et le Gouvernement, par ses arrêtés du 1er décembre 1845, divisa définitivement la Compagnie en trois Classes, celle des sciences, celle des lettres et celle des beaux-arts (2).

Deux événements mémorables ont eu lieu pour l'Académie depuis sa réorganisation :

Le premier a été la célébration, le 7 mai 1866, du cinquantième anniversaire de sa réorganisation par le roi Guillaume Ier (3) ;

Le second a eu lieu les 28 et 29 mai 1872, lorsque la Compagnie a célébré solennellement le centième anniversaire de sa fondation par l'impératrice Marie-Thérèse (4).

(1) Voyez le procès-verbal de la séance dans l'*Annuaire de l'Académie* pour 1840, 6e année, ainsi que les différents documents insérés par M. Gachard.

(2) Voyez, dans les *Annuaires* de 1846 à 1850, les documents relatifs à cette réorganisation.

(3) Voyez *Bulletin*, 2e série, t. XXI, p. 455.

(4) Voyez le *Centième anniversaire de fondation de l'Académie*, 1772-1872. Bruxelles, Hayez, 1872; 2 vol. gr. in 8º.

Statuts organiques (1).

Art. 1er. L'Académie des sciences et belles-lettres, fondée par l'impératrice Marie-Thérèse, prend le titre d'*Académie royale des sciences, des lettres et des beaux-arts de Belgique.*

Art. 2. Le Roi est Protecteur de l'Académie.

Art. 3. L'Académie est divisée en trois Classes.

La première Classe (Classe des sciences) s'occupe spécialement des sciences physiques et mathématiques, ainsi que des sciences naturelles.

La seconde Classe (Classe des lettres et des sciences morales et politiques) s'occupe de l'histoire, de l'archéologie, des littératures ancienne et moderne, de la philosophie et des sciences morales et politiques.

La troisième Classe (Classe des beaux-arts) s'occupe de la peinture, de la sculpture, de la gravure, de l'architecture, de la musique, ainsi que des sciences et des lettres dans leurs rapports avec les beaux-arts.

Art. 4. Chaque Classe est composée de trente membres.

Elle compte en outre cinquante associés étrangers et dix correspondants regnicoles au plus.

A l'avenir, la qualité de membre absorbera la qualité de correspondant, même d'une autre Classe (2).

Art. 5. Les nominations aux places sont faites par chacune des Classes où les places viennent à vaquer.

Art. 6. Pour devenir membre, il faut être Belge ou natura-

(1) Adoptés par arrêté royal du 1er décembre 1845.

(2) Ce paragraphe a été ajouté par arrêté royal du 20 août 1847.

lisé Belge, d'un caractère honorable et auteur d'un ouvrage important relatif aux travaux de la Classe.

Art. 7. Les nominations des membres sont soumises à l'approbation du Roi.

Art. 8. Chaque Classe peut choisir le sixième de ses membres parmi les membres des autres Classes.

Art. 9. Tout académicien qui cesse d'être domicilié en Belgique perd son titre et prend celui d'associé.

Art. 10. Chaque Classe nomme son directeur annuel. Le directeur n'est pas immédiatement rééligible.

Le directeur ne peut être choisi deux années de suite parmi les membres étrangers à la ville de Bruxelles (1).

Art. 11. Le Roi nomme, pour la présidence annuelle, un des trois directeurs.

Dans les occasions solennelles où les trois Classes sont réunies, le président représente l'Académie.

Art 12. Le directeur a la direction générale de sa Classe; il préside à toutes les assemblées, fait délibérer sur les différentes matières qui sont du ressort de la Classe, recueille les opinions des membres et prononce les résolutions à la pluralité des voix.

Il fait observer tous les articles des présents statuts et du règlement, et tient particulièrement la main à ce que, dans les assemblées, tout se passe avec ordre.

Art 13. Le secrétaire perpétuel appartient aux trois Classes, et il est élu par elles au scrutin et à la majorité absolue.

Le secrétaire perpétuel est choisi parmi les membres domiciliés à Bruxelles. Sa nomination est soumise au Roi (1).

(1) Les seconds paragraphes des articles 10 et 13 ont été adoptés par arrêté royal du 1er juin 1848, qui en modifie la rédaction primitive.

Art. 14. La correspondance de l'Académie se tient par le secrétaire perpétuel, organe et interprète de cette Compagnie.

Art. 15. Le secrétaire perpétuel tient registre des délibérations, signe les résolutions, délivre les certificats d'approbation et autres, reçoit les mémoires et lettres adressés à chaque Classe et y fait les réponses.

Lorsque, par maladie ou autre empêchement légitime, il ne peut pas assister aux séances, il s'y fait remplacer par un membre de son choix et appartenant à la Classe.

Art. 16. Chaque Classe forme son règlement intérieur, qui est soumis à l'approbation royale.

Art. 17. Le Roi décrète un règlement général.

Il ne peut y être apporté de changements qu'une fois par an, dans la séance générale des trois Classes mentionnée ci-après; ces changements doivent avoir obtenu l'assentiment des deux tiers des membres présents, et ils sont soumis à l'approbation du Roi.

Art. 18. Chaque Classe a une séance mensuelle d'obligation pour ses membres; les membres des autres Classes peuvent y assister et y faire des lectures, mais ils n'y ont pas voix délibérative.

Chaque Classe a, de plus, une séance publique annuelle, présidée par son directeur, dans laquelle elle rend compte de ses travaux et remet les prix décernés aux concours.

Les deux autres Classes assistent à cette séance publique.

Chacune des Classes peut admettre le public à ses séances en prenant à cet égard telles dispositions qu'elle juge convenables (1).

Art. 19. Chaque année, les trois Classes ont, au mois de

(1) Ce paragraphe a été adopté par arrêté royal du 10 janvier 1871.

mai, une séance générale pour régler, entre elles, les intérêts communs.

Art. 20. Les budgets des trois Classes sont arrêtés par une Commission administrative de sept membres, composée des trois directeurs, du secrétaire perpétuel et d'un membre à désigner annuellement dans chaque Classe. La répartition des fonds est faite d'après les besoins de chacune, par cette Commission administrative (1).

Art. 21. Les mémoires des trois Classes sont publiés dans un même volume et ont chacun leur pagination. Il en est de même pour la collection des mémoires couronnés et des mémoires des savants étrangers dont l'impression aura été ordonnée par chaque Classe. Un Bulletin paraît mensuellement et contient le résumé des travaux des trois Classes (2).

Art. 22. La bibliothèque, les archives et les collections appartiennent en commun aux trois Classes, et sont sous la surveillance spéciale de la Commission désignée à l'article 20.

Art. 23. Les dispositions qui précèdent, formant les statuts organiques, ne peuvent être changées qu'en séance générale, et du consentement de l'Académie, donné par les trois quarts des membres présents. Tout changement est soumis à l'approbation du Roi.

(1) Voir, à ce sujet, les résolutions prises par la Commission administrative dans la séance du 23 mars 1846, pages 34 et 35.

(2) Les membres, les correspondants et les associés habitant le pays reçoivent les publications de l'Académie; les associés habitant l'étranger recevront également les *Bulletins* et l'*Annuaire*, quand ils en auront exprimé le désir et qu'ils auront désigné, à Bruxelles, un correspondant chargé de les leur transmettre.

RÈGLEMENTS DE L'ACADÉMIE.

RÈGLEMENT GÉNÉRAL (1).

Composition de l'Académie.

ART. 1er. L'Académie est divisée en trois Classes : celle des sciences, celle des lettres et celle des beaux-arts.

La Classe des sciences est divisée en deux sections, savoir : la section des sciences mathématiques et physiques et la section des sciences naturelles, qui se compose de la botanique, de la géologie, de la minéralogie et de la zoologie.

La Classe des lettres est également partagée en deux sections : celle d'histoire et des lettres, et celle des sciences morales et politiques. La première comprend l'histoire nationale, l'histoire générale, l'archéologie, les langues anciennes et les littératures française et flamande ; la seconde comprend les sciences philosophiques, la législation, la statistique et l'économie politique.

La Classe des beaux-arts comprend les subdivisions suivantes : la peinture, la sculpture, la gravure, l'architecture, la musique, les sciences et les lettres dans leurs rapports avec les beaux-arts.

ART. 2. Les nominations de membres, d'associés ou de correspondants se font, pour les Classes des sciences et des lettres, une fois par an, la veille de la séance publique ; et, pour la Classe des beaux-arts, à la séance du mois de janvier (2).

ART. 3. Chaque fois qu'il est question d'une élection, la mention en est faite spécialement dans la lettre de convo-

(1) Adopté par arrêté royal du 1er décembre 1845.

(2) Cet article a été adopté par arrêté royal du 10 août 1852, qui en modifie la rédaction primitive.

cation, qui indique le jour et l'heure précise à laquelle il y sera procédé, ainsi que le nombre des places vacantes.

ART. 4. L'élection a lieu à la majorité absolue des voix; cependant si, après deux tours de scrutin, aucun des candidats n'a obtenu la majorité des suffrages, on procède à un scrutin de ballottage.

En cas de parité de suffrages, après ce dernier scrutin, le plus âgé est élu (1).

ART. 5. Lorsque plusieurs places sont vacantes, on vote séparément pour chaque place.

ART. 6. Les listes de présentation pour chaque place doivent être doubles et contenir l'indication des titres des candidats.

ART. 7. On peut nommer en dehors des listes de présentation, pourvu que l'inscription des nouvelles candidatures ait lieu, avec l'assentiment de la Classe, dans la séance qui précède celle de l'élection (2).

ART. 8. Le directeur de chaque Classe est désigné une année avant d'entrer en fonction, et cette nomination a lieu à la séance de janvier. Pendant cette année, il prend le titre de vice-directeur.

En l'absence du directeur, ses fonctions sont remplies par le vice-directeur.

Séances.

ART. 9. Des billets de convocation sont adressés aux membres de chaque Classe, trois jours, au moins, avant chaque réunion; ils énoncent les principaux objets qui y seront traités.

ART. 10. Les associés et les correspondants ont le droit

(1) Ce paragraphe a été ajouté par arrêté royal du 6 octobre 1873.

(2) Les articles 6 et 7 ont été adoptés par arrêté royal du 15 juin 1854, qui en modifie la rédaction primitive.

d'assister aux séances avec voix consultative, excepté quand la Classe sera constituée en comité.

Art. 11. Chaque Classe a une séance publique, savoir :

La Classe des sciences, au mois de décembre;

La Classe des lettres, au mois de mai;

La Classe des beaux-arts, au mois de septembre (1).

On y distribue les récompenses décernées par la Classe, et on y fait des lectures et des rapports sur les ouvrages couronnés.

Art. 12. Tous les ans, la veille de la séance publique de chaque Classe, on proclame les auteurs des mémoires auxquels un des prix aura été adjugé. On détermine ensuite les sujets des questions à proposer pour les concours suivants.

Art. 13. Le jour des séances, la salle est ouverte depuis dix heures.

Art. 14. La séance commence par la lecture de la correspondance; le secrétaire ne peut être interrompu pendant cette lecture.

Art. 15. Les vacances de l'Académie commencent après la séance du mois d'août et finissent le 30 septembre.

Art. 16. Des jetons de présence sont distribués de la manière suivante aux membres et associés habitant la Belgique (2):

Les membres titulaires et les associés résidant en Belgique ont droit, pour chaque séance à laquelle ils assistent, à un jeton de présence de la valeur de dix francs.

Il est, en outre, alloué à ceux qui n'habitent pas la capitale :

Deux jetons de six francs, s'ils résident de dix à cinquante kilomètres;

(1) Depuis la suppression des fêtes de septembre, cette séance a lieu le dernier dimanche d'octobre.

(2) Cet article a été adopté par arrêté royal du 13 décembre 1866, qui en modifie la rédaction primitive.

Trois jetons de six francs, s'ils résident de cinquante à soixante-quinze kilomètres;

Quatre jetons de six francs, s'ils résident à plus de soixante-quinze kilomètres de la capitale.

Pour la détermination des distances, il sera fait usage des tableaux annexés aux dispositions réglementaires fixant les frais de route et de séjour des fonctionnaires ressortissant au Ministère de l'Intérieur (1).

Publications.

Art. 17. Les publications de l'Académie sont les suivantes :

1° Mémoires des membres, des associés, des correspondants;

2° Mémoires couronnés et mémoires des savants étrangers;

3° Bulletins des séances;

4° Annuaire de l'Académie.

Art. 18. L'Annuaire est publié à la fin de chaque année, et il en est de même des Mémoires, qui paraissent par volume ou par partie de volume.

Les Bulletins sont publiés à la suite de chaque séance et au moins huit jours avant la séance suivante.

Art. 19. Chaque mémoire, dans les deux premiers recueils, a sa pagination particulière.

Les mémoires des associés et des correspondants, dans le premier recueil, sont imprimés à la suite de ceux des membres.

Art. 20. Quand des mémoires composés par des membres sont lus à l'Académie, il en est donné une analyse succincte dans le Bulletin de la séance où la lecture en aura été faite.

(1) Ces dispositions ont été appliquées à dater du 1er janvier 1867.

Les rapports des commissaires sur les mémoires des membres ne sont point livrés à la publicité; cependant, s'ils présentent, en dehors de l'analyse, des détails qui soient de nature à intéresser la science, on peut les insérer par extraits.

Art. 21. Quand des mémoires composés par des associés et des correspondants, ou par des savants étrangers, sont lus à l'Académie, on se borne à les annoncer dans le Bulletin de la séance où la lecture en aura été faite.

Les rapports des commissaires, qui devront présenter un aperçu de ce que ces mémoires contiennent de plus remarquable, peuvent être imprimés dans les Bulletins.

Art. 22. Le secrétaire peut confier aux auteurs les mémoires qui ont été adoptés pour l'impression, afin qu'ils y fassent les corrections nécessaires, mais il est tenu de les reproduire aux commissaires, si ces mémoires ont été modifiés pour le fond, ou si l'on y a fait des intercalations.

Quand de pareils changements ont été faits, il faut les désigner d'une manière expresse, ou donner aux mémoires la date de l'époque à laquelle ils ont été modifiés.

Art. 23. Dans aucun cas, on ne peut rendre aux auteurs les manuscrits des mémoires qui ont concouru. Les changements qui peuvent être adoptés pour des mémoires de concours que l'on imprime sont placés, sous forme de notes ou d'additions, à la suite de ces mémoires.

Art. 24. Les mémoires des membres dont l'impression n'a pas été ordonnée peuvent être rendus aux auteurs, qui, dans tous les cas, peuvent en faire prendre une copie à leurs frais.

Les manuscrits des mémoires de concours, de même que des mémoires communiqués par des associés, des correspondants ou des savants étrangers, sur lesquels il a été fait des rapports, deviennent la propriété de l'Académie.

ART. 25. On présente, dans les Bulletins des séances, les communications scientifiques et littéraires qui ont été faites et l'annonce des mémoires qui ont été lus.

Le Bulletin ne peut être considéré comme appendice au procès-verbal, que pour autant qu'il aura été approuvé.

ART. 26. Le secrétaire est autorisé à remettre à un Bulletin suivant l'impression des notices illisibles, ou des pièces dont la composition ou la lithographie exigeraient un retard dans la publication des Bulletins.

ART. 27. Tout mémoire qui est admis pour l'impression est inséré dans les Mémoires de l'Académie, si son étendue doit excéder une feuille d'impression. La compagnie se réserve de décider, à chaque séance, d'après la quantité de matériaux qui y sont présentés, si les mémoires qui excèdent une demi-feuille seront ou ne seront pas insérés dans le Bulletin.

ART. 28. Les auteurs des mémoires ou notices insérés dans les Bulletins de l'Académie ont droit à recevoir cinquante exemplaires particuliers de leur travail.

Ce nombre sera de cent pour les écrits imprimés dans le recueil des Mémoires.

Les auteurs ont, en outre, la faculté de faire tirer des exemplaires en sus de ce nombre, en payant à l'imprimeur une indemnité de quatre centimes par feuille (1).

ART. 29. L'Académie a son lithographe, mais, à conditions égales, les auteurs ont la faculté d'employer d'autres litho-

(1) Quant aux prix des titres extraordinaires, brochures, etc., le tarif suivant a été admis provisoirement :

Grand titre in-4° (composition).	fr.	6 00
Titre in-8°. »		3 00

Impression comme pour les exemplaires d'auteurs, à 4 centimes la feuille.

graphes dont les talents leur inspireraient plus de confiance.

Art. 30. L'Académie a aussi son imprimeur. L'imprimeur et le lithographe ne reçoivent les ouvrages qui leur sont confiés que des mains du secrétaire perpétuel, et ils ne peuvent imprimer qu'après avoir obtenu de lui un *bon à tirer*.

Art. 31. Les épreuves sont adressées directement au secrétaire perpétuel, qui les fait remettre aux auteurs. C'est aussi par l'entremise du secrétaire que les feuilles passent des mains des auteurs dans celles de l'imprimeur.

Art. 32. Les frais de remaniements ou de changements extraordinaires faits pendant l'impression sont à la charge de celui qui les a occasionnés.

Concours.

Art. 33. Les médailles d'or, présentées comme prix des concours, sont de la valeur de six cents francs.

Art. 34. Ne sont admis, pour les concours, que des ouvrages et des planches manuscrits.

Art. 35. Les auteurs des ouvrages envoyés au concours ne mettent pas leurs noms à ces ouvrages, mais seulement une devise qu'ils répètent dans un billet cacheté, renfermant leur nom et leur adresse.

Ceux qui se font connaître de quelque manière que ce soit,

Couverture non imprimée,	in-4°, papier de pâte, le cent. fr.			3 00
»	»	in-8°.		1 50
»	imprimée,	in-4°.		5 00
»	»	in-8°.		3 00
Brochage in-4°,	avec planches,	moins	de 5 feuilles, le cent.	4 00
»	»	» plus	de 5 feuilles . . .	5 50
»	in-8°,	» moins	de 5 feuilles . . .	3 00
	»	» plus	de 5 feuilles . . .	4 00

ainsi que ceux dont les mémoires sont remis après le terme prescrit, sont absolument exclus du concours.

Art. 36. Aucun des académiciens ne peut concourir pour les prix fondés en faveur de ceux qui, au jugement de la Compagnie, ont satisfait le mieux aux questions proposées; au surplus, aucun des membres ne peut donner des instructions à ceux qui concourent pour les mêmes prix.

Art. 37. Les mémoires qu'on destine au concours doivent être écrits en caractères lisibles, en langue latine, française, flamande ou hollandaise, et être adressés au secrétaire de l'Académie.

Art. 38. Les académiciens qui ont donné le programme des questions proposées pour les prix annuels sont les premiers examinateurs des ouvrages qui ont concouru, et ils en font un rapport détaillé et par écrit, qui est lu dans une séance de l'Académie et exposé avec ces ouvrages jusqu'à l'assemblée du mois de mai (1), à l'examen et aux observations de tous les membres, afin que les prix soient adjugés en entière connaissance de cause, à la pluralité des voix de tous les académiciens présents : on peut aussi accorder un accessit à un second mémoire, qui, au jugement de la Compagnie, aura mérité cette distinction; et, si aucun des mémoires présentés ne remplit les vues de l'assemblée, le prix peut être remis à une autre année.

Finances.

Art. 39. Les finances de l'Académie sont gérées par une Commission administrative, dont les membres sont élus annuellement à l'époque de la séance générale.

Art. 40. La Commission administrative est chargée de régler ce qui concerne les impressions.

(1) Pour la Classe des lettres; d'octobre pour la Classe des beaux-arts, et de décembre pour la Classe des sciences

ART. 41. A la fin de l'année, les comptes de chaque Classe sont vérifiés par une Commission spéciale composée de cinq membres pris dans la Classe.

ART. 42. Les Commissions spéciales, après avoir arrêté les comptes de la Commission administrative, font connaître à chaque Classe, dans la séance suivante, l'état des dépenses et des recettes pendant l'année écoulée.

Bibliothèque. — Archives.

ART. 43. Les ouvrages qui appartiennent à l'Académie sont déposés, après inventaire, à la bibliothèque de ce corps.

ART. 44. Les registres, titres et papiers concernant chaque Classe de l'Académie demeurent toujours entre les mains du secrétaire, à qui ils sont remis, accompagnés d'inventaires, que les directeurs font rédiger et qu'ils signent à la fin de chaque année; au surplus, les directeurs font aussi, tous les ans, le récolement des pièces qui sont annotées dans cet inventaire, dans lequel ils font insérer, en même temps, tout ce qui est présenté durant l'année.

Dispositions particulières.

ART. 45. L'Académie examine, lorsque le Gouvernement le juge convenable, les projets qui peuvent intéresser les sciences, les lettres et les beaux-arts.

ART. 46. L'Académie peut nommer, quand elle le juge convenable, sous l'approbation du Gouvernement, un ou plusieurs de ses membres, pour faire un voyage scientifique, littéraire ou artistique, et elle leur donne des instructions sur les objets dont ils auront principalement à s'occuper.

ART. 47. Toutes les dispositions antérieures, relatives aux matières prévues par le présent règlement, sont et demeurent abrogées.

Articles additionnels (1).

Art. 1er. L'élection du directeur et celle de membre de la Commission administrative ont lieu à la majorité absolue des suffrages.

Si, après deux tours de scrutin, personne n'a obtenu la majorité, il est procédé à un ballottage entre les membres qui ont réuni le plus de voix.

En cas de parité de suffrages, après ce dernier scrutin, le plus ancien membre est élu.

Art. 2. Dans les scrutins qui seront ouverts pour l'élection des membres de la Commission des finances, ou de toute autre Commission que la Classe jugera à propos de nommer, le membre le plus ancien, en cas d'égalité de voix, sera toujours préféré.

La *Commission administrative de l'Académie*, lors de sa réunion du 23 mars 1846, après avoir pris connaissance d'un relevé de la comptabilité générale pendant les quatre dernières années, a reconnu, à l'unanimité, qu'il fallait distinguer deux espèces de dépenses: les unes *générales*, et devant être supportées en commun par les trois Classes, et les autres *spéciales*, et devant être payées sur les fonds particuliers des Classes. Les dépenses générales comprennent toutes les impressions autres que les Mémoires, les gravures des Bulletins, les reliures, les jetons et le service du personnel, ainsi que les faux frais divers; les dépenses spéciales concernent uniquement les impressions in-4° et les concours pour lesquels chaque Classe dispose du

(1) Adoptés par arrêtés royaux du 23 mars et du 24 octobre 1849.

tiers de la somme affectée chaque année sur le budget pour cette catégorie de dépenses.

Lors de la séance du 6 juillet 1871, la Commission, appelée, d'après l'article 40 du règlement général, à s'occuper des impressions courantes et de la répartition des fonds à allouer à chaque Classe, a résolu que les mesures suivantes, qui serviront de règles invariables pour les publications, seront insérées dans l'*Annuaire :*

« La Commission, considérant qu'elle est parfaitement armée de dispositions réglementaires pour les impressions, a décidé qu'un tiers de la part annuelle dans la dotation de l'État à dépenser intégralement chaque année, d'après la comptabilité gouvernementale, pour les publications in-4°, serait réservé annuellement à chacune des Classes, pour les mémoires, avec la réserve que dans le cas où l'une d'elles n'aurait pas dépensé sa part vers la fin de l'année, ses fonds pourraient être alloués aux autres.

» Chaque Classe sera appelée, au commencement de l'année, à décider sur ses impressions, comme l'indique leur règlement intérieur. La Commission a reconnu qu'elle est en droit de leur demander si elles n'ont point de changements à faire à cet *ordre* d'impression prescrit par une disposition identique, formant l'article 10 du règlement de la Classe des sciences, l'article 7 de la Classe des lettres et l'article 8 de la Classe des beaux-arts. Le bureau de chaque Classe juge quels sont, parmi les mémoires reçus pour l'impression, ceux qui doivent être imprimés les premiers.

» Comme aucune disposition réglementaire n'ordonne l'impression des mémoires couronnés, la Commission en décidera à cet égard après avis des Classes. »

Règlement intérieur de la Classe des sciences (1).

1. Les deux sections de la Classe des sciences, celle des sciences mathématiques et celle des sciences naturelles, se composent, chacune, d'un même nombre de membres.

2. En cas de vacance dans une section, un membre de l'autre section peut y être admis du consentement de la Classe. L'académicien doit en avoir exprimé la demande par écrit, avant que la liste de présentation ait été arrêtée pour la section où la place est devenue vacante.

3. Le bureau se compose du directeur, du vice-directeur et du secrétaire perpétuel.

4. La séance, quel que soit le nombre des membres présents, s'ouvre à l'heure précise, indiquée sur la carte de convocation.

5. En cas d'absence du directeur et du vice-directeur, le fauteuil est occupé par le plus ancien membre de la Classe.

Lorsque plusieurs membres ont été élus dans la même séance, l'âge détermine leur rang d'ancienneté dans la liste des membres.

6. Le directeur peut admettre à la séance des savants de distinction étrangers au pays.

7. Le directeur donne lecture de l'ordre du jour, immédiatement après l'adoption du procès-verbal.

Ne sont admis, pour être lus en séance, que les écrits dont

(1) Adopté par arrêté royal du 23 janvier 1847.

la rédaction est entièrement achevée et qui sont indiqués à l'ordre du jour.

8. Quand un écrit est accompagné de planches, l'auteur en prévient le secrétaire perpétuel. L'impression du texte et la gravure des planches sont votées séparément.

En cas de disjonction, l'auteur peut s'opposer à l'impression de son travail.

9. Si une planche doit occasionner des dépenses extraordinaires, ou si plusieurs planches sont jointes à une notice, le vote pour l'impression est différé; et, à la séance suivante, le secrétaire présente un devis des frais qui seront occasionnés par la gravure ou la lithographie.

10. Le bureau juge quels sont, parmi les mémoires reçus pour l'impression, ceux qui doivent être imprimés les premiers.

Il a égard : 1° à la date de la présentation du mémoire; 2° aux frais qui seront occasionnés par la publication; 3° à ce que les différentes branches dont s'occupe la Classe soient représentées dans ses publications.

La décision du bureau est rendue exécutoire par la sanction de la Classe.

11. Les opinions des commissaires sont signées par eux et restent annexées au mémoire examiné.

Elles sont communiquées en temps utile au premier commissaire, qui fera fonction de rapporteur.

12. La Classe ne fait pas de rapport sur les ouvrages déjà livrés à la publicité.

Sont exceptés les ouvrages sur lesquels le Gouvernement demande l'avis de la Classe.

13. La Classe ne délibère que sur des propositions écrites et signées.

La délibération sur une proposition réglementaire n'a lieu que dans la séance qui suit celle de la présentation.

Toute proposition que la Classe n'a pas prise en considération ou qu'elle a écartée après discussion ne peut être représentée dans le cours de l'année académique.

14. La présentation pour les places vacantes est faite par la section.

La section ne délibère sur l'admission d'aucun candidat, s'il n'a été présenté par deux membres au moins. Les présentations indiquent les titres des candidats.

15. La Classe met annuellement au concours six questions.

Chaque section en propose trois.

16. Quand la Classe se constitue en comité secret, elle se compose de ses membres seulement.

Le comité secret est de rigueur :

1° Pour la présentation et l'élection aux places vacantes;

2° Pour la discussion des articles réglementaires;

3° Pour la formation des programmes et le jugement des concours.

Sont toutefois admis au comité secret les associés, les académiciens des deux autres Classes, ainsi que les correspondants de la Classe des sciences, lorsqu'ils ont été désignés pour faire partie du jury sur la proposition des commissaires.

17. Les pièces destinées à être lues en séance publique sont préalablement soumises à la Classe.

Règlement intérieur de la Classe des lettres (1).

1. La séance commence à l'heure précise, indiquée sur la carte de convocation, quel que soit le nombre des membres présents.

2. En cas d'absence du directeur et du vice-directeur, le fauteuil est occupé par le plus ancien membre de la Classe.

3. Le directeur peut admettre à la séance des savants, des littérateurs et des personnages de distinction étrangers au pays.

4. Le directeur donne lecture de l'ordre du jour, immédiatement après l'adoption du procès-verbal.

Cet ordre du jour, quant aux mémoires et notices, est réglé par la date de leur dépôt entre les mains du secrétaire.

Ne sont admis, pour être lus dans la séance, que les mémoires et notices entièrement achevés et indiqués à l'ordre du jour.

5. Quand des planches devront être jointes à un travail, l'auteur en préviendra la Classe. L'impression de la notice et la gravure des planches sont votées séparément.

6. Si une planche doit donner lieu à des dépenses extraordinaires, ou si plusieurs planches sont jointes à une notice, la publication en est différée, et le secrétaire présente à la séance suivante un devis des frais qui seront occasionnés par la gravure ou la lithographie.

7. Le bureau juge quels sont, parmi les mémoires reçus pour l'impression, ceux qui doivent être publiés les premiers. Il a égard : 1° à la date de la présentation du mémoire ; 2° aux frais qui seront nécessités par la publication ; 3° à ce que les différentes matières dont s'occupe la Classe soient représentées dans ses recueils.

(1) Adopté par arrêté royal du 26 janvier 1847.

8. Les mémoires modifiés (art. 22 du règlement général) portent, avec la date de leur présentation, celle de l'époque où les modifications ont été faites.

9. Les rapports faits à la Classe sont signés par leurs auteurs.

Le rapport de chaque commissaire reste annexé au mémoire examiné.

10. La Classe ne délibère que sur des propositions écrites et signées.

La délibération sur une proposition réglementaire n'a lieu que dans la séance qui suit celle de la présentation.

11. La Classe, dans ses nominations, veille à ce que les différentes matières dont elle s'occupe soient, autant que possible, représentées. Ces matières sont :

1° Histoire et antiquités nationales;

2° Histoire générale et archéologie;

3° Langues anciennes, littératures française et flamande;

4° Sciences philosophiques;

5° Législation, droit public et jurisprudence;

6° Économie politique et statistique.

12. Les présentations pour les places vacantes sont faites collectivement par un comité de trois personnes nommées au scrutin secret dans la séance précédente, comité auquel s'adjoint le bureau.

La Classe ne délibère sur l'admission d'aucun candidat, à moins que deux membres n'aient demandé par écrit que son nom soit porté sur la liste des candidats.

13. La Classe met annuellement au concours six questions sur les matières indiquées à l'article 11.

14. Quand la Classe se constitue en comité secret, elle se compose de ses membres seulement.

Le comité secret est de rigueur:

1° Pour la présentation et l'élection aux places vacantes;

2° Pour la discussion des articles réglementaires;

3° Pour la formation des programmes et le jugement des concours.

Sont toutefois admis au comité secret les associés, les académiciens des deux autres Classes, ainsi que les correspondants, lorsqu'ils ont été désignés pour faire partie du jury du concours.

15. Les pièces destinées à être lues en séance publique sont préalablement soumises à la Classe.

16. La Classe ne fait pas de rapport sur les ouvrages déjà livrés à la publicité (1).

Sont exceptés les ouvrages sur lesquels le Gouvernement demande l'avis de la Classe.

17. Lorsque l'Académie aura pris une décision d'après un rapport rédigé par un ou plusieurs de ses commissaires, il ne sera plus permis de changer la rédaction de ce rapport.

18. Les membres et correspondants de la Classe lui communiqueront, tous les deux ans, un travail inédit.

Sont exceptés ceux qui s'en jugeront empêchés par l'âge, par des maladies ou par des occupations trop nombreuses.

Chaque année, au mois d'octobre, le secrétaire perpétuel rap-

(1) Par dérogation à cet article, la Classe a décidé, dans sa séance du 6 janvier 1873, que, « lorsqu'un membre de la Classe présente » un ouvrage qui lui parait digne de fixer spécialement l'attention, » il peut joindre à l'hommage qui en est offert, une analyse con- » cise destinée à en faire apprécier l'intérêt. La Classe décide si ce » résume sera inséré dans le Bulletin de la séance. Dans tous les » cas, il n'exprime que l'opinion du membre qui l'a rédigé et n'en- » gage en rien celle de la Classe. »

pellera par écrit cette disposition à tous les membres et correspondants de la Classe.

Aussitôt que les membres et correspondants auront fait connaitre au secrétaire perpétuel le sujet du travail qu'ils se proposent de communiquer à la Classe et l'époque à partir de laquelle il pourra être porté à l'ordre du jour, ces indications seront inscrites avec leur date dans un registre à ce destiné. Le directeur répartira les lectures entre les diverses séances, d'après l'ordre des inscriptions.

Les travaux dont il vient d'être parlé n'en excluent aucun autre. La date à laquelle ils ont été inscrits déterminera indistinctement entre tous l'ordre dans lequel la lecture en sera faite.

19. Les questions du concours seront, autant que possible, réparties entre les diverses matières énumérées dans l'article 11 du règlement ; elles seront publiées deux ans d'avance.

Chaque année, dans la séance de juin, la Classe désignera les anciennes questions à maintenir au programme, déterminera les matières sur lesquelles porteront les questions nouvelles et nommera pour chacune de celles-ci une Commission de trois membres, qui sera chargée de présenter trois sujets à son choix

Les Commissions nommées feront, chacune, leur rapport dans la séance de juillet, et la Classe, après avoir choisi une des trois questions qui lui sont proposées et déterminé la valeur du prix à accorder, arrêtera définitivement son programme.

20. Le rapport des commissaires, soit sur les mémoires présentés aux concours, soit sur les mémoires des savants étrangers, sera lu aux membres de la Classe un mois avant qu'il soit mis en délibération ; chacun pourra, dans cet intervalle, prendre communication de ces mémoires.

21. Tous les membres sont autorisés à faire, séance tenante, leurs observations sur les travaux dont il est donné lecture,

ou sur lesquels il est fait rapport, ainsi que sur les rapports mêmes.

Si la demande en est faite, une discussion à ce sujet pourra, avec l'autorisation de la Classe, être portée à l'ordre du jour d'une séance suivante.

22. Aucune lecture ne sera faite sans que le sujet en ait été indiqué à l'ordre du jour de la Classe par le billet de convocation distribué au moins quinze jours avant la réunion.

23. Toutes les fois que trois membres feront la proposition d'examiner en commun une ou plusieurs questions se rapportant à l'une des matières que l'article 3 des Statuts organiques de l'Académie range dans le domaine de la Classe des lettres, la Classe en délibérera; et, si elle adopte la proposition, la discussion sera portée à l'ordre du jour de la séance qu'elle déterminera.

Le bureau de la Classe, les commissaires chargés soit de la rédaction du programme, soit du jugement des concours, soit de l'examen des mémoires des membres, des associés, des correspondants et des savants étrangers, présenteront des propositions aux mêmes fins chaque fois qu'ils le trouveront utile.

Les rapports, les lectures, les propositions de questions littéraires, historiques ou scientifiques à discuter, et les discussions qui en seront la suite, seront portés à l'ordre du jour des séances, immédiatement après l'approbation du procès-verbal et le dépouillement de la correspondance, avant toute discussion à laquelle la correspondance pourrait donner lieu, sauf les cas d'urgence (1).

(1) Les articles nouveaux 18 à 23 ont été sanctionnés par arrêté royal du 8 juillet 1872, qui en modifie la rédaction primitive.

Règlement intérieur de la Classe des beaux-arts (1).

1. La séance commence à l'heure précise indiquée sur la carte de convocation, quel que soit le nombre de membres présents.

2. La liste de présence est retirée une demi-heure après l'ouverture de la séance. Les inscriptions ne sont plus admises, sinon pour des motifs valables et soumis à l'appréciation du bureau.

3. En cas d'absence du directeur et du vice-directeur, le fauteuil est occupé par le plus ancien membre de la Classe. Quand l'ancienneté est la même, le fauteuil est occupé par le plus âgé des membres.

4. Le directeur fait connaître l'ordre du jour, immédiatement après la lecture du procès-verbal.

5. On n'admet pour la lecture que les notices entièrement achevées et indiquées à l'ordre du jour.

6. Quand une notice est accompagnée de planches, l'auteur en prévient la Classe L'impression de la notice et la gravure des planches sont votées séparément.

7. Si une planche doit occasionner des dépenses extraordinaires, ou si plusieurs planches sont jointes à une notice, la publication en est différée, et le secrétaire présente à la séance suivante un devis des frais qui seront occasionnés par la gravure ou la lithographie.

8. Le bureau juge quels sont, parmi les mémoires reçus pour l'impression, ceux qui doivent être publiés les premiers. Il a égard : 1° à la date de la présentation du travail ; 2° aux

(1) Adopté par arrêté royal du 27 octobre 1846.

frais qui seront occasionnés par la publication; 3° à ce que les différentes branches dont s'occupe la Classe soient représentées dans ses mémoires.

9. Les mémoires modifiés (art. 22 du règlement général) portent la date de l'époque où les modifications ont été faites.

10. Les rapports faits à la Classe sont signés par les auteurs.

Ils auront dû être communiqués, en temps utile, au rapporteur.

11. La Classe ne délibère que sur des propositions écrites et signées.

La délibération sur une proposition réglementaire n'a lieu que dans la séance qui suit celle de la présentation.

12. La présentation pour les places vacantes est faite par le bureau, qui s'adjoint la section dans laquelle la place est vacante.

En outre, la Classe ne délibère sur l'admission d'aucun candidat, à moins que deux membres ne l'aient présenté officiellement.

Lorsque la Classe est appelée à procéder aux élections pour plus d'une place vacante dans la même section, le candidat de la première place qui n'est pas élu devient, par ce fait, candidat supplémentaire pour la seconde place, et ainsi de suite (1).

13. La Classe des beaux-arts met annuellement au concours quatre questions, à savoir :

Une sur la peinture ou sur la gravure en taille-douce;

Une sur la sculpture ou sur la gravure en médaille;

Une sur l'architecture;

Une sur la musique.

Il est entendu qu'il y a un roulement qui permet de représenter successivement les différentes parties des beaux-arts correspondant aux quatre divisions précédentes.

1° La résolution de la Classe des beaux-arts, adoptée dans la

(1) Le dernier paragraphe de l'article 12 a été sanctionné par arrêté royal du 3 juin 1873.

séance du 20 septembre 1849, relativement aux concours pratiques, sera remise en vigueur;

2° A l'avenir, indépendamment des questions de théorie ou d'histoire de l'art, le programme des concours de la Classe comportera des questions d'art appliqué;

3° Chaque année des prix seront proposés pour récompenser le vainqueur dans les concours pratiques;

4° La peinture, la sculpture, l'architecture, la musique et la gravure feront l'objet de ces concours;

5° Les diverses spécialités seront appelées, à tour de rôle, dans l'ordre suivant :

En 1872, la peinture et la sculpture; en 1873, l'architecture et la musique; en 1874, la peinture et la gravure, et ainsi de suite (1);

6° Les lauréats conserveront la propriété des ouvrages envoyés au concours;

7° Une reproduction graphique de l'œuvre couronnée figurera dans les Mémoires de l'Académie, accompagnée des rapports des commissaires chargés de préparer le jugement;

8° Le jugement se fera par la Classe entière, sur un rapport

(1) Roulement établi jusqu'en 1890 :

En 1875, la sculpture et la gravure en médaille; en 1876, l'architecture et la musique; en 1877, la peinture et la sculpture; en 1878, la peinture et la gravure au burin; en 1879, l'architecture et la musique; en 1880, la sculpture et la gravure en médaille; en 1881, la peinture et la gravure au burin; en 1882, l'architecture et la musique; en 1883, la peinture et la sculpture; en 1884, la gravure au burin et la gravure en médaille; en 1885, l'architecture et la musique; en 1886, la peinture et la sculpture; en 1887, la peinture et la gravure en médaille; en 1888, l'architecture et la gravure en taille douce; en 1889, la musique et la sculpture; en 1890, la peinture et la gravure en médaille.

présenté par la section qui a proposé le sujet du concours (1).

Les questions à mettre au concours, en vertu de l'article 13 du règlement de la Classe des beaux-arts et auxquelles il doit être répondu au moyen de mémoires écrits, seront envoyées à l'examen d'une Commission spéciale avant d'être soumises au vote de la Classe.

A cet effet, tout académicien ayant l'intention de faire inscrire une question de ce genre au programme, en adressera le texte au secrétaire perpétuel un mois avant la réunion dans laquelle le programme du concours doit être arrêté.

Il sera formé annuellement quatre Commissions de cinq membres où figureront des représentants de chacune des spécialités de l'art indiquées au premier paragraphe de l'article 13. Un des cinq membres sera choisi dans la section des sciences et des lettres dans leurs rapports avec les beaux-arts (2).

14. Quand la Classe se constitue en comité secret, elle se compose de ses membres seulement.

Le comité secret est de rigueur :

1° Pour la présentation et l'élection aux places vacantes;

2° Pour la discussion des articles réglementaires;

3° Pour le jugement des concours.

Sont toutefois admis au comité secret, les associés, les académiciens des deux autres Classes, ainsi que les correspondants de la Classe des beaux-arts, lorsqu'ils ont été désignés pour faire partie du jury.

15. Les pièces destinées à être lues en séance publique sont préalablement soumises à la Classe.

(1) Les paragraphes 1 à 8 du complément de l'article 13 ont été sanctionnés par arrêté royal du 8 juillet 1872.

(2) Ces trois derniers paragraphes ont été sanctionnés par arrêté royal du 3 juin 1875.

BIBLIOTHÈQUE DE L'ACADÉMIE.

Règlement général (1).

Art. 1er. La Bibliothèque est placée sous la surveillance et la direction de la Commission administrative de l'Académie.

La conservation du dépôt est confiée au secrétaire perpétuel.

Art. 2. Les ouvrages qui appartiennent à l'Académie sont estampillés sur le titre, inscrits au catalogue et déposés à la bibliothèque.

L'annonce du dépôt se fait par la voie du *Bulletin de l'Académie*.

Art. 3. Les ouvrages nouvellement reçus sont déposés à l'époque des séances mensuelles des trois Classes, pour pouvoir être examinés par les membres, et ne sont prêtés qu'après que cette inspection aura pu avoir lieu.

Art. 4. Tous les ouvrages de la bibliothèque sont, autant que possible, reliés.

Ils portent, sur la couverture, une marque distinctive indiquant qu'ils appartiennent à l'Académie royale de Belgique.

Art. 5. Le conservateur et les employés sont exclusivement chargés de rechercher les objets que les membres désirent consulter.

Art. 6. Les livres et autres objets sont prêtés contre reçu : on ne peut les garder pendant plus de trois mois; ceux qui

(1) Adopté, en assemblée générale des trois Classes, le 7 mai 1858.

seraient demandés par un autre membre seront restitués dans le mois de la demande.

Art. 7. Nul ne peut être détenteur de plus de dix volumes ou brochures à la fois.

Art. 8. La Commission administrative peut, en tout temps, faire rentrer les objets empruntés à la bibliothèque.

Art. 9. Il est tenu un registre sur lequel sont indiqués la date de la sortie, celle de la rentrée, le nom de l'emprunteur et l'état dans lequel rentrent les objets prêtés.

Art. 10. Quiconque perd ou détériore un objet appartenant à la bibliothèque est tenu de le remplacer à ses frais.

Art. 11. On ne peut être admis à emprunter des objets appartenant à la bibliothèque qu'en se conformant aux dispositions du présent règlement.

Costume des membres de l'Académie (1).

Habit de cour en drap bleu. Collet, parements et garniture à la taille ornés d'une broderie formée d'une branche d'olivier à feuilles brodées en soie verte bordées d'un filet d'or. Boutons d'or portant au centre le Lion belge sur un écusson surmonté de la couronne royale, entouré de l'exergue avec l'inscription : Académie royale de Belgique. — Pantalon en drap semblable à celui de l'habit, avec bande en or. — Gilet blanc à boutons d'or. — Chapeau-claque ordinaire. — Épée de forme facultative.

(1) Déterminé par arrêté royal du 13 janvier 1876.

Franchise de port (1).

Art. 1er. Notre Ministre de l'Intérieur est autorisé à correspondre en franchise de port, *sous enveloppe fermée,* avec le bureau de l'Académie des sciences et belles-lettres de Bruxelles, et les membres de ce corps, individuellement.

Art. 2. La franchise est également attribuée à la correspondance sous bandes et contre-seing que l'Académie et son Secrétaire perpétuel doivent échanger avec chacun de ses membres.

Art. 3. Le contre-seing de l'Académie en nom collectif sera exercé, soit par le président, soit par le secrétaire perpétuel délégué à cet effet.

(1) Accordée par arrêté royal du 21 décembre 1841.

N. B. Pour que les envois parviennent avec la franchise de port, il est indispensable que les lettres, papiers ou livres soient mis *sous bandes croisées à l'adresse du secretaire perpetuel et contre-signees par le membre, correspondant ou associé, qui fait l'envoi.* De plus, les envois doivent être *deposés au bureau de la poste ;* l'exemption n'est pas admise pour les papiers qui seraient *simplement jetes dans la boite aux lettres.*

LOCAL ET TRAVAUX DE L'ACADÉMIE.

LOCAL DE L'ACADÉMIE (1).

Art. 1er. Le palais de la rue Ducale, à Bruxelles, sera mis à la disposition de l'Académie des sciences, des lettres et des beaux-arts et de l'Académie de médecine. Il portera désormais le nom de Palais des Académies.

Art. 2. Les locaux actuellement occupés par les Académies au palais de l'ancienne Cour seront affectés à la galerie des tableaux modernes de l'État et aux services dépendant de la Bibliothèque royale.

Nos Ministres des Travaux publics et de l'Intérieur sont chargés, chacun en ce qui le concerne, de l'exécution du présent arrêté.

Bustes des académiciens décédés (2).

Art. 1er. En attendant qu'il puisse être construit un local spécial pour l'Académie royale des sciences, des lettres et des beaux-arts de Belgique, il lui sera assigné un local provisoire dans les bâtiments de l'ancienne Cour (3).

Art. 2. La salle des séances publiques de l'Académie sera ornée des bustes des souverains fondateurs et protecteurs de cette institution, de ceux des Belges qui se sont illustrés dans la carrière des sciences, des lettres et des arts, ainsi que des acadé-

(1) Arrêté royal du 30 avril 1876.

(2) Arrêté royal du 1er décembre 1845.

(3) Cet article a été supprimé de fait par l'arrêté précité du 30 avril 1876.

miciens décédés qui ont doté le pays d'ouvrages importants (1)

ART. 3. Le Gouvernement fera exécuter, à ses frais, un ou deux bustes par an (2).

ART. 4. Notre Ministre de l'intérieur est chargé de l'exécution du présent arrêté.

TRAVAUX SPÉCIAUX DE L'ACADÉMIE.

Travaux spéciaux de l'Académie. — Adjonction de savants et de littérateurs (3).

1. L'Académie royale des sciences, des lettres et des beaux-arts de Belgique sera successivement chargée des travaux suivants :

1° D'une biographie nationale;

2° D'une collection des grands écrivains du pays, avec traductions, notices, etc.;

3° De la publication des anciens monuments de la littérature flamande.

2. L'Académie soumettra à la sanction du Gouvernement les mesures d'exécution de ces travaux.

(1) En vertu d'un règlement, adopté par l'assemblée générale des trois Classes du 12 mai 1868, ne sont admis sur la liste des académiciens qui méritent les honneurs d'un buste, que ceux décédés depuis dix ans au moins.

(2) *Bustes exécutés :* membres de l'Académie: SCIENCES: Dandelin, de Nieuport, Dumont, Melsens, A. Quetelet, Schmerling, Simons, Spring et Van Mons; LETTRES: de Gerlache, de Ram, de Reiffenberg, de Saint-Genois, de Stassart, Dewez, Gachard, Lesbroussart, Moke, Raoul, Van de Weyer, Van Duyse, Weustenraad et J.-F. Willems; BEAUX-ARTS : F.-J. Fétis, Ch.-L. Hanssens, Leys, Madou, Soubre, Suys, Baron, Navez, Roelandt, Van Hasselt et G. Wappers.
Belges illustres : Mercator, Gossec et Roland de Lassus.

(3) Arrêté royal du 1er décembre 1845.

COMMISSION CHARGÉE DE LA PUBLICATION D'UNE BIOGRAPHIE NATIONALE.

Règlement (1).

1. L'Académie royale des sciences, des lettres et des beaux-arts est chargée de la rédaction et de la publication d'une *Biographie nationale.*

2. Elle institue à cet effet une Commission de quinze membres qui sont élus, en nombre égal de cinq, par chacune des trois Classes, au scrutin secret et à la majorité des suffrages (2).

Tous les six ans, chaque Classe sera appelée à réélire ou à remplacer les membres de la Commission (3).

La Commission nomme dans son sein un président et un secrétaire.

3. La Commission peut s'associer, pour le travail de rédaction, d'autres membres de l'Académie.

Elle est autorisée aussi à y faire concourir des savants et des littérateurs du pays qui n'appartiennent pas à la Compagnie.

4. La Commission dresse préalablement une liste alphabétique, aussi complète que possible, de tous les hommes remarquables, à quelque titre que ce soit, qui lui paraissent dignes de prendre place dans la *Biographie nationale.*

(1) Adopté par arrêté ministériel du 29 mai 1860.

(2) Voyez plus loin la composition de la Commission au 1er janvier 1890.

(3) La cinquième période sexennale de la Commission expirera en mai 1890.

Ne pourront être compris dans cette liste que des personnages décédés depuis dix ans au moins.

5. Cette liste est imprimée et rendue publique par la voie du *Moniteur*.

6. La Commission revoit et approuve la rédaction des notices, avant de les livrer à l'impression.

Elle peut en limiter l'étendue d'après les convenances de la publication et selon l'importance relative des personnages.

Les revisions sont communiquées à l'auteur de la notice avant la publication.

Chaque notice porte la signature de celui qui en est l'auteur.

7. La Commission fait un rapport annuel au Ministre sur l'état de ses travaux. Elle en donne aussi annuellement connaissance à l'assemblée générale de l'Académie.

8. La *Biographie nationale* sera publiée dans le format in-8°, par volume de 500 pages au moins.

9. Une indemnité par feuille d'impression, à fixer ultérieurement, sera accordée aux auteurs des notices biographiques.

10. Les membres de la Commission qui ne résident pas à Bruxelles recevront une indemnité de déplacement, chaque fois que la Commission se réunira en dehors des jours ordinaires de la séance académique.

11. Une allocation spéciale sera mise à la disposition de l'Académie, afin de l'aider à pourvoir aux dépenses qui résulteront de l'exécution du présent arrêté.

COMMISSION ROYALE D'HISTOIRE.

Règlement organique (1).

Art. 1. La Commission royale d'histoire est instituée à l'effet de rechercher et de mettre au jour les chroniques belges inédites, les relations, les cartulaires et les autres documents de la même nature également inédits. Elle est chargée aussi de la publication d'une table chronologique des chartes et diplômes imprimés concernant l'histoire de la Belgique.

Elle est rattachée à l'Académie royale des sciences, des lettres et des beaux-arts de Belgique, dont elle forme une annexe, et sa correspondance est soumise aux dispositions arrêtées pour cette Compagnie.

Il en est de même de ses archives.

Ses publications servent de complément à celles de l'Académie.

Art. 2. La Commission, composée de sept membres nommés par le Roi, choisit dans son sein un président et un secrétaire-trésorier (2).

Art. 3. Des membres suppléants, nommés par le Ministre de l'Intérieur, peuvent être adjoints aux membres de la Com-

(1) Arrêté royal du 28 avril 1869 remplaçant les arrêtés royaux du 22 juillet 1834, du 1er décembre 1845, du 5 octobre 1853, du 31 décembre 1861, du 7 avril 1866, et l'arrêté ministériel du 29 mars 1845.

(2) Voyez plus loin la composition de la Commission au 1er janvier 1890.

mission, assister, comme tels, à toutes les séances de celle-ci et prendre part à tous ses travaux.

Art. 4. En cas d'empêchement, les membres effectifs peuvent être remplacés aux séances par les membres suppléants; ceux-ci ont, dans ce cas, voix délibérative. Ils jouissent de la même indemnité, pour frais de voyage et de séjour, que les membres titulaires.

Art. 5. Les membres de la Commission s'assemblent régulièrement à Bruxelles quatre fois l'an, dans les mois de janvier, avril, juillet et novembre, pour délibérer sur les matières soumises à leur examen et se concerter sur les publications qui font l'objet de leurs travaux, d'après un plan rédigé par la Commission et approuvé par le Ministre de l'Intérieur.

La Commission se réunit extraordinairement lorsque le président le juge utile.

Art. 6. Le président met en délibération les objets à l'ordre du jour, recueille les voix et conclut au nom de la Commission.

En cas d'absence, il est remplacé par le membre le plus ancien.

Art. 7. Il est publié un Compte-rendu ou Bulletin des séances de la Commission, dans lequel sont rapportés les sujets dont elle s'est occupée et les communications qu'elle a reçues, en tant que celles-ci concernent l'histoire de la Belgique.

Aucune communication n'y est insérée qu'après résolution prise par la Commission.

Lorsque des séries de documents ou des notices ont une grande étendue, elles peuvent être publiées à part comme annexes au Bulletin

Art. 8. La Commission ayant pour but principal de rechercher et de mettre au jour les chroniques belges inédites, les membres éditeurs s'abstiennent d'introduire, dans les publications qui leur sont confiées, des matières étrangères au contenu du texte principal de l'ouvrage.

Art. 9. Aucune publication comprise dans le plan approuvé par le Ministre de l'Intérieur n'est autorisée qu'après que le membre qui désire en être chargé a fait connaître, dans un rapport à la Commission, la marche qu'il se propose de suivre, ainsi que la nature et l'importance des documents qu'il croit devoir ajouter au texte principal.

L'impression ne commence que lorsque la copie d'un tiers de volume, au moins, peut être livrée à l'imprimeur.

Art. 10. Les cartes et planches reconnues nécessaires pour être jointes au texte des chroniques ou de leurs appendices, ne sont confectionnées que lorsque la Commission en a autorisé la dépense, sur évaluation approximative.

Art. 11. Tous les mois, l'imprimeur adresse à chaque membre de la Commission une bonne feuille de tout ce qui est imprimé du texte des volumes de la collection.

Art. 12. Chaque membre reçoit un exemplaire, sur grand papier, des volumes de la collection, ainsi que cinq exemplaires du Bulletin. Il a droit, en outre, à dix exemplaires dits d'auteur de chacun des ouvrages qu'il est chargé de publier.

Art. 13. La Commission adresse au Ministre de l'Intérieur, à la fin de chaque année, un rapport général sur ses travaux.

Art. 14. La Commission s'abstient de porter un jugement sur les ouvrages imprimés d'auteurs vivants, quand ces ouvrages n'ont pas de rapport direct avec ses travaux.

Art. 15. Les résolutions et les pièces expédiées par la Commission, ou en son nom, sont signées par le président et par le secrétaire.

Art. 16. Le secrétaire est dépositaire des papiers et documents appartenant à la Commission. Il en tient inventaire.

ART. 17. Les ouvrages dont il est fait hommage à la Commission sont déposés dans la bibliothèque de l'Académie. Les titres de ces ouvrages et les noms des donateurs sont insérés au Bulletin.

ART. 18. Un crédit est attribué annuellement à la Commission pour couvrir les frais de toute nature résultant de la mission qui lui est confiée.

ART. 19. La Commission soumet, chaque année, son budget à l'approbation du Ministre de l'Intérieur, avec l'indication des publications qu'elle se propose d'entreprendre dans le courant de l'exercice; aucune dépense ne peut être faite en dehors du budget approuvé. La Commission rend compte de ses dépenses dans son rapport annuel.

ART. 20. Les membres de la Commission qui ne résident point à Bruxelles reçoivent, à titre d'indemnité de déplacement, pour chaque réunion ordinaire, c'est-à-dire pour celles qui coïncident avec les réunions mensuelles de l'Académie royale de Belgique, savoir :

Les membres demeurant dans un rayon de cinq lieues partant de Bruxelles, quinze francs;

Dans un rayon de dix lieues, vingt francs;

Dans un rayon de quinze lieues, vingt-cinq francs;

Enfin ceux demeurant dans une localité au delà de ce dernier rayon, trente francs.

Pour les réunions extraordinaires, les mêmes membres reçoivent douze francs par séjour de vingt-quatre heures, et une indemnité pour frais de route, calculée à raison de deux francs par lieue par voie ordinaire et d'un franc par lieue par chemin de fer.

ART. 21. Une indemnité de vingt francs par feuille d'impression, du format in-4°, est allouée aux membres qui donnent leurs soins à l'édition des chroniques, relations, cartulaires et de la Table chronologique des chartes et diplômes imprimés concernant l'histoire de la Belgique, en en préparant les matériaux, en les annotant, en en rédigeant les introductions, etc.

La même indemnité est accordée aux personnes que la Commission charge, sous sa direction et sa surveillance, après y avoir été autorisée par le Ministre de l'Intérieur, de concourir à ces publications.

Art. 22. Le traitement annuel de douze cents francs, dont jouit le secrétaire-trésorier actuel, est maintenu.

Art. 23. Notre Ministre de l'Intérieur est chargé de l'exécution du présent arrêté.

COMMISSION CHARGÉE DE LA PUBLICATION DES ŒUVRES DES ANCIENS MUSICIENS BELGES.

Institution (1).

Art. 1er. Une Commission est chargée de la publication des œuvres des anciens musiciens belges.

Art. 2. La Commission se compose de tous les membres de la section de musique de la Classe des beaux-arts de l'Académie royale de Belgique et d'un membre de la section des sciences et des lettres dans leurs rapports avec les beaux-arts, désigné par le Ministre de l'Intérieur (2).

Art. 3 Un bureau permanent, formé d'un président, d'un secrétaire et d'un trésorier, nommés par le Gouvernement, est chargé de la direction des travaux de la Commission.

Des personnes, aptes à donner un concours efficace à la Commission, peuvent lui être adjointes par le Ministre de l'Intérieur.

Art. 4. La Commission est convoquée par le président, au moins quatre fois par année :

A. Pour arrêter le mode général de publication, format, etc ;

B. Pour délibérer sur les œuvres musicales à mettre sous presse;

C. Pour choisir les maisons chargées de la gravure, des impressions, etc.;

D. Pour dresser le budget annuel.

(1) Arrête royal du 23 septembre 1879.

(2) Voir, plus loin, la composition de la Commission au 1er janvier 1890.

Les dispositions prises par la Commission, quant à ces divers objets, sont soumises à l'approbation préalable du Ministre de l'Intérieur.

Art. 5. Les membres et les adjoints présents aux réunions reçoivent les jetons de présence et de déplacement déterminés par l'arrêté royal du 13 décembre 1866 pour les séances de l'Académie.

Art. 6. Le bureau permanent réunit et, au besoin, achète les ouvrages et les documents pouvant servir à ses travaux de publication.

Après la correction des épreuves, le *bon à tirer* est donné par le président.

Art. 7. Le secrétaire-bibliothécaire tient la correspondance, rédige les procès-verbaux des séances, veille à l'exécution des décisions et conserve les archives et les livres.

Art. 8. Le trésorier encaisse les subsides accordés par l'État, paye les mandats des dépenses ordonnancées par le président et le secrétaire et présente annuellement à la Commission directrice son compte général, appuyé des pièces justificatives, conformément aux règles de la comptabilité de l'État.

Art. 9. La Commission adresse au Ministre de l'Intérieur, à la fin de chaque année, un rapport général sur ses travaux et ses dépenses.

Les dispositions prises par la commission, quant à ces divers objets, sont soumises à l'approbation ordinaire du Ministre de l'intérieur.

Art. 5. Les membres et les adjoints prennent, aux réunions respectives, le rang de préséance et de classement déterminés par l'arrêté royal du 13 décembre 1843 pour les classes de l'Académie.

Art. 6. Le bureau permanent veille, en [illegible], à ce que les ouvrages et les documents [illegible] à ses travaux de publication.

Après la réception des épreuves, le bon à tirer est donné par le président.

Art. 7. Le secrétaire-trésorier tient la correspondance, rédige les procès-verbaux des séances, veille à l'exécution des décisions et conserve les archives et les livres.

Art. 8. [illegible] pour les [illegible] des dépenses [illegible] par [illegible] et la [illegible] dans le compte général, appuyé des pièces justificatives, conformément aux règles de la comptabilité de l'État.

Art. 9. [illegible] adresse au Ministre de l'intérieur, à la fin de chaque année, un rapport général sur ses travaux et [illegible] dépenses.

PRIX
ET CONCOURS PÉRIODIQUES.

PRIX DÉCERNÉS PAR L'ACADÉMIE DEPUIS 1816 (1).

Durant la période de 1816 à 1845 l'Académie était divisée en deux Classes : celle des sciences et celle des lettres. Les prix pour la première Classe se décernaient dans sa séance publique du 16 décembre, jour anniversaire de la signature, par l'impératrice Marie-Thérèse, des lettres patentes de l'ancienne Académie impériale et royale; pour la Classe des lettres ils étaient décernés dans sa séance publique qui avait lieu, habituellement, le 7 mai, jour du rétablissement de l'Académie par le roi Guillaume Ier, sous le titre d'Académie royale des sciences et belles-lettres de Bruxelles.

Depuis 1845, l'Académie, réorganisée par le roi Léopold Ier sous le titre d'Académie royale des sciences, des lettres et des beaux-arts de Belgique, décerne ses prix pour les Classes des sciences et des lettres aux époques précitées, et pour la Classe des beaux-arts dans sa séance publique qui a lieu le dernier dimanche du mois d'octobre. C'est dans cette dernière séance que sont proclamés aussi les résultats des grands concours artistiques du Gouvernement.

(1816-1845.)

CLASSE DES SCIENCES.

1817. — * Médaille d'or à A. De Hemptinne pour son mémoire *Sur les applications de la vapeur d'eau comme moyen d'échauffement*. (Mém. cour. in-4°, t. I.)

(1) L'astérisque indique que le mémoire a été imprimé dans les recueils académiques.

1817. — Accessit à Ch. De Laveleye pour son mémoire sur le même sujet.

1817. — Médaille d'argent à Schaumans pour son mémoire *Sur l'orobranche.*

1819. — Médaille d'argent à Huguenin pour son mémoire *Sur une question de mécanique physique.*

1819. — Médaille d'argent à J.-F.-D. Behr pour son mémoire *Sur les minéraux de Belgique.*

1820. — * Médaille d'or à J. Vène pour son mémoire *Sur une question de mécanique.* (Mém. cour. in-4°, t. II.)

1820. — * Médaille d'or à J.-P. Pirard. pour son mémoire *Sur une question de physique.* (Idem.)

1820. — Médaille d'encouragement à Audoor pour son mémoire *Sur l'ancien état des vignobles en Belgique.*

1821. — * Médaille d'or à Drapiez pour son mémoire *Sur la constitution géologique du Hainaut.* (Mém. cour. in-4°, t. III.)

1821. — * Médaille d'or à G.-A. Marée pour son mémoire *Sur la composition chimique des sulfures.* (idem.)

1821. — Médaille d'encouragement à Coulier pour son mémoire *Sur le bleu de Prusse.*

1822. — * Médaille d'or à J. Vène pour son mémoire *Sur l'élimination entre deux équations à deux inconnues.* (Mém. cour. in-4°, t. IV.)

1822. — Médailles d'argent à H. Guillery et Évrard pour leur mémoire *Sur les plantes.*

1823. — Médaille d'argent à J. Vène pour son mémoire *Sur les lignes spiriques.*

1823. — * Médaille d'or à D. Hensmans pour son mémoire *Sur les esprits alcooliques.* (Mém. cour. in-4°, t. IV.)

1824. — * Médaille d'or à Pagani pour son mémoire *Sur les lignes spiriques.* (Mém. cour. in-4°, t. V.)

1824. — Médaille d'argent à Demoor pour son mémoire sur le même sujet.

1824. — Médaille d'argent à Martens pour son mémoire *Sur l'action d'un fil flexible.*

1824. — Médaille d'argent à D. Hensmans pour son mémoire *Sur les corps gazeux et gazifiables.*

1825. — * Médaille d'or à Pagani pour son mémoire *Sur le fil flexible.* (Mém. cour. in-4°, t. V.)

1825. — * Médaille d'or à Cauchy pour son mémoire *Sur la constitution géologique de la province de Namur.* (Idem.)

1825. — * Médaille d'or à A. Moreau de Jonnès pour son mémoire *Sur le déboisement des forêts.* (Idem.)

1825. — * Accessit avec mention honorable à Bosson pour son mémoire sur le même sujet. (Idem.)

1826. — Médaille d'argent à Gloesener pour son mémoire *Sur le magnétisme terrestre.*

1826. — * Médaille d'or à Belpaire pour son mémoire *Sur les changements de la côte d'Anvers à Boulogne.* (Mém. cour. in-4°, t. VI.)

1826. — Médaille d'argent à l'auteur du mémoire *Sur le fumier animal.*

1826. — Médaille d'argent à Alexis Timmermans pour son mémoire *Sur le mouvement d'une bulle d'air qui s'élève dans un liquide.*

1827. — Médaille d'argent à Th. Olivier pour son mémoire *Sur les dix points dans l'espace.*

1828. — Médaille d'argent à Aelbrouck pour son mémoire *Sur les prairies aigres.*

1828. — * Médaille d'or à Steiningen pour son mémoire *Sur la constitution géognostique du Grand-Duché de Luxembourg.* (Mém. cour. in-4°, t. VII.)

1828. — * Médaille d'argent à A. Engelspach-Larivière pour son mémoire sur le même sujet. (Idem.)

1829. — * Médaille d'or à A. Timmermans pour son mémoire *Sur les ailes des moulins à vent.* (Mém. cour. in-4°, t. VIII.)

1829. — Médaille d'argent à l'auteur du mémoire *Sur le meilleur mode de dénombrement de la population.*

1830. — * Médaille d'or à Dumont pour son mémoire *Sur la description géologique de la province de Liége.* (Idem.)

1830. — * Médaille d'argent à L.-J. Davreux pour son mémoire *Sur la constitution géognostique de la province de Liège.* (Mém. cour. in-4°, t. IX.)

1830. — * Médaille d'or à Chasles pour son *Histoire des méthodes de géométrie.* (Mém. cour. in-4°, t. XI.)

1834. — * Médaille d'or à Martens pour son mémoire *Sur les chlorures d'oxydes solubles.* (Mém. cour. in-4°, t. X.)

1835. — * Médaille d'or à A. De Vaux pour son mémoire *Sur l'épuisement des eaux dans les mines.* (Mém. cour. in-4°, t. XII.)

1835. — * Médaille d'or à H. Galeotti pour son mémoire *Sur la constitution géologique du Brabant.* (Idem.)

1836. — * Médaille d'or à J. Decaisne pour son mémoire *Sur la garance.* (Idem.)

1837. — * Médaille d'argent à Lambotte pour son mémoire *Sur les appareils sanguins et respiratoires des batraciens anoures.* (Mém. cour. in-4°, t. XIII.)

1837. — Mention honorable à Verplancke pour son mémoire *Sur les garances de Zélande et d'Avignon.*

1838. — Mention honorable à l'auteur du mémoire sur le même sujet remis au concours.

1839 — Médaille d'argent à Le François pour son mémoire *Sur l'analyse algébrique.*

1839. — Médaille d'argent à A. Trinchinetti pour son mémoire *Sur la formation des odeurs dans les fleurs.*

1840. — * Médaille d'or à Eug. Catalan pour son mémoire *Sur la transformation des variables dans les intégrales multiples.* (Mém. cour. in-4°, t. XIV.)

1840. — Médaille d'argent à J. Vallès pour son mémoire *Sur les logarithmes.*

1840. — (L'Académie a regretté de ne pouvoir décerner à Éd. Le François une médaille d'argent pour son mémoire *Sur les produites continues,* attendu qu'une semblable distinction avait déjà été accordée à cet auteur, en 1839, pour un même travail.) (Mém. cour. in-4°, t. XIV.)

1840. — * Médailles d'or à Gonot, le Dr G. Bischoff, Boisse, et médailles d'argent à Lemielle et Motte, pour leurs mémoires *Sur les explosions dans les mines*. (Mém. cour. in-8°, t. Ier.)

1841. — Médailles d'argent à Louyet et B. Verver pour leurs mémoires *Sur l'absorption par les plantes des substances métalliques vénéneuses accidentellement répandues dans le sol.*

1841. — * Médaille d'or à Moritz Stern pour son mémoire *Sur la théorie des résidus quadratiques*. (Mém. cour. in-4°, t. XV.)

1842. — Médaille d'argent à F. Duprez pour son mémoire *Sur l'électricité de l'air*.

1843. — * Médaille d'or à H. Nyst pour son mémoire *Sur les coquilles et polypiers fossiles des terrains tertiaires de la Belgique*. (Mém. cour. in-4°, t. XVII.)

1843. — * Médaille d'or à F. Duprez pour son mémoire sur le même sujet que celui qui lui a valu une médaille d'argent en 1842. (Mém. cour. in-4°, t. XVI.)

1844. — Médaille d'argent à H. Simonis pour son mémoire *Sur l'extension aux surfaces de la théorie des points singuliers des courbes*.

1844. — * Médaille d'or à Verlooren pour son mémoire *Sur le phénomène de la circulation chez les insectes*. (Mém. cour. in-4°, t. XIX.)

1845. — Mention honorable à l'auteur du mémoire *Sur les engrais*.

CLASSE DES LETTRES.

1817. — * Médaille d'or à l'auteur du mémoire *Sur les places qui pouvaient être considérées comme villes du VIIe au XIIe siècle*. (Mém. cour. in-4°, t. I.)

1817. — * Accessit à Stals pour son mémoire sur le même sujet. (Idem.)

1818. — Médaille d'or à A.-A.-M. Hoverlant de Beauvelaere pour son mémoire *Sur la servitude aux Pays-Bas*.

1820. — * Médaille d'or au baron F. de Reiffenberg pour son mémoire *Sur la population des fabriques pendant les XV*e *et XVI*e *siècles.* (Mém. cour. in-4°, t. II.)

1820. — * Médaille d'or à P. Hoffman-Peerlkamp pour son mémoire latin *Sur la vie et les doctrines des Belges qui écrivirent en vers latins.* (Idem.)

1821. — Médaille d'encouragement à Pycke pour son mémoire *Sur la législation et les tribunaux avant l'invasion des armées françaises aux Pays-Bas.*

1821. — * Médaille d'or au baron F. de Reiffenberg pour son mémoire *Sur Juste-Lipse.* (Mém. cour. in-4°, t. III.)

1822. — * Médaille d'or à Pycke pour son mémoire *Sur la législation et les tribunaux des Pays-Bas autrichiens.* (Mention honorable en 1821.) (Mém. cour. in-4°, t. IV.)

1822. — Médaille d'argent au baron F. de Reiffenberg pour son mémoire *Sur Érasme.*

1823. — Médaille d'argent à H. Guillery pour son *Éloge de François Hemsterhuis.*

1824. — * Médaille d'or à Raoux pour son mémoire *Sur les langues flamande et wallonne.* (Mém. cour. in-4°, t. V.)

1824. — Médaille d'argent à Ch. Steur pour son mémoire *Sur les États des provinces belgiques.*

1826. — * Médaille d'or à Pycke pour son *Mémoire sur les corporations et métiers des Pays-Bas.* (Mém. cour. in-4°, t. VI.)

1827. — * Médaille d'or à Raingo pour son mémoire *Sur l'instruction publique aux Pays-Bas.* (Idem.)

1827. — * Médaille d'or à Steur pour son mémoire *Sur l'administration des Pays-Bas sous Marie-Thérèse.* (Mém. cour. in-4°, t. VI.)

1828. — * Médaille d'or au même pour son *Mémoire sur l'état des Pays-Bas sous l'empereur Charles VI.* (Mém. cour. in-4°, t. VII.)

1829. — * Médaille d'or au même pour son mémoire *Sur le voyage de Charles-Quint à Gand.* (Mém. cour. in-4°, t. X.)

1829. — Médaille d'argent à G. Mees pour son mémoire sur le même sujet.

1830. — * Médaille d'or à J. Grandgagnage pour son *Mémoire concernant l'influence de la législation française sur celle des Pays-Bas espagnols.* (Mém. cour. in-4°, t. VIII.)

1830. — * Médaille d'or à J.-J. Van Hees Vanden Tempel pour son mémoire *Sur l'établissement des communes en Flandre.* (Mém. cour. in-4°, t. X.)

1830. — * Médaille d'or à D. Grœbe pour son *Mémoire sur les monnaies.* (Idem.)

1830. — Médaille d'or à L.-J. Dehaut pour son mémoire *Sur la vie et la doctrine d'Ammonius Saccas.* (Mém. cour. in-4°, t. IX.)

1834. — Médaille d'argent à Schayes pour son mémoire *Sur les monuments d'architecture du Brabant jusqu'au XVIe siècle*

1834. — Médaille d'argent à J. de Saint-Genois pour son mémoire *Sur l'origine et la nature des avoueries dans les Pays-Bas.*

1835. — * Médaille d'or à Schayes pour son mémoire *Sur les documents du moyen âge relatifs à la Belgique avant et pendant la domination romaine.* (Mém. cour. in-4°, t. XII.)

1835. — Mention honorable à F. Labeye, pour son mémoire *Sur l'état de la poésie flamande depuis l'époque la plus reculée jusqu'à la fin du XIVe siècle.*

1837. — * Médaille d'or à A. Van Hasselt pour son mémoire *Sur la poésie française depuis son origine jusqu'à la fin du règne d'Albert et Isabelle.* (Mém. cour. in-4°, t. XIII.)

1837. — * Médaille d'or à N. Briavoinne pour son mémoire *Sur l'époque des inventions, etc., qui ont successivement contribué aux progrès des arts industriels aux Pays-Bas depuis les dernières années du XVIIIe siècle jusqu'à nos jours.* (Idem.)

1838. — * Médaille d'or à J.-A. Snellaert pour son mémoire *Sur la poésie flamande dès son origine jusqu'à la fin du règne d'Albert et Isabelle.* (Mém. cour. in-4°, t. XIV, 1re partie.)

1838. — * Médaille d'argent à E. Del Marmol pour son *Mémoire* *concernant l'influence du règne de Charles-Quint sur la législation et les institutions politiques de la Belgique.* (Mém. cour. in-4°, t. XIV, 1re partie.)

1839. — Mention honorable à l'auteur du mémoire *Sur les changements apportés, par le prince Maximilien-Henri de Bavière (en 1684), à l'ancienne constitution liégeoise.*

1840. — Médaille d'argent à J. Henaux pour son mémoire sur le même sujet.

1840. — * Médaille d'or à Briavoinne pour son mémoire *Sur l'état de la population, des fabriques, des manufactures et du commerce dans les Pays-Bas, depuis Albert et Isabelle jusqu'à la fin du siècle dernier.* (Mém. cour. in-4°, t. XIV, 2e partie.)

1840. — * Médaille d'or à Schayes pour son mémoire *Sur l'époque à laquelle l'architecture ogivale a fait son apparition en Belgique.* (Idem.)

1840. — Médaille d'argent à J. Devigne pour son mémoire sur le même sujet.

1841. — * Médaille d'or à A.-J. Namèche pour son mémoire *Sur la vie et les écrits de Jean-Louis Vivès, professeur de l'Université de Louvain.* (Mém. cour. in-4°, t. XV.)

1842. — Médaille d'argent à A. Paillard de Saint-Aiglan pour son mémoire *Sur les changements que l'établissement des abbayes et des autres institutions religieuses au VIIe siècle, ainsi que l'invasion des Normands au XIe siècle, ont introduits dans l'état social en Belgique.*

1843. — Médaille d'argent à F. Van de Putte pour son mémoire *Sur l'état des écoles et autres établissements d'instruction publique en Belgique, depuis Charlemagne jusqu'à l'avènement de Marie-Thérèse.*

1843. — * Médaille d'or à A. Paillard de Saint-Aiglan pour son mémoire sur le même sujet que celui pour lequel il a obtenu une médaille d'argent en 1842. (Mém. cour. in-4°, t. XVI.)

1844. — * Médaille d'or au chevalier F. Van den Branden de Reeth pour son mémoire *Sur la famille des Berthout de Malines* (Mém. cour. in-4°, t. XVI.)

1845. — * Médaille d'or à N. Britz pour son mémoire *Sur l'ancien droit belgique.* (Mém. cour. in-4°, t. XX.)

1845. — * Médaille d'or à l'abbé Carton pour son mémoire *Sur l'éducation des sourds-muets.* (Mém. cour. in-4°, t. XIX.)

(1846 à 1869.)

—

CLASSE DES SCIENCES.

1846. — * Médaille d'or à B. Amiot pour son mémoire *Sur la théorie des points singuliers des courbes.* (Mém. cour. in-4°, t. XXI.)

1847. — Médaille d'argent à Le Docte pour son mémoire *Sur les engrais et la faculté d'assimilation dans les végétaux.*

1848. — * Médaille de vermeil à Le Docte pour son mémoire sur le sujet précité remis au concours. (Mém. cour. in-8°, t. III.)

1848. — * Médaille d'or à A. Eenens pour son mémoire *Sur les meilleurs moyens de fertiliser la Campine et les dunes.* (Mém. cour. in-8°, t. II.)

1848. — * Médaille de vermeil à Le Docte pour son mémoire *Sur l'agriculture luxembourgeoise.* (Mém. cour. in-8°, t. III.)

1849. — * Médaille d'or à Ossian Bonnet pour son mémoire *Sur la théorie générale des séries.* (Mém. cour. in-4°, t. XXIII.)

1851. — * Médaille d'or à F. Chapuis et Dewalque pour leur mémoire *Sur la description des fossiles des terrains secondaires de la province de Luxembourg.* (Mém. cour. in-4°, t. XXV.)

1851. — * Médaille d'or à Ad. de Hoon pour son mémoire *Sur les Polders.* (Mém. cour. in-8°, t. V.)

1852. — Médaille de vermeil à Éd. Morren pour son mémoire *Sur la coloration chez les végétaux.*

1853. — * Médaille d'argent à J. d'Udekem pour son mémoire *Sur le développement du Lombric terrestre.* (Mém. cour. in-4°, t. XXVII.)

1853. — * Médaille d'or à N. Lieberkuhn pour son mémoire *Sur l'évolution des Grégarines.* (Mém. cour. in-4°, t. XXVI.)

1858. — * Médaille d'or à Crocq pour son mémoire *Sur la pénétration des particules solides à travers les tissus de l'économie animale.* (Mém. cour. in-8°, t. IX.)

1862. — * Médaille d'or à Cohnstein pour son mémoire *Sur le tonus musculaire.* (Mém cour. in-4°, t. XXXIII.)

1864. — * Médaille d'or à Caron pour son mémoire *Sur la composition chimique des aciers.* (Mém. cour. in-4°, t. XXXII.)

1868. — * Médaille d'or à Éd. Van Beneden pour son mémoire *Sur la composition anatomique de l'œuf.* (Mém. cour. in-4°, t. XXXIV.)

1869. — * Médaille d'or à C. Malaise pour son mémoire *Sur le terrain silurien du Brabant.* (Mém. cour. in-4°, t. XXXVII)

1870. — * Médaille d'or à L. Pérard pour son mémoire *Sur le magnétisme terrestre.* (Idem.)

1873. — * Médaille d'or à P. Mansion pour son mémoire *Sur la théorie de l'intégration des équations aux différences partielles des deux premiers ordres.* (Mém. cour. in-8°, t. XXV.)

1874. — * Médaille d'or à A. Gilkinet pour son mémoire *Sur le polymorphisme des champignons.* (Mém. cour. in-8°, t. XXVI.)

1874. — * Médaille d'or à Ch. de la Vallée Poussin et A. Renard pour leur mémoire *Sur les roches plutoniennes de la Belgique et de l'Ardenne française.* (Mém. cour. in-4°, t. XL.)

1875. — Médailles d'argent à R. Malherbe et J. de Macar pour leurs mémoires *Sur le système du bassin houiller de Liége.*

1876. — Médaille d'or à Édouard Grimaux pour son mémoire *Sur l'acide urique.*

1877. — Médaille d'or à Rostafinski pour son mémoire *Sur les Laminariacées.*

1878. — Mentions honorables aux auteurs des mémoires portant pour devise : le 1er, *Nomina si pereunt perit et cognitio rerum;* le 2d, *Maximus in minimis certe Deus,* etc., en réponse à la question sur la *Flore des algues, des champignons, etc., croissant en Belgique.*

1879. — Mention honorable à Ad. Courtois pour son mémoire *Sur la torsion.*

1880. — * Médaille d'or à A. Ribaucour pour son mémoire *Sur les Élassoïdes*. (Mém. cour. in-4°, t. XLIV.)

1882. — * Médaille d'or à P. De Heen pour son mémoire *Sur les relations qui existent entre les propriétés physiques et les propriétés chimiques des corps simples et des corps composés* (Mém. cour. in-8°, t. XXXVI.)

1882. — Médaille d'or à Léon Fredericq pour son mémoire concernant l'*Influence du système nerveux sur la régulation de la température à sang chaud.* (*Archives de Biol.*, t. III, p. 687.)

1885. — * Médaille d'or à Armand Jorissen pour son mémoire *Sur les dépôts nutritifs des graines.* (Mém. cour. in-8°, t. XXXVIII.)

1886. — * Médaille d'or à Émile Yung pour son mémoire *Sur la physiologie de l'escargot.* (Mém. cour. in-4°, t. XLIX.)

CLASSE DES LETTRES.

1846. — Médaille d'encouragement à G. Guillaume pour son mémoire *Sur l'organisation militaire en Belgique depuis Philippe le Hardi jusqu'à l'avènement de Charles-Quint.*

1846. — * Médaille d'or à A.-C.-A. Zestermann pour son mémoire *Sur les basiliques.* (Mém. cour. in-4°, t. XXI.)

1846. — Médaille d'honneur à F. Tindemans pour son mémoire sur le même sujet.

1847. — * Médaille d'or à G. Guillaume pour son mémoire sur le même sujet que celui pour lequel il a obtenu une médaille d'encouragement en 1846. (Mém. cour. in-4°, t. XXII.)

1848. — Médaille d'argent à J. Le Jeune pour son mémoire *Sur le pouvoir judiciaire en Belgique avant Charles-Quint.*

1849. — Médaille d'argent à Ch. Stallaert et Ph. Van der Haeghen pour leur mémoire *Sur l'état des écoles en Belgique jusqu'à l'établissement de l'Université de Louvain.*

1849. — Médaille de vermeil à E. Ducpetiaux pour son mémoire *Sur les causes du paupérisme dans les Flandres.*

1849. — Médaille de vermeil à J. Le Jeune pour son mémoire

Sur l'organisation du pouvoir judiciaire en Belgique avant Charles-Quint. (Médaille d'argent en 1848.)

1849. — Prix d'encouragement à J. Dieden pour son mémoire *Sur le règne d'Albert et Isabelle.* (Concours du Gouvernement.)

1850. — * Médaille d'or à Ch. Stallaert et Ph. Van der Haeghen pour leur mémoire *Sur l'état des écoles en Belgique jusqu'à l'établissement de l'Université de Louvain.* (Médaille d'argent en 1849.) (Mém. cour. in-4°, t. XXIII.)

1850. — * Médaille d'or à E. Ducpetiaux pour son mémoire *Sur les causes du paupérisme en Flandre.* (Médaille d'argent en 1849.) (Mém. cour. in-8°, t. IV.)

1851. — * Médaille d'or à Ad. Siret pour *une pièce de vers, en langue française, consacrée à la mémoire de la Reine Louise.* (*Bull.*, t. XVIII, 1re partie, p. 517.)

1851. — * Médaille d'or à A. Bogaers pour *une pièce de vers, en langue flamande, sur le même sujet.* (Idem, p. 540.)

1851. — * Médaille d'or à Legrand et Tychon pour leur mémoire *Sur Démétrius de Phalère.* (Mém. cour. in-4°, t. XXIV.)

1852. — * Médaille d'or à Wéry pour son mémoire *Sur l'assistance à accorder aux classes souffrantes de la société.* (Mém. cour. in-8°, t. V.)

1853. — Médaille d'argent à E. Rottier pour son mémoire *Sur Érasme.*

1853. — Médaille d'argent à Gaillard pour son mémoire *Sur l'influence que la Belgique a exercee sur les Provinces-Unies.*

1853. — * Médaille d'argent à De Give pour son mémoire *Sur l'enseignement littéraire et scientifique dans les établissements d'instruction moyenne.* (Mém. cour. in-8°, t. VI.)

1854. — * Médaille d'or à E. Rottier pour son mémoire *Sur Érasme.* (Médaille d'argent en 1853.) (Idem.)

1854. — * Médaille d'or à Gaillard pour son mémoire *Sur l'influence que la Belgique a exercée sur les Provinces-Unies.* (Médaille d'argent en 1853) (Idem.)

1856. — * Médaille d'or à F. Nève pour son mémoire *Sur le collège des Trois-Langues à Louvain.* (Mém. cour. in-4°, t. XXVIII.)

1857. — * Médaille d'or à Delfortrie pour son mémoire *Sur les analogies que présentent les langues flamande, allemande et anglaise.* (Mém. cour. in-4°, t. XXIX.)

1857. — * Médaille d'or à A. Pinchart pour son mém. *Concernant l'histoire du Grand-Conseil de Hainaut.* (Mém. c. in-8°, t. VII.)

1858. — * Médaille d'or à F. Gabba pour son mémoire *Sur les origines du droit de succession.* (Mém. cour. in-8°, t. XII.)

1858. — Médaille d'argent à H. Voituron pour son mémoire sur le même sujet.

1858. — * Médaille d'or à F. Loise pour son mém. *Concernant l'influence de la poésie sur la civilisation.* (Mém. c. in-8°, t. VII.)

1859. — Médaille d'argent à l'auteur du mémoire *Sur les Chambres de rhétorique.*

1859. — * Médaille d'or à A. Wauters pour son mémoire *Sur le règne de Jean Ier, duc de Brabant.* (Mém. cour. in-8°, t. XIII.)

1860. — * Médaille d'or à P. Van Duyse pour son *Éloge de Cats.* (Mém. cour. in-8°, t. XI.)

1860. — * Médaille d'or au même pour son mémoire *Concernant les Chambres de rhétorique.* (Idem.)

1862. — Médailles d'argent à Lecouvet pour son mémoire *Sur Aubert Le Mire* et à l'auteur d'un second mémoire sur le même sujet.

1862. — * Médaille d'or à E. Poullet pour son mémoire *Sur l'ancienne constitution brabançonne.* (Mém. cour. in-4°, t. XXXI.)

1863. — Médaille d'argent à Ém. de Borchgrave pour son mémoire *Sur les colonies belges en Allemagne au XIIe et au XIIIe siècle.*

1863. — * Médaille d'or à C.-B. De Ridder pour son mémoire *Sur Aubert Le Mire.* (Mém. cour. in-4°, t. XXXI.)

1863. — * Médaille d'or à C. Picqué pour son mémoire *Sur Philippe de Commines.* (Mém. cour. in-8°, t. XVI.)

1864. — * Médaille d'or à Ém. de Borchgrave pour son mémoire *Sur les colonies belges en Allemagne au XIIe et au XIIIe siècle.* (Médaille d'argent en 1863.) (Mém. cour. in-4°, t. XXXII.)

1864. — * Médaille d'or à A. De Jager pour son *Éloge de Vondel.* (Mém. cour. in-8°, t. XVII.)

1867. — Médaille d'argent à l'auteur du mémoire sur *Chastellain.*

1867. — * Médaille d'or à E. Poullet pour son mémoire *Sur l'histoire du droit pénal dans le duché de Brabant jusqu'à Charles-Quint.* (Mém. cour. in-4°, t. XXXIII.)

1868. — * Médaille d'or à Ch Fétis pour son mémoire *Sur Jean Lemaire (des Belges).* (Mém. cour. in-8°, t. XXI.)

1869. — * Médaille d'or à E. Poullet pour son mémoire *Sur l'histoire du droit pénal dans le duché de Brabant depuis Charles-Quint.* (Mém. cour. in-4°, t. XXXV.)

1869. — * Médaille d'or à Frans De Potter et J. Broeckaert pour leur *Description statistique d'une commune du centre des Flandres.* (Mém. cour. in-8°, t. XXI.)

1870. — * Médaille d'or à Ém. de Borchgrave pour son mémoire *Sur les colonies belges de la Hongrie et de la Transylvanie.* (Mém. cour. in-4°, t. XXXVI.)

1871. — * Médaille d'or à Ch. Piot pour son mémoire *Sur les pagi en Belgique.* (Mém. cour. in-4°, t. XXXIX.)

1871. — * Médaille d'or à E. Poullet pour son mémoire *Sur le droit criminel dans la principauté de Liège.* (Mém. cour. in-4°, t. XXXVIII.)

1873. — * Médaille d'or à Heurard pour son mémoire *Sur le règne de Charles le Téméraire.* (Mém. cour. in-8°, t. XXIV.)

1873. — Médaille d'argent à Varenbergh pour son mémoire sur le même sujet.

1874. — * Médaille d'or à Ad. De Ceuleneer pour son mémoire *Sur Septime Sévère.* (Mém. cour. in-4°, t. XLIII.)

1874. — * Médaille d'or à Van Weddingen pour son mémoire *Sur St Anselme de Cantorbéry.* (Mém. cour. in-8°, t. XXIV.)

1874. — Médaille d'or à Dauby pour son mémoire *Sur la théorie du capital et du travail* (1).

1876. — * Médaille d'or à A. Faider pour son mémoire *Sur l'histoire de la législation du droit de chasse.* (Mém. c. in-8°, t. XXVII.)

(1) A été imprimé par l'auteur.

1877. — * Médaille d'or à Th. Quoidbach pour son mémoire *Sur le caractère national des Belges.* (Mém. cour. in-8°, t. XXVIII.)

1879. — * Médaille d'or, en partage, à H.-V.-A. Francotte et J. Küntziger, pour leurs mémoires *Sur la propagande des encyclopédistes français dans la principauté de Liège, dans la seconde moitié du XVIIIe siècle.* (Mém. cour. in-8°, t. XXX.)

1879. — * Médaille d'or à De Potter pour son mémoire *Sur Jacqueline de Bavière.* (Mém. cour. in-4°, t. XXXI.)

1880. — * Médaille d'or (en partage), à V. Brants et à De Potter et Broeckaert pour leurs mémoires *Sur l'histoire des classes rurales en Belgique jusqu'à la fin du XVIIIe siècle.* (Mém. cour. in-8°, t. XXXII.)

1881. — * Médaille d'or à A. De Decker, pour son mémoire en flamand *Sur les Malcontents.* (Mém. cour in-8°, t. XXXIII.)

1881. — * Médaille d'or à De Potter pour son mémoire *Sur l'échevinage.* (Mém. cour. in-8°, t. XXXIII.)

1882. — * Médaille d'or à P. Alberdingk-Thijm pour son mémoire en flamand *Sur les institutions charitables en Belgique au moyen âge.* (Mém. cour. in-4°, t. XLV.)

1882. — * Médaille d'or à A. Delattre pour son mémoire *Sur l'Empire des Mèdes.* (Mém. cour. in-4°, t. XLV.)

1882. — * Médaille d'or à Richald pour son mémoire *Sur l'histoire des finances de la Belgique depuis 1830.* (Mém. cour. in-4°, t. XLVI.)

1882. — Médailles d'argent à Mayer et Nicolaï pour leurs mémoires sur le même sujet.

1884. — * Médaille d'or à L. Demarteau pour son mémoire *Sur l'histoire de la dette publique belge.* (Mém. cour. in-4°, t. XLVIII.)

1884. — Médaille d'or à Edg. de Marneffe pour son mémoire *Sur les institutions mérovingiennes.*

1885. — * Médaille d'or à J. Van Droogenbroeck pour son mémoire en flamand *Sur les règles de la métrique grecque et latine appliquée à la poésie néerlandaise.* (Mém. cour. in-8°, t. XXXVIII.)

1886. — * Médaille d'or à Monchamp pour son *Histoire du cartésianisme en Belgique.* (Mém cour. in-8°, t. XXXIX.)

1887. — * Médaille d'or à Henri Lonchay pour son mémoire concernant l'*Attitude des souverains des Pays-Bas à l'égard du pays de Liège au XVIe siècle.* (Mém. cour. in-8°, t. XLI.)

1888. — * Médaille d'or à G. Delaunois pour son mémoire *Sur l'Intempérance* (Mém. cour. in-8°, t. XLIII.)

1889. — Médaille d'or à H. Lonchay pour son mémoire *Sur les relations politiques du pays de Liège, au XVIIe et au XVIIIe siècle, avec la France,* etc.

1889. — Médaille d'or à P. J. Waltzing pour son mémoire *Sur les corporations d'ouvriers et d'artistes chez les Romains.*

CLASSE DES BEAUX-ARTS.

1853. — Médaille d'argent à Belleflamme pour son mémoire *Sur les bases et les chapiteaux en architecture.*

1854. — Médaille d'argent à l'auteur du mémoire *Sur l'introduction de l'emploi du verre à vitre.*

1855. — * Médaille d'or à Héris pour son mémoire *Sur l'école flamande de peinture sous les ducs de Bourgogne.* (Mém. cour. in-4°, t. XXVII.)

1857. — Médaille d'argent à l'auteur du mémoire *Sur la gravure dans les Pays-Bas jusqu'à la fin du XVe siècle.*

1858. — Médaille d'or à E. Levy pour son mémoire *Sur l'enchaînement des diverses architectures.*

1859. — * Médaille d'or à J. Renouvier pour son mémoire *Sur la gravure aux Pays-Bas jusqu'à la fin du XVe siècle.* (Mém. cour. in-8°, t X.)

1859. — Médaille d'or à A. Pinchart pour son mémoire *Sur la tapisserie de haute-lisse.*

1863. — * Médailles d'or à E. Baes et Wiertz pour leurs mémoires *Sur les caractères constitutifs de l'école flamande de peinture.* (Mém. cour. in-4°, t. XXXII.)

1865. — Médaille d'argent à E. Baes pour son mémoire *Sur l'enseignement des arts graphiques et plastiques.*

1865. — Médaille d'argent au même pour son mémoire *Sur l'histoire de la peinture de paysage.*

1867. — Médaille d'argent à E. Van Cleemputte pour son mémoire *Sur Quentin Metsys.*

1868. — * Médaille d'or à A. Pinchart pour son mémoire *Sur l'histoire de la gravure des médailles en Belgique.* (Mém. cour. in-4°, t. XXXV.)

1873. — * Médaille d'or à A. Schoy pour son mémoire *Concernant l'influence italienne sur l'architecture aux Pays-Bas.* (Mém. cour. in-4°, t. XXXIX.)

1874. — Médaille d'argent à l'auteur du mémoire *Sur la sculpture aux Pays-Bas pendant les XVII*e *et XVIII*e *siècles.*

1875. — * Médaille d'or à Edm. Marchal pour son mémoire *Sur la sculpture aux Pays-Bas pendant les XVII*e *et XVIII*e *siècles.* (Mém. cour. in-4°, t. XLI.)

1877. — * Médaille d'or à Edg. Baes pour son mémoire *Concernant l'influence italienne sur Rubens et Van Dyck.* (Mém. cour. in-8°, t. XXVIII.)

1877. — * Médaille d'or à Alphonse Goovaerts pour son mémoire *Sur l'histoire de la typographie et de la bibliographie musicales aux Pays-Bas.* (Mém. cour. in-8°, t. XXIX.)

1878. — * Médaille d'or à Henri Hymans pour son mémoire *Sur l'histoire de l'école de gravure sous Rubens.* (Mém. cour. in-4°, t. XLII.)

1879. — Mention très honorable à l'auteur du mémoire *Sur le régime de la profession de peintre jusqu'à l'époque de Rubens.*

1881. — * Médaille d'or à Edgar Baes pour son mémoire *Sur le régime de la profession de peintre avant Rubens.* (Mém. cour. in-4°, t. XLIV.)

1883. — * Médaille d'or à Michel Brenet, pour son mémoire *Sur Grétry.* (Mém. cour. in-8°, t. XXXVI.)

ARTS APPLIQUÉS.

1853. — Médaille d'or (concours extraordinaire) à Hugo Ulrich pour *une symphonie triomphale* (mariage de Léopold II).

—

La Classe des beaux-arts avait ouvert un concours extraordinaire de GRAVURE AU BURIN pour la période de 1856 à 1860.

Le prix a été décerné à Joseph Bal pour sa gravure du tableau de L. Gàllait : *Jeanne la Folle.*

—

La dite Classe avait décidé dans sa séance du 20 septembre 1849 qu'un concours d'arts appliqués aurait lieu, chaque année, concurremment avec son concours littéraire. Cette disposition, mise en vigueur à partir de 1872, a donné les résultats suivants :

1872. — PEINTURE ET SCULPTURE. — Prix de mille francs accordé à X. Mellery pour son carton représentant *les travaux de la métallurgie.* — Prix de mille francs accordé à J. Cuypers pour son bas-relief représentant *les travaux de l'agriculture.*

1873. — ARCHITECTURE ET MUSIQUE. — Prix de mille francs accordé à H. Blomme pour son projet d'*Arc de triomphe dédié à la Paix.* — Prix de mille francs accordé à S. De Lange pour son *Quatuor pour instruments à cordes.*

1874. — PEINTURE ET GRAVURE AU BURIN. — Prix (d'encouragement) de cinq cents francs accordé à J. Dillens pour son carton d'une frise destinée à une *Salle d'hospice.* — Prix de six cents francs accordé à J. Demannez pour sa gravure du tableau de Leys : *Érasme dans son cabinet de travail.*

1875. — SCULPTURE ET GRAVURE EN MÉDAILLES. — Prix (d'encouragement) de cinq cents francs accordé à J. Dillens pour son bas-relief ayant comme sujet l'*Horticulture.* — Prix de six cents francs à Ch. Wiener pour ses deux médailles: *La visite du czar Alexandre à Londres en 1874,* et *l'Alliance des républiques américaines du Sud pour la défense de Lima.*

1876. — Architecture et musique. — Prix de mille francs accordé en partage à H. Vandeveld et J. Baes pour leurs projets de *Pont monumental*. — Prix (d'encouragement) de cinq cents francs accordé à De Doss pour sa *Messe du jour de Pâques*.

1877. — Peinture et Sculpture. — Prix de mille francs accordé à A. Bourotte pour son carton ayant pour sujet *L'enseignement de l'enfance, la crèche école gardienne et le jardin d'enfants*. — Prix de mille francs accordé à George Geefs pour son bas-relief ayant pour sujet l'*Industrie linière personnifiée*.

1878. — Peinture et gravure au burin. — Prix de peinture non décerné. — Prix de six cents francs accordé à Pierre J. Arendzen pour sa gravure d'un tableau de J. Portaels : *Dans la bruyère*.

1879. — Architecture et musique. — Prix (d'encouragement) de cinq cents francs accordé à Oscar Raquez pour son projet de *Fontaine monumentale*. — Prix (d'encouragement) de cinq cents francs, avec mentions honorables, accordés à Jos. Callaerts et Raffaele Coppola pour leurs *Symphonies à grand orchestre*.

1880. — Sculpture et gravure en médailles. — Prix de mille francs décerné à De Rudder pour sa statue représentant le *Printemps*, et mention honorable à J. De Keyser pour sa statue représentant le même sujet. — Prix de six cents francs à Ch. Wiener pour sa *médaille commémorative du cinquantième anniversaire de l'indépendance nationale*.

1881. — Peinture et eaux-fortes. — Prix de mille francs décerné à E. Broermann pour son carton représentant le *Commerce maritime*, et mention honorable à Isidor De Rudder pour le même sujet. — Prix de six cents francs à A. Danse pour sa gravure du tableau de Jordaens : *Le Satyre et le Paysan*.

1882. — Architecture et musique. — Prix de mille francs décerné à Jules Van Crombrugghe, pour son *Projet d'entrée de tunnel dans les Alpes*. — Prix de mille francs à Jos. Callaerts, pour son *Trio pour piano, violon et violoncelle*, et mention très honorable à P. Heckers, pour son *Trio sur le même sujet*.

1883. — Peinture et sculpture. — Prix de mille francs décerné à Henri Evrard pour son carton représentant les *Secours en temps de guerre;* et mention honorable à Guillaume-François Hoffman pour son carton représentant le même sujet. — (Le prix pour la sculpture n'a pas été décerné. Sujet: Statue monumentale personnifiant *l'Électricité.*)

1884. — Gravure et gravure en médailles. — Prix de six cents francs décerné à Fr. De Meersmann pour sa gravure du tableau de J. Stallaert : *Œdipe et Antigone.* — Prix de six cents francs à Ch. Wiener ponr sa médaille de l'inauguration de la forêt d'Epping en 1882 par l'impératrice-reine Victoria.

1885. — Architecture et musique. — Prix de mille francs décerné à Ch. De Wulf pour son projet de cimetière pour une ville de 100,000 âmes; mention très honorable à Henri Vander Haeghen pour son projet sur le même sujet. — Prix de mille francs à Lebrun pour son quatuor pour instruments à cordes.

1886. — Peinture et sculpture. — Sujets: 1° Projet de diplôme destiné aux lauréats des différents concours ouverts par l'Académie; — 2° *Un guerrier nervien devant l'ennemi.* Prix non décernés.

1887. — Peinture et gravure en médailles. — Prix de mille francs décerné à Joseph Middeleer pour son carton représentant *Les nations du globe apportant à la Belgique leurs produits divers.* — Aucune médaille n'a été soumise au concours.

1888. — Architecture et gravure en taille douce. — Prix de huit cents francs à Désiré Jacques Van der Haeghen pour son projet de phare; mention très honorable à Victor Horta pour son projet de même nature. — Prix de six cents francs à Auguste Danse pour sa gravure : *le Moine,* d'après Memling.

1889. — Sculpture et musique. — Prix de mille francs à Pierre Braecke pour son bas-relief destiné à une crèche-école gardienne; mention très honorable à Charles Samuel pour une œuvre de même nature. — Le prix de mille francs n'a pas été décerné pour la symphonie à grand orchestre; un prix d'encouragement de *cinq cents francs* a été accordé à M. L. Kefer, de Verviers.

PRIX GUINARD.

Le docteur Guinard, de Saint-Nicolas (Waes), a fondé, par testament, un prix perpétuel de *dix mille* francs, destiné à être décerné tous les cinq ans à « celui qui aura fait le meilleur ouvrage ou la » meilleure invention pour améliorer la position matérielle ou intel- » lectuelle de la classe ouvrière en général sans distinction ».

1re période (1868-1872), prix décerné à François Laurent, pour son travail sur l'*Épargne dans les écoles*.

2e période (1873-1877), prix décerné à Louis Melsens, pour ses *Recherches sur l'iodure de potassium en ce qui concerne les affections saturnines ou mercurielles*.

3e période (1878-1882), prix décerné à J. Dauby, pour son livre intitulé : *Des grèves ouvrières*.

4e période (1883-1887), prix décerné à Ernest Gilon, pour son livre intitulé : *Misères sociales : La lutte pour le bien-être*.

PRIX QUINQUENNAL D'HISTOIRE.

Institution (1).

1. Il est institué un prix quinquennal de cinq mille francs en faveur du meilleur ouvrage sur l'histoire du pays, qui aura été publié par un auteur belge, durant chaque période de cinq ans.

2. Il sera affecté, pour la formation de ce prix, un subside annuel de mille francs sur les fonds alloués au budget en faveur des lettres et des sciences.

3. La Classe des lettres de l'Académie royale des sciences, des lettres et des beaux-arts de Belgique soumettra à la sanction du Gouvernement un projet de règlement, qui déterminera les conditions auxquelles le prix sera décerné et le mode qui sera observé pour le jugement des ouvrages.

PRIX QUINQUENNAUX DE LITTÉRATURE ET DE SCIENCES.

Institution (2).

1. Indépendamment du prix fondé par l'arrêté précité, il est institué cinq prix quinquennaux de cinq mille francs chacun, en faveur des meilleurs ouvrages qui auront été publiés en Belgique, par des auteurs belges, et qui se rattacheront à l'une des catégories suivantes :

(1) Sanctionnée par arrêté royal du 1er décembre 1845.
(2) Sanctionnée par arrêté royal du 6 juillet 1851.

1° Sciences morales et politiques (1);

2° Littérature française;

3° Littérature flamande;

4° Sciences physiques et mathématiques;

5° Sciences naturelles.

2. Le jugement des ouvrages est attribué à des jurys de sept membres, nommés par Nous, sur la proposition, à savoir: pour les trois premières catégories, par la Classe des lettres, et pour les deux autres catégories, par la Classe des sciences de l'Académie royale de Belgique.

3. Chaque Classe soumettra à la sanction du Gouvernement un projet de règlement qui déterminera, conformément aux principes posés dans le règlement pour le prix quinquennal d'histoire, les conditions auxquelles les prix seront décernés et le mode qui sera observé pour la composition du jury et pour le jugement des ouvrages.

4. Les deux Classes proposeront de commun accord l'ordre dans lequel seront appelées les différentes catégories désignées ci-dessus, de telle sorte que la première période quinquennale finisse le 31 décembre 1851.

5. Si aucun ouvrage n'est jugé digne d'obtenir le prix intégral, il pourra être fait des propositions au Gouvernement pour la répartition de la somme entre les ouvrages qui se seront le plus rapprochés des conditions requises pour l'allocation du grand prix (2).

6. L'article 2 de Notre arrêté précité du 1er décembre 1845 est rapporté.

(1) Voyez p. 90.

(2) Cet article a été rapporté par arrêté royal du 7 février 1859.

Remplacement du prix quinquennal des sciences morales et politiques par trois autres prix, et création d'un prix quinquennal des sciences sociales (1).

Art. 1er. Le prix quinquennal des sciences morales et politiques institué le 6 juillet 1851 est remplacé par les trois prix suivants :

A. Prix quinquennal des sciences historiques;
B. Prix décennal des sciences philosophiques;
C. Prix décennal de philologie.

Art. 2. Il est institué en outre un prix quinquennal des sciences sociales.

Art. 3. Le prix de chacun de ces concours est fixé à cinq mille francs.

(1) Sanctionné par arrêté royal du 20 décembre 1882.

RÈGLEMENT GÉNÉRAL POUR LES PRIX QUINQUENNAUX ET DÉCENNAUX.

—

Art. 1er. Le programme de chacun des concours quinquennaux et décennaux est fixé comme suit :

A. — Prix quinquennal d'histoire nationale.

(Institué le 1er décembre 1845.)

Histoire politique du pays, tant interne qu'externe. — Histoire des provinces et des communes. — Histoire diplomatique.—Histoire de l'industrie, du commerce, des finances, etc. — Histoire des sciences, des lettres et des beaux-arts. — Histoire religieuse, histoire militaire. — Recueils de documents analysés et annotés. — Ethnographie, géographie et statistique historique. – Archéologie nationale, numismatique belge, études biographiques, généalogiques, bibliographiques, etc. (auxiliaires de l'histoire).

B. — Prix quinquennal de littérature française.

(Institué le 6 juillet 1851.)

a) Poésie (à l'exclusion de la poésie dramatique, qui fait l'objet d'un concours triennal).

b) Romans, nouvelles et autres compositions purement littéraires, telles que portraits, tableaux de mœurs, recueils de pensées, morceaux d'éloquence.

C. — Prix quinquennal de littérature néerlandaise.

(Institué le 6 juillet 1851.)

a) Poésie (à l'exclusion de la poésie dramatique, qui fait l'objet d'un concours triennal).

b) Romans, nouvelles et autres compositions purement littéraires, telles que portraits, tableaux de mœurs, recueils de pensées, morceaux d'éloquence.

D. — Prix quinquennal des sciences physiques et mathématiques.

(Institué le 6 juillet 1851.)

a) Physique et chimie expérimentales.

b) Mathématiques pures comprenant l'analyse et la géométrie.

c) Mathématiques appliquées comprenant la mécanique, l'astronomie, la géodésie, la physique mathématique, la mécanique appliquée et la mécanique céleste, etc.

E. — Prix quinquennal des sciences naturelles.

(Institué le 6 juillet 1851.)

a) Sciences zoologiques. — Morphologie animale divisée en : 1° zoologie descriptive et paléontologie animale, anatomie et embryologie, et 2° physiologie animale.

b) Sciences botaniques. — Morphologie botanique divisée en : 1° botanique descriptive et paléontologie végétale, anatomie végétale et embryologie végétale, et 2° physiologie botanique.

c) Sciences minérales. — Minéralogie. — Géologie. — Applications de la paléontologie à la géologie.

F. — Prix quinquennal des sciences historiques.

(Institué le 20 décembre 1882.)

a) Histoire dans l'acception la plus large du mot, savoir : Histoire universelle; histoire particulière des nations étrangères et de leurs institutions; histoire des religions, des mythologies, des croyances populaires, des mœurs et des coutumes; études comparées sur les civilisations. — Histoire des sciences, des lettres et des beaux-arts (pays étrangers). — Histoire de l'industrie, du commerce, des finances (id.). — Géographie, ethnographie, statistique historique (id.). — Autres études auxiliaires de l'histoire; paléographie diplomatique, épigraphie, numismatique, chronologie, etc.

b) Antiquités politiques, judiciaires, administratives, etc.

c) Critique historique et littéraire; critique d'art.

G. — Prix décennal des sciences philosophiques.

(Institué le 20 décembre 1882)

Métaphysique, logique, psychologie, philosophie morale, philosophie du droit, philosophie du langage, philosophie de l'éducation, esthétique, philosophie de la nature, philosophie de l'histoire, histoire de la philosophie.

H. — Prix décennal de philologie.

(Institué le 20 décembre 1882.)

Linguistique; philologie (orientale, classique, germanique, romane, etc.).

I. — Prix quinquennal des sciences sociales.
(Institué le 20 décembre 1882.)

Sciences juridiques en général, législation et droit, etc. — Économie politique. — Bienfaisance. — Hygiène. — Éducation. — Instruction.

Art. 2. La nomenclature des divers programmes n'est pas limitative.

Art. 3. L'ordre de succession ainsi que le commencement et la fin des périodes pour les cinq premiers de ces concours sont maintenus tels qu'ils ont été établis par les règlements antérieurs (1).

(1) L'art. 1er du règlement pour le prix quinquennal d'histoire, sanctionné par arrêté royal du 26 décembre 1848, portait : « La première période de cinq années prend cours du 1er janvier 1846, pour finir au 31 décembre 1850 ».

La 9me période comprendra donc les années 1886-1890 et le prix pourra être décerné en 1891.

L'article 1er du reglement pour les prix quinquennaux de littérature et de sciences, sanctionné par arrêté royal du 29 novembre 1851, était ainsi conçu :

« Les concours pour les prix quinquennaux se succèdent d'année en année, dans l'ordre suivant :

Sciences naturelles ;
Littérature française ;
Sciences physiques et mathématiques ;
Littérature flamande ;
Sciences morales et politiques.

La première periode de cinq années finira le 31 décembre 1851, pour les sciences naturelles ; le 31 décembre 1852, pour la littérature française, et ainsi de suite. »

Voir pages 98 et suivantes les dates auxquelles ces prix pourront être decernes.

Art. 4. L'ordre de succession ainsi que le commencement et la fin des périodes établis par les règlements antérieurs pour le prix quinquennal des sciences morales et politiques, remplacé par trois concours nouveaux, seront appliqués au concours quinquennal des sciences historiques institué par l'arrêté royal du 20 décembre 1882, dont la première période quinquennale prendra fin le 31 décembre 1885.

Art. 5. Le premier concours quinquennal pour le prix des sciences sociales comprendra les ouvrages publiés depuis le 1er janvier 1882 jusqu'au 31 décembre 1886.

Art. 6. Le premier concours décennal pour le prix des sciences philosophiques comprendra les ouvrages publiés depuis le 1er janvier 1878 jusqu'au 31 décembre 1887.

Art. 7. Le premier concours pour le prix décennal de philologie comprendra les ouvrages publiés du 1er janvier 1880 au 31 décembre 1889.

Art. 8. Seront admis à ces différents concours les ouvrages d'auteurs Belges de naissance ou naturalisés, publiés en Belgique ou à l'étranger pendant l'une des années dont se compose chaque période.

Tous les ans, avant la clôture de chaque période, un avis inséré au *Moniteur belge* invitera les intéressés à adresser au Département de l'intérieur un exemplaire de leurs œuvres qui se trouveraient dans les conditions voulues, en mentionnant d'une manière expresse que l'œuvre envoyée est destinée à être soumise au jury chargé de décerner tel ou tel prix.

Art. 9. A l'administration supérieure est réservé, toutefois, le droit de soumettre d'office au jury de chaque concours les ouvrages qui réunissent les conditions prescrites et dont la publication est venue à sa connaissance autrement que par l'envoi prescrit par l'article 8.

Art. 10. Les ouvrages sur les sciences pourront être écrit en français, en néerlandais ou en latin.

Art. 11. Quelle que soit l'époque de la publication des premières parties d'un ouvrage, celui-ci est admis au concours de la période dans laquelle a paru la dernière partie.

Art. 12. L'édition nouvelle d'un ouvrage ne donne pas lieu à l'admission de celui-ci, à moins qu'il n'ait subi des changements ou des augmentations considérables.

Art. 13. Un ouvrage achevé dont quelque partie aurait déjà été couronnée sera néanmoins admis au concours, si les parties nouvelles y apportent des augmentations considérables.

Art. 14. Le jugement de chaque concours sera attribué à un jury de sept membres nommé par Nous sur une liste double de présentation dressée :

a) Pour les prix quinquennaux des sciences physiques et mathématiques et des sciences naturelles, par la Classe des sciences, et

b) Pour les autres concours, par la Classe des lettres de l'Académie royale des sciences, des lettres et des beaux-arts de Belgique.

Art. 15. Le jury chargé de juger un concours ne pourra délibérer qu'au nombre de cinq membres au moins.

Lorsqu'il aura pris connaissance des ouvrages soumis à

son examen, il décidera si parmi ces ouvrages il en est un qui mérite le prix quinquennal ou décennal à l'exclusion des autres et lequel.

La question sera mise aux voix sans division ; elle ne pourra être résolue affirmativement que par quatre voix au moins.

Aucun membre n'aura la faculté de s'abstenir de voter.

Art. 16 Les ouvrages des membres du jury ne peuvent concourir pour le prix.

Art. 17. En cas de doute, quant à la classification d'un ouvrage, le jury chargé de décerner le prix tranchera la question par un vote spécial.

La question ne pourra être résolue que par quatre voix au moins et aucun membre n'aura le droit de s'abstenir de voter.

Art. 18. Le jugement du jury sera proclamé dans la séance publique de la Classe de l'Académie royale des sciences, des lettres et des beaux-arts de Belgique, sur la proposition de laquelle le jury aura été nommé.

PRIX QUINQUENNAUX ET DÉCENNAUX DÉCERNÉS DEPUIS LEUR INSTITUTION.

PRIX QUINQUENNAUX.

Histoire nationale.

1re *période* (1846-1850), prix décerné à Kervyn de Lettenhove;
2e — (1851-1855), prix partagé entre Th. Juste, A. Wauters, Mertens et Torfs;
3e — (1856-1860), prix non décerné;
4e — (1861-1865), prix décerné à Ad. Borgnet;
5e — (1866-1870), prix décerné à J. Van Praet;
6e — (1871-1875), prix décerné à Th. Juste;
7e — (1876-1880), prix décerné à Gachard;
8e — (1881-1885), prix décerné à Edm. Poullet.

Littérature française.

1re *période* (1848-1852), prix partagé entre Baron, Moke et Weustenraad;
2e — (1853-1857), prix non décerné;
3e — (1858-1862), prix décerné à Ad. Mathieu;
4e — (1863-1867), prix décerné à Ch. Potvin;
5e — (1868-1872), prix décerné à Éd. Fétis;
6e — (1873-1877), prix non décerné;
7e — (1878-1882), prix non décerné;
8e — (1883-1887), prix décerné à Cam. Lemonnier.

Littérature néerlandaise.

1re *période* (1850-1854), prix décerné à H. Conscience;
2e — (1855-1859), prix décerné à P. Van Duyse;
3e — (1860-1864), prix décerné à Mme veuve Courtmans;
4e — (1865-1869), prix décerné à H. Conscience;

5e *période* (1870-1874), prix décerné aux œuvres de feu A. Bergmann;
6e — (1875-1879), prix décerné à Pol de Mont;
7e — (1880-1884), prix décerné à J. Van Beers.

Sciences physiques et mathématiques.

1re *période* (1849-1853), prix décerné à J. Plateau;
2e — (1854-1858), prix non décerné;
3e — (1859-1863), prix décerné à J.-S. Stas;
4e — (1864-1868), prix décerné à J. Plateau;
5e — (1869-1873), prix décerné à Michel Gloesener;
6e — (1874-1878), prix décerné à J. C. Houzeau;
7e — (1879-1883), prix décerné à C. Le Paige.
8e — (1884-1888), prix décerné à W. Spring.

Sciences naturelles.

1re *période* (1847-1851), prix partagé entre L.-G. de Koninck, A. Dumont et P.-J. Van Beneden.
2e — (1852-1856), prix partagé entre Kickx, Wesmael, L.-G. de Koninck et le baron de Selys Longchamps;
3e — (1857-1861), prix décerné à P.-J. Van Beneden;
4e — (1862-1866), prix décerné à P.-J. Van Beneden;
5e — (1867-1871), prix décerné à l'abbé Carnoy;
6e — (1872-1876), prix décerné à Éd. Van Beneden;
7e — (1877-1881), prix décerné à L.-G. de Koninck.
8e — (1882-1886), prix décerné à Éd. Van Beneden.

Sciences morales et politiques.

1re *période* (1851-1855), prix partagé entre Ducpetiaux, Brialmont, Thonissen et P. Vander Meersch;
2e — (1856-1860), prix décerné à P. de Haulleville;
3e — (1861-1865), prix décerné à F. Tielemans;

4e *période* (1866-1870), prix non décerné;

5e — (1871-1875), prix décerné à F. Laurent;

6e — (1876-1880), prix décerné à Ém. de Laveleye (1).

Sciences historiques.

1re *période* (1881-1885), deux prix décernés à F.-A. Gevaert et P. Willems.

Sciences sociales.

1re *période* (1882-1886), prix décerné à J.-J. Thonissen.

PRIX DÉCENNAUX.

Sciences philosophiques.

1re *période* (1878-1887), prix décerné à G. Tiberghien.

Philologie.

1re *période* (1880-1889), à décerner en 1890.

(1) Voyez, pour la suite, *Sciences sociales*.

PRIX QUINQUENNAL DE STATISTIQUE (1) FONDÉ PAR XAVIER HEUSCHLING.

LÉOPOLD II, Roi des Belges,

A tous présents et à venir, Salut.

Vu Notre arrêté du 24 juillet 1883, autorisant Notre Ministre de l'Intérieur à accepter, au nom de l'État, le legs fait, par M. Heuschling (P.-F.-X.-T.), dans les termes suivants :

« Directeur pensionné au service de la Statistique générale, je lègue à l'État belge un capital de VINGT-CINQ MILLE FRANCS pour, au moyen des intérêts composés, fonder à perpétuité un prix quinquennal de statistique à décerner par le Gouvernement. »

Sur la proposition de Notre Ministre de l'Intérieur et de l'Instruction publique,

Nous avons arrêté et arrêtons :

ART. 1er. — Un prix, qui, à raison du nom de son fondateur, portera la qualification de « Prix Heuschling », est institué à perpétuité en faveur des meilleurs ouvrages de statistique offrant un intérêt exclusivement ou plus particulièrement belge.

Ce prix, consistant en une somme de *5,000 francs*, sera,

(1) Extrait du *Moniteur belge* des 24 et 25 janvier 1887, nos 24-25.

s'il y a lieu, délivré par le Gouvernement, tous les cinq ans, aux conditions du présent arrêté.

La première période quinquennale expirera le 31 décembre 1888.

Art. 2. — Ne sont admis au concours que les ouvrages d'auteurs belges, publiés dans le royaume ou à l'étranger, dans le cours de la période, et rédigés en français ou en flamand.

Les ouvrages manuscrits sont également admis. Ils peuvent être envoyés signés ou anonymes. Dans ce dernier cas, ils porteront une devise qui sera répétée dans un billet cacheté joint au manuscrit et renfermant les nom, prénoms et adresse de l'auteur.

Ce billet ne sera ouvert que si l'ouvrage auquel il est joint obtient le prix, à moins que l'auteur n'en demande l'ouverture.

Art. 3. — Lorsqu'un ouvrage a été publié en plusieurs parties, il est admis, dans son ensemble, au concours de la période dans laquelle a paru celle de ses parties (suite ou fin) qui a été publiée en dernier lieu.

Art. 4. — L'édition nouvelle d'un ouvrage publié antérieurement à la période quinquennale ne sera admise au concours que si des changements ou des augmentations considérables ont été apportés à l'édition primitive.

Art. 5. — Sont exclus du concours les ouvrages émanant des membres du jury, ainsi que les ouvrages qui déjà, à la suite d'un concours quelconque, institué en vertu des lois et arrêtés, ont valu à leur auteur un prix en argent.

Art. 6. — Trois mois avant la clôture de chaque période, un avis inséré, à trois reprises et à quinze jours d'intervalle, au *Moniteur belge*, invitera les intéressés à adresser au Ministre de l'Intérieur et de l'Instruction publique, avant le 31 décembre, un exemplaire de leurs œuvres qui se trouveraient dans les conditions requises pour être admises au concours, en joignant à cet exemplaire la déclaration qu'il est destiné à être soumis à l'appréciation du jury du Prix Heuschling.

Les ouvrages transmis tardivement seront renvoyés aux expéditeurs ou tenus à leur disposition.

Art. 7. — Le jugement du concours est attribué à un jury de sept membres, nommés par Nous, dans le cours du trimestre suivant la clôture de chaque période quinquennale.

Quatre de ces membres sont choisis sur une liste double de présentation adressée par la Commission centrale de statisque du royaume; les trois autres, sur une liste double dressée par l'Académie royale de Belgique (Classe des lettres).

Art. 8. — Tous les ouvrages adressés au Département ministériel ensuite de l'avis mentionné à l'article 6 seront remis au jury dès sa première séance.

Le Ministre de l'Intérieur et de l'Instruction publique a, toutefois, le droit d'y joindre d'autres ouvrages imprimés, réunissant les conditions requises, qui n'auraient pas fait l'objet d'un envoi de la part de leurs auteurs.

Le jury ne pourra examiner d'autres ouvrages que ceux dont il aura été saisi officiellement, conformément au présent article.

Art. 9. — Le jury ne délibérera qu'au nombre de cinq membres au moins.

Lorsqu'il aura pris connaissance des ouvrages soumis à son examen, il décidera, en premier lieu, si, parmi ces ouvrages, il en est un qui mérite le prix de *5,000 francs*, et lequel.

La question sera mise aux voix sans division.

Si cette première question n'est pas résolue affirmativement, le jury décidera si, parmi les ouvrages qui lui sont soumis, il en est deux entre lesquels il convient que le prix de *5,000 francs* soit partagé, quels sont ces ouvrages, et dans quelle proportion s'établira le partage.

En aucun cas la somme attribuée à l'auteur le moins favorisé ne pourra être inférieure à *1,000 francs*. Il ne sera point accordé de mention honorable.

Art. 10. — Toute résolution du jury doit être prise par quatre voix au moins. Aucun membre n'a le droit de s'abstenir.

Art. 11. — Si l'ouvrage couronné est manuscrit, le prix ne sera délivré au lauréat que lorsque ce manuscrit aura été imprimé, ce qui devra être fait dans les deux ans au plus tard.

Art. 12. — Si le concours reste sans résultat, la somme disponible sera ajoutée au capital primitif, ce qui permettra d'augmenter la valeur du prix perpétuel.

Art. 13. — Les ouvrages manuscrits soumis au jury resteront, avec les ouvrages imprimés, déposés à la bibliothèque de la Commission centrale de statistique.

Toutefois, si l'auteur reconnu d'un ouvrage manuscrit en demande la restitution, celle-ci lui sera accordée aux conditions suivantes :

1° Chaque page ainsi que les notes et renvois seront, au préalable, cotés et paraphés par un délégué du Ministre;

2° Si l'auteur publie son ouvrage, il doit, aussitôt la publication faite, restituer au Gouvernement le manuscrit soumis au jury;

3° Si l'ouvrage publié ne l'est point *ne varietur*, sa préface mentionnera les modifications essentielles qui y auraient été apportées.

Art. 14. — Notre Ministre de l'Intérieur et de l'Instruction publique est chargé de l'exécution du présent arrêté.

Donné à Bruxelles, le 14 janvier 1887.
LEOPOLD.

Par le Roi :
Le Ministre de l'Intérieur et de l'Instruction publique,
Thonissen.

Concours.

1re *période* (1884-1888), prix décerné à Jules Sauveur.

CONCOURS TRIENNAL DE LITTÉRATURE DRAMATIQUE FRANÇAISE (1).

Art. 1. Il est institué un prix triennal pour la composition d'une œuvre dramatique en langue française. Toute liberté est laissée aux concurrents en ce qui concerne le choix des sujets, mais, à mérite égal, le prix sera décerné à l'ouvrage dont le sujet aura été emprunté soit à l'histoire, soit aux mœurs nationales (2).

Art. 2. Le prix qui sera décerné à l'auteur de l'ouvrage couronné consistera en une médaille d'or de la valeur de cent cinquante francs et en une somme de cinq cents francs au moins et de quinze cents francs au plus, à déterminer par Notre Ministre de l'Intérieur suivant les mérites et l'importance de la pièce dramatique.

Art. 3. La pièce couronnée sera représentée pendant les fêtes anniversaires de Septembre de l'année qui suivra la clôture de chaque période triennale.

La présente disposition sera applicable aux pièces dramatiques en langue flamande dont les auteurs auront obtenu le prix institué par l'arrêté royal du 10 juillet 1858.

Art. 4. Le jugement se fera par une Commission de trois membres au moins, choisis sur une liste double de présentations faites par la Classe des lettres de l'Académie royale de Belgique.

Art. 5. La première période triennale sera considérée comme close le 1er janvier 1861 (3).

(1) Modifié par arrêté royal du 14 décembre 1875.

(2) Par arrête royal du 1er septembre 1881, les ouvrages dramatiques écrits par des auteurs belges et imprimés à l'étranger sont admis à ce concours.

(3) Le prix pour la onzième période (1888-1890) pourra être décerné en 1891.

CONCOURS TRIENNAL DE LITTÉRATURE DRAMATIQUE FLAMANDE (1).

Art. 1. Il est institué un prix triennal pour la composition d'une œuvre dramatique en langue flamande. Toute liberté est laissée aux concurrents en ce qui concerne le choix des sujets; mais, à mérite égal, le prix sera décerné à l'ouvrage dont le sujet aura été emprunté soit à l'histoire, soit aux mœurs nationales.

Art. 2. L'ouvrage devra avoir été publié dans le pays (2), ou être remis en manuscrit, soit au Département de l'Intérieur, soit à l'Académie royale des sciences et des lettres, avant que la période triennale soit close.

Art. 3. Ne seront pas admises au concours les œuvres traduites ou arrangées d'après des ouvrages étrangers ou nationaux.

Quant aux pièces imitées, le jury aura à décider si elles présentent un caractère suffisant d'originalité.

Art. 4. Le jury chargé du jugement du concours sera composé de cinq membres.

Art. 5. Les ouvrages dramatiques des membres du jury sont exclus du concours.

Art. 6. Le prix triennal ne peut être partagé entre plusieurs œuvres.

Art. 7. Le jugement du jury sera proclamé dans la séance publique de la Classe des lettres qui suivra la période triennale.

(1) Modifié par arrêté royal du 14 décembre 1875.

(2) Par arrêté royal du 26 août 1881, les ouvrages écrits par des auteurs belges et imprimés à l'étranger sont admis à ce concours.

PRIX TRIENNAUX DÉCERNÉS DEPUIS LEUR INSTITUTION.

Littérature dramatique française.

1re *période* (1858-1860), prix décerné à C. Potvin;
2e — (1861-1863), prix décerné à C. Potvin;
3e — (1864-1866), prix non décerné;
4e — (1867-1869), prix non décerné;
5e — (1870-1872), prix décerné à C. Potvin;
6e — (1873-1875), prix décerné à H. Delmotte;
7e — (1876-1878), prix décerné à L. Claes;
8e — (1879-1881), prix non décerné.
9e — (1882-1884), prix décerné à Laurent de Coninck.
10e — (1885-1887), prix decerné à Ad. Leclercq.

Littérature dramatique flamande.

1re *période* (1856-1858), prix décerné à H. Van Peene;
2e — (1859-1861), prix décerné à B. Sleeckx;
3e — (1862-1864), prix décerné à F. Van Geert;
4e — (1865-1867), prix décerné à A. Vandenkerckhove;
5e — (1868-1870), prix décerne à F. Vande Sande;
6e — (1871-1873), prix décerné à D. Delcroix;
7e — (1874-1876), prix décerné à D. Delcroix;
8e — (1877-1879), prix non décerné;
9e — (1880-1882), prix décerné à Frans Gittens;
10e — (1883-1885), prix decerné à H.-B. Peeters.

GRANDS CONCOURS DE PEINTURE, D'ARCHITECTURE, DE SCULPTURE ET DE GRAVURE.

Réorganisation générale (1).

ARTICLE PREMIER. Le grand concours pour l'un des prix institués par l'article 14 de l'arrêté royal du 13 avril 1817 et par l'arrêté royal du 25 février 1847 a lieu tous les ans à Anvers.

Le lauréat reçoit, pendant quatre années, une pension de voyage afin de se perfectionner à l'étranger.

Cette pension est de 5,000 francs pour les peintres et les sculpteurs, de 4,000 francs pour les architectes et les graveurs.

La pension prend cours après que le lauréat a satisfait à l'examen de sortie prescrit par l'article 13.

Toutefois, s'il est âgé de moins de 21 ans, il n'entre en jouissance de la pension que lorsqu'il a atteint cet âge.

ART. 2. Outre le grand prix, il peut être décerné un second prix et une mention honorable.

Le second prix consiste en une médaille d'or de la valeur de 300 francs. Il peut être accordé en partage, ainsi que la mention honorable.

ART. 3. Les différentes branches des beaux-arts sont appelées à participer périodiquement au concours dans l'ordre suivant, à partir de 1889 :

La peinture
L'architecture.
La sculpture.

(1) Arrêté royal du 28 juin 1889.

La peinture.
L'architecture.
La sculpture.
La peinture.
L'architecture.
La sculpture.
La peinture.
L'architecture.
La sculpture.
La peinture.

L'époque de l'ouverture du concours est annoncée par la voie du *Moniteur*, au moins trois mois d'avance.

Tous les cinq ans il est ouvert un concours spécial pour la gravure (1).

Art. 4. Tout artiste belge ou naturalisé qui n'a pas atteint l'âge de 30 ans peut être admis à concourir. Il s'adresse à cet effet, par écrit ou en personne, au conseil de l'Académie royale d'Anvers, au plus tard quinze jours avant la date fixée pour l'ouverture du concours.

Art. 5. Le nombre des concurrents pour le prix est limité à six. Ce chiffre pourra toutefois être plus élevé si, à la suite de l'épreuve préparatoire, deux ou plusieurs concurrents ayant le même nombre de points occupaient la sixième place.

Quel que soit le nombre des concurrents qui se présentent, il y aura une épreuve préparatoire. Dans le cas où aucun des concurrents ne serait jugé capable, le jury pourra déclarer qu'il n'y a pas lieu de procéder à l'épreuve définitive.

L'épreuve préparatoire consistera :

Pour le peintre et pour le sculpteur, en une figure en pied

(1) Le premier concours pour la gravure a eu lieu en 1886; le deuxième aura lieu en 1891.

de 1 mètre de hauteur, une esquisse, composition ou ébauche, et une tête d'expression de grandeur naturelle;

Pour le graveur, en une tête dessinée d'après nature, de grandeur naturelle, le dessin d'une figure académique de 70 centimètres de hauteur et un dessin d'après l'antique;

Pour l'architecte, en une composition architecturale.

Le peintre ou le sculpteur aura dix jours pour la figure, quatre pour l'esquisse, composition ou ébauche, et deux pour la téte d'expression.

Le graveur aura quatre jours pour le dessin d'une tête d'après nature, six jours pour la figure académique et six jours pour le dessin d'aprés l'antique.

L'architecte aura trois jours pour la composition architecturale.

Art. 6. Le jury chargé de juger le concours préparatoire est composé de sept membres nommés par Nous. Trois membres sont choisis parmi les membres-artistes de la Classe des beaux-arts.

Deux membres supplémentaires sont désignés pour remplacer, le cas échéant, les titulaires absents.

Art. 7. Le jury fait choix de plusieurs sujets pour le concours; le sort désigne celui que les concurrents auront à traiter. Ils en font l'esquisse d'après un programme donné. Ils travaillent dans des loges séparées et, pendant l'exécution de l'esquisse, ils n'ont de communication avec personne.

Art. 8. Les concurrents sont tenus d'achever l'esquisse dans le délai fixé par le jury. Après ce délai, l'esquisse est scellée sous glace par l'administrateur de l'Académie royale des beaux-arts d'Anvers, en présence du concurrent, qui est tenu d'en faire la copie dans un temps déterminé. C'est d'après cette copie qu'il exécute l'ouvrage qui doit concourir.

Art. 9. A l'expiration du terme fixé pour l'achèvement des

ouvrages du concours, ceux-ci sont jugés par un jury composé de sept membres au moins et de onze membres au plus, nommés par Nous.

Trois membres au moins sont choisis dans la Classe des beaux-arts de l'Académie royale de Belgique.

Deux membres supplémentaires sont désignés pour remplacer, le cas échéant, les titulaires absents.

Art. 10. Le jury examine en premier lieu si, parmi les ouvrages produits au concours, il y en a qui sont dignes d'obtenir le grand prix.

Si l'opinion de la majorité est négative sur ce point, le montant de la pension est réservé, durant les quatre années, pour être réparti en encouragements particuliers à de jeunes artistes de mérite.

Si le jury est d'avis qu'il y a lieu d'accorder le prix, il examine :

1° Si les concurrents ont suivi le programme;

2° Si chaque ouvrage est conforme à son esquisse;

3° Si les limites données pour la dimension des figures ont été observées.

Tout ouvrage qui, à l'égard de ces trois points, ne satisfait pas aux conditions requises, doit être écarté du concours.

Le jury vote à haute voix, et toutes ses décisions sont prises à la majorité des suffrages; en cas de parité, la voix du président est décisive.

Aucun membre n'a la faculté de s'abstenir de voter.

Le procès-verbal est rédigé, séance tenante, signé par tous les membres présents et transmis au Ministre de l'Intérieur et de l'Instruction publique.

Les membres du jury non domiciliés à Anvers ont droit à une indemnité de déplacement qui est fixée par le Gouvernement.

Art. 11. Après le jugement, les ouvrages faits pour le grand concours sont exposés publiquement à Anvers et à Bruxelles pendant huit jours consécutifs.

ART. 12. Les résultats du concours sont proclamés dans une séance solennelle de la Classe des beaux-arts de l'Académie royale de Belgique à laquelle sont invités les membres du jury et du conseil d'administration de l'Académie royale d'Anvers, ainsi que les directeurs et les professeurs des écoles auxquelles appartiennent les lauréats.

ART. 13. Le lauréat du grand concours de peinture, de sculpture, d'architecture ou de gravure est examiné par un jury nommé par le Ministre et présidé, suivant la nature du concours, par un artiste peintre, sculpteur, architecte ou graveur. Ce jury est composé de telle sorte que chacune des matières indiquées aux programmes arrêtés par le Ministre y soit représentée par un membre.

Si le lauréat est porteur de diplômes ou de certificats attestant qu'il a déjà subi un examen légal sur une ou plusieurs des matières mentionnées aux programmes, il est dispensé de l'examen sur cette partie.

L'examen a lieu oralement et par écrit. Toutefois, sauf en ce qui concerne la rédaction française ou flamande, le jury peut dispenser de l'épreuve par écrit le lauréat qui lui a fourni par ses réponses orales la preuve d'une instruction suffisante.

Après l'examen, le jury se pose d'abord cette question : Le lauréat possède-t-il les connaissances nécessaires pour profiter de son séjour à l'étranger? Si la réponse est affirmative, le départ est autorisé immédiatement; dans le cas contraire, le départ est ajourné jusqu'à nouvel examen; après deux examens infructueux, le lauréat perd ses droits à la pension.

Le Gouvernement peut allouer au lauréat qui n'est pas jugé suffisamment instruit un subside proportionné au délai fixé par le jury pour le second examen.

Art. 14. Le but principal du grand prix étant de procurer au lauréat les moyens de se perfectionner à l'étranger, le jury, après avoir entendu l'artiste, émet son avis sur le choix des pays à visiter, sur l'opportunité du départ, sur la durée du séjour dans les villes où il convient de résider, ainsi que sur tous les autres points qui paraîtront mériter d'être pris en considération dans l'intérêt du lauréat.

Tout pensionnaire devra se trouver à Rome dans le cours du premier trimestre de l'année où il entre en possession de sa pension. Il est tenu d'y rester au moins deux années pour compléter ses études.

Art. 15. Pendant son séjour à l'étranger, le lauréat correspond avec le directeur de la Classe des beaux-arts de l'Académie royale de Belgique et, tous les six mois, il adresse par son intermédiaire à la Classe un rapport détaillé sur ses études et sur les objets qui s'y rattachent. La Classe fera un rapport au Ministre sur ces communications.

Art. 16. Les lauréats sont tenus, pendant la durée de leur pension, aux épreuves et travaux ci-après indiqués :

PEINTURE.

Le pensionnaire peintre devra exécuter dans *la première année* : 1° une figure peinte d'après nature et de grandeur naturelle, représentant un sujet emprunté soit à la mythologie, soit à l'histoire ancienne, sacrée ou profane; 2° un dessin d'après une peinture de grand maître ou d'après une œuvre de sculpture (statue ou bas-relief) de l'antiquité ou de la Renaissance.

A l'expiration de *la deuxième année*, le lauréat est tenu d'envoyer soit la copie d'une œuvre d'art, tableau ou fresque, de la grandeur de l'original, soit une esquisse d'assez grande dimension d'après un ensemble décoratif tiré d'un des monuments de l'Italie. Cette copie peut être rétribuée et, dans ce cas, elle devient la propriété de l'État.

Le lauréat adressera, en même temps, au directeur de la Classe des beaux-arts de l'Académie royale de Belgique un rapport sur ses études et les objets qui s'y rattachent. Il désignera les pays qu'il désire visiter pendant *la troisième année*, l'Italie centrale, la Sicile, la Grèce ou l'Orient. Il soumettra, dans le cours de cette même année, la composition et l'esquisse du tableau qu'il aura à faire pour son dernier envoi.

La Classe des beaux-arts fera connaître au Ministre son appréciation sur ce rapport et sur les envois des pensionnaires,

Durant *la quatrième année*, le pensionnaire pourra voyager. après en avoir reçu l'autorisation, en Espagne, en France, en Allemagne, en Angleterre ou en Hollande, suivant ses préférences et ses goûts.

A son retour, il adressera à la Classe des beaux-arts, comme dernier envoi, un tableau de sa composition de plusieurs figures en grandeur naturelle; le sujet devra être pris soit dans la mythologie, soit dans la littérature ou l'histoire ancienne, sacrée ou profane.

Il sera fait sur cette œuvre un rapport par l'Académie royale de Belgique. Si ce rapport est favorable et si le lauréat prouve qu'il a profité de son voyage et satisfait à tous ses devoirs, il pourra être recommandé pour un travail à exécuter aux frais du Gouvernement.

SCULPTURE.

Le pensionnaire sculpteur devra exécuter :

1° Dans *la première année*, un dessin achevé d'après une statue ou un bas-relief de l'antiquité ou de la Renaissance;

2° Dans *la deuxième année*, une copie en marbre d'après un chef-d'œuvre de l'antiquité ou de la Renaissance, copie qui deviendra la propriété de l'Etat, après indemnité accordée à l'artiste pour le marbre et la mise au point;

3° Dans *la troisième année*, une composition en bas-relief comprenant au moins cinq figures d'au moins 80 centimètres de hauteur; le sujet devra être pris soit dans la mythologie, soit dans la littérature ou l'histoire ancienne, sacrée ou profane.

A son retour, comme dernier envoi, il devra soumettre une statue de grandeur naturelle de sa composition et d'un sujet pris aux mêmes sources.

Il joindra aussi à ses rapports semestriels des croquis à la plume ou au crayon des bas-reliefs et statues qui auront été spécialement l'objet de ses études.

GRAVURE.

Les graveurs seront tenus aux travaux suivants :

Première année. — Le dessin : 1° d'une figure nue d'après nature; 2° d'une figure ou d'un bas-relief d'après l'antique ; 3° d'une tête d'après nature, de grandeur naturelle.

Deuxième année. — Le dessin : 1° d'une figure nue d'après nature et d'une figure d'après l'antique ou d'une sculpture de la Renaissance; 2° le dessin d'un portrait d'après un grand maître et, de préférence, un portrait intéressant l'art belge ou l'histoire nationale; la tête aura de 5 à 6 centimètres de hauteur; le lauréat devra préalablement faire approuver son choix par la Classe des beaux-arts.

Troisième année. — 1° Le dessin de deux figures, l'une d'après nature, l'autre d'après un chef-d'œuvre de la Renaissance;

2° Un dessin de deux figures au moins d'après un tableau ou

une fresque de grand maître : hauteur, 50 centimètres au moins;

3° La gravure ébauchée du portrait dessiné l'année précédente.

Quatrième année. — La gravure terminée du portrait précité et la planche qui constitue l'envoi de cette dernière année resteront la propriété du Gouvernement, qui pourra autoriser l'auteur à en faire tirer des épreuves et, en outre, lui accorder une indemnité, si l'œuvre en est jugée digne et si le lauréat a pleinement satisfait à toutes ses obligations

Des ouvrages de gravure sur bois seront compris parmi les travaux demandés aux graveurs concurremment avec ceux de la gravure au burin.

ARCHITECTURE.

Le pensionnaire architecte devra exécuter :

Dans *la première année* de son séjour à Rome, au moins quatre feuilles de détails d'après les monuments antiques de Rome, au quart de l'exécution ;

Dans *la deuxième année* : 1° deux feuilles de détails (au quart de l'exécution) d'après un monument antique de Rome et un essai de restauration d'une partie du monument auquel appartiennent ces détails, essai qui devra faire connaître les parties essentielles de la construction. Cette première partie de l'envoi, qui, dans son ensemble, ne comprendra pas moins de quatre feuilles, sera accompagnée d'un mémoire explicatif; 2° des détails décoratifs extérieurs ou intérieurs et des ensembles d'architecture du moyen âge ou de la Renaissance.

Pendant *la troisième année,* le lauréat exécutera la restauration d'un édifice antique ou d'un ensemble d'édifices antiques de l'Italie, de la Sicile, de la Grèce ou de l'Orient. Les plans indiqueront à la fois l'état actuel et l'état restauré avec des études de détails. Un mémoire historique et explicatif y sera joint;

Durant *la quatrième année*, le pensionnaire pourra, après en avoir reçu l'autorisation, voyager en Espagne, en France, en Allemagne, en Angleterre ou en Hollande et notamment en Belgique, selon ses préférences et ses goûts. Au retour, comme dernier envoi, il devra présenter un projet complet d'édifice public.

Art. 17. La pension est payée au lauréat par semestre et d'avance.

Art. 18. Cette pension pourra être suspendue ou supprimée, sur l'avis conforme de la Classe des beaux-arts, à défaut par le lauréat de se conformer aux obligations que le présent règlement lui impose.

Art. 19. Les cas non prévus sont réglés par Notre Ministre de l'Intérieur et de l'Instruction publique, qui est chargé de l'exécution du présent arrêté.

Articles additionnels relatifs au grand concours d'architecture.

Arrêté royal du 22 mai 1875.

Article premier. L'arrêté royal du 17 avril 1852, relatif aux grands concours d'architecture, est rapporté.

I est remplacé par la disposition ci-après :

Nul n'est admis à prendre part au grand concours d'architecture dit « concours de Rome », s'il ne fournit la preuve qu'il a subi avec succès l'examen scientifique et littéraire dont le programme a été inséré dans l'arrêté ministériel du 19 avril 1852.

Art. 2. Un jury de cinq membres, nommé par Notre Ministre de l'Intérieur, procède à cet examen, qui doit toujours avoir lieu trois mois au moins avant l'époque fixée pour les inscriptions au grand concours.

Art. 3. Les certificats délivrés par ce jury sont valables pour tous les concours auxquels le candidat croira devoir prendre part jusqu'à l'âge de 30 ans.

Arrêté ministériel du 24 mai 1875.

Le Ministre de l'Intérieur,

Vu l'arrêté royal du 22 mai 1875 portant que les aspirants pour le grand concours d'architecture sont tenus, préalablement à leur inscription, de faire preuve de connaissances scientifiques et littéraires;

Revu l'arrêté du 23 avril 1863 portant approbation du règlement d'ordre des grands concours;

Arrête :

Article unique. La disposition inscrite à l'article 75 dudit règlement d'ordre est remplacée par ce qui suit :

A. — *Concours préparatoire.*

Les concurrents ont à faire :

1° Une composition d'architecture académique rendue graphiquement par plans, coupes, élévations, etc., etc.

Il est accordé un jour entier pour ce travail, qui doit être exécuté simplement en esquisse ;

2° Un dessin au trait d'après la bosse (figure antique), ou d'après nature, au choix du jury.

Les concurrents sont séquestrés en loge et ils ont deux jours et une nuit pour ce travail, qui doit être exécuté dans les proportions de 48 à 50 centimètres de haut.

Arrêté ministériel du 24 juillet 1878.

Les lauréats du grand concours de gravure sont tenus de joindre aux rapports semestriels mentionnés à l'article 15 de l'arrêté royal du 29 mai 1875, des croquis à la plume ou au crayon destinés à faire apprécier la valeur des observations qui y seront consignées.

Les dessins resteront la propriété des lauréats et leur seront restitués lorsqu'ils auront été examinés par qui de droit.

LAURÉATS DES GRANDS CONCOURS DE PEINTURE, D'ARCHITECTURE, DE SCULPTURE ET DE GRAVURE.

1819.	P.	(1) Grand prix,	De Braekeleer (F.),	d'Anvers.
1821.	»	» »	Maes (J.-B.-L.),	de Gand.
1823.	»	» »	Van Ysendyck (A.),	d'Anvers.
1826.	»	» »	(Non décerné.)	
1828.	»	» »	Verschaeren (J.-A.),	d'Anvers.
1830.	S.	» »	Van der Ven (J.-A.),	de Bois-le-Duc.
1832.	P.	» »	Wiertz (A.),	de Dinant.
1834.	A.	» »	De Man (G.),	de Bruxelles.
1836.	S.	» »	Geefs (Jos.).	d'Anvers.
1838.	P.	» »	Van Maldeghem (R.-E.),	de Denterghem.
1840.	G.	» »	(Non décerné.)	
1842.	P.	» »	Portaels (J.-F.),	de Vilvorde.
1844.	A.	» »	Ombrechts (A.-L.),	de Gand.
1846.	S.	» »	Geefs (Jean),	d'Anvers.
1847.	P.	» »	Stallaert (J.-J.-F.),	de Merchtem.
1848.	G.	» »	Bal (C.-J.),	de Berchem.
1849.	A.	» »	Laureys (F.),	d'Ostende.
1850.	P.	» »	Carlier (M.).	de Wasmuel.
		2d prix,	De Groux (C.-C.-A.),	de Commines.
1851.	S.	Grand prix,	De Bock (J.-B.),	d'Anvers.
		2d prix,	Laumans (J.-A.),	d'Beyst-op-den-Berg.
			Verdonck (J.-J.-F.),	d'Anvers.
1852.	P.	Grand prix,	Pauwels (G.-F.),	d'Eeckeren.
		2d prix,	Vermotte (L.-F.),	de Courtrai.
		M. honorable,	Mergaert (D.),	de Cortemarck.
1853.	A.	Grand prix,	(Non décerné.)	

(1) Les initiales après les dates signifient : P (Peinture), A (Architecture), S (Sculpture), G (Gravure).

1854. P.	» »	Mergaert (D.),	de Cortemarck.
	2d prix,	Goevers (A.),	de Malines.
		Hendrix (L.),	de Peer.
1855. G.	Grand prix,	Biot (G.-J.),	de Bruxelles.
	2d prix,	Campotosto (H.-J.),	de Bruxelles.
	M. honorable,	Nauwens (J.-J.),	d'Anvers.
1856. S.	Grand prix,	Van der Linden (G.),	d'Anvers.
	2d prix,	Bogaerts (P.-A.),	de Borgerhout.
1857. P.	Grand prix,	Beaufaux (P.-C.),	de Wavre.
	2d prix,	Callebert (F.-J.),	de Roulers.
		Delfosse (A.-A.),	de Renaix.
1858. A.	Grand prix,	Baeckelmans (L.),	d'Anvers.
	2d prix,	Altenrath (H.-H.),	»
	M. honorable,	Demaeght (C.),	de Bruxelles.
1859. S.	Grand prix,	Fabri (R.-J.),	d'Anvers.
	2d prix,	Dehaen (J.-P.),	de Bruxelles.
	M. honorable,	Deckers (J.-F.),	d'Anvers.
1860. P.	Grand prix,	Legendre (L.-A.),	de Bruges.
	2d prix,	Verhas (J.-F.).	de Termonde.
	M. honorable,	Debruxelles (E.),	d'Ath.
1861. G.	Grand prix,	Copman (E.-J.),	de Bruges.
	M. honorable,	Durand (L.),	d'Anvers.
1862. A.	Grand prix,	Delacenserie (L.-J.-J.),	de Bruges.
	2d prix,	Naert (J.-J.-D.),	»
	M. honorable,	Vanderheggen (A.),	de Bruxelles.
1863. P.	Grand prix,	Van den Bussche (J.-E.),	d'Anvers.
	2d prix,	Hennebicq (A.),	de Tournai.
		Van den Kerckhove (C.-E.),	de Bruxelles.
1864. S.	Grand prix,	Deckers (J.-F.),	d'Anvers.
	2d prix,	Carbon (C.),	de Gits (Fl. occ.)
	M. honorable,	Palinck (C.),	de Borgerhout.
		Samain (L.),	de Nivelles.
1865. P.	Grand prix,	Hennebicq (A.),	de Tournai.
	2d prix.	Van der Ouderaa (P.-J.),	d'Anvers.
	M. honorable,	De Wilde (F.-A.),	de St-Nicolas.
1866. A.	Grand prix,	Naert (J.-J.-D.),	de Bruges.
	2d prix,	Bonnet (L.),	de Taintignies.
1867. P.	Grand prix,	Van den Kerckhove (C.-E.),	de Bruxelles.
	M. honorable,	Lebrun (L.),	de Gand.
		Mellery (X.),	de Laeken.
1868. G.		Le concours n'a pu avoir lieu faute de concurrents.	

1869. S.	Grand prix,	Marchant (J.-G.),	des Sables-d'Olonne.
	2d prix,	De Vigne (P.),	de Gand.
		Dupuis (L.),	de Lixhe (Liège)
	M. honorable,	Palinck (C.),	de Borgerhout.
1870. P.	Grand prix,	Mellery (X.),	de Laeken.
	2d prix,	Ooms (C.),	de Desschel (Anv.).
1871. A.	Grand prix,	Dieltiens (E.),	de Grobbendonck.
	2d prix,	Bonnet (L.),	de Taintignies.
	M. honorable,	Boonen (L.),	d'Anvers.
1872. S.	Grand prix,	Cuypers (J.),	de Louvain.
	2d prix,	De Kesel (C.),	de Somergem (F.O.)
		Dupuis (L.),	de Lixhe (Liège)
		Vinçotte (T.),	de Borgerhout.
1873. P.	Grand prix,	(Non décerné.)	
	2d prix,	Siberdt (E.),	d'Anvers.
1874. G.	Grand prix,	Lauwers (F.),	»
	M. honorable,	Dirks (J.),	»
1875. A.	Grand prix,	De Coster (J.-B.),	d'Anvers.
	2d prix,	Allard (E.),	de Bruxelles.
		Van Rysselberghe (O.),	de Minderhout.
1876. P.	Grand prix,	(Non décerné.)	
1877. S.	Grand prix,	Dillens (J.),	de Bruxelles.
	2d prix,	De Kesel (Ch.),	de Somergem.
	M. honorable,	Joris (F.),	de Deurne.
		Geefs (G.),	d'Anvers.
		Duwaerts (D.),	de Diest.
1878. P.	Grand prix,	De Jans (Ed.),	de Saint-André, lez-Bruges.
	2d prix,	Van Biesbroeck (J.),	de Gand.
	M. honorable,	Lefebvre (Ch.),	de Bruxelles.
1879. A.	Grand prix,	Geefs (Eug.),	d'Anvers.
	2d prix,	Dieltiens (Eug.),	de Grobbendonck.
		Van Rysselberghe (Oct.),	de Minderhout.
1880. P.	Grand prix,	Cogghe (Rémi),	de Mouscron.
	2d prix,	Verbrugge (Emile),	de Bruges.
	M. honorable,	Van Landuyt,	de Bruxelles.
1881. G.	Grand prix,	Lenain (Louis),	d'Estinnes-au-Val.
	2d prix,	Vander Veken,	d'Anvers.
1882. S.	Grand prix,	Charlier (Gme),	d'Ixelles.
	2d prix,	Braecke (P.),	de Nieuport.
		De Rudder (Is.),	de Bruxelles.

1883. P.	Grand prix,	Verbrugge (Émile),	de Bruges.
	2d prix,	Van Acker (Fld),	de Bruges.
	M. honorable,	Van Strydonck (Gme),	de Bergen (Norw.).
1884. A.	Grand prix,	Dieltiens (Eug.),	de Grobbendonck.
	2d prix,	Truymans (Ferd.),	d'Anvers.
1885. S.	Grand prix,	Anthone (Julien),	de Bruges.
	2d prix,	Devreese (God.),	de Courtrai.
	M. honorable,	Samuel (Charles),	de Bruxelles.
1886. P.	Grand prix,	Montald (Ct),	de Gand.
	1er 2me prix,	Middeleer (Jh),	d'Ixelles.
	2d »	Richir (Herman),	»
	M. honorable,	Rosier (Jean),	de Lanaeken.
G.	Grand prix,	Van der Veeken (Gme),	d'Anvers.
	2d prix,	Greuze (Louis),	de Mons.
	M. honorable,	Brant (Florent),	d'Anvers.
1887. A.	Grand prix,	De Wulf (Ch.,	de Bruges.
	2d prix,	De Braey (Michel),	d'Anvers.
		Truyman (Ferd.),	»
	M. honorable,	Van Boxmeer (Th.),	de Malines.
1888. S.	Grand prix,	Lagae (Jules),	de Roulers.
	2d prix,	Van Hove (Gust.),	de Wetteren.
	M. honorable,	Braecke (Pierre),	de Nieuport.
		Samuel (Ch.),	de Bruxelles.
1889. P.	M. honorables,	Fichefet (Georges),	de Bruges.
		Van Dyck (Victor),	de Malines.
		Geerinck (César),	de Zele.

FONDATION GODECHARLE.

Bourses d'études au profit d'artistes.

Arrêté royal du 7 décembre 1886, faisant rentrer dans les attributions de l'Académie les rapports des lauréats.

LÉOPOLD II, etc.

Revu notre arrêté en date du 17 janvier 1881, statuant sur l'organisation du concours Godecharle, conformément à l'arrêté du 12 novembre 1878 qui approuve la fondation du dit concours;

Considérant que le but principal de la fondation Godecharle était de procurer aux lauréats du concours les moyens de se perfectionner à l'étranger;

Sur la proposition de Notre Ministre de l'Agriculture, de l'Industrie et des Travaux publics.

Nous avons arrêté et arrêtons :

Article premier. — Le jury, après avoir entendu l'artiste, émet son avis sur le choix des pays à visiter, sur l'opportunité du départ, sur la durée du séjour dans les villes où il convient de résider, ainsi que sur tous les autres points qui paraîtront mériter d'être pris en considération dans l'intérêt du lauréat.

Art. 2. — Pendant leur séjour à l'étranger, les lauréats adressent tous les six mois à Notre Ministre de l'Agriculture, de l'Industrie et des Travaux publics un rapport détaillé sur leurs études et sur les objets qui s'y rattachent.

Ces rapports seront soumis à l'appréciation de la Classe des Beaux-arts de l'Académie royale de Belgique.

Organisation.

LÉOPOLD II, ETC.

Vu le testament, en date du 15 mars 1871, par lequel le sieur Napoléon Godecharle, avoué à Bruxelles, ordonne que les revenns de sa succession soient affectés à des bourses qui seront conférées à des artistes statuaires, peintres d'histoire et architectes, pour perfectionner leur éducation artistique en visitant les grands établissements à l'étranger;

Vu Notre arrêté en date du 12 novembre 1878 qui approuve cette fondation de bourses;

Vu la délibération de la commission provinciale des fondations du Brabant, l'avis de la députation permanente du Conseil de cette province et le rapport de Notre Ministre de l'Intérieur, en date du 6 septembre, du 2 et du 19 octobre 1877;

Vu les articles 35 et 43 de la loi du 19 décembre 1864 et 33 de l'arrêté royal du 7 mars 1865;

Sur la proposition de Nos Ministres de la Justice et de l'intérieur;

NOUS AVONS ARRÊTÉ ET ARRÊTONS :

ARTICLE PREMIER. — Le taux des bourses de la fondation précitée est fixé à 4,000 francs par an.

Le nombre en sera déterminé d'après les revenus nets de la dotation.

Chaque bourse est accordée pour le terme de trois ans.

La date à laquelle la jouissance en prend cours est fixée par l'acte de collation.

La première annuité est payable par anticipation, la seconde le sera après un an de jouissance et sur la production de certificats constatant soit la résidence du boursier à l'étranger, soit sa visite des grands dépôts artistiques à l'extérieur du pays.

Ces certificats seront visés par les agents diplomatiques belges dans ces divers Etats.

Art. 2. — Il sera prélevé sur ces revenus : 1° le traitement du receveur ou son denier de recettes; 2° les frais à résulter de la publication extraordinaire de la vacance des bourses, ainsi que des avis aux exposants et aux concurrents; 3° les honoraires attribués aux membres des jurys spéciaux institués en exécution de l'article 9 ci-dessous et qui prononceront sur l'aptitude des candidats boursiers. Les dépenses de transport et de placement, au musée de Bruxelles, des œuvres d'art que les boursiers devront livrer à l'Etat seront à la charge du Gouvernement.

Art. 3. — Aucune des bourses de la fondation n'est exclusivement affectée à l'une des trois branches des beaux-arts indiquées par le disposant. Toutes pourront, au contraire, le cas échéant, être conférées à des boursiers cultivant la même branche, soit la sculpture, soit la peinture d'histoire, soit l'architecture.

Les revenus ne seront dévolus au Gouvernement que dans le cas où les bourses ne trouveraient de titulaires dans aucune des branches prémentionnées; s'ils sont partiellement affectés à des bourses, la quotité libre sera seule mise à la disposition du Gouvernement.

Si un boursier mourait pendant qu'il jouit de sa bourse ou s'il n'effectuait son voyage à l'étranger que pendant une partie des trois années ou enfin si la copie qu'il doit produire n'était pas admise au Musée de Bruxelles, des réductions, selon le cas, seront opérées sur le montant qui lui était attribué et les fonds disponibles seront remis au Département de l'Intérieur pour être employés dans l'intérêt de l'art, selon la volonté du testateur.

ART. 4. — Douze mois avant l'ouverture de chaque exposition triennale des beaux-arts à Bruxelles, la commission provinciale des fondations de bourses du Brabant fera publier, dans la forme prescrite pour les bourses de fondation, la vacance des bourses créées par Napoléon Godecharle.

ART. 5. — Les artistes statuaires, peintres d'histoire et architectes, Belges et âgés de moins de vingt-cinq ans, qui désireront obtenir la jouissance d'une de ces bourses, transmettront leur requête à la commission provinciale dans les quinze premiers jours de l'ouverture de l'exposition.

Ils y joindront l'engagement :

1° D'abandonner à l'État l'œuvre d'art qu'ils auront exposée au salon et d'après laquelle ils auront été déclarés doués d'une aptitude spéciale, et

2° D'envoyer, à leur retour en Belgique, au Musée de l'État à Bruxelles, une copie faite par eux, à leur choix, d'un chef-d'œuvre de peinture, de sculpture ou d'architecture existant dans l'un des pays qu'ils auront visités.

ART. 6. — Les requêtes des artistes, avec les pièces à l'appui, seront transmises par la commission provinciale au Département de l'Intérieur

ART. 7. — Si une des expositions triennales à Bruxelles ne pouvait avoir lieu ou si celles-ci étaient supprimées, le Département de l'Intérieur ferait un appel aux artistes désignés par le fondateur, qui désireraient concourir pour profiter de ces bourses.

L'avis, publié dans la forme usitée en cas de vacances de bourses, sera envoyé aux académies des beaux-arts du royaume et aux artistes dont les ateliers sont fréquentés par des élèves réunissant les conditions voulues pour prétendre à la jouissance de la fondation.

Art. 8. — Les pétitionnaires s'adresseront au Ministère de l'Intérieur et désigneront, dans leur requête, les œuvres d'art qu'ils invoquent comme titre à l'obtention de la bourse.

Ils y joindront un engagement semblable à celui mentionné à l'article 5.

Le Département de l'Intérieur informera la commission provinciale des demandes qu'il aura reçues.

Art. 9. — Trois jurys spéciaux de trois membres, choisis, autant que possible, parmi ceux de la commission des récompenses du salon triennal de Bruxelles, seront nommés par le Gouvernement pour prononcer sur l'aptitude artistique des candidats exigée par le testateur et désigner, entre les œuvres d'art présentées par les artistes, celles qui deviendront la propriété de l'État. Le nombre des œuvres désignées par les jurys devra être au moins double de celui des bourses vacantes.

L'un de ces jurys statuera sur l'admission des statuaires, le second sur celle des peintres d'histoire et le troisième sur celle des architectes.

Art. 10. — La collation des bourses sera faite par la commission provinciale du Brabant, qui devra faire son choix parmi les artistes que les jurys spéciaux auront reconnus dignes de cette faveur. Leurs propositions ne comprendront que des artistes réunissant les conditions et les qualités prescrites par le fondateur.

S'il s'en présente plusieurs pour la même bourse, ils seront proposés dans l'ordre de leur mérite respectif.

Une copie des actes de collation sera adressée au Ministère de l'Intérieur.

Art. 11. — La dernière annuité de chaque bourse ne sera payée qu'après due réception, au Musée de l'État, à Bruxelles, de la copie faite par le boursier d'un chef-d'œuvre de peinture, de sculpture ou d'architecture, conformément aux volontés du testateur.

Art. 12. — Le Ministre de l'Intérieur statuera sur la réception de cette copie, après avoir entendu la commission directrice dudit Musée.

Art. 13 — Si les jurys spéciaux ne trouvaient pas parmi les exposants et, en cas de suppression des expositions triennales, parmi les concurrents des titulaires pour les bourses, le Ministère de l'Intérieur informerait la commission provinciale qu'aucune collation n'aurait lieu; la commission mettra, en conséquence, les revenus libres de la dotation à la disposition dudit Département pour être employés dans l'intérêt de l'art, selon les intentions du testateur.

Art. 14. — Les cas non prévus par le présent règlement seront réglés par la commission provinciale, sous l'approbation du Ministre de l'Intérieur. Les décisions seront communiquées au Département de la Justice.

Art. 15. — Par dérogation à l'article 4, le délai de douze mois est réduit, pour l'année 1881, à trois mois.

GRAND CONCOURS DE COMPOSITION MUSICALE.

Organisation (1).

Art. 1er. Le concours de composition musicale a lieu tous les deux ans, à Bruxelles.

Art. 2. Le lauréat reçoit, pendant quatre années, une pension de 4,000 francs, pour aller se perfectionner dans son art en Allemagne, en France et en Italie.

La pension prend cours à l'époque à fixer par le règlement. Toutefois, si le lauréat est âgé de moins de 21 ans, il n'entre en jouissance de la pension qu'après avoir atteint cet âge.

Art. 3. Sont seuls admis au concours les Belges qui n'auront pas atteint l'âge de trente ans au 30 juillet de l'année pendant laquelle le concours a lieu, et qui auront été reçus à la suite d'une épreuve préparatoire devant le jury mentionné ci-après.

Art. 4. Les concurrents doivent écrire une scène dramatique sur un sujet donné (2).

Art. 5. Le jury chargé d'apprécier la capacité des concurrents et de juger le concours est composé de sept membres.

Trois de ces membres sont désignés par la Classe des beaux-arts de l'Académie royale de Belgique parmi les académiciens appartenant à la section de musique. Les quatre autres sont nommés par Nous, sur la proposition de Notre Ministre de l'intérieur.

Le jury nomme son président parmi les membres domiciliés

(1) Sanctionnée par arrêté royal du 5 mars 1849.

(2) Voir p. 136 : *Concours pour les cantates*.

dans la capitale; le président est remplacé, en cas d'empêchement, par le plus âgé des membres qui habitent Bruxelles.

Art. 6. Les fonctions des membres du jury sont gratuites. Cependant, il est accordé des indemnités de déplacement et de séjour à ceux d'entre eux qui n'habitent pas la capitale ou les faubourgs.

Art. 7. Un secrétaire, nommé par le Ministre de l'Intérieur, est attaché au jury. Il ne prend point part aux travaux du jury qui ont pour objet le jugement tant de l'épreuve préparatoire que du concours définitif. Il est spécialement chargé de la direction et de la haute surveillance de la partie matérielle du concours. Une indemnité peut lui être accordée.

Art. 8. Il peut être décerné un premier prix, un second prix et une mention honorable.

Le premier prix n'est accordé qu'à un seul concurrent.

Le second prix et la mention honorable peuvent être accordés en partage.

Art. 9. Le second prix consiste en une médaille d'or de la valeur de trois cents francs.

Art. 10. Le jury ne peut juger si cinq membres, au moins, ne sont présents. Ses jugements se font au scrutin secret.

Art. 11. Les décisions du jury pour ce qui concerne les prix sont prises à la majorité absolue des suffrages. Toutefois, en cas de partage égal des voix, celle du président est prépondérante.

Art. 12. Nos dispositions antérieures relatives au concours de composition musicale sont rapportées.

Art. 13. Notre Ministre de l'Intérieur est chargé de faire le règlement définitif et de prendre les mesures nécessaires pour l'exécution du présent arrêté.

Règlement (1).

Art. 1er. — Le concours bisannuel de composition musicale s'ouvre le 20 juillet (2).

Art. 2. — Les aspirants au concours doivent se faire inscrire au Ministère de l'Intérieur avant le 10 juillet.

Ils sont tenus de justifier de leur qualité de Belges et de prouver qu'ils n'auront pas atteint l'âge de 30 ans au 20 juillet.

Art. 3. — Le jour indiqué pour l'ouverture du concours, le jury s'assemble, à huit heures du matin, au local qui sera indiqué par avis inséré dans les journaux, afin de procéder à l'épreuve préparatoire.

Art. 4. — L'épreuve préparatoire se compose : 1° d'une fugue (vocale ou instrumentale) développée à deux sujets et à quatre parties; 2° d'un chœur peu développé avec orchestre.

Soixante-douze heures consécutives sont accordées pour cette épreuve.

Art. 5. — Le sujet de la fugue est tiré d'une urne, où il en aura été déposé quinze au moins. Le texte du chœur est choisi par le concurrent.

Le tirage est fait par l'aspirant le plus jeune, en présence du jury et des autres aspirants.

Art. 6. — Immédiatement après le tirage, il est remis à chaque aspirant une copie du bulletin indiquant le sujet de la fugue, ainsi que le texte du chœur, et les aspirants se retirent

(1) Arrêté par dispositions ministérielles des 5 mars 1849, 30 mai 1853, 18 mars 1873 et 31 mars 1879.

(2) Le prochain concours aura lieu en 1891.

dans les loges qui leur sont assignées pour procéder à leur travail.

Art. 7. — Le jury ne se sépare qu'après l'entrée en loge de tous les aspirants.

Art. 8. — L'épreuve préparatoire est obligatoire pour tous les concurrents, soit qu'ils aient déjà concouru, soit qu'ils se présentent pour la première fois au concours.

Aucun concurrent n'est admis à participer plus de trois fois au concours.

Art. 9. — Toute communication avec d'autres personnes que le secrétaire du jury et celles qui sont chargées du service, est interdite aux aspirants pendant toute la durée de leur travail, tant pour l'épreuve préparatoire que pour le concours définitif.

Art. 10. — La fugue et le chœur, sujets de l'épreuve, sont remis au jury le surlendemain à huit heures du matin. Chaque composition doit être accompagnée d'un billet cacheté indiquant le nom de l'aspirant.

Art. 11. — Les aspirants qui se retirent sans avoir achevé la fugue ou le chœur, sont considérés comme ayant renoncé au concours.

Art. 12. — Immédiatement après la remise de la composition mentionnée à l'article 10, le jury s'occupe, sans désemparer, de l'examen des morceaux.

Art. 13. — L'examen terminé, le président du jury invite les membres à voter sur l'admission des aspirants, en désignant les compositions par leurs numéros d'inscription.

Le président proclame le résultat du vote, puis il ouvre les billets contenant les noms des aspirants dont les travaux ont obtenu la majorité des suffrages et les lit à haute voix.

Le nombre des concurrents ne peut dépasser six.

Les aspirants admis sont immédiatement introduits, et le président, après leur avoir annoncé le résultat de l'épreuve, les invite à se trouver au même local, le lendemain à huit heures du matin, pour y recevoir le sujet du grand concours, et entrer immédiatement en loge.

Après quoi le président déclare l'épreuve préparatoire terminée, et ajourne l'assemblée du jury au vingt-sixième jour après l'entrée en loge des concurrents.

Art. 14. — Le jour fixé pour le concours, le président du jury, assisté du secrétaire, reçoit les concurrents au local désigné et remet à chacun d'eux une copie des paroles de la scène dramatique qui fera l'objet du concours (1).

Art. 15. — Vingt-cinq jours, y compris celui de l'entrée en loge, sont accordés aux concurrents pour mettre la scène en musique avec orchestre.

Art. 16. — Les loges sont numérotées et tirées au sort entre les concurrents. Elles renferment un piano, un lit, une table et les objets nécessaires à leur service.

Art. 17. — Les concurrents sont immédiatement introduits et enfermés dans leurs loges. Leurs malles ou paquets sont inspectés par le président du jury et le secrétaire; ils ne peuvent contenir ni compositions musicales, manuscrites ou imprimées, ni aucun ouvrage de théorie.

Art. 18. — Aucune personne autre que le secrétaire du jury, le surveillant et les domestiques de service ne peut pénétrer dans les loges des concurrents.

Tout paquet ou journal, à l'adresse de l'un deux, est ouvert ou déployé avant la remise, par le gardien des loges, qui s'assure s'il ne contient aucun objet défendu.

(1) Voir page 139 : *Concours pour les cantates*.

En cas d'indisposition, ledit gardien accompagne en loge la personne dont le concurrent réclamera les soins.

Art. 19. — Les concurrents se réunissent aux heures de repas et de récréation.

Tout le reste du temps ils sont enfermés dans leurs loges.

Art. 20. — Leur travail étant terminé, ils en déposent les manuscrits accompagnés de billets cachetés, entre les mains du secrétaire, qui paraphe immédiatement chacune des pages.

Art. 21. — Tout concurrent qui se retire sans faire la remise du manuscrit complet de son ouvrage, est considéré comme ayant renoncé au concours.

Art. 22. — Le jour qui suit la clôture du concours, le jury se réunit à huit heures du matin. Il reçoit des mains du secrétaire les compositions des concurrents et arrête les mesures nécessaires pour l'examen de ces œuvres. Il fixe, en outre, le jour auquel il sera procédé à l'audition des morceaux au piano.

Les concurrents doivent se procurer des chanteurs pour l'exécution de leurs scènes; ils peuvent toutefois prendre part à cette exécution.

Art. 23. — L'audition étant terminée, le président pose la question de savoir s'il y a lieu de décerner un premier prix.

Si la résolution est affirmative, les membres du jury votent sur le choix du compositeur qui a mérité le premier prix. Le président proclame le résultat du vote.

Puis le président met aux voix s'il y a lieu de décerner un second prix, et les mêmes formes que pour le premier sont observées.

Il en est de même si le jury décide qu'il y a lieu de décerner une mention honorable.

Art. 24. — La distribution des prix a lieu dans une séance solennelle, à laquelle sont invités les membres du jury, les directeurs et les membres des Commissions des conservatoires de musique.

Cette séance est suivie de l'exécution à grand orchestre du morceau couronné.

Art. 25. — Avant d'être admis à jouir de la pension instituée par les arrêtés sur la matière, le lauréat devra subir, devant le jury qui a jugé le concours, un examen sur les matières suivantes :

Langue française ou flamande. — Le lauréat devra, dans un travail écrit, fournir la preuve qu'il est en état d'exprimer ses idées en langue française ou en langue flamande, à son choix. Le sujet qui lui sera donné à traiter sera choisi parmi les objets de ses études d'artiste.

Littérature générale. — Le lauréat sera interrogé sur la Bible, sur les poëmes d'Homère et du Dante, ainsi que sur les Niebelungen, sur les drames d'Eschyle, de Sophocle, d'Euripide, de Shakespeare, de Corneille, de Vondel, de Goethe et de Schiller; il donnera une idée sommaire de ces œuvres, des ressources que son art peut y trouver et des principaux personnages qui y figurent.

Les lauréats pourront indiquer eux-mêmes au jury les ouvrages qui ont fait particulièrement l'objet de leurs études.

Histoire et antiquités. — Notions générales d'histoire universelle; l'histoire de la Belgique avec plus de détails.

Histoire de la musique dans l'antiquité, le moyen âge et les époques modernes, connaissance et appréciation esthétique des principales œuvres musicales composées depuis le XVIe siècle jusqu'à ce jour.

Si l'examen a lieu en flamand, le lauréat devra justifier dans l'épreuve orale prescrite par le § 3 du présent article, qu'il a de la langue française une connaissance suffisante pour profiter immédiatement de ses voyages à l'étranger.

Art. 26. — Le lauréat doit voyager un an et demi en Allemagne, dix mois en Italie, et séjourner ensuite huit mois à Paris. Pendant la quatrième année, il ne peut jouir de sa pension qu'en habitant la Belgique.

Il envoie, avant le 1er mai des trois dernières années pendant lesquelles il jouira de la pension, deux grandes compositions musicales, l'une vocale avec accompagnement d'orchestre, l'autre symphonique; ces compositions sont soumises à l'examen de la Classe des beaux-arts de l'Académie royale de Belgique et deviennent l'objet d'un rapport qui sera publié. Dans le cours de la dernière année, il doit faire la remise d'un morceau instrumental à grand orchestre, qui ne sera point examiné, mais qui sera exécuté dans la plus prochaine séance de distribution des prix du concours de composition musicale. Il adresse, en outre, tous les trois mois, au Gouvernement, un rapport sur ses voyages et sur ses travaux. Ces rapports sont également communiqués à la Classe des beaux-arts de l'Académie royale de Belgique.

Il se conforme, au surplus, aux instructions que le Ministre lui remet après avoir consulté le jury.

Art. 27. — Le départ du lauréat est fixé au 1er décembre; sa pension prend cours à partir de ce jour et lui est payée par semestre et par anticipation.

Art. 28. — Il est remis au lauréat une lettre de recommandation générale pour les agents diplomatiques ou consulaires belges dans les pays indiqués à l'article 26. A son arrivée dans une ville où il compte séjourner et où réside un de ces agents, de même qu'à son départ de cette ville, il est tenu de lui présenter cette lettre de recommandation, sur laquelle la date de la présentation est immédiatement mentionnée. Si son séjour dans cette ville doit se prolonger, il se représente à la légation ou au consulat au bout de trois mois.

Art. 29. — Les frais divers du concours sont à charge du Gouvernement; il est alloué à chacun des concurrents, pour frais de nourriture et d'entretien, une indemnité de trois francs pour chaque jour qu'il reste enfermé en loge.

Art. 30. — Dans les cas non prévus par le présent règlement, le Ministre se réserve de prononcer, sur l'avis du jury.

CONCOURS POUR LES CANTATES.

Institution (1).

Art. 1er. — Il est ouvert un double concours pour la composition d'un poème en langue française et d'un poème en langue flamande destinés à être mis en musique pour le prix de composition musicale.

Art. 2. — Il sera décerné un prix de 300 francs ou une médaille d'or de la même valeur à l'auteur de chacun des deux poèmes, français et flamand, désignés par le jury.

Les poèmes ne contiendront pas plus de trois morceaux de musique de caractère différent, entrecoupés de récitatifs. Le choix des sujets est abandonné à l'inspiration des auteurs, qui pourront, à leur gré, écrire un monologue ou introduire divers personnages en scène.

(1) Arrêté royal du 31 mars 1879.

Art. 3. — Les écrivains belges qui voudront concourir pour l'obtention de l'un ou l'autre des prix institués par le présent arrêté adresseront, avant le 1er mai (1), leur travail au secrétaire de l'Académie royale des sciences, des lettres et des beaux-arts de Belgique.

Les manuscrits ne porteront aucune indication qui puisse faire connaître l'auteur.

Ils seront accompagnés d'un billet cacheté contenant le nom et le domicile de l'auteur.

Il est interdit, sous peine d'être déchu du prix, de faire usage d'un pseudonyme.

Dans ce cas, le prix sera dévolu au poème qui suivrait immédiatement dans l'ordre de mérite.

Art. 4. — Le jugement des poèmes, tant français que flamands, se fera par un jury de sept membres à nommer par le Roi, sur une liste double de présentation dressée par la Classe des beaux-arts de l'Académie royale de Belgique Quatre membres au moins du jury devront connaitre les deux langues.

Art. 5. — Les deux poèmes couronnés seront transmis au moins quinze jours avant le concours de composition musicale au Ministre de l'Intérieur, qui en fera faire la traduction. Ils seront ensuite renvoyés au jury, qui désignera le poème à mettre en musique.

Les concurrents pourront se servir soit du texte original, soit de la traduction pour la composition musicale.

Art. 6. — Le choix du poème se fait le jour de l'épreuve préparatoire. Toutefois, les billets cachetés ne sont ouverts qu'après l'ouverture du concours définitif.

(1) Le prochain concours aura lieu en 1891.

Un exemplaire du poëme original et de la traduction est remis à chacun des concurrents au moment de l'entrée en loge pour ce concours.

Programme (1).

—

Les cantates ne dépasseront pas 200 vers. Elles appartiendront soit au genre lyrique, soit au genre dramatique. Dans ce dernier cas, il n'est pas nécessaire qu'elles aient été conçues en vue de la représentation théâtrale.

(1) Arrêté royal du 26 avril 1883.

LAURÉATS

DES

GRANDS CONCOURS DE COMPOSITION MUSICALE.

1834.	1er prix.	Busschop (Jules),	de Bruges.
	2d »	Ermel,	de Bruxelles.
1841.	1er »	Soubre (E.-J.),	de Liège.
	2d »	Meynne (G.),	de Bruxelles.
1843.	1er »	(Non décerné.)	
	2d »	Ledent (F.-E.).	
1845.	1er »	Samuel (Ad.-O.),	de Liège.
	2d	Terry (J.-Léonard),	de Liège.
		Batta (J.),	de Bruxelles.
1847.	1er »	Gevaert (F.-A.),	de Huysse.
	2d »	Lemmens (J.-N.).	de Bruxelles.
1849.	1er »	Stadfeldt (Alexandre),	de Wiesbaden.
	2d »	Lassen (Édouard),	de Copenhague.
1851.	1er »	Lassen (Édouard),	
	2d »	Rongé (J.-B.),	de Liège.
1853.	1er »	(Non décerné.)	
	2d »	Demol (Pierre),	de Bruxelles.
1855.	1er »	Demol (Pierre),	
	2d »	(Non décerné.)	
	M. honorable.	Benoît (Pierre-L.),	de Harlebeke.
1857.	1er prix.	Benoît (Pierre-L.)	
	2d »	Conrardy (Jules-Lamb.),	de Liège.
1859.	1er »	Radoux (Jean-Théodore),	de Liège.
	2d	(Non décerné), l'auteur étant M. Conrardy, déjà second prix en 1857.	
	M. honorable.	Vander Velpen (J.-B.)	de Malines.
		Wantzel (Frédéric),	de Liège.

1861.	1er prix.	(Non décerné.)	
	2d »	Dupont (Henri-Joseph),	d'Ensival (Liége).
		Vander Velpen (J.-B.),	de Malines.
	M. honorable.	Van Hoey (Gust.-J.-C.-M.),	de Malines.
1863.	1er prix.	Dupont (Henri-Joseph),	d'Ensival (Liége)
	2d »	Huberti (Léon-Gustave),	de Bruxelles.
	M. honorable.	Van Gheluwe (Léon),	de Wannegem.
1865.	1er prix.	Huberti (Léon-Gustave),	de Bruxelles.
	2d »	Vanden Eeden (J.-Bapt.),	de Gand.
		Van Hoey (Gust.-J.-C.-M.),	de Malines.
	M. honorable.	Haes (Louis-Antoine),	de Tournai.
		Rüfer (Phil.-Barthélemy),	de Liége.
1867.	1er prix.	Waelput (Ph. H.-P.-J.-B.),	de Gand.
	2d »	Van Gheluwe (Léon),	de Wannegem.
		Haes (Louis-Antoine),	de Tournai.
1869.	1er »	Vanden Eeden (J.-Bapt.),	de Gand.
	2d »	Mathieu (Emile),	de Louvain.
		Pardon (Félix),	de St-J.-ten-Noode.
	M. honorable.	Demol (Guillaume),	de Bruxelles.
1871.	1er prix.	Demol (Guillaume),	
	2d »	(Non décerné), l'auteur, M. Émile Mathieu, ayant déjà obtenu un second prix en 1869.	
	M. honorable.	Tilman (Alfred),	de St-J.-ten-Noode.
		Blaes (Édouard),	de Gand.
1873.	1er prix.	Servais (Franç.-Mathieu),	de Hal.
	2d »	Van Duyse (Florimond),	de Gand.
	M. honorable.	De Vos (Isidore),	de Gand.
1875.	1er prix.	De Vos (Isidore),	
	2d »	Tilman (Alfred),	de St-J.-ten-Noode.
	M. honorable.	De Pauw (J.-B.),	de Bruxelles.
1877.	1er prix.	Tinel (Edgar),	de Sinay (St-Nicolas).
	2d »	Simar (Julien),	de Bruxelles.
		De Pauw (J.-B.),	de Bruxelles.
	M. honorable.	Dupuis (Sylvain),	de Liége.
		Dethier (Émile),	de Liége.
		Soubre (Léon),	de Bruxelles.
1879.	1er prix.	(Non décerné.)	
	2d prix.	Dupuis (Sylv.),	de Liége.
		De Pauw (J.-B.),	de Bruxelles.

1881.	1er prix.	Dupuis (Sylv.),	de Liège.
	2d prix.	Dubois (Léon),	de Bruxelles.
1883.	2d prix (en partage).	Heckers (Pierre),	de Gand.
		Soubre (Léon),	de Liège.
1885.	1er prix.	Dubois (Léon),	de Bruxelles.
	2d prix.	Heckers (Pierre),	de Gand.
	M. honorable.	Lapon (Edm.),	d'Ostende.
1887.	1er prix.	Heckers (Pierre),	de Gand.
	2d prix.	Lebrun (Paul),	de Gand.
		Lapon (Edm.),	d'Ostende.
1889.	1er prix.	Gilson (Paul),	de Bruxelles.
	1er 2d prix.	Lebrun (Paul),	de Gand.
	2e 2d »	Mortelmans (Louis),	d'Anvers.
	M. honorable.	Rinskopf (Léon),	de Gand.

LAURÉATS DES CONCOURS DES CANTATES.

POÈMES FRANÇAIS.

1847. Pujol (Auguste). — *Le roi Lear* (1).
1849. Gaucet, de Liège. — *Le songe du jeune Scipion* (2).
1851. Claessens (J.-J.). — *Le festin de Balthazar* (3).
1853. Michaëls (Clément), de Bruxelles. — *Les Chrétiens-Martyrs* (4). (Pris en dehors de seize concurrents.)
1855. Steenberghe. — *Le dernier jour d'Herculanum* (5).
1857. Wytsman (Clém.), de Termonde. — *Le meurtre d'Abel* (6).
1859. Braquaval (Mme Pauline). — *Le juif errant* (7).
1861. Braquaval (Mme Pauline). — *Agar dans le désert* (8).
1863. Kurth, de Mersch. — *Paul et Virginie* (9).

(1) *Bulletin*, 1re série, t. XIV, 1re part., 1847 ; p. 607.
(2) Non imprimé dans le *Bulletin*.
(3) Id., id.
(4) B. 1re série, t. XXI, 2e part., 1854 ; p. 532.
(5) B. 1re série, t. XXII, 2e part., 1855 ; p. 332.
(6) B. 2e série, t. III, 1857 ; p. 85.
(7) B. 2e série, t. VIII, 1859 ; p. 47.
(8) B. 2e série, t. XII, 1861 ; p. 164.
(9) B. 2e série, t. XVI, 1863 ; p. 278.

POÈMES FRANÇAIS ET FLAMANDS.

1865. Mme Strumann, née Amélie Picard, de St-Léger-sur-Ton. — *La fille de Jephté* (1).
» Hiel (Emmanuel), de Termonde. — *De Wind* (2).
1867. Michaëls (Clément), de Bruxelles. — *Jeanne d'Arc* (3).
» Versnaeyen (Charles), de Bruges. — *Het Woud* (4).
1869. Lagye (Gustave), d'Anvers. — *La dernière nuit de Faust* (5) Traduction flamande par Emmanuel Hiel (6).
» Adriaensen (Jean), de Louvain. — *De zuster van liefde* (7).
1871. Michaëls (Clément), de Bruxelles. — *Le songe de Colomb* (8). Traduction flam. par Emmanuel Hiel (9).
» Willems (Franz), d'Anvers — *Zegetocht der dood op het slagveld* (10).
1873. Abrassart (Jules), de Louvain — *L'Océan* (11).
» Van Droogenbroeck (Jean), de Schaerbeek. — *Torquato Tasso's dood* (12). — Traduction française par J. Guilliaume (13).
1875. Abrassart (Jules), de Louvain. — *La dernière bataille* (14).

(1) *Bulletin*, 2e série, t. XX, 1865; p. 593.
(2) B. 2e série, t. XXII, 1866; p. 248.
(3) Non imprimé dans le *Bulletin*.
(4) B. 2e série, t. XXIV, 1867; p. 270.
(5) B. 2e série, t XXVIII, 1869; p. 303; — (6) p. 310.
(7) Non imprimé dans le *Bulletin*.
(8) B. 2e série, t. XXXII, 1871; p. 141; — (9) p. 147.
(10) et — (11) Non imprimés dans le *Bulletin*.
(12) B. 2e série, t. XXXVI, 1873; p. 292; — (13) p. 287.
(14) Non imprimé dans le *Bulletin*.

1875. Sabbe (Jules), de Bruges. — *De Meermin* (1). — Traduction par J. Guilliaume (2).

1877. Michaëls (Clément), de Bruxelles. — *Samson et Dalila* (3).

» Sabbe (Jules), de Bruges. — *De klokke Roeland* (4). — Traduction par Jules Guilliaume (5).

1879. Baes (Edg.), d'Ixelles. — *Judith.*

» Van Droogenbroeck (J.), de Schaerbeek. — *Camoëns* (6). — Traduction par Jules Guilliaume (7).

1881. Lagye (G.), de Schaerbeek. *Les filles du Rhin.*

» Bogaerd (Charles), de Laeken. — *Scheppingslied* (8). — Traduction par G. Antheunis (9).

1883. Solvay (Lucien), de St-Josse-ten-Noode. — *Les Aïssa-Ouahs.*

» Van Oye (Eug.), d'Ostende. — *Daphné* (10). — Traduction par G. Antheunis (11).

1885. Bogaerts, de Gand. — *In 't Elfenwoud* (12). — Traduction par G. Antheunis (13).

Le prix des cantates françaises n'a pas été décerné.

1887. De Casembroot, de Bruxelles. — *Les Suppliantes* (14). — Traduction par Emm. Hiel (15).

» Van Droogenbroeck (J.), de Schaerbeek. — *De Morgen.*

1889. Sauvenière (Jules), de Liège. — *Sinaï* (16). — Traduction par Emm. Hiel (17).

» Lieverrouw-Coopman, de Gand. — *Orpheus Hellevaart.*

(1) *Bulletin*, 2e série, t. XLII, 1876; p. 440; — (2) p. 448.
(3) Non imprimé dans le *Bulletin*.
(4) B 2e série, t. XLIV, 1877; p. 300; — (5) p. 308.
(6) B. » t. XLVIII, 1879; p. 350; — (7) p. 324.
(8) B. 3e série, t. II, 1881; p. 365. — (9) p. 359.
(10) B. » t. VI, 1883; p. 391. — (11) p. 399.
(12) B. » t. X, 1885, p. 508 — (13) p. 516.
(14) B. » t. XIV, 1887, p. 506. — (15) p. 516.
(16) B. » t. XVIII, 1889, p. 482. — (17) p. 491.

FONDATIONS ACADÉMIQUES.

PRIX DE STASSART POUR UNE NOTICE SUR UN BELGE CÉLÈBRE.

Institution.

Dans la séance de la Classe des lettres du 3 novembre 1851, le baron de Stassart lut à ses confrères la note suivante :

« Je viens exécuter un projet que, déjà, vous m'avez fait » l'honneur d'accueillir; je viens mettre à votre disposition un » capital de *deux mille seize francs* en rentes sur l'État belge, » pour fonder, au moyen des intérêts accumulés, un prix per- » pétuel qui, tous les six ans, à la suite d'un concours ouvert » deux années d'avance, soit décerné, par la Classe des lettres, » à l'auteur d'une notice sur un Belge célèbre, pris alternative- » ment parmi les historiens ou les littérateurs, les savants et les » artistes. Lorsqu'il s'agira d'un savant, la Classe des sciences, » et lorsqu'il s'agira d'un artiste, la Classe des beaux-arts sera » priée d'adjoindre *deux* de ses membres aux commissaires de » la Classe des lettres pour l'examen des pièces.

» Notre Académie, comme l'Institut de France, est, je n'en » fais aucun doute, parfaitement habile à recevoir les dona- » tions et les legs qui lui seraient faits

» Je suis heureux, Messieurs, de donner à l'illustre Com- » pagnie, qui m'a fait l'honneur de m'admettre dans son sein, » ce témoignage de l'intérêt que je lui porte et de mon dé- » vouement sans bornes. »

La Classe accueillit avec empressement cette offre généreuse et en exprima sa gratitude au donateur, qui, au mois de mai 1853, ajouta à ce premier don une somme de *deux cents francs*. Ce don complémentaire avait pour objet de compenser la diminution de revenu due à la conversion des rentes 5 p. c. en rentes à 4 1/2 p. c

Concours.

1re PÉRIODE (1851-1856).

La Classe des lettres a ouvert la série des biographies consacrées à des Belges célèbres, en demandant *une notice consacrée à la mémoire du donateur le baron de Stassart.* Ce concours donna pour résultat un travail d'Eug. Van Bemmel, couronné en mai 1856 et publié dans le tome XXVIII des *Mémoires couronnés et des Mémoires des savants étrangers*, in-4°.

2e PÉRIODE (1857-1862).

Cette période, demandant l'*Éloge de Van Helmont*, n'a pas donné de résultat, bien que ce concours ait été prorogé, d'année en année, jusqu'en 1867.

3e PÉRIODE (1863-1868).

La 3me période devait être consacrée à l'éloge d'un artiste, mais, à cause du résultat négatif de la 2e période, la Classe des lettres a décidé de demander l'éloge d'un savant en même temps que celui d'un artiste, comme sujets pour chacune de ces périodes.

Ce double concours, ayant pour objet l'*Éloge de Mercator* et l'*Éloge d'Antoine Van Dyck*, n'a donné pour résultat qu'un travail, en flamand, sur *Van Dyck*, par Frans De Potter et Jean Broeckaert, couronné dans la séance de la Classe des lettres du 12 mai 1873 et publié dans le tome XXIV des *Mémoires couronnés et autres*, in-8°.

4e PÉRIODE (1869-1874).

Cette quatrième période, dont le terme fatal a été prorogé jusqu'au 1er février 1876, a donné pour résultat un travail, en flamand, par Max. Rooses sur *Christophe Plantin, ses relations, ses travaux et l'influence exercée par l'imprimerie dont il fut le fondateur.* Il a été imprimé dans le t. XXVII des *Mémoires* in-8°.

5e ET 6e PÉRIODES (1875-1886).

La Classe des lettres avait offert un prix de six cents francs à l'auteur de la meilleure notice consacrée à *Simon Stévin.* Ce concours n'avait pas donné de résultat malgré une prorogation jusqu'au 1er février 1887.

La Classe avait mis ensuite au concours pour la 6e période, prorogée jusqu'au 1er février 1888, la notice de *David Teniers* (1610-1690 ?).

Le prix avait été porté à *mille francs.*

Le mémoire reçu en réponse, portant une devise empruntée à Arnold Houbraken, n'a pas été couronné.

7e PÉRIODE (1887-1892).

La Classe des lettres offre un prix de *mille francs* à l'auteur de la meilleure notice écrite en français, en flamand ou en latin, consacrée à la vie et aux travaux de *Lambert Lombard,* peintre et architecte à Liège (1506-1566).

Le délai pour la remise des manuscrits expirera le 1er février 1892.

Les concurrents se conformeront aux conditions réglementaires des concours annuels de l'Académie.

PRIX DE STASSART POUR UNE QUESTION D'HISTOIRE NATIONALE.

Institution.

Dans son testament olographe, en date du 19 mai 1854, le baron de Stassart avait inscrit la clause suivante:

« Mon légataire universel (le marquis de Maillen) achè- » tera cinq cents francs de rentes belges, et il priera l'Acadé- » mie royale des sciences, des lettres et des arts de Belgique » de les employer à fonder un prix qui soit décerné tous les » six ans (afin qu'il excède, avec les intérêts accumulés, trois » mille francs) pour *une question d'histoire nationale.* »

Concours.

1re période (1859-1864).

La Classe des lettres a ouvert la première période sexennale de ce concours en demandant l'*Histoire des rapports de droit public qui ont existé entre les provinces belges et l'empire d'Allemagne, depuis le Xme siècle jusqu'à l'incorporation de la Belgique dans la république française.*

Le prix de cette période a été décerné, en mai 1869, à Émile de Borchgrave. Son travail a été publié dans le tome XXXVI des *Mémoires couronnés et des Mémoires des savants étrangers,* collection in-4°.

2e PÉRIODE (1865-1870).

Le concours de la deuxième période demandait d'*Exposer quels étaient, à l'époque de l'invasion française en 1794, les principes constitutionnels communs à nos diverses provinces et ceux par lesquels elles différaient entre elles.*

Le prix a été décerné, en mai 1874, à Edmond Poullet. Son travail a été publié dans le tome XXVI des *Mémoires couronnés et autres*, collection in-8°.

3e, 4e ET 5e PÉRIODES (1871-1888).

La Classe avait offert, pour la troisième période, un prix de *trois mille francs* au meilleur travail en réponse à la question suivante :

Apprecier l'influence exercée au XVIme siècle par les géographes belges, notamment par Mercator et Ortelius.

Le concours n'ayant pas donné de résultat, malgré une prorogation jusqu'au 1er février 1883, la Classe avait remplacé cette question par le sujet suivant :

Tracer, sur la carte de la Belgique et des départements français limitrophes, une ligne de démarcation indiquant la séparation actuelle *des pays de langue romane et des pays de langue germanique. Consulter les anciens documents contenant des noms de localités, de* lieux dits, *etc., et constater si cette ligne idéale est restée la même depuis des siècles, ou si, par exemple, telle commune wallonne est devenue flamande, et* vice versa. *Dresser des cartes historiques indiquant ces fluctuations pour des périodes dont on laisse aux concurrents le soin de déterminer l'étendue; enfin, rechercher les causes de l'instabilité ou de l'immobilité signalées.*

Le prix a été décerné, en mai 1888, à Godefroid Kurth, professeur à l'Université de Liège.

6e PÉRIODE (1889-1894).

La Classe des lettres offre, pour la 6e période de ce concours, un prix de *trois mille francs* à l'auteur du meilleur travail rédigé en français, en flamand ou en latin, en réponse à la question suivante :

Faire l'histoire du conseil privé aux Pays-Bas, à partir de son origine jusqu'en 1794; examiner les attributions de ce corps, ses prérogatives et sa compétence en matière politique, d'administration et de justice.

Le délai pour la remise des manuscrits expirera le 1er février 1894.

Les concurrents devront se conformer aux conditions réglementaires des concours annuels de l'Académie.

PRIX DE SAINT-GENOIS POUR UNE QUESTION D'HISTOIRE OU DE LITTÉRATURE EN LANGUE FLAMANDE.

Institution.

Lors du décès du baron de Saint-Genois, le 13 septembre 1867, M. De Decker, son exécuteur testamentaire, communiqua à l'Académie l'extrait suivant du testament du défunt :

« Nr 9. Ik legatere eene som van duizend franks aan de koninklijke Akademie van België, en eene andere som van vijf honderd franks aan de Maatschappij : *De taal is gansch het volk*. Zij zullen er gebruik van maken om de eene of andere prijskamp over geschiedenis of letterkunde uit te schrijven in het vlaamsch.

» Nr 10. Tot het uitvoeren van dit mijnen laatsten wil, benoem ik, wat nr 9 aangaat, de heeren P. De Decker en Dr Snellaert. »

La Commission administrative, dans sa séance du 11 novembre 1867, se conformant aux volontés du défunt, institua un *prix de quatre cent cinquante francs, à décerner tous les dix ans, à l'auteur du meilleur travail, écrit en flamand, en réponse à une question d'histoire ou de littérature proposée par la Classe des lettres.*

Concours.

1re ET 2de PÉRIODES (1868-1887).

La Classe des lettres avait offert un prix de *mille francs* à l'auteur du meilleur travail, rédigé en flamand, en réponse à la question suivante :

Letterkundige en wijsgeerige beschouwing van Coornhert's werken.

(Étude littéraire et philosophique des œuvres de Coornhert.)

Ce concours, prorogé jusqu'en 1888, n'a pas donné de résultat.

3e PÉRIODE (1888-1897).

La Classe des lettres offre, pour la 3e période de ce concours, un prix de *mille francs* à l'auteur du meilleur travail, rédigé en flamand, en réponse à la question suivante :

Caractériser l'influence exercée par la Pléiade française sur les poètes néerlandais du XVIe et du XVIIe siècle.

Le délai pour la remise des manuscrits expirera le 1er février 1897.

Les concurrents devront se conformer aux conditions réglementaires des concours annuels de l'Académie.

PRIX TEIRLINCK POUR UNE QUESTION DE LITTÉRATURE FLAMANDE.

Institution.

Feu Auguste Teirlinck, greffier de la justice de paix du canton de Cruyshautem (Fl. or.), domicilié à Elseghem, et décédé en cette commune le 7 avril 1873, avait inscrit la disposition suivante dans son testament :

« *Vijf duizend franks te betalen tot het stichten van eenen Vlaamschen prijs bij de Academie van kunsten en letteren te Brussel.* »

Ce legs a été accepté, au nom de l'Académie, par arrêté royal du 12 mars 1875.

La Classe des lettres, consultée au sujet de ce prix, avait chargé trois de ses membres, le baron Guillaume, Faider et Conscience, de lui faire un rapport sur la manière d'interprêter les intentions de feu Auguste Teirlinck. Voici ce rapport qu'elle a ratifié :

« La Commission, après avoir entendu l'interprétation rationnelle, donnée par l'honorable M Conscience, aux expressions dont s'est servi le testateur, á pensé qu'il s'agissait de la fondation d'un prix ; que cette fondation avait un caractère de perpétuité ; qu'en conséquence le capital de *cinq mille* francs, légué à la Classe des lettres, devait être placé de façon à former tous les cinq ans, au moyen des intérêts accumulés, un prix d'environ *mille* francs. »

Quant à la nature des questions à proposer ou des travaux à couronner, la Commission a pensé que le fondateur n'a pas pu avoir précisément pour objet une œuvre écrite en langue flamande, que cette expression n'a pas été expressément formulée par lui, que, par conséquent, on doit appliquer dans le cas présent les règles ordinaires et autoriser des travaux écrits en langue française, en langue flamande ou en langue latine, pourvu qu'il reste bien entendu que les questions auront pour objet fondamental l'encouragement de la littérature flamande. Quant à l'impression des travaux couronnés, elle est régie par les dispositions du règlement de la Classe qui conserve son droit d'appréciation.

Concours.

1re et 2e périodes (1877-1886).

Un prix de *mille francs* avait été offert au meilleur ouvrage en réponse à la question suivante :

Faire l'histoire de la prose néerlandaise avant Marnix de Sainte-Aldegonde.

Ce concours, prorogé jusqu'en 1888, n'a pas donné de résultat.

3e période (1887-1891).

La Classe des lettres maintient la même question pour cette période.

Le terme fatal pour la remise des manuscrits, qui peuvent *être rédigés en français, en flamand ou en latin*, expirera le 1er février 1891.

Les concurrents devront se conformer aux formalités et aux règles des concours annuels de l'Académie.

PRIX DÉCENNAL DE LITTÉRATURE FLAMANDE FONDÉ PAR Mme Ve ANTON BERGMANN.

Institution.

Par dépêche du 10 décembre 1875, M. le Ministre de l'Intérieur avait adressé, en communication, la lettre suivante de la dame Anton Bergmann, de Lierre, témoignant l'intention de faire dotation à l'Académie de la somme de cinq mille francs, montant du prix quinquennal de littérature flamande décerné à l'œuvre, *Ernest Staas, schetsen en beelden*, de feu son mari.

Nazareth bij Lier, den 21 October 1875.

MIJNHEER DE MINISTER,

« Ik heb de eer het volgende voorstel aan uwe goedkeuring te onderwerpen.

» De somme van *vijf duizend frank*, door mij ontvangen van den vijfjaarlijkschen prijs voor Nederlandsche letterkunde, aan het werk *Ernest Staas, schetsen en beelden*, van mijnen op 21 Januari 1874 te Lier overleden Echtgenoot, Anton Bergmann, door het Staatsbestuur toegewezen, zal door mij aan de koninklijke Academie van wetenschappen, letteren en schoone kunsten van België worden geschonken, ten einde daarmede eenen tienjaarlijkschen prijs te stichten, die den naam zal dragen van *prijs Anton Bergmann*, ter nagedachtenis van mijnen diep betreurden Echtgenoot.

» De prijs zal bestaan in de gedurende tien jaren verzamelde interesten van de boven genoemde somme van vijf duizend frank, en om de tien jaar worden verleend aan de beste in het Nederlandsch geschreven Geschiedenis van eene stad of eene gemeente van ten minste vijf duizend inwoners der Vlaamsch-sprekende gewesten van België, gedurende een tijdperk van tien jaren uitgekomen.

» Het aanmoedigen van schrijvers van plaatselijke geschiedenissen werd door mij verkozen, omdat wijlen mijn Echtgenoot levens het vak der historie beoefende en eene geschiedenis van zijne geboortestad Lier vervaardigde.

» In het *eerste* tienjarig tijdperk zullen naar den prijs dingen de geschiedenissen van steden of gemeenten die tot de provincie *Antwerpen* behooren.

» In het *tweede* tienjarig tijdperk, die van steden of gemeenten der provincie Brabant.

» In het *derde*, die van steden of gemeenten der provincie *Oost-Vlaanderen*.

» In het *vierde*, die van steden of gemeenten der provincie *West-Vlaanderen*.

» En in het *vijfde*, die van steden of gemeenten der provincie *Limburg*.

» Voor de volgende tijdperken zal dezelfde orde worden gevolgd.

» De jury, gelast met het toewijzen van den prijs, zal bestaan uit vijf leden, door het Staatsbestuur, op voordracht eener lijst van candidaten in dobbel getal door de koninklijke Academie opgemaakt, te benoemen.

» Mocht geene der gedurende het tienjarig tijdperk uitgekomen geschiedenissen door de jury ter bekroning worden waardig geoordeeld, dan zullen de interesten bij het kapitaal worden gevoegd, en de prijs voor het volgende tijdvak met de interesten van den niet toegewezen prijs worden vermeerderd. In dit geval zal de volgende provincie aan de beurt wezen.

» Gaarne zou ik vernemen, Mijnheer de Minister, of het door mij gedane voorstel onder de voorwaarden, die ik zoo vrij ben U hierboven op te geven, door U wordt aangenomen.

» Aanvaard, Mijnheer de Minister, de betuiging mijner bijzondere hoogachting.

» Weduwe Anton Bergmann,
» geb. Van Acker. »

TRADUCTION.

« J'ai l'honneur de soumettre à votre approbation la proposition suivante :

» La somme de *cinq mille francs* que j'ai reçue pour le prix quinquennal de littérature flamande, décerné par le Gouvernement à l'ouvrage : *Ernest Staas, schetsen en beelden,* de mon mari, décédé le 21 janvier 1874, à Lierre, sera accordée par moi à l'Académie royale des sciences, des lettres et des beaux-arts de Belgique, afin d'en fonder un prix décennal, qui portera le nom de *prix Anton Bergmann*, en mémoire de mon très regretté Mari.

» Le prix consistera dans les intérêts de la somme de cinq mille francs susmentionnée, accumulés pendant dix années; il sera décerné tous les dix ans à la meilleure histoire, écrite en néerlandais, d'une ville ou d'une commune des localités flamandes de la Belgique (*Vlaamschsprekende gewesten*) d'au moins cinq mille habitants et qui aura paru pendant une période de dix ans.

» J'ai choisi l'encouragement d'écrivains de monographies, parce que feu mon mari cultivait aussi la branche de l'histoire et qu'il écrivit une monographie de Lierre, sa ville natale.

» Pour la *première* période décennale pourront aspirer au prix, les monographies de villes ou de communes appartenant à la province d'*Anvers*.

» Pour la *deuxième* période décennale, celles de villes ou de communes de la province de *Brabant*.

» Pour la *troisième*, celles de villes ou de communes de la *Flandre orientale*.

» Pour la *quatrième*, celles de villes ou de communes de la province de la *Flandre occidentale*.

» Et pour la *cinquième*, celles de villes ou de communes de la province de *Limbourg*.

» Le même ordre sera suivi pour les périodes subséquentes.

» Le jury chargé de décerner le prix se composera de cinq membres nommés par le Gouvernement, sur la présentation d'une liste double de candidats, faite par l'Académie.

» Si aucune des histoires, qui ont paru pendant la période décennale, n'est jugée digne, par le jury, d'être couronnée, les intérêts seront ajoutés au capital, et le prix pour la période suivante sera augmenté des intérêts du prix non décerné. Dans ce cas ce sera le tour de la province suivante.

» J'apprendrais volontiers, Monsieur le Ministre, que ma proposition fût admise, sous les conditions que j'ai pris la liberté de vous poser ci-dessus.

» Agréez, Monsieur le Ministre, l'assurance de ma considération très distinguée.

Signé : Veuve Anton Bergmann,
» née Van Acker. »

La Classe des lettres, conformément à l'avis de la Commission qui a examiné le projet de donation, a constaté que, dans l'intention de la donatrice, qui a en vue de favoriser la littérature flamande, le prix ne doit être décerné qu'aux provinces ou parties de provinces où l'on parle le flamand (*Vlaamschsprekende gewesten*); que par suite, pour ce qui concerne le Brabant, l'arrondissement de Nivelles ne doit pas être compris dans la donation.

Il résulte, également, des termes généraux employés, que les œuvres historiques seront comprises dans les avantages de la fondation du prix, qu'elles aient pour auteurs des étrangers ou des Belges, pourvu qu'elles soient écrites en néerlandais et éditées en Belgique ou dans les Pays-Bas.

Concours.

1re PÉRIODE (1er février 1877 — 1er février 1887).

Concours décennal pour une histoire ou une monographie d'une ville ou d'une commune flamande de la Belgique.

Conformément aux dispositions prises par la fondatrice et approuvées par la Classe des lettres dans sa séance du 7 février 1876, un prix de *deux mille deux cent cinquante francs* avait été réservé à la meilleure histoire ou monographie, publiée en flamand, pendant cette première période, au sujet d'une ville ou d'une commune comptant 5,000 habitants au moins, et appartenant *à la province d'Anvers*.

La première période n'a pas donné de résultats : deux ouvrages ont été soumis à l'examen du jury, aucun n'a été couronné.

2de PÉRIODE (1er février 1887 — 1er février 1897).

Le prix est réservé, cette fois, à la meilleure histoire, écrite en néerlandais, d'une ville ou d'une commune appartenant à la *province de Brabant* (l'arrondissement de Nivelles excepté) et comptant au moins cinq mille habitants.

En vertu du règlement, le prix pour cette seconde période peut être augmenté des intérêts du prix non décerné pour la première; il s'élèvera donc à la somme de *trois mille* francs.

PRIX JOSEPH DE KEYN.

Prix annuels et perpétuels pour des ouvrages d'instruction et d'éducation laïques.

Institution.

La Classe des lettres, dans sa séance du 1er mars 1880, a reçu communication, par M. le Ministre de l'Intérieur, de la copie d'un acte par lequel Joseph De Keyn (1), de Saint-Josse-ten-Noode, fait, sous certaines conditions, donation à l'Académie d'une somme de 100,000 francs (2); ainsi que d'un autre acte qui constate l'acceptation de cette libéralité (3).

(1) Décédé le 14 avril 1880.

(2) Afin d'assurer une rente annuelle de 4,000 francs, cette somme a été portée, par le donateur, à 106,410 francs.

(3) Acte du 5 février 1880, contenant : Donation par M. Joseph De Keyn, propriétaire à Saint-Josse-ten-Noode, rue de l'Astronomie, 29, à l'Académie royale des sciences, des lettres et des beaux-arts de Belgique.

Par-devant nous, Albert De Ro, notaire à Saint-Josse-ten-Noode, a comparu : M. Joseph De Keyn, propriétaire, demeurant à Saint-Josse-ten-Noode, rue de l'Astronomie, 29, lequel a déclaré, par les présentes, faire donation entre vifs :

A l'Académie royale des sciences, des lettres et des beaux-arts de Belgique, d'une somme de cent mille francs, qu'il s'oblige de verser entre les mains de la Commission administrative de ladite

M. le Ministre y joint une expédition de l'arrêté royal suivant, en date du 11 février 1880, acceptant la donation de Joseph De Keyn.

Académie, aussitôt qu'elle aura été autorisée par l'autorité compétente à accepter la présente libéralité.

Cette donation est faite aux conditions suivantes :

1° Les intérêts de ladite somme de cent mille francs seront affectés annuellement à récompenser les auteurs belges d'ouvrages exclusivement laïques, profitables à l'enseignement primaire et à l'enseignement moyen institués par l'État ;

2° Un concours ayant alternativement pour objet l'enseignement primaire et l'enseignement moyen, aura lieu chaque année et sera jugé par la Classe des lettres de l'Académie ;

3° Un premier prix de deux mille francs, et deux prix de mille francs, chacun, pourront être décernés aux meilleurs livres imprimés ou manuscrits d'instruction et d'éducation morale primaire et moyenne, y compris l'art industriel.

Si l'on trouvait à l'occasion d'un concours annuel qu'il n'y a pas lieu de décerner un ou plusieurs prix, les sommes y destinées pourront servir, soit en totalité, soit partiellement, à majorer l'importance des récompenses de l'année ou des années subsequentes ;

4° L'Académie veillera à ce que les ouvrages couronnés soient, autant que faire se peut, admis par l'État, pour l'usage des écoles et pour la distribution de prix ;

5° L'Académie appréciera s'il convient d'exiger que les ouvrages couronnés entreront dans le domaine public, afin de les vendre au plus bas prix possible ;

6° Finalement, le soin d'interpréter, le cas échéant, les intentions du donateur et, en tout cas, de régler les concours mentionnés plus haut, dans le sens le plus utile à l'œuvre constituée par les présentes, est laissé à l'Académie.

Les frais et honoraires du présent acte, ainsi que ceux de l'accep-

LÉOPOLD II, roi des Belges,

A tous présents et à venir, salut.

Vu l'acte avenu, le 5 de ce mois, devant le notaire Albert De Ro, à Saint-Josse-ten-Noode, acte par lequel M. Joseph De Keyn, propriétaire, demeurant à Saint-Josse-ten-Noode, rue de l'Astronomie, n° 29, fait donation entre-vifs à l'Académie royale des sciences, des lettres et des beaux-arts de Belgique, d'une somme de 100,000 francs, aux conditions suivantes :

1° Les intérêts de ladite somme de 100,000 francs

tation et, s'il y a lieu, ceux de la notification seront supportés par le donateur.

— Acte du 10 février 1880, contenant acceptation de la donation d'une somme de cent mille francs, faite par M. Joseph De Keyn, à l'Académie royale des sciences, des lettres et des beaux-arts de Belgique.

Par-devant nous, Albert De Ro, notaire à Saint-Josse-ten-Noode, a comparu M. Marie-Henri-Joseph Dulieu, directeur au Ministère de l'Intérieur, demeurant à Ixelles, rue de la Tulipe, 30, lequel agissant en vertu de la délégation qui lui a été donnée par M. le Ministre de l'Intérieur aux fins des présentes, datée du dix février mil huit cent quatre-vingt, et qui restera ci-annexée,

A déclaré accepter au nom de l'État belge la donation faite d'une somme de cent mille francs, par M. Joseph De Keyn, propriétaire, demeurant à Saint-Josse-ten-Noode, rue de l'Astronomie, 29, à l'Académie royale des sciences, des lettres et des beaux-arts de Belgique, suivant acte passé devant le notaire soussigné, le cinq février courant, et vouloir en profiter, en s'obligeant à l'exécution des conditions qui s'y trouvent imposées.

A ces présentes est intervenu M De Keyn prénommé, lequel a déclaré se tenir pour dûment notifiée l'acceptation ci-dessus de la donation prérappelée.

seront affectés annuellement à récompenser les auteurs belges d'ouvrages exclusivement laïques, profitables à l'enseignement primaire et à l'enseignement moyen institués par l'État ;

2° Un concours ayant alternativement pour objet l'enseignement primaire et l'enseignement moyen, aura lieu chaque année et sera jugé par la Classe des lettres de l'Académie ;

3° Un premier prix de 2,000 francs et deux prix de 1,000 francs chacun pourront être décernés aux meilleurs livres imprimés ou manuscrits d'instruction et d'éducation morale primaire et moyenne, y compris l'art industriel.

Si l'on trouvait à l'occasion d'un concours annuel qu'il n'y a pas lieu de décerner un ou plusieurs prix, les sommes y destinées pourront servir, soit en totalité, soit partiellement, à majorer l'importance des récompenses de l'année ou des années subséquentes ;

4° L'Académie veillera à ce que les ouvrages couronnés soient, pour autant que faire se peut, admis par l'État, pour l'usage des écoles et pour la distribution de prix ;

5° L'Académie appréciera s'il convient d'exiger que les ouvrages couronnés entreront dans le domaine public, afin de les vendre au plus bas prix ;

6° Finalement, le soin d'interpréter, le cas échéant, les intentions du donateur et, en tout cas, de régler les concours mentionnés plus haut, dans le sens le plus utile à l'œuvre constituée par les présentes, est laissé à l'Académie ;

Vu l'acte d'acceptation de ladite donation, avenu devant le même notaire le 10 de ce mois ;

Vu les articles 910, 937 et 938 du Code civil ;

Sur la proposition de Notre Ministre de l'Intérieur,

Nous avons arrêté et arrêtons :

Art. 1er. — Notre Ministre de l'Intérieur est autorisé à accepter au nom de l'Etat, pour l'Académie des sciences, des lettres et des beaux-arts de Belgique, la donation, faite par M. Joseph De Keyn, pour récompenser les auteurs belges d'ouvrages exclusivement laïques, profitables à l'enseignement primaire et à l'enseignement moyen institués par l'État.

Art. 2. — Notre Ministre de l'Intérieur est chargé de l'exécution du présent arrêté.

Donné à Bruxelles, le 11 février 1880.

LÉOPOLD.

Par le Roi :

Le Ministre de l'Intérieur,

G. Rolin-Jaequemyns.

RÈGLEMENT POUR LES CONCOURS DE KEYN.

L'Académie, en assemblée générale des trois Classes du 11 mai 1880, a adopté, sur le rapport de la Classe des lettres, le règlement suivant :

Article premier. — Ne seront admis au concours que des écrivains belges et des ouvrages conçus dans un esprit exclusivement laïque et étrangers aux matières religieuses.

Art. 2. — Ces ouvrages devront avoir pour but l'éducation morale ou l'instruction primaire ou moyenne, dans l'une ou l'autre de ses branches, y compris l'art industriel.

Art. 3. — Ils pourront être écrits en français ou en flamand, imprimés ou manuscrits.

Les imprimés seront admis quel que soit le pays où ils auront paru.

Le jury complétera la liste des ouvrages imprimés qui lui auront été adressés par les auteurs ou éditeurs en recherchant les autres ouvrages rentrant dans le programme qui auront paru dans la période.

Les manuscrits pourront être envoyés signés ou anonymes; dans ce dernier cas, ils seront accompagnés d'un pli cacheté contenant le nom de l'auteur.

Art. 4. — Le concours sera ouvert alternativement d'année en année pour des ouvrages : 1° d'instruction ou d'éducation à l'usage des élèves des écoles primaires et d'adultes ; 2° d'instruction ou d'éducation moyennes, y compris l'art industriel.

La première période concernera le premier degré et comprendra les ouvrages de classe ou de lecture qui auront été publiés du 1er janvier au 31 décembre 1880, ou inédits, envoyés au concours avant le 31 décembre 1880.

La seconde période concernera le second degré et comprendra les ouvrages de classe ou de lecture qui auront été publiés du 1er janvier 1880 au 31 décembre 1881, ou inédits, envoyés au concours avant le 31 décembre 1881.

Les autres périodes se suivront alternativement et comprendront chacune deux années.

Art. 5. — Les intérêts de la somme affectée à la donation seront répartis chaque année en prix, s'il y a lieu Un premier prix de deux mille francs et deux seconds prix de mille francs chacun pourront être décernés (1). Si le jury trouvait qu'il n'y a pas lieu de décerner l'un ou l'autre de ces prix, les sommes disponibles pourront servir, soit en totalité, soit en partie, à augmenter le taux des récompenses de cette année, en donnant, selon la valeur des œuvres, un premier prix plus élevé ou un autre premier prix *ex æquo*, sans qu'aucune récompense puisse être inférieure à mille francs ou supérieure à quatre mille francs.

S'il y a un excédent, il sera reporté sur la période correspondante qui suivra et, si les excédents s'accumulaient, ils serviraient à augmenter le capital primitif.

Art. 6. — La Classe des lettres jugera le concours sur le rapport d'un jury de sept membres élus par elle dans sa séance du mois de janvier de chaque année.

Art. 7. — Les prix seront décernés dans la séance publique de la Classe des lettres, où il sera donné lecture du rapport.

Art. 8. — Le jury et la Classe apprécieront si les ouvrages couronnés doivent être recommandés au Gouvernement

(1) Par suite de la conversion du 4 p. % en 3 1/2 p. %, les intérêts de la fondation De Keyn sont réduits à 3,500 francs depuis le 1er mai 1887.

pour être admis à l'usage des écoles publiques ou des distributions de prix et quelles conditions de vente à bon marché pourront être mises à l'obtention de cette faveur.

ART. 9. — Tout ce qui a rapport au concours doit être adressé à M. le secrétaire perpétuel de l'Académie.

Les ouvrages manuscrits qui seront couronnés devront être publiés dans l'année (1).

Les concurrents devront se conformer aux formalités et règles des concours annuels de l'Académie.

Concours.

PREMIER CONCOURS : *1re période, 1880.* Enseignement primaire.

Prix de deux mille francs, voté à Camille Lemonnier pour un recueil de contes manuscrits, intitulé : *Histoire de quelques bêtes.*

Prix de mille francs : 1° à Émile Leclercq pour son livre, intitulé : *Les contes vraisemblables ;*

2° à Schoonjans, pour son livre intitulé : *Aanvankelijke lessen in de theoretische rekenkunde.*

PREMIER CONCOURS : *2de période, 1880-1881.* Enseignement moyen.

Prix de mille francs :

1° A J. Delbœuf et Iserentant pour leur ouvrage intitulé : *Le latin et l'esprit d'analyse* et *Chrestomathie latine*, mss. ;

2° A J. Gantrelle pour son ouvrage intitulé : *Cornelii Tacitii historiarum libri qui supersunt ;*

3° A F. Plateau pour son ouv. intitulé : *Zoologie élémentaire ;*

4° A l'ouvrage de feu Eugène Van Bemmel, intitulé : *Traité général de littérature française.*

(1) Ce paragraphe a été ajouté en vertu d'une décision prise par la Classe des lettres dans sa séance du 6 mars 1882.

DEUXIÈME CONCOURS : *1re période, 1881-1882.* Enseignement primaire.

Prix de deux mille francs à Léon Evrard pour son livre intitulé: *La santé du peuple.*

Prix de mille francs :

1° A L. Genonceaux pour son livre intitulé: *Leesboek;*

2° A Ém. Leclercq pour son livre intitulé: *Histoire d'une statue.*

DEUXIÈME CONCOURS : *2de période, 1882-1883.* Enseignement moyen.

Prix de mille francs :

1° A Léon Vanderkindere pour son *Manuel de l'histoire de l'antiquité;*

2° A A.-J. Wauters pour son *Histoire de la peinture flamande;*

3° A Th. Swarts pour son *Traité de chimie;*

4° A J.-B.-J. Liagre pour sa *Cosmographie stellaire.*

TROISIÈME CONCOURS: *1re période, 1883-1884.* Enseignement primaire.

Prix de mille francs:

1° A Mlle Virginie Loveling pour ses *Verhalen voor kinderen* (contes enfantins);

2° A E. Discailles pour son livre intitulé : *Guillaume le Taciturne et Marnix de Ste-Aldegonde;*

3° A Léon Fredericq pour son livre d'anatomie : *Le corps humain;*

4° A Jules Mac-Leod pour son livre intitulé : *De Werveldieren* (Les vertébrés).

TROISIÈME CONCOURS: *2de période, 1884-1885.* Enseignement moyen.

Prix de mille francs :

1° A Mlle Marguerite Van de Wiele pour son roman intitulé: *Filleul du Roi;*

2° A L. Roersch et P. Thomas pour leurs *Éléments de grammaire grecque;*

3° A l'abbé Gelin pour son *Traité d'arithmétique élémentaire;*

4° A Fr. Merten pour son *Manuel des sciences commerciales.*

QUATRIÈME CONCOURS : *1re période, 1885-1886.* Enseignement primaire.

Prix de mille francs :

1° A Ernest Candèze, pour son livre intitulé : *Périnette, histoire surprenante de cinq moineaux;*

2° A Fernand Courtois et Narcisse Gillet, pour leur livre intitulé: *Cours théorique et pratique de grammaire française;*

3° A P. Cooreman, pour son *Cours complet de gymnastique éducative;*

4° A Jacques Stinissen, pour son livre intitulé : *Gedachten over opvoeding en onderwijs vooral met het oog op de lagere school.*

QUATRIÈME CONCOURS : *2de période, 1886-1887.* Enseignement moyen.

Prix de quinze cents francs à J. Stecher, pour son *Histoire de la littérature néerlandaise en Belgique;*

Prix de mille francs :

1° A Pol. De Mont, pour sa *Grammaire pratique et théorique de la langue allemande;*

2° A E. Gelin, pour ses *Éléments de trigonométrie.*

CINQUIÈME CONCOURS : *1re période 1887-1888.* Enseignement primaire.

Prix de mille francs :

1° A Ch. De Bosschere, pour son livre intitulé : *De Vlinderbloemigen* (les Papilionacés) et *Les fleurs des jardins et des champs;*

2° A J. Roland, pour sa *Géographie illustrée, avec atlas;*

4° A N. Hermann et H. Kevers, pour leur ouvrage en deux parties : *Onze moedertaal. Eerste trap van het spraakkundig onderwijs in de volksschool.*

Prix Adelson CASTIAU en faveur de l'amélioration de la condition morale, intellectuelle et physique des classes laborieuses et des classes pauvres.

Institution.

Par son testament olographe, M. Adelson Castiau, ancien membre de la Chambre des représentants, décédé à Paris en 1879, a « légué à la Classe des lettres de l'Académie une » somme de dix mille francs, dont les intérêts, accumulés de » trois en trois ans, seront, à chaque période triennale, attri- » bués à titre de récompense à l'auteur du meilleur mémoire » sur les moyens d'améliorer la condition morale, intellec- » tuelle et physique des classes laborieuses et des classes » pauvres ». Par suite du prélèvement par le Gouvernement français des droits de succession, cette somme se trouve réduite à 9,286 fr. 83 c^{s}.

Règlement.

Art. 1er. Ne seront admis au concours Castiau que des écrivains belges.

Art. 2. Seront seuls examinés les ouvrages soumis directement par leurs auteurs au jugement de l'Académie.

Art. 3. Ces ouvrages pourront être rédigés en français ou en flamand. Les manuscrits seront reçus comme les imprimés. S'ils sont anonymes, ils porteront une devise qui sera répétée sur un billet cacheté contenant le nom et le domicile de l'auteur.

Art. 4. Le jury se composera de trois commissaires délégués par la Classe des lettres de l'Académie. Il n'y aura qu'un seul prix.

Art. 5. Si le concours demeure sans résultat, la somme restée disponible s'ajoutera au capital primitif.

Art. 6. Le nom du lauréat sera proclamé dans la séance publique de la Classe des lettres.

Art. 7. Tout ce qui concerne le concours devra être adressé à M. le secrétaire perpétuel de l'Académie.

Art. 8. Si l'ouvrage couronné est inédit, il devra être imprimé dans l'année.

Le prix ne sera délivré au lauréat qu'après la publication de son travail.

Art. 9. Les manuscrits envoyés au concours deviennent la propriété de l'Académie (art. 24 du règlement général).

Concours.

Le prix pour la première période (1881-1883) a été décerné à J. Dauby, chef de division-gérant du *Moniteur belge*, auteur d'un mémoire manuscrit dont la devise était : *L'amélioration du sort des classes .. pauvres fait à la fois l'honneur et le tourment de notre temps.*

2e PÉRIODE (1884-1886).

Le prix a été décerné à Charles Cambier, directeur au gouvernement provincial à Gand, pour son travail imprimé intitulé : *Manuel de prévoyance ou moyens d'améliorer la condition des classes laborieuses.*

3e PÉRIODE (1887-1889).

La Classe des lettres rappelle que la troisième période du prix Adelson Castiau sera close le 31 décembre 1889.

Ce prix, d'une valeur de *mille francs*, sera décerné à l'auteur du meilleur travail belge, imprimé ou manuscrit :

Sur les moyens d'améliorer la condition morale, intellectuelle et physique des classes laborieuses et des classes pauvres.

LISTE DES MEMBRES,

DES CORRESPONDANTS ET DES ASSOCIÉS DE L'ACADÉMIE.

(1er Janvier 1890.)

LE ROI, PROTECTEUR.

STAS, président de l'Académie pour 1890.
LIAGRE, secrétaire perpétuel de l'Académie.

COMMISSION ADMINISTRATIVE POUR 1890.

Le directeur de la Classe des Sciences, J.-S. STAS.
» » des Lettres, J. STECHER.
» » des Beaux-Arts, J. SCHADDE.
Le Secrétaire perpétuel, J.-B.-J. LIAGRE.
Le délégué de la Classe des Sciences, J. S. STAS, trésorier.
» » des Lettres, Ch. FAIDER.
» des Beaux-Arts, Éd. FÉTIS.

MARCHAL (le chev. Edm.), secrétaire adjoint de l'Académie.

CLASSE DES SCIENCES.

STAS, J.-S., directeur.
LIAGRE, J., secrétaire perpétuel.

---

30 MEMBRES.

Section des Sciences mathématiques et physiques.

(15 membres.)

STAS, Jean-S., G. O. ✠; à St-Gilles-Brux. . Élu le 14 décem. 1841.
LIAGRE, J.-B.-J., G. O. ✠; à Ixelles . . . — 15 décem. 1853.
MAUS, Henri-M.-J., G. O. ✠; à Ixelles . . — 15 décem. 1864.
DONNY, François-M.-L., O. ✠; à Gand. . — 15 décem. 1866.
MONTIGNY Charles-M., O. ✠; à Schaerbeek. — 16 décem. 1867.
STEICHEN, Michel, O. ✠; à Ixelles . . . — 15 décem. 1868.
BRIALMONT, Alexis-H., G. C. ✠; à Saint-Josse-ten-Noode . . . . — 15 décem. 1869.
FOLIE, François-J.-Ph., O. ✠; à Bruxelles. — 15 décem. 1874.
MAILLY, Édouard-N., O. ✠; à St-Josse-t. N. — 15 décem. 1876.
DE TILLY, Joseph-M., O. ✠; à Anvers. . — 16 décem. 1878.
VAN DER MENSBRUGGHE, Gust.-L., ✠; à Gand . . . . — 14 décem. 1883.
SPRING, Walthère-V., ✠; à Liège. . . . — 15 décem. 1884.
HENRY, Louis, O. ✠; à Louvain . . . . — 15 décem. 1886.
MANSION, Paul, ✠; à Gand. . . . . . . — 15 décem. 1887.
DE HEEN, Pierre-J.-F.; à Liège . . . . — 14 décem. 1888.

Section des Sciences naturelles (15 membres).

VAN BENEDEN, Pierre-J., G. O. ✠; à Louvain . . . . Élu le 15 décem. 1842.
DE SELYS LONGCHAMPS, le bon Edmond-M., G. O. ✠; à Liège . . . . — 16 décem. 1846.
GLUGE, Théophile, O. ✠; à Bruxelles . . — 15 décem. 1849.
DEWALQUE, Gustave-G.-J., O. ✠; à Liège . — 16 décem. 1859.
CANDÈZE, Ernest-C.-A., ✠; à Glain (Liège). — 15 décem. 1864.
DUPONT, Édouard-L.-F., O. ✠; à Ixelles . — 15 décem. 1869.
VAN BENEDEN, Édouard, ✠; à Liège . . — 16 décem. 1872.
MALAISE, Constantin-H.-G.-L., ✠; à Gembloux . . . . — 15 décem. 1873.
BRIART, Alphonse, ✠; à Mariemont. . . — 15 décem. 1874.
PLATEAU, Félix-A.-J., ✠; à Gand . . . — 15 décem. 1874.
CRÉPIN, François, ✠; à Bruxelles . . . — 15 décem. 1875.
VAN BAMBEKE, Charles-E.-M., ✠; à Gand. — 15 décem. 1879.
GILKINET, Alfred-Charles; à Liège . . . — 15 décem. 1880.
MOURLON, Michel-J., ✠; à Bruxelles . . — 15 décem. 1886.
DELBŒUF, Joseph-R.-L., ✠; à Liège . . — 15 décem. 1887.

CORRESPONDANTS (10 au plus).

Section des Sciences mathématiques et physiques.

VALERIUS, Hubert, O. ✠; à Gand . . . Élu le 15 décem. 1869.
LE PAIGE, Constantin-M.-H.-H.-J.; à Liège. — 15 décem. 1885.
LAGRANGE, Charles; à Ixelles. . . . . — 15 décem. 1887.
FIEVEZ, Charles; à St-Josse-ten-Noode. . — 14 décem. 1888.
TERBY, François; à Louvain . . . . . — 16 décem. 1889.

Section des Sciences naturelles.

FREDERICQ, Léon; à Liège. . . . . . Élu le 15 décem. 1879.
MASIUS, J.-B.-N.-Voltaire, ✠; à Liège . . — 15 décem. 1880.
RENARD, Alphonse-F., ✠; à Wetteren . . — 15 décem. 1882.
ERRERA, Léo; à Bruxelles . . . . . . — 15 décem. 1887.
VANLAIR, C. ✠; à Liège. . . . . . . — 14 décem. 1888.

50 ASSOCIÉS.

Section des Sciences mathématiques et physiques.

(25 associés.)

AIRY, Georges-Biddell; à Greenwich. . . Élu le 15 décem. 1853.
KEKULÉ, Frédéric-Auguste, ✠; à Bonn. . — 15 décem. 1864.
BUNSEN, R.-G., O. ✠; à Heidelberg . , . — 15 décem. 1865.
CATALAN, Eugène-C., ✠; à Liège . . . — 15 décem. 1865.
HIRN, Gustave-Ad., O. ✠; au Logelbach (Colmar). . . . . — 16 décem. 1872.
DE COLNET D'HUART, Alex.; à Luxembourg. — 15 décem. 1873.
HELMHOLTZ, A.-L.-F.; à Berlin . . . . — 15 décem. 1873.
MENABREA, marquis DE VAL-DORA, le c^{te} Louis-Frédéric, G. C. ✠; à Turin. . — 15 décem. 1874.
STRUVE, Otto; à Poulkova . . . . . . — 15 décem. 1874.
BUYS-BALLOT, C.-H.-D.; à Utrecht . . . — 15 décem. 1875.
L'Empereur DOM PEDRO II, D'ALCANTARA, à Lisbonne . . . . — 15 décem. 1876.
WEBER, Guillaume; à Göttingen . . . . — 14 décem. 1877.
FAYE, Hervé; à Paris . . . . — 16 décem. 1878.
THOMSON, William; à Glasgow. . . . . — 16 décem. 1878.
PASTEUR, Louis; à Paris . . . . — 15 décem. 1879.
SCHIAPARELLI, Jean-Virginius; à Milan. . — 15 décem. 1879.
TYNDALL, Jean; à Londres . . . . — 14 décem. 1883.
HOFMANN, Aug.-Wilh.; à Berlin . . . . — 15 décem. 1884.
IBAÑEZ, Mis DE MULHACEN, Charles; à Madrid — 15 décem. 1885.
THOMSEN, Jules; à Copenhague . . . . — 15 décem. 1887.
DE CALIGNY, le marq. Anatole; à Versailles. — 14 décem. 1888.
WEIERSTRASS, Charles; à Berlin . . . . — 14 décem. 1888.
BERTHELOT, Marcellin-P.-E.; à Paris . . — 16 décem. 1889.
HERMITE, Charles; à Paris . . . . — 16 décem. 1889.
N. . . . .

Section des Sciences naturelles (25 associés).

Owen, Richard (K. C. B.), O. ✠; à Londres.	Élu le 17 décem. 1847.
Dana, Jacques-D.; à New-Haven (É.-U.) .	— 15 décem. 1864.
de Candolle, Alphonse; à Genève . . .	— 15 décem. 1869
Hooker, Jos.-Dalton; à Kew (Angl.). . .	— 16 décem. 1872.
Ramsay, André Crombie; à Londres . .	— 16 décem. 1872.
Steenstrup, J.-Japhet-S.; à Copenhague .	— 16 décem. 1872.
Huxley, Thomas-Henri; à Londres . . .	— 15 décem. 1874.
Pringsheim, Nathaniel; à Berlin. . . .	— 15 décem. 1874.
Gosselet, Jules; à Lille	— 15 décem. 1876.
Daubrée, Gabriel-Auguste; à Paris . .	— 14 décem. 1877.
Kölliker, Rod.-Albert; à Wurzbourg . .	— 14 décem. 1877.
de Saporta, Le mis G., à Aix (France). .	— 14 décem. 1877.
Gegenbaur, Charles; à Heidelberg . . .	— 15 décem. 1882.
Kowalewsky, Alexandre; à Odessa. . .	— 15 décem. 1882.
de Quatrefages de Bréau, Jean-Louis-Armand, C. ✠; à Paris	— 14 décem. 1883.
Stur, Dionys-Rud.-Jos.; à Vienne . . .	— 14 décem. 1883.
Nordenskjöld, le bon Ad.; à Stockholm . .	— 15 décem. 1884.
Virchow, Rud.; à Berlin	— 15 décem. 1884.
Moleschott, Jacques; à Rome	— 15 décem. 1884.
Leuckart, Rudolphe; à Leipzig	— 15 décem. 1885.
de la Vallée Poussin, Charles-L.-J.-X., ✠; à Louvain	— 15 décem. 1885.
Hall, James; à Albany (É.-U. d'A.) . . .	— 15 décem. 1886.
Prestwich, Joseph, à Darent-Hulme Shoreham (Sevenoaks), Londres	— 14 décem. 1888.
du Bois-Reymond, Émile; à Berlin . . .	— 16 décem. 1889.
Gaudry, Jean-Albert; à Paris.	— 16 décem. 1889.

CLASSE DES LETTRES.

STECHER, J., directeur.
LIAGRE, J., secrétaire perpétuel.

---

30 MEMBRES.

Section des Lettres et Section des Sciences morales et politiques réunies.

DE DECKER, Pierre-J.-F., C. ✠; à Schaerbeek.	Élu le 10 janv. 1846.
FAIDER, Charles-J.-B.-F., G. C. ✠; à Bruxelles	— 7 mai 1855.
KERVYN DE LETTENHOVE, le baron J.-B.-M.-C., G.O. ✠; à Bruges	— 4 mai 1859.
THONISSEN, Jean-Joseph, G. O. ✠; à Louvain.	— 9 mai 1864.
NÈVE, Félix-J.-B.-J., ✠; à Louvain . . .	— 11 mai 1868.
WAUTERS, Alphonse, O. ✠; à Bruxelles .	— 11 mai 1868.
DE LAVELEYE, Émile-L.-V., O. ✠; à Liège .	— 6 mai 1872.
LE ROY, Alphonse, C. ✠; à Liège . . .	— 12 mai 1873.
DE BORCHGRAVE, Émile-J.-Y.-M., O. ✠; à Constantinople	— 12 mai 1873.
LIAGRE, J.-B.-J., G. O. ✠; à Ixelles . . .	— 5 mai 1874.
WAGENER, Auguste, O. ✠; à Gand . .	— 10 mai 1875.

WILLEMS, Pierre-G.-H., ✠; à Louvain. . .	Élu le	14 mai 1877.
ROLIN-JAEQUEMYNS, Gustave, ✠; à St-Gilles.	—	6 mai 1878.
BORMANS, Stanislas, O. ✠; à Liège. . . .	—	5 mai 1879.
PIOT, Charles-G.-J., O. ✠; à St-Gilles (Brux.)	—	5 mai 1879.
POTVIN, Charles, ✠; à Ixelles	—	9 mai 1881.
STECHER, Jean-A., O. ✠; à Liège	—	9 mai 1881.
LAMY, Thomas-J., ✠; à Louvain	—	8 mai 1882.
SCHELER, Auguste, O. ✠; à Ixelles. . . .	—	5 mai 1884.
HENRARD, Paul-J.-J., O. ✠; à Anvers. . .	—	5 mai 1884.
GANTRELLE, Joseph, C. ✠; à Gand. . . .	—	4 mai 1885.
LOOMANS, Charles-W.-H., C. ✠; à Liège . .	—	10 mai 1886.
TIBERGHIEN, Guill., O. ✠; à St-J.-t.-Noode .	—	9 mai 1887.
ROERSCH, L., O. ✠; à Liège	—	9 mai 1887.
DE HARLEZ, le chev. Charles-J^h, à Louvain .	—	7 mai 1888.
VANDERKINDERE, Léon-A.-V.-J., ✠; à Bruxelles.	—	7 mai 1888.
HENNE, Alexandre, O. ✠; à Bruxelles . .	—	6 mai 1889.
FRÉDÉRIX, Gustave-A.-H., ✠; à Bruxelles .	—	6 mai 1889.
N		
N		

CORRESPONDANTS (10 au plus).

LOISE, Ferdinand, ✠; à Uccle	Élu le	12 mai 1873.
VAN WEDDINGEN, Aloïs-J.-J.-E., ✠; à Laeken.	—	10 mai 1886.
GOBLET D'ALVIELLA, le comte Eug., ✠; à Bruxelles	—	9 mai 1887.
VANDER HAEGHEN, Ferdinand, O. ✠; Gand.	—	7 mai 1888.
PRINS, Adolphe, ✠; Ixelles	—	7 mai 1888.
VUYLSTEKE, Jules, à Gand.	—	6 mai 1889.
BANNING, E., C. ✠; à Ixelles.	—	6 mai 1889.
DE MONGE, P., ✠; à Louvain.	—	6 mai 1889.
N		
N		

50 ASSOCIÉS.

LEEMANS, Conrad, O. ✠; à Leyde . . . . Élu le 11 janv. 1847.
DE ROSSI, le chevalier J.-B.; à Rome . . — 7 mai 1855.
MINERVINI, Jules; à Naples . . . . — 4 mai 1859.
CANTÙ, César; à Milan. . . . . — 13 mai 1861.
VON LÖHER, François, C. ✠; à Munich . . — 13 mai 1862.
DE VRIES, Mathieu, ✠; à Leyde . . . . — 19 mai 1863.
VON ARNETH, le chev. A., C. ✠; à Vienne . . — 9 mai 1864.
MOMMSEN, Théodore; à Berlin . . . . . . — 5 mai 1866.
VON DÖLLINGER, J.-J.-Ignace; à Munich . . — 5 mai 1866.
VON SYBEL, Henri-Ch.-L., C. ✠; à Berlin . — 10 mai 1869.
BRUNN, Henri, ✠; à Munich . . . . . . — 8 mai 1871.
D'ANTAS, le chev. M., G. C. ✠; à Londres . — 6 mai 1872.
CURTIUS, Ernest; à Berlin . . . . — 6 mai 1872.
RIVIER, Alphonse-P.-O., O. ✠; à Saint-Gilles (Bruxelles) . . . . — 12 mai 1873.
FRANCK, Adolphe; à Paris. . . . . — 12 mai 1873.
DESMAZE, Charles; à Paris . . . . — 4 mai 1874.
OPPERT, Jules; à Paris . . . . — 4 mai 1874.
TENNYSON, le baron Alfred; à Farringford, Freshwater, île de Wight . . . . . . — 10 mai 1875.
DELISLE, Léopold; à Paris . . . . . . — 10 mai 1875.
CAMPBELL, F.-G.; à La Haye . . . . . — 14 mai 1877.
BANCROFT, George; à Washington . . . . — 14 mai 1877.
DI GIOVANNI, Vincent; à Palerme . . . . — 6 mai 1878.
COLMEIRO, Manuel; à Madrid . . . . . — 10 mai 1880.
D'OLIVECRONA, Canut; à Stockholm . . . — 10 mai 1880.
BOHL, Joan; à Harlem. . . . . — 9 mai 1881.
CANOVAS DEL CASTILLO, A., G. C. ✠; à Madrid. — 8 mai 1881.
CASTAN, Auguste; à Besançon. . . . . . . — 9 mai 1881.

Gladstone, W. Ewart; à Londres. . . . Élu le 9 mai 1882.
de Amorim, Fr.-Gomes; à Lisbonne. . . . — 8 mai 1882.
Dareste, Rodolphe, C. ✠; à Paris . . . — 5 mai 1884.
Bréal, Michel; à Paris. . . . . — 5 mai 1884.
Beets, Nicolas; à Utrecht. . . . . — 4 mai 1885.
von Hoefler, le chev.; à Prague . . . . . — 4 mai 1885.
Sully Prudhomme, René-François-Armd; à Paris. . . . . — 4 mai 1885.
Perrot, Georges; à Paris. . . . . — 10 mai 1886.
Philippson, Martin; à Bruxelles. . . . . — 10 mai 1886.
Sniedèrs, Auguste; à Anvers. . . . . . . — 10 mai 1886.
Leroy Beaulieu, Paul; à Paris . . . . . . — 9 mai 1887.
Lorimer, Jacques; à Édimbourg. . . . . — 4 mai 1887.
Aumale, Henri-E.-Ph.-L. d'Orléans, duc d', G. C. ✠; à Chantilly. . . . . — 9 mai 1887.
Canonico, Tancrède; à Rome. . . . . . . — 7 mai 1888.
Sohm, Rudolphe; à Leipzig . . . . — 7 mai 1888.
Nadaillac, J.-F.-A. du Pouget, mis de, à Paris. — 7 mai 1888.
Lallemand, Léon; à Paris . . . . — 7 mai 1888.
Lucchini, Louis; à Bologne. . . . . — 7 mai 1888.
Hirschfeld, Otto, à Berlin . . . . — 6 mai 1889.
Worms, Émile, à Rennes . . . . — 6 mai 1889.
Chauveau, Pierre, à Montréal. . . . . . . — 6 mai 1889.
N. . . . .
N. . . . .

CLASSE DES BEAUX-ARTS.

SCHADDE, Jos., directeur.
LIAGRE, J., secrétaire perpétuel.

---

30 MEMBRES.

Section de Peinture :

PORTAELS, Jean-P., C. ✠; à St-Josse-ten-Noode . . . . Élu le 4 janv. 1855.
SLINGENEYER, Ernest, C. ✠; à Bruxelles . — 7 avril 1870.
ROBERT, Alexandre, O. ✠; à St-Josse-ten-Noode . . . . — 7 avril 1870.
GUFFENS, Godfr.-E., C. ✠; à Schaerbeek . — 6 janv. 1876.
WAUTERS, Ch -Émile, C. ✠; à Bruxelles . — 5 janv. 1882.
CLAYS, Paul-J., C. ✠; à Schaerbeek . . . — 1er mars 1883.
VERLAT, Charles-M., C. ✠; à Anvers. . . — 10 janv. 1884.
STALLAERT, Joseph-J.-F., O. ✠; à Ixelles . — 7 janv. 1888.
MARKELBACH, Alex.-P.-J., O. ✠; à Schaerb — 10 janv. 1889.

Section de Sculpture :

FRAIKIN, Charles-A., C. ✠; à Schaerbeek . Élu le 8 janv. 1847.
JAQUET, Joseph-J., O. ✠; à Schaerbeek . — 11 janv. 1883.
DE GROOT, Guillaume, O. ✠; à Bruxelles . — 10 janv. 1884.
VINÇOTTE, Thomas-J., O., ✠; à Schaerbeek. — 12 mai 1886.

Section de Gravure :

DEMANNEZ, Joseph-A., ✠; à St-Josse-ten-Noode . . . . Élu le 11 janv. 1883.
BIOT, Gustave-J , O. ✠; à Ixelles . . . . — 10 janv. 1884.

Section d'Architecture :

BALAT, Alphonse-F.-H., G. O. ✠; à Ixelles . Élu le 9 janv. 1862.
PAULI, Adolphe-Ed.-Th., O. ✠; à Gand . . — 7 janv. 1875.
SCHADDE, Joseph-E.-H.-M., O. ✠; à Anvers. — 10 janv. 1878.
BEYAERT, Henri-J.-F., C. ✠; à Bruxelles . — 5 janv. 1888.

Section de Musique :

GEVAERT, F.-Auguste, G. O. ✠; à Bruxelles. Élu le 4 janv. 1872.
SAMUEL, Adolphe, C. ✠; à Gand . . . . . — 8 janv. 1874.
RADOUX, J.-Théodore, O. ✠; à Liège . . . - 3 avril 1879.
BENOIT, Pierre, C. ✠; à Anvers. . . . . . — 5 janv. 1882.
N . . . .

Section des Sciences et des Lettres dans leurs rapports avec les Beaux-Arts :

FÉTIS, Édouard-F.-L., C. ✠; à Bruxelles. . Élu le 8 janv. 1847.
LIAGRE, J.-B.-J., G. O. ✠; à Ixelles . . . — 5 mai 1874.
HYMANS, Henri, ✠; à Ixelles. . . . . . . — 8 janv. 1885.
MARCHAL, le chev. Edmond-L.-J.-G., ✠; à Saint-Josse-ten-Noode . . . . — 7 janv. 1886.
ROUSSEAU, Jean, O. ✠; à Bruxelles . . . — 5 janv. 1888.
ROOSES, Maximilien, à Anvers . . . . . . — 10 janv. 1889.

CORRESPONDANTS (10 au plus).

Peinture :

HENNEBICQ, A., ✠; à St-Gilles (Bruxelles) . Élu le 10 janv. 1889.
DE LALAING, le cte Jacq., ✠; à Bruxelles . — 10 janv. 1889.
N . . . .

Sculpture :

Du Caju, Joseph-J., O. ✠; à Anvers . . Élu le 8 janvier 1885.

Gravure :

Meunier, Jean-Baptiste, ✠; à Ixelles . Élu le 10 janvier 1884.

Architecture :

Laureys, Félix, ✠; à Bruxelles . . . Élu le 10 janvier 1889.

Musique :

Busschop, Jules, O. ✠; à Bruges . . Élu le 11 janvier 1883.
Dupont, Auguste. O. ✠; à Bruxelles . — 10 janvier 1889.

Sciences et Lettres dans leurs rapports avec les Beaux-Arts :

Van Even, Édouard, ✠; à Louvain . . Élu le 10 janvier 1889.
N. . . . .

50 ASSOCIÉS.

Peinture :

Robert-Fleury, Joseph-N., ✠; à Paris. Élu le 7 janvier 1864.
Gérome, Jean-Léon, ✠; à Paris . . . — 12 janvier 1865.
Madrazo, Frédéric; à Madrid . . . . — 12 janvier 1865.
Bendemann, Éd.-J., O. ✠; à Dusseldorf. — 9 janvier 1868.
Meissonier, Jean-L. E., G.O. ✠; à Paris — 7 janvier 1869.
Hébert, Aug.-Ant.-Ern., O. ✠; à Paris . — 12 janvier 1871.
Becker, Charles, O. ✠; à Berlin . . — 8 janvier 1872.
Frith, William-Powell, ✠; à Londres . — 8 janvier 1874.

WILLEMS, Florent, C. ✠; à Paris . . . Élu le 7 décem. 1882.
LEIGHTON, Frederic; à Londres. . . . — 7 janvier 1886.
MENZEL, Adolphe; à Berlin . . . . . — 6 janvier 1887.
N . . . .

Sculpture :

DE NIEUWERKERKE, le comte Alfred-Émilien, ✠; à Paris . . . . . . Élu le 22 sept. 1852.
CAVELIER, Pierre-Jules; à Paris . . . — 7 janvier 1864.
MONTEVERDE, Jules; à Rome . . . . — 8 janvier 1874.
BONNASSIEUX, Jean; à Paris. . . . . — 7 janvier 1875.
GUILLAUME, Cl.-J.-B.-Eugène; à Paris . — 6 janvier 1876.
THOMAS, Gabriel-Jules; à Paris. . . . — 11 janvier 1883.
KUNDMANN, Charles; à Vienne . . . . — 11 janvier 1883.
BEGAS, Reinhold, O. ✠; à Berlin . . . — 8 janvier 1885.

Gravure :

HENRIQUEL-DUPONT, L.-P., ✠; à Paris . Élu le 8 janvier 1847.
STANG, Rudolphe; à Amsterdam . . . — 8 janvier 1874.
CHAPLAIN, Jules-Clément; à Paris. . . — 5 janvier 1888.
RAAB, J.-L.; à Munich . . . . — 10 janvier 1889.

Architecture :

DE LEINS, Chr.-Fréd., ✠; à Stuttgart. . Élu le 7 janvier 1864.
DALY, César; à Paris . . . . — 12 janvier 1865.
VESPIGNANI, le comte Virginio; à Rome . — 12 janvier 1871.
CONTRERAS, Raphaël; à Grenade . . . — 8 janvier 1880.
RASCHDORFF, J.-Charles; à Berlin . . . — 5 janvier 1882.
WATERHOUSE, Alfred; à Londres . . . — 7 janvier 1886.
HANSEN, le baron Théophile; à Vienne . — 5 janvier 1888.
REVOIL, Henri, ✠; à Nimes . . . . . — 10 janvier 1889.

Musique :

LACHNER, François; à Munich	Élu le	8 janvier 1847.
THOMAS, Ch.-L.-Ambroise, ✠; à Paris .	—	8 janvier 1863.
VERDI, Joseph; à Busseto (Ital.) . . .	—	12 janvier 1865.
GOUNOD, Charles-François; à Paris . .	—	4 janvier 1872.
LIMNANDER DE NIEUWENHOVE, le baron Arm.-M., C. ✠; à Paris	—	9 janvier 1879.
SAINT SAËNS, Camille-Ch.; à Paris . .	—	8 janvier 1885.
BRAHMS, Jean; à Vienne	—	7 janvier 1886.
RUBINSTEIN, Antoine; à St-Petersbourg .	—	6 janvier 1887.
BOURGAULT-DUCOUDRAY, Louis-Albert, à Paris	—	6 janvier 1887.

Sciences et Lettres dans leurs rapports avec les Beaux-Arts :

RAVAISSON, J.-G.-Félix; à Paris . . .	Élu le	10 janvier 1856.
GAILHABAUD, Jules; à Paris	—	9 janvier 1868.
LUEBKE, Guillaume; à Stuttgart . . .	—	9 janvier 1873.
DELABORDE, le vicomte Henri; à Paris .	—	8 janvier 1874.
Le radja SOURINDRO MOHUN TAGORE, C. ✠; à Calcutta	—	4 janvier 1877.
SCHLIEMANN, Henri; à Athènes	—	5 janvier 1882.
MILANESI, Gaetan; à Florence	—	8 janvier 1885.
BERTOLOTTI, Antoine; à Mantoue . . .	—	5 janvier 1888.
BODE, Guillaume, à Berlin	—	10 janvier 1889.

COMMISSIONS DES CLASSES.

Commission pour la publication d'une Biographie nationale.

Président, P.-J. VAN BENEDEN, délégué de la Classe des Sciences.
Vice-président, A. WAUTERS, délégué de la Classe des Lettres.
Secrétaire, VANDER HAEGHEN, délégué de la Classe des Sciences.

Membres :

CRÉPIN,	délégué	de la Classe des Sciences.
DEWALQUE,	id.	id.
LIAGRE,	id.	id.
LE ROY,	id.	Classe des Lettres.
ROERSCH,	id.	id.
STECHER,	id.	id.
N.		
HYMANS	id.	Classe des Beaux-Arts.
ROOSES,	id.	id.
SAMUEL,	id.	id.
N.		
N.		

Commissions spéciales des finances :

Classe des Sciences.	Classe des Lettres.	Classe des Beaux-Arts.
GLUGE.	DE DECKER.	DEMANNEZ.
MAILLY.	FAIDER.	FRAIKIN.
MAUS.	PIOT.	PAULI.
MONTIGNY.	THONISSEN.	SAMUEL.
P. VAN BENEDEN.	A. WAUTERS.	SLINGENEYER.

CLASSE DES SCIENCES. — *Commission pour les paratonnerres.*

MAUS, président.
DONNY, membre.
FOLIE, id.
MONTIGNY, id.
SPRING, membre.
VALERIUS, id.
VAN DER MENSBRUGGHE, id.

CLASSE DES LETTRES. — *Commission pour la publication des anciens monuments de la littérature flamande.*

P. DE DECKER, président.

— *Commission pour la publication d'une collection des grands écrivains du pays.*

N. . . , président.
le baron KERVYN DE LETTENHOVE, secrétaire.
Alph. LE ROY.
Aug. SCHELER.
J. STECHER.

CLASSE DES BEAUX-ARTS. — *Commission pour les portraits des membres décédés.*

FÉTIS. PORTAELS. DEMANNEZ.

— *Commission pour la publication des œuvres des anciens musiciens belges.*

GEVAERT, *président.*
FÉTIS, *secrétaire.*
SAMUEL, *trésorier.*
RADOUX, membre.
N. . . . .

— *Commission chargée de discuter toutes les questions relatives aux lauréats des grands concours dits prix de Rome.*

Membres :

BALAT.
DEMANNEZ.
FÉTIS.
FRAIKIN.
GEVAERT.
JAQUET.
LIAGRE.
PAULI.
PORTAELS.
ROBERT.
ROUSSEAU.
SCHADDE.
SLINGENEYER.
STALLAERT.
VERLAT.

COMMISSION ROYALE D'HISTOIRE

pour la publication des Chroniques belges inédites.

Le baron Kervyn de Lettenhove, président
Wauters (Alph.), secrétaire et trésorier.
Bormans, membre.
Piot, id.
Devillers, id.
Gilliodts Van Severen, id.
Vanderkindere (L.), membre suppléant.
de Pauw (N.), id.
Genard (P.), id.
Kurth (God.) id.

NECROLOGIE.

CLASSE DES SCIENCES.

VON DECHEN (F.-C.), associé, décédé à Berlin le 15 février 1889.

GENOCCHI (Aug.), associé, décédé à Turin le 7 mars 1889.

DONDERS (F.), associé, décédé à Utrecht le 24 mars 1889.

CHEVREUL (Eug.), associé, décédé à Paris le 9 avril 1889.

JOULE (J.-P.), associé, décédé à Sale (Manchester) le 11 octobre 1889.

CLASSE DES LETTRES.

CHALON (R.), membre, décédé à Ixelles le 23 février 1889.

LECLERCQ (M.), membre, décédé à Saint-Josse-ten-Noode le 15 mars 1889.

DE WITTE (le baron J.), membre, décédé à Paris le 29 juillet 1889.

MANCINI (P.), associé, décédé à Rome le 26 décembre 1888.

VON HOLTZENDORFF (le baron J.), associé, décédé à Munich le 8 février 1889.

ALBERDINGK THIJM (Jos.), associé, décédé à Amsterdam le 17 mars 1889.

VON CZOERNIG (le baron), associé, décédé à Görz (Autriche) en novembre 1889.

CLASSE DES BEAUX-ARTS.

DE BURBURE (le chev. L.), membre, décédé à Anvers le 8 décembre 1889.

CABANEL (Alexandre), associé, décédé à Paris le 23 janvier 1889.

ADRESSES DES MEMBRES, DES ASSOCIÉS ET DES CORRESPONDANTS DE L'ACADÉMIE HABITANT BRUXELLES OU SES FAUBOURGS.

BALAT (Alph.), rue de Londres, 17, à Ixelles.
BANNING (E.), rue du Président, 64, a Ixelles.
BEYAERT (H.), rue du Trône, 18, à Bruxelles.
BIOT (G.), chaussée d'Ixelles, 280, à Ixelles.
BRIALMONT (Alex.), rue de l'Équateur, 7, à St-Josse-ten-Noode.
CLAYS (P.), rue Seutin, 27, à Schaerbeek.
CRÉPIN (Fr.), rue de l'Association, 31, à Bruxelles.
DE DECKER (P.-J.), rue des Palais, 68, à Schaerbeek.
DE GROOT (Guillaume), avenue Louise, 406, à Bruxelles.
DE LALAING (le comte J.), rue Ducale, 43, à Bruxelles.
DEMANNEZ (Jos.), rue de la Ferme, 8, à St-Josse-ten-Noode.
DUPONT (Aug.), rue de Stassart, 98, à Ixelles.
DUPONT (Éd.), villa du Lac, à Boitsfort.
ERRERA (Léo), place Stéphanie, 1, à Bruxelles.
FAIDER (Ch.), rue du Commerce, 63, à Bruxelles.
FÉTIS (Éd.), rue de Ruysbroeck, 55 à Bruxelles.
FIÉVEZ (Ch.), rue du Progrès, 58, à St-Josse-ten-Noode.
FOLIE (F.), à l'Observatoire de Bruxelles.
FRAIKIN (C.-A.), chaussée d'Haecht, 182, à Schaerbeek.
FRÉDÉRIX (G.), rue de Pascale, 23, à Bruxelles
GEVAERT (A.), place du Petit-Sablon, 16, à Bruxelles.
GLUGE (T.), rue Joseph II, 7, à Bruxelles.
GOBLET D'ALVIELLA (le comte E.), rue Faider, 10, à Ixelles.
GUFFENS (Godfr.), place Le Hon, 4, à Schaerbeek.
HENNE (Alex.), rue de Livourne, 12, à Bruxelles.
HENNEBICQ (A.), rue de Lausanne, 1, à St-Gilles.
HYMANS (H.), rue de la Croix, 44, à Ixelles.
JAQUET (Jos.), rue des Palais, 156, à Schaerbeek.
LAGRANGE (Ch.), rue Sans-Souci, 42, à Ixelles.

LAUWERS (F.), boulevard du Nord, 9, à Bruxelles.
LIAGRE (J.), rue Caroly, 23, à Ixelles.
LOISE (F.), rue du Presbytère, 67, à Uccle.
MAILLY (Éd.), rue St-Alphonse, 31, à St-Josse-ten-Noode.
MARCHAL (le chev. Edm.), rue de la Poste, 61, à St-Josse-ten-Noode.
MARKELBACH (Alex.), chaussée d'Haecht, 129, à Schaerbeek.
MAUS (H.), rue de Naples, 41, à Ixelles.
MEUNIER (J.-B.), rue Maes, 16, à Ixelles.
MONTIGNY (Ch.), rue royale Ste-Marie, 67, à Schaerbeek.
MOURLON (M.), rue Belliard, 107, à Bruxelles.
PHILIPPSON (M.), rue du Luxembourg, 33, à Ixelles.
PIOT (Ch.), rue Berckmans, 104, à Saint-Gilles.
PORTAELS (J.), rue Royale, 184, à St-Josse-ten-Noode.
POTVIN (Ch.), rue Vautier, 58, à Ixelles.
PRINS, (Ad.), rue Souveraine, 69, à Ixelles.
RIVIER (Alph.), avenue de la Toison d'or, 49, à Saint-Gilles.
ROBERT (Alex.), place Madou, 6, à St-Josse-ten-Noode.
ROLIN-JAEQUEMYNS (G.), Avenue de la Toison d'or, 67, à St-Gilles.
SCHELER (Aug.), rue Mercelis, 66, à Ixelles.
SLINGENEYER (Ern.), rue du Commerce, 93, à Bruxelles.
STALLAERT (J.), rue des Chevaliers, 20, à Ixelles.
STAS (J.-S.), rue de Joncker, 13, à Saint-Gilles.
STEICHEN (M.), rue de Berlin, 44, à Ixelles.
TIBERGHIEN (G.), rue de la Commune, 4, à St-Josse-ten-Noode.
VANDERKINDERE (Léon), rue de Livourne, 64, à Bruxelles.
VAN WEDDINGEN (A.), place Léopold, 2, à Laeken.
VINÇOTTE (Thomas), rue de la Consolation, 97, Schaerbeek.
WAUTERS (Alph.), rue de Spa, 22, à Bruxelles.
WAUTERS (Émile), rue Froissart, 111, à Bruxelles.

ADRESSES DES MEMBRES, DES ASSOCIÉS ET DES CORRESPONDANTS DE L'ACADÉMIE HABITANT EN PROVINCE.

BENOIT (Pierre), Marché St-Jacques, 13, à Anvers.
BORMANS (Stanislas), rue Louvrex, 73, à Liège.
BRIART (Alph.), à Morlanwelz-Mariemont (Hainaut).
BUSSCHOP (Jules), quai Ste-Anne. 13, à Bruges.
CANDÈZE (E.), à Glain, près de Liège.
CATALAN (Eugène), rue des Éburons, 21, à Liège.
DE BORCHGRAVE (Ém.), à la Coupure, 35, à Gand, et à Constantinople.
DE HARLEZ (le chev. Ch.), rue au Vent, 8, à Louvain.
DE HEEN (P.), rue de Joie, 54, à Liège.
DE LA VALLÉE POUSSIN (Ch.), rue de Namur, 190, à Louvain.
DE LAVELEYE (Émile), rue Courtois, 38, à Liège.
DELBŒUF (J.), boulevard Frère-Orban, 32, à Liège.
DE MONGE (L.), rue des Joncs, 3, à Louvain.
DE SELYS LONGCHAMPS (le b^{on} Edm.), à Waremme, et boulev. de la Sauvenière, 34. à Liège.
DE TILLY (J.), rue Houblonnière, 21, à Anvers.
DEWALQUE (Gust.), rue de la Paix, 17, à Liège.
DONNY (F.), rue Neuve-St-Pierre, 95, à Gand.
DU CAJU (J.), rue des Escrimeurs, à Anvers.
FREDERICQ (Léon), rue de Pitteurs, 14, à Liège.
GANTRELLE (J.), chaussée de Courtrai, 96, à Gand.
GILKINET (Alfred), rue Renkin, 13, à Liège.
HENRARD (P.), rue Gounod, 23, à Anvers.
HENRY (L.), rue du Manège, 2, à Louvain.
KERVYN DE LETTENHOVE (Le baron), à Saint-Michel-lez-Bruges.
LAMY (Th.), rue Saint-Michel, à Louvain.
LE PAIGE (C.), rue des Anges, 21, à Liège.
LE ROY (Alph.), rue Fusch, 36, à Liège.
LOOMANS (Ch.), rue Beeckman, 20, à Liège.

MALAISE (C.), à l'Institut agricole de l'État, à Gembloux.
MANSION (P.), quai des Dominicains, 6, à Gand.
MASIUS (V.), rue Beeckman, 18, à Liège.
NÈVE (Félix), rue des Orphelins, 52, à Louvain.
PAULI (Ad.), place des Fabriques, 1, à Gand.
PLATEAU (Félix), boulevard du Jardin zoologique, 64, à Gand.
RADOUX (J.-Th.), boulevard Piercot, à Liège.
RENARD (A.), rue de la Station, à Wetteren.
ROERSCH (L.), rue de Chestret, 5, à Liège.
ROOSES (Max.), rue de la Province (Nord), 99, à Anvers.
ROUSSEAU (Jean), rue du Conseil, 59, à Ixelles, et à Moustier (Ottignies).
SAMUEL (Ad.), place de l'Évêché, à Gand.
SCHADDE (Jos.), rue Leys, 18, à Anvers.
SNIEDERS (Aug.), rue van Lérius, 24, à Anvers.
SPRING (Walthère), rue Beeckman, 32, à Liège.
STECHER (J.), quai Fragnée, 36, à Liège.
TERBY (F.), rue des Bogards, 96, à Louvain.
THONISSEN (J.), rue de la Station, 88, à Louvain.
VALERIUS (H.), rue Basse, 45, à Gand.
VAN BAMBEKE (C.), rue Haute, 5, à Gand.
VAN BENEDEN (Éd.), rue des Augustins, 43, à Liège.
VAN BENEDEN (P.-J.), rue de Namur, 93, à Louvain.
VANDER HAEGHEN (F.), Fossé d'Othon, 1, à Gand.
VAN DER MENSBRUGGHE (G.), Coupure, 89, à Gand.
VAN EVEN (Édouard), à Louvain.
VANLAIR (C.), rue des Augustins, 45, à Liège.
VERLAT (Ch.), rue du Fagot, 17, à Anvers.
VUYLSTEKE (J.), rue aux Vaches, 15, à Gand.
WAGENER (A.), boulevard du Jardin zoologique, 27, à Gand.
WILLEMS (Pierre), rue de Bruxelles, 192, à Louvain.

LISTE

DES PRÉSIDENTS ET DES SECRÉTAIRES PERPÉTUELS DE L'ACADÉMIE

depuis la fondation en 1769.

ANCIENNE ACADÉMIE (1)

(1769 — 1816).

Présidents (2).

Le comte de Cobenzl. . . . . 1769.
Le chancelier de Crumpipen . . . . 1772.

Secrétaires perpétuels.

Gérard . . . . 1769 à 1776.
Des Roches . . . . 1776 à 1787.
L'abbé Mann . . . . 1787 à 1794.

Directeurs (3).

L'abbé Needham. . . . . 1769 à 1780.
Le comte de Fraula. . . . . 1780 à 1781.
Le marquis du Chasteler . . . . 1781 à 1784.
Gérard . . . . 1784 à 1786.
Le marquis du Chasteler . . . . 1786 à 1789 (4).
L'abbé Chevalier. . . . . 1791 à 1793.
Gérard . . . . 1793 à 1794.
L'abbé Chevalier. . . . . 1794 (5).

(1) L'ancienne Académie n'a pas tenu de séance de 1794 à 1816; période pendant laquelle elle resta dispersée par suite des événements politiques.

(2) Nommés par le Gouvernement.

(3) Elus par l'Académie.

(4) Il n'y pas eu de directeur pendant l'intervalle compris entre la mort du marquis du Chasteler (11 octobre 1789) et la nomination de l'abbé Chevalier 18 mai 1791).

(5) L'abbé Chevalier fut élu directeur dans la séance du 21 mai 1794, la dernière que l'Académie ait tenue.

ACADÉMIE DEPUIS SA RÉORGANISATION EN 1816.

Présidents.

Le b[on] de Feltz. . 1816-1820.
Le p[ace] de Gavre . 1820-1832.
Ad. Quetelet. . . 1832-1835.
Le baron de Stassart . 1835.
Le baron de Gerlache . 1836.
Le baron de Stassart. . 1837.
Le baron de Gerlache . 1838.
Le baron de Stassart. . 1839.
Le baron de Gerlache . 1840.
Le baron de Stassart. . 1841.
Le baron de Gerlache . 1842.
Le baron de Stassart. . 1843.
Le baron de Gerlache . 1844.
Le baron de Stassart. . 1845.
Le baron de Gerlache . 1846 (1).
Le baron de Stassart. . 1847.
Verhulst . . . . 1848.
F. Fétis . . . . 1849.
d'Omalius d'Halloy . . 1850.
M.-N.-J. Leclercq . . 1851.
Le baron de Gerlache . 1852.
Le baron de Stassart. . 1853.
Navez . . . . 1854.
Nerenburger . . . . 1855.
Le baron de Gerlache . 1856.
de Ram . . . . . . 1857.
d'Omalius d'Halloy . . 1858.
F. Fétis . . . . . . 1859.
Gachard . . . . . . 1860.
Liagre . . . . 1861.
Van Hasselt . . . . 1862.
M.-N.-J. Leclercq . . . 1863.
Schaar . . . . 1864.
Alvin . . . . 1865.
Faider . . . . . . 1866.
Le vicomte Du Bus . 1867.
F. Fétis . . . . 1868.
Borgnet . . . . 1869.
Dewalque . . . . . . 1870.
Gallait . . . . . . 1871.
d'Omalius d'Halloy . 1872.
Thonissen . . . . . . 1873.
De Keyzer . . . . . . 1874.
Brialmont . . . . . . 1875.
Faider. . . . . . . 1876.
Alvin . . . . 1877.
Houzeau . . . . . . 1878.
M.-N.-J. Leclercq . . 1879.
Gallait . . . . 1880.
P.-J. Van Beneden. . . 1881.
Le Roy . . . . 1882.
Fétis . . . . 1883.
Dupont . . . . 1884.
Piot . . . . 1885.
Alvin . . . . 1886.
De Tilly . . . . 1887.
Bormans. . . . . . . 1888.
F.-A. Gevaert . . . . 1889.
J.-S. Stas . . . . . . 1890.

Secrétaires perpétuels.

Van Hulthem . . . . 1816 à 1821.
Dewez . . . . 1821 à 1835.
Ad. Quetelet . . . . 1835 à 1874.
Liagre . . . . Élu en 1874.

(1) Depuis 1846, c'est le Roi qui nomme le président, parmi les directeurs annuels des Classes.

LISTE

DES DIRECTEURS DEPUIS LA RÉORGANISATION EN 1845.

Classe des Sciences.

Dandelin.	1846.	Nyst.	1869.
Wesmael.	1847.	Dewalque	1870.
Verhulst.	1848.	Stas.	1871.
Le v^te Du Bus	1849.	d'Omalius d'Halloy . .	1872.
d'Omalius d'Halloy . .	1850.	Gluge	1873.
de Hemptinne	1851.	Candèze	1874.
Kickx.	1852.	Brialmont.	1875.
Stas	1853.	Gloesener	1876.
de Selys Longchamps .	1854.	Maus	1877.
Nerenburger	1855.	Houzeau	1878.
Dumon	1856.	de Selys Longchamps .	1879.
Gluge.	1857.	Stas.	1880.
d'Omalius d'Halloy . .	1858.	P.-J. Van Beneden . .	1881.
Melsens	1859.	Montigny	1882.
P.-J. Van Beneden . .	1860.	Éd. Van Beneden. . .	1883.
Liagre	1861.	Dupont.	1884.
de Koninck.	1862.	Morren.	1885.
Wesmael	1863.	Mailly	1886.
Schaar	1864.	De Tilly.	1887.
Nerenburger	1865.	Crépin	1888.
d'Omalius d'Halloy . .	1866.	Briart	1889.
Le v^te Du Bus	1867.	Stas	1890.
Spring	1868.		

Classe des Lettres.

Le b^on de Gerlache . .	1846.	Le b^on de Gerlache . .	1848.
Le b^on de Stassart . .	1847.	Le b^on de Stassart . .	1849.

de Ram.	1850.	Defacqz	1870.
M.-N.-J. Leclercq . .	1851.	Haus	1871.
Le b^on de Gerlache .	1852.	De Decker.	1872.
Le b^on de Stassart . .	1853.	Thonissen.	1873.
de Ram.	1854.	Chalon.	1874.
M.-N.-J. Leclercq . .	1855.	le b^on Guillaume . .	1875.
Le b^on de Gerlache. .	1856.	Ch. Faider	1876.
de Ram.	1857.	Alphonse Wauters . .	1877.
M.-N.-J. Leclercq . .	1858.	de Laveleye	1878.
Le b^on de Gerlache . .	1859.	M.-N.-J. Leclercq . .	1879.
Gachard	1860.	Nypels	1880.
de Ram.	1861.	H. Conscience . . .	1881.
De Decker.	1862.	Le Roy.	1882.
M.-N.-J. Leclercq . .	1863.	Rolin-Jaequemyns . .	1883.
Gachard	1864.	Wagener	1884.
Grandgagnage. . . .	1865.	Piot.	1885.
Paider	1866	P. Willems	1886.
Roulez	1867.	Tielemans.	1887.
Le b^on Kervyn de Lettenhove.	1868.	Bormans	1888.
		Potvin	1889.
Borgnet	1869.	Stecher.	1890.

Classe des Beaux-Arts.

F. Fétis	1846.	Alvin	1857.
Navez	1847.	G^me Geefs.	1858.
Alvin	1848.	F. Fétis	1859.
F. Fétis.	1849.	Baron	1860.
Baron	1850.	Suys	1861.
Navez	1851.	Van Hasselt	1862.
F. Fétis	1852.	Éd. Fétis	1863.
Roelandt	1853.	De Keyser	1864.
Navez	1854.	Alvin	1865.
F. Fétis	1855.	De Busscher	1866.
De Keyser	1856.	Balat	1867.

F. Fétis	1868.	Gallait	1880.
De Keyser.	1869.	Balat	1881.
Fraikin.	1870.	Siret	1882.
Gallait	1871.	Fétis	1883.
Éd. Fétis	1872.	Slingeneyer	1884.
Alvin	1873.	Pauli	1885.
De Keyser.	1874.	Alvin	1886.
Balat	1875.	Fraikin.	1887.
Gevaert	1876.	Robert.	1888.
Alvin	1877.	Gevaert.	1889.
Portaels	1878.	Schadde	1890.
Le chev. de Burburc .	1879.		

NOTICES BIOGRAPHIQUES.

NOTICE

SUR

JEAN-CHARLES HOUZEAU,

MEMBRE DE L'ACADÉMIE,

né à Mons le 7 octobre 1820, décédé à Bruxelles le 12 juillet 1888.

—

Suivre Houzeau pas à pas dans tous les événements de sa carrière, mentionner et apprécier séparément tous les produits de sa plume infatigable, dépasserait les limites d'une simple notice académique; un gros volume n'y suffirait pas.

Devant nous borner à mettre en lumière les traits les plus saillants de cette remarquable figure, nous avons dû laisser dans l'ombre bien des détails qui auraient eu leur intérêt; mais la plupart des lacunes que l'on pourrait nous reprocher avaient été comblées d'avance par un fonctionnaire de l'Observatoire royal de Bruxelles, qui fut l'ami et le collaborateur de Houzeau. Dans une série de « Notes biographiques » insérées d'abord dans la Revue « Ciel et Terre », et réunies ensuite en un beau volume, M. A. Lancaster a fourni, sur plusieurs épisodes de la vie de notre regretté compatriote, des documents intéressants, dont quelques-uns ont été utilisés par nous dans la présente notice. Il a également dressé une liste très complète de tout ce qu'a publié ce fécond écrivain.

Nous recommandons l'ouvrage de M. Lancaster à tous les esprits curieux qui, sous le rapport des faits et des dates, tiendraient à avoir des renseignements détaillés et exacts sur la vie et les travaux de Houzeau.

On lira aussi avec intérêt une notice pleine de cœur, intitulée : « Jean-Charles Houzeau, sa vie et ses œuvres », qui a été publiée par M. J. Nyns-Lagye, dans la Revue pédagogique belge.

JEAN-CHARLES HOUZEAU.

1re PARTIE. — 1820-1857.

Houzeau avant son départ pour l'Amérique.

« Houzeau fut une âme haute et belle, éprise de » justice absolue et de vérité... Rendons un hommage » mérité à sa mémoire. Elle honore l'humanité, elle » glorifie la science, elle illustre la Belgique. »

C'est en ces termes que s'exprimait M. Janssen, président de l'Académie des sciences de Paris, lorsque, dans une allocution touchante et sympathique, il annonçait à ses confrères la mort de l'ancien directeur de l'Observatoire de Bruxelles.

Un hommage si glorieux et si rare, rendu dans le sein d'un des premiers corps savants du monde à la mémoire de notre compatriote, montre comment sa personne et ses travaux étaient appréciés à l'étranger. La présente notice, qui lui est consacrée par un de ses plus anciens amis, fera voir que cette appréciation était parfaitement justifiée.

Jean-Charles Houzeau de Lehaie naquit le 7 octobre 1820. Ses parents, qui possédaient une fortune indépendante et jouissaient de la considération publique, habitaient près de Mons, dans le faubourg d'Havré, une maison de campagne connue sous le nom caractéristique de l'*Ermitage*. C'est dans cette paisible habitation champêtre qu'il vit le jour.

Son père et sa mère, remarquables tous deux par les qualités de l'esprit et du cœur, soignèrent eux-mêmes sa première éducation, et ce fut pour eux une occupation aussi facile qu'agréable; car l'enfant, doué d'une vive intelligence, était avide de connaissances et passionné pour l'étude.

Entré au collège de Mons à l'âge de douze ans, il y fit de brillantes études humanitaires; et lorsqu'il termina celles-ci, en 1837, l'administration communale de la ville lui décerna une médaille d'argent, en récompense des succès exceptionnels qu'il avait obtenus dans toutes ses classes.

Désirant se livrer à des études supérieures, le jeune homme se rendit immédiatement à Bruxelles, pour y suivre les cours de l'Université libre. Il prit une inscription à la faculté des sciences, mais il en fréquenta les leçons sans grande assiduité. Esprit chercheur, original, indépendant, il faisait marcher de front les études scientifiques, politiques et sociales, et ne put s'astreindre à la discipline universitaire. Il n'y a donc pas lieu de s'étonner de l'échec qu'il éprouva lorsque, pour satisfaire ses parents, il se présenta devant le jury de candidature.

Cet examen académique est, du reste, le seul qu'il ait jamais consenti à subir : il renonça dès lors à solliciter un diplôme universitaire, et se voua entièrement aux études libres.

Houzeau doit donc être rangé dans la catégorie des

savants qui se sont fait à eux-mêmes leur éducation supérieure. Certes, cette méthode n'est pas à recommander d'une manière générale; mais il n'en est pas moins vrai qu'elle est propre à favoriser l'esprit d'observation et de recherche, et qu'elle contribue au large développement des natures originales, auxquelles il répugne de suivre pas à pas les programmes des cours et les théories des professeurs.

Les parents du jeune étudiant connaissaient trop bien le caractère peu malléable de leur fils, pour vouloir essayer de contrarier ses goûts : une lutte sur ce terrain n'aurait pu produire que des résultats fâcheux. Ils eurent donc la sagesse de le rappeler auprès d'eux, et lui permirent de se livrer en liberté à ses travaux personnels, notamment à son penchant pour l'astronomie.

L'auteur de cette notice a pu visiter l'observatoire en miniature que le jeune astronome s'était construit de ses propres mains sur le mont Panisel, dans le voisinage de l'*Ermitage*. Une cabane en planches renfermait un petit instrument des passages, un cercle méridien grossièrement gradué, et une lunette montée parallactiquement. Tous ces instruments étaient rudimentaires; les tubes étaient en zinc et les objectifs non achromatiques; mais ils n'en témoignaient pas moins de cet esprit d'initiative et de cette énergie de volonté, dont leur auteur donna plus tard tant d'exemples.

La science pure n'absorbait pas tous les instants de cet étudiant de dix-huit ans. Ses instincts humanitaires, son dévouement aux classes laborieuses, son goût naturel pour la vulgarisation des connaissances utiles, avaient besoin de s'épancher. Il sentit, dès cette époque, qu'il était né publiciste.

De 1838 à 1841, il fit paraître dans le journal *L'Émancipation,* sous les initiales J. C., une série de cinquante-quatre articles relatifs aux principaux procédés industriels récemment inventés, à l'emploi des machines, aux grands travaux d'utilité publique, aux voies de communication, au commerce, à l'agriculture, etc. Il fournissait en même temps au *National* des articles relatifs à notre politique intérieure.

C'est donc par la presse quotidienne que débuta le jeune écrivain, et il conserva toute sa vie une véritable prédilection pour ce genre de publicité. Les succès flatteurs que lui valurent ses articles n'étaient pas sans offrir un certain danger pour son avenir : ils pouvaient avoir pour résultat de l'engager plus avant dans la voie si séduisante du journalisme, de l'y fixer peut-être, et de nous priver ainsi des œuvres sérieuses et réfléchies dont il a plus tard enrichi la science. Heureusement, il n'en fut rien. Houzeau avait des aspirations trop élevées pour se laisser éblouir par quelques succès faciles et éphémères, et l'apprentissage auquel il se livra dans la presse quotidienne, bien loin de lui être nuisible, ne fit que hâter l'éclosion des brillantes qualités dont il portait le germe.

Le journal, ont dit quelques classiques, est pour la langue une cause de décadence ; il y introduit des expressions d'un goût douteux, et, par la rédaction hâtive qu'il exige, il habitue l'écrivain à un laisser-aller qui finit par lui gâter la main.

Cette appréhension est fondée ; mais la conséquence qu'en a tirée avec raison un critique moderne, c'est qu'il ne faut pas être uniquement journaliste, ni le rester toute sa vie. S'il est vrai que cette carrière use rapidement les tempéraments faibles, il n'est pas moins juste de reconnaitre qu'elle trempe les natures fortes. Pour le jeune homme qui a reçu en naissant le précieux don d'écrire, le journalisme est une vigoureuse et bienfaisante gymnastique; il le lance dans les réalités de la vie et forme ainsi son caractère; il l'oblige à présenter sa pensée au public d'une manière claire, simple, imagée et forme ainsi son style.

Profitant de son voisinage de Mons, Houzeau, à cette époque, allait souvent assister aux cours de l'École des mines. C'est probablement à la suite d'une des leçons du cours de mécanique appliquée à l'industrie, qu'il résolut de publier son premier travail scientifique, une étude sur « Les turbines, leur construction, le calcul de leur puissance et leur application à l'industrie. » Ce mémoire, devenu aujourd'hui très rare, a été imprimé à Bruxelles en 1839.

Mais bientôt le jeune écrivain reconnut la nécessité d'élargir son horizon intellectuel, et de se livrer d'une manière régulière aux études supérieures. Il se rendit donc à Paris et, sans aspirer à aucun diplôme académique, il y fréquenta les cours de la faculté des sciences pendant les années 1840 et 1841.

De retour en Belgique en 1842, Houzeau se livra d'une manière presque exclusive à ses études de prédilection, l'astronomie et la physique du globe. La première publication par laquelle son nom fut révélé au monde savant fut une lettre sur la lumière zodiacale, insérée en 1844 dans les *Astronomische Nachrichten*. Il se borne à y prouver que le lieu de ce phénomène n'est pas le plan de l'équateur solaire, ainsi que l'avait cru Cassini. Ce n'est que longtemps plus tard, après des observations suivies et régulières faites sous un ciel pur, au Texas d'abord, en 1861, puis à la Jamaïque, en 1869, qu'il crut pouvoir pousser plus loin ses conclusions. Il fit voir alors, d'une manière presque indubitable, que la lumière zodiacale n'est pas un appendice du soleil, mais un appendice de notre globe. Cette lueur vague, faiblement visible dans nos climats, qui s'élève le soir au couchant et se manifeste le matin au levant, est constamment située dans le plan de l'écliptique. Elle forme une ceinture autour de la Terre. Mais quelle est sa nature ? En quoi consiste-t-elle ? Sous ce rapport, la lumière zodiacale est encore aujourd'hui un des phénomènes énigmatiques de l'astronomie.

Un second mémoire, inséré quelques mois plus tard dans le même recueil, attira d'une manière toute particulière l'attention du monde astronomique, par l'idée originale qui en fait le fond. Houzeau y traite « d'un » nouvel effet de l'aberration de la lumière, particulier » aux étoiles doubles qui possèdent un mouvement » propre. » Appliquant sa théorie à l'orbite d'une étoile double de la constellation d'*Ophiucus*, l'auteur parvient, dans ce travail, à faire disparaître en grande partie les écarts singuliers que l'on remarquait, pour cette étoile, entre les positions observées et les positions calculées.

Le mémoire du jeune astronome belge fut immédiatement signalé et analysé par plusieurs revues scientifiques ; il eut même l'honneur d'être discuté par des autorités telles que John Herschel, C.-P. Smyth et Yvon Villarceau, qui, sans se rallier à la théorie exposée, reconnurent cependant que l'idée était très ingénieuse.

De 1842 à 1844, Houzeau fit de fréquents voyages à Paris et y séjourna parfois pendant plusieurs mois consécutifs. Il y fréquentait assidûment les bibliothèques, s'y livrant à des études variées sur les sciences, l'histoire, la littérature, et prenant sur tous les sujets une multitude de notes, qu'il classait avec un soin intelligent et un ordre parfait. Grâce à cette méthode, qu'il continua de suivre pendant toute sa vie, grâce aussi à son excellente mémoire, il se créa ainsi cet arsenal d'érudition qui, pour tous ceux qui l'ont approché, a été un perpétuel sujet d'étonnement.

« C'est une grande satisfaction pour moi, écrivait-il alors à un ami, de ne donner mon temps à personne, d'étudier ce qu'il me plait, d'errer par monts et par vaux dans le domaine de l'intelligence, sans obligations qui me commandent, sans occupations fastidieuses insignifiantes. Ce n'est pas que je travaille sans but, mais je travaille comme il me plait. Ces trésors que j'acquiers et que j'accumule, c'est à ma liberté que je les dois. » Ces lignes peignent son caractère.

C'est à l'occasion de son mémoire sur un nouvel effet de l'aberration de la lumière, que Houzeau entra en relation avec l'Observatoire de Bruxelles. Par une lettre dans laquelle il s'annonçait simplement comme *rédacteur à l'Émancipation*, le jeune astronome, dont le nom était encore parfaitement inconnu à Quetelet, soumettait au savant directeur le manuscrit de son mémoire, lui demandant un mot d'introduction près de Schumacher, l'éditeur des *Astronomische Nachrichten*.

Quetelet, qui s'intéressait volontiers aux jeunes travailleurs, accueillit cette demande avec bienveillance, et, grâce à sa recommandation, le mémoire fut immédiatement reçu et publié.

Peu après, Houzeau avait ses entrées à l'Observatoire, et venait de temps en temps prendre part aux travaux qui s'y faisaient sur l'astronomie, la météorologie et le magnétisme. Il ne tarda pas à se concilier l'estime du chef de l'établissement et la sympathie de ses compagnons de travail. C'est à cette époque inoubliable que se nouèrent entre trois des jeunes aides de l'Observatoire, Houzeau, Bouvy et Liagre, des liens d'amitié qui, pendant une durée de quarante-cinq ans, ne se sont jamais relâchés un seul instant. Le premier, dans ses nombreuses pérégrinations, a entretenu avec ses deux amis une correspondance suivie, dont la présente notice renferme des extraits curieux et caractéristiques.

L'année 1844 fut très féconde pour le jeune astronome. Au mois d'août, il présentait à notre Académie une étude sur les étoiles filantes périodiques, remarquable par la méthode nouvelle qu'il y expose pour déterminer le centre d'émanation de ces météores. Quelques mois plus tard, il publiait dans le Bulletin une notice contenant des observations faites dans une fosse de charbonnage, en vue de déterminer l'accroissement qu'éprouvent l'intensité magnétique et la température, à mesure que l'on s'enfonce plus profondément dans l'intérieur de la Terre.

Au commencement de 1845, il calcula, d'après une méthode qui lui était propre, mais qui n'a pas été publiée, les éléments et éphémérides de la comète de d'Arrest. Ces résultats, ainsi qu'une note sur la comète de Vico, ont paru dans le Bulletin de l'Académie.

Houzeau aimait la nature. Il l'admirait jusque dans ses manifestations les plus délicates; mais c'est surtout le ciel qui attirait ses regards. La marche des astres et la majestueuse architecture de l'univers offraient à son esprit un inépuisable sujet d'études et de méditations.

Aussi, est-ce avec une vive satisfaction qu'il accepta la position d'aide-astronome à l'Observatoire royal de Bruxelles, qui lui fut offerte en 1846, aux modestes appointements de 1,400 francs. Il se dévoua de tout cœur à sa nouvelle fonction. Ces installations commodes, ces beaux instruments, qui lui avaient fait défaut jusque-là, et dont il pouvait maintenant disposer, satisfaisaient à toutes ses aspirations; son activité allait les féconder.

L'Observatoire parut prendre une nouvelle vie. Aucun phénomène céleste n'y passait plus inaperçu; Houzeau était là pour le signaler et l'observer. Éclipses de Soleil et de Lune; passage de Mercure sur le Soleil; observation des comètes et calcul de leurs orbites; détermination des coordonnées de la nouvelle planète découverte par Le Verrier; vérification de la latitude de Bruxelles, par les doubles passages de la Polaire observés au cercle mural, telles sont les principales contributions apportées par le nouvel aide pendant son trop court passage à l'Observatoire.

Mais Quetelet n'était pas né astronome; il l'était devenu par suite des circonstances plutôt que par vocation. Dans sa longue et belle carrière, il a cultivé avec un talent incontestable la littérature, la géométrie, la physique du globe et la météorologie; il s'est illustré dans le domaine de la physique sociale et de la statistique; mais l'étude des phénomènes célestes ne le passionnait pas, et, dans le vaste champ de l'astronomie d'observation et de la mécanique céleste, il ne marchait que de très loin sur la trace des Struve et des Le Verrier.

Statisticien par tempérament, il aimait à grouper les chiffres, et attachait plus de prix au nombre des résultats qu'à leur exactitude individuelle, comptant sur la puissance des moyennes pour arriver à la vérité. Il en résulta que ses aides, trop souvent occupés par lui à des relevés fastidieux et à des calculs purement mécaniques, ne pouvaient se livrer à des travaux originaux, et sentaient se paralyser leur esprit d'initiative.

On ne s'étonnera donc pas que, de 1846 à 1849, pendant les trois années qu'il passa à l'Observatoire, Houzeau n'ait pas présenté un seul travail à l'Académie. Ce regrettable état de choses, il le qualifiait sévèrement dans une lettre qu'il adressait à un de ses amis, peu de temps après avoir quitté l'Observatoire.

« J'ai laissé sans regret, dit-il, l'Observatoire de Bruxelles poursuivre en paix ses séries d'observations météorologiques. Qu'il laisse rouiller sur son axe ce grand cercle de Troughton, avec lequel on pourrait faire de si belles choses, mais qu'il fournisse des chiffres, beaucoup de chiffres à l'imprimeur... Aujourd'hui, que l'Observatoire de Bruxelles soit ou ne soit pas, la science astronomique n'a rien à y voir. »

A cette époque de sa vie, Houzeau se préoccupait déjà, avec un vif intérêt, de la triste situation que notre système économique n'impose que trop souvent aux classes inférieures de la société. Il ne restait étranger à aucun des essais tentés par la science pour améliorer cette situation, et les théories humanitaires de Fourrier excitèrent un instant son attention et sa sympathie. Mais la révolution française de 1848, et l'effervescence qui en résulta dans toute l'Europe, vinrent brusquement le détourner de la voie pacifique du phalanstère, pour le jeter dans l'arène de la politique militante.

Alors, il se laissa aller aux idées de liberté individuelle et d'égalité sociale qui germaient depuis longtemps dans son esprit, et qui formaient le fond de sa généreuse nature. Ne faisant nul mystère de ses principes démocratiques et de ses aspirations républicaines, il les proclama par la presse; et tout en restant, sous le rapport de ses actes extérieurs, dans les limites de la stricte légalité, il noua des relations compromettantes avec des hommes ouvertement hostiles aux institutions du pays.

Ce fut même sous sa présidence qu'eut lieu, le 25 mars 1849, le fameux banquet-meeting qui réunit au Prado les partisans du mouvement républicain. En ouvrant la séance, Houzeau avait expressément donné lecture de l'article 19 de la Constitution, lequel reconnait aux Belges le droit de s'assembler paisiblement et sans armes; mais à peine le banquet était-il commencé, qu'une troupe de *Léopoldistes*, acharnée contre les *Rouges*, fit irruption dans le local, maltraita les convives et les dispersa à coups de gourdins. Il y eut plusieurs blessés de part et d'autre, et peu s'en fallut que Houzeau ne fût au nombre des victimes.

Cette échauffourée décida le Ministre de l'Intérieur, M. Rogier, à révoquer Houzeau de ses fonctions d'aide à l'Observatoire. C'est elle qui fut la cause déterminante de sa destitution; mais depuis longtemps ses opinions républicaines, ses relations avec les réfugiés politiques, et la collaboration bien connue qu'il prêtait aux journaux avancés, avaient indisposé contre lui non seulement le Gouvernement, mais encore quelques membres du parti libéral. Un des plus influents de ceux-ci, qui avait été vivement attaqué dans un journal auquel Houzeau collaborait, insista vivement, parait-il, auprès du Ministre, pour que le jeune écrivain socialiste fût écarté. Houzeau fut démissionné le 6 avril 1849, « pour avoir pris part à » des banquets organisés dans un but contraire à nos » institutions, et pour avoir assisté au banquet du Prado, » malgré les avertissements qu'il avait reçus. »

Cette destitution fut très sensible au directeur de l'Observatoire, qui estimait beaucoup le caractère de son assistant, et appréciait hautement les services que celui-ci rendait à l'établissement. Il fit des démarches pour pouvoir du moins le conserver encore pendant un certain temps, mais le Ministre fut inflexible. Houzeau, du reste, ne fit rien de son côté pour échapper à la mesure qui le frappait.

Cet acte de rigueur a été mainte fois reproché à M. Rogier. Le public, obéissant à un sentiment plus généreux que réfléchi, a accusé le Ministre d'avoir brutalement brisé la carrière d'un jeune savant plein d'avenir, et de l'avoir ainsi forcé à s'exiler. Mais la direction des affaires publiques a des exigences devant lesquelles doit s'effacer toute considération personnelle ; et l'on ne peut nier que les manifestations politiques auxquelles Houzeau s'associait ne fussent incompatibles avec les devoirs d'un fonctionnaire de l'État.

La science, du reste, n'a qu'à se féliciter de ce qu'un de ses plus féconds adeptes ait ainsi été mis en état de prendre son essor en pleine liberté. De combien d'œuvres remarquables ne nous eût pas privés le maintien de Houzeau dans ses fonctions d'aide à l'Observatoire de Bruxelles! Lui-même l'a reconnu plus tard dans les lettres intimes où il ouvrait sa pensée à quelques-uns de ses rares confidents. « Si j'étais resté à l'Observatoire, écrit-il de San Antonio en 1859, je m'y serais consumé dans des travaux ingrats. »

Après sa révocation, Houzeau continua pendant trois ou quatre mois, et avec l'assentiment de Quetelet, à fréquenter l'Observatoire en qualité d'assistant volontaire. Ses fonctions officielles lui ayant été retirées pour des motifs étrangers à la science, il avait l'intention de les continuer à titre officieux, et cette situation s'accordait parfaitement avec son goût pour le travail libre. Mais il abandonna ce projet pendant un voyage qu'il entreprit au commencement de septembre, et qui, dans son idée, ne devait durer qu'un mois. En compagnie de deux amis, MM. Cousin et Guyornau, qui savaient comme lui voyager avec simplicité et économie, il parcourut, le plus souvent à pied, les bords du Rhin et une partie de la Saxe, de la Bohême, de l'Autriche, de la Bavière, du Wurtemberg, de la Prusse, du Brunswick et du Hanovre. C'est de Lintz, vers la fin de septembre, qu'il fit savoir à Quetelet qu'il renonçait à l'idée de continuer à travailler à l'Observatoire.

« J'avais entrepris avec votre bienveillant assentiment, lui écrit-il, de continuer à l'Observatoire les fonctions que l'on m'avait retirées pour des motifs tout à fait étrangers à la science. Éloigné maintenant de mon pays, engagé dans une longue pérégrination, je ne puis plus prétendre à les remplir. Je conserve, monsieur, un vif souvenir de la manière dont vous m'avez accueilli d'abord et défendu ensuite. J'irai vous renouveler l'expression de ma gratitude, si je reviens un jour à Bruxelles. »

Ces dernières lignes peuvent servir de réfutation à une légende, suivant laquelle le directeur et son aide se seraient quittés mécontents l'un de l'autre. Elles montrent, en même temps, que Houzeau s'était mis en voyage sans itinéraire bien arrêté, dans l'unique désir de voir, d'apprendre et de connaitre, ne sachant même pas s'il rentrerait jamais en Belgique. Cette indépendance d'allure qui lui était naturelle, il la caractérisait lui-même dans les termes suivants : « J'ai le tort d'exagérer parfois ce que je projette; j'aime à faire de nouveaux projets qui détruisent les anciens. »

Rentré chez ses parents vers la fin de novembre, pour prendre quelques jours de repos, et surtout pour faire réparer les déplorables avaries qu'avait éprouvées son modeste accoutrement de touriste, l'infatigable voyageur se remit tout seul en route, se dirigeant vers le midi de la France, d'où il espérait, dit-il, « avoir la facilité de passer en Algérie ou en Espagne, afin de ne pas voir la neige cette année. »

Il n'avait alors que 29 ans, et déjà se manifestait dans son tempérament cette singulière aversion pour le froid, cet amour des climats chauds, que l'on remarque chez lui dans toutes les circonstances de sa carrière.

Son intention était de se rendre en Suisse, en passant par Lyon; mais les ressources intellectuelles que lui offrait la riche bibliothèque de cette ville l'y retinrent pendant la plus grande partie du mois de décembre.

En Suisse, notamment à Lausanne, il se trouva en rapports avec une société de réfugiés français, dont les idées s'accordaient parfaitement avec les siennes. Deux d'entre eux, Félix Pyat et Rolland, inspirèrent au jeune démocrate une estime particulière, et il est curieux de voir comment il les appréciait :

« L'homme le plus important de l'émigration, dit-il dans une lettre du commencement de 1850, c'est sans contredit Félix Pyat. Chaleur dans le discours, intelligence dans les vues, élévation dans les sentiments, Pyat possède tout cela... C'est incontestablement un homme très supérieur...

» Rolland est un de ces hommes à convictions profondes, qui peuvent aller jusqu'au martyre. C'est un homme froid, dont le caractère s'accorde très bien avec le mien. »

L'hiver, qu'il ne supportait qu'impatiemment, le chassa de la Suisse à la fin de janvier. Il rentra à Lyon pour y passer le printemps, et fit de cette ville le centre de quelques excursions géologiques dans la France centrale et dans l'Auvergne.

On s'étonnera sans doute qu'avec la modeste pension mensuelle de deux cents francs qu'il recevait alors de ses parents, et qui ne fut augmentée plus tard que presque malgré lui, Houzeau ait pu faire face aux dépenses que nécessitaient tous ces voyages. Pour se rendre compte d'un pareil prodige, il faut avoir été témoin de la sobriété avec laquelle il vivait, de la simplicité de ses goûts, du peu de besoins qu'il s'était créé. « Je passe toutes mes journées à la bibliothèque, écrit-il de Lyon au mois de février 1850. Je suis logé au quatrième, l'étage où règne le meilleur air, dans une maison où je ne connais âme qui vive, et où je crois que personne ne me connaît... Je travaille beaucoup et tout à fait en solitaire, heureux d'apprendre chaque jour quelque nouvelle harmonie du système du monde. »

L'année suivante, lorsqu'il s'établit à Paris pour y rester, presque sans interruption, jusqu'en 1855, son genre de vie ne changea pas. Ceux qui l'ont visité alors, dans sa petite chambre de la rue de Verneuil, se rappelleront les cent marches qu'il fallait gravir pour arriver jusqu'à lui, au cinquième au-dessus de l'entresol. « J'ai plus de dégoût que jamais à me déranger, écrivait-il de cette ville en 1851. Après avoir successivement réduit à deux le nombre de mes repas, je suis parvenu à ne plus en faire qu'un seul. Encore le supprimé-je quelquefois, quand il fait mauvais. Ma santé se ressent considérablement de ce régime anti-hygiénique; mais il m'est encore plus pénible de courir à tout instant à de grandes distances, d'attendre deux heures après un mauvais repas, etc. »

Le séjour de cinq années que le laborieux anachorète fit alors à Paris, bien que marqué par quelques publications intéressantes, et surtout par une œuvre de premier ordre, dont nous parlerons plus loin, n'a été dans sa carrière qu'une véritable période de préparation. Sans s'astreindre à aucune occupation déterminée, il profita des immenses ressources intellectuelles qui se trouvaient à sa portée pour grossir le trésor de son érudition, compulsant, lisant et annotant, avec cet esprit d'ordre et de méthode qui lui était naturel, ce que la bibliothèque nationale renfermait de plus curieux sur toute espèce de sujet, science, philosophie, histoire, littérature, journaux, etc.

Sans parler de quelques notices sur l'astronomie, la géologie, la géographie et l'histoire, publiées par Houzeau pendant cette période, et insérées dans les recueils des sociétés savantes, nous devons une mention spéciale à deux petits traités qu'il composa pour l'Encyclopédie populaire éditée par A. Jamar. Ils portent pour titres : *Physique du globe et météorologie*, 1851; *Règles de climatologie*, 1853.

Mais l'œuvre maitresse de cette première période, celle par laquelle Houzeau se révéla pour la première fois comme savant et comme écrivain d'élite, c'est son *Essai d'une géographie physique de la Belgique, au point de vue de l'histoire et de la description du globe*, ouvrage qui parut en 1854.

Ce livre fit sensation. On n'était pas habitué en Belgique à trouver un pareil style, une pareille ampleur dans un simple ouvrage de vulgarisation. Aussi la critique fut-elle unanime à déclarer qu'un de nos jeunes compatriotes avait retrouvé la plume de Humboldt, et que l'élève était digne du maitre. Aujourd'hui encore, après plus de trente-cinq ans, cet admirable essai a conservé toute sa fraicheur. Il peut être cité comme un modèle du genre.

Les écrits de Humboldt avaient, on le conçoit sans peine, fait une profonde impression sur l'esprit encyclopédique et généralisateur de Houzeau. L'influence du savant allemand se reconnait en maint endroit des ouvrages de notre compatriote, et le Cosmos surtout était l'objet de sa prédilection. Il avait subi le charme de ce vaste tableau d'ensemble de nos richesses scientifiques, tout en reconnaissant que, pour la génération actuelle, il était déjà considérablement arriéré. De nos jours, en effet, la marche de la science est si rapide, qu'il faudrait refaire un Cosmos tous les trente ans. Chaque génération devrait avoir le sien. Tandis que les spécialistes poussent leurs études dans des voies qui divergent sans cesse davantage, les esprits généralisateurs découvrent chaque jour de nouvelles analogies et de nouveaux liens entre toutes les parties de l'univers, entre toutes les forces de la nature.

Cette idée, qui mieux que Houzeau aurait pu la réaliser? Quel écrivain aurait pu, mieux que lui, nous donner un Cosmos mis au courant, non seulement des faits scientifiques les plus importants, mais aussi des vues d'ensemble les plus nouvelles? Un pareil ouvrage, qui est à la portée de la grande masse des hommes intelligents, était de nature à le tenter par son caractère d'utilité générale, et il est vraiment à regretter que d'autres études ne lui aient pas permis de l'entreprendre.

Ici commence une nouvelle étape de cette carrière si féconde et si variée : pour la première fois, les circonstances vont appeler le jeune astronome à déployer en pleine liberté son esprit d'initiative et son talent d'observation.

Vers la fin de 1854, le général Nerenburger, directeur de notre Dépôt de la guerre, eut besoin d'un astronome de profession, pour faire les observations nécessaires à la projection rigoureuse et à l'orientation de la carte de la Belgique. Les astronomes étaient alors très rares dans notre pays, et le général éprouvait quelque répugnance à recourir à l'étranger. Sur la recommandation d'un ami de Houzeau, il s'adressa à celui-ci et lui offrit la haute direction de tout le travail astronomique de la carte.

L'offre était belle et séduisante; mais l'ancien aide de l'Observatoire n'avait pas oublié la date du 6 avril 1849, et ne voulait pas se mettre de nouveau, comme fonctionnaire, à la discrétion du Gouvernement. Il se décida toutefois à accepter la mission qui lui était offerte, mais en stipulant formellement qu'il serait considéré comme *simple ouvrier*, « attaché temporairement au Dépôt de la » guerre en qualité d'astronome. »

Tels sont les termes de l'article premier de l'arrêté ministériel du 13 novembre 1854. L'article 3 alloue en même temps au sieur J. C. Houzeau, pour toute la durée de sa mission, une indemnité mensuelle de 200 francs.

C'était, on l'avouera, rendre hautement hommage à son désintéressement bien connu. C'était en même temps le prendre au mot, en montrant que l'on tenait compte du désir qu'il avait exprimé d'être considéré comme un simple ouvrier. Le Gouvernement, enfin, savait allier ainsi l'économie à la gracieuseté.

On lui adjoignit, en qualité d'aide, le lieutenant d'état-major Adan, qui devint plus tard correspondant de notre Académie, colonel, et directeur de l'Institut cartographique militaire. Les anciens amis de ce brillant officier, devant lequel s'ouvrait alors un si bel avenir, ne peuvent se rappeler sans émotion la mort cruelle qui vint brusquement le frapper en 1882, en pleine carrière, à l'âge de 51 ans.

Lorsque Adan vint se présenter à son nouveau directeur pour prendre ses instructions, il lui demanda « ce qu'il aurait à faire. » — « Autant et aussi peu que vous le désirerez. » – Telle fut la réponse, aussi pleine de bonté que de finesse, que reçut le jeune adjoint.

La première campagne du nouvel astronome du Dépôt de la guerre dura du mois d'avril au mois d'août 1855. Elle fut employée à déterminer une latitude et un azimut au signal de Lommel, dans l'endroit le plus désert de la Campine. L'observateur y était installé en pleine bruyère, à plusieurs kilomètres du village le plus proche, et vivait sous un abri temporaire, faute d'habitation à portée des instruments.

La seconde campagne astronomique de Houzeau fut consacrée à des déterminations de latitude et d'azimut à Nieuport. Il avait choisi ce sommet de préférence à l'une des extrémités de la base d'Ostende, afin de se rapprocher davantage de la station astronomique française de Dunkerque, et d'obtenir ainsi les éléments d'une comparaison intéressante. L'insalubrité de Nieuport, foyer de la fièvre des polders, était alors proverbiale; mais il n'hésita pas un instant à s'exposer, près de ses instruments, aux miasmes des nuits paludéennes.

Pour terminer cette seconde campagne, il rattacha par des observations géodésiques notre Observatoire royal à la triangulation générale du pays, et détermina un azimut à la tour orientale de l'église Saint-Joseph, à Bruxelles.

En 1857, il avait paru désirable de compléter, avant tout, une partie de la triangulation reliant Dunkerque et les sommets avoisinants du canevas français à notre réseau national. Houzeau était donc occupé à faire, dans le Hainaut, les observations géodésiques réclamées par cette jonction, lorsqu'il reçut tout à coup du général Nerenburger l'ordre d'interrompre ses opérations. Les Chambres législatives venaient de s'ajourner, sans avoir voté les fonds demandés par le Gouvernement pour la partie astronomique du travail de la carte.

C'était une de ces anomalies dont les annales parlementaires offrent malheureusement plus d'un exemple; mais la mesure n'était dirigée, en aucune façon, contre l'astronome du Dépôt de la guerre; Houzeau, qui était ombrageux et susceptible, en fut néanmoins vivement blessé. Il se considéra comme brutalement démissionné de ses fonctions temporaires, et se promit bien de ne plus les reprendre. Il ne les reprit plus en effet.

Pendant cette période de sa vie, le modeste ouvrier du Dépôt de la guerre avait été élu d'abord correspondant (1854), puis membre (1856) de la Classe des sciences de notre Académie.

Durant cette même période, les observations astronomiques ou géodésiques le retenaient, en été, six mois environ sur le terrain. Le reste de l'année, il le consacrait à ses calculs de réduction ou à ses travaux personnels, et le Ministre de la Guerre l'avait autorisé à aller le passer à Paris. On se fera une idée de son étonnante activité intellectuelle, en jetant un coup d'œil sur ce qu'il produisit pendant les trois hivers dont il vient d'être question.

Indépendamment des nombreux calculs astronomiques et géodésiques exigés par les observations de la campagne précédente, il fournissait une sérieuse collaboration scientifique aux deux journaux quotidiens : *La Nation* et *Le National;* à la *Libre recherche;* à la *Revue trimestrielle* et à l'édition franco-belge de la *Revue britannique.*

Il publiait, dans les Mémoires de la Société des sciences du Hainaut, une étude sur l'origine et la signification du nom de Belges, et, dans les Bulletins de l'Académie, une note sur la rotation d'Uranus.

Enfin il mettait la dernière main à son *Histoire du sol de l'Europe,* qui fut publiée à Bruxelles en 1857.

Ce dernier ouvrage, le plus important que Houzeau eût produit jusque-là, forme le digne pendant de sa Géographie physique de la Belgique; c'est lui qui mit le sceau à la réputation scientifique et littéraire du jeune écrivain. La philosophie de la science géographique y est exposée avec une grande hauteur de vues, et la perfection de la forme s'y moule admirablement sur la justesse de la pensée. Il nous suffira, pour résumer le fond de cet ouvrage, de citer quelques lignes de son introduction.

« Nous avons voulu, dit l'auteur, mettre sous les yeux des lecteurs l'aspect et la conformation du sol européen. Se contenter de dire, avec les géographes vulgaires, ici sont des montagnes, dans telle province il y a des rochers, dans telle autre des bois, n'est rien dépeindre. Les notions vagues ne nous satisfont pas; il nous faut des notions nettes. Nous entreprendrons par conséquent de retracer l'origine des inégalités du sol, et de suivre la production de ces inégalités dans l'ordre chronologique. En les rattachant à leurs causes, nous apprendrons la constitution intime des massifs. »

Le livre est accompagné d'une carte hypsométrique représentant le relief du sol de l'Europe au moyen de courbes de niveau.

Les années 1856 et 1857 de la « Revue trimestrielle » avaient vu paraitre les deux seules études de philosophie pure que Houzeau ait jamais publiées.

Dans la première, intitulée : « L'Espace et le Temps », l'auteur, se plaçant au point de vue purement expérimental, essaye de prouver l'infinité de l'espace et du temps, en invoquant les découvertes astronomiques et paléontologiques. Il prélude ainsi à l'alliance heureuse qui s'est faite depuis entre la philosophie et les sciences d'observation; mais on peut dire que son travail s'arrête au seuil de la philosophie, puisqu'il laisse de côté le problème philosophique proprement dit, celui qui consiste à demander ce que l'espace ou le temps est *en soi.*

Le second travail, ayant pour titre : « Étude sur la vie et la mort » renferme des idées qui étonnent de la part d'un esprit aussi observateur et aussi réservé que celui de Houzeau. L'auteur croit qu'après la mort il y a séparation, d'un côté entre le corps organisé qui disparait, de l'autre entre l'âme qui est éternelle. Celle-ci, avant de transmigrer dans un autre corps, passe par une phase intermédiaire, dans laquelle elle est temporairement associée à un organisme dont la substance est si subtile, qu'elle cesse de tomber sous les sens des vivants. C'est pendant cette seconde période d'existence, précédant une nouvelle incarnation, que les morts peuvent, comme il arrive parfois, dit-il, entrer en communication d'esprit avec les vivants.

Ces idées hindoues et pythagoriciennes furent, on le croira sans peine, abandonnées par Houzeau, quand son esprit fut parvenu à une plus grande maturité. Seize ans plus tard, parlant du terrain que les études physiologiques faisaient perdre à la psychologie pure, voici ce qu'il écrivait à ce sujet au professeur Schmit, de l'Université de Bruxelles :

» Il est certain que l'existence de l'âme n'a pas été jusqu'ici prouvée scientifiquement. J'en parle d'autant plus à mon aise que je l'avais acceptée bien longtemps, sans oser penser et examiner par moi-même. »

La brusque interruption de ses travaux astronomiques et géodésiques vint fournir à Houzeau l'occasion de réaliser un projet qu'il nourrissait depuis plusieurs années : faire un voyage aux États-Unis.

« Depuis longtemps je rumine ce voyage, écrivait-il dès l'année 1854. L'étude de cette grande et jeune société, qui n'est plus qu'à dix jours de l'Europe, ne mérite-t-elle pas de nous attirer? »

Ses préparatifs de départ ne le retinrent que peu de jours, car, sous le rapport des bagages, il était de l'école de Simonide. Au commencement de juillet 1857, il arrivait à Londres.

Ce n'était pas la première fois qu'il se rendait en Angleterre. Il y avait déjà séjourné pendant les sept derniers mois de l'année 1851.

A cette époque, il s'occupait d'un système de télégraphie optique qu'il avait imaginé. Aidé de son frère, aujourd'hui membre de la Chambre des représentants, il avait commencé à faire, entre Calais et Douvres, l'expérience de son système de signaux; mais la police de Calais en prit ombrage, et mit obstacle à la continuation des essais.

Ceux-ci furent alors repris par les deux jeunes savants

sur le territoire anglais, au bas de la Tamise, et de l'une des deux rives à l'autre. Malgré la simplicité primitive des moyens employés, malgré le mauvais vouloir et l'hostilité même des habitants, les résultats obtenus étaient satisfaisants : les deux observateurs pouvaient, le jour comme la nuit, et à la distance de 36 kilomètres, se transmettre des dépêches avec la célérité de huit à dix mots par minute. Mais, entre-temps, le fonctionnement du câble sous-marin avait été définitivement assuré, et en présence de ce résultat, la recherche de tout autre mode de communication télégraphique devenait superflue.

Houzeau avait profité de ce premier voyage en Angleterre pour étudier la langue du pays, fouiller les richesses bibliographiques du British Museum, et parcourir diverses provinces de l'Angleterre et de l'Écosse. L'impression générale qu'il en rapporta n'était guère favorable au peuple anglais.

« La nation considérée en masse, écrivait-il de Birmingham, en 1851, fait certainement de grandes choses; mais les individus sont au-dessous de tous les habitants du continent, du moins dans l'étendue du continent que je connais. C'est un peuple profondément égoïste; c'est un pays arriéré d'un siècle, sous le rapport des institutions et des mœurs.

» Le respect des usages, dit-il dans une autre lettre, y est plus puissant que toutes choses... Les esprits y sont dirigés vers la controverse religieuse et non vers la controverse politique, et les institutions sociales n'en sont pas encore à 89. »

Cette appréciation sévère renferme certainement beaucoup de vrai; mais il est probable que son auteur aurait trouvé quelque tempérament à y apporter, s'il avait eu plus souvent l'occasion de se trouver en contact avec les couches supérieures de la société anglaise. La simplicité de ses goûts et sa manière de voyager ne le lui permettaient malheureusement pas.

Nous venons de dire que notre voyageur, se préparant à passer en Amérique, s'arrêtait pour la seconde fois à Londres au commencement de juillet 1857. Il y séjourna deux mois, passant ses moments de loisir à Sydenham, au British Museum, au Zoological Garden; mais sa principale occupation fut l'apprentissage du métier de typographe. « Je travaille assidûment à la casse, écrit-il à un ami; je compose passablement vite; j'ai emporté ici des caractères de rebut, et je m'exerce tous les jours. Je compose en anglais dans ma chambre, puis je distribue ma composition.

» Il y a dans la pratique d'une profession manuelle comme la typographie une certaine facilité de vie qui me tente. Si je ne puis pas vivre de ce que j'ai, ce sera immanquablement ma ressource. On ne me verra ni derrière un comptoir, ni dans une arrière-boutique. L'atelier va à mes instincts; je puis y garder toute indépendance et toute dignité. »

Ces lignes ne font-elles pas penser à l'auteur d'« Émile », qui plaçait l'apprentissage d'un métier au nombre des branches essentielles de toute bonne éducation, et qui en arriva lui-même à tirer ses moyens d'existence de son habileté à copier la musique?

Du reste, par son caractère et ses principes, comme par son talent d'écrivain, Houzeau avait avec le philosophe de Genève de singuliers points de ressemblance.

Après avoir cherché, pendant quelque temps, quel serait pour lui le moyen le plus économique de traverser l'Océan, notre voyageur arrêta son choix sur un petit vaisseau à voiles, qui allait transporter des émigrants à la Nouvelle-Orléans, au prix de trois francs par journée de traversée. Il prit passage à bord de ce vaisseau, et s'embarqua à Liverpool le 10 septembre 1857.

Houzeau avait donc 37 ans lorsqu'il quitta cette vieille Europe, qu'il ne devait plus revoir qu'après une absence de dix-neuf années. Il était dans toute la force de l'âge, dans toute la vigueur de l'intelligence, et ceux qui l'ont connu alors conserveront toujours devant les yeux cette remarquable physionomie.

A son pas ferme comme à son allure franche, on reconnaissait à la fois l'homme au caractère résolu et le voyageur habitué à marcher. Il était de taille moyenne; ses membres, bien proportionnés, étaient un peu délicats, mais il se faisait tort à lui-même lorsqu'il parlait, en plaisantant, de sa « chétive apparence. » Son teint brun semblait appartenir à un habitant des climats chauds, et offrait comme un reflet du sang africain. Des cheveux noirs et plats couronnaient son large front. Ses traits réguliers, nettement accusés mais peu mobiles, donnaient à sa physionomie quelque chose de grave et presque d'austère; mais ce qui frappait surtout en lui, c'était d'abord son œil noir où la douceur s'alliait à la vivacité, et ensuite le timbre enchanteur de sa voix. Son accent était pur; sa prononciation calme, distincte et correcte.

Dans ses vêtements, toujours simples, il recherchait la commodité plutôt que l'élégance. Jamais il n'eut d'autre coiffure que le feutre mou à larges bords, et il professait pour le chapeau à haute forme une aversion profonde, qui devenait parfois plaisante. Son premier abord, d'une politesse mêlée de réserve, semblait devoir tenir le monde à distance; mais le sourire affable et bienveillant qui venait de temps en temps se dessiner sur ses lèvres ne tardait pas à provoquer un rapprochement sympathique.

Houzeau était, dans toute la vérité de l'expression, une nature résistante. Lorsqu'il revint d'Amérique, à l'âge de 56 ans, les fatigues, les épreuves et les souffrances qu'il avait endurées n'avaient exercé sur son physique aucune influence appréciable; ses cheveux étaient aussi noirs qu'à son départ, et sa barbe seule, qu'il portait longue, laissait voir quelques fils argentés.

Mais dans les vastes prairies du Texas et sous le beau ciel de la Jamaïque, il avait pris le germe d'une maladie à la fois morale et physique : la nostalgie de l'espace et le besoin de soleil. Son retour en Belgique devait fatalement abréger son existence, comme nous le verrons dans la suite de ce récit.

En 1851, pendant qu'il habitait Paris, Houzeau s'était marié sans en informer ses meilleurs amis. Il était allé accomplir cette formalité en Angleterre. Pour cette nature calme, que les occupations de l'intelligence mettaient à l'abri des orages du cœur, le mariage était une association amicale, dans laquelle la femme avait pour principale mission d'épargner à l'homme tous les menus détails de l'existence matérielle.

Sous ce rapport, il n'eut qu'à se louer du choix qu'il avait fait. Voici les termes, dénotant bien la nature de son affection, dans lesquels il parlait de sa femme, dans une lettre qu'il écrivait à un ami au moment où il allait quitter l'Europe.

« Je lui dois la douceur de mes années de solitude; je l'ai eue sans cesse près de moi, dans la même chambre, attentive à ne pas troubler mon travail. »

Mme Houzeau, dont la santé était délicate, ne put, on le conçoit, suivre son mari dans la longue et périlleuse odyssée qu'il allait faire en Amérique. Elle mourut en 1865, sans l'avoir revu, et sans lui laisser d'enfant.

2e PARTIE. — 1857-1876.

Houzeau pendant son séjour en Amérique.

Le *Metropolis*, ce petit vaisseau à voiles qui devait transporter Houzeau à la Nouvelle-Orléans, était un vieux bâtiment en mauvais état. Il y avait à bord 28 passagers, plus un équipage de 15 matelots nègres et de 5 chefs blancs.

Nous avons déjà dit que chaque passager payait 3 francs par jour pour son transport et sa nourriture : on ne s'étonnera donc pas que l'ordinaire du bord, consistant en pois secs et en lard salé, fût à la fois grossier et insuffisant. La traversée fut longue et pénible. Assailli par un de ces grands vents équinoxiaux du sud-ouest, dont nous ne ressentons en Belgique que les effets déjà amortis, ballotté par un énorme roulis, le frêle esquif embarquait fréquemment la lame. Dans l'espace d'une seule nuit, le pont fut ainsi balayé jusque dix-neuf fois sur toute sa longueur. L'équipage, épuisé de fatigue, dut mettre les passagers en réquisition pour le travail des pompes, afin d'empêcher le navire de sombrer. Houzeau raconte que, pendant cette pénible traversée, il éprouva le singulier phénomène du *ragle*, état qui est à la fois la veille et le sommeil. Dans cet état, la fatigue endort le voyageur, tandis que le mouvement le tient éveillé; il rêve de choses imaginaires, en même temps qu'il a le sentiment des réalités qui l'entourent.

. Enfin, après 46 jours d'une rude traversée, pendant laquelle les matelots nègres conçurent une véritable admiration pour le courage impassible de celui qu'ils appelaient le *passager flamand*, le *Metropolis* entra, le 28 octobre, dans le port de la Nouvelle-Orléans, et notre compatriote put mettre le pied sur le sol tant désiré de la grande république américaine.

Il fit à la Nouvelle-Orléans un *séjour d'apprentissage* de cinq mois, occupant la plus grande partie de ses journées à suivre les débats des cours et des tribunaux, afin de se perfectionner dans la pratique du langage anglo-américain.

« J'y entendais tour à tour, dit-il, la parole lettrée des avocats, et le langage familier et populaire des témoins. En même temps j'acquérais une foule de mots utiles touchant les lois, les règlements, les usages. Le soir, je lisais les classiques anglais pour compléter mon éducation. »

C'est à partir de cette époque qu'il commença à envoyer à la *Revue trimestrielle* cette série de *Correspondances d'Amérique*, dont quelques-unes provoquèrent en Belgique un intérêt si palpitant, et dans lesquelles il fait connaître les principaux événements de sa vie pendant les onze années qu'il passa sur le continent américain, jusqu'à son départ pour la Jamaïque en 1868.

Se sentant suffisamment préparé, Houzeau résolut de s'acheminer vers la partie occidentale du Texas, au pied du plateau du Mexique, et prit pour premier objectif de sa marche la ville de San Antonio. La pénurie de ses ressources le forçait à voyager en prolétaire, ce qui était d'ailleurs son mode de prédilection. Il se joignit donc à une caravane de voyageurs, dont les uns se rendaient en Californie, et dont les autres étaient des fermiers habitant des bourgades du Far-West; ces derniers étaient venus avec leurs chariots à la Nouvelle-Orléans, afin d'y chercher les provisions de la famille pour deux ou trois ans (linge, étoffes, farines, sel, sucre, café, quincaillerie, etc) « Pour m'éviter les frais d'une charrette et de son attelage, écrit-il à un ami, je me suis entendu avec un homme qui est pourvu de tout cela, et qui accepte mon bagage au poids. J'ai en outre la permission de coucher au-dessous du chariot. »

Toutes les voitures de la caravane marchaient à la file, et chacune d'elles était en général accompagnée de plusieurs voyageurs. Elles étaient trainées par huit, dix ou douze bœufs, suivant le poids des marchandises et des bagages qu'elles portaient; mais dans les passages difficiles, il fallait parfois doubler ou tripler les attelages, en empruntant ceux des autres voitures. On se rend facilement compte des lenteurs auxquelles devait entrainer un pareil système de locomotion.

« Le pays à traverser, dit Houzeau, était un magnifique jardin anglais, à l'exception de quelques marécages nus, qu'on nomme des *prairies*, et qui rappellent la Campine dans ses parties fangeuses. »

On se levait à 3 heures du matin, pour aller à la recherche des bœufs, que l'on avait laissés paitre en liberté pendant la nuit, après leur avoir mis une sonnette au cou et des entraves aux pieds; on partait à 5 heures, et l'on faisait un repos de 10 heures à 4, pendant la grande chaleur de la journée; puis on marchait encore jusque vers 7 heures, moment de la chute du jour, et l'on passait la nuit à l'endroit où l'on était arrivé, les uns sur le sol, les autres dans les chariots. Chacun se nourrissait des provisions qu'il avait emportées avec lui, et des produits de la chasse qu'il avait pu faire dans la journée.

La caravane marcha ainsi pendant deux mois, pour parcourir les 250 lieues qui séparent la Nouvelle-Orléans de la petite ville de San-Antonio.

La capitale du Texas comptait alors 4,000 habitants, et constituait un centre assez actif. La civilisation américaine, dans sa marche progressive vers l'ouest, n'était guère allée plus loin que cette ville. Au delà s'étendait la prairie vierge, presque complètement inhabitée, et où les Indiens venaient parfois faire des incursions.

Houzeau choisit San-Antonio comme centre de rayonnement des voyages qu'il projetait. Mais il devait pour cela se créer d'abord des ressources, et c'est ici que l'ancien employé du Dépôt de la guerre trouva l'occasion d'utiliser ses connaissances en topographie.

Un habitant, qui possédait de vastes terrains incultes dans le voisinage de la ville, l'employa, en qualité d'ingénieur, à divers travaux d'arpentage, de nivellement et d'irrigation, nécessaires pour mettre la terre en état d'être vendue.

Ces opérations étant terminées et convenablement rémunérées, Houzeau profita d'une caravane pour faire, au mois d'octobre 1858, une excursion de six semaines jusqu'au Rio-Grande, large fleuve qui forme la limite entre le Texas et le Mexique.

De retour à San-Antonio pour y passer l'hiver, il avait conçu le projet de profiter du printemps de 1859 pour monter à la Sierra Madre; mais une occasion inattendue vint se présenter à lui de visiter les solitudes de l'ouest du Texas.

D'immenses concessions de terrain, d'une étendue grande comme celle de la France, mais mal délimitées et presque inconnues, avaient été faites autrefois dans cette contrée par la monarchie espagnole, et les titres de propriété en avaient été rachetés par une société américaine. Celle-ci proposa à Houzeau d'aller faire une reconnaissance des lieux, et de relever les principaux points de repère indiqués dans les actes de concession; on lui offrait, comme indemnité de son travail, la propriété d'un lot de terrain à son choix. Cette offre fut acceptée sans hésitation, le settler-topographe se mit en marche vers le Far-West, au commencement de 1859.

Cette vie libre, en plein désert et en face de la grande nature, réalisait toutes les aspirations de l'infatigable voyageur. « Je deviens un *frontierman,* écrivait-il à un ami. Je pars avec mon fusil sur le pommeau de ma selle, un gâteau de maïs, une pièce de jambon, un melon et une gourde de vin. Je m'arrête sous un arbre pendant la chaleur du jour; je laisse alors paître mon *pony* en liberté; je tire mon portefeuille et je travaille. Le soir, je reprends ma marche, et quand la lune ne me donne plus assez de lumière, je m'arrête de nouveau et je me roule dans ma couverture. Pour des maisons, on n'en rencontre pas une par jour; quant aux hommes, quelquefois un settler à cheval au bout de la seconde ou troisième journée; mais on se passe ordinairement à distance, vu qu'il n'y a pas de chemins, et que chacun suit sa direction *sur les parties du monde,* c'est-à-dire sur les points cardinaux. »

Le lot de terre qu'il avait reçu comme indemnité de son travail topographique était situé dans une belle vallée. Houzeau y installa une petite ferme, à quatre ou cinq lieues de toute habitation. La maison fut bâtie en quinze jours. « Je suis, écrit-il familièrement au commencement de 1860, je suis à la tête d'un petit domaine de paysan. Outre mes chevaux et mes chiens, j'ai des poules, des vaches, des porcs; je fais moi-même mon pain et prépare mon gibier. Je sais mener les bœufs et conduire la charrue. Je vois venir un taureau sauvage ou un petit ours avec autant de flegme que s'il s'agissait d'un lapin. Je n'ai pas encore essuyé le feu d'un sauvage; mais je suis certain que je lui rendrais coup de fusil pour coup de fusil, avec autant de présence d'esprit qu'un vieux soldat. »

« Je supporte 42° au Nord et à l'ombre, dit-il ailleurs, et encore 30° dans la soirée, quand la nuit est tout à fait venue. Je cuis mes œufs dans mon jardin, en mettant un peu de terre noire par-dessus. »

Dans le courant des années 1859 et 1860, Houzeau interrompit deux ou trois fois son rôle de cultivateur, pour aller faire, dans le Nouveau-Mexique ou vers la frontière indienne, des explorations géologiques qui lui étaient demandées par une société immobilière ayant son siège à San-Antonio. Mais dès les premiers jours de 1861, les événements politiques vinrent arrêter toutes les entreprises. L'ébranlement produit dans tout le territoire américain, par la sécession des États confédérés, se fit même ressentir dans la paisible vallée dont notre aventureux compatriote avait été le premier colon. Les Indiens, rendus audacieux par la retraite des postes fédéraux destinés à les contenir, faisaient de fréquentes incursions vers l'intérieur, pillant les fermes, enlevant les bestiaux et massacrant les habitants. Les propriétés qui, comme celle de notre ami, étaient avancées vers la frontière indienne, étaient devenues sans valeur, et les malheureux settlers qui les occupaient durent bientôt, pour sauver leur vie, songer à les abandonner. Au mois de septembre, une consultation générale eut lieu, et un exode définitif fut décidé.

« C'en est fait, écrit Houzeau à la Revue trimestrielle, il faut partir, quitter demeures, troupeaux, campagnes, collines chéries; il faut rendre à l'état sauvage ce qui vient de l'état sauvage, abandonner ces champs où trois fois nous avons confié le maïs à la terre, quitter ces lieux dont nous avons été les premiers settlers. Là, j'ai goûté tant d'émotions nouvelles; là, j'ai passé de libres heures au milieu de la nature vierge et des grandes scènes qui l'animent. Chaque colline, chaque vallée portait avec elle un souvenir. J'allai jeter un dernier coup d'œil sur la terre où j'avais planté ma tente en 1859, lorsque j'étais arrivé comme premier habitant du canton. Je cueillis les fleurs qui décoraient mes plates-bandes. Je dis adieu du regard à mes animaux domestiques, compagnons fidèles de ma solitude, élevés pour la plupart par mes soins.

Je n'emportai avec moi que les objets les plus nécessaires..., un sentiment de tristesse profonde me serra le cœur lorsque, après avoir mis mes malles dans ma voiture, je donnai le coup de fouet fatal, abandonnant ces champs que je ne devais plus revoir. J'étais profondément humilié de la défaite de la civilisation et de ses œuvres. Je me joignis en silence à la caravane qui partait. C'était un long et lent convoi de chariots à bœufs, encombrés de meubles, de casseroles, d'instruments aratoires, et — comme hors-d'œuvre — de femmes et d'enfants... Les hommes sont armés jusqu'aux dents. Les femmes pleurent au haut de leurs chariots. Chacun s'en va tête baissée, et tous partent probablement pour ne plus revenir. Triste récompense de nos efforts et de notre courage! Comme à la mort du grand Saladin, le héraut peut crier : « Voilà tout ce qui reste de tant de conquêtes ! »

Ne croirait-on pas relire les lignes émues par lesquelles l'illustre auteur de *Hermann et Dorothée* dépeint si bien le convoi d'émigrants que la guerre chasse de leurs foyers !

Wie bitter die schmerzliche Flucht sei !

La caravane se dirigeait vers San-Antonio; Houzeau ne fit que passer par cette ville, et se rendit à Austin, où il avait quelques amis. Là, on lui offrit une place d'officier supérieur dans le corps des ingénieurs-géographes de l'armée confédérée. Pour vaincre ses répugnances, on lui fit observer que, s'il n'acceptait pas cette proposition, il n'en serait pas moins obligé de servir la cause du Sud; qu'il serait soumis à la réquisition comme résident, et que sa qualité d'étranger ne l'en exempterait pas.

A toutes les instances qu'on lui fit, il opposa un refus

inflexible. A aucun prix, il ne voulait porter les armes dàns les rangs des esclavagistes. « Je me couperai la main droite, répondit-il, avant de servir cette cause. Que la réquisition vienne, on pourra me traquer comme réfractaire ou me faire prisonnier; mais soldat des planteurs, *jamais.* »

Notre compatriote réclama alors l'intervention du consul de Belgique à la Nouvelle-Orléans, M. Deynoot de Tilly; mais il n'obtint de cet agent aucune protection. Houzeau était passionné pour le juste, et possédait à un haut degré le sentiment de la dignité nationale. Cette mollesse à défendre les droits d'un citoyen belge lui fut très sensible, et il s'en plaignit à diverses reprises dans sa correspondance avec ses amis de Belgique.

Son séjour à Austin fut de courte durée, et il revint s'établir à San-Antonio, d'où il espérait pouvoir communiquer plus facilement avec l'extérieur. La ville était bien changée. Toutes les affaires y étaient suspendues; les planteurs y régnaient en maîtres, et l'on y vivait sous un régime de terreur. Un comité de surveillance épiait les moindres actions de ceux dont on suspectait les opinions anti-esclavagiststes. C'était une véritable inquisition, dont les membres étaient à la fois juges et bourreaux.

Houzeau espérait y rester dans l'obscurité, tant que durerait l'orage. Il s'y trouvait isolé du reste du monde, car un blocus rigoureux lui interdisait toute communication avec l'Europe par voie de mer, et la poste ne passait plus la frontière des États confédérés.

Il vivait donc comme dans une ville assiégée, n'ayant d'autre distraction que le travail, et il passait ses journées à rédiger des notes de voyage, ou des mémoires scientifiques destinés à être communiqués plus tard à notre Académie. Sa plus grande contrariété était de ne pouvoir travailler le soir, la lampe au lard ou la chandelle de suif brut à laquelle il était réduit exhalant une odeur et une fumée intolérables.

Combien de fois n'a-t-on pas vu une poignée d'hommes turbulents et audacieux réduire toute une population au silence, la dominer par la terreur, et trouver dans une plèbe fanatisée l'instrument de ses violences et de ses cruautés? Telle était alors la situation de San-Antonio. Les riches propriétaires d'esclaves ne reculaient devant rien pour assurer le maintien de leurs privilèges, et les citoyens modérés n'osaient relever la tête; ils en étaient réduits à se réunir secrètement, pour organiser de timides plans de résistance.

Houzeau, est-il besoin de le dire, était de cœur avec ces derniers; il entretenait même des relations d'amitié avec quelques-uns d'entre eux; mais il n'agissait qu'avec circonspection. Sa qualité d'étranger et ses opinions connues rendaient suspecte aux planteurs son apparente neutralité; il se sentait surveillé; sa liberté, sa vie peut-être étaient à la merci d'un obscur délateur.

Un moment vint cependant où il ne put résister à l'impulsion de son cœur généreux. Un Texan, nommé Anderson, homme éclairé, riche et influent, s'était attiré la haine des planteurs par son attachement à la cause de l'Union; le comité de salut public, tribunal omnipotent, lui intima l'ordre de vendre tout ce qu'il possédait, et de quitter le pays dans le délai de dix jours.

Anderson vendit ses propriétés; mais ne pouvant souffrir que ses esclaves, qu'il avait toujours humainement traités, fussent vendus à la criée comme un vil bétail, il leur rendit la liberté.

A cette nouvelle, un cri de fureur s'éleva dans les rangs des esclavagistes. Mis en arrestation, Anderson fut interné dans le camp des volontaires, à deux lieues de la ville, et personne ne doutait de son prochain supplice.

Houzeau alors résolut de travailler à l'évasion du prisonnier, et parvint à lui faire remettre un billet contenant, en quelques mots, les premières indications nécessaires pour sa fuite. Une nuit, Anderson, trompant la vigilance de ses gardiens, s'échappe du camp et arrive chez Houzeau. Celui-ci l'attendait, tenant à sa disposition un cheval, et tous les objets indispensables à un voyageur isolé, qui va parcourir trois cents lieues, dont les cent premières doivent se faire de nuit. Houzeau lui-même saute sur son propre cheval, qu'il doit monter à nu parce qu'il a donné sa selle à son protégé; il accompagne silencieusement le proscrit jusqu'à la limite du territoire de la ville, lui serre la main, et reprend le chemin de son domicile, où il rentre avant le jour sans avoir été remarqué.

Après une course de plus d'un mois, tantôt dans les forêts, tantôt à travers les vastes solitudes de la prairie, n'ayant pour se diriger d'autre guide qu'une petite boussole, Anderson atteignait enfin la frontière mexicaine. Il était sauvé.

Dès le lendemain de l'évasion du prisonnier, une prime avait été offerte par les autorités de San-Antonio, à quiconque mettrait sur les traces du fugitif et de ses complices. Plusieurs de ses anciens amis, y compris Houzeau, furent soupçonnés; mais nulle preuve ne fut trouvée contre le véritable libérateur, et quatre mois s'écoulèrent encore sans que celui-ci fût sérieusement inquiété.

Un jour cependant, Houzeau apprit que le comité de surveillance se proposait de faire une descente chez lui. Connaissant la procédure expéditive des *vigilants*, qui ne se seraient fait aucun scrupule de le pendre à un des arbres de son jardin, il résolut alors de mettre à exécution un projet d'évasion qu'il avait préparé depuis longtemps. Grâce à l'intervention d'un ami, il détermina, par l'appât d'une somme de 300 francs, un commerçant mexicain à l'employer comme charretier, pour transporter des balles de coton à Matamoros, ville mexicaine située près de l'embouchure du Rio-Grande.

Ne pouvant emporter avec lui les nombreux documents qu'il avait recueillis pendant ses quatre années de séjour au Texas, l'infortuné fugitif dut se résigner à un douloureux sacrifice; il se décida à les brûler. Il se chargea cependant d'un papier qui, s'il était découvert sur lui en cas d'arrestation, pouvait le faire condamner comme traitre envers les confédérés : c'était un mémoire adressé par la Société unioniste de San-Antonio au président des États-Unis et à son cabinet. Le précieux document, écrit sur papier pelure, et cousu ensuite dans une cartouche de toile, fut glissé par Houzeau dans le canon de son fusil.

Ce nouvel exode de notre compatriote commença le 16 février 1862. Le train se composait de trois charrettes trainées chacune par six bœufs, et dont l'une était conduite par Houzeau déguisé en roulier mexicain: « feutre lilas à grands bords plats, lévite de flanelle jaune, et pantalon de calicot à raies verticales rouges et blanches. »

Les voyageurs avaient devant eux l'interminable prairie vierge; aux landes succédaient les marécages, aux bois les ruisseaux profondément encaissés. La nuit, au bivac, il fallait se garder militairement contre les rôdeurs qui, à cette époque, venaient parfois surprendre et piller les convois, assassiner et dépouiller les voyageurs. Le jour, on rencontrait de temps en temps une patrouille texane, qui visitait les charrettes et interrogeait les conducteurs. La dernière qu'ils rencontrèrent était commandée par un lieutenant de l'armée confédérée qui, après avoir examiné et interrogé notre compatriote, ne douta pas un instant qu'il n'eût devant lui un misérable roulier mexicain. « Il n'en aurait pas cru ses yeux, dit Houzeau, s'il eût retiré de mon fusil de chasse, avec le mémoire destiné au cabinet de Washington, le passe-port et les lettres d'introduction d'un membre de l'Académie des sciences de Belgique. »

Arrivé enfin au terme de ce pénible voyage, qui durait depuis plus d'un mois, le convoi se trouva en face de Brownsville, cité texane située sur la rive gauche du Rio-Grande, et qui n'est séparée de Matamoros que par la largeur du fleuve. Pour éviter les questions que l'on ne manquerait pas d'adresser aux conducteurs du convoi, Houzeau se décide alors à quitter celui-ci, entre seul dans la ville, la traverse tranquillement, son long fouet de roulier sur l'épaule, parvient au quai, descend sur la berge du fleuve, entre dans la nacelle d'un passeur d'eau et met enfin le pied sur le sol du Mexique.

« Je respirai à pleine poitrine, dit-il ; j'appuyai le pied

d'un mouvement nerveux sur cette terre où j'étais libre, où l'esclave est libre... Je crois qu'un cri de satisfaction sortit de ma poitrine. Je jetai dans la poussière du chemin le fouet de roulier que je tenais encore à la main, et j'entrai dans la cité mexicaine. »

On peut se faire une idée du dénûment dans lequel il se trouvait alors, par cette phrase d'une de ses lettres particulières : « A mon arrivée au Mexique, tout mon bagage aurait pu tenir dans un chausson. »

Les principaux épisodes de cette période de sa vie ont été retracés par Houzeau avec une saisissante éloquence, dans trois correspondances adressées à la Revue trimestrielle en 1862. Elles ont été réunies en un volume ayant pour titre : « La terreur blanche au Texas. »

La Belgique n'avait pas de consul à Matamoros. Heureusement, le consul des États-Unis, M. Pierce, était un homme plein de cœur et d'intelligence qui sut apprécier, du premier coup d'œil, la supériorité morale et intellectuelle de notre compatriote; il l'accueillit avec intérêt, s'occupa de son installation, et le traita bientôt comme un ami.

Houzeau comptait profiter de la première occasion pour gagner par mer la Louisiane; mais les côtes du Mexique étaient bloquées par l'expédition française, et la voie de mer lui était fermée. En attendant, ses ressources s'épuisaient, car aucun envoi, aucune lettre ne lui étaient parvenus d'Europe depuis neuf mois, et il lui fallut chercher à se procurer des moyens d'existence par son travail.

Matamoros était un village de demi-sauvages, sans

communications avec le monde; on n'y trouvait ni un journal, ni un libraire; le papier même y était excessivement rare. L'apprentissage que Houzeau avait fait comme ouvrier typographe, et qui devait lui servir de ressource en cas de besoin, ne pouvait donc ici lui être d'aucune utilité. Il se décida à louer dans un faubourg, au prix modique de 16 francs par mois, un grand jardin avec une petite habitation attenante, et se livra à la culture maraichère, cultivant, pour les revendre, des melons, des pastèques et du maïs.

D'un autre côté, les bâtiments de la ville avaient beaucoup souffert, peu de temps auparavant, par suite de la tourmente révolutionnaire, et l'on s'occupait à les reconstruire. Houzeau dressa des plans de magasins et d'habitations, cultivant ainsi, comme il le disait gaiement, l'architecture et le melon, et trouvant le moyen de subvenir par son travail à ses modestes besoins.

C'est seulement dans le sixième mois de son séjour à Matamoros que lui parvinrent enfin des lettres de son pays; il n'en avait pas reçu depuis quinze mois.

Quatre mois encore s'écoulèrent, sans qu'il s'offrit pour lui aucun moyen de prendre la mer. Enfin, le 22 janvier 1863, un navire de guerre des États-Unis, *le Kensington,* se présenta devant le port, et grâce à l'intervention du consul américain, notre compatriote put s'y embarquer. Le passage lui était accordé gratuitement « comme membre de l'Académie des sciences de Belgique. »

On aurait pu ajouter « comme professeur à l'Université de Bruxelles, » car, peu de temps après son départ pour l'Amérique, le Conseil d'administration de cet établissement l'avait inscrit d'office, comme professeur de géologie, sur la liste du personnel enseignant. Houzeau ne crut pas pouvoir accepter cette place ; mais son nom n'en figura pas moins, pendant quelques années, sur la liste des professeurs.

Huit jours après, il débarquait à la Nouvelle-Orléans.

Pendant le premier séjour de cinq mois qu'il avait fait dans cette ville en 1857, Houzeau, on s'en souvient, s'était confiné dans l'obscurité, cherchant avant tout à s'initier aux habitudes de la vie américaine, et à se perfectionner dans la pratique de la langue du pays. Il y était donc personnellement inconnu, ce qui lui permit de prendre, en arrivant, le nom d'emprunt de *Dalloz*, qu'il continua de porter pendant toute la durée de son séjour à la Nouvelle-Orléans.

Le nom de Houzeau avait acquis, en effet, dans tout le sud des États-Unis, une dangereuse notoriété. Les correspondances que notre compatriote avait adressées, pendant son séjour au Texas, à divers journaux et revues belges, et qui toutes attaquaient violemment l'institution de l'esclavage, avaient été traduites par le *Times*, de New-York, et répandues dans toute l'Amérique. Leur effet avait été retentissant, et les planteurs. blessés dans leur orgueil et dans leur intérêt, ne respiraient que la vengeance : le nom de Houzeau avait été signalé par eux à tous leurs comités de vigilance.

La capitale de la Louisiane, courbée par la force, obéissait aux lois du gouvernement de Washington; mais la population y était partagée en deux camps. D'un côté, une caste riche, puissante et habituée à dominer; de l'autre, une race réputée inférieure, et qui avait été longtemps foulée aux pieds.

Ce dernier parti avait pour défenseurs un noyau d'hommes de race africaine, hommes intelligents, actifs et dévoués qui, pour la plupart, avaient reçu en Europe une éducation libérale. Pour défendre les principes de liberté et d'égalité, ils avaient fondé un journal portant pour titre l'*Union*, qui était rédigé en langue française et paraissait trois fois par semaine.

Houzeau ne tarda pas à se lier d'amitié avec les principaux rédacteurs de ce journal, et y fit insérer plusieurs articles qui furent très remarqués. On lui offrit alors de l'attacher à la rédaction, avec un traitement fixe; mais il désirait depuis longtemps visiter les États du Nord de la grande république, et après six mois de séjour à la Nouvelle-Orléans, il résolut de se rendre à Philadelphie, dont les ressources scientifiques l'attiraient. Le journal lui offrit alors l'emploi de correspondant, et lui demanda d'envoyer de Philadelphie une correspondance régulière à l'*Union*. La proposition s'accordait trop bien avec ses goûts de publiciste pour qu'il hésitât à l'accepter.

La correspondance hebdomadaire qu'il devait envoyer au journal lui était payée au prix de 3,000 francs par an, et ne l'occupait qu'un jour par semaine. Il fut donc loisible à ce travailleur acharné de puiser à pleines mains dans les trésors de richesses scientifiques et littéraires que renfermait la capitale de la Pensylvanie, cette vieille cité qui fut, jusqu'en 1800, le siège du Congrès américain. Il y prépara quelques-uns des grands ouvrages qu'il publia plus tard, notamment ses remarquables « Études sur les facultés mentales des animaux comparées à celles de l'homme. »

Pendant son absence, le journal l'*Union* avait changé son titre et était devenu quotidien : il s'appelait maintenant *La Tribune de la Nouvelle-Orléans*, et le chiffre de ses abonnés, appartenant presque tous à la population de couleur, s'élevait à sept cents. Cette prospérité, due surtout au succès qu'obtenaient les correspondances de *Cham* (nom sous lequel les signait notre compatriote) engagea le comité de rédaction de *La Tribune* à lui offrir la direction politique du journal. Houzeau accepta, et revint s'établir à la Nouvelle-Orléans au mois de novembre 1864.

Mais un journal rédigé en français, comme l'était *La Tribune*, ne pouvait guère étendre sa sphère d'action au delà des limites de la Louisiane, et cependant c'est sur la nation entière qu'il fallait agir ; c'est devant le tribunal de l'opinion publique qu'il fallait plaider la cause de la race nègre, et réclamer pour elle, non seulement l'égalité des droits civils, mais encore celle des droits politiques. Pour transformer le journal local en journal national, la langue de la nation, c'est-à-dire la langue anglaise, devait donc être employée. Houzeau fit comprendre cette nécessité à ses collaborateurs, et il fut décidé que le journal ferait usage des deux langues, la partie anglaise étant surtout destinée à l'action extérieure. Il se réserva cette partie, car bien qu'il eût commencé assez tard l'étude de la langue anglaise, il l'écrivait, au dire des connaisseurs, avec la même perfection que sa langue maternelle.

Directeur, rédacteur en chef et administrateur d'un journal appelé à soutenir chaque jour une ardente polémique contre un parti puissant et passionné, voilà donc ce qu'allait devenir Houzeau; mais son énergique décision ne reculait devant rien, lorsqu'il s'agissait de défendre la cause de l'humanité. A un ami d'Europe qui appelait son attention sur l'étendue de la besogne qui allait lui incomber, il répondait sans s'émouvoir : « avec ma régularité, mon goût inné pour l'ordre, et la connaissance des hommes que j'ai eu le temps d'acquérir à cette heure, qu'est-ce que la direction de quatre presses, d'une imprimerie et d'un journal? »

Seul blanc au milieu d'un personnel de collaborateurs et d'employés qui tous étaient de race africaine, il était véritablement l'âme du journal. Abolition de l'esclavage, extension des droits civils et politiques à la population de couleur, tel était le mot d'ordre qu'il répétait à tout instant; tel était son *Delenda Carthago*. Et nuit et jour on le voyait sur la brèche; et jamais sa plume infatigable ne se reposait. Outre la correspondance administrative qu'il avait à entretenir comme directeur du journal, outre les nombreuses notices et brochures qu'il écrivit à l'adresse de la population noire, les articles de fonds qu'il a publiés, pendant les trois années que dura la lutte, formeraient la matière d'une douzaine de volumes, moitié en anglais, moitié en français.

Aussi *La Tribune* devint-elle, en peu de temps, un des organes les plus autorisés du parti abolitionniste. Ses articles n'étaient pas seulement acclamés par la population de couleur de la Louisiane, ils faisaient le tour de tous les États de l'Union américaine; ils étaient invoqués comme autorité par les représentants de la nation, lus et commentés en pleine séance du Congrès. Leur succès fut tel enfin, que *La Tribune* était mise par le Gouvernement au nombre des journaux officiels, chargés de l'insertion des annonces légales et administratives, privilège qui augmenta notablement sa circulation et son influence.

Ces importants résultats étaient dus uniquement au talent de notre compatriote, à son ardente conviction, à son actif dévouement. Aussi les administrateurs du journal portèrent-ils successivement, mais presque malgré lui, son traitement à 10, 12 et 14 mille francs.

Par contre, *Dalloz* était devenu l'objet de la haine du parti blanc, qui affectait de mépriser le commensal et l'ami des nègres, et qui croyait l'avilir en répandant le bruit qu'il était de sang africain. Les nègres, de leur côté, accueillaient avec enthousiasme cette légende au sujet de l'homme qui était leur idole.

La sanglante journée du 30 juillet 1866, dans laquelle les esclavagistes de la Nouvelle-Orléans assouvirent si lâchement leur haine contre les abolitionnistes, faillit coûter la vie au directeur de *La Tribune*. Il assistait, dans une salle de l'hôtel du Gouvernement, à une réunion du parti républicain ayant pour objet de réclamer, en faveur des hommes de couleur, l'obtention des droits politiques. Tout à coup une bande de forcenés, le revolver au poing, fait irruption dans la salle, tirant à droite et à gauche sur les assistants sans défense. Houzeau, après avoir vu plusieurs de ses amis tomber à ses côtés, réussit à sortir de l'hôtel, en passant par une ouverture pratiquée dans la clôture du jardin. Arrivé dans la rue, il fut assez heureux pour trouver un asile dans la maison d'un homme de couleur qui, le voyant passer, eut le courage de l'appeler et lui sauva ainsi la vie; car le massacre continua dans les rues pendant plusieurs heures. Plus de

130 personnes y perdirent la vie, toutes appartenant à la foule désarmée. Il n'y eut pas un seul mort du côté des assaillants.

Cet acte d'intimidation n'ébranla pas le courage du personnel de *La Tribune*. Bien que l'imprimerie fût à chaque moment menacée d'être envahie, tout le monde, directeur et employés, resta à son poste; le « Journal noir » n'interrompit pas un seul instant son tirage, et le soir même de cette funeste journée, il signalait à l'indignation de tout le pays les atrocités qui venaient d'être commises.

Vers le milieu de 1867, la politique d'émancipation soutenue par *La Tribune* ayant triomphé, Houzeau considéra sa tâche de publiciste comme terminée. L'esclavage était aboli dans toute l'Union américaine, et l'égalité des droits civils et politiques était accordée aux nègres. Quant à l'égalité des droits sociaux, le temps seul pourra parvenir à l'établir, et l'orgueil de la race caucasienne empêchera longtemps encore que ce genre d'égalité ne règne aux États-Unis.

Si Houzeau avait eu des desseins personnels, s'il avait voulu devenir homme politique, il aurait pu aisément se faire nommer gouverneur de la Louisiane ou membre du Congrès américain. Mais l'ambition n'eut jamais la moindre prise sur son noble caractère; son désintéressement était absolu, et c'est précisément ce qui faisait sa force. D'ailleurs, sa prédilection pour les institutions américaines ne pouvait lui faire oublier qu'il était Belge, et que ce titre, auquel il tenait de cœur, il aurait dû l'abandonner pour se faire naturaliser citoyen des États-Unis.

Vainqueur sur la question de principe, le parti nègre, à la Nouvelle-Orléans, se divisa sur une question de personnes. Houzeau, choisi pour arbitre, aurait pu la trancher d'autorité; mais il savait qu'en Amérique, aussi bien qu'ailleurs, les passions politiques sont plus vives, les adversaires plus irréconciliables, lorsqu'il s'agit de monsieur un tel, que lorsqu'il s'agit d'un grand principe. Il préféra se retirer.

Certes il avait droit au repos, et les administrateurs de *La Tribune* ne pouvaient refuser d'accepter sa démission des fonctions de directeur du journal; mais ils essayèrent de le retenir, en lui demandant de rester avec le simple titre de *conseiller*. Ils lui offrirent un traitement de 20,000 francs, avec la jouissance d'une maison de campagne, pour une besogne qui ne devait l'occuper que trois heures par jour. Rien n'y fit, sa résolution était prise; le calme de l'étude, la vie avec la nature, la liberté loin de toutes les entraves de la civilisation, l'attiraient invinciblement. Il regrettait sa prairie vierge; c'est un thème sur lequel il revient avec complaisance à chaque page de sa correspondance intime.

« Je donnerais, écrit-il en 1864, dix années d'Europe pour une année dans l'ouest, avec une cabane, un cheval et un ami. Je mets l'ami en dernier comme le plus difficile à obtenir. »

« J'irai m'établir (1865) sur la frontière (du Texas) à la lisière du désert que j'ai tant aimé, et où j'ai passé de si belles années. Je ferai encore des courses où je n'aurai pour compagnons que mon cheval et mes chiens, et dans lesquelles je serai quinze jours, si je le veux, sans voir ni maisons ni hommes. »

« Mon seul désir (1866) est mon désert, ma frontière indienne. Ma prière est de finir mes jours avec la nature, au piedd'un arbre, sous un ciel bleu. »

Cette invocation mélancolique ne rappelle-t-elle pas les *derniers adieux* que Gilbert met dans la bouche du poète mourant?

Ciel, pavillon de l'homme, admirable nature,
Salut pour la dernière fois !

Houzeau quitta définitivement la *Tribune* au mois de janvier 1868. Dès lors, ce journal perdit l'autorité qu'il avait acquise dans le parti républicain, et il dut cesser de paraître au mois d'avril suivant.

L'ancien directeur a rendu compte des principales circonstances qui ont accompagné sa gestion, dans un volume publié en 1879 et intitulé : « Mon passage à la *Tribune* de la Nouvelle-Orléans. » En envoyant, de la Jamaïque, un exemplaire de cet ouvrage à un de ses amis, il lui disait : « Pour l'Europe, j'y suis trop peu modeste; pour le lecteur américain, je le suis trop, tant est grande la différence des usages. »

L'année précédente, Houzeau avait eu une légère attaque de fièvre jaune, qui n'eut pas de conséquence sérieuse, grâce à son tempérament sec et résistant. Mais sa santé n'était pas sans se ressentir du travail excessif auquel il s'était volontairement soumis pendant trois ans, et les ménagements lui étaient nécessaires. Ne voulant pas, dans de pareilles circonstances, s'exposer aux brusques variations de température qu'il avait parfois éprouvées dans les prairies du Texas, il reprit un projet qu'il avait déjà conçu plusieurs années auparavant, celui d'aller résider à la Jamaïque. La situation tropicale de cette île, et l'uniformité de son climat maritime, convenaient parfaitement au tempérament de notre compatriote. Il se décida en conséquence à s'embarquer pour la Jamaïque vers le milieu du mois de mai, et après quelques jours de relâche à la Havane et à Santiago de Cuba, il débarqua à Kingston le 5 juin.

Cette persistance de Houzeau à rester éloigné de la Belgique a fait croire et dire qu'il regardait sa patrie comme lui étant fermée, à cause de ses opinions politiques et philosophiques. L'honneur du pays nous fait un devoir de rectifier cette erreur. Le caractère de l'homme est assez noble, son intelligence assez élevée, ses travaux assez remarquables, pour qu'on n'ait pas besoin de ceindre son front d'une auréole factice, celle de la persécution et de l'exil. Lorsqu'il est parti pour l'Amérique en 1857, son nom était déjà aimé et respecté en Belgique. Son voyage, croyait-il, ne devait durer que quelques mois, et il l'entreprenait dans l'unique désir d'aller étudier sur place les institutions de la grande et jeune république. Pendant son séjour aux États-Unis, il informa ses amis, à diverses reprises, qu'il se préparait à rentrer en Belgique, leur indiquant même la date de son prochain départ. Le hasard des circonstances et sa tendance naturelle à former sans cesse de nouveaux projets, joints aux charmes du climat et à l'attrait d'une vie indépendante, l'empêchèrent chaque fois de donner suite à son intention. Il continua à rester en Amérique pendant près de vingt ans; mais jamais il ne songea à renier la Belgique comme une ingrate patrie : sa conduite et sa correspondance en font foi.

La vérité, il était trop réservé pour la proclamer, et ses amis intimes ont seuls reçu à ce sujet la confidence de ses pensées. Le vrai motif de son peu d'empressement à revenir en Belgique, c'est la lésinerie avec laquelle y sont traités les hommes qui s'occupent de science pure. Nous avons vu qu'il recevait à l'Observatoire royal de Bruxelles un traitement annuel de 1,400 francs, et que plus tard le Gouvernement poussa la générosité jusqu'à allouer 200 francs par mois à l'astronome du Dépôt de la guerre! Certes, Houzeau était l'homme du monde le plus désintéressé; mais il avait le sentiment de sa valeur, et regardait cette mesquinerie gouvernementale comme une atteinte portée à la dignité de la science. En un mot, il ne tenait pas à rentrer en Belgique, « parce qu'il n'y » aurait pas trouvé, disait-il textuellement, les ressources » qui étaient en quelque sorte exigées par son rang » intellectuel. »

Il ne tenait même pas à revoir l'Europe. Il la jugeait usée, et ne croyait pas à la possibilité de sa rénovation. Pour lui, « bien que l'Europe ait aujourd'hui les esprits les plus avancés, les plus profonds penseurs, les maitres dans les sciences et les arts, ce n'est là qu'une branche précieuse, sur un vieux tronc qui ne change plus ou presque plus. Le jeune arbre qui pousse, c'est le nouveau monde. »

Dès son arrivée à Kingston, Houzeau s'empressa, suivant son habitude, de chercher à se loger loin du bruit et des affaires. La vie simple qu'il menait à la Nouvelle-Orléans lui avait permis d'économiser, chaque année, les trois quarts du traitement qu'il recevait comme directeur de *La Tribune;* il se trouvait donc possesseur d'un certain capital, qu'il se proposait de consacrer à l'achat d'une plantation. En attendant une occasion favorable, il loua une ferme à une lieue de la ville, et y vécut en campagnard. « J'ai ici, écrivait-il de *Hope,* près Kingston, au commencement de 1869, j'ai ici une existence assez agréable : la campagne, des chevaux, une voiture, des occupations de mon choix. C'est aux noirs des États-Unis que je dois le peu que je possède; c'est parmi les noirs que j'en jouirai. »

Au bout d'un an, il trouva la plantation qu'il cherchait. Elle était située à 14 kilomètres de Kingston, au pied des Montagnes bleues, et dans un district habité par une population de couleur. Elle se composait d'une maison, avec un jardin de 3 hectares, planté en grande partie de caféiers. « Un torrent, dit-il, passe dans mon jardin ; les rochers voisins le dominent de 400 à 600 mètres. De leur sommet, on voit la mer avec son immense horizon, »

La propriété qu'il venait d'acheter avait été précédemment occupée par des blancs, dont la conduite hautaine et brutale avait soulevé le mécontentement des nègres du voisinage. Elle était fréquemment l'objet d'actes de mauvais gré, et les blancs n'osaient venir l'habiter. Houzeau s'installa avec confiance au milieu de cette population hostile, se mettant avec ses voisins sur un pied d'égalité, et les traitant avec douceur et bonté. L'effet fut immédiat, toute défiance cessa, et le nouvel arrivé ne trouva bientôt que sympathie et prévenance de la part de tous ceux qui l'entouraient.

En quittant la Nouvelle-Orléans, Houzeau avait emmené avec lui un jeune mulâtre de 14 ans, qui lui était tout dévoué. Pour cultiver sa nouvelle plantation de *Ross-View*, il eut besoin de s'adjoindre un second aide, et choisit à cet effet un jeune nègre de la localité. Ils formèrent à trois une petite famille patriarcale, qui partageait son temps entre la culture et l'étude.

Car Houzeau s'était institué le professeur des deux jeunes gens, et consacrait chaque jour quelques heures à leur instruction. Plus tard, il établit même chez lui une petite école primaire et une classe d'adultes, où se réunissaient les enfants et les jeunes gens du voisinage. Dans cette dernière classe, il professait l'espagnol. En même temps, il mettait en activité sa petite imprimerie, dont il avait complété le matériel à la Nouvelle-Orléans. Il en était le prote principal, et ses deux jeunes aides en étaient les apprentis. Les différents opuscules qu'il y mit sous presse, et qui, naturellement, furent tirés à très peu d'exemplaires, constituent aujourd'hui de véritables raretés bibliographiques.

C'est dans cette tranquille habitation, au milieu de cette belle nature tropicale, qui avait pour lui tant de charmes, que Houzeau passa les années les plus heureuses de sa vie, les plus riches et les plus fécondes de sa carrière littéraire. Correspondances envoyées à divers journaux des États-Unis et de la Belgique, à la *Revue trimestrielle* et à la *Revue britannique;* notices scientifiques adressées à notre Académie; historique de son passage à *La Tribune;* observations astronomiques et météorologiques; bien d'autres témoignages de l'activité intellectuelle qu'il déploya pendant cette période nous entraineraient trop loin, si nous voulions les énumérer en détail. Mais parmi eux, il en est quatre dont nous ne pouvons nous dispenser de faire une mention spéciale; ce sont :

Les « Études sur les facultés mentales des animaux comparées à celles de l'homme »;

« Le ciel mis à la portée de tout le monde »;

« L'étude de la nature, ses charmes et ses dangers »;

Et enfin « l'Uranométrie générale ».

Les Études sur les facultés mentales des animaux constituent, à notre avis, l'œuvre la plus remarquable qui soit sortie de la plume de Houzeau. L'auteur aimait les animaux, ces êtres auxquels certains philosophes, amis du paradoxe, refusent non seulement une âme (ce que nous comprenons, vu la difficulté de définir ce mot), mais même toute espèce d'intelligence et de sensibilité. Il avait vécu avec eux, pendant de longuesannées, dans les prairies du Far-West et dans les régions pastorales du nord du Mexique, et il s'était établi entre eux et lui une sorte d'intimité, qui lui avait donné le moyen de les comprendre. Ils parlaient à son intelligence.

Houzeau a incorporé dans son livre ses observations personnelles et le fruit de ses nombreuses lectures, en ayant soin toutefois de contrôler ces dernières par une sévère critique; car il savait combien de légendes fabuleuses ont été répandues, depuis l'antiquité, sur les mœurs et les instincts des animaux.

L'ouvrage est un véritable traité de *psychologie comparée*. L'auteur y considère l'animal et l'homme, d'abord dans leurs mouvements *automatiques;* puis dans leurs manifestations comme êtres *sensibles* et *intelligents;* enfin dans leurs relations comme êtres *sociables*. Par une foule d'exemples curieux, discutés avec une admirable sagacité, il montre que toutes les facultés de l'homme se retrouvent chez les animaux ; que si le langage articulé, dont l'homme possède seul le privilège, est le moyen de communication le plus parfait, il n'en est pas moins vrai qu'il existe d'autres moyens, par exemple la mimique et les différentes espèces de cris, à l'aide desquels peuvent communiquer entre eux les animaux d'une même espèce.

Traçant, pour finir, un large tableau des différents états par lesquels a passé la société humaine, l'auteur formule une règle digne de remarque, à laquelle le savant suédois Nilsson était arrivé de son côté par d'autres considérations : c'est que l'évolution de l'espèce *homme* s'est opérée sur tout le globbe, d'après une loi unique et invariable. L'homme *primitif*, l'être sachant à peine, suivant l'expression de Darwin, moduler une espèce de langage rudimentaire, s'est trouvé *le même* dans tous les temps et dans tous les lieux ; toujours et partout, il s'est développé d'après *un même plan,* en passant successivement par des phases similaires.

Si les autres espèces d'animaux sont restées à l'état primitif, c'est qu'elles n'ont pas le don de la parole ; c'est lui seul, comme le dit Guillaume de Humboldt, qui est la source de la perfectibilité de l'homme. Les animaux ne pouvant parler, chacun d'eux doit recommencer son développement à nouveau, et il n'y a pas de continuité; tandis que la société humaine est comme un grand individu qui, selon le mot de Pascal, vivrait sans fin et apprendrait toujours.

D'après le jugement de R. Wallace, l'émule et, à quelques égards, le précurseur de Darwin, les études sur les facultés mentales des animaux ont, « placé notre compatriote à un rang éminent parmi les philosophes naturalistes. » Lindsay les met de pair avec les ouvrages de Darwin.

« Le Ciel mis à la portée de tout le monde » est un de ces livres élémentaires, malheureusement trop rares, dans lesquels on retrouve la main d'un des maîtres de la science. Il n'a nullement la prétention d'être un traité régulier d'astronomie; il se contente, comme le dit l'auteur lui-même, de donner une première idée des questions dont cette science s'occupe et des grands résultats qu'elle a établis.

Élargir l'esprit du lecteur en lui parlant d'astronomie, l'engager ainsi à pénétrer plus avant dans l'étude du ciel, tel est le but de ce charmant petit traité populaire. Le livre est non seulement clair pour ceux qui ne savent pas, il est intéressant pour ceux qui savent, et pourrait porter comme épigraphe ce vers d'Ovide :

Indocti discant, et ament meminisse periti.

« L'étude de la nature, ses charmes et ses dangers ». Voilà un sujet des plus heureusement choisi, pour mettre dans tout leur relief les brillantes qualités de style d'un écrivain arrivé à l'apogée de son talent. La science, la philosophie, la poésie, s'y confondent dans un ensemble harmonieux, et l'on sent que l'ouvrage a été écrit sous un beau ciel, au sein d'une retraite paisible. C'est le plein épanouissement de la pensée, en plein épanouissement de la nature.

L'auteur y fait voir d'abord, par un grand nombre d'exemples, combien la science renferme de charme et de poésie; combien ses réalités surpassent en grandeur toutes les conceptions créées par l'imagination des poètes les plus illustres. Il y trace ensuite le triste tableau des persécutions auxquelles ont été en butte les hommes qui, par leur génie, ont devancé leur siècle. Les exemples par lesquels l'auteur appuie cette dernière thèse ne sont malheureusement que trop nombreux : chaque page de l'histoire des sciences évoque des souvenirs de souffrance et de misère; toujours l'esprit de la lumière a eu à lutter contre l'esprit des ténèbres, et, sur la route qu'ont péniblement tracée les pionniers de la science, on rencontre à chaque pas la tombe d'une illustre victime.

Veut-on savoir maintenant à quelles conditions a été édité ce petit chef-d'œuvre qui a fait les délices de tant de lecteurs? l'auteur l'apprend lui-même à un de ses amis, dans une lettre écrite de la Jamaïque en 1874. « Je ne demande rien pour le manuscrit, dit-il, mais je voudrais que l'éditeur s'engageât à un prix de vente maximum, qui serait aussi bas que possible. Je voudrais en outre recevoir pour moi 25 exemplaires. »

Quelle grandeur dans cette simplicité! Quel sujet de réflexion, lorsque l'on compare aujourd'hui ce désintéressement aux exigences de tant de futiles littérateurs! Il est vrai que le grand coupable... c'est le public.

Vers la fin de 1874, l'infatigable observateur entreprit le grand travail uranométrique qui lui valut, quelques années plus tard, le prix quinquennal des sciences physiques et mathématiques. L'*Uranométrie générale* (tel est le titre de ce travail) se compose d'un catalogue de près de 6,000 étoiles, observées à l'œil nu sur toute la surface de la sphère céleste, et d'un atlas dans lequel toutes ces étoiles sont rapportées de position et figurées de grandeur.

L'*Uranometria nova* d'Argelander, revue d'abord par

Heiss, et étendue ensuite au ciel austral par Behrmann, est la seule œuvre de ce genre que l'on puisse comparer à celle de l'astronome belge; mais cette dernière offre le précieux privilège d'avoir été produite d'un seul jet, par un observateur unique, et sous un ciel d'une pureté exceptionnelle.

La faible latitude boréale de la Jamaïque permettait d'observer, dans l'espace d'une seule année, toutes les étoiles de l'hémisphère nord, et une grande partie de celles de l'hémisphère sud. Pour compléter la revue du ciel austral, Houzeau se rendit à l'équateur au mois d'octobre. Pendant le séjour qu'il fit alors à Panama, il fut malheureusement atteint de la fièvre qui y est endémique, et c'est là sans doute qu'il contracta le germe de la maladie à laquelle il succomba douze ans plus tard. Il rentra à la Jamaïque à la fin du mois de décembre, heureux d'avoir pu mener son travail à bonne fin. Un inventaire exact de toutes les richesses du ciel étoilé, dressé en treize mois par un seul homme, est un véritable monument élevé à l'astronomie d'observation. L'état futur du ciel, lorsqu'on le comparera à son état d'aujourd'hui, mènera sans doute à des résultats curieux et féconds; car, ainsi que le disait Pline à propos du catalogue d'Hipparque, une œuvre de ce genre est un héritage légué à la postérité : *Cœlum posteris in hæreditatem relictum.*

Lorsque la mort était venue, en 1874, priver notre Observatoire royal de son directeur, tous les regards s'étaient tournés vers Houzeau, comme vers le seul astronome belge qui pût remplacer Quetelet. La voix publique le désignait; c'est à lui que revenait la direction de l'Observatoire, et nul dans le pays n'avait le droit de la lui disputer. Ses amis cependant eurent de la peine à lui arracher la promesse formelle qu'il accepterait la place, si le Gouvernement la lui offrait.

Quitter un beau climat qui allait si bien à son tempérament; renoncer à sa chère indépendance; abandonner à elle-même la petite famille de nègres qu'il avait réunie autour de lui, et qui le regardait comme un père; reprendre enfin le joug d'une civilisation qui lui était antipathique, c'étaient là des sacrifices bien propres à le faire réfléchir. Il n'ignorait pas d'ailleurs que, si le ministère qui gérait alors les affaires de notre pays se décidait à le nommer, ce serait à contre-cœur, et sous la pression de l'opinion publique. Aussi, la correspondance qu'il entretint à cette époque avec ses amis reflète-t-elle, à chaque page, les hésitations de son esprit.

« Je recule, disait-il, devant cette « rentrée en civilisation, » et j'ai d'ailleurs atteint un âge où je ne puis plus espérer de mener à bonne fin une grande œuvre... Je sais bien que je ne supporterai plus le climat (de la Belgique), et ce sera bien de la peine et bien des soucis, pour aller mener une vie de valétudinaire.... »

» Revoir mes parents et mes vieux amis, c'est la seule chose qui dissiperait un peu mes pensées de regret, si j'avais à partir. A part cela, je me mettrais en route avec l'idée que je fais une sottise, et que je ne tarderais pas à le regretter amèrement. »

Enfin, la place de directeur de l'Observatoire lui ayant été catégoriquement offerte, au mois de février 1876, par un fonctionnaire autorisé du Département de l'Intérieur, il se décida à l'accepter.

« Je t'envoie, écrit-il à un de ses amis intimes, une lettre d'acceptation en réponse à l'offre qui m'est faite. Il me semble difficile, après cela, que le Gouvernement recule; cependant, j'ai vu bien des choses, et je suis un incrédule invétéré. »

Ces derniers mots peignent bien un des traits saillants du caractère de Houzeau. Dans les affaires qu'il entreprenait, il se flattait rarement de réussir, et la nature de son esprit le portait plutôt à présager l'insuccès. — Cicéron, dans une de ses lettres, se reconnait exactement la même prédisposition : « Semper magis adversos rerum exitus metuens, quam sperans secundos. »

Certes, le parti catholique, qui était alors au pouvoir en Belgique, ne pouvait voir d'un bon œil la nomination d'un libre penseur en qualité de directeur de notre Observatoire royal. Cette mesure éprouva de vives résistances; mais le Ministère sentit bien qu'il serait impolitique de sa part de contrecarrer trop ouvertement le sentiment général. Le Roi, d'ailleurs, voyait avec regret qu'un de nos savants les plus distingués, qu'un des hommes les plus profondément estimables du pays, vécût relégué dans une contrée lointaine. Il ne voulait pas qu'on pût dire « qu'il y avait sous son règne un exilé volontaire. » — Les Ministres s'inclinèrent, et la nomination de Houzeau fut signée.

Il fallait, du reste, n'avoir qu'une connaissance bien superficielle du caractère de notre ami, pour supposer que sa présence en Belgique pût devenir un danger. C'est bien en vain que les agitateurs auraient essayé de le confisquer à leur profit. Il était depuis longtemps dégoûté de la politique, comme il le prouva plus tard, lorsque chacune des deux fractions du parti libéral vint lui offrir une candidature à la Chambre. Instruire, moraliser, relever les classes inférieures, tel était son unique idéal; et pour cela, sa plume lui suffisait. N'étant de sa nature ni ambitieux, ni agitateur, il ne voulait, pour faire prévaloir le droit, invoquer que la raison, sachant bien que, pour être durable, toute réforme doit passer dans les idées avant de se traduire en fait. Arrivée à ce point, elle se réalise sans violence, et pour ainsi dire d'elle-même.

L'intransigeance dans les affaires politiques, comme l'entêtement dans les affaires privées, dénote un petit esprit qui veut paraitre grand. En toutes choses, la prétention à l'infaillibilité est puérile. Houzeau avait l'intelligence trop large pour refuser de se soumettre loyalement au régime que le pays voulait maintenir; sa correspondance particulière l'atteste.

« Quelle que soit, écrit-il, mon opinion théorique, qu'il existe des formes de gouvernement plus avancées que la monarchie, je reconnais dans le Roi le chef de l'État, agissant en vertu de la Constitution existante, justement comme je reconnais l'autorité du Ministre, agissant dans sa sphère à lui. »

Sa nomination en qualité de directeur de l'Observatoire porte la date du 4 mars 1876. Ses appointements étaient fixés à la somme de 8,000 francs, chiffre que l'on trouvera certainement fort modeste. C'était sans doute un hommage que le Gouvernement voulait rendre au désintéressement du nouveau directeur; mais le public, froissé dans ses sentiments de dignité et de justice, fit, au sujet de la manière dont la science était honorée en Belgique, des comparaisons qui n'étaient pas à l'avantage de notre

Gouvernement. On rappela qu'en 1828, sous le régime hollandais, Quetelet, âgé seulement de 32 ans, et n'ayant encore presque rien produit comme astronome, recevait d'emblée 8,500 francs (somme équivalant aujourd'hui à 12,000 francs au moins) pour diriger un Observatoire en construction, qui ne devait commencer à fonctionner que cinq ans plus tard.

Une fois son départ décidé, le nouveau directeur n'eut pas besoin de beaucoup de temps pour faire ses préparatifs de voyage. Voulant que ses nègres pussent continuer à habiter la plantation, il ne la vendit pas, et leur en abandonna l'usufruit; mais il s'en réserva la propriété. Ce n'est pas, on le voit, sans arrière-pensée; ce n'est pas sans esprit de retour, que le cultivateur de Ross-View s'éloignait du beau ciel de la Jamaïque.

Il s'embarqua pour l'Europe le 25 mars 1876. Arrivé à Santander le 18 avril, il prenait, le 17 juin, la direction de l'Observatoire.

3e PARTIE. — 1876-1883.

Houzeau directeur de l'Observatoire.

Lorsque le nouveau directeur entra en fonction, un demi-siècle s'était écoulé depuis la date de la fondation de l'Observatoire royal de Bruxelles. Cet établissement avait été, dès le principe, largement doté de beaux instruments sortis des premiers ateliers de France, d'Angleterre et d'Allemagne, et le Gouvernement n'avait rien négligé pour le mettre sur un pied d'égalité avec les grands Observatoires de l'époque.

Mais depuis lors, les méthodes d'observation s'étaient modifiées et perfectionnées; de grands progrès avaient été réalisés en ce qui concerne la construction des instruments; enfin le champ de la science s'était prodigieusement élargi. Notre Observatoire, qui était resté stationnaire, avait donc relativement rétrogradé.

Quetelet, voulant trop embrasser, avait disséminé les forces de sa remarquable intelligence; et l'astronomie, cette science exigeante, qui réclame de ses adeptes un dévouement sans partage, n'avait jamais occupé dans l'ordre de ses travaux qu'un rang fort secondaire.

Son fils, qui remplissait depuis deux ans les fonctions intérimaires de directeur, était un esprit juste, un observateur consciencieux, un calculateur assidu; mais ses qualités n'étaient pas assez saillantes, ses titres scientifiques ne parlaient pas assez haut, son ascendant moral n'était pas assez fort, pour qu'il fût capable de relever l'Observatoire en lui infusant un nouveau sang.

Houzeau était l'homme de la situation. Précédé d'une réputation aussi brillante que solide, il arrivait avec la ferme volonté de placer l'Observatoire de Bruxelles au niveau de la science moderne; de le relever matériellement, sous le rapport de la perfection de l'outillage, et moralement, sous le rapport du nombre et de la qualité des assistants. Son ambition était d'en faire une institution utile, un établissement ouvert, où les jeunes intelligences viendraient essayer leurs forces, et où pourraient éclore les vocations véritables. Car le goût de l'astronomie, comme celui de toute science d'observation, ne peut se développer que lorsqu'on a l'occasion de manier les instruments. C'est alors seulement que le jeune étudiant peut s'éprendre pour la science d'une noble passion; c'est alors seulement, comme le dit Gilliss, que l'étincelle devient flamme.

Dès le mois de mai 1874, alors qu'il commençait à être question en Belgique de son entrée à l'Observatoire, Houzeau exposait ses idées à ce sujet dans une lettre d'un sentiment exquis, qu'il écrivait de la Jamaïque à un de ses amis les plus dévoués.

« Tout en travaillant pour la science, dit-il, l'Établissement doit devenir populaire; il doit appeler, grouper autour de lui et instruire pratiquement les jeunes gens qui se sentent portés vers les sciences d'observation. Si en quelques années je pouvais seulement donner à la Belgique un jeune Bessel ou un jeune Struve, combien je serais heureux de mon œuvre, et avec quel plaisir je lui dirais : je vieillis, je suis peu fait pour la vie de civilisation ; voilà l'Observatoire, illustrez-le et illustrez-vous. Pour moi, je retourne dans ma chaumière. »

Est-il besoin de dire que, dès le jour de son entrée en fonction, Houzeau se montra fidèle à cette déclaration de principes. Le plan de réforme qu'il élabora devait naturellement entraîner à des dépenses considérables ; mais la netteté avec laquelle il l'exposa, la confiance qu'inspiraient sa compétence et son caractère, levèrent toutes les difficultés. Le crédit qu'il jugeait nécessaire, crédit s'élevant à la somme considérable de 375,000 francs, fut voté sans opposition par la législature.

Aussitôt, un véritable changement à vue s'opéra dans l'Observatoire : le personnel fut triplé ; le service de la météorologie fut entièrement séparé de celui de l'astronomie, et de nouveaux instruments furent commandés. Création d'une section de spectroscopie, réorganisation et extension considérable du réseau météorologique, publication d'un Bulletin météorologique quotidien, collaboration à la Revue populaire *Ciel et Terre,* fondée par les aides de l'Observatoire, etc., telles furent les mesures intelligentes qui se succédèrent coup sur coup. Enfin la Bibliothèque reçut d'importants accroissements, et fut rendue accessible au public.

Et comme les locaux n'étaient pas suffisants pour l'installation de tous ces nouveaux services, Houzeau renonça pour lui-même, d'abord à une partie, puis à la totalité de l'aile du bâtiment qui servait d'habitation à l'ancien directeur. Il se contenta, pour tout logement, d'un petit cabinet attenant à son bureau de travail.

Pour celui qui le visitait alors, c'était pitié de voir ainsi renfermé, comme un lion captif, dans un espace de quelques mètres carrés, le voyageur pour lequel les immenses prairies du Far West n'avaient pas été trop vastes, l'écrivain qui avait dépeint, en termes si poétiques, le bonheur de parcourir le désert en pleine liberté.

Conséquent avec son système de donner à l'Observatoire un caractère d'utilité publique, le nouveau directeur y organisa des entretiens sur différents points de la science, et y ouvrit un cours d'astronomie populaire qu'il donnait, chaque mercredi soir, en présence des instruments. Le succès qu'il obtint engagea diverses sociétés à lui demander de venir donner chez elles des séances de vulgarisation scientifique, et c'est ainsi qu'il eut occasion de montrer que son talent de conférencier ne le cédait en rien à son talent d'écrivain. Ceux qui, dans ces circonstances, ont eu l'heureuse fortune de le voir et de l'entendre, en conserveront toujours un souvenir frappant.

Le conférencier se présentait devant son public avec une simplicité calme et une modeste assurance. Dès les premières paroles qu'il prononçait, le timbre harmonieux de son organe et la clarté de sa diction établissaient un courant sympathique entre lui et son auditoire. Il avait le geste très sobre; sa phrase, d'une lucidité parfaite et d'une irréprochable correction, était exempte de recherche, mais pleine d'une distinction naturelle. Nos conférenciers pèchent souvent, soit par la lenteur solennelle, soit par la hâte précipitée qu'ils apportent dans leur débit; Houzeau savait se tenir à égale distance de ces deux écueils qui, par des effets opposés, fatiguent également l'auditoire.

Possédant toujours à fond la matière qu'il avait à

exposer, il parlait d'abondance, debout, ayant devant lui une petite table sur laquelle ne reposaient ni manuscrit ni notes; et jamais chez lui l'expression ne trahissait la pensée. Parfois seulement, arrivé à la fin d'une des parties de sa conférence, il voulait s'assurer qu'il n'avait omis aucun point important; alors, on le voyait porter tranquillement la main à la poche de son gilet, pour en tirer un petit papier de la largeur du doigt, et consulter ce mémento, sur lequel il avait dessiné, en quelques lignes, le squelette de son sujet.

Admirable vulgarisateur, Houzeau était d'un caractère trop calme, trop concentré, pour devenir jamais ce que les anciens appelaient un tribun, ce que nous appelons aujourd'hui un orateur populaire. Il dédaignait de revêtir la vérité d'ornements trompeurs, et se serait fait scrupule d'appeler l'artifice au secours de la raison. La déclamation, qui fait la fortune de tant d'orateurs, était antipathique à sa nature. Dans les réunions publiques où la passion fermente, et où se font si facilement applaudir nos politiciens et nos réformateurs, Houzeau n'aurait eu aucun succès : l'Américain seul, avec son sens droit et son esprit pratique, était en mesure de l'apprécier à sa juste valeur. Aussi le pays de Franklin est-il le théâtre où ses qualités d'orateur purent le mieux se déployer; c'est là que sa parole put, aussi bien que sa plume, contribuer à faire triompher la cause de l'humanité.

Chacune des mesures prises ou projetées par le nouveau directeur, pour élever l'Observatoire à la hauteur de sa mission, ne faisait que ressortir avec plus d'évidence le défaut capital de l'établissement : son exiguïté. L'espace manquait pour donner un emplacement convenable au grand équatorial récemment acquis, ainsi qu'aux nouveaux appareils météorologiques et spectroscopiques. En outre, l'expérience avait fait reconnaitre depuis longtemps les inconvénients qui résultent de l'emplacement d'un Observatoire au milieu d'un centre populeux. Les trépidations du sol se communiquent aux instruments; le voisinage des habitations influe sur le résultat des observations magnétiques ou météorologiques; l'éclairage public illumine le fond du ciel; la fumée produite par les habitations et les ateliers nuit à la transparence de l'atmosphère, et donne naissance à des réfractions irrégulières; toutes ces raisons engagèrent Houzeau à proposer au Gouvernement le transfert de l'Observatoire en dehors de l'agglomération bruxelloise.

Son idée fut approuvée, et il fut chargé d'élaborer les plans du nouvel établissement. Mais cette étude amena malheureusement avec elle une foule de petits tiraillements administratifs, tout à fait antipathiques à la nature d'un homme qui, comme Houzeau, plaçait l'intérêt de la science au-dessus de toute autre considération.

De hautes influences désiraient faire du nouvel Observatoire un monument destiné à embellir le nouveau quartier de Koekelberg, situé au nord de Bruxelles. Houzeau voulait, au contraire, le faire consister en plusieurs petits bâtiments très simples, répondant strictement aux besoins de la science, et éparpillés sur toute la surface du terrain disponible. De plus, il soutenait, avec infiniment de raison, que l'Observatoire devait être établi au sud de la ville. En effet, les observations les plus nombreuses et les plus importantes se faisant dans la direction du sud, il fallait éviter que, dans ce cas, le rayon visuel ne fût forcé de traverser la région atmosphérique qui se trouve au-dessus d'une grande ville.

Sous ce dernier rapport, on ne put s'empêcher de lui donner enfin gain de cause; il fut décidé que le nouvel Observatoire serait érigé à Uccle, dans une situation magnifique désignée par lui. Mais la partie architecturale de la construction nécessita de longs pourparlers, qui firent trainer l'affaire en longueur, agacèrent Houzeau, et ne furent pas étrangers à la regrettable résolution qu'il prit, quelques années plus tard, de se démettre de ses fonctions de directeur. L'astronome qui le remplaça arriva, de son côté, avec des idées à lui; et il en résulta, dans l'exécution de l'entreprise, des tâtonnements et des remaniements de telle nature, que l'édifice est encore loin d'être achevé à l'heure où nous écrivons ces lignes. (Décembre 1889).

Le genre des relations établies par le nouveau directeur de l'Observatoire entre lui et ses aides, la marche qu'il imprimait à leurs travaux, les encouragements qu'il leur accordait, ont été décrits consciencieusement par un de ses anciens collaborateurs. « L'activité du chef, dit M. Lancaster dans ses *Notes biographiques* sur J. C. Houzeau, était vraiment prodigieuse. Stimulé par son exemple, le personnel travaillait avec un véritable enthousiasme. Houzeau lui communiquait cette fièvre de travail qui était l'un des traits principaux de son caractère, en même temps qu'il s'employait à l'encourager de diverses manières. Lui-même s'effaçait toujours, mettant toute sa satisfaction à faire valoir, à rehausser le mérite, si mince qu'il fût, de ses collaborateurs. Il était heureux du moindre de leurs succès, et il était toujours le premier à y applaudir.

» Son esprit d'initiative était remarquable, et il faisait naitre cet esprit chez ceux qui vivaient avec lui... Il considérait les fonctionnaires et employés de l'Observatoire non comme des subordonnés, mais comme des collaborateurs. »

Ainsi présidé, l'Observatoire constituait, on le voit, une véritable république scientifique. Elle fut laborieuse et féconde ; elle marcha avec une régularité et un ensemble parfaits. Mais le succès doit être attribué avant tout au noble caractère, à l'ascendant moral de l'homme qui présidait aux destinées de l'établissement. En d'autres mains, le procédé suivi par Houzeau pourrait conduire à des résultats tout opposés.

Bien qu'il fût doué d'un admirable esprit d'ordre pour tout ce qui concernait ses travaux scientifiques, Houzeau laissait à désirer comme administrateur d'un établissement de l'État, et il aurait bien fait de confier la partie administrative de son service à un employé spécial. Les exigences de la comptabilité lui imposaient des formalités dont il était parfois impatient, parce qu'elles absorbaient une partie de son temps ; il n'en admettait pas toujours la nécessité, et avait une tendance à s'en affranchir pour aller de l'avant, à l'américaine. Cet état de choses contribua certainement à le dégoûter de ses fonctions de directeur.

Les *Annales de l'Observatoire* furent séparées par le nouveau directeur en deux publications distinctes, la première consacrée exclusivement à l'astronomie, la seconde à la météorologie. Le 1er volume des Annales astronomiques renferme, outre l'*Uranographie générale*, dont nous avons déjà rendu compte, un autre travail de

Houzeau intitulé : *Répertoire des constantes de l'astronomie.* Cet ouvrage, dont une seconde édition entièrement remaniée a paru en 1882, sous le titre de *Vade mecum de l'astronome,* renferme toutes les données numériques auxquelles l'astronome peut avoir à recourir ; il est d'une grande utilité pratique. L'auteur y rapporte, dans l'ordre chronologique, toutes les valeurs qui ont été successivement assignées à un même élément par les différents observateurs. Il aurait pu, à la rigueur, se borner à faire connaître les déterminations les plus récentes, qui doivent naturellement être regardées comme les plus valables ; mais l'œuvre aurait ainsi beaucoup perdu sous le rapport de l'intérêt historique et philosophique. Pour une même constante uranographique, la marche suivant laquelle les valeurs successivement obtenues convergent vers un certain chiffre, marque le progrès de nos méthodes et de nos connaissances ; tandis que le désaccord plus ou moins grand de divers résultats à peu près contemporains, peint aux yeux l'incertitude, et même dans certains cas le caractère illusoire des déterminations.

En 1878, le nouveau directeur, voyant les différents services de l'Observatoire convenablement installés, et sentant le besoin d'aller se retremper dans un climat plus favorable à son tempérament que celui de la Belgique, se rendit à la Jamaïque où il passa cinq mois. Peu après son retour, il publia, en collaboration avec M. Lancaster, un *Traité élémentaire de météorologie,* qui eut la rare fortune d'avoir deux éditions à quelques années d'intervalle.

En 1880, notre compatriote alla, en qualité de délégué du Gouvernement belge, assister au Congrès météorologique de Rome. C'était la première fois qu'il voyait l'Italie, et l'on pourrait croire qu'il saisit avec empressement l'occasion de parcourir cette terre si riche en souvenirs historiques, de fouler ce sol si fécond en chefs-d'œuvre de toute espèce. Il n'est cependant pas à notre connaissance que l'Italie ait produit sur lui une impression bien vive; il n'y fit même qu'un séjour de peu de durée.

Doué d'une exquise sensibilité pour les beautés de la nature, Houzeau n'attachait à l'art qu'une importance très secondaire. Cette indifférence était probablement un résultat de son organisation physique, une disposition de ses sens; mais peut-être aussi était-elle une conséquence de ses principes sociaux. « Les despotismes et les décadences, nous écrivait-il un jour, ont toujours été plus favorables aux artistes, que le régime de la liberté. »

Dès le commencement de 1881, Houzeau s'occupa du passage de Vénus, qui devait avoir lieu le 6 décembre 1882. On connait l'importance astronomique que l'observation de ce phénomène a acquise, depuis que Halley, pour un trait de génie, conçut l'idée de déterminer la distance du Soleil à la Terre par le temps que met Vénus à passer sur le disque solaire, lorsqu'on observe ce passage de différents endroits de la Terre.

Le résultat obtenu doit, on le conçoit, être d'autant plus précis, que les observateurs feront usage d'une plus grande *base*, autrement dit, qu'ils se trouveront placés sous des latitudes plus différentes. De là résulte la nécessité de créer, à de grandes distances, des stations astronomiques temporaires, et d'y installer des observateurs munis d'instruments puissants et d'appareils de précision.

Le directeur de notre Observatoire royal crut qu'il y allait de l'honneur scientifique du pays, de coopérer à cette belle entreprise, et il obtint du Gouvernement et de la législature le crédit nécessaire à cet effet. De plus, il résolut d'employer, pour l'observation du phénomène, un instrument très ingénieux dont il avait déjà donné le projet et la description en 1872, dans une notice qui fut insérée aux Bulletins de notre Académie.

C'est un héliomètre modifié, dont les deux demi-lentilles sont de longueurs focales inégales, et à très peu près dans le rapport des diamètres apparents du soleil et de Vénus. Ce procédé a le grand avantage de permettre de mesurer micrométriquement, pendant toute la durée du passage, la distance des deux astres, centre à centre.

C'était la première fois que la Belgique organisait ainsi une expédition astronomique à l'étranger. Un groupe de trois observateurs, sous la direction de l'astronome L. Niesten, alla s'installer dans l'hémisphère Sud, au Chili, et choisit pour station Santiago; un autre, sous la direction de Houzeau, se rendit dans l'hémisphère Nord, au Texas, et s'installa près de San-Antonio. L'état du ciel permit heureusement que le phénomène fût observé aux deux stations, et moins d'un an après, tous les longs calculs de réduction étaient achevés, et les astronomes belges en déduisaient, pour la parallaxe solaire, une valeur qui figurera dans l'histoire de l'Astronomie physique. Cette valeur, que Houzeau communiqua à l'Académie dans la séance du 14 décembre 1883, longtemps avant qu'aucune autre mission astronomique fût en mesure de communiquer son résultat, est de 8''.907, avec une erreur probable de ± 0'',084.

Cette erreur probable paraîtra sans doute considérable aux astronomes qui se flattaient de l'espoir d'obtenir, par les observations de 1882, la parallaxe du Soleil, avec la précision du centième de seconde. Il semblerait, du reste, d'après les observations anglaises, brésiliennes et américaines, qui ont été calculées depuis, que la parallaxe obtenue par les astronomes belges est un peu trop grande.

Il est à remarquer qu'il n'y aura plus de passage de Vénus avant l'année 2004.

La participation de la Belgique à l'observation du passage de Vénus, et l'érection d'un nouvel Observatoire, étaient les deux mesures qui tenaient le plus au cœur de Houzeau. La première venait de s'accomplir heureusement; la seconde était décidée en principe. Il jugea donc le moment venu de réaliser un projet qu'il avait conçu depuis quelques années déjà, celui de renoncer à ses fonctions de directeur de l'Observatoire.

Ses amis, craignant avec raison pour l'avenir de l'établissement, cherchèrent à le dissuader de cette résolution. Sa présence à la tête de l'Observatoire nouvellement réorganisé leur paraissait indispensable, du moins pendant quelques années encore. C'était un sacrifice qu'on réclamait de lui avec instance.

Houzeau était la bonté même; il ne savait pas résister à une prière, et c'est encore là un des traits de son caractère. Connaissant son faible, il résolut de brûler ses vaisseaux, et de ne revenir en Belgique que lorsque sa démission serait un fait irrévocablement accompli. Il rentra donc en Europe par l'Espagne, dont il visita plusieurs villes; puis il alla s'établir dans le midi de la France, à Orthez, près de Pau. L'endroit était favorable à sa santé, mais ne lui présentait aucune ressource pour ses travaux. Après y avoir séjourné pendant dix mois, il vint se fixer à Blois qui, aux avantages d'un doux climat, joignait celui d'être un centre intellectuel convenable pour ses recherches bibliographiques. C'est de là qu'il envoya sa démission par écrit, au mois de novembre 1883. Sa demande était fondée sur des raisons de santé, qui n'étaient malheureusement que trop réelles; et le Gouvernement, quoique bien à regret, se vit forcé de l'accueillir.

La lettre par laquelle le directeur notifia sa retraite au personnel de l'Observatoire est trop noble, pour que nous puissions nous dispenser de la reproduire. Modestie, bonté, délicatesse, désintéressement, toutes les qualités enfin qui faisaient aimer et estimer Houzeau se retrouvent dans ces adieux, aussi pleins de cœur que de raison.

16 décembre 1883.

Mes anciens collaborateurs,

« La démission que j'avais offerte de mes fonctions de directeur de l'Observatoire ayant été acceptée, je vais cesser toute relation officielle avec l'établissement. Vous m'avez assez connu, et vous m'avez vu d'assez près traiter toutes les questions d'une manière sérieuse, pour comprendre que cette grave détermination n'est pas l'effet d'un caprice, ni le résultat d'une cause frivole.

« Depuis longtemps j'avais reconnu tout ce qui me manquait comme directeur de l'Observatoire. J'aurais voulu suivre de plus près les travaux de chacun de vous;

mais à mesure que les branches se sont multipliées, cette tâche est devenue de plus en plus difficile et absorbante. Il n'existe plus d'établissement en Europe, où des études aussi variées, souvent même aussi dissemblables, soient réunies sous une seule administration. Plus le temps s'est avancé, moins je me suis trouvé capable d'embrasser tout ce qu'il aurait été convenable de connaitre. Il aurait fallu aussi que le directeur de l'Observatoire fût une sorte de « representative man », homme du monde dans les cercles officiels du pays, et personnification de l'établissement dans toutes les réunions de l'étranger. Sous ces divers rapports, vous avez pu voir quelle était mon insuffisance...

« Ces circonstances réunies m'avaient porté depuis longtemps à prendre la résolution de me retirer. Je l'aurais mise à exécution depuis plus de deux ans, si la question du passage de Vénus n'était intervenue, et que mon départ à ce moment n'eût compromis le projet. A mon retour, j'ai de nouveau pesé toutes les conditions, et j'ai trouvé mes forces et le peu d'activité qui me reste insuffisants pour changer la situation.

» J'éprouve un vif regret à me séparer d'hommes qui m'ont constamment montré une déférence sans limites, dont le souvenir est ce qui me restera toujours de plus cher. Ayant passé une partie de ma vie dans un pays démocratique, je n'étais pas dominé par l'idée de hiérarchie, et mes relations avec vous tous ont été d'un caractère que j'oserais appeler amical. Il n'y a pas une circonstance dans laquelle j'aie pu être utile à quelqu'un d'entre vous, que je n'aie saisie avec empressement. Ce souvenir est ma récompense.

» Je quitte l'Observatoire comme j'y suis entré, il y a plus de sept ans. Je n'ai pas profité de la position pour rechercher les immunités ni les faveurs...

» Un homme n'a d'ailleurs qu'un nombre borné d'idées. J'ai eu le temps d'apporter mon contingent. Il y a avantage, pour un établissement scientifique, à mettre, de temps à autre, de nouvelles sources à contribution. Et puis c'est vous, Messieurs, dix fois plus que moi, qui faites la valeur de l'Observatoire. Aussi n'ai-je aucun doute, non seulement de la vitalité énergique de l'établissement, mais de son futur éclat, grâce aux activités individuelles, qui sont le principal foyer de vie, et que j'avais tant à cœur de favoriser. »

4e PARTIE. — 1883-1888.

Houzeau rentré dans la vie privée.

Les recherches bibliographiques avaient toujours eu pour Houzeau un attrait particulier. Nous avons vu que, dès l'âge de 22 ans, il fréquentait assidûment les bibliothèques à Paris, prenant des notes sur toute espèce de sujet, et les classant avec un ordre parfait. Plus tard, dans ses voyages, lorsqu'il passait par une ville un peu importante, sa première visite était pour la Bibliothèque publique. Il s'y installait, en compulsait le catalogue, et s'il y trouvait une mine suffisamment riche, il prenait son logement dans le voisinage pour économiser le temps employé à faire la route.

Comme spécimen de son goût pour ce genre de travail, on peut citer le « Catalogue des ouvrages d'astronomie et de météorologie qui se trouvent dans les principales bibliothèques de la Belgique » publié par lui en 1878.

Lorsqu'il fut rendu à la vie privée, il se consacra presque tout entier à ses recherches de prédilection. Dès son arrivée à l'Observatoire, il avait eu l'heureuse fortune de rencontrer, parmi les membres du personnel, un homme qui partageait son goût pour les études bibliographiques : M. Lancaster devint bientôt son collabora-

la publication d'une œuvre vraiment colossale : la *Bibliographie générale de l'astronomie.*

L'ouvrage complet doit se composer de trois gros volumes, grand in-8°. L'un d'eux a paru en 1882; il est consacré aux mémoires insérés dans les collections académiques, et compte plus de 1,500 pages. Cette immense collection, que peu d'érudits auraient eu les moyens et le courage de rassembler, a reçu du monde astronomique l'accueil le plus flatteur et le plus encourageant.

La bibliographie des ouvrages séparés (imprimés et manuscrits) fait l'objet d'un second volume, dont la première partie a paru en 1887. Elle compte 900 pages de texte, et est précédée d'une admirable introduction historique de 325 pages, due à la plume de Houzeau. Une deuxième partie, qui compte 760 pages, a été publiée par A. Lancaster, à la fin de 1889. La troisième partie est sous presse.

Le troisième volume, qui traitera des observations astronomiques, paraitra ultérieurement; car Houzeau, en mourant, a remis à son collaborateur tous les documents qu'il avait déjà rassemblés, en le chargeant de continuer la publication de l'ouvrage.

En jetant un regard sur la partie déjà parue, on ne peut qu'admirer la somme énorme de travail qu'a exigée la préparation de cette œuvre gigantesque, l'esprit d'ordre et de méthode qui a présidé au tracé de son plan, enfin l'art et la solidité avec lesquels les auteurs ont su mettre en œuvre les matériaux qu'ils avaient rassemblés.

L'introduction historique, dont nous avons déjà dit un mot, est à notre avis le morceau le plus parfait qui soit sorti de la plume de notre regretté compatriote. La sobriété de la phrase y fait admirablement ressortir la largeur de la pensée; rien ne peut donner une idée de cette alliance de correction et d'élégance, de gravité et de poésie, qui place incontestablement l'auteur au rang des premiers écrivains de notre époque.

Il est enfin une publication qui a occupé les heures de loisir de Houzeau pendant les dernières années de sa vie, et à laquelle on a eu le tort de ne pas prêter assez d'attention. La modestie de son titre « Annuaire populaire de Belgique » est probablement la cause de cette espèce d'indifférence. Joignons-y, comme d'ordinaire, l'abstention complète de toute réclame de la part de l'auteur.

Éclairer le peuple, en mêlant d'utiles préceptes à des anecdotes amusantes; propager les connaissances utiles: faire ressortir, par des exemples bien choisis, le danger des habitudes funestes; combattre les préjugés vulgaires avec autant de bonhomie que de bon sens; relever enfin le niveau moral et intellectuel de la classe inférieure, ce qui avait été la pensée de toute sa vie, tels sont les motifs qui engagèrent Houzeau à publier son *Annuaire populaire.*

En parcourant ces petits volumes (dont quatre seulement ont pu paraitre, de 1885 à 1888), on est réellement touché de voir cette haute intelligence descendre aux menus détails de la vulgarisation, dans l'unique but d'être utile au peuple. On y trouve une singulière variété de faits, s'adressant à toutes les classes de la société : Chronologie, calendrier, astronomie et météorologie; principaux événements politiques de l'année précédente, session législative, élections; résumé chronologique de l'histoire de Belgique; petite géographie usuelle des quatre parties du monde, etc.

Chaque volume est terminé par une série de *Notices et variétés*, où l'on reconnait l'École de Franklin; les unes pleines d'humour, les autres remarquables par l'étonnante érudition qu'elles révèlent, aussi bien que par la vigueur du style et l'élévation de la pensée. Parmi ces dernières, on en remarque plusieurs qui flétrissent, avec une honnête franchise, les turpitudes auxquelles se sont parfois livrés des hommes revêtus soit du pouvoir temporel, soit du pouvoir spirituel. — On conçoit que celles-ci aient provoqué la colère des courtisans et des dévots.

Dans ces *Notices et variétés*, l'écrivain philosophe se montre avec toute la sincérité de ses idées. On y retrouve la liberté d'allure, l'absence de préjugés, et surtout la franche bonne foi de Montaigne. *Que sais-je?* disait l'illustre auteur des Essais; la même expression dubitative revient fréquemment sous la plume de Houzeau. « On veut, dit-il, que la justice soit un des principes de ce monde : *qu'en savons-nous?* ... Quelles notions positives, quels indices scientifiques l'homme possède-t-il aujourd'hui de ses prétendues destinées après la mort? *Nous ne savons pas....* L'*hypothèse* de la double vie n'est pas encore scientifiquement démontrée, etc. »

Houzeau, en effet, ne concluait jamais au delà des limites de la démonstration expérimentale; il savait ignorer et osait l'avouer. Son admirable *Lettre à Pierre-Simon Laplace*, insérée dans l'Annuaire populaire de 1887, prouve qu'il faut le ranger, comme philosophe, dans la catégorie des *agnostiques;* mais sans donner à ce mot la signification que lui attribue certaine école.

La formule de Houzeau était *nescio*, et non pas *semper ignorabimus*. Bien loin de dire à la raison humaine :

« tu n'iras pas au delà », il regardait l'homme comme un être essentiellement perfectible, et ne posait aucune limite aux ressources futures de son intelligence. Pour lui, l'ignorance n'était pas la négation, mais le doute, et par conséquent l'attente.

La philosophie pure, il la tenait en mince estime, et ne s'en cachait pas. « Que de choses, dit-il, purement imaginaires, purement fondées sur des abstractions nous acceptons à l'École !... La philosophie est une branche d'étude qui n'est pas encore constituée, parce que la spéculation y conserve une immense avance sur l'observation. Tandis qu'il y a seulement une physique, il existe autant de métaphysiques qu'il y a d'Écoles de métaphysiciens. »

Un choix des plus belles notices qui accompagnent les *Annuaires populaires* mériterait de faire l'objet d'une publication séparée. Le talent mûr et viril de l'écrivain s'y déploie dans toute sa force. Nous avons cité déjà sa lettre à Pierre-Simon Laplace : une autre, intitulée « *Vouloir et savoir* », développe une idée très vraie. Les croyances, dit l'auteur, ne se raisonnent pas; l'homme de science et l'homme de foi ne sont pas sur le même terrain. L'un *cherche* la vérité, et dans son enseignement s'efforce de montrer la voie qui y conduit; l'autre *veut* que son idéal soit réalisé.

De là vient que ceux qui exposent des idées *scientifiques* le font, presque sans exception, dans une forme mesurée et dans un langage calme; tandis que la majorité de ceux qui défendent des opinions formées par *volonté* sont tranchants et absolus. Ils imposent leurs conclusions aux autres, comme ils se les sont imposées à eux-mêmes; et s'ils disposent du bras séculier, malheur à leurs adversaires.

L'auteur cite à cette occasion les controverses animées et les attaques passionnées auxquelles ont donné lieu la question des antipodes, celle du mouvement de la Terre, l'homme fossile, les théories de Darwin, etc. Toujours et partout, les hommes qui *savent* ont soutenu leurs idées avec modération, les hommes qui *veulent* les ont soutenues avec violence.

Un physicien illustre, Hirn, s'est rencontré sur ce sujet avec notre compatriote : « Chose singulière, dit le savant alsacien, les opinions conçues *a priori*, en dehors de l'expérience et de l'observation, ont plus de vitalité et de ténacité que les vérités conquises péniblement par l'étude de la nature. »

Dans ses Annuaires populaires, Houzeau revient à diverses reprises sur une thèse hardie, qu'il a également formulée dans l'*Introduction* de la Bibliographie générale de l'Astronomie; c'est celle des *influences prénatales*.

« Il n'est pas impossible, dit-il, qu'il n'y ait quelque chose d'héréditaire dans la manière de penser des hommes, non seulement comme prédisposition, mais peut-être même dans la nature des opinions...

» Pourquoi certaines idées ne seraient-elles pas déjà marquées en nous avant notre naissance?...

» Certains souvenirs sont d'une nature prénatale, et se trouvent gravés matériellement dans notre cerveau quand nous venons au monde...

» Les sociétés semblent perpétuer avec elles des opinions traditionnelles, qui sont comme une partie intégrante de leur bagage intellectuel. »

Fidèle à son principe de ne rien affirmer sans preuves, Houzeau, on le voit, enveloppe ici son langage d'une forme interrogative ou dubitative; mais l'insistance avec laquelle il revient sur le sujet prouve qu'il le regardait du moins comme digne d'un sérieux examen. Il a livré aux observateurs de bonne volonté le problème des idées prénatales, et cette grave question ne nous paraît pas insoluble.

Le premier des quatre Annuaires populaires fut publié par Houzeau pendant le séjour qu'il fit à Blois. Le climat de l'Orléanais et de la Touraine était favorables à sa santé, et il aurait probablement continué longtemps à y résider, sans la mort de son père, arrivée au mois d'août 1883. L'affection profonde qu'il avait pour sa vénérable mère l'emporta sur ses convenances personnelles, et il revint s'établir auprès d'elle à l'*Ermitage*.

Mais, au commencement de l'année suivante, il y contracta la fièvre intermittente, résultat de l'humidité des lieux. D'ailleurs, le travail de la Bibliographie générale de l'Astronomie le forçait à faire de fréquents voyages à Bruxelles, ce qui lui était très pénible, surtout pendant la mauvaise saison. « Je ne puis me résoudre, écrivait-il, à me déplacer en hiver. Pendant dix-huit ans, j'ai vécu au milieu d'une nature vivante et vivifiante; et ici ! huit mois de l'année, une nature morte et tuante. »

Il vint donc se fixer à Bruxelles, dans une modeste maison du faubourg de Schaerbeek. Là il continua à s'occuper de travaux divers, car le travail était sa vie; mais la plus grande partie de son temps, il la consacrait à coordonner les matériaux nécessaires à la publication de la Bibliographie astronomique, à préparer des conférences de vulgarisation scientifique, qu'on lui demandait de tous côtés, et à écrire, pour la presse quotidienne, des articles d'économie politique et sociale.

Houzeau était très assidu aux séances de l'Académie, et étudiait avec une conscience scrupuleuse toutes les questions qui étaient renvoyées à son examen. Les rapports qu'il présentait se distinguaient toujours par la clarté, la précision et l'urbanité; et lorsqu'il était forcé d'émettre une opinion défavorable, il le faisait avec une réserve modeste et une tolérance pleine de bon goût. Il aimait surtout à encourager les jeunes savants qui débutaient dans la carrière, et à leur aplanir le chemin de la publicité.

Dès les premiers moments de son retour en Belgique, ses confrères, qui professaient tous la plus haute estime pour son savoir et pour son caractère, s'étaient empressés de le dédommager de sa longue absence en le nommant, dans la séance du mois de décembre 1876, directeur de la classe des sciences pour l'année 1878. Un arrêté royal lui conféra, pour la même année, le titre de président de l'Académie.

A la même époque, la Société belge de géographie, qui venait de se constituer à Bruxelles, l'élut en qualité de président.

Indifférent à toute espèce de distinction honorifique, évitant même les occasions d'appeler l'attention sur lui, Houzeau ne fit partie que d'un petit nombre de sociétés savantes.

Désireux avant tout de conserver son indépendance d'opinion et sa liberté d'action, il ne voulut s'affilier à aucune société politique.

Est-il besoin d'ajouter enfin qu'il refusa la décoration

de l'Ordre de Léopold, qui lui fut offerte à plusieurs reprises? Le motif qu'il allégua pour expliquer ce refus, c'est que, s'étant toujours déclaré, en principe, adversaire des rubans et des croix, il manquerait de logique en consentant à accepter pour lui ce genre de distinction.

Après avoir tracé, comme nous venons de le faire, un historique raisonné de la vie et des travaux de Houzeau, nous pouvons nous dispenser, croyons-nous, de consacrer un cadre spécial à la peinture du caractère de l'homme. Ce caractère ressort suffisamment des faits, tels que nous les avons exposés, et des réflexions dont nous avons cru parfois devoir les accompagner. Quelques mots sur l'homme sont cependant nécessaires encore pour achever de le faire connaitre.

Ainsi qu'on a pu le remarquer en maint endroit de notre récit, ce qui dominait dans le tempérament moral de Houzeau, c'était la fibre démocratique. Ennemi du luxe, dédaigneux du confort, adversaire des hiérarchies, il était porté d'instinct vers la classe travailleuse, et pour la soulager, il aurait volontiers consenti à en partager la dure existence. Par sentiment d'égalité, il tenait à s'appeler *Houzeau* tout court; et l'allongement aristocratique qu'avait reçu autrefois son nom patronymique lui causait de l'agacement. L'auteur de ces lignes a vécu dans son intimité pendant quinze ans, avant de savoir qu'il s'appelait *Houzeau de Lehaie,* et que ce nom figurait sur la liste des nobles de notre almanach royal officiel.

Les principes d'après lesquels il se guidait étaient le fruit d'une conviction raisonnée et profonde. Il les appliquait d'une manière absolue dans la conduite de sa vie privée, dût-il en souffrir personnellement; mais en politique, là où l'individu doit compter avec la masse, il savait, comme nous avons déjà eu occasion de le voir, distinguer la théorie de la pratique. Rien n'est plus facile, en effet, que de formuler de beaux principes; mais il ne faut pas oublier que, d'un principe juste en théorie, on peut tirer des conséquences pratiquement inapplicables.

Tel est, par exemple, le principe de la liberté individuelle. Ce précieux privilège, que notre ami se plaisait à proclamer comme un droit, dans combien de circonstances n'a-t-il pas été (bien à regret, il est vrai), obligé d'y renoncer? La liberté individuelle, en effet, ne peut exister, réelle et entière, que dans l'état sauvage. Du moment où les hommes ont commencé à se civiliser et à se réunir en société, l'individu a dû sacrifier à l'intérêt général une partie de sa liberté personnelle. L'édifice social tout entier n'est formé que de matériaux arrachés l'un après l'autre à la liberté individuelle.

L'ambition, ce puissant ressort qui fait parfois accomplir de grandes choses, mais qui est toujours entaché d'égoïsme, l'ambition est un sentiment que Houzeau n'a jamais connu, même pendant cet âge d'illusions qu'on appelle la jeunesse. Dès cette époque, il travaillait pour apprendre, pour satisfaire sa soif de connaissances, et nullement dans le désir de produire et dans l'intention de publier. « Quand j'aurai entièrement rédigé le travail dont je m'occupe en ce moment, écrit-il de Paris en 1852, je le mettrai précieusement avec le reste dans un carton, et je passerai à d'autres exercices, avec la satisfaction d'avoir acquis des notions plus précises et plus complètes sur des phénomènes qui m'intéressent. »

Fidèle au principe de toute sa vie, de ne jamais perdre un instant, il allait parfois jusqu'à se priver de nourriture, afin de s'épargner la route qu'il aurait dû faire et le temps qu'il aurait dû employer pour aller prendre ses repas.

Sa sobriété était extrême, on pouvait même la qualifier d'excessive. Il mangeait très peu; ne buvait ni vin, ni bière, ni liqueurs; s'abstenait presque totalement de sel et ne souffrait aucune épice. Ce régime, qu'il avait pu suivre sans inconvénients, avec avantage peut-être, dans les pays chauds, il eut le tort de le continuer à son retour en Belgique, et ce fut sans doute une des causes qui contribuèrent à l'affaiblissement de sa santé.

Et ce n'est pas seulement dans sa nourriture que Houzeau était sobre; il l'était dans son langage, dans ses démonstrations, dans ses vêtements. Toute sa conduite révélait le mathématicien marchant sur la ligne droite, et guidé par le principe de la moindre action. Bien que mettant toujours de la ponctualité et des égards dans ses relations, il regardait en général les visites comme du temps mal employé : voici, par exemple, ce qu'il écrivait avec autant de finesse que de bon sens, à l'occasion d'une visite qu'Élie de Beaumont lui avait faite en 1855 : « Je » reste persuadé qu'on acquiert plus par la lecture des » ouvrages d'un homme, que par toute conversation » accidentelle avec lui. »

Lorsqu'il était directeur de l'Observatoire de Bruxelles. les lettres particulières qu'il adressait portaient un en-tête imprimé, dont la teneur était la suivante :

« L'Observatoire n'ayant pas de secrétaire, le directeur » prie ses correspondants d'excuser la brièveté de ses » lettres. »

Cette économie du temps, on la retrouve chez Houzeau, même en route. Sur terre, il s'arrête pour écrire au crayon sur son genou; en mer, les vents et le roulis ne l'empêchent pas de lire ou d'écrire sur le tillac. Il fallait être, comme lui, brisé à une vie mobile, pour faire des calculs logarithmiques et travailler à des notices scientifiques sur le pont des vaisseaux. C'était, du reste, un calculateur infatigable; une fois au travail, il ne le quittait plus. En 1875, établi à la Jamaïque, il se plaignait d'avoir littéralement usé, au point d'en effacer l'impression, les petites tables logarithmiques de Lalande qu'il avait apportées d'Europe avec lui.

Étranger à toutes les distractions du monde, ne perdant jamais une heure de sa journée, ne donnant au sommeil que le temps strictement nécessaire, il a pu ainsi produire, pendant sa laborieuse existence, une énorme quantité de travail, dont une partie seulement a été publiée.

Le but de ses nombreux voyages n'a jamais été de satisfaire ce goût raffiné qui pousse le touriste à visiter les sites pittoresques, les lieux célèbres, les collections artistiques. Houzeau aimait la nature vierge; elle seule était capable d'éveiller en son âme le sentiment poétique qui y résidait à l'état latent. Rarement démonstratif, jamais enthousiaste, il regardait comme une faiblesse de dévoiler sa sensibilité; mais lorsqu'il lui arrivait d'y céder, comme on le voit, par exemple, dans certains passages de son beau livre sur l'*Étude de la nature,* il écrivait des pages qui, par le charme du style et la délicatesse de l'expression, rappellent les poétiques descriptions de Bernardin de Saint-Pierre.

Ce qui l'intéressait avant tout dans ses voyages, c'était l'étude des lieux, au point de vue de la description du Globe et de l'histoire de la Terre, et l'étude des hommes, au point de vue de leurs mœurs et de leurs institutions. Dans ce but, il voyageait autant que possible à pied, et lorsqu'il arrivait dans une ville offrant des ressources intellectuelles, il s'y arrêtait, et s'y installait dans un hôtel modeste ou dans une maison tranquille.

Par la simplicité de ses goûts, comme par le sens pratique et positif de ses idées, Houzeau tenait beaucoup du Yankee. C'est ce qui explique l'accueil cordial qu'il reçut dans toutes les classes de la société américaine, la prédilection qu'il éprouvait pour le régime social de la grande république, et le long séjour qu'il fit dans ce pays.

Dans sa correspondance avec ses amis, il observait toujours une prudente réserve. Ce n'était pas par manque de confiance qu'il agissait ainsi; mais ne sachant pas entre quelles mains pourraient tomber ses lettres, il évitait de *se livrer*. « Il faut toujours se représenter, » disait-il, que l'on écrit pour être lu par tout le monde. » Son principe sur ce point, il le formulait en ces termes : « Écrire toujours sous l'œil du procureur du Roi. » Le *suspect* de 1849 n'a jamais, on le voit, oublié la surveillance dont il avait été l'objet à cette époque.

Une singularité de son caractère fut sa répugnance à se faire photographier. Ses meilleurs amis, ses parents même, eurent une peine infinie à obtenir de lui, pendant son long séjour en Amérique, qu'il consentit enfin à leur envoyer son portrait.

« J'ai une grande répugnance à me voir sur le papier, disait-il; cela m'a l'air d'un acte de faiblesse. »

« Je sais parfaitement, écrivait-il de Philadelphie, en réponse aux instances d'un ami, que mon opinion sur les portraits *n'est pas d'accord avec la nature humaine :* je ne te la donne pas comme telle, mais comme une *idiosyncrasie.* »

Ayant soin de réfléchir avant de parler, il paraissait parfois trop réservé dans sa conversation; mais toujours il savait tempérer le sérieux du fond par un ton simple et naturel, qui lui conciliait la sympathie en même temps que le respect. Certes, ils sont bien rares les hommes avec lesquels Houzeau s'est laissé aller à l'effusion des sentiments, et cependant, il s'est créé des amitiés si dévouées, si entières, qu'on doit se demander quelle est la cause mystérieuse de cette espèce de culte dont il était l'objet de la part de tous ceux qui l'approchaient. Il se le demandait à lui-même, dans une lettre de remerciement adressée de la Nouvelle-Orléans à un de ses amis d'Europe « Qu'ai-je donc fait, disait-il, pour mériter de tels amis? »

C'est que l'homme, à quelque classe de la société qu'il appartienne, s'incline toujours devant cette qualité qui résume toutes les autres, et dont Houzeau était la suprême incarnation : *l'honnêteté.*

Jamais on ne saurait appliquer mieux qu'à lui le mot si vrai de Buffon : « Le style est l'homme même. » Ses écrits, en effet, exerçaient le même prestige que sa personne. On s'attachait à l'œuvre, et l'on était curieux de connaitre l'auteur. On aimait ce savant qui, avec tant de simplicité et de charme, déroulait aux yeux du lecteur le grand panorama de la science; ce publiciste, qui défendait avec tant de cœur, avec une énergie si persévérante, les principes éternels du droit et de la justice; ce philosophe enfin, esprit calme et observateur, dont la plume trouvait parfois des accents si poétiques, si émouvants, pour célébrer la beauté et l'harmonie de la nature.

La tranquillité laborieuse qu'il était venu chercher dans sa petite habitation du faubourg de Schaerbeek, Houzeau n'en jouit pas longtemps. Dès l'année suivante, on vit sa santé décliner sensiblement. L'affection intestinale qu'il avait contractée en 1876, pendant son séjour à Panama, faisait des progrès inquiétants; ses forces diminuaient, la chaleur abandonnait son corps. Mais il n'en disait rien à ses amis; jamais une plainte ne sortit de sa bouche, jamais il ne fit la moindre allusion à la possibilité d'une mort prochaine. Ne croyant pas à l'efficacité de la médecine, il rejetait obstinément les conseils de ses amis qui l'engageaient à consulter un homme de l'art, et leur répondait flegmatiquement : « c'est inutile, je suis un organisme usé. »

A partir du commencement de 1888, il dut rester presque constamment au lit, et se résigner à abandonner tout travail sérieux : c'était pour lui se résigner à abandonner la vie. Pendant de longs mois, sa femme le soigna jour et nuit avec un dévouement sans bornes. Peu de temps après son retour en Europe, Houzeau avait épousé en secondes noces la veuve du frère de sa première femme, et il eut le bonheur de trouver, dans cette union tardive, une compagne sympathique qui devait assister à ses derniers travaux, une amie dévouée qui devait soulager ses dernières souffrances.

Notre éminent et dévoué confrère Stas, se rappelant en cette circonstance les études médicales qu'il avait faites autrefois, vint aussi prodiguer à son ami des soins aussi affectueux qu'éclairés; mais le mal avait eu le temps de jeter des racines trop profondes, et la science, désespérant de provoquer la guérison, dut se borner à calmer la douleurs.

Toutes les personnes qui ont approché Houzeau pendant sa maladie respectaient trop la fermeté de ses opinions philosophiques, pour combattre la résolution qu'il avait prise de mourir en libre penseur. Cette résolution était la conséquence logique des réflexions de toute sa vie, depuis le jour où il avait pu faire usage de sa raison. Au prêtre qui se serait présenté à lui, en qualité d'intermédiaire entre Dieu et l'homme, il aurait certainement commencé par dire : montrez-moi vos pouvoirs.

Les pratiques extérieures d'un culte quelconque, les cérémonies, tantôt pompeuses, tantôt sombres, qui n'ont pour but que de frapper les imaginations impressionnables, répugnaient à son caractère réfléchi. Une religion lui semblait d'autant meilleure qu'elle a moins de formes et qu'elle se rapproche davantage de la religion naturelle. Il déclarait franchement ne pouvoir prendre au sérieux ce qu'il appelait les *légendes bibliques*, et avait fait table rase de tous ces récits qui nous représentent la divinité sous des traits si peu dignes de sa grandeur. Les *croyants* ont le droit de le reléguer parmi les *incrédules;* mais sa mémoire n'en est pas amoindrie aux yeux de ceux qui l'ont connu, et l'on doit avoir pour ses idées philosophiques la tolérance et le respect que mérite toute opinion réfléchie, consciencieuse et honnête. La mort qu'il voyait approcher n'avait pour lui rien d'effrayant, car, comme le sage de Virgile, il avait depuis longtemps « foulé aux » pieds toute crainte au sujet du sort inexorable qui » attend l'homme au delà du tombeau. »

Metus omnes et inexorabile fatum
Subjecit pedibus, strepitumque Acherontis avari.

Mettant son amour pour le juste au-dessus de son goût pour le simple, cet homme si modeste n'a laissé, dans ses dernières volontés, aucune instruction en ce qui concerne l'éloge funèbre que l'on prononce d'ordinaire sur le cercueil des défunts. Il a cru ne pas avoir le droit de se soustraire à ce jugement posthume, et il a bien fait. Il savait que ses principes politiques et ses opinions religieuses avaient des adversaires, et il a voulu laisser à la critique la liberté de s'exprimer, même sur son cercueil. Le résultat a prouvé qu'il avait vu juste : un homme s'est trouvé qui a choisi ce moment pour signaler certaines notices de l'Annuaire populaire comme étant une *tache* pour la carrière de Houzeau!...

Deux mois avant sa mort, notre ami avait tracé d'une main ferme quelques lignes renfermant ses dernières volontés; elles méritent d'être transcrites dans leur laconique simplicité :

« Ma volonté est d'être enterré civilement. Mes funé» railles se feront avec la plus grande simplicité : il n'y » aura pas de chambre ardente, et je serai inhumé dans » la fosse commune, sans marque distinctive sur ma » tombe.

» Il ne sera rien imprimé de mes manuscrits, à l'excep» tion des documents relatifs à la Bibliographie générale » de l'astronomie, lesquels seront remis à mon colla» borateur M. A. Lancaster, pour continuer la publi» cation. »

Aux approches de la mort, le stoïcisme philosophique

20

et la fermeté antique de cet homme juste ne l'abandonnèrent pas un seul instant. Avec la sérénité du sage, avec le calme et le sangfroid de l'observateur, il indiquait à ceux qui le soignaient les différentes parties de son corps que la vie abandonnait progressivement. Jusqu'à son dernier souffle, il conserva toute la netteté, toute la lucidité de son esprit, et son cerveau ne cessa de fonctionner qu'au moment où son cœur cessa de battre.

Le 12 juillet 1888, à 1 heure après midi, le pays perdait un citoyen qui, par sa haute intelligence et son noble caractère, a mérité qu'on proclamât, au sein de l'Institut de France, qu'*il avait illustré la Belgique et honoré l'humanité.*

J. LIAGRE.

TABLE DES MATIÈRES.

Résumé biographique et bibliographique.

1re PARTIE (1820-1857).

Houzeau avant son départ pour l'Amérique.

2e PARTIE (1857-1876).

Houzeau pendant son séjour en Amérique.

3e PARTIE (1876-1883).

Houzeau directeur de l'Observatoire de Bruxelles.

4e PARTIE (1883-1888).

Houzeau rentré dans la vie privée.

NOTICE

SUR

THÉODORE JUSTE,

MEMBRE DE L'ACADÉMIE,

né à Bruxelles le 11 janvier 1818, décédé dans la même ville le 10 août 1888.

Vers 1840, à l'époque où cette piraterie industrielle appelée *la contrefaçon littéraire* sévissait dans toute sa force dans nos provinces et surtout à Bruxelles, un des éditeurs à qui ce commerce lucratif avait rapporté de beaux bénéfices, entreprit une grosse affaire : la publication d'une histoire de Belgique, sinon populaire, tout au moins dépouillée de ce qu'elle pouvait avoir de trop aride, de trop rébarbatif.

Le moment était bien choisi. Il n'y avait pas dix ans que notre pays avait pris rang dans le cortège des nations : rang bien modeste encore, que d'aucuns lui refusaient sous prétexte qu'il n'avait pas d'histoire et que, composé de petites principautés indépendantes réunies sous un même sceptre aux XVe et XVIe siècles, il avait été, depuis lors, tour à tour espagnol, autrichien, français et hollandais, confondant ses annales avec celles des peuples qui l'avaient tenu sous le joug; qu'il n'était, en définitive, qu'une terre à compensation.

Mais avant d'être asservi, moins sous le coup de la conquête que sous la fatalité de pactes de famille ou d'actes diplomatiques, son passé avait été glorieux : son nom dans tous les siècles avait brillé d'un vif éclat; son sol avait vu naitre des institutions qui avaient devancé la marche du progrès, des libertés démocratiques inconnues partout ailleurs, des hommes qui avaient laissé dans l'histoire générale des peuples des traces ineffaçables. Nulle part l'industrie et le commerce ne s'étaient développés sur une échelle aussi vaste; aucun coin de la terre ne renfermait autant de cités riches et prospères. Et quand sous la tyrannie étrangère tout ce passé s'était abimé dans les larmes et dans le sang, après des luttes qui avaient eu leur grandeur; quand toutes les voies vers la gloire paraissaient fermées, ses artistes s'en étaient ouvert de nouvelles où ils n'avaient pas de rivaux et, sous les drapeaux de leurs maitres, ses soldats s'étaient montrés partout dignes de leurs ancêtres, dont César avait dit qu'ils étaient les plus braves de tous les Gaulois.

C'est ce qu'il fallait apprendre à l'étranger qui l'ignorait, à la jeune génération qui avait déployé si fièrement sur les barricades de septembre le drapeau aux trois couleurs et qui, sous le gouvernement d'un prince éclairé, s'essayait à la pratique de toutes les libertés, proclamées par la constitution la plus libérale qu'un peuple se fût jamais donnée.

Les historiens ne manquaient pas en Belgique : il y avait Gachard, dont l'érudite curiosité avait déjà porté la lumière sur tant de points obscurs de nos annales, Adolphe Borgnet à qui l'on devait les *Lettres sur l'histoire de la Belgique* à la fin du dernier siècle, le chanoine De Smet qui avait étudié particulièrement notre histoire au moyen âge, le professeur Roulez, de Reiffenberg, Moke, de Saint-Genois, etc. Le choix de l'éditeur ne s'arrêta sur aucun d'eux : il alla à un tout jeune homme, THÉODORE JUSTE, dont il venait précisément d'éditer trois petits volumes.

Juste était né à Bruxelles, le 11 janvier 1818, rue de la Madeleine, dans une maison joignant la *petite rue* de ce nom, à l'enseigne du *Tambour rouge,* où ses parents faisaient le commerce de quincaillerie et de jouets d'enfants. Son père était de Grand-Reng, près de la frontière française; sa mère de Tessenderloo, en pleine Campine limbourgeoise : le futur historien national tenait donc à la fois des deux branches de la race qui se partagent le sol de notre pays.

Veuve de bonne heure, Mme Juste, pour se consacrer plus entièrement au commerce qui était le seul moyen d'existence de sa nombreuse famille, avait mis ses six enfants en pension dès leur jeune âge. Théodore, l'aîné, fit une partie de ses humanités d'abord dans un pensionnat laïque d'Etterbeek, puis dans un établissement religieux à Lierde-Ste-Marie, près de Grammont; il les termina chez l'abbé Olinger. Son goût pour la littérature et l'histoire s'était manifesté de bonne heure : dès 1837, il avait publié dans *La Belgique littéraire et industrielle,* revue in-4°, qui paraissait à Bruxelles, deux articles intitulés, l'un *Le mauvais lundi, épisode de l'histoire de Flandre,* l'autre *Gand et Marie de Bourgogne.*

L'année suivante, la *Revue belge* avait publié de lui : *Jean Van Eyck et son école* et *Jean Memling*. Comme on le voit, l'histoire des Flandres au XVe siècle, si dramatique et si riche en noms illustres, avait fait, la première, impression sur l'esprit de Juste. En 1839, la librairie Jamar, 9, rue de la Régence, éditait de lui une *Histoire populaire de la Révolution française*, et, peu de temps après, une *Histoire populaire du Consulat, de l'Empire et de la Restauration*, deux petits volumes qui n'avaient d'autre prétention que de résumer, en s'en tenant aux faits principaux, quelques-uns des ouvrages déjà publiés sur ces époques; simple exercice de style, semble-t-il, que le jeune auteur ne pensa pas plus tard à revendiquer, car dans ses *notices bibliographiques* de 1872 et de 1886 de l'Académie, il ne mentionne pas ces premières œuvres, bien que leur rapide débit en eût fait un succès (1).

La critique avait fait bon accueil aux débuts de Th. Juste et, chose remarquable, constatait déjà chez le jeune historien les qualités et les défauts qu'on retrouve plus tard dans la plupart de ses ouvrages. « La narration en est généralement bonne de ton et de couleur, quoiqu'un peu lâche parfois », dit l'*Observateur* du 1er août 1839, en rendant compte de l'*Histoire de la Révolution française*, et il ajoute : « M. Juste vise de toutes ses forces à l'impartialité, c'est son idée permanente. »

Cette même année, préoccupé déjà, sans doute, de ses futurs travaux d'historien, il va avec quelques amis par-

(1) Il est toutefois à remarquer que la librairie Lacroix réédita, en 1866, l'*Histoire populaire de la Révolution française*.

courir la Hollande, que l'acte du 16 avril et la reconnaissance de la Belgique par le roi Guillaume avaient rouverte aux voyageurs belges, et il écrit pour l'ÉMANCIPATION, *currente calamo,* quelques articles que l'éditeur Jamar réunit en un petit volume sous le titre : *Un tour en Hollande en 1839* Le style en est coulant, facile ; mais on pressent l'historien sous le voyageur : ce qui l'intéresse, c'est bien moins l'aspect étrange des horizons à perte de vue, des prairies coupées de canaux, couvertes de troupeaux et auxquelles de grands moulins à vent donnent l'animation et la vie, que les nombreux souvenirs de la révolution du XVIe siècle qui partout se dressent devant lui. C'est avec enthousiasme qu'il raconte les luttes des villes de la Hollande contre l'Espagne, et l'animation de son récit est précisément une des conditions que devaient rechercher les éditeurs éclairés d'une *Histoire de Belgique* populaire : les trois petits volumes de Juste, publiés par eux, leur apprirent à connaitre le jeune historien.

En 1840 parurent, enrichis d'illustrations d'après les tableaux des meilleurs de nos peintres, les premiers fascicules. Ce n'était pas une œuvre d'érudition, discutant nos origines et les récits des anciens analystes, ne marchant que pas à pas à la lumière des textes empruntés aux poudreuses archives; mais ce fut une œuvre vivante, « faisant revivre de grandes choses et de grands hommes », rapportant tous les événements mémorables, passant légèrement sur d'autres jugés moins importants: incomplète par conséquent, mais singulièrement propre à se faire lire de tous, grâce à l'intérêt du sujet et à son style rapide et clair, souvent imagé, bien que parfois aussi incorrect. Nourri de faits, sobre de raisonnements, le livre de Juste fut une histoire populaire dans toute l'acceptation du mot. Peut-être pouvait-on reprocher à l'historien certaines tendances à admettre comme articles de foi des anecdotes ou des traditions plus ou moins hasardées; de suivre ses héros loin de leur patrie, Godefroid de Bouillon en Palestine, Baudouin de Flandre à Constantinople, Charles-Quint à la Goulette; mais en les montrant ainsi sur le théâtre de leurs succès, il intéressait davantage encore le lecteur à leur gloire, qui rejaillissait sur leur pays Aussi cette œuvre belge eut-elle un succès prodigieux : elle n'était pas encore terminée qu'une seconde édition était déjà sous presse et qu'une traduction hollandaise était annoncée; en 1850, elle eut une troisième édition; en 1858 une quatrième, avec une partie plus développée sur l'époque contemporaine. Les éditeurs firent une magnifique opération commerciale. Quant à l'auteur, il avait reçu 500 francs pour son manuscrit, et le gouvernement, pour l'encourager, le nomma, par arrêté du 15 juillet 1840, signé Rogier, deuxième commis à la direction de l'Instruction publique, alors annexée au Ministère des Travaux publics, avec un traitement annuel de 1500 francs.

Pour célébrer en quelque sorte son entrée en fonction, Juste entreprend alors une œuvre considérable : Ce livre, dit-il, dans la préface de son *Essai sur l'histoire de l'instruction publique en Belgique,* « ce livre peut être » considéré comme l'esquisse d'un vaste et imposant » tableau... Que l'on approfondisse l'histoire de l'ensei» gnement public dans les États européens, on se trouve » bientôt en présence des questions les plus graves et

» qui toutes. ont un rapport direct avec l'éducation. » L'histoire de l'enseignement public doit résumer l'his- » toire de la civilisation. » — Mais, comme il l'avoue, le plan d'une telle œuvre dépassait ses forces. Pour l'époque médiévale, les documents lui manquaient, les chercheurs n'ayant guère encore compulsé les archives des communes, des chapitres et des monastères, et approfondi leur rôle dans l'histoire de l'instruction publique; aussi les travaux de Warnkoenig pour la Flandre et de Polain pour le pays de Liège sont seuls indiqués. En revanche, confondant, comme on le fit trop souvent, notre histoire avec celle de la France, Juste emprunte sans hésiter les idées et les vues de Guizot, de Michelet, d'Augustin Thierry, voire même de Capefigue et d'Ancillon, et les applique erronément à nos institutions communales et provinciales. Au chapitre V, à partir de la fondation de l'Université de Louvain, sans négliger les travaux de ceux qui l'ont précédé, il consulte davantage les sources nationales, mais ne sait les mettre en œuvre avec habileté : tantôt il entre dans les détails les plus infimes, tantôt il généralise trop, et quelquefois aussi introduit dans son texte, au lieu de les analyser, des documents officiels qui lui paraissent importants, sans s'apercevoir qu'il suspend l'intérêt du récit : grave défaut, que plus tard il poussa à l'extrême et dont il fit un véritable abus.

La dernière partie du livre est plus instructive et plus attachante. Le 28 janvier 1842, J.-B. Nothomb, le Ministre d'alors, avait déposé sur le bureau de la Chambre des Représentants un premier rapport sur l'instruction primaire en Belgique; en 1843, il en déposa deux autres sur l'état de l'instruction moyenne et de l'instruction supérieure. Les deux premiers rapports embrassaient la période de 1815 à 1842; le troisième remontait à 1794. Peut-être le jeune commis de 2me classe avait-il collaboré, tout au moins par ses recherches, au travail du ministre; en tous cas il y puisa à pleine main.

Il est fâcheux que Juste, qui revint si souvent sur ses anciennes œuvres pour les rajeunir, n'ait pas jugé à propos de reprendre à nouveau, pour en tirer des enseignements utiles à ses contemporains, son *Histoire de l'instruction publique*. Les questions qu'elle soulève sont des plus épineuses : Joseph II et Guillaume Ier s'y butèrent, et elles furent de celles qui portèrent le plus atteinte à leur pouvoir. Nos hommes d'État d'aujourd'hui, pas plus que ceux qui les ont précédés, n'ont su toujours en éviter l'écueil. Combien s'y perdront encore !

Dans les premiers mois de 1846, Juste publiait le tome premier de son *Histoire de la Révolution belge de 1790*. Les documents ne lui faisaient pas défaut : Ad. Borgnet dès 1833, dans le *Journal de Namur*, avait publié ses *Lettres sur la Révolution brabançonne* et, en 1844, avait repris le même sujet, on sait avec quel talent, dans son *Histoire des Belges à la fin du XVIIIe siècle*. Dans l'intervalle avaient paru le *Résumé des négociations qui accompagnèrent la Révolution des Pays-Bas autrichiens* de Van Spiegel et le *Rapédius de Berg* de Gérard ; M. de Gerlache et l'abbé Janssens avaient aussi traité cette époque à leur point de vue ; M. Coomans en avait publié des épisodes dans le *Journal de Bruxelles* ; M. Gachard, enfin, avait mis au jour, sous le titre de *Documents politiques et diplomatiques sur la Révolution de 1790*, des détails extrêmement intéressants sur les séances des

États généraux et du Congrès, et sur les négociations, les démarches et les intrigues de la cour de Vienne. Juste sut fondre tous ces éléments en un récit simple, clairement écrit, qu'il fit précéder de l'histoire de Joseph II depuis son avènement (29 novembre 1780). On ne peut que louer son analyse des constitutions de nos diverses provinces, de la *Joyeuse-Entrée* du Brabant, des privilèges des Flandres, de la composition des États provinciaux, de l'organisation judiciaire et administrative au XVIIIe siècle et du régime municipal. Tout cet exposé était nécessaire avant de montrer l'atteinte que Joseph II, dans les meilleures intentions du monde, voulut porter à ces institutions du passé en essayant de les transformer.

Dans un de ses chapitres, Juste se demande pourquoi la révolution de 1790 a été malheureuse, alors que celle de 1830 a réussi, et il l'explique par l'union qui, à cette dernière date, s'était faite entre tous les partis, alors qu'au siècle dernier la plus complète animosité régnait entre les *statistes*, dont le chef était Vander Noot, et les démocrates ou Vonckistes. Il convient toutefois de remarquer que pendant les quarante années qui séparent les deux révolutions, sur nos provinces avait passé le niveau de la République française : les privilèges des trois ordres avaient disparu, la *Joyeuse-Entrée* n'était plus qu'un souvenir, l'organisation judiciaire était transformée, la conscription était entrée dans les mœurs; en un mot, une partie de ce que Joseph II avait voulu établir par décret impérial, la conquête l'avait réalisé plus impérativement encore. Ce n'était plus pour conserver d'anciennes et respectables institutions que l'on combattait en 1830, c'était pour acquérir des libertés dont même les esprits les plus rétrogrades sentaient la nécessité : puisqu'ils devaient renoncer à reconstituer l'ancien régime, décidément enseveli dans le passé, ils préféraient au despotisme même éclairé, bienveillant, mais partial et sectaire, ces libertés avec tous leurs abus et la constitution qui les proclamait. Cette jeune nationalité qui s'était élevée à leur ombre, que l'on s'entêtait dans bien des cabinets étrangers à considérer comme un satellite de la France, sut vivre de sa vie propre, indépendante, sans aucune attache avec ses puissants voisins, et les bouleversements de 1848 la laissèrent indifférente. Comme le disait M. Delfosse, la liberté pour faire le tour du monde n'avait pas eu besoin de passer par la Belgique.

Mais alors on vit ces vieilles monarchies, qu'avait ébranlées la terrible tempête qui venait de passer sur l'Europe, se demander quelle vertu pouvait donc bien posséder la Constitution belge, à l'abri de laquelle le plus jeune trône du continent n'avait éprouvé aucune secousse? De l'œuvre, la pensée se reporta à ses auteurs. On fut tout à coup pris chez nous d'un bel enthousiasme pour ces constituants qui, au lendemain d'une révolution, avaient rédigé cette charte d'un peuple libre, et l'opinion publique dicta au Roi l'arrêté du 21 septembre 1849, décrétant qu'un monument serait érigé à Bruxelles au Congrès national.

Juste entreprit presque aussitôt l'histoire de cette assemblée, et la publia d'abord en feuilletons dans l'*Indépendance belge,* le journal le plus important du pays, le plus répandu à l'étranger.

La tâche lui était rendue facile par l'apparition récente, due à M. Émile Huyttens, greffier de la Chambre des

Représentants, des *Discussions du Congrès national de Belgique*, en cinq volumes grand in-8°, précédées d'une introduction et suivies d'actes et de rapports, imprimés par l'Assemblée, et de pièces inédites. Le mode de publication adopté par Juste pour son histoire lui fut aussi extrêmement utile : la plupart de ceux qu'il appelait déjà les *Fondateurs de la monarchie* et à qui il dressa plus tard un panthéon, reconnaissant quel esprit sage, dégagé de toute prévention, présidait à cette œuvre de bonne foi, n'hésitèrent pas à confier à son auteur des notes personnelles, écrites au cours des événements auxquels ils avaient participé, et des pièces justificatives que le public n'avait pas connues.

Peut-être cependant le concours de ces collaborateurs bénévoles contribua-t-il à l'absence d'animation dans le récit, qui se remarque surtout dans le second volume, et qu'aggrave encore l'abus des citations, des discours, des pièces diplomatiques ; abus que Juste reconnut lui-même et auquel il essaya de porter remède dans ses éditions postérieures. Un autre défaut qu'on peut lui reprocher, c'est sa préoccupation de l'impartialité, qui l'empêche de prendre parti et laisse tout à faire au lecteur, indécis s'il doit voir dans Louis-Philippe un allié bienveillant ou perfide, s'il doit donner raison à M. Lebeau, à M. Van de Weyer ou à M. de Robaulx. Comprise de cette façon, l'impartialité est une vertu négative, que l'on peut louer chez un greffier consignant fidèlement les témoignages entendus, mais non chez un historien qui, sans passion, sans parti pris, doit les apprécier, et le peut d'autant plus aisément qu'écrivant après les événements il en connaît les conséquences heureuses ou funestes. Malgré sès efforts, Juste ne désarma pas la critique : parce que l'*Histoire du Congrès* avait paru d'abord dans un journal libéral, sans même la lire la presse politique de l'autre parti la crut destinée à glorifier le libéralisme et les libé raux. Le *Journal de Bruxelles*, surtout, accusa l'auteur d'avoir, dans des vues intéressées, transformé l'histoire de l'Assemblée constituante de Belgique en un panégyrique de l'ancien ministre de l'intérieur, Ch. Rogier. Rien n'était plus faux, car ce nom est un de ceux qui apparaissent le moins dans le livre. Toutefois ces accusations, souvent répétées, finirent par exaspérer Juste : dans une lettre du 18 juin 1853 il somma son accusateur de fournir des témoignages du bien-fondé de ses affirmations. Quatre jours après, dans une nouvelle lettre, l'historien constatait que le journal n'avait rien répondu « que des plaisanteries et des bouffonneries, dignes tout » au plus d'un scapin de village. Comment! disait-il, » vous dirigez contre moi des imputations qui touchent » de très près à l'honneur, et quand je vous somme de » les justifier vous fuyez le débat, vous esquivez mon » défi! Vous avez recours, pour cacher votre embarras, » à de misérables pasquinades! » — Le journal avait lancé une calomnie, sachant bien qu'il en reste toujours quelque chose; et, en effet, à l'heure actuelle, bien des gens, sans avoir lu l'œuvre, affirment encore qu'elle est d'un bout à l'autre un monument élevé à la gloire de l'ancien ministre.

En revanche, des juges plus éclairés, ceux mêmes qui avaient joué le premier rôle dans ces assises nationales que Juste avait entrepris de raconter, ne lui ménagèrent pas l'éloge. Lebeau, le 5 août 1849, le félicitait de son exactitude, de la sagesse de ses appréciations, et trente ans plus tard, le 9 janvier 1880, le baron Nothomb lui écrivait de Berlin, à l'occasion de la publication de la troisième édition : « Votre *Histoire du Congrès* est excel» lente; j'espère que vous ne l'aurez pas modifiée... » — La *Revue de l'instruction publique*, dans sa première livraison de 1881, émettait sur cette édition le jugement suivant, que l'on peut considérer comme définitif : « C'est » le plus complet de tous les ouvrages qui aient encore » paru sur cette matière. Il se laisse lire facilement, car » le style en est clair, simple, coulant, académique. Mais » ce style aussi manque de chaleur et de coloris; les » larges horizons manquent à l'ouvrage; les points » obscurs ou scabreux sont évités avec une prudente » discrétion. L'auteur semble vouloir éviter des discus» sions irritantes. Il raconte, mais ne se passionne ni » pour les faits, ni pour les héros dont il parle. Ces der» niers ne vivent pas. »

L'histoire du XVIe siècle attirait Juste. Déjà en 1846, dans le tome XVII de la *Revue nationale de Belgique*, il avait écrit une étude sur Marie de Hongrie (1531-1555); il la développa, afin de donner comme avant-propos à l'histoire de la révolution des Pays-Bas un aperçu du règne de Charles-Quint Bucholz et son *Histoire de Ferdinand I*er, Lanz et sa *Correspondance de Charles V*, Ranke et son *Histoire de la monarchie espagnole pendant les XVI*e *et XVII*e *siècles*, récemment traduite par Haiber, les notes analytiques sur la correspondance de Marie de Hongrie avec Ferdinand, écrites par le comte de Wynants, ancien directeur des archives de Bruxelles et sur lesquelles Gachard avait appelé l'attention de Juste, enfin l'*Histoire des relations commerciales et diplomatiques des Pays-Bas avec le nord de l'Europe pendant le XVIe siècle* d'Altmayer, avaient servi de base à son premier travail; la *Correspondance de Granvelle* et les *Relations des ambassadeurs vénitiens,* par Tomasseo et Gachard, servirent à le compléter lorsqu'il le publia en volume en 1855. Dans sa deuxième édition, en 1861, il avait de plus à sa disposition de nombreux documents empruntés aux *Bulletins de la Commission d'histoire* et surtout aux ouvrages sur la retraite de Charles-Quint à Yuste, dus à MM. Mignet, Am. Pichot, Gachard, Stirling et Prescott. Ces divers remaniements ne furent pas favorables à l'homogénéité de l'œuvre, vu surtout la tendance de l'auteur à développer outre mesure les chapitres sur lesquels il possédait le plus de données ou qui lui paraissaient les plus intéressants et les plus dramatiques : la répression de la révolte des Gantois, la retraite à Yuste, etc.

Son *Histoire des Pays-Bas sous Philippe II,* dont la première partie parut aussi en 1855, pêche également par le même défaut, commun du reste à la plupart des historiens qui ont écrit sur cette époque troublée. Les publications tirées des archives de Bruxelles, La Haye, Besançon, Simancas, Vienne, Paris et du British Museum ont, en effet, fourni plus de documents sur la deuxième moitié du XVIe siècle que sur les époques qui l'ont précédée ou suivie. Tous n'ont pas su en faire un juste emploi, strictement en rapport avec le sujet traité : rencontrant des choses intéressantes, ils se sont efforcés de les introduire dans leur texte, sans réfléchir que tel détail, dont la place est marquée dans un épisode particulier, doit rester en dehors de l'histoire générale. Juste, écrivant au moment de la publication de la *Correspondance de Philippe II* de Gachard, était le premier à présenter les faits historiques tels que les exhumations des archives de Simancas permettaient de les rapporter définitivement; il n'a pas non plus su passer à côté d'un détail inédit sans se l'approprier. Toutefois sa narration vive, animée, le dramatique et fidèle tableau qu'il sut peindre, lui assurèrent un véritable succès et contribuèrent à son élection de membre correspondant de la Classe des lettres de l'Académie royale, le 26 mai 1856.

La presse fut unanime à louer l'œuvre. La *Revue catholique* de juillet 1855 disait : « Sans renier ses convictions » personnelles, M. Juste examine les actes des Espagnols » et de leurs adversaires avec cette impartialité et cette » tolérance de bon aloi que l'histoire inspire à tous ceux » qui sont dignes de la comprendre. L'impartialité et la » sincérité de l'auteur se manifestent dans toutes les » parties de son œuvre. » M. Am. Pichot, dans la *Revue britannique*, appréciant le livre de Juste en même temps que l'ouvrage de Prescott sur Philippe II, les mettait tous deux sur le même rang. Le général Renard, enfin, rapporteur de la commission du prix quinquennal de 1856, qui décernait à notre confrère le prix partagé, écrivait : « A l'exception de la vie de Marie de Hongrie, tous les » travaux antérieurs de l'auteur sont, au point de vue de » l'art d'écrire, comme à celui du talent de la mise en » scène, beaucoup inférieurs à l'histoire de la *Révolution* » *des Pays-Bas sous Philippe II.* » Toutefois l'honorable rapporteur formulait un regret : à côté de Philippe II, de Marguerite d'Autriche, du prince d'Orange et des nobles seigneurs qui figurent au premier rang, « on désirerait,

» dit-il, voir davantage se mouvoir la nation elle-même, » dont les destinées, en définitive, forment l'enjeu des » événements. Aujourd'hui on ne peut l'apercevoir qu'à » travers quelques éclaircies. On ne saisit pas d'une » manière assez lucide les péripéties de l'opinion » publique. » Une autre lacune encore que signale le général Renard, c'est que Juste n'a pas tenu compte de l'influence exercée par les nations voisines. « Nous ne » pensons pas, dit-il, qu'il soit possible d'isoler l'histoire » de nos troubles des intrigues politiques de cette » époque. » Nous partageons entièrement cette opinion ; pas plus au XVIe qu'au XIXe siècle, les commotions politiques ne peuvent rester isolées dans le milieu qui les a vues naître, toujours elles se répercutent au delà : toutes les nations sont solidaires.

La deuxième partie de l'histoire de la révolution du XVIe siècle, intitulée comme la première : *Les Pays-Bas sous Philippe II*, et dont l'avant-propos porte la date du 1er décembre 1862, parut, le tome I en 1863, le tome II en 1867; elle s'étend de la prise de la Brielle (1572) à la Pacification de Gand (1577). Voici en quels termes, en 1871, le rapporteur de la commission du prix quinquennal, notre sympathique confrère M. A. Leroy, apprécie ces deux volumes; nous sommes trop d'accord avec lui pour ne pas adopter intégralement ses éloges et ses critiques : « M. Juste, entraîné par son sujet, a su » écrire des pages chaleureuses. Il s'est aussi tenu plus » près des sources, et la vigueur de son style, l'intérêt » de sa narration y ont singulièrement gagné, témoin » les descriptions des sièges de Harlem et de Leyde, » auxquelles on peut reprocher toutefois de ne pas assez

» faire tableau. Mais le second volume, surtout dans les » derniers livres, ne soutient pas la comparaison avec » son aîné. Il est visible que l'auteur a hâte d'en finir; » que le sujet qui l'exaltait en 1863 lui est devenu impor- » tun en 1867 ; que ses pensées sont ailleurs. Don Juan » d'Autriche est à peine arrivé à Marche-en-Famenne » que le lecteur est congédié... Rassurez-vous pourtant : » M. Juste a sur le métier une biographie de Don Juan. » Qu'il nous soit permis de le dire : ce n'est pas ainsi » qu'on tronque un sujet, quand on a eu l'honneur d'en » tirer d'abord un tel parti; ce n'est pas ainsi qu'on » découpe l'histoire, surtout *quand on s'entend mieux à » juger les choses que les hommes.* »

C'est qu'aussi entre la première et la seconde partie avait paru la *Révolution du XVI*e *siècle* de Mottley, dont la traduction française fut publiée en 1860, et tous ceux qui ont connu l'amertume de se voir devancé dans la description d'un monde que l'on croyait avoir découvert, comprendront le découragement de Juste et sa hâte d'en finir. Pendant qu'il attendait patiemment pour terminer son œuvre la publication de la correspondance de Philippe II, dont M. Gachard lui communiquait cependant les feuilles en épreuves, Mottley allait lui-même la consulter à Simancas et arrivait bon premier, avec un livre d'une incontestable valeur.

Les nombreux documents que Juste avait remués pour écrire son histoire, et qu'il n'avait pas épuisés, lui inspirèrent l'idée de développer, dans des biographies particulières, le rôle qu'avaient joué quelques-uns des personnages les plus remarquables : celle de *Philippe de Marnix* fut publiée en 1858.

Dans un livre alors récent et écrit de main de maitre, M. Ed. Quinet avait célébré l'écrivain et le champion du protestantisme. Juste essaya de faire connaitre surtout l'homme d'État et l'homme de guerre, particulièrement dans l'épisode du siège d'Anvers, que Marnix défendit en qualité de premier bourgmestre. Il ne réussit pas toutefois à expliquer la désespérance et le découragement qui, lors de sa captivité (1573-74), portèrent son héros à conseiller au prince d'Orange de faire la paix avec l'Espagne; ni l'aveuglement de son fanatisme religieux, qui le poussa à offrir les Pays-Bas à la France plutôt que d'accepter la loi de son souverain légitime; ni la forme étrange de ses négociations à Anvers avec Alexandre Farnèse, qui le firent accuser de trahison par les États généraux de Hollande et de Zélande. L'*apologie* que Marnix publia, éloquent plaidoyer de sa conduite, ne le lave pas du soupçon d'avoir voulu opérer une entente criminelle entre les révoltés et leurs oppresseurs; d'avoir, après la mort de Guillaume d'Orange, rêvé d'être le *Deus ex machina* d'une réconciliation entre le nord et le midi des Pays-Bas retombé sous le joug espagnol. Semblable jeu, en 1870, coûta, sinon la vie, l'honneur à un maréchal de France. En raison des anciens services rendus, les États des Provinces-Unies, plus généreux, jetèrent un voile sur les coupables faiblesses de Marnix et se bornèrent à le condamner à traduire en néerlandais le texte hébraïque de la Vulgate.

La biographie de Christine de Lalaing, princesse d'Épinoy, que Juste aurait dû plus exactement appeler Philippine ou Philippotte de Lalaing, date de 1861 et s'est inspirée des *Mémoires sur le siège de Tournay* par Philippe

Warny de Wissempiere, publiés par A.-C. Chotin dans la collection de la *Société de l'histoire de Belgique.* Celle des comtes d'Egmont et de Hornes, qu'il était difficile de séparer, leur mort plus encore que leur vie les ayant unis dans l'histoire et dans le souvenir du peuple, eut pour origine une pensée généreuse : le désir de l'auteur de réagir contre les accusations en sens contraire portées contre les deux comtes, après que le Gouvernement eut décidé qu'un monument consacrant leur mémoire serait élevé sur l'une des places publiques de Bruxelles. Juste n'avait pensé d'abord, comme il l'écrivait en 1859 à l'Académie, qu'à exposer à la Classe des lettres leur carrière politique; mais au lieu d'une dissertation académique, débordé par les documents, il écrivit un livre.

Dans sa préface, il rappelait cette vérité que « pour » juger avec équité les hommes illustres des temps » passés, il ne faut point les séparer de leur époque. » C'est précisément cette époque que l'historien a négligé de peindre. Il suit avec une fidélité minutieuse, méticuleuse même, les correspondances des contemporains, les rapports des chroniqueurs, etc.; nulle part il ne peint le milieu où vécurent ses héros, il ne nous dit les influences auxquelles ils obéirent, qu'elles vinssent de leur entourage ou de l'étranger; nulle part non plus il n'analyse l'homme.

Ces défauts apparaissent plus encore dans sa biographie de Guillaume le Taciturne, publiée en 1873. Désireux, dit-il, d'imiter Plutarque, il cite dans son avant-propos ces lignes d'un publiciste : « En étudiant la vie des » grands hommes, on peut y recueillir de si précieux » enseignements qu'il est fort à désirer que le tableau

» de leurs actions soit détaché des pages de l'histoire et » placé devant le public dans la forme distincte d'une » simple biographie. » Mais il oublie que le mérite de Plutarque est précisément de s'être attaché moins à narrer les faits appartenant à l'histoire et connus de tous, qu'à raconter la vie privée de ses grands hommes, à faire connaître leur caractère et à rechercher les mobiles qui les firent agir dans les circonstances les plus remarquables de leur existence. Juste nous présente toujours l'homme public, sans jamais chercher à deviner ses pensées de derrière la tête. La grande figure du Taciturne valait bien la peine cependant d'être étudiée sous tous ses aspects. Simplement préoccupé de n'être pas accusé de partialité, son historien suit les faits pas à pas, traduisant en langage moderne les documents qu'il a sous les yeux, et si fidèlement, que son style, habituellement clair et limpide, souvent en devient lourd et obscur. Quant à scruter le fond de la conscience de Guillaume d'Orange, rechercher les causes de ses tergiversations, expliquer sa politique, deviner ses desseins, il ne l'essaie même pas.

Le désir de grouper toutes les œuvres de Juste sur le XVIe siècle nous en a fait négliger d'autres, sur lesquelles il nous faut revenir. Ce sont d'abord celles qui doivent compléter son *Histoire du Congrès* : 1° l'*Histoire des États généraux des Pays-Bas*, publiée en 1864; résumé un peu sommaire de nos Assemblées nationales depuis 1465 jusqu'en 1790; 2° *Le soulèvement de la Hollande en 1813 et la fondation du royaume des Pays-Bas*, dont l'introduction sur le règne de Louis Bonaparte est plutôt l'histoire de ses démêlés avec son glorieux frère, principalement d'après l'ouvrage : *Napoléon Ier et le roi de Hollande*, du professeur Th. Jorissen. La controverse élevée entre ce dernier et ses adversaires au sujet du rôle prépondérant qu'il fait jouer au comte de Limbourg-Stirum dans le mouvement national de 1813, et les nombreuses brochures auxquelles elle donna lieu, furent pour Juste une source de documents où il puisa avec beaucoup d'habileté.

Qui ne connait l'histoire du royaume des Pays-Bas depuis 1814, pendant l'époque de l'union de la Belgique et de la Hollande, ne comprend rien à notre révolution de 1830 ni à ses conséquences. Un Belge de 1817 disait : « Il existe parmi nous quelques vieux Autrichiens, beaucoup de jeunes Français, peu de Belges : état de choses qui s'explique par le pouvoir des souvenirs. » — En 1830, des Autrichiens il ne restait plus trace; il y avait encore des Français, mais les Belges avaient grandi en nombre et formaient majorité. L'opposition du gouvernement hollandais aux réclamations des provinces du Midi, le mécontentement qu'elle provoqua, firent naitre des hommes d'action, qui se trouvèrent être des hommes d'État. En 1815, on n'aurait pu trouver dix Belges pour former un gouvernement; en 1830, on trouva le Congrès. En 1815, les libertés dont nous sommes si fiers n'auraient jamais été votées : jamais la liberté de la presse, la liberté de conscience n'auraient été adoptées. Imposées autoritairement par Guillaume, malgré le clergé, il avait fallu qu'on s'y habituât peu à peu pour en apprécier les avantages, et les atteintes qui y furent portées devinrent un sujet de plaintes contre le gouvernement infidèle à la loi fondamentale que lui-même avait octroyée : elles furent jugées indispensables par ceux-là même qui semblaient le moins disposés à les considérer comme telles, aussitôt qu'ils furent victimes de leur suppression. Le despotisme ou, plus exactement, le gouvernement personnel de Guillaume Ier, a provoqué non seulement notre révolution, mais encore la défiance envers la royauté inscrite dans notre pacte fondamental : le Congrès ne l'a rendue irresponsable que pour la désarmer. Tout cela a été parfaitement exposé par Th. Juste, « en politique sérieux et en bon citoyen. » Toutefois, en le lisant, si l'on saisit bien les griefs de la partie éclairée de la nation, on ne voit pas assez ceux des classes inférieures, on ne comprend pas le mécontement du peuple, si profond qu'il arma son bras pour secouer l'autorité qui prétendait lui dicter des lois.

Notre historien a exposé dans un récit rapide et mouvementé les troubles de Bruxelles ; indépendamment des ouvrages imprimés, il a eu à sa disposition des notes inédites très précieuses de Schuermans, procureur du roi en 1830, de Pletinckx, du prince de Ligne, du comte Van der Burch, etc ; ne pouvant employer tous les documents, il en a rejeté à l'appendice un grand nombre, comme une mine féconde pour ceux qui, après lui, voudront, en l'approfondissant, décrire de nouveau cette époque.

Il nous tarde d'arriver à une catégorie d'œuvres auxquelles Juste consacra plusieurs années, et qui lui valurent des relations, souvent affectueuses, avec quelques-uns des hommes qui avaient le plus contribué à notre émancipation politique; nous voulons parler de ses biographies des fondateurs de la monarchie belge. Quoiqu'elle ne soit pas la première en date, celle de Léopold Ier, commencée au lendemain de sa mort, est la plus importante et nous nous en occuperons d'abord.

Il faut bien le reconnaître, cette biographie n'est pas à la hauteur du sujet : le premier volume est faible et l'introduction, où sont réunis quelques renseignements superficiels sur le caractère du roi, est d'une insuffisance notoire. Juste se relève dans l'introduction du second, qu'on ne dirait pas écrite de la même main. Toutefois, dans tout l'ouvrage on constate un manque de proportions dans le récit des événements ; l'auteur fait trop souvent de l'histoire de Belgique au lieu de celle du roi Léopold, et trop fréquemment aussi il introduit dans le texte, au lieu de les résumer, les actes diplomatiques ou parlementaires. Mais grâce aux documents précieux qu'il eut à sa disposition, au *diary* écrit par la main royale pendant un grand nombre d'années, aux correspondances échangées entre Léopold Ier et ses ambassadeurs à Londres, à Paris, à Berlin, et que ceux-ci lui confièrent quand il ne les trouva pas aux archives du ministère des affaires étrangères, l'historien a pu dévoiler bien des circonstances inconnues au public et qui donnent un grand intérêt à son œuvre. Parfois aussi il interroge directement ceux qui ont joué le principal rôle dans les événements, pour connaître quelle eût été la conduite du roi dans telle ou telle éventualité, et les réponses qu'il en reçoit deviennent des pages d'histoire. Ainsi, le 3 janvier 1868, le baron Nothomb écrit de Berlin à Juste une lettre dont nous extrayons ce passage : « Vous désirez » savoir quelles étaient mes relations avec le feu roi à » l'époque des 24 articles. Pendant tout le ministère de » Meulenaere, je me rendais presque chaque jour chez

» Sa Majesté, qui passait l'hiver à Bruxelles. Mon chef
» (de Meulenaere) ne croyait guère à la Belgique et pre-
» nait son rôle en sceptique. *Avant les 24 articles*, j'ai
» été chargé d'une mission confidentielle à Londres; je
» suis revenu avec la conviction que les 18 articles
» avaient péri à Louvain et que la Belgique payerait sa
» défaite. La diplomatie belge avait su remplir son devoir.
» L'armée belge avait manqué au sien. — Si les
» 24 articles avaient été rejetés, le roi aurait fait appel
» au pays. Si la nouvelle Chambre avait persisté dans le
» vote négatif, le roi *aurait abdiqué*. Il n'aurait pas eu
» d'autre parti à prendre. Il n'y aurait pas eu de Bel-
» gique. »

Qu'il nous soit permis encore de citer deux lettres d'hommes d'État éminents : l'une, écrite à Juste après la lecture de la première partie de la biographie du roi, est un jugement profond sur le souverain; l'autre, appréciation bienveillante de l'œuvre, caractérise à la fois le peintre et son modèle.

Voici ce qu'écrivait M. Jules Van Praet, le mercredi 25 mars 1868 :

« Monsieur,

» Je vous remercie bien de l'attention que vous avez
» eue de m'envoyer la première partie de votre biogra-
» phie du roi Léopold Ier. Vous avez apporté dans ce
» travail votre exactitude, votre talent d'exposition et
» votre lucidité habituels. La deuxième partie sera la
» plus difficile et la plus délicate à traiter. A part la négo-
» ciation grecque, ce n'est que depuis 1831 que le roi
» Léopold est devenu un diplomate et un homme poli-

» tique. Jusque-là il avait honorablement figuré comme » général russe dans les dernières guerres de l'Empire » et, depuis la paix, comme feld-maréchal dans l'armée » anglaise. Comme roi des Belges, il a été mêlé avec la » Belgique elle-même à tous les événements des quarante » dernières années. C'est cette participation, commandée » par sa position officielle, accrue de tout ce que ses » qualités personnelles lui donnaient d'importance et » d'autorité, que vous avez mission de décrire. Il n'y a » pas un homme d'État de ce siècle, depuis le duc » d'Otrante jusqu'au duc de Morny, que le roi Léopold » n'ait connu et avec lequel il n'ait eu des entretiens. Ce » qui a fait sa renommée et caractérise sa personne, » c'est qu'il a apporté une grande abnégation dans les » affaires qui pouvaient passer pour les siennes et une » extrême impartialité dans celles des autres. Sa place » dans l'histoire ne sera pas celle qui peut appartenir au » souverain d'un grand État, parce qu'il n'a jamais » accompli de ces actes que permet seule la disposition » de la force matérielle. Il vivra dans le souvenir des » siècles comme fondateur d'un État qui, avant lui, » n'avait pas su vivre indépendant; comme le dépositaire » le plus discret et le plus honnête, le confident souvent » consulté et écouté de tous les secrets politiques de son » temps. »

M. Ad. Dechamps, l'ancien ministre, écrivait de Senilmont, le 6 octobre 1868 :

« Monsieur,

» J'ai reçu l'exemplaire de la deuxième partie de la » biographie de Léopold Ier, que vous avez eu la bonté

» de m'offrir. J'ai voulu la lire avant de vous remercier, » afin de ne pas vous écrire des banalités, sous forme » d'éloges. Cette lecture m'a attaché puissamment, depuis » la première page jusqu'à la dernière. Je croyais savoir » parfaitement cette histoire, *cujus pars minima fui*, » mais vous m'en avez révélé bien des côtés que je » connais peu. C'est un livre excellent et remarquable; » le plus vif patriotisme l'a dicté et toujours une parfaite » impartialité l'inspire. Votre livre a ce trait de ressem- » blance avec le roi dont vous avez si noblement honoré » la grande mémoire : comme lui, dans cette histoire de » trente-six ans, vous vivez avec les partis, vous les tra- » versez sans vous y mêler et sans vous y asservir, et » vous savez rendre justice à tous ceux qui ont mis leur » activité et leurs efforts au service de leur pays. »

Le livre, bien que sujet à caution, eut un grand succès; on le traduisit en anglais, en flamand, en allemand, et il eût plusieurs éditions remaniées, complétées par de nouveaux documents, de nouvelles confidences. A l'heure actuelle, il constitue encore la meilleure biographie que nous possédions de notre premier roi.

Ainsi encouragé à continuer sa galerie *des fondateurs de la monarchie belge,* Juste consacra plusieurs années à ce travail ; les biographies de Nothomb et de Van de Weyer, avec qui il entretint des relations affectueuses, à part l'intérêt qu'elles présentent grâce aux correspondances et aux pièces diplomatiques qu'il eut à sa disposition, figurent parmi les publications les plus distinguées de l'historien. Mais il en est d'autres, trop nombreuses, qui sont des ébauches au lieu de portraits, le peintre se bornant à caractériser ses modèles par le récit de leur action publique : soit que se sentant fatigué il les ait négligées de parti pris ; soit qu'il n'ait pas pris le temps, après avoir rassemblé les dossiers, d'observer les hommes. « Aussi, comme le dit M. Leroy dans le rapport du prix » quinquennal de 1879, ne satisfait-il que médiocrement » aux conditions essentielles du genre. On s'attend à » l'analyse des caractères, on voudrait s'identifier avec » les généreux citoyens qui ont fait de la Belgique ce » qu'elle est, on voudrait vivre en quelque sorte de leur » vie et penser avec leur âme, et l'on est réduit à » savoir d'eux ce que des pièces diplomatiques ou des » correspondances peuvent nous apprendre ». Juste a cru élever un monument, il n'a fait qu'entasser des matériaux ; au lieu de composer des livres qui ont la prétention d'être des biographies, il eût mieux fait de publier un recueil de pièces historiques, avec introduction et commentaires : nous n'y aurions pas cherché ce qu'il ne peut nous donner, l'homme sous le diplomate, le ministre ou le représentant de la nation. Mais il écrivait trop pour avoir le temps d'analyser. Nous n'avons mentionné que ses principaux ouvrages : nous avons négligé un *Précis de l'histoire moderne considérée particulièrement dans ses rapports avec la Belgique*, en un volume, publié en 1845 et qui eut quatre éditions ; un *Précis de l'histoire du moyen âge* en trois volumes, publié en 1846 et qui eut deux éditions ; un *Précis de l'histoire contemporaine*, et une quantité de brochures de circonstance ; nous n'avons pas dit qu'il collabora pendant plusieurs années à la *Revue nationale de Belgique*, depuis sa création ; de 1849 à 1869 à l'*Indépendance belge ;* de 1860 à 1866 à l'*Écho du Parlement*, où il faisait les comptes rendus des ouvrages historiques, ou bien découpait en feuilletons quelques chapitres des œuvres qu'il préparait. Aussi un de ses plus bienveillants critiques s'écriait-il dans le *Journal de Liège*, en 1870 : « Pour peu que le » fécond écrivain continue à faire galoper sa plume de » ce train d'enfer, la critique sera sur les dents. Sans » doute il a conclu quelque pacte avec le vieux Saturne, » patron des historiens; Kronos lui aura prêté ses ailes; » vous verrez qu'il finira par le devancer. Depuis la » guerre de Troie jusque la guerre actuelle, il a tout » raconté, tout parcouru, dans de petits livres, dans de » gros livres, dans des brochures : de quoi remplir plu- » sieurs rayons de bibliothèque, de quoi faire hausser le » prix du papier! »

Six ans plus tard, toutefois, ne s'arrêtant pas au détail de l'œuvre de Juste et n'en voulant voir que l'ensemble, le jury du concours quinquennal d'histoire nationale lui accordait le prix : « *en considération de l'importance de* » *ses travaux sur l'histoire nationale, et notamment de* » *ses études sur la révolution de 1830 et sur l'établisse-* » *ment de la monarchie belge* ». Il y avait bien des restrictions dans son rapport; mais le jury n'avait pu méconnaître que personne en Belgique n'avait plus que Juste contribué à répandre, dans toutes les classes de la société, le goût et la connaissance de notre histoire à toutes les époques; il couronnait celui que M. Saint-René Taillandier appelait quelques mois auparavant, dans la *Revue des Deux Mondes*, « l'historien national de la » Belgique. »

Nous voudrions nous taire sur les dernières années de Juste. Sa production à jet continu ne se ralentit pas; mais elle n'ajouta rien à sa gloire, au contraire. Rafraichir d'anciens ouvrages ou les dépecer en menues tranches de tous formats, n'est plus œuvre d'écrivain mais d'industriel : la critique littéraire et historique n'a plus rien à y voir.

Il nous reste à apprécier son œuvre dans son ensemble. Elle est très inégale : à côté de pages brillantes, il en est de bien ternes; à côté de passages, de chapitres pleins de feu et d'enthousiasme, il en est d'autres où le récit se traine inerte et décoloré. L'écrivain semble s'être donné, chaque jour, une tâche qui reflète son humeur de l'heure présente. Doué d'une admirable mémoire où les faits se classaient d'eux-mêmes, il devait à une surdité très prononcée, que lui avait laissée une fièvre scarlatine dont il avait été atteint à l'âge de 2 ans, de savoir, isolé des bruits extérieurs, s'absorber dans son sujet, et sa plume courait, infatigable. Il maniait la langue avec facilité et pureté; rarement on rencontre dans ses pages des néologismes dénotant une éducation première faite autrement qu'en français. Dans la maison paternelle, le père, venu de la frontière méridionale, avait proscrit le flamand, le hollandais, qu'un gouvernement détesté voulait imposer violemment, et Théodore Juste ne sut jamais le parler ni l'écrire; à peine s'il le comprenait à la lecture, et bien des traductions qu'on rencontre dans ses ouvrages manquent de fidélité. En général, comme écrivain, son style est clair et présente à un haut degré les qualités qui conviennent aux œuvres destinées à devenir populaires. Comme historien, il ne fut jamais un chercheur, un pionnier de la science; il fut l'homme de la deuxième heure et de la deuxième main, arrivant quand le sol, défriché, n'attendait plus que l'ouvrier pour être mis en œuvre. Pendant sa longue carrière, il eut souvent recours aux sources manuscrites de la Bibliothèque royale, il eut à tirer parti de bon nombre de correspondances et de pièces contemporaines; mais il vécut à côté de nos riches dépôts d'archives nationales et provinciales sans jamais les consulter, sauf dans des circonstances très rares, comme lors de la publication d'une brochure très incomplète intitulée : *La conspiration de la noblesse belge en 1632*. La cause en était, nous a-t-on dit, qu'il ne sut jamais déchiffrer les vieilles écritures. Nous pensons plutôt que la fièvre de produire, qui le saisit tout jeune, lui rendit insupportable le travail d'explorateur; mais s'il ne connut pas les patientes ardeurs de la recherche, il n'éprouva jamais non plus les joies intimes de la découverte. C'est presque toujours des collections de pièces mises au jour par nos savants archivistes ou des mémoires publiés par les commissions ou les sociétés historiques qu'il tire les éléments de ses ouvrages. Aussi jamais n'épuise-t-il un sujet; s'il le complète dans de nouvelles éditions, c'est que de nouveaux documents, qu'il aurait pu facilement découvrir lui-même s'il les avait cherchés, ont été publiés dans l'intervalle.

Ce qui le préoccupe bien plus que d'être complet, c'est d'être impartial. Nous avons déjà dit ce que nous pensions de l'impartialité, telle que Juste la comprend. « Il » s'efforce de rester objectif le plus possible, disait encore » M. Leroy, au risque de mériter plutôt le titre de moni- » teur fidèle que celui d'historien politique. Il s'attache » plus à poser clairement les faits qu'à démêler leurs » raisons d'être, moins à juger les hommes qu'à rappor-

» ter leurs actes. » Une seule fois, dans son *Histoire de la révolution du XVIe siècle,* il ne peut éviter de prendre parti, et comme, malgré l'indécision de son caractère, ses tendances sont libérales, il donne raison aux révoltés contre leurs tyrans. Mais il se croit obligé de s'en excuser dans son introduction : ses récits, ses appréciations, ses jugements, nous dit-il, sont le résultat de convictions puisées aux sources mêmes, son mobile est la recherche de la vérité. Il ajoute : « L'impartialité ne doit pas être » confondue avec l'indifférence; je veux être équitable, » mais je ne pourrais pas être impassible. » — Il est à regretter qu'il ne se soit pas plus souvent souvenu de cette déclaration.

Mais s'il est un mérite que l'on doit reconnaitre à Juste, c'est le patriotisme dont son œuvre est empreinte. Il a été fidèle pendant toute sa carrière à cette exhortation qu'il adressait en mai 1858 à l'Académie, en lui faisant hommage d'un exemplaire de la *Vie de Marnix de Sainte-Aldegonde :* « Le premier livre d'un peuple, c'est son » histoire; renouons la chaine des temps que la main » étrangère a si souvent brisée. Sachons revendiquer » des illustrations que d'autres peuples nous disputent, » sachons réhabiliter celles qu'on voudrait ternir, sachons » tirer de l'oubli celles dont le souvenir est perdu. » Il ajoutait qu'elles appartenaient au patrimoine commun que tous nous avions à défendre, qu'elles étaient l'honneur de la Belgique qu'il fallait préserver de toute atteinte.

Théodore Juste a contribué plus qu'aucun autre à populariser notre histoire, à faire connaitre les faits glorieux, les hommes illustres dont nous avons le droit de nous enorgueillir; mais beaucoup de ses travaux, édifiés hâtivement, présentent trop de lacunes pour être durables : écrits avec la plume du journaliste, beaucoup n'auront que la durée éphémère d'une feuille quotidienne.

Son *Histoire du Congrès* restera, moins encore par la façon dont il l'a présentée que par l'intérêt du sujet, et aussi quelques-unes de ses meilleures biographies. Toute son œuvre d'histoire contemporaine, grâce aux pièces inédites qu'il y a rassemblées, offrira toujours aussi à ceux qui voudront écrire l'histoire du royaume de Belgique une mine précieuse qu'ils ne pourront négliger.

*
* *

Juste n'était pas seulement un écrivain, il fut encore un fonctionnaire et un professeur. Sa biographie serait incomplète si nous ne l'examinions pas sous ces deux autres aspects.

Nommé, nous l'avons dit, le 15 juillet 1840, deuxième commis à la direction de l'Instruction publique, il fut promu commis de première classe le 14 janvier 1843. Le 31 mai 1853, le traitement de Juste, alors chef de bureau, est porté à 4,000 francs par le ministre Piercot ; M. De Decker le nomme, le 31 décembre 1855, chef de division honoraire, et M. Rogier, le 31 janvier 1859, conservateur du Musée royal d'armures, d'antiquités et d'artillerie, place devenue vacante par le décès de J.-B. Schayes ; le traitement de 4,000 francs de son prédécesseur lui est alloué et, en sus, un supplément de 1,200 francs « à raison des services qu'il continuera à rendre au Département de l'Intérieur », dit l'arrêté ministériel.

Vu les nombreux points de contact de l'histoire et de

l'archéologie, nul mieux que Juste n'avait sans doute été trouvé digne de conserver les monuments du passé, et ses études sur nos anciennes et nos nouvelles Assemblées, sur nos annales du XVIe et du XIXe siècle avaient paru constituer un excellent apprentissage au classement des objets de toutes les époques réunis à la porte de Hal. On s'était mépris. Certes, à l'origine, Juste prit son rôle au sérieux ; il obtint du Gouvernement une mission pour visiter les musées de Vienne, de Munich, de Prague, de Dresde, etc. Ses rapports, publiés par le *Moniteur*, proposaient d'apporter à l'organisation du Musée les modifications et les transformations les plus utiles; mais il n'apprit pas dans ses voyages ce que peut seule donner une étude longue et attentive de l'art ancien dans ses diverses manifestations. Il n'y perdit pas surtout sa naïveté originelle, encore légendaire à l'heure actuelle dans l'administration : elle devait le livrer pieds et poings liés aux industriels peu honnêtes qui ont élevé le *trucage* à une hauteur inconnue jusqu'à nos jours. On n'a pas oublié le procès retentissant auquel donna lieu l'achat pour le Musée d'un précieux et ancien diptyque, qui se trouva, en définitive, être l'œuvre d'un sculpteur liégeois contemporain.

Juste ne fut pas heureux non plus dans la publication du catalogue du Musée, entreprise en 1864, en dépit de son incompétence avouée, en coordonnant simplement les matériaux divers dont il disposait : les définitions de ses prédécesseurs, les notes descriptives de M. Hagemans pour son ancien cabinet cédé à l'État et les dénominations attribuées par les marchands aux divers objets qu'on leur avait acquis. Mais après cet essai très imparfait, il s'effaça, rendons-lui cette justice, devant la science des collaborateurs éminents qu'il eut l'habileté d'attacher au Musée. C'est ainsi que quatre sections ont vu, depuis 1880, publier leurs catalogues : les *faïences*, par M. Fétis, conseiller à la Cour de cassation; les *grès*, par M. Schuermans, premier président à la Cour d'appel de Liège; la *haute antiquité*, par M. de Meester de Ravestein, ancien ministre plénipotentiaire; les *armes*, par M. le capitaine Vanvinkeroy. C'est en vain que la Commission de surveillance le mit en demeure de compléter ces travaux : comme il ne possédait pas les premiers éléments des connaissances indispensables et que les styles, les époques étaient pour lui de redoutables inconnues, il s'excusait en disant que l'homme le plus actif et le mieux doué ne parviendrait pas, en y consacrant toute son existence, à classer tant d'objets divers, et il se bornait, prenant son titre au pied de la lettre, à les conserver.

Déjà en 1849 Juste avait été « chargé de faire des con» férences sur l'histoire de Belgique pour les employés » auxquels s'appliquaient les examens prescrits par l'ar» rêté organique de l'administration centrale »; c'est ainsi que s'exprime l'arrêté ministériel qui le concerne. Le 1er juin 1872, il fut désigné pour donner le cours d'histoire à l'École militaire, le 1er octobre 1879, à l'École de guerre, et jusque dans ses derniers jours, alors que la maladie qui devait le clouer dans son cercueil lui rendait la parole difficile et les mouvements douloureux, il continua de professer avec un zèle et un dévouement auxquels le directeur de ce dernier établissement de haut enseignement a rendu hommage.

Nous emprunterons à celui qui fut son collaborateur et lui a succédé dans sa chaire d'histoire, à M. le chevalier Hynderick, major d'état-major, l'appréciation qu'il a faite de Th. Juste, professeur, dans le discours prononcé sur sa tombe :

« La pensée dominante de son cours, dit-il, fut d'exalter chez ses élèves le sentiment patriotique. Le patriotisme n'est tout à fait lui-même que quand le nom de la patrie représente à notre imagination une personne vivante, un grand être dont nous sommes les membres, qui a ses triomphes et ses humiliations. Juste chérissait la Belgique, comme une mère adorée que ses enfants devenus grands doivent protéger et défendre.

» Lorsqu'il parlait de notre épopée nationale au moyen âge, des hauts faits de nos communes flamandes, lorsqu'il retraçait cette ère de souffrances inouïes amenées en Belgique par la domination espagnole, lorsqu'il décrivait enfin notre régénération politique au XIXe siècle, il trouvait toujours des accents qui émeuvent, des paroles qui excitent. Il ne pouvait exprimer mollement ce qu'il pensait avec chaleur.

» Il tirait du passé les enseignements futurs, nous exhortant à aimer la Belgique d'un amour assez éclairé, assez sain, assez robuste pour regarder virilement l'avenir. L'œuvre de Juste est tout entière dans ce sentiment national et patriotique. »

Comme on le voit, dans son enseignement comme dans ses œuvres, se constatent les mêmes tendances. Dans notre siècle éminemment sceptique, la chose est assez rare pour mériter qu'on la glorifie. Dans Juste l'écrivain a pu être inégal, l'historien n'a pas tenu ce qu'il promettait et l'homme privé, que nous n'avons pas voulu approfondir, a eu ses faiblesses; mais il a mérité qu'on gravât sur sa tombe ces mots, qui resteront comme un éloquent éloge de toute sa vie : « Il a aimé son pays, et par la » plume et la parole s'est efforcé de le faire aimer. »

P. HENRARD.

LISTE DES OUVRAGES DE THÉODORE JUSTE.

PUBLICATIONS ACADÉMIQUES.

Mémoires.

Charles-Quint et Marguerite d'Autriche. Étude sur la minorité, l'émancipation et l'avènement de Charles-Quint à l'Empire (1477-1521). — Mémoires in-8°. (T. VII.) Bruxelles, Hayez, 1858.

Bulletins (1re série).

Essai sur les projets de partage des Pays-Bas en 1566 et en 1571. (T. XXIII, 1856.)

(2e série)

Les Valois et les Nassau (1572-1574). (T. II, 1857.)

Lettre concernant le projet d'ériger une statue au comte d'Egmont. (T. VII, 1859.)

L'Arsenal royal de Bruxelles. (T. VIII, 1859.)

Le prince Auguste d'Aremberg. (T. XVIII, 1864.)

Un Malcontent. Guillaume de Hornes, seigneur de Hèze. (T. XX, 1865.)

Charles de Lannoy, vice-roi de Naples, et Charles-Quint. (T. XXIV 1867.)

Les Tombeaux des ducs de Bourgogne. (T. XXV, 1868.)

Les États-Unis d'Amérique en 1783. Le comte de Hoogendorp et le stathouder Guillaume V. (T. XXVII, 1869.)

Rapport sur deux mémoires envoyés au concours ouvert pour l'histoire des rapports qui ont existé entre les provinces belges et l'empire d'Allemagne. (T. XXVII, 1869.)

Les œuvres complètes de François de Pouhon (T. XXXVII, 1874.)
Le coup d'État du 18 juin 1789. (Ibid.)
Rapport relatif à une notice de M. de Smet sur don Juan d'Autriche. (T. XXXVIII, 1874.)
Rapport sur un mémoire de concours concernant Jacqueline de Bavière. (T. XXXIX, 1875.)
Rapports relatifs à quatre mémoires de M. Paillard : 1° Sur les Pays-Bas, du 1er janvier au 1er septembre 1566-1577. (T. XLIII, 1876); 2° Sur Pierre Brully. (T. XLIV, 1877); 3° Voyage dans les Pays-Bas et maladie d'Éléonore d'Autriche. (T. XLVI, 1878); 4° Sur le procès d'Hugonet et d'Humbercourt. (T. L, 1880.)

(3e série.)

Rapport sur le mémoire de concours concernant l'origine et les développements du parti des Malcontents. (T. I, 1881.)
Les Souvenirs de Joseph Walter. (Ibid.)
Le baron Nothomb. Une histoire diplomatique inédite. (T. III, 1882.)
Études historiques et politiques sur les provinces belges, par le baron Nothomb (T. V, 1883.)
Le comte de Mercy-Argenteau et l'abandon de la Belgique en 1794. (T. X, 1885.)

Annuaire.

Notice nécrologique sur Édouard Ducpetiaux. Année 1871.
Notice nécrologique sur Sylvain Van de Weyer. Année 1877.
Notice nécrologique sur Paul Devaux. Année 1882.
Notice nécrologique sur le baron Nothomb. Année 1883.

OUVRAGES NON PUBLIÉS PAR L'ACADÉMIE.

Histoire populaire de la Révolution française. Bruxelles, 1839. Alex. Jamar (*).

(*) Rééditée plus tard par Lacroix, Verboeckhoven et Ce.

Histoire populaire du Consulat, de l'Empire et de la Restauration. Bruxelles, 1839. Alex. Jamar (*).

Un tour en Hollande en 1839. Ibid.

Histoire de Belgique. Bruxelles, 1840. Alex. Jamar. 1 vol. de 625 p.

— — 2e édition, 1842.

— 3e — 1850. 2 volumes.

— — 4e — 1858. 2 vol. de 383 et 414 pages.

— — 3e volume. Bruxelles, 1868. Bruylant-Christophe et Ce. 187 pages.

Essai sur l'histoire de l'instruction publique en Belgique. Bruxelles, 1844. Alex. Jamar et Hen. — Decq. 1 vol. in-8° de 392 pages.

Charlemagne. Bruxelles, 1846. 1 vol. in-12°.

Histoire de la Révolution belge de 1790, précédée d'un tableau historique du règne de l'empereur Joseph II et suivie d'un coup d'œil sur la révolution de 1830. Bruxelles, 1846.

(*Autre édition.*) La Révolution brabançonne (1789). Bruxelles [1885]. Lebègue et Ce. 1 vol. in-8° de 326 p.
La République belge (1790). Ibid. 300 pages.

L'Allemagne depuis 1815. Bruxelles et Leipzig, 1849. Muquardt. 1 vol. petit in-8° de 225 pages.

L'Italie depuis 1815. Bruxelles et Leipzig, 1850. Muquardt. 1 vol. petit in-8° de 315 pages.

Histoire du Congrès national de Belgique ou de la fondation de la Monarchie belge. Bruxelles, 1850. Aug. Decq. 2 vol. in-8° de 442 et 457 pages (**); — 2e édition. Bruxelles, 1861. A. Lacroix, Van Meenen et Ce. 2 vol. in-12° de 368 et 350 pages; — 3e édit. avec préface d'Ém. de Laveleye. Bruxelles, 1880. 2 vol. in-8° de 420 et 434 pages.

Vive la Constitution! ou les Libéraux et les Catholiques en 1852. Bruxelles, 1852. Aug. Decq. 1 vol. in-8° de 96 pages.

Les Pays-Bas sous Charles-Quint. Vie de Marie de Hongrie, tirée des Papiers d'État. — Introduction à l'histoire des Pays-Bas sous Philippe II. Bruxelles, 1855. Aug. Decq. Paris, Durand.

(*) Traduction allemande. Leipzig, Bruxelles, 1850. 1 vol.

1 vol. in-8° de 144 pages (*); — 2e édition. 1861. Bruxelles et Leipzig, Lacroix, Verboeckhoven et Ce. Paris, Jung-Treuttel. 1 vol. petit in-8° de 291 pages.

Histoire de la Révolution des Pays-Bas sous Philippe II. 1re partie. 1855. Bruxelles, A. Decq. Paris, Durand. 2 vol. in-8° de 496 et 613 pages.

Histoire de la Révolution des Pays-Bas sous Philippe II. 2e partie. 1863 et 1867. Bruxelles et Liège, A. Decq. Paris, Durand. 2 vol. in-8° de 429 et 213 pages.

(*Autre édition*). Les Pays-Bas sous Philippe II, Bruxelles, Lebègue et Ce. 1re partie (1555-1565). 1 vol. in-8° de 524 pages; — 2e partie (1565-1567). 1 vol. in-8° de 388 pages.

Id. Le soulèvement des Pays-Bas contre la domination espagnole. Bruxelles, Lebègue et Ce. 1re partie (1567-1572). 1 vol. in-8° de 298 pages; — 2e partie (1572-1574). 1 vol. in-8° de 378 pages; — 3e partie (1574-1579). 1 vol. in-8° de 287 pages.

Les Bonaparte. Correspondance du roi Joseph II avec Napoléon. Bruxelles, 1855. Mélines, Cans et Ce. 1 vol. in-12 de 77 pages.

Vie de Marnix de Ste-Aldegonde (1538-1598). Bruxelles, Aug. Decq; Paris, Durand, 1855. 1 vol. in-8° de 271 pages.

Christine de Lalaing, princesse d'Épinoy. Bruxelles, 1861. Lacroix, Verboeckhoven et Ce. 1 vol. in-12 de 49 pages.

Le comte d'Egmont et le comte de Hornes. Bruxelles et Leipzig, 1862. Lacroix, Verboeckhoven et Ce. 1 vol. in-8° de 370 pages.

Le comte de Mercy-Argenteau. Bruxelles, 1863. Lacroix, Verboeckhoven et Ce. 1 vol. in-12 de 227 pages.

Catalogue des collections composant le Musée royal d'antiquités, d'armures et d'artillerie. Bruxelles, 1864. Bruylant-Christophe et Ce.

Histoire des États généraux des Pays-Bas (1465-1790). Bruxelles,

(*) Traduction hongroise. Pesth, 1866. 1 vol. in 12.

Bruylant-Christophe et Ce. Paris, 1864, Durand. 2 vol. in-8° de 234 et 252 pages.

Le premier roi des Belges. Biographie populaire. Paris, Bruxelles, Leipzig, Livourne. 1865. 1 vol. in-12 de 42 pages.

Les frontières de la Belgique. Bruxelles, 1866. Lacroix, Verboeckhoven et Ce. 1 vol. in-12 de 140 pages.

Le soulèvement de la Hollande en 1813 et la fondation du royaume des Pays-Bas, précédés d'une introduction sur le règne de Louis Bonaparte (1806–1817). Bruxelles, 1870. Bruylant-Christophe et Ce. 1 vol. in-8° de 358 pages.

Napoléon III et la Belgique. Le traité secret, d'après des documents nouveaux. Bruxelles, 1870. Muquardt. 1 vol. in-8° de 63 pages.

M. de Bismarck et Napoléon III, à propos des provinces belges et rhénanes, 2e édit., revue et corrigée. Bruxelles, 1871. Muquardt. 1 vol. in-8° de 51 pages.

La Révolution belge de 1830. Bruxelles, 1872. Bruylant-Christophe et Ce. 2 vol. in-8° de 306 et 234 pages.

Guillaume le Taciturne. Bruxelles, 1873. Bruylant-Christophe et Ce. 1 vol. in-8° de 363 pages.

La Révolution belge de 1830 Lettre à M. Ch. V. de Bavay. Bruxelles, 1873. Muquardt. 19 pages in-8°.

La Révolution belge de 1830. Deuxième lettre à M. Ch. V. de Bavay. Bruxelles, 1874. Muquardt. 15 pages in-8°.

La Pacification de Gand et le sac d'Anvers. Bruxelles, 1876. Muquardt. 1 vol. in-8° de 90 et XLVIII pages.

La rivalité de la France et de la Prusse, d'après les nouveaux documents. Bruxelles, 1877. Muquardt. 1 vol. in-8° de 163 pages.

Pierre le Grand, son règne et son testament. Bruxelles, 1877. Muquardt. 1 vol. in-8° de 62 pages.

La Belgique au XVIIIe siècle. Les Vonckistes. Bruxelles, 1878. Muquardt. 1 vol. in-8° de 45 pages.

La Révolution liégeoise de 1789. Bruxelles, 1878. Muquardt. 1 vol. in-8° de 33 pages.

Panthéon national (1830-1880). Mons, 1881. Hector Manceaux. 1 vol. in-12 de 232 pages.

Histoire contemporaine. La Révolution de juillet 1830. Bruxelles, 1883 Muquardt. 1 vol. in-8°.

Bruxelles en 1815. Bruxelles, 1884. Lebègue et C°. 1 vol. in-8° de 111 pages.

Abraham Lincoln. L'affranchissement des esclaves aux États-Unis. Mons, 1886. Hector Manceaux. 1 vol. in-8° de 173 pages.

Les Élections depuis l'antiquité (Sans date.) Bruxelles. Lebègue et C°. 32 pages in-8°.

Les fondateurs de la Monarchie belge, publiés par la librairie C. Muquardt, à Bruxelles.

Léopold Ier, roi des Belges. 1868. 2 vol in-8° de 255 et 411 p. (*).

Léopold Ier et Léopold II, rois des Belges. 1878. 1 vol. in-8° de 640 pages.

Le Régent. 1867. Ibid de 213 pages.

Le baron de Gerlache. 1870. Ibid. de 94 pages.

Joseph Lebeau. 1865. Ibid. de 211 pages.

Charles de Brouckere. 1867. Ibid de 131 pages.

Le comte Lehon. 1867. Ibid. de 236 pages.

Le comte de Meulenaere. 1869 Ibid. de 102 pages.

Le lieutenant général comte Goblet d'Alviella. 1870. Ibid de 146 p.

Sylvain Van de Weyer. 1871. 2 vol. in-8° de 287 et 210 pages.

Notices historiques et biographiques. 1871. 1 vol. in-8° de 136 p.

Le comte Félix de Mérode. 1872. Ibid. de 149 pages.

Le baron Stockman. 1873. Ibid. de 60 pages.

Lord Palmerston. 1873. Ibid. de 88 pages.

Alexandre Gendebien. 1874. Ibid. de 111 pages.

Le baron Nothomb. 1874. 2 vol in-8° de 287 et 210 pages.

Notices historiques et biographiques (2e série). 1874. 1 vol. in-8° de 83 pages.

Louis De Potter. 1874. Ibid. de 128 pages.

(*) Traduction angluise, 1868. London, Sampson Lowson and Marston, 2 vol. — Traduction flamande, 1869. Gent, W. Rogghé, 1 vol. — Traduction allemande 1869. Gotha, Fried. And. Perthes. 1 vol.

Le vicomte Charles Vilain XIIII. 1875. Ibid. de 67 pages.

Notices biographiques. Raikem. Claes. Vilain XIIII. Barthélemy Hennequin. 1876. Ibid. de 68 pages.

Le baron Liedts. 1878. Ibid. de 50 pages.

Eug. Defacqz et Joseph Forgeur. 1878. Ibid. de 70 pages.

Charles Rogier. 1880. Ibid. de 142 pages.

Paul Devaux. 1881. Ibid. de 79 pages.

Élection de Léopold Ier. 1882. Ibid. de 92 pages.

—

Précis de l'histoire du moyen âge, considérée particulièrement dans ses rapports avec la Belgique. 3 vol. in-12. (Deux éditions.)

Précis de l'histoire moderne, considérée particulièrement dans ses rapports avec la Belgique. 1 vol. in-12. (Quatre éditions, 1845, 1847, 1852. 1873.)

Précis de l'histoire contemporaine (1815-1871). Bruxelles, 1875. Bruylant-Christophe et Ce. 1 vol. in-12.

Bibliothèque Gilon. — Verviers.

Joseph II. 1879.

Napoléon III. 1880.

Frédéric le Grand. 1880.

Lettres sur la Belgique indépendante. 1880.

Les Jésuites. 1880.

Le passé des classes ouvrières. 1881.

Le compromis des Nobles. 1881.

Washington. 1881.

L'ancien régime 1882.

Monsieur Thiers. 1882.

Le comte de Cavour. 1882.

Le procès du chanoine Serlorius. 1883.

William Pitt. 1884.

Mirabeau. 1885.

Danton. 1885.

Charles Rogier. 1885.

Robespierre. 1887.

Bismarck. 1888.

Principaux articles dans les Revues et Journaux.

Peintres flamands. Maîtres du XVe siècle : 1° Jean Van Eyck et son œuvre; 2° Jean Memling. *Revue belge*, t. X, 1838.

Le Mauvais Lundi. Épisode de l'histoire de Flandre. *La Belgique littéraire et industrielle. Revue de la littérature, des arts et des sciences,* 1837, 1er semestre.

Gand et Marie de Bourgogne. *Ibid.*

Proscription et assassinat de Guillaume le Taciturne. *Revue nationale de Belgique,* t. VII.

L'Expédition des Anglais sur l'Escaut en 1809. *Id*, t. VIII.

Napoléon, la Belgique et la limite du Rhin en 1813 et 1814. *Ibid.*

Le prince Charles de Lorraine, gouverneur des Pays-Bas autrichiens. *Id.*, t. X.

La Conspiration des Nobles belges. *Id.*, t. XII.

Busbecq. Un diplomate flamand du XVIe siècle *Ibid.*

Le gouverneur des Pays-Bas espagnols Maximilien-Emmanuel de Bavière. *Id.*, t. XIII.

Le marquis de Prié, ministre plénipotentiaire de l'Empereur dans les Pays-Bas autrichiens. *Id.*, t. XIV.

Troubles de Gand sous Charles-Quint. *Id*, t. XVI.

Les ministres de Marie-Thérèse en Belgique. *Ibid.*

Marie de Hongrie, gouvernante des Pays-Bas (1531-1555). *Id.*, t. XVII.

Influence de l'argent dans l'élection de Charles-Quint à l'Empire. *Ibid.*

Le siège d'Ostende (1681-1604). *Ibid.*

Les Jésuites au XVIIIe siècle. *Indépendance belge* 1853.

Charles III et les Jésuites espagnols. *Id.* 1857 (3 février).

Histoire politique. Louis XV à Audenarde. *Écho du Parlement.* 1860 (30 octobre).

Le Musée Napoléon. *Id.* 1862 (19 avril).

De Bruxelles à Vienne. *Id.* 1863 (août).

Frédéric II. Souvenirs d'une visite à Potsdam. *Indépendance belge.* 1864 (octobre).

La Domination temporelle des papes. *Id.* 1865.

François Anneessens. *Écho du Parlement.* 1865 (juillet).

J van Beers

NOTICE

SUR

JEAN VAN BEERS

CORRESPONDANT DE L'ACADÉMIE

né à Anvers, le 22 février 1821, décédé dans la même ville, le 14 novembre 1888.

Lorsque Van Beers fit son entrée à l'Académie (1) où il allait remplacer Conscience dans la série des illustrations flamandes, notre confrère Charles Potvin lui adressa des vers de bienvenue patriotique. Le poète montois s'inspirant, comme c'est sa coutume, de la solidarité de nos deux littératures, disait :

Les Muses — on le sait d'un de leurs favoris —
Aiment l'accord des voix, l'échange des esprits,
Les alternances d'harmonie.
Nous, deux langues, deux sœurs de pères différents,
Peuvent donner l'essor, tour à tour, dans nos rangs,
A notre maternel génie.

C'était bien l'expression du sentiment de la Classe des lettres qui, fidèle à ses traditions, ne pouvait être indif-

(1) Le 6 juillet 1885.

férente à rien de ce qui est national. Elle voulut s'honorer du nom de Van Beers, comme elle s'était félicitée de l'élection de Conscience. L'opinion publique s'associa à ce choix qu'un comité de littérateurs voulut aussitôt célébrer, en n'oubliant pas dans cette fête le prix quinquennal que l'Académie venait de décerner à celui qu'elle proclamait membre correspondant. Quoi de plus naturel, disait-on, quoi de plus logique? Ces deux écrivains représentent à merveille, l'un par sa prose, l'autre par ses vers, le plein épanouissement de la renaissance flamande. « Ce que Conscience n'a pu conter, disait le *Brugsche Beiaard,* Van Beers l'a chanté, et à eux deux ils achèvent l'expression du génie populaire. » Un poète aussi connu du peuple que le plus célébré de nos romanciers! « Chose assez rare à son espèce! » disions-nous dans la *Revue de Belgique* du 15 décembre 1888. Ajoutons que le secret de cette popularité se révèle et s'explique par les efforts de toute une vie consacrée à l'honneur de traduire les sentiments les plus intimes dans une langue comprise par tous, sans aucun sacrifice aux vulgarités ni aux mièvreries. Cette vie est un véritable enseignement.

I.

Que Van Beers soit devenu par excellence le poète anversois, c'est ce qui s'annonçait, pour ainsi dire, dès la première heure. « Sa vie transparait dans ses vers », dit Ida von Düringsfeld. Sa poésie, si limpide jusqu'à travers la brume des mélancolies, gagne encore en clarté pour celui qui sait d'où elle émane. Cette science n'est guère difficile, grâce au peu de complexité des circonstances, grâce aussi au plaisir des amis et des élèves à les raconter. On n'a que l'embarras du choix.

Et tout d'abord, voici le plus brillant de ses disciples, un maitre déjà lauréat, M. Pol de Mont, qui nous décrit la maison où, le 22 février 1821, naquit le grand poète. C'est au cœur de la cité, au quartier du *Zand*, à ce *Werf* qui a fait le nom d'*Antwerpen* et qui alors, planté d'arbres séculaires, était la promenade favorite des vieux Anversois. « C'était une de ces maisons comme on en voit tant dans nos tableaux du XVIIe siècle; construction pittoresque, couleur mystérieuse, distribution étrange, large et vaste comme une caserne, et d'une ordonnance absurde comme un grenier (1). » Tout cela a disparu aujourd'hui dans l'agrandissement des quais.

Dans ce grand *remmel*, comme Van Beers aimait à l'appeler en patois, il avait une chambrette qui, par une basse fenêtre à coulisse, lui permettait de contempler le Werf et l'Escaut, non loin de la *Scaldispoort* érigée en l'honneur de Philippe IV. C'est là que, souvent, il s'accoudait rêveur et se formait instinctivement à l'art d'observer et de peindre. En 1849, quand il avait vingt-huit ans, il retraçait ses impressions dans *Frans de Hakkelaer*, une nouvelle en prose qui n'a jamais paru ailleurs que dans *Het Taalverbond* :

« J'apercevais là devant moi, dans le couchant incendié, le large disque du soleil qui, lentement, descendait derrière les grasses prairies de la Flandre, et dont le reflet s'étendait sur l'Escaut comme une colonne de flamme

(1) *Jan van Beers*, door POL DE MONT. (Overgedrukt uit « Mannen van beteekenis in onze dagen. » Haarlem, 1889.)

aveuglante ou bien faisait danser des milliers d'étincelles sur les moindres rides ou rayures du miroir de l'eau. Et puis, de temps en temps, passaient de blanches voiles, glissant aussi mollement que des cygnes sur la pourpre et les roses de l'espace immaculé. Et plus près de moi, sur le Werf, ce vif fourmillement de promeneurs, ce bruit, cette agitation, ce bariolage insensé de bonnets fleuris, de blouses bleues et de robes de satin. Et sur tout cela, la brise du soir qui, chargée des fraiches moiteurs du fleuve, venait caresser par intervalles la sueur du front penché..... Que de fois je me suis attardé, oublié, jusqu'à ce que, un à un, les promeneurs se fussent écoulés, jusqu'à ce qu'on n'entendit plus rien que le clapotis chanteur des vagues se heurtant contre la rive; jusqu'à ce que, étoile par étoile, le bleu sombre du ciel se pailletât d'étincelles, et qu'un rapide éclair, serpentant au midi orageux, me secouât de mes rêves. » Involontairement on est ramené aux beaux vers qui célèbrent Anvers dans les *Drie Zustersteden* de Ledeganck.

Mais ces songeries, qui pouvaient préluder à quelque essor romantique, avaient succédé à une enfance assez pétulante et même batailleuse. On n'était pas alors impunément un enfant des quais et des rivages, *een jongen van den waterkant*. Pour le critique épris de genèse littéraire, il n'est rien d'insignifiant. Ici, dans ces jeux violents suivis de recueillements mélancoliques, on voudrait retrouver la source d'une poésie élégiaque qui ne s'est pas anémiée dans l'impalpable. A moins pourtant qu'on ne veuille invoquer l'esprit de cette race thioise, réaliste et positive jusqu'au fond du mysticisme, comme il se voit à plein dans la langue si nette et si transparente de Ruysbroec et de Vondel.

II.

Le père de Van Beers, Joannes-Bavo, d'une famille originaire de Beers, village voisin de Turnhout, était distillateur. La mère, Maria-Theresia van Meensel, était la fille du sacristain de Hauwaert, près Aerschot, où le poète devait surprendre et fixer dans sa jeune imagination plus d'un paysage idyllique. Cet Anversois avait, comme tant d'autres, je ne sais quoi qui fait penser à la Campine. On est ici en pleine bourgeoisie flamande, authentique et pure de tout mélange. « Dans son entourage, dit M. Max Rooses (*De Gids*, décembre 1888), Van Beers a appris un idiome sain, robuste, d'où sortaient d'instinct les tours originaux, les mots pittoresques, les images naturelles. » Il n'a pourtant guère connu son père, qu'il perdit quand il avait trois mois à peine; mais, élevé avec ses quatre sœurs, dont deux d'un premier lit, il écouta comme elles le doux, mais ferme parler de sa mère qui, vaillamment, à la mort de son mari, se mit à la tête des affaires. A-t-il été trop choyé dans ce milieu si aimant? Peut-être; mais qu'importe! Ce fut au plus grand profit de sa poésie. Ainsi s'explique cette tendresse si naturelle qui s'épanche dans ses écrits.

« Gamin très éveillé, dit M. Rooses, raffolant de courses, de natation, de jeux, de tintamarre. Plus tard, il avait coutume de dire qu'à cet âge on n'est vraiment amis qu'après s'être un peu battus. » Cela fait penser à ce turbulent début de *Op Krukken* :

> De school is ten einde : — hoezee! hoerah!
> Woest stormen de knapen naar buiten,

Klapwiekend als vogelen, wien men op eens
De deur hunner kooi komt ontsluiten.
O zie! wat gewemel en hoor wat geraas!
  Wat vreugd zich weer vrij te gevoelen!
Te loopen, te springen, te smijten, te slaan,
  In een stofwolk dooreen te krioelen (1).

Dans cette sonorité que l'allemand seul pourrait rendre, on a comme la sensation de « l'École turque » de Decamps; mais il n'y faut plus songer depuis les révélations du biographe. M. Pol de Mont donne l'explication adéquate : « Une grande partie de la maison maternelle servait de magasin. Là, parmi de gigantesques futailles, rangées le long des murs humides, dans un dédale de cuves, de seaux, de tonnelets, de mesures de toute taille, sautait et courait, se culbutait et se roulait, tapait et martelait, se battait et se démenait, dans une cohue de petits tapageurs, cet enfant si vif malgré sa complexion frêle et délicate. »

« Souvent, m'a raconté plus d'une fois le poète, il revenait déchiré, dépenaillé, meurtri; mais la mère ou les sœurs consolaient aisément sa défaite. » Jusqu'à quel point faut-il donc admettre l'appréciation d'Ida von Düringsfeld (*Von der Schelde bis zur Maas*, III, 8) : « Cette éducation se reconnait aisément dans la douceur et la

(1) « Finie la classe! Hourrah! Hourrah! Comme un torrent furieux, les bambins se précipitent au dehors. Ils se trémoussent comme des oiseaux pour qui la cage s'est brusquement ouverte. Oh! voyez la cohue! et quel vacarme! quelle joie de se sentir de nouveau libres au plein air, de courir, de sauter, de frapper, de jeter, de fourmiller dans un nuage de poussière!... »

pureté de ses idées poétiques? » Peut-être suffira-t-il d'accorder à ses biographes qu'un fonds de rudesse, de *waterkant* fut de plus en plus recouvert de tendresse un peu rêveuse, de douceur un peu féminine. Cette prodigalité d'affection domestique fit que Van Beers, on l'a remarqué, donna presque toujours la place d'honneur à la femme dans ses petits drames les plus pénétrants.

Mais presque autant que Conscience, ce poète, enfant de la ville, s'est inspiré de la campagne. Quoi d'étonnant! Il y était envoyé souvent en compagnie de sœurs qui le dorlotaient. Ce fut surtout en 1830, quand le général Chassé bombardait Anvers. C'est un souvenir d'enfance où se mêle moins de colère patriotique que de joie exubérante à respirer au large au sein de la nature. Dans une des œuvres les plus fraiches de ce coloriste bien flamand et que n'a publiée que tout dernièrement une revue d'Amsterdam, *De Gids*, nous trouvons sous le titre : *De idijlle van vriend Mathijs*, un savoureux ressouvenir de ces primes années passées à Hauwaert, chez le grand-père sacristain (*Peken van Meensel*). Ces souvenirs, il a pu le dire lui-même, palpitent encore comme s'ils étaient d'hier; ils embaument de la senteur des bois et des champs. On se reporte aisément à l'odorante Campine en fleurs et à la vie encore simple et placide de là-bas, quand on lit ces vers faits d'âme et d'abandon :

Ieder jaar,
Toen wij nog kindren waren, brachten wij
Daar drie, vier schoone zomermaanden door.
Oom kwam ons dan afhalen met de kar,
Tot Aarschot of tot Leuven, al naar 't viel.

Dat was een pret! Bergop, bergaf, daarheen
Te hobblen, neêrgevlijd op busslen strooi :
Nu links, dan rechts te kijken onderdoor
De hagelblanke huif, waar somtijds in
Een hollen weg het overhangend loof
Met zulk een vreemd geruisch langs henenstreek;
Of beurtelings den toom te houden en
De zweep te laten kletsen over 't paard :
O ! 't was ons alles nieuw, en alles stof
Tot eindeloos gegichel en plezier... (1)

Il fallut enfin faire trêve à la bonne vie naturelle qu'on laissait si facilement couler, malgré quelques heures scolaires chez *Meester Myin* dans la *Kammenstraat*. En 1833, le garçonnet chéri fut envoyé au Petit Séminaire de Malines. Pendant huit ans, jusqu'en août 1841, il suivit les cours d'humanités, et cet enseignement tout en français, s'il ne lui a pas permis de gagner des prix, ne semble pas pourtant l'avoir trop dépaysé. Il s'essaya même dans la poésie française en s'inspirant du ton de Lamartine qui,

(1) Chaque année, quand nous étions encore enfants, nous passions là trois ou quatre beaux mois. L'oncle venait à notre rencontre avec sa carriole; il poussait jusqu'à Aarschot, même jusqu'à Louvain, comme cela tombait. C'était là un plaisir!... Par monts et par vaux, on était cahoté malgré les grosses bottes de paille. A droite, à gauche, on regardait toujours en soulevant un peu la bâche blanche comme neige. Parfois, dans les chemins creux, les branches des arbres raclaient la toile avec des strideurs étranges. Puis, bonheur sans égal, chacun à son tour pouvait tenir la bride et faire claquer le fouet! Oh! que tout cela était toujours nouveau pour nous, et combien nous trouvions en la moindre chose une inépuisable source de rire et de plaisir ! »

sans doute, réveilla en lui les rêveries naguère écloses aux bords de l'Escaut. De là à Tollens, il n'y avait pas trop loin, si, comme il paraît par le *Lijkkrans*, il dut au chantre populaire du *Neerlands' bloed*, à ce demi-Gantois de Rotterdam, le retour au parler des premiers jours et de l'intimité domestique :

> En 't was bij 't luistren naar uw vollen toon,
> Dat ik voor die verbastring blozen leerde,
> Dat 'k mij tot Neerlands taal, *mijn taal*, bekeerde.

Toujours est-il que cet élégiaque un peu débonnaire, un peu à la *Cats*, mais par là même très clair, n'était pas pour effrayer les lectrices que Van Beers retrouvait au Werf à chacune de ses vacances (1). Tollens avait dit : « Les méchants seuls ne chantent pas. »

Une autre influence, que quelques biographes font précéder, aurait surtout déterminé la conversion flamingante. La baronne Ida von Düringsfeld a recueilli pendant son séjour à Anvers, en 1856, la tradition suivante : Un jour, pendant les vacances de 1839, il aperçoit à l'étalage d'un

(1) Pol de Mont, dans son *Jan van Beers*, cette biographie si chaudement fouillée, invoque ici, contre les assertions de M. Max Rooses, l'affirmation du poète lui-même, disant à son jeune collègue de l'Athénée d'Anvers, et à plusieurs reprises, que c'étai le *Leeuw van Vlaanderen* qui l'avait converti. On ne peut pas oublier cependant : 1° l'affirmation de Van Beers dans *Lijkkrans voor Tollens*; 2° le fait de l'insertion des chefs-d'œuvre de Tollens dans le *Dicht- en Prozastukken* imposé aux élèves de toutes les classes du Petit Séminaire de Malines. Faut-il croire que Van Beers n'a d'abord connu le poète de Rotterdam que par sa chrestomathie officielle?

libraire anversois le *Leeuw van Vlaanderen*, au frontispice naïvement, mais patriotiquement illustré. Cette épopée de Conscience avait paru en 1838 et allait bientôt devenir, comme on l'a dit plus tard, « la Bible de la foi nationale. » Le jeune étudiant s'échauffa à ces récits romanesques; il lut et relut Conscience; puis, passant à d'autres auteurs belges et hollandais, il s'exalta à l'idée d'un réveil de l'esprit néerlandais.

Au Petit Séminaire, il brûla les vers français qu'il avait fait applaudir par ses condisciples, et se joignit au groupe d'étudiants déjà flamingants : Auguste Michiels, Hendrik Peeters, Jozef Hendrikx et L. W. Schuermans. Sur ces entrefaites, une affection ophthalmique l'oblige à rentrer chez sa mère et à vivre en quelque sorte à l'ombre, en s'abstenant de toute étude. Ce recueillement forcé le pousse à versifier; mais cette fois en flamand. De jour en jour, il dictait à sa sœur aînée quelques parties d'un poème naïvement fantastique, sans idées et même sans ironies : *Kermis in de Hel*. Ce travail de collégien, qui ne fut jamais imprimé, mais dont la famille conserve pieusement le manuscrit, eut un grand succès lors du premier retour à Malines. Ce fut le 20 mars 1840 que, sur le conseil d'un professeur, il lut cette élucubration à ses camarades. Déjà alors il avait le don de la diction sympathique. On applaudit à outrance : tout le monde voulait une copie, et beaucoup se mirent alors à composer des vers flamands. Cette séance est restée mémorable jusqu'aujourd'hui au Petit Séminaire. Outre un plaidoyer en flamand pour la littérature nationale et un en français sur l'*Alliance de la Religion et des Arts*, Van Beers composa encore pour ses condisciples deux chansons de vacances dont une, *De laatste Dag*, fut mise en musique par le professeur O.-J. de Voght et chantée à la distribution des prix de 1841.

A vingt ans, l'esprit a besoin d'indépendance, s'il est vrai que la liberté soit l'atmosphère indispensable à l'esprit. Un jour, comme on dictait en latin, dans un cours de philosophie de l'histoire, une appréciation tout à fait ultramontaine de nos troubles du XVIe siècle, chose étrange, le jeune étudiant qui avait songé très sérieusement à la prêtrise, jeta sa plume, et se levant de son banc, déclara qu'il lui était impossible d'admettre de si flagrantes contre-vérités au sujet de Philippe II, du duc d'Albe et de l'Inquisition. Ce fut un grand scandale, comme dit l'auteur du *Confiteor*. Récemment on a contesté la vérité autobiographique de cet épisode; mais d'anciens condisciples ont affirmé à M. Pol de Mont que le fond du récit est réel, encore que les détails en aient été légèrement idéalisés. N'est-ce pas le droit du poète dans une œuvre de poésie? Qui sait si le *Wonderjaar* de Conscience, déjà paru en 1837, n'a pas contribué à cette petite insurrection? Il y a déjà longtemps, en 1847 (1), nous disions : « le *Wonderjaar*, par son allure dramatique, rappelle les romans français de l'époque; mais il est flamand par une certaine naïveté de détails qui n'est pas sans charme, à part une exaltation patriotique qui touche parfois à l'emphase. C'est un épisode de nos troubles religieux du XVIe siècle; on y dépeint les excès de l'Espa-

(1) Dans la revue gantoise, *La Flandre libérale*, 2e livraison, p. 99. (*Le mouvement flamand*. La dernière partie, dans la quatrième livraison.)

gnol et les fureurs de la réaction flamande. *Ce devint bientôt le thème favori de la nouvelle école qui se formait;* il n'en pouvait être autrement; c'est un sujet éminemment populaire en Belgique. » Dans l'hypothèse que nous faisons, il est essentiel de ne tabler que sur la *première* édition du *Wonderjaar*. Car voici ce que nous ajoutions, encore la même année, à propos d'une autre édition : « Le *Wonderjaar* que dans le temps on avait surtout applaudi parce qu'on y retrouvait le sentiment national appuyé sur l'esprit de liberté, n'était plus reconnaissable. Le roman avait été mutilé avec un étrange raffinement; il n'avait plus de signification. On n'osait plus parler du cardinal de Granvelle, ni de la Bible sur laquelle les Gueux firent leur serment, ni de l'Inquisition, ni des examinateurs de la foi..... »

III.

Quoi qu'il en soit, vers la fin de 1841, Van Beers fut nommé professeur au Collège Pitzemburg, déjà laïque alors et aujourd'hui transformé en Athénée royal de Malines. Malgré son zèle, ses souffrances ophthalmiques ne lui permettent pas de rester plus de deux ans au service de la commune. En 1843, comme en 1839, il lui fallut retourner sous le toit maternel où, comme bien on pense, de tendres soins lui furent prodigués. Pendant des semaines, pendant des mois, frappé d'une cécité presque complète, il vivait dans une chambre obscure, où quelques fidèles amis venaient parfois animer sa solitude. Elle était d'ailleurs égayée par l'affection ingénieuse de sa famille. Hélas! pour un adorateur de la lumière, comme il s'était révélé dès son enfance, toutes ces compensations étaient insuffisantes. Divine était la lumière pour ce peintre anversois, comme elle le fut pour le tragique grec. Aussi quel hosanna éclate dès qu'il se croit guéri ! Il faut bien qu'il ait, en dépit de toute la tendresse prodiguée, profondément souffert de sa séquestration; il faut bien qu'il ait songé douloureusement à l'exil par la cécité, puisque son premier cri de délivrance le consacra définitivement poète, et poète de la réalité, comme il le fut presque toujours. Sa poésie sera désormais toujours vécue, à peu d'exceptions près, et ce n'est pas pour lui que comptent les objurgations du *Gids* de 1844 et de la *Flandre libérale* de 1847 (1).

Het licht, ce n'est qu'un fragment; mais quel puissant lyrisme, parce qu'il est vrai ! A bon droit il ouvre depuis longtemps le recueil classique de Van Beers. On apprend avec émotion qu'il dicta ces vers à l'une de ses sœurs, dans le demi-jour où le convalescent devait encore se confiner. « C'est, dit Rooses (*Eerste Schetsenboek*), comme le hennissement du coursier à la soif ardente qui, des jours et des jours, a erré dans le désert, et tout à coup reçoit dans ses poumons brûlés la fraiche haleine de la source abondante. »

La lumière! la lumière!
Gloire, amour, beauté, vertu!

(1) Le *Gids*, VIII, 136, disait: « Pas une poésie originale ni substantielle! Eh, quoi! L'Europe a retenti des luttes de l'indépendance belge, et dans ces vers on n'en trouve pas un écho! L'Angleterre envie notre industrie et la poésie n'en sait rien; rien des théories qui s'agitent à Bruxelles, et ces messieurs chantent des chevaliers, des nonnes! Du romantisme sans la grâce française!.. »

O splendeur de la matière!
Dont l'espace est revêtu!
. . . .
. . . .
Est-ce la gloire infinie
Rayonnant du sein de Dieu!
Non. Cette magnificence
Qui resplendit dans le jour,
C'est bien plus que ta puissance,
O Père, c'est ton amour!
C'est ta tendresse éternelle
Qui, dans l'ombre universelle,
Sur l'espace ouvrit son aile,
Et l'ouvre chaque matin,
Pour couver d'un œil de mère,
La nature tout entière,
Cieux, terre et mer, la lumière,
C'est l'amour! l'amour divin (1)!

IV.

Trop faible cependant pour reprendre le rude labeur de l'enseignement, le poète fut heureux d'obtenir, au début de 1844, une place de sous-bibliothécaire à l'hôtel de ville d'Anvers, où était alors la bibliothèque communale. Les appointements étaient modiques; mais il avait l'avantage de rencontrer plus facilement d'autres amis des lettres, Conscience, Delaet, Heremans, P. Génard, Théodore et Jean van Rijswijck, et van Rotterdam. Enfin il conquit l'affection du vénérable bibliothécaire Mertens,

(1) Traduction de Charles Potvin dans l'*Art flamand*, reproduite dans *Nos poètes flamands* (Roulers, 1887).

un des promoteurs de la renaissance flamande et le principal auteur de la grande *Histoire d'Anvers*, entreprise sous les auspices de la Chambre de rhétorique *Olijftak*. Le 8 avril 1850, il épousait la fille de Mertens, si digne de le comprendre et de lui rendre cette tendresse qui lui avait pour ainsi dire capitonné la vie dans la maison maternelle.

Faut-il dès lors s'étonner de sa productivité poétique jusqu'en 1850? Il cherche d'abord à se faire un style, un art de ciseler, par d'habiles traductions. Par malheur, subissant la poussée de son temps, il se fourvoyait à la suite de Turquety et des romantiques les plus fades comme des plus extravagants. On eût dit un correspondant du premier Cénacle. « Il pensa me gâter », aurait-il pu dire avec La Fontaine. Le danger fut assez tôt conjuré par les influences de son milieu tout à la fois domestique et national, c'est-à-dire naturellement exempt de frivolité latine et de pose théâtrale. On n'a pas assez remarqué, croyons-nous, combien, jusque dans le vaporeux des premières efflorescences poétiques, Van Beers était sincère et toujours sur le point de s'en tenir à la bonne simplicité flamande. C'est ainsi qu'il échappa à la maladie de l'exotisme, qui était la maladie du jour.

Il y échappa aussi par l'obstination du travail. Ce *labor improbus* n'avait pour lui rien de maussade; il y était porté et par son instinct de véritable artiste, et par cette facilité qu'on a à travailler dans une atmosphère de cordiale intimité. Voilà pourquoi, au seul aspect de la succession des poèmes dans l'édition populaire de 1884, nous devinons un talent qui s'accroit toujours. La progression devient plus sensible par la division même du recueil : Rêves de jeunesse — Images de la vie — La vie et le sentiment — *Novissima verba*. D'année en année, la pensée se précise et la forme s'assouplit dans une noble simplicité.

V.

Lorsque Van Beers fut nommé, en 1849, professeur à l'École normale de Lierre, avec l'espoir d'épouser bientôt celle avec laquelle il avait échangé plus d'une stance émue (1), on pouvait craindre de voir disparaître le poète. D'abord ce fut tout un enseignement à créer, enseignement d'autant plus absorbant qu'il s'agissait de donner une méthode et une grammaire définitives à cette langue néerlandaise pour laquelle on avait tant lutté. Bientôt après, ou, pour mieux dire, simultanément, ce furent d'autres soucis, presque aussi prosaïques, pour une nombreuse famille à entretenir avec des ressources modestes.

Or, que nous révèle la bibliographie de cette époque de sa vie, de 1849 à 1860, durée de son séjour à Lierre? Une double activité, un double progrès et en pédagogie et en littérature. Chose plus curieuse encore, loin de se nuire, de se déconcerter mutuellement, le poète profitait des suggestions et des trouvailles si naturelles en des leçons bien vivantes (*viva vox*), et à son tour le grammairien se sentait, dans ce voisinage inspirateur, une acuité, une perspicacité, une délicatesse de goût, par quoi il se

(1) V. dans *Rêves de jeunesse : Een lentelied, 'K min u, Liefdetranen, Liefde gloeit in woorden niet, Tegenzang, Zij is ziek, Afscheidskus,* etc.

garait du factice et du pédantesque. Mais ce fut surtout le poète qui gágna à cette alliance.

Certes, on ne veut pas dire que la principale trempe de son style n'apparaisse pas déjà dans la période des *Jongelings droomen*.. C'est déjà une langue bien ferme, bien nette, dans *De rozelaar op mijn venster*, qui date de 1844. Conscience et Delaet ne s'y trompèrent pas quand ils lurent ce morceau dans un des nombreux almanachs des Muses qui paraissaient alors. Ils voulurent connaitre l'auteur de cette romance mignonne où le rythme léger, dactylique de la *trippelmaet* s'adaptait gracieusement à un sujet déjà cordial plutôt que mélancolique. En revanche, *Rosa mystica* a déplu par une certaine fadeur gothique que ne rachetait pas une allégorie incohérente et impalpable. Mais dans le *Maneschijn*, malgré les justes critiques de Max Rooses et de Busken Huet, n'y a-t-il qu'une ballade à la lune, comme en raillait Alfred de Musset? Qu'on en juge, au moins dans ces contours calqués :

« .... Le vent soufflait, rude et froid; c'était comme une plainte, comme un cri sans relâche qui retentissait autour de moi. On eût dit que toutes les lamentations de la terre s'étaient amassées pour éclater en un formidable gémissement qui montait jusqu'à Dieu.

» C'était la nuit : le rideau des nuages glissait du sud au nord, poussant ses ondulations incessantes, furieuses, dans le ciel immense, et, à travers ce voile fugitif que l'ouragan fouettait de ses larges ailes, apparut la lune, immobile malgré tout ce qui s'agitait au-dessous de son disque. Elle envoyait sur les nuages qu'emportait leur course furibonde une lueur glaciale sans clarté réelle et qui faisait penser au regard jeté par un indifférent sur le malheureux qui plie sous le poids de sa misère..... »

VI.

Oui, l'instinct pittoresque et sensé du Flamand ne triomphe pas toujours de l'obsession des raffinements et des mièvreries exotiques. Il y a plus encore : l'amour, tel que Van Beers le chante alors et même plus tard, n'a ni les furieux ricanements de Heine, ni les beaux sanglots de Musset. Est-ce à dire pourtant que le *Zieke jongeling* ne soit pas près d'être un chef-d'œuvre par l'idylle greffée sur l'élégie? On en a fait des parodies, dit-on; mais a-t-on toujours respecté *Le jeune malade*, de Chénier, ce pur chef-d'œuvre? La ballade flamande, bien que de 1846, nous semble déjà parfaite de ton et de style, d'un rythme ému, d'une composition habilement simplifiée. On aime à la rapprocher d'un épisode du beau poème de Ledeganck : *le Château de Zomerghem*. Avec la même netteté de traits, on y trouve la même vivacité de contrastes. Il nous semble, toutefois, qu'il y a quelque chose de plus profond, de plus nourri dans les conceptions du poète campinois (1). Il a poussé plus loin l'art de faire vivre les détails (2).

(1) V. notre étude : *Les Poésies de Jean Van Beers* (REVUE DE BELGIQUE, 15 février 1870).

(2) M. Pol de Mont raconte que cette pièce sortit d'une rhapsodie de rhétorique que Jan van de Putte, un de ses amis, lui avait soumise. Il en tira cette ballade qu'il lut à l'*Olijftak* d'Anvers, le 19 février 1846, avec ce succès de larmes qu'il a obtenu en Hol-

Le jeune paysan malade que nous montre Van Beers est amoureux, comme celui d'André Chénier, mais il n'a pas les ardeurs païennes, la passion tyrannique, le délire sensuel qui fait invoquer « les coteaux d'Érymanthe. » C'est dans un langage moins bouillant, moins brillant aussi, mais aussi simple que celui des Campinois de Conscience, qu'il confesse son amour à sa mère. Si, par moments, lui aussi s'irrite et s'impatiente contre elle, au fond il est soumis et respectueux. C'est un fils comme en connaissait Van Beers par sa propre expérience. Son héros est, d'ailleurs, plus cruellement éprouvé que le voluptueux pasteur d'Arcadie :

« .... Mère, dit le jeune malade, oui, la bonté de Dieu règle tout; mais ne me fais donc pas croire que je puisse encore guérir. Vois donc mes mains, comme elles sont maigres, comme elles sont transparentes! Ah! je sens que je m'en vais lentement, lentement, tandis que je m'affaisse dans ma chaise! Car... c'est la phtisie, mère! Et pourtant, je n'ai pas vingt ans! Vois donc, l'an dernier, à pareil jour, c'était la kermesse aussi, et là-bas, j'étais encore à danser, plein de gaieté, d'espoir et de courage; et maintenant, oh! ces éclats de joie et ce bruit du bal, cela me fend le cœur comme une cruelle raillerie! »

» Et la pauvre mère répond en pleurant :

» Henri, tais-toi donc, ne blasphème pas! Songe que Dieu l'a ainsi voulu! Que sa sainte volonté s'accomplisse!.... »

lande encore plus qu'en Belgique. *De Eendracht* disait : *in stille tranenvloeijing aanhoord.*

Un critique du *Vaderland* (4 février 1889) dit que ce jeune malade est un frère spirituel de Livarda.

» Et là-bas, près des tilleuls, retentissaient le tambour et le violon; là tournait et voltigeait Rose, l'amie de Henri, dans la joyeuse cohue; là tout frétillait et fourmillait pêle-mêle, et Rose ne pensait plus à Henri !

» La nuit était venue. Calme et solennelle se levait la lune au bout de l'Orient; elle enveloppait mollement tout le village de sa splendeur magique et argentine. Et là-bas aussi, à travers les carreaux de l'étroite fenêtre où Henri avait été assis avec sa mère, la mélancolique lumière de l'astre pénétrait, froide et pâle. Et quelqu'un, s'arrêtant au retour de la kermesse, aurait pu remarquer un spectacle à déchirer le cœur. Là gisait Henri, pâle, immobile, étendu sur le pauvre grabat; près de lui, sa mère agenouillée, clouée au sol. Dans cette pauvre chambre où la lune envoyait ses rayons, on n'entendait rien, si ce n'est une voix qui, de temps en temps, répétait : « Dieu! mon fils.... mon fils est mort! »

» Et au dehors, dans le village, retentissaient toujours le tambour et le violon; là se trémoussait toujours la joyeuse cohue; là tout frétillait et fourmillait encore pêle-mêle, mais personne ne songeait qu'on pût souffrir et mourir ! »

VII.

Sobre idylle, finement relevée par le parallèle de deux situations opposées. Elle marque une étape importante dans l'évolution du poète : le voilà devenu narrateur. Il l'est moins dans *Livarda;* mais ce sujet séraphique est-il moins palpable que celui d'*Éloa*, de Vigny?

C'est une légende empruntée aux plus fantastiques et

aux plus lointains souvenirs de la Flandre. On racontait aux veillées d'hiver qu'une âme du Purgatoire avait consenti à demeurer mille ans de plus dans les flammes, rien que pour revoir un instant son mari qu'elle croyait inconsolable. Elle le voit à ce prix terrible : hélas! ce fut pour le retrouver en compagnie de courtisanes effrontées auxquelles il prodiguait les baisers. La pauvre âme, désolée, s'enfuit pour retourner au Purgatoire. Aussitôt l'ange qui la conduisait l'emporta au Paradis, en lui disant : « Tu as plus souffert, pauvrette, en un instant qu'en mille années de purgatoire; dès maintenant, tout est expié, mais ton époux sera maudit! .... »

Van Beers a merveilleusement transformé ce conte si naïf. Il en garde, il en multiplie même (un peu trop) les arabesques gothiques; mais elles encadrent un tableau tout humain qui s'appuie et se déroule sur une terre que nous connaissons. Ce qui nous charme dans cette composition élégante, c'est moins la riche variété des mètres, l'habileté des rythmes, la luxuriance des couleurs prodiguées dans les moindres détails, que la très simple histoire de la jeune faubourienne. Cela captive comme la vérité; cela enchante comme toute peinture des sentiments indestructibles du cœur humain. Telle est même la séduction de cet entrelacement du fantastique et du réel qu'on hésite à signaler, avec le critique rigoriste, quelques longueurs énervantes. Après avoir traduit ce morceau presque vers pour vers, Ida von Düringsfeld observe : « *Ich müsste mich sehr taüschen, wenn man nicht in Deutschland mit mir über die Schönheit dieser Dichtung einverstanden sein sollte.* »

VIII.

En 1848, à l'heure où le poète Lamartine faisait, au nom du Gouvernement provisoire, un manifeste aux illusions évangéliques, le poète flamand, obéissant aussi au souffle de la démocratie, chantait « une fleur du peuple». *Eene bloem uit het volk*, si on l'oppose au *Regard jeté dans une mansarde*, de V. Hugo, nous paraitra plus réelle et moins déclamatoire. On y sent tout ensemble l'influence des nouvelles études de style et le souvenir de l'enfance passée au vieux quartier du *Werf*.

Il s'agit d'une jeune fille que le poète aperçoit cousant et chantant à sa fenêtre gothique, encadrée de fleurs et de festons. Il ne peut s'arracher à ce petit tableau d'intérieur. Tout à l'heure, il peignait à la Memlinc, maintenant ce sera à la Terburg, peut-être même à la Gérard Dow. — Quel calme et quelle plénitude de contentement! La diligente ouvrière ne semble demander à Dieu d'autre bonheur que celui de pouvoir ainsi toute la semaine travailler la pleine journée sans grand souci du lendemain. Oh! elle n'a pas été gâtée par le sort; depuis longtemps elle est orpheline! Cette chambrette, c'est son monde, et il lui suffit pourvu qu'elle puisse, de temps en temps, tourner ses francs yeux bleus vers ce ciel que découpent bizarrement les toits, les pignons et les cheminées. Un peu de poésie dans l'âme, et la voilà précieusement gardée!

Pourtant, voici qu'elle ne chante plus; elle ne semble plus même écouter l'oiseau favori qui gazouille dans sa cage mignonne. Quoi donc? la voilà penchée, un peu rembrunie, la joyeuse fille; la tristesse, dirait-on, s'empare d'elle au contact de cette chatoyante robe de soie qu'elle achève! Peut-être une robe de noces? Ah! oui, comme elle t'irait mieux qu'à l'autre! Comme tu serais autrement belle à côté de ton fiancé, et comme un peu d'or t'aiderait à faire éclater la splendeur de ton frais visage! Puis, tu pourrais faire de larges aumônes à tes pauvres auxquels tu donnes si peu! Être riche, quelle magie! Et pourquoi donc t'en faudrait-il priver? Oui, le voisin d'en face semble te promettre cette vie idéale par le regard dont il te poursuit... Prends garde, chère enfant, le démon se cache dans ces plis de la soie opulente et t'obsède de visions malsaines! Songe seulement aux rapides, aux terribles déceptions de ces folles espérances! Faut-il te raconter ces tragédies?...

Mais non, voici que son front se rassérène et se relève; elle travaille avec autant de joie qu'auparavant, elle regarde ses fleurs, elle sourit aux fredons, aux ramages de l'oiseau familier, et elle contemple son coin de ciel qui n'a plus de nuages.

Le poète a deviné le secret de cet apaisement. La jeune plébéienne porte en son cœur un amour honnête et vaillant qui la préserve de tous les pièges de la vanité, de toutes les morsures de l'envie. Dimanche, pense-t-elle, elle sera au bras de son amoureux, le loyal ouvrier qui doit l'épouser. Dimanche, au *Werf*, au centre des grands quais, l'heureux couple fera bien des envieux, même parmi les riches. Mais c'est à la campagne que leur joie sera pure et leur liberté souveraine! Que de beaux projets d'avenir ils feront, la main dans la main, errant le long des grands blés ondoyants! Ils se chuchotent déjà tout ce qu'il y aura de féerie dans le petit ménage qui, sous l'œil de Dieu, grandira rapidement...

Ce n'est pas ici que l'on serait tenté de blâmer les menus et familiers détails que prodigue le poète. Il faut seulement regretter de ne les pouvoir tirer de leur texte flamand sans leur faire perdre le meilleur de leur grâce, le principal de leur efficacité pathétique. Ce qui fait qu'on revient souvent à cet intérieur du plus fin coloris anversois, c'est qu'un sentiment sincèrement démocratique s'y déploie et s'y reconnait sans que l'on soit agacé par les stridentes fanfares de la déclamation. Quelque chose de recueilli, de reposé, d'équilibré comme le charmant esprit de la gentille ouvrière, voilà ce qui gagne aussitôt les cœurs. Les femmes surtout se plaisent à ce tableau de vaillance féminine.

IX.

Cette poésie, on le voit, est de moins en moins éthérée. Elle prend plus profondément racine dans les réalités de tous les jours, sans pourtant se désintéresser des hautes cimes. Si Van Beers peint, dans une pièce couronnée, la douleur nationale à la mort de la reine des Belges, il s'attache, pour nous faire mieux entrer dans ces sentiments, à nous reproduire avec une exactitude picturale l'aspect lugubre d'Ostende le 11 octobre 1850. C'est dans le brouillard de la côte qu'apparaissent les chœurs de la Déploration. Si dans *Bij 't Kerkportaal* (1851) il veut nous attendrir, à l'envi de Hugo et de Tollens, sur les malheurs d'une jeune fille séduite, voyez comme il nous introduit dans la réalité poignante.

Un dimanche soir, à la sortie du salut qu'on vient de chanter à Notre-Dame d'Anvers, le poète se prend à analyser la foule qui lentement se disperse. Le pauvre s'est retrempé dans la prière; le riche semble y avoir puisé le sentiment de la solidarité évangélique. Mais la belle Helena, riche seulement de sa beauté, fleur sauvage épanouie on ne sait où, et qui attire bien des regards ardents, qu'a-t-elle demandé sous les voûtes gothiques? Sans doute, elle s'est mise sous la garde du Seigneur qui protège les plus frêles arbrisseaux? Mais quoi, si elle rougit, c'est d'orgueil en écoutant les flatteries d'Edmond, l'élégant gentilhomme! Aussi, quelle caresse que ce regard! quelle musique que cette voix adulatrice!... — Helena! Helena! Ne te souvient-il plus de ta mère qui, s'agenouillant dans cette même église, demandait à Dieu de te garder l'honneur, à défaut de richesse? Pauvre fille, pense à la pauvre morte!...

— « Mais non, tu n'as plus de mémoire que pour ton séducteur! Tu crains seulement d'être reconnue par quelqu'un des amis de ton humble famille; tu plonges un regard furtif dans la pénombre du crépuscule; mais Dieu te voit, et du fond de son temple te crie : « Malheur à toi! »

Au second tableau, on se trouve de nouveau sous le portail de Notre-Dame. Par une belle matinée de printemps et au joyeux tintement du carillon, de nombreux mendiants s'injurient en se bousculant autour d'un carosse de gala. C'est celui du baron Edmond qui fait un riche mariage. Dans la cohue glapissante, on aperçoit une jeune femme, muette et sombre, cachant sous un châle souillé plutôt qu'usé, un enfant encore à la mamelle.

« C'est toi, Helena, s'écrie le poète, te voilà plus pauvre qu'auparavant et montrant par les rues ce stigmate de la honte que tu dois nourrir de ton sang!... » Au bruit du brillant cortège qui s'avance, elle se précipite échevelée, livide, écumante; mais la fureur la suffoque; elle s'arrête comme une statue, sans voix, sans larmes. — « Laquais! crie le marié rayonnant, double aumône à cette pauvresse! » Et l'étincelant carosse disparait au galop des chevaux fringants.

C'est encore sous le portail de la vieille église que se dénouera la trilogie. Helena, tombée de misère en misère au dernier degré de l'avilissement, est couchée sous le porche. La nuit va finir, une nuit de grêle et de rafales. La pauvre réprouvée ose à peine prier encore. Le froid, le dénûment, le remords, tout l'épouvante. Tout à coup, dans le délire du désespoir, une vision radieuse emporte son âme éperdue dans un ciel d'or et d'azur, où elle retrouve son père, sa mère, son enfant. On entend quelques paroles incohérentes, quelques faibles gémissements; puis, Helena retombe dans l'immobilité. Bientôt ce lugubre silence est troublé par des chants rauques et des cris sauvages. Ce sont les trainards d'une orgie. L'un d'eux arrive en chancelant près du portail : « Eh! la belle enfant, balbutie-t-il, que fais-tu là? Dieu n'est pas encore levé!... Bon, tu fais la muette ; qu'on voie au moins tes yeux! » Et comme il la soulève dans ses bras, elle retombe sur la dalle. On entend des cris déchirants : « Helena! morte!... » C'était le séducteur Edmond. Pâle, muet, désenivré, immobile, les yeux hagards, écoutant avec stupeur le grincement de la porte de l'église, on eût dit qu'il écoutait la voix de Dieu.

Ce poème douloureux passe peut-être la mesure ; quelques traits violents, trop brusqués, trop heurtés, semblent démentir le génie déjà si contenu, si réservé du poète. Il a forcé la concentration, surtout le contraste, pensant par là atteindre au vif le vice qui, comme crie Juvénal, jouit de la colère des Dieux : *fruitur Diis iratis.* Dans cette manière de voir, on obtient, sans doute, une puissante réverbération des points culminants ; mais il est permis de douter que l'impression soit durable autant qu'elle est poignante.

X.

L'inspiration est tout aussi vive dans un récit de 1852 : *En kermesse ;* mais dès les premiers vers, on reconnait une verve plus nourrie, une trame plus serrée, bien que plus étendue. Le début rappelle le village campinois du *Jeune malade ;* on dirait toujours celui de la mère de Van Beers, Hauwaert. A la faveur de ce souvenir, la comparaison s'établit d'elle-même, et si peu qu'on ait le goût de ces charmantes confrontations, on sera ravi de reconnaitre dans *Op de Kermis* un grand accroissement de force littéraire.

Au début des *Levensbeelden* se trouve une pièce de 1854 : *De Blinde,* qui a été fortement critiquée par Busken Huet. Elle pèche, en effet, par une sentimentalité un peu mélodramatique : ce mendiant aveugle a des sentiments par trop raffinés. Et pourtant il vous captive, il vous remue à la simple lecture. C'est que le cadre, encore une fois, est d'un relief séducteur. Et la séduction fut au comble lorsque Van Beers déclama son œuvre au Congrès linguistique d'Utrecht, le 21 septembre 1854. Il avait, comme le doux Virgile, le don de la diction sympathique et pénétrante : *pronunciabat versus cum suavitate tum lenociniis miris.* « Ce fut un délire d'enthousiasme, disait naguère le *Vaderland* de La Haye (6 janvier 1889). Cet aveugle, à peine guéri, nous apitoyait sur une situation qui n'est que romanesque. Il fit tomber toutes nos anciennes railleries sur les *Vlamismes* de la langue brabançonne. Dès ce jour, la fraternité littéraire des Pays-Bas était fondée. » Et, en effet, peu de temps après, on établissait à Utrecht un *Van Beer's Genootschap,* en l'honneur de ce poète que toutes les villes de la Hollande voulaient voir et entendre, pour le relire avec plus de ravissement. Tollens était détrôné, et la langue savante, trop savante de Bilderdijk dut souffrir le voisinage de cette langue belge qui décentralisait le néerlandais et ouvrait révolutionnairement la porte à toutes les locutions locales et populaires, pourvu que l'esprit littéraire s'en pût accommoder (1). C'était bien le cas de chanter : *Oude veeten zijn vergeten* (les vieilles querelles sont oubliées), car ce Van Beers si aimé avait, dans son enfance, rêvé d'être, comme son ami Conscience, un soldat patriote dans l'armée des petits Belges, *de Belskens* (Pol de Mont, p. 6).

La même année est signalée par un autre triomphe de lecture à Rotterdam : *Blik door een venster.* C'était pour les étrennes des pauvres. La philanthropie et le pathétique faisaient passer le ton un peu mélodramatique,

(1) Dr DE JAGER (*4e Nederlandsch Congres*) reproche à Van Beers l'imparfait anversois *miek* pour *maakte.*

transformé d'ailleurs par la magie de la diction. Le professeur de Lierre était artiste pour tout ce qu'il enseignait (1).

En Belgique, on admira surtout la perfection continue, rapide de la forme dans des poésies presque enfantines : Le Petit Frère, l'Aïeul, Tante Gertrude, la Saint-Nicolas, Kaatje et sa vache, et l'on y pardonna quelques raffinements de sensibilité.

XI.

Une élégie de 1858, *Op krukken*, fut dédiée au dessinateur hollandais Ver Huell, auteur des *Zijn er zoo?* (Y en a-t-il ainsi?) albums humoristiques célèbres en Hollande. Un de ces dessins représente un garçonnet infirme, tristement assis, ses béquilles à côté de lui, tandis que ses camarades prennent leurs ébats. Comme pour l'*Aveugle*, Busken Huet, l'intransigeant, est d'avis que les sentiments et les idées sont trop romanesques, voire impossibles. Mais que de beautés de détail ! Nous avons déjà cité le début qui fait penser à un tableau célèbre. Il faudrait encore rappeler le nº 2 (la Danse

(1) Quelques jaloux, disait *De Schelde* (29 septembre 1854), lui reprochaient quelque chose de théâtral dans l'attitude et dans les gestes. C'était peut-être le professeur de déclamation qui perçait trop. M. Max Rooses (*Brieven uit Zuidnederland*), a institué un parallèle intéressant entre le romancier J. J. Cremer et Van Beers, les deux lecteurs néerlandais par excellence La diction de Van Beers a été appréciée par des connaisseurs tels que Van Lennep, Schimmel, Alberdingk-Thijm, Van Oosterwijk-Bruin, de Bull, Beets et Des Amorie Van der Hoeven.

dans la sapinière) et le n° 3 (la Cloche de minuit). Rarement Van Beers a mis plus de musique en ses vers et une musique qui semble appartenir à l'ordre psychologique, une mystérieuse, mais incontestable correspondance entre les sons et les sentiments, comme s'il avait découvert quelque secret d'une harmonie préétablie. N'est-il pas à regretter qu'une facture si prestigieuse soit prodiguée à un sujet trop idéal? La Campine de notre poète n'est pas, Dieu merci, celle que se figurent les « jeune Belgique » qui, à travers le prisme de l'ultra-réalisme parisien, veulent, comme ils s'expriment de façon assez inattendue « s'oindre et s'abalourdir de truculents dehors. » Mais n'est-ce pas aussi forcer la note, quand on veut nous faire admettre un petit Campinois idéaliste à la façon des héros de George Sand (avant ses paysanneries) et liseur de la Bible comme un des Gueux du *Wonderjaer*, de Conscience?

C'était un retour inexplicable à la vague morbidesse des romantiques lunaires d'Angleterre, de France et d'Allemagne qui, au lendemain de 1830, avait séduit quelques-uns de nos peintres et de nos poètes. Inexplicable, en effet, puisque vers la même époque le poème *Bestedeling*, qui termine les *Levensbeelden*, a toute la palpitante réalité, la franche et robuste allure des meilleures compositions de l'époque suivante, celle de *Gevoel en leven*, à l'apogée du poète. Ce qu'il reste de rêverie, c'est seulement ce dont une nature poétique ne saurait se dépouiller sans mourir. *Sentiment et vie*, comme s'intitule le troisième recueil, voilà bien ce qui éclate ici. Il s'agit même de la vie sociale, des problèmes sociaux, et l'on a cité à ce propos, un peu indiscrètement peut-être, Proudhon, Marx, Lassalle et Eugène Sue. Du moins ne peut-on nier que désormais c'en est fait du dilettantisme et qu'on a trouvé « la grande et large voie, celle de l'élan démocratique, de l'esprit de progrès. » (*Flandre libérale*, I, 217.)

XII.

De bestedeling. Et d'abord, comment traduire ce titre sans commettre de contre-sens ou même de non-sens? *L'orphelin aux enchères?* Qu'est-ce à dire? N'est-il pas plus sûr de recourir à l'analyse du sujet? Oui, d'autant plus que le sujet, en soi, est déjà la grande nouveauté dans l'évolution que nous étudions.

Le poète débute par la ravissante peinture d'un soir d'été en Campine. Si l'*Angelus* de Millet ne datait de l'Exposition universelle de 1867, on serait tenté de croire à une réminiscence. Charles Potvin nous rend quelque chose de ce charme dans sa traduction : *Soirée d'automne* (*Art flamand* et *Nos poètes flamands*) :

> L'angelus lentement tintait dans le feuillage
> Qui se baignait dans l'or d'un soir délicieux...

Puis, c'est le contraste, comme toujours dans Van Beers : de gais travailleurs reviennent des champs, la bêche sur l'épaule ; de blondes paysannes dansent et chantent autour du lourd chariot criant sous le poids de la moisson et tout orné de festons et de banderoles, comme dans les *Moissonneurs*, de Léopold Robert. Un jeune peintre y songe aussi, en descendant la colline sablonneuse d'où il a guetté la Nature tout le jour; il suit de loin sur la route le tourbillon joyeux : « Joie vaut prière, se dit-il, car ces braves gens-là, qui se trémoussent de si bon cœur, envoient leurs hymnes instinctifs au Maitre du Soleil. » Plein de douces pensées éveillées par ce spectacle de doux contentement, il est arrivé, sans le savoir, à son auberge *In de Zwaan.* A peine a-t-il levé le loquet de la porte qu'il est comme étourdi par un vacarme assourdissant et suffoqué par un épais nuage de tabac.

— « Que se passe-t-il? demande-t-il au *baes*, quand il est enfin parvenu à se frayer un passage jusqu'à sa place habituelle, sous le large manteau de la cheminée à la flamande.

— On va adjuger les pauvres.

— *Adjuger !!*

— Eh! oui; vous autres, gens de la ville, vous n'entendez rien à nos us et coutumes. Vous ignorez que les bureaux de bienfaisance adjugent au rabais l'entretien des enfants trouvés et des vieillards infirmes.

Et de fait, le peintre put voir bientôt le maitre des pauvres procéder à cette adjudication bien digne du bon vieux temps. Les amateurs de ce genre de fermage venaient inspecter ces pauvres victimes de la charité routinière; on eût dit des acheteurs américains au marché des nègres, comme dans *la Case de l'Oncle Tom.*

Quel émouvant contraste produit encore par la petite Liva qui vient dans la salle enfumée supplier son père de *soumissionner* encore une fois pour le petit vacher, l'orphelin Wardje (le petit Édouard)! Le gros fermier rebuffe la gentille solliciteuse, et pour échapper à ses instances, tout en lâchant des bouffées aveuglantes, il se met à tout expliquer au peintre qui rêvait sous la cheminée.

— Le grand défaut de Wardje, dit il, c'est de s'amuser à dessiner partout...

— En ce cas, je le prends pour rien, crie l'artiste au maître des pauvres : il me va, ce petit bonhomme rêveur !

Et voilà comment, quelques années plus tard, tout le village est en émoi, en fête, pour un grand prix de Rome. C'est ce petit vacher qui l'a obtenu, et comme la chance a partout ses courtisans, c'est à qui se rappellera complaisamment ce qu'il a fait ou pensé faire pour l'orphelin jadis rebuté à l'adjudication officielle de la commune. Au reste, ce roman idyllique se termine par l'heureux mariage d'Édouard et de Liva. Le ton des premières scènes le faisait pressentir, mais ici, comme en beaucoup de romans de Conscience, la lutte vraiment tragique n'est jamais amenée, au moins en pleine scène et en pleine lumière. C'est ce qui rend l'épilogue trop long avec ses menus détails de baptême villageois. Qui sait pourtant si l'auteur, en s'évertuant à reproduire la souplesse de l'hexamètre dactylique d'*Hermann et Dorothée*, n'espérait pas, du même coup, en retrouver la poétique familiarité et l'homérique abondance ?

Quoi qu'il en soit, la révolution est complète ; le vers rimé, si peu nécessaire, si peu naturel même à ce rythme germanique issu de l'allitération, est enfin abandonné. Dès la première pièce, *Licht*, on remarquait un poète qui aimait la désinvolture du rythme comme de l'élocution. Ici ce besoin de liberté est devenu souverain. M. Van Droogenbroeck (1), un de ses meilleurs élèves à l'école de Lierre, signale plus d'une hardiesse heureuse dans sa prosodie et rappelle à ce propos le mot du Dr Beyer (Deutsche Poetik) : « *Was die Meister der Kunst zu beobachten für gut befinden, das sind Regeln !* » C'est le cas de répéter avec Voltaire :

> Le rythme en est facile, il est harmonieux.
> L'hexamètre est plus beau, mais parfois ennuyeux:

Dans Van Beers, l'hexamètre semble avoir la prestesse du décasyllabe dont l'auteur des *Trois manières* nous dit :

> Dix syllabes par vers, mollement arrangées,
> Se suivaient avec art et semblaient négligées.

Sans jongler, comme un parnassien, avec des difficultés gratuites et des raffinements subtils et d'autant plus puérils, il savait, comme Van Duyse et Dautzenberg, faire retentir la musique de l'âme. Mieux qu'eux, toutefois, sauf en quelque débauche passagère d'harmonie trop imitative (2), il savait ce qu'exigeait véritablement l'oreille du peuple. Populaire aussi, dans le meilleur sens du mot, était cette langue si droite, si franche, si anversoise, qu'un jour il opposait spirituellement au néerlandais de convention, dans une épitre confidentielle à l'abbé Jan Bols, professeur au Collège St-Rombaud, de Malines. « C'est

(1) *Over de toepassing van het Grieksche en Latijnsche metrum op de Nederlandsche poezij* (MÉM. COURONNÉ PAR L'ACAD. DE BELGIQUE, t. XXXVIII, nº 2, p 96).

(2) Par exemple dans *De Stoomwagen* (le Remorqueur), pièce couronnée en 1859.

dans le peuple, disait-il au Congrès de Bruges en 1869, que la langue de l'écrivain doit se retremper et se raviver le plus souvent possible. » Il sous-entendait une condition essentielle : celle de savoir, comme lui, choisir entre les mots du peuple. Tous, on ne le sait plus assez, ne sont pas dignes d'une fortune littéraire.

XIII.

C'était, d'ailleurs, ce qu'il enseignait à Lierre avec une maëstria cordiale dont l'École normale n'a pas perdu le souvenir. Il formait à la fois des instituteurs, des poètes et des amis du progrès national. MM. Hagens, Temmerman, Ceulemans, Van Droogenbroeck, de la Montagne, Adriaensen, Teirlinck et tant d'autres en ont pu et voulu témoigner. Non moins nombreux, non moins enthousiastes sont les témoignages de ses élèves de l'athénée d'Anvers. Un poète professeur! Oui, sans doute, mais un poète qui prêchait d'exemple l'amour du travail et le respect de l'art d'écrire.

Cette nouvelle nomination date d'octobre 1860. Presque en même temps, il était décoré de l'Ordre de Léopold et de l'Ordre du Chêne. Quelques mois plus tard (janvier 1861), un grand banquet réunissait tous ses admirateurs dans la vaste salle de la *Sodalité*, autrefois consacrée aux grandes fêtes des peintres anversois, aujourd'hui transformée en Bibliothèque communale. Chacun des assistants pressentait l'importance de cette réunion d'amis. On était convaincu que ce retour à Anvers, après le fructeux séjour en Campine, amènerait le triomphe d'une poésie noblement populaire par l'accord des sentiments généreux et des formes les plus habilement naturelles. Tout ce travail de théorie et de pratique que nous avons entrevu dès les premiers vers allait enfin aboutir aux chefs-d'œuvre du troisième recueil : *Gevoel en leven.*

Cette nouvelle décade, de 1860 à 1870, s'ouvre par un hymne aux progrès de l'industrie, qui, déjà dans le rêve d'Aristote, devait remplacer les esclaves par les machines. Sans qu'il s'en doute, le poète est l'écho du grand philosophe. Dans son *Stoomwagen,* qui fut couronné à l'occasion du vingt-cinquième anniversaire des chemins de fer en Belgique, la locomotive apparait surtout comme le véhicule de la Paix, de la Liberté et de la Fraternité. Le *Remorqueur* de Weustenraedt (1841) apportait les mêmes bienfaits, mais d'une façon moins visible. C'est le peintre anversois qui triomphe quand il s'agit de

« Donner de la couleur et du corps aux pensées. »

En flamand, surtout en poésie, on évite plus aisément le danger des abstractions et l'obsession des formules d'une langue académique. Mais on aime à remarquer que les deux poètes belges s'unissent à travers les idiomes, dans une même pensée de fierté nationale. C'était le vœu du baron de Reiffenberg :

N'ayons qu'un cœur pour aimer la patrie,
Et deux lyres pour la chanter.

Répétons ce que nous disions, il y a près de vingt ans, dans la *Revue de Belgique :*

« Du jour où Van Beers a compris l'importance de l'économie dans la composition comme dans le style, il a compris aussi l'avantage de l'heureux choix des sujets. Presque toujours on les trouve en conformité avec son génie naturel (1), et quand cette harmonie ne lui est pas d'abord offerte, il la fait naitre par un zèle qui se soutient, par un soin que rien ne déconcerte.

C'est au fond le même procédé d'artiste infatigable qu'on rencontre dans un vœu philanthropique de nouvel an : *Blik door een venster*, dans la commémoration d'un deuil national, dans l'hommage au poète populaire Tollens, dans l'appel à la charité en faveur de la veuve et des orphelins de Zetternam, son premier élève (*Zijn Zwanenzang*), et jusque dans le poème couronné qui célèbre et véritablement *magnifie* notre railway initiateur. Toujours cette tendance d'une poésie, sœur germaine de la peinture flamande, à préciser des faits humains selon des proportions humaines et vraisemblables, à prodiguer l'air, la couleur et la lumière, et à donner aux figures les plus grandioses ou les plus éthérées le piédestal de la réalité admissible.

(1) Les critiques qui reprochent à Van Beers de n'avoir pas la composition assez ferme, assez vigoureuse, oublient, ce me semble, la vraie nature de son génie. Comme on peut le voir par sa vie et par la succession de ses œuvres qui en est l'image (*tabula votiva*), il y a en lui plus de grâce que de force, plus de tendresse élégiaque que de concentration dramatique. Jusque dans sa période de plein épanouissement, quand il s'élève jusqu'aux poèmes philosophiques, voyez-le revenir, par sa pente naturelle, aux choses douces, même dans leur tristesse. *Martha la folle* et *Le fils du manœuvre* sont alors d'élégantes appropriations de deux ballades de Jasmin, le doux troubadour d'Agen.

XIV.

Il est intéressant de remarquer comment, par cette unité, cette obstination d'une méthode poëtique, ce ferme vouloir en des conceptions qui semblaient ne devoir obéir qu'à l'imagination et au caprice, on peut dompter la matière la plus rebelle. Une thèse qui n'était qu'abstraite peut prendre les plus chaudes couleurs de la vie, une encyclopédie se résumer en quelques jets de flamme magique, et l'histoire enfin, sans rien perdre de sa profondeur, apparaître aussi lumineuse, aussi palpitante qu'un drame. C'est quelque chose de cette saveur bien littéraire qui nous semble recommander le poème fait en l'honneur de Maerlant. Van Beers le récita lui même, avec quel succès! publiquement à Damme, le 9 septembre 1860, lors de l'inauguration de la statue du vieux rouvère bourgeois, le père de l'école didactique *der dietschen dichteren.*

Chanter un poète didactique, et faire durer le charme bien au delà de cette audition prestigieuse, quand le timbre d'or du déclamateur trouvait un écho facile dans cette foule déjà palpitante d'exaltation patriotique! Certes, les didactiques flamands n'ont rien de ce froid et puéril dilettantisme que l'on ne supporte pas même dans l'art ingénieux de Delille. Les poètes des *poorters* de nos communes tiennent bien autrement à la réalité de leur temps (1). C'est la vie, la vie du peuple qui les inspire.

(1) Voir *Poésie didactique* dans notre *Histoire de la Littérature néerlandaise en Belgique.*

Qu'importe cependant! Le goût moderne est trop réfractaire à la forme didactique; il n'entre qu'à regret dans les raisons historiques qui la justifient. Tout cela lui parait trop maussade pour la muse sereine et légère.

Or, si l'on songe que Maerlant mourut en Flandre vers la fin du XIIIe siècle, après avoir plus qu'aucun autre écrivain préparé la démocratie laïque du quatorzième, on verra surgir aussitôt de graves considérations philosophiques. Comment s'y dérober dès qu'on se charge d'invoquer cette grande gloire de la patrie? Comment, d'autre part, introduire ces choses austères et subtiles dans un vers jusqu'alors réservé aux naïves et gracieuses peintures? Pouvait-on, sans pédanterie, apprécier, caractériser l'auteur de tant de livres savants, ou bien fallait-il, en déshéritant le grand citoyen, réduire son rôle de réformateur à celui de ménestrel?

Telle était l'alternative et voici le plan que Van Beers choisit pour en sortir. Maerlant est assis sur la dune de Damme et devant la mer, qu'illuminent les rayons d'or du soleil qui descend à l'horizon; il rêve à toute la majesté du devoir poétique (1). Les pêcheurs qui, pieds nus, passent sur la plage, baissent la voix en apercevant le rêveur du soir; ils respectent ses méditations patriotiques. Peut-être aussi, par cette superstition qui règne encore sur nos côtes, redoutent-ils l'esprit qui le vient visiter à cette heure solennelle. Lui ne voit au fond que sa pensée,

(1) La famille du poète anversois possède encore une aquarelle de son fils : *Maerlant peinzend aan het Zeestrand.* On connait aussi le triptyque « Breydel. De Coninck en Maerlant. » D'autres compositions ou esquisses picturales ont encore été suggérées par le beau poëme.

et cette parole intérieure nous est traduite par le poète moderne :

« ..... Oui, je comprends enfin tout le prix de la vie! Il ne faut plus la consumer, comme j'ai fait, en frivoles efforts de passe-temps poétiques. Assez longtemps nous avons chanté la guerre de Troie et les exploits d'Alexandre. L'heure est venue d'une gloire plus haute et plus noble : il y faut aspirer. *Il faut que le poète vive pour les autres, non pour lui.* Ce que la foule désire confusément, qu'il le mette en pleine lumière et l'épure par la flamme de l'inspiration. Que chaque âme du pays comprenne enfin sa dignité ; que le Flamand se redresse à l'encontre des félonies françaises. La plus noble tâche des poètes est de prêcher la liberté et la fraternité à nos vaillantes communes. Gardons-nous d'énerver le peuple par ces romans de la *Table-Ronde* qui ne célèbrent que le duel et l'adultère. Le règne du peuple approche; qu'il s'apprête à le mériter. Arrière la noblesse et le clergé, s'ils continuent de se montrer indignes de leurs privilèges! Le Christ ne peut aimer que le droit commun, le droit des hommes libres. Comment un prélat consent-il à garder encore des serfs?... »

Cinquante ans plus tard, le poète libéral a rempli pour sa part la tâche qu'il imposait à son siècle. Maintenant il est depuis des mois cloué sur son lit de douleur, attendant la mort comme une délivrance promise et qui ne saurait faillir.

Qu'il est beau pourtant, ce vieillard, miné surtout par la vie de l'esprit! Avec quelle vénération ils le contemplent, ces deux patriotes qui, souvent, sont venus de Bruges l'entretenir des dernières luttes du pays!

« — Plus d'espoir! murmure le plus âgé à l'oreille de son compagnon, le plus sage conseiller du peuple va s'éteindre! N'est-ce pas lui qui, dans ses nobles vers de *la Fleur de la Nature,* nous apprit à mesurer la grandeur et la bonté de Dieu dans ses œuvres? N'est-ce pas lui qui, par sa *Bible rimée*, voulut que la bonne nouvelle de l'Évangile fût comprise par chacun dans sa propre langue, afin que l'obéissance fût intelligente et qu'on adorât Dieu en esprit et en vérité? Comme il a su dédaigner les clameurs des fanatiques, et qu'il s'est peu troublé des menaces par lesquelles on voulait étouffer sa mâle et libre parole!

— Moi, dit le plus jeune, un hardi communier, moi, je me souviens encore du jour où Maerlant fit réciter au peuple son *Wapen Martijn*. Ces dialogues satiriques sur toutes les questions qui s'agitent dans nos demeures, dans nos halles de métiers, dans nos hôtels d'échevinage, tenaient partout la foule suspendue aux lèvres du lecteur. Quelle énergie de blâme, et pourtant quelle générosité! Puis, quand il eut achevé sa grande œuvre : le *Miroir des Histoires*, te rappelles-tu combien les grandes leçons de la Grèce héroïque à la fois et raisonneuse nous tirèrent du bourbier des vieux préjugés? Non, tu n'as pas oublié comme, au récit des Thermopyles, nous avons juré, nous aussi, de mourir ou de vaincre les oppresseurs du pays!..... »

Cette voix jeune et vibrante, éclatant à la fin par un soubresaut de la passion, réveille le vieillard. Il rouvre ses yeux presque éteints, il se redresse sur son séant :

« O mes amis! murmure-t-il, soutenez-moi; que je puisse une dernière fois contempler la terre que bientôt je vais quitter!... Beau soleil, que de joie tu répands dans le ciel ! Mais ici-bas, quelle désolation ! Damme, si heureuse jadis de son port et de son commerce, n'est plus qu'un monceau de ruines, triste image de mon propre déclin !... Pendant cinquante ans, j'ai bravé toutes les calomnies; j'avais, pour m'en consoler, mon œuvre d'enseignement qui devait affermir l'œuvre de la liberté nationale. Mais depuis que j'ai vu le roi de France museler le lion de Flandre, le désespoir m'a ôté ce qu'il me restait de sève et de force : j'ai osé maudire l'existence !.....

» Mais, ô mes amis, je sens l'esprit de Dieu réveiller mon âme; écoutez ce qu'il laisse entrevoir à mon œil mourant. J'aperçois dans le lointain avenir Philippe de France qui accourt avec ses bandes de proie... Mais là, quels cris de rage! Quel tumulte de bataille! Voici les drapeaux de nos ghildes, voici les blasons de nos ouvriers-soldats !... Et vous deux, mes amis, je vous retrouve là-bas dans le nuage, et les bourgeois victorieux vous élèvent sur le pavois! Puis d'autres batailles, d'autres victoires encore, et toujours c'est la Vérité et le Droit qui l'emportent sur la ruse et la violence.

» Puis... oh! comment y croire? Le règne de la Raison et de la Liberté s'inaugure et les derniers glaives se transforment en socs pacifiques !

» Pardonne-moi donc, ô Dieu de miséricorde, si j'ai fini par désespérer de l'affranchissement des âmes ! Et vous, mes amis; écoutez ma suprême parole : « Penseurs, poètes, citoyens, ayez bon courage. »

A quelque temps de cette émouvante entrevue, deux soldats viennent s'agenouiller sur la tombe de Maerlant, et, à la pâle lumière d'une lampe sépulcrale, on les voit se serrer la main pour se jurer fraternité d'armes. « Que ce soit, dit l'un d'eux, sur la pierre qui recouvre le prophétique poète que nous jurions d'accomplir ses prophéties!..... »

Bientôt ils sont sortis de Damme, et dans les bois voisins on entend crier : « Debout, compagnons, nos doyens Breidel et de Coninck sont revenus ! » Quelques heures plus tard, Bruges se soulevait aux cris de : « Ami et Bouclier! Déloyal est le Gaulois! »

Cette succession de scènes n'est pas toujours également heureuse, nous l'accordons; il y a çà et là quelques échappées de la déclamation romantique d'autrefois; mais il faut considérer combien ce tour un peu solennel était difficile à éviter en pareille situation. On ne dramatise pas impunément les idées; pour les faire comprendre à un public encore très ignorant de sa propre histoire, que ne faut-il pas imaginer et supposer!

Aussi bien, le rapprochement que le poète imagine entre le fondateur de la littérature didactique et bourgeoise et les héros de la bataille de Courtrai, n'a rien de contradictoire avec les dates jusqu'ici fournies par l'histoire des lettres et des libertés flamandes. Il prête d'ailleurs à ce poème en l'honneur de Maerlant une sorte de beauté philosophique assez bien en harmonie avec l'esprit de l'écrivain dont on voulait faire resplendir la mémoire.

XV.

Le grand succès du *Maerlant* n'éblouit pas Van Beers. Ce lui fut plutôt une obligation de continuer avec plus d'énergie encore à rapprocher et son style et son rythme de la réalité populaire. Certains maîtres de la peinture, Ostade, Brauwer, Craesbeek, Teniers, Steen, Hals, le hantent alors plus que les fins miniaturistes qu'il semblait d'abord préférer. Piquant contraste, ou plutôt apparence de contraste : tandis qu'il s'ingéniait à rendre la nature aussi hardiment que possible, il travaillait avec un acharnement de professeur et d'artiste à réaliser les plus hautes beautés de style et de poésie. Pendant huit ans, il ne publie presque rien; mais on sait pertinemment, par ses élèves comme par ses amis, qu'il est toujours à l'affût de quelque nouveau progrès dans la science de l'expression.

Il savait bien que si la Hollande, si littéraire et si instruite, l'avait placé au premier rang de ses auteurs favoris, c'était pour sa sincérité d'inspiration, rehaussée par un travail d'exécution exquis. La poésie domestique à la Cowper, le Néerlandais du Nord la connaissait depuis longtemps et même en était saturé; ce qui était pour lui une trouvaille, un émerveillement, c'était cette imprévue fraîcheur d'impression en des sujets qui paraissaient rebattus, épuisés. Le professeur d'athénée, le conférencier, le congressiste, le défenseur officiel du flamand dans l'école comme dans la vie extérieure, ne perdait jamais de vue sa véritable vocation : la peinture d'une réalité non vulgaire, d'une élégance en quelque sorte démocratique.

Cette union du vrai et du beau, il ne l'a peut-être jamais aussi bien réalisée que dans sa grande idylle urbaine de 1869, *Begga*. Plus de mélancolie romanesque, plus de rêveries confiées à la lune, plus d'idéalisme flottant; pas même de tendance à quelque leçon directe. Quoi donc? Serions-nous tombé dans un autre excès, l'art pour l'art, la peinture pour la peinture? Qu'on se rassure : le poète n'est pas devenu un parnassien. Il a une autre ambition, celle de toucher le cœur, de l'épurer, par l'image de la vie réelle en ses épisodes les plus vraisemblables. Il ne s'agit pas, croyez-le bien, de réalisme qui mutile, encore moins de matérialisme qui dégrade; on veut que l'idéal humain transparaisse et resplendisse dans la plénitude de la réalité. Si la société d'aujourd'hui parait moins poétique, c'est peut-être que ceux qui nous la devraient faire connaitre s'attardent aux anachronismes ou bien s'aventurent dans l'impossible. Ni si haut, ni si bas ! comme disait Lamartine, et dût-on taxer ces poètes sincères de se tenir à mi-côte, ils sont assez payés de leurs veilles s'ils sont compris des âmes qui restent naturelles. Gœthe a dit à Eckermann : « Tous les petits sujets qui se présentent, rendez-les chaque jour dans leur fraicheur; ainsi, vous ferez de toute manière quelque chose de bon. Toutes nos poésies sont des poésies de *circonstance :* elles sont sorties de la réalité et elles y trouvent leur fonds et leur appui. »

Dès ses premiers vers, on peut le dire, Van Beers avait eu l'instinct de ces vérités. Même à l'époque de la poésie *noire*, il tâchait toujours plus ou moins d'atteindre quelque côté de la réalité et de ne pas être trop infidèle à l'*ut pictura poesis* d'Horace. Mais ce ne fut que lentement que la brume se dissipa et qu'il fit plein jour dans son goût comme dans son cœur (1).

(1) Les compositeurs allemands, comme les peintres et les poètes, ont toujours, pour accompagner leur sentimentalité, un amour des conceptions vagues, des reves flottants et peu formés.. Rien de

Il est bien permis de croire que cette transformation d'un talent parfois hésitant entre l'idylle et l'élégie, s'est opérée par la toute-puissante influence de Gœthe. Cette influence ne fut pas contrariée par celle des naïves chansons et des ballades de Tollens qui, lui aussi, avait insensiblement renoncé aux *lacrymosa poemata*. Surtout, comme dit Nicolas Beets, il avait travaillé à se faire bien comprendre de tout le monde.

XVI.

Du *Bestedeling* à *Begga*, il y a dix ans. En comparant les plus beaux passages de ces deux poèmes, on aperçoit aisément la trace d'un long travail, de plus en plus scrupuleux, de plus en plus habile à se cacher, comme il convient à la coquetterie de l'art. Lui qui, comme maître, prodiguait les conseils autour de lui, en savait aussi profiter pour lui-même.

Est-ce ainsi que, à la suite de Voss et de Gœthe, notre poète a compris la beauté propre à l'épopée domestique? En lisant *Begga*, nous trouvons bien quelques raisons pour le conjecturer. Simple histoire d'ouvriers qui vivent peut-être encore à Anvers, ce poème attire tout d'abord par la pure et fraiche poésie de la réalité contemporaine. Point de photographies brutales à donner des nausées,

pareil chez Beethoven... Il avait du Flamand un premier trait caractéristique: une grande justesse de sensation. (Son grand-père était Flamand d'origine et de naissance). (M. T. DE WYZEWA, *La jeunesse de Beethoven* (REVUE DES DEUX-MONDES, 15 septembre 1889.)

point de combinaisons fantastiques à donner le vertige : des tableaux qui reposent sans énerver, des situations qui émeuvent sans outrance. Et comme c'est depuis longtemps la manière favorite de Van Beers, une engageante exposition du récit en façon d'avant-scène.

Pénétrons, avec le narrateur attendri, dans une de ces vieilles rues d'Anvers où persistent encore quelques-uns des types illustrés jadis par les maîtres de la peinture flamande. A travers cette fenêtre que couronne un pignon dentelé, ébréché, bombé par les ans, voyez-vous cette jeune fille penchée sur le lit de fougère où repose un marmot aux grosses joues de rose? « Elle épie sa respiration profonde et tranquille, elle l'embrasse avec une ferveur maternelle, le signe doucement au front, et sans qu'un seul anneau grince sur le fer de la tringle, elle ferme sur le bien-aimé le rideau à carreaux rouges et bleus. »

C'est Begga, l'orpheline, qui prodigue tous ses soins à son petit frère, le dernier enfant de la marâtre. Malgré les chants et les rondes de kermesse dont les clameurs joyeuses montent jusqu'à cette paisible chambrette, la jeune fille ne songe pas à la quitter. C'est à peine si elle ouvre un moment la fenêtre pour arroser ses fleurs et respirer l'air un peu plus vif de la soirée. Bientôt elle se retrouve devant son carreau de dentellière, et, à travers l'*ordinaal-flesch* ou carafe d'eau pure, on voit filtrer la douce lumière de la lampe sur ses doigts agiles et féeriques.

Que lui fait la kermesse? Depuis la mort de son père, elle a dû se sevrer des plaisirs accordés à la jeunesse. Sa belle-mère est au bal avec sa fille Coleta pour lui trouver un mari; elle, elle a sa tâche à finir avant leur retour.

Ah! si seulement l'on payait d'un peu d'affection ce dévouement solitaire! Mais non, on lui fait un crime d'avoir été la préférée du vivant de son père. C'est en vain qu'elle s'ingénie à conquérir le pardon de sa marâtre. Tout ce qu'elle fait, tout ce qu'elle imagine pour servir ou pour plaire ne lui vaut qu'un reproche d'hypocrisie.

Il lui restait l'amour de sa sœur consanguine; elles avaient été élevées ensemble; elles différaient à peine de trois ans. Mais voici que la jalousie les sépare : Coleta soupçonne que le beau Frans, l'alerte tonnelier d'en face, lui préfère Begga.

Tandis que la triste délaissée s'obstine à travailler pour chasser le découragement, Frans danse avec Coleta sous les tilleuls et tout semble sourire aux projets ambitieux de la marâtre qui, depuis quelque temps, rêve ce gendre, le plus huppé du quartier.

Cependant, le père de Frans a des soucis : c'est chose fort rare chez le vieux tonnelier, qui rappelle si poétiquement la cordialité de *Meister Martin,* des contes de Hoffmann. Pourquoi donc tourmente-t-il ainsi son bonnet de laine sur sa large tête grise? Ah! c'est que son garçon n'a plus le cœur à la besogne. Arrive enfin le grand jour des explications. Le père et le fils, portant le même nom, fêtent la Saint-François, et la vieille servante Kato, qui garde les secrets de tous les deux, vient d'apporter la vénérable bouteille qui fera éclater toutes leurs tentatives de surprises mutuelles, de cadeaux mystérieux. — « Eh! eh! mon héritier, je veux être bientôt grand-père, entends-tu? — Qu'à cela ne tienne, père; mais mon choix serait-il le tien? — Bah! je l'ai même deviné..... »

Et du doigt, le bonhomme, un peu narquois comme

toujours, désigne la fenêtre d'en face, la fenêtre de Begga. Et dix minutes plus tard, le voilà chez la marâtre pour demander la main de l'orpheline. – « Begga ne demeure plus chez nous; je ne sais ce qu'elle est devenue! » — Et la veuve alors se met à raconter sur la pauvre absente le roman le plus infâme!.....

Dès cette scène, les péripéties s'accumulent, l'émotion grandit et envahit d'autant plus profondément les âmes que les descriptions, très fouillées, très colorées, renforcent le pathétique des événements. Tour à tour peintre, narrateur et dramatiste, le poète s'efforce de concentrer l'intérêt; il le proportionne aussi selon les rôles qu'il doit développer successivement. La catastrophe est naturelle, vraisemblable, sans pourtant se laisser trop deviner. Il y a vraiment une solution morale, un complet apaisement des esprits dans ce qu'on peut appeler ici le dénouement. C'est encore une nouveauté dans la poétique de Van Beers. L'amour et la loyauté triomphent, sans que cette victoire démente ni la logique des événements, ni la vérité des caractères.

En Hollande autant qu'en Belgique, on est unanime à reconnaitre que cette idylle de *Begga* atteste avec éclat, dans un talent si consciencieux, l'intime accord du travail et de la verve. C'est surtout à ce titre qu'il faut, croyons-nous, envisager cette œuvre soignée et longtemps attendue. Peut-être lui reprochera-t-on quelques tableaux trop détaillés, deux ou trois passages trop oratoires pour des sujets de ce genre; peut-être aussi les adversaires de la poésie métrique ou ceux qui l'aiment avec des raffinements trouveront-ils plus d'une fois à redire et à reprendre.

Ce qui est sûr, c'est que ces peintures sont scrupuleusement fidèles; elles donnent la sensation de la vie et, comme la vie elle-même, elles ont leur signification morale. C'est-à-dire qu'on se prend à aimer ces braves gens-là, avec lesquels on semble, au long de ce récit, avoir vécu dans la plus étroite familiarité. On garde encore une autre impression qui dépasse bien l'égoïsme de l'Art : c'est que le bonheur se rencontre plus aisément qu'on ne croit dans ces petits ateliers et ces intérieurs si cachés et si réduits.

XVII.

La même sûreté de pinceau se remarque dans un grand oratorio, *la Guerre,* composé la même année et qui termine le recueil *Gevoel en Leven.* Nous ignorons si la puissante musique de Peter Benoit n'a pas un peu submergé ces beaux vers. En les lisant à part, on peut du moins se convaincre qu'ils ont leur harmonie propre et qui peut pénétrer l'âme sans le concours d'une riche orchestration. Rarement Van Beers, qui aime les contrastes, en a montré un plus saisissant : la Nature faite pour la paix, l'Humanité créée pour l'amour, et le Démon de la guerre raillant tous les progrès et toutes les expansions affectueuses. La grande variété des rythmes ne s'y conforme pas seulement aux exigences du compositeur ou du mélodiste; elle se prête surtout à merveille à rendre les horreurs de la tuerie, les angoisses des victimes et les sauvages exultations des vainqueurs. Il y a telle strophe sur la bénignité du printemps, faisant repoussoir à d'autres strophes soupirées, sanglotées par des blessés ;

c'est d'une vérité à la Tolstoï (*Paix et Guerre*) et l'on croirait que le doux chantre de *Begga* a vu de ses yeux les épouvantes qu'il décrit. Nouvelle preuve de la maitrise du grand travailleur sur cet idiome qu'il forge et refaçonne sans cesse. Nouvelle preuve aussi que le culte de l'art se concilie assez bien avec la piété et la miséricorde. Et ces vers si chrétiens datent de 1870, à la veille de la terrible guerre! Ils donnent la sensation de ces horreurs comme la *Chartreuse de Parme* et le *Conscrit de 1813* (1).

Comme s'il avait été épuisé par ces derniers efforts, Van Beers demeure quinze ans sans publier la moindre pièce de vers. On s'étonnait que ce chef de la nouvelle école, en Hollande comme en Belgique, semblât renoncer à sa maitrise. Après tant de triomphes populaires, quelle ingratitude ou, du moins, quelle étrange inconséquence! C'était bien la peine d'avoir enfin entrainé dans un même élan de renaissance démocratique les poètes néerlandais du Nord et du Midi, puisque l'on n'entendait plus résonner ce chant si argentin et si facile au peuple comme aux raffinés! La politique peut-être l'avait détourné des régions sereines où se plaisait autrefois sa muse campinoise? Mais il n'entra au conseil communal d'Anvers qu'en 1875, et l'on ne voit pas qu'il ait joué un rôle bien militant parmi ses amis du parti libéral. Il ne s'occupe guère que d'enseignement, à la Commission des écoles. Son discours du 16 mai 1876 (dont l'impression fut votée par acclamation à l'Hôtel de ville) n'est qu'une éloquente

(1) M. Benoît a également mis en musique le poème de Van Beers, sur l'Exposition internationale d'Anvers, en 1885. — Le *Oorlog* a été encore exécuté cette année à Amsterdam et à La Haye.

revendication des droits de la langue flamande. A l'appui d'une pétition adressée au conseil par le *Liberale Vlaamsche Bond,* le *Van Maerlantskring,* l'*Olijftak* et le *Willemsfonds,* le professeur de l'Athénée, invoquant sa longue expérience, montrait toute l'importance de la langue maternelle et, reprenant sans le savoir la thèse de Marnix de Sainte-Aldegonde, il disait : « Je ne suis pas l'ennemi de la langue française; je voudrais même qu'on l'apprît mieux, et c'est pourquoi je demande, au nom de toute saine pédagogie, qu'on parte du *connu,* c'est-à-dire, pour tous nos élèves, de l'idiome de leur enfance. » Ce discours est, pour le dire en passant, un joli échantillon de prose nerveuse, agile et courant droit au but, à travers des proverbes et des tournures élégamment populaires (1). Dans les nombreuses sociétés dont il était l'honneur, le libéral ne touchait guère qu'à la littérature. Ce n'est qu'à la fin de 1885 qu'il occupa un véritable poste de combat, comme président de la fédération *Verbond der Liberale Vlaamsche Bonden.* Véritable poste d'honneur, a dit M. Cornette dans son oraison funèbre, puisque Van Beers, l'homme résolu, le sage, fut acclamé à la fois par les libéraux d'Anvers, de Gand, de Bruxelles, de Bruges et de tout le pays flamingant (2).

Ce n'étaient pas, non plus, ses cours littéraires, ni sa présidence du Comité dramatique, ni ses chrestomathies, ni ses grammaires qui pouvaient le tenir si longtemps éloigné de la poésie. Nous avons déjà vu que, du moins

(1) Cf. *Het Vlaamsch in het onderwijs.* Antwerpen, Mees (1876).

(2) Cf *Redevoeringen uitgesproken op het graf van Jan Van Beers.* Antwerpen, P. Casie, 1889.

comme grammairien et comme professeur populaire, il n'en avait que mieux cultivé le style, le rythme et les sévères exigences d'une parole destinée au peuple, non pour l'irriter, mais pour lui souffler la force et le courage.

Qu'y avait-il donc ? En cherchant bien, on trouve ceci. L'artiste délicat ne voulait plus, après *Begga*, livrer au public que des œuvres bien châtiées, bien dignes de la haute popularité qu'il avait conquise en Néerlande. Plus que jamais, il était comme hanté par le souci de la perfection. Surtout il aurait voulu travailler à sa propre pensée, appliquer la forme trouvée après tant d'études, à des causeries intimes, à des monologues pour la voix intérieure. Sentait-il pourtant que jusque-là sa poésie n'avait réussi qu'en des sujets impersonnels ? Toujours est-il que le *sermoni propiora*, le *repentes per humum*, la causerie avec la désinvolture horatienne, l'attirait de plus en plus, très loin de l'*os magna sonaturum*, du haut lyrisme ou même de la pure rêverie.

XVIII.

Ce fut une grande surprise quand, après ce long silence, on annonça, à Amsterdam et à Gand, l'apparition des *Rijzende Blâren*, le quatrième et dernier recueil de Van Beers. Il n'était pas bien volumineux : une dizaine de pièces à peine dont deux seulement avaient quelque étendue. A en lire quelques-unes on pouvait croire (et les envieux ne s'en firent pas faute) que Van Beers n'avait plus sa belle inspiration et que tout au plus on pouvait dire qu'il en était revenu à l'ancien romanesque. En effet, *Un songe du Paradis*, mis en musique par Jan Blockx en 1880, ne paraissait être que la paraphrase incohérente et pénible d'un thème banal, mieux traité par le Hollandais Jan Jakob Lodewijk Ten Kate. Quelques strophes mieux réussies dans cette vaste cantate rappelaient le ton mystique de *Livarda*, sans en faire revivre le charme pénétrant, pathétique. Certaines hardiesses à la Vondel ne faisaient que mieux ressortir la disproportion des parties. Ce n'est qu'à la fin qu'on retrouve le poète dans sa liberté. Encore est-elle compromise par des prétentions philosophiques. Pour chanter la supériorité du travail sur le rêve, n'eût-il pas mieux valu réaliser la thèse dans quelque scène de vrais travailleurs ? Le génie flamand n'eût-il pas mieux trouvé son compte à imiter, par exemple, ces pêcheurs de Théocrite dont l'un dit si bien, pour couper court à la superstition du rêve : « Prends garde de mourir avec tes songes d'or ? »

La critique ne montra pas non plus un grand enthousiasme pour le *Nid de Merle*, encore moins pour le *Pigeon de Moeder An*. Elle oubliait que Van Beers y voulait pratiquer « l'art d'être grand-père » et qu'on pouvait bien lui pardonner de se laisser prendre au sentimentalisme des premières années. On eût dû penser à sa jolie pièce de *St-Nicolas*, la gracieuse élégie enfantine (1). Tout compte fait pourtant, il y avait quelque chose à redire à certaines longueries un peu mièvres.

Un autre morceau qui ramenait également à la première manière, à la première période, avait été inspiré par un tableau du fils du peintre, un autre Jan van Beers,

(1) Traduite par M. Potvin, l'*Art flamand*, p. 43. Bruxelles, Lacroix, Verboeckhoven et Cie, 1867.

célèbre surtout en France : *Bij den hooiopper* (Près de la meule de foin). C'est une esquisse dans le ton de : *Près du portail*, et l'on est tenté de croire que c'en est comme un épisode détaché. Qui sait si le peintre lui-même ne s'en est pas vaguement souvenu ? Son tableau, que nous avons pu admirer à Bruxelles et à Liége, a donc suscité une histoire navrante. Ce que le poète conçoit en moraliste, c'est cette navrante situation de la fille des champs transformée en courtisane de la capitale et se prenant tout à coup à respirer la nostalgie de l'innocence et du premier âge en respirant la saine odeur de la prairie. Mais hélas ! le courant la reprend, la remporte, la malheureuse, pour la rejeter un jour à l'hôpital ou à l'égout !

L'heureux paysagiste de la Campine se retrouve dans *In verlof* (En congé). Après le fourmillement tapageur, étourdissant d'une gare envahie par de joyeux permissionnaires flamands qui s'en reviennent des garnisons de Wallonie, voici la chaumière de la lande et sa vie de travail, de paix, de joyeuse régularité. Un drame un peu bien romantique détonne dans cette belle nature si heureusement reproduite. Mais quelle fraîcheur, quelles fines et vives senteurs de la bruyère ! Combien le rythme large et facile rappelle, souvent avec avantage, celui de *Begga !*

C'est encore un tableau bien finement rendu que le n° 7, *Erfgenamen* (Héritiers). On dirait d'une inspiration de Rosalie Loveling (*Moeder's krankheid*). Le naïf égoïsme des bébés fait peine et plaisir à la fois. C'est bien la vie comme la définit un autre poète :

Ces jours mêlés de pluie et de soleil.

On pense aussi à l'*Aïeul pauvre* des *Levensbeelden*, bien que ce fabliau gaulois, à demi travesti par la *Gemüthlichkeit* germanique, confine encore trop à la satire.

XIX.

Mais pourquoi ce recueil se nommait-il *Rijzende blâren ?* se demandait-on en Hollande. Quelques-uns cherchaient à insinuer une sorte d'antithèse entre feuilles qui montent (le sens ordinaire et classique de *rijzen*) et poètes qui déclinent. Les philologues expliquaient le sens de feuilles tombantes par un vieux mot du moyen âge, *risen,* ou par le gothique *risan.* C'était donc, observait-on, quelque chose comme les *Feuilles d'automne* de Victor Hugo et les récentes *Najaarsbladen* de Nicolas Beets. Le poète français avait dit : « Qu'est-ce d'ailleurs que ces pages qu'il livre ainsi, au hasard, au premier vent qui en voudra ? Des feuilles tombées, des feuilles mortes, comme toutes les feuilles d'automne. Ce n'est point là de la poésie de tumulte et de bruit; ce sont des vers sereins et paisibles, des vers comme tout le monde en fait ou en rêve, des vers de la famille, du foyer domestique, de la vie privée, des vers de l'intérieur de l'âme. C'est un regard mélancolique et résigné, jeté çà et là sur ce qui est, surtout sur ce qui a été.... » Et il aboutissait au joli mot de Térence :

Plenus rimarum sum : hac atque illac
Perfluo.

Cette fluidité du discours, comme on disait autrefois,

cette *perfluence*, comme diraient nos néologistes à la mode, voilà ce qui frappait tout le monde, amis et adversaires, dans la partie intime du nouveau recueil. Là dominait, on le voyait tout d'abord, un irrésistible besoin de dire toute sa pensée, jusque dans les nuances les plus subjectives. Était-ce pour ces confidences de la dernière heure que Van Beers avait tant travaillé à la transparence de son style, à tel point que sans hyperbole on peut l'appeler *tersus*, net et pur, comme celui de Tibulle ? Était-ce pour se rapprocher davantage encore de son lecteur qu'il faisait un choix si heureux dans les *vlamismes* et *antwerpismes*, comme on disait chez les puristes du Nord ?

Aan mijne jongens (A mes fils), au début de ce recueil illustré par un des deux fils auxquels s'adresse cette épître, annonce bien ce besoin de montrer ce qu'on est dans le for intérieur, vaille que vaille — « Ah ! mes enfants, je le vois bien ; vous tenez du père ; *een aarken naar uw vaarken,* comme veut le proverbe. Soit ! vous vous laissez séduire par le Beau dans la Nature et dans l'Art. Mais plutôt que poètes, devenez musiciens, sculpteurs ou peintres ! Certes, la poésie est l'art par excellence; elle traduit Dieu ; c'est un sacerdoce. Mais quoi ! vous devriez chanter en flamand ! Et vous auriez beau montrer que votre langue maternelle est une des plus riches et des plus sonores de l'ancienne Germanie, vous finiriez par vous apercevoir qu'elle n'a souvent plus qu'un écho fugitif. La race des Kaerels, des Klauwaerts et des Gueux résiste mal, loin de ses frères du Nord, au fatal esprit du Midi !.... Que si pourtant, quelque jour, le flamand regagne ses droits souverains, si vous êtes encore là pour ce beau spectacle, n'oubliez pas combien j'y ai rêvé. Faut-il, au contraire, céder tout au français, dites du moins à vos enfants à votre tour combien j'ai lutté pour ce peuple que j'aimais tant !

« De man had toch zijn volk zoo hartelijk lief! »

— « Le bonhomme aimait tant son peuple ! »

Quelle ingratitude ! s'écrie à ce propos le *Vaderland* de La Haye. Non, ce n'est qu'une boutade d'absolue sincérité. Ou plutôt, si le poète exagère, c'est qu'il veut faire trop d'honneur à la Hollande qui raffole de lui au point d'adopter ses vocables les plus étranges pour elle. *Zwirlen — gestruiveld haar — morgendoorn — doodskloktampen — mildering* et tant d'autres nouveautés de la *Brabantsche tael* ne sont plus conspuées comme au temps de Brederoo, dans le *Spaensche Brabander*.

N'est-il pas, après tout, un maitre, un souverain, cet enchanteur qui les ravit, surtout quand il daigne déclamer lui-même ce qu'il vient de composer ?

Un sentiment plus doux, plus humain l'anime dans une pièce qui semble d'abord ne rappeler que le *Saule* d'Alfred de Musset. C'est à sa femme qu'il s'adresse (*Wanneer ik slapen zal*, 1882) quand il songe au sommeil suprême. Il rêve d'être toujours à ses côtés dans l'immortalité des souvenirs les plus tendres, dans la douce pérennité des commémorations de famille. Il faut plaindre les critiques qui, loin de se laisser gagner et charmer par ce délicieux abandon de la parole la plus intime, n'ont trouvé qu'à se scandaliser pour une expression que mésentendait leur pruderie inconvenante (1). C'est justement cette

(1) Cf. OMER WATTEZ, *Jan Van Beers' Rijzende bladen, en de Critiek* (p. 15). Gent, J. Vuylsteke, 1889.

apparente hardiesse de réalisme qui fait échapper la poésie familiale à des fadeurs en quelque sorte traditionnelles.

XX.

Nous le voyons encore dans l'épithalame *Grijze liefde*, si profondément attendri au souvenir de vingt années d'union dans le travail et dans le bonheur. C'est le 22 février 1884 que Philémon retrace à Baucis l'épopée de leur ménage et les plus doux épisodes de leur vie de mutuelle loyauté. A son « autre conscience » il rappelle combien le courage entretenu par la confiance a traversé les épreuves les plus périlleuses. — « Tu m'as fait, dit-il, trouver la poésie ailleurs que dans les chimères. Tu m'as montré toutes les richesses du dévouement. Tu m'as appris que le vrai bonheur, c'est de vieillir en aimant. Ensemble nous pouvons remercier Dieu qui, au terme de la vie, nous enveloppe de si fraîches et de si vives affections. C'est la plus délicieuse musique, celle que nous entendons !... Mais, ô ma femme, viens ! Il nous faut encore embrasser nos petits-enfants : ils ne voudraient pas aller se coucher avant ce baiser. »

Au XVIe siècle, nous trouvons, chose rare, un sonnet presque aussi conjugal :

> Philis, quand je regarde au temps prompt et léger
> Qui dérobe soudain nos coulantes années,
> Je commence à compter les saisons retournées
> Qui viennent tous les jours nos beaux jours abréger.
>
> Car jà quarante fois nous avons vu loger
> Le soleil au Lion des plus longues journées,
> Depuis que nous avons nos amours démenées
> Sous la foi qui nous fit l'un à l'autre engager.

Et puis ainsi je dis : ô Dieu qui tiens unie
De sa ferme union notre amitié bénie,
Permets que, jeune en nous, ne vieillisse l'Amour;

Permets qu'en t'invoquant comme jusqu'à cette heure,
Augmente notre amour d'amour toujours meilleure
Et, telle qu'au premier, soit-elle au dernier jour (1)!

XXI.

Parmi ces documents de poésie absolument sincère, où la sincérité même est la principale inspiration, le *Confiteor* de 1880 suscita de vives controverses, lors de son apparition dans les *Rijzende blâren.* C'est une longue épitre adressée « à mon vieil ami W., curé à S. »

« Ainsi donc, mon ancien camarade, malgré
Tout un long demi-siècle, à peu près expiré,
Qui neigea sur nos fronts depuis qu'au séminaire
De Malines, à nous deux, nous faisions une paire
De francs amis placés aux mêmes bancs, — ainsi,
Tu te souviens de moi, tu m'écris, et voici
Que ton cœur est repris d'un vrai feu de jeunesse;
Au plaisir des beaux jours il semble qu'il renaisse;
Tu m'empoignes alors pour m'ôter du péril
Où mon salut se trouve exposé, paraît-il,
Et tu veux ramener l'homme à la bonne voie.
C'est bien, c'est noble à toi, c'est me faire une joie,
Et tu m'as remué jusqu'au fond de mon cœur (2). »

Et de souvenir en souvenir, voici que le poète fait revivre, non sans quelque atteinte de mélancolie, le bon-

(1) A. P. Lemercier, *Étude littéraire et morale sur les poésies de Jean Vauquelin de la Fresnaye* (p. 82). Paris, 1887,

(2) Traduction Charles Potvin. (*Revue de Belgique*, 15 décembre 1888.)

heur de la vie aux premières études. Nous sommes bien, par une sorte d'incantation, transportés au séminaire de Malines, vers 1840. On nous initie à maint projet merveilleux. Tel sera prêtre, tel autre professeur; celui-ci, c'est Van Beers, donnera à l'idiome flamand une jeunesse nouvelle, soit par l'épopée, soit par l'idylle. D'autres encore rêvent d'autres carrières. Mais tout se fera, disent-ils, en s'exaltant et en se tendant des mains ardentes, tout se fera pour le plus grand bonheur de la nation chérie.

Maintenant, vieux, blanchis, — sous l'hiver de la vie,
Nous cherchons la moisson pour l'automne mûrie,
Et nous disons, hochant la tête en soupirant :
Pauvre réalité pour un songe si grand!

Ici se place le récit mentionné au début de cette notice, la révolte de l'étudiant libéral.

Ce fut une première brèche
Dans l'armure d'amour du chrétien, une flèche
Dont le dard, chaque jour, malgré prière et pleur,
M'enfonçait plus avant le doute dans le cœur.

Mais ce doute n'atteint ni l'existence de Dieu, ni l'immortalité de l'âme, ces dogmes primordiaux de toutes les religions. Le douteur n'en est que plus enclin à tolérer et à aimer celui qui pense ou prie autrement que lui.

Ah! qui simple en son cœur, sincère en ses desseins,
Ferme les yeux au reste et, par la main des prêtres,
Sur l'esquif de la foi qui porta ses ancêtres,
Doucement au courant se laisse dériver,
Mes respects vont à lui! même il peut m'arriver

D'envier son repos sous ce doux magnétisme.
Mais, lorsque sous le nom de Dieu, le fanatisme
Masque sa tyrannie ou sa cupidité
Et prétend enchaîner l'humaine dignité
Dans ce qu'elle a de plus haut : la libre pensée,
Alors je suis debout ; conscience offensée,
Je dois toute ma force à ces derniers combats ;
Car la moitié du sang que but la terre, hélas !
C'est la foi qui l'a fait couler pour ses conquêtes. »

Mais, quelles que soient les différences dogmatiques, on peut toujours, dès qu'on est vraiment homme, se rencontrer sur le terrain de la fraternité. La loi d'amour sera de plus en plus la loi universelle.....

Ici se place une des plus heureuses idylles de Van Beers. C'est encore, on le devine bien, un tableautin de la Campine. Un coloris sobre, mais palpitant de vérité, apporte une agréable diversion aux longues tirades philosophiques. C'est d'ailleurs une histoire bien touchante que celle de ce vieux maître d'école, si bien accueilli par le curé W., l'ami du poète.

Mais voici 1880, et la lutte scolaire qui agite toute la Belgique. On ne veut plus transiger d'aucun côté. Les plus grossières passions, les plus basses rancunes se ruent à la suite des plus nobles principes :

« Et le maître, avec toi blanchi sous le harnais,
L'oracle des petits et des vieux, désormais
Tremblant, le long des bois, comme un lépreux, il erre ;
Évité des parents, par la plèbe scolaire
Il se voit sans pudeur, dans la rue, insulté.
Le dimanche, dit-on, dans ta chaire monté,
Le vicaire écumant de colère implacable,

De malédictions idiotes l'accable!
Ne peux-tu donc happer l'oreille à ce rustaud
Et, lui faisant vider ta chaire vite et tôt,
Lui crier : « A genoux devant cette âme pure!
Toi, digne tout au plus de nouer sa chaussure! »
Et si le condamné — car on le voit maigrir,
Il périt et bientôt cessera de souffrir —
Sur sa couche de mort pense à toi, s'il appelle
Pour la dernière fois une main fraternelle... » (1).

Terribles accents qui semblent l'écho du *Wapen Martijn* et surtout de la *Teestye* de Boendale. A Anvers aussi, dès 1316, le trouvère osait dire : « Dussent les prêtres, après avoir faussé le sens de mes paroles, me maudire et m'accuser de propager l'incrédulité, je dirai toute mon opinion sur les prélats mondains, les moines mendiants et les intrigues des hypocrites. Oui, de terribles jours approchent pour le clergé, s'il ne s'amende pas : on le chassera, et cardinaux et évêques cacheront leur tonsure pour échapper à la colère du peuple !.... »

Au milieu des controverses soulevées quant à la valeur littéraire du *Confiteor*, nous croyons avec M. Pol de Mont qu'elle est très grande, mais très inégale. Les meilleures parties sont le début et la fin; puis, à côté des plus jolis traits d'idylle, il faut noter le splendide élan lyrique :

Hoor, vriend! —
Elk dropje dauw straalt heel den hemel
Terug : elk menschlijk hart, het eindelooze
En 't eeuwige. — Wij zijn...

(1) *Men zegt dat, elken zondag, in 't sermoon,*
Uw onderpastoor, schuimende van woede,
Met vloek en plompen smaad hem overlaadt, enz.

C'est à mettre, nous dit-on, à côté de *Barbaarschheid* de Wazenaar, de *Gebed van den Onwetende* et du *Golgotha* de Multatuli.

Pour le fond des choses, c'est encore notre confrère M. Max Rooses qui nous en parait juger le plus sainement :

« Voici ce qui décida Van Beers à cette publication. Un sien cousin, du côté maternel, V.. M...... était instituteur au village de Vr., près d'Anvers. Il y était très estimé et pendant de longues années avait vécu heureux, non sans quelque aisance provenant d'une boutique que tenait sa femme. La loi scolaire de 1879 fit éclater la guerre contre l'enseignement officiel. Dans l'église de Vr. on prêcha, non seulement contre l'école, mais contre l'instituteur, et, en sa présence, on le traitait d'hérétique, de renégat. L'école fut bientôt désertée; on fuyait le maitre comme un pestiféré. Ses vieux amis, ses anciens élèves se levaient et partaient quand il entrait à l'auberge. Enfin, personne au village ne voulut plus vendre ni vivres, ni provisions à l'instituteur et à sa famille. Le pauvre diable s'éteignit lentement dans un véritable ostracisme d'excommunié. Quant au curé W., destinataire de la lettre, ce n'est qu'une fiction; mais l'instituteur et le vicaire sont peints d'après nature. »

S'il y a de nombreux traits de ressemblance entre cette victime du fanatisme et maître Ottevaere du poignant roman de Virginie Loveling (*Sophie*, 1885) cela s'explique, non par l'influence littéraire, mais par l'influence des événements.

XXII.

Ces cris de guerre n'étaient pourtant pas naturels à Van Beers. Malgré la fermeté de ses convictions politiques et philosophiques, il avait soif de paix, d'amitié et de cordiales causeries. Il y excellait, nous disent tous ceux qui l'ont connu dans l'intimité. Il avait le mot pour rire, et surtout le tour humoristique du peuple. Fumer une pipe avec de bons amis était encore sa passion, surtout chez lui. En vieillissant, il était devenu naturellement plus casanier. Comme la famille s'était étendue, comme il avait le bonheur si vanté chez les Romains : *domus plena*, c'était à tout instant quelque prétexte à petite fête, à douce commémoration. Le poète de la tendresse rêveuse était devenu le peintre, encore attendri, mais non sans malice, de la réalité familière et du train-train quotidien. Avec cela, prêt à rendre service au petit comme au grand, au jeune comme au vieux, exact et ponctuel à toutes les séances, heureux aussi, comme l'a dit M. Malchair, préfet des études, de pouvoir, jusqu'à la dernière heure de sa vie, causer littérature avec ses élèves de l'Athénée. Ce dévouement se conciliait, je ne sais comment, avec une adorable paresse d'artiste. Mais, à bien pénétrer ses écrits, il est facile de reconnaitre que ce *dolce farniente* était fécond, inspirateur comme un véritable recueillement de penseur.

Mais avant tout, par-dessus tout, il aimait la rondeur, la bonhomie flamande, telle qu'il avait pu l'observer toute sa vie, et, à vrai dire, dès son enfance.

C'est ainsi qu'on peut s'expliquer l'étonnante perfection du plus récent poème qui ait été publié de lui,

De idylle van vriend Mathijs, que le *Gids* a donnée en décembre 1888. C'était peut-être la gentille préface d'un cinquième recueil que Van Beers, dit-on, préparait la veille de sa mort. Il n'y a qu'une voix sur ce qu'on pourrait appeler son testament littéraire. Pour tout dire, on le place à côté de *Begga*, parfois même au-dessus.

Ces huit cents décasyllabes libres de toute rime, mais obéissant joyeusement à la loi du rythme populaire, sont bien ce que Van Beers a fait de plus naturel. C'est le triomphe de l'art qui cache les soins les plus ingénieux. *Maxime miranda in minimis*, peut-on dire; car, après tout, de quoi s'agit-il dans cette poésie si constamment avenante ?

— « Qui de vous, mes amis, a été de nos parties de campagne avec l'ami Conscience ? Comme on aime à ressusciter ces paysages ensoleillés, cordialement assis, entre les pintes et les pipes, jasant et dévidant les plus folles aventures ! Vous rappelez-vous encore de quelle façon triomphante Conscience nous entrainait en nous disant : « Qui vient flâner ? On ne peut pas toujours être à la peine !.... » Et c'était ou la Flandre ou le Brabant, ou, ma foi, même les Ardennes qui égayaient nos vacances.

Un jour, c'était le tour de la Campine ; ce tour arrivait souvent. On n'était que trois : Conscience, l'ami Mathijs et le narrateur-poète. (Mais qu'on y songe : Mathijs c'est Van Beers en personne), en sa jeunesse idéalisée, — *mutatis mutandis*, comme ce fut de tout temps le droit des poètes (1).

(1) Mathijs rappelle, par bien des traits, ce Petrus-Joseph-

« Ce que c'était, l'ami Mathijs? — Aux yeux du monde rien qu'un petit clerc de l'Hôtel de ville; mais pour nous c'était le triple enfant des Muses. Dès qu'il pouvait s'échapper de la geôle des cartons, comme il s'en donnait et pour la poésie, et pour la peinture, et pour la musique! Merveilleux jouvenceau ! Mais du diable s'il pouvait se fixer n'importe où ! Au demeurant, une nature impressionnable; et comme il disait ses impressions en un flot de paroles suggestives !.... »

Les voici près d'Aerschot après deux jours de courses vagabondes. Un matin de frais automne, cheminant par le Hageland, on s'aperçoit que Mathijs est rêveur et taciturne. Quoi de plus inattendu ? Les amis n'en reviennent pas; enfin, il sort de son mutisme. Tous ces paysages qu'il traverse lui font retrouver ses plus doux souvenirs d'antan. C'est le village où naquit sa mère; c'est par ce sentier de la bruyère que si souvent avec ses sœurs, il trottinait et gambadait autour du bon aïeul, le sacristain de Hauwaert. Que de naïfs détails alors, comme dans les vieux tableaux de l'école flamande, pour faire revivre exactement ce passé, afin d'en faire ressortir une sorte d'autopsychologie ! C'est toute une galerie de charmants *intérieurs* où le soleil s'amuse autant que les enfants. C'est une aube de tendresse vaporeuse, comme dans l'épisode délicieusement idyllique de Rozeken van Gelroo.

Norbert Hendrickx dont la baronne Ida Van Duringsfeld (II, 65) a tracé une si piquante biographie. Comme son camarade Van Beers, il débuta par des vers français, mais c'était une manière de fantaisiste. Est-ce que Coenraed dans le *Gelduivel* de Conscience ne fait pas penser aussi à l'employé anversois?

C'est la belle messe du dimanche où Peken fait merveille avec l'orgue, *sur le doxall,* comme on dit en Flandre et en Wallonie. Et toutes ces batailles, quand on était encore *orangiste* ou patriote entre gamins ! Dans la riante imagination du narrateur, tout a quelque chose de mignon, sans ombre de mignardise. « J'aime mieux la rusticité que la mignardise, disait Diderot, et je donnerais dix Watteau pour un Teniers. » C'est bien notre avis, à la lecture de cette photographique idylle, mais où les incidents les plus humbles se revêtent des teintes les plus ravissantes. Ici, le souper chez l'oncle; là, la kermesse de Roeselberg; ailleurs, la vieille chapelle de la colline et les paysannes à l'antique costume voyant, bariolé, qui montent le chemin enguirlandé pour la procession de l'Assomption; plus loin, les échoppes tentatrices; et plus tard, le bal champêtre, non moins tentateur. Sous le charme d'un idiome où les *campinismes* s'enchâssent et se disposent comme des joyaux précieux, on est véritablement transporté à cinquante ans en arrière, et l'on a toutes les robustes sensations de la vraie campagne. Plus de *vaghezza* morbide, songeuse, comme autrefois ! C'est la réalité, toute la réalité de tous les jours, mais dans quelle lumière ! Le grotesque même y reluit, par moments, en des accès de bonhomie poétique. Et la malice enfin se mêle à je ne sais quoi de tendre et de pieux, à la fin de ce poème d'une si aimable originalité :

« Au retour, nous cheminions sans rien nous dire; à la dérobée nous regardions Mathijs qui, le long de la route, abattait fiévreusement les ronces et les orties qui bordaient les petits fossés. Puis, doucement, Conscience s'approcha de lui, avec son regard cordial et narquois « Ami, se prit-il à dire, tu tapes sans pitié sur ces pauvres plantes, comme si elles y pouvaient quelque chose !... Je l'avoue, l'idéal ne tient pas toujours ses promesses; mais..... »

— « Oui, railleurs ! riez tant qu'il vous plaira, leur dit Mathijs d'un ton grognon; mais pourtant, là-bas, tantôt, quand je me suis retourné au premier coude de la route, j'ai très bien vu que Rozeken, la grosse *pachtes*, se tenait encore sur le seuil de sa ferme et qu'elle avait levé un coin de son tablier, et que, sans doute, elle essuyait une larme..... Qui sait !.... qui sait !..... » Et, d'un bond, il s'élança en avant. Je le suivis du regard en chantonnant le vieux refrain : « *Et l'on revient toujours !....* » lorsque tout à coup, rebroussant chemin, il s'écria : « Allons voir le cimetière où le bon oncle repose à côté de mes grands parents ! Et puis, en route !.... »

XXIII.

Par ces faits que nous venons d'échelonner, on voit, en quelque sorte, les relations et pénétrations mutuelles des œuvres et de la vie de Van Beers. Ce qui frappe, c'est un singulier esprit de suite littéraire, une remarquable persistance dans l'entreprise du poète. Dès ses premiers efforts, il révèle une grande délicatesse de conscience littéraire : « Il ne veut, dit la baronne Ida von Düringsfeld, appeler la Muse qu'aux heures sacrées. » Il est comme cet orateur d'Athènes qui se soignait par respect pour le peuple comme pour lui. « Aussi est-il devenu le plus populaire des poètes, même en Hollande, où il a plus de vogue que n'en avait Tollens, son maitre. S'il s'oublie d'abord un peu dans la mélancolie vague et morbide, il retrouve bientôt un ton vraiment flamand où se mêlent la force et la grâce, la douceur et l'énergie. En outre, il a la discipline du style et la religion du rythme sans en avoir le fanatisme. Quelques longueurs qu'on lui reproche doivent être loyalement mises sur le compte de la « molle élégie » qui les permet. Il rappelle aussi la pureté, l'harmonie de Ledeganck, et donne aux jeunes poètes trop impatients de produire l'exemple de la sobriété et de la réserve (1) » Il leur donne aussi un exemple non moins utile, celui de n'obéir qu'à sa conscience. Si, comme on le dit souvent à la légère, la poète a charge d'âmes, n'est-ce pas à la condition qu'il ait d'abord dégagé et sculpté la sienne ? Si ce n'est qu'un amoureux de vocables sonores, qu'il se contente d'être au service de la musique. Van Beers, lui, est devenu le maitre d'une nombreuse et brillante école, parce que, dans la belle unité de sa vie littéraire, ses œuvres ont enseigné de jour en jour avec plus d'éclat que pour avoir l'oreille du peuple, il faut

« L'accord d'un beau talent et d'un beau caractère. »

J. Stecher.

(1) Cf. notre *Histoire de la littérature flamande en Belgique,* p 329.

LISTE DES OEUVRES DE JEAN VAN BEERS.

OEUVRES LITTÉRAIRES.

Graaf Jan van Chimay. (Nouvelle historique) Anvers, Buschmann, 1846, in-8°.

Frans de Hakkelaar. (Mœurs anversoises.) Anvers, *Ibid.*, 1849, in-8°.

Bij de dood van Hare Majesteit de Koningin. (Poème) Anvers, H. Peeters, 1851, in-8°.

Jongelingsdroomen. (Poésies.) Anvers, H. Peeters, 1853, in-8°. (9 éditions.)

De Blinde. (Poème.) Utrecht, Dannenfelser, 1854, in-8°. (4 édit.)

Blik door een Venster. (Poème) H. J. Van Kesteren, 1855, in-8°.

Zijn Zwanenzang. (Poème.) Anvers, Keunis et Cerrits, 1855, in-12.

Lijkkrans voor Tollens. (Poème) Amsterdam, H.-J. van Kesteren, 1856, in-8°.

Bij de 25e verjaring van 's Konings inhuldiging. (Poème couronné, publié au *Moniteur belge*.) 1857.

Levensbeelden (Poésies.) Amsterdam, H.-J. van Kesteren, 1858, in-8°. (5 éditions.)

Martha de Zinnelooze. (Poème.) Amsterdam, H.-J. van Kesteren, 1859, in-8°.

De Stoomwagen. (Poème couronné par l'Académie, à l'occasion du 25e anniversaire de l'installation des chemins de fer. 1859. T. VII, p. 299.)

Jacob van Maerlant. (Poème couronné par le Gouvernement.) Gand, J.-S. van Dooselaere, 1860, in-8°.

Gevoel en Leven. (Poésies.) Amsterdam, H.-J. van Kesteren, 1869, in-8°. (4 éditions.)

Jan Van Beers' Gedichten, prachtuitgave. Gand, W. Rogghé, et Amsterdam, Wed. van Kesteren en zoon, 1873, 2 vol. gr. in-8°.

Jan Van Beers' Gedichten, volksuitgave. Amsterdam, Wed. van Kesteren en zoon, 1 vol. in-8°.

Rijzende blâren. (Poésies avec dessins de Jan Van Beers fils.) Gand, Ad Hoste, et Rotterdam, Maatschappij Elsevier, 1883, in-8°.

Jan Van Beers' Gedichten, volksuitgave, Gand, Ad. Hoste, et Rotterdam, Maatschappij Elsevier, 1884, 2 vol. in-8°.

De Idylle van vriend Mathijs. (Dans le *Gids* de décembre 1888.)

Oeuvres pédagogiques.

Nederlandsche spraakleer Lierre, Van In, 1852, in-8°. (8 éditions.)

Handleiding tot het onderricht der Nederlandsche spraakleer· Bruxelles, Callewaert, 1864, in-8°. (2 éditions.)

Grondregels der Nederlandsche spraakleer. Bruxelles, Callewaert, in-12. (21 éditions)

Oefeningen op de grondregels der Nederlandsche spraakleer. Bruxelles, Callewaert, frères, in-12. (15 éditions.)

Keur van proza- en dichtstukken. Tweede lees- en leerboek voor de studie van den Nederlandschen stijl. Gand, Ad. Hoste, et La Haye, D.-A. Thieme, 1872, 1 vol. in-8°. (5 éditions.)

Keur van proza- en dichtstukken. Eerste lees- en leerboek voor de studie van den Nederlandschen stijl. Anvers, J.-E. Buschmann, et Gand, Ad. Hoste, 1880, 1 vol. in-8°. (4 éditions.)

Voorhof der letterkunde. Lees- en leerboek voor lager en middelbaar onderwijs. Anvers, J.-E. Buschmann, et Gand, Ad. Hoste, 1885, 1 vol. in-8°.

Het Vlaamsch in het onderwijs. Redevoering uitgesproken in den gemeenteraad van Antwerpen. Anvers, B -J. Mees, 1876, in-12.

Le flamand dans l'enseignement, discours prononcé au conseil communal d'Anvers, Anvers, B.-J. Mees, 1876, in-12.

Het hoofdgebrek van ons middelbaar onderwijs. Gand, Ad. Hoste, 1879, id-8°.

F. Stappaerts

NOTICE

SUR

FÉLIX-M.-J.-M. STAPPAERTS

MEMBRE DE L'ACADÉMIE

né à Louvain le 24 avril 1812, mort à Bruxelles le 3 mars 1885.

Lorsqu'on proposa Armand Bertin, l'ancien directeur du *Journal des Débats*, pour l'Académie des sciences morales et politiques de Paris, on s'étonnait — même dans le monde lettré. - N'avoir pas un seul livre comme bagage littéraire, rien que des articles de journaux et de revues, et faire partie du premier corps savant du pays!

Le même étonnement se fit jour, à peu de chose près, lorsque la Classe des beaux-arts de l'Académie royale de Belgique porta ses suffrages sur Félix Stappaerts, en le nommant d'abord, en 1868, correspondant de la section des sciences et des lettres, puis, huit années après, membre titulaire, en remplacement d'André Van Hasselt.

Ce même sentiment d'étonnement éclata, de nouveau, il y a à peine une dizaine d'années — dans une certaine partie de la presse bruxelloise, - à l'occasion du vote négatif du rapport du jury chargé de juger la septième période du concours quinquennal de littérature française.

On trouvait étrange d'y rencontrer parmi les signatures le nom de Stappaerts, tout autant que l'aurait été l'apparition d'un animal inconnu dans la science. La jeune génération littéraire actuelle si fébrile, si impatiente, qui en fait de passé n'entrevoit plus même la veille, comprend difficilement qu'elle a eu des devanciers ! Elle ne ressent en fait de sentiments que ce que la jeune école réaliste de peinture éprouve de nos jours : de l'impressionnisme. Stappaerts, à vrai dire, n'a jamais été connu que par les articles de critique littéraire ou artistique qu'il a fournis pendant plus de quarante ans à des revues ou des journaux politiques. On a toujours oublié qu'il a écrit quelques bons livres, peu, nous le reconnaissons, mais qui ont leur valeur intrinsèque, surtout, comme on le verra, dans le domaine de l'art et de l'archéologie. Sa bibliographie, parue en 1874, dans le volume des notices des membres de l'Académie, a été, sous ce rapport, une révélation pour ceux qui ne peuvent ni se tiennent au courant du mouvement des idées.

Rien n'est plus ingrat que la vie de celui qui écrit quotidiennement. Il semble que ses productions doivent avoir le sort des feuilles de l'arbre. Pendant leur existence saisonnière, celles-ci nous charment, mais vienne l'automne, puis l'hiver, elles subissent le sort qu'Adolphe Mathieu a si bien décrit dans ce vers qui commence sa poésie sur Delecourt :

« Encore une feuille qui tombe... »

Comme de la dépouille de nos bois, il ne reste plus rien de matériel des productions journalières de la pensée lorsqu'arrive le lendemain, mais le souvenir en subsiste toujours comme un rêve qui a charmé nos instants. L'esprit, au surplus, en tant que production de l'imagination, est une substance qui ne se prête pas toujours à être condensée en un livre : il perdrait de sa saveur entre les feuilles d'une couverture ou les gardes d'une reliure. D'un autre côté, combien d'écrits lancés au jour le jour, sous l'action de la spontanéité, dans le monde des idées, ont eu une immense influence sur la direction de celui-ci? Plus peut-être que le livre; ces productions, écrites sous l'impression de leur moment psychologique, et livrées à la publicité comme les fleurs qui éclosent à chaque instant sous l'action chaude et bienfaisante du soleil, ont été l'avant-garde et même le promoteur du mouvement de l'intelligence. Le journalisme est une force sociale : c'est un facteur dont il faut tenir compte dans la marche de la civilisation.

Pendant plus de quarante ans, Stappaerts a été l'un des soldats de cette avant-garde du mouvement des idées. Il a appartenu à cette forte génération de littérateurs, que 1830 a vu surgir, et qui a eu une si grande influence sur le progrès des lettres et des arts en Belgique. Sa place était donc marquée à l'Académie, et l'hommage que nous allons tâcher de rendre à sa mémoire n'est que le juste tribut de reconnaissance qui lui est dû, reconnaissance à laquelle se joint la gratitude de tous ceux qui ont eu le bonheur de s'inspirer des idées de cette nature d'élite ou l'honneur d'être comptés parmi ses amis.

Félix-Marie-Julien-Michel ou plutôt Félix Stappaerts naquit à Louvain le 25 avril 1812. Il était l'aîné des trois enfants de Jean-Baptiste-Benoit Stappaerts, négociant de bois, homme d'un esprit fin et délicat, ami des lettres et des arts et qui, à raison de sa notoriété et de son honorabilité, remplit les fonctions de conseiller de régence pendant toute la durée du régime hollandais. Son état de fortune et ses relations dans la société louvaniste aidèrent puissamment au développement des facultés intellectuelles de son fils.

Parmi les amis de la maison figurait le célèbre Jacotot, que l'ancienne Université de Louvain s'était attaché depuis 1818 comme professeur. Les heureux dons de l'intelligence qui commençaient à se manifester chez le jeune Félix devinrent un des premiers champs d'expérience pour la méthode que le promoteur de l'*émancipation des intelligences* préconisait comme étant la plus conforme aux facultés de l'homme. L'essai réussit et, après avoir été initié de cette manière aux rudiments de l'instruction, par la méthode du *self help*, c'est auprès du père Ansiau, vieux magister dirigeant la principale école primaire de la ville, que fut placé notre néophyte de la littérature. Là se borna sa première instruction, car, bien que vivant dans la cité éducatrice par excellence d'alors, il ne fit point ses humanités. Ses dispositions naturelles rencontrèrent un excellent guide en son père, homme intelligent et fortement doué au point de vue du bon sens; sous pareille égide, une étude sérieuse et assidue des grands écrivains donna un prompt essor à la vivacité de conception des idées qui, dès l'âge adulte, se manifestaient dans la riche organisation de Stappaerts. Pour parfaire cette direction celui-ci assista, mais en amateur seulement, à certains cours de l'Université, entre autres au cours de littérature française que Reiffenberg professait si brillamment. Ses premières années d'application, pendant lesquelles l'intelligence fructifie et mûrit les résultats acquis, se passèrent dans une indépendance de goûts et une absence d'obligation de rechercher les moyens intellectuels ou autres nécessaires pour pourvoir directement à l'existence.

Félix Stappaerts avait 20 ans vers cette époque, mais bientôt les lettres proprement dites n'étaient déjà plus sa seule préoccupation.

Louvain comptait, vers 1830, un cénacle de littérateurs et d'artistes dont quelques-uns se sont fait une remarquable réputation. Excessivement libéral dans ses relations, Stappaerts père tenait table ouverte, et parmi les amis figuraient, entre autres, le peintre Henri Vander Haert, Lambert Mathieu, qui dirigea l'académie des beaux-arts, Guillaume Stas statuaire de grand talent, mort malheureusement au moment où il allait recueillir le fruit de ses études. Sous une telle influence, Félix Stappaerts s'éprit du goût des arts et on le vit bientôt rechercher la société des artistes, parmi lesquels il a toujours compté nombre d'amis.

C'est son concitoyen François Van Dorne, qui l'initia à l'art du dessin et de la peinture; ses rapides progrès firent un instant pencher ses goûts vers la carrière des arts proprement dite.

Vivant déjà de la vie de l'atelier, l'esprit de la critique artistique commençait à se faire jour dans son imagination, et pendant les instants où le pinceau se reposait, la plume remplaçait celui-ci. Ne subissant l'influence d'aucune école, Stappaerts ne dut qu'à lui-même son originalité de plume. Voici, au surplus, comment se passa son premier essai littéraire : Il avait apporté tous ses soins et la chaleur de ses convictions dans un article destiné au *Journal de Louvain*. Il alla le soumettre à un vieil ami pour qui la grammaire et la syntaxe n'avaient plus de secrets. Celui-ci garda l'article jusqu'au lendemain et ne le rendit que bouleversé de fond en comble. Tout y était d'une correction à toute épreuve, mais la personnalité, et, par conséquent, l'originalité en avaient disparu. Après avoir considéré un instant son œuvre ainsi transformée, Stappaerts remercia l'ami, remit son texte en poche, et livra sa première rédaction à la presse! Un vif succès y répondit.

Rien ne grise comme le succès. Le sort en était jeté. Dès lors la plume remplaça définitivement le pinceau, et ses *Lucioles*, parues en feuilleton dans le même *Journal de Louvain* en 1841 et en 1842, sous le pseudonyme de Frans Hals, furent suivies par une active collaboration à diverses publications journalières ou périodiques. Stappaerts méditait à cette époque le plan d'un grand roman historique dont Jansénius aurait été le héros; la scène devait se passer à Louvain. L'idée de ce roman avait été inspirée par la tour du célèbre prélat d'Ypres qui s'élève sur les bords de la Dyle. Ce projet, pris et repris à diverses reprises, ne vit pas le jour.

Luthereau venait de fonder à Bruxelles, en 1839, la *Renaissance*. Stappaerts y prit rang dans le feuilleton, en 1843 et en 1844, avec autant d'esprit et plus de sens artistique que Victor Joly, comme l'a fait remarquer avec justesse Ch. Potvin dans son *Histoire des lettres en Belgique*. Il aspira bientôt à prendre place sur une scène plus vaste que celle réservée alors aux littérateurs en

Belgique : Paris devint son objectif. Il s'y lia d'amitié avec le savant historien et publiciste Amédée Pichot, cette organisation d'élite, cet homme si éminemment érudit et éclectique, à qui plus d'un de nos compatriotes doit d'avoir été lancé sur le chemin de la renommée par l'organe de la *Revue britannique*, dont la maison Méline publia une édition franco-belge et dont la direction littéraire fut confiée à Stappaerts, vers 1845. Celui-ci y contribua par d'intéressants articles; il s'y fit, entre autres, le juge du procès qui s'éleva entre MM. de Gerlache et Kervyn de Lettenhove, au sujet des d'Artevelde (1866). Indépendamment de plus d'une correspondance belge, nous y avons remarqué, également, un excellent article sur le *saint Martin* de Van Dyck à Saventhem (1872).

La mort inopinée de son père rappela bientôt Stappaerts en Belgique.

Devenu chef de la communauté et appelé à pourvoir aux besoins de toute la famille, la nécessité de se faire une position stable se fit alors sentir. Ses relations avec le monde des arts et des lettres lui procurèrent d'emblée (1844) un emploi de premier commis rédacteur à la direction des beaux-arts au Ministère de l'Intérieur. Certes, ce milieu n'était pas tout à fait antipathique à ses goûts et à ses préférences, mais l'emploi n'était guère lucratif; il exigeait aussi une subordination de temps, de liberté et d'idées, peu compatibles avec l'indépendance dont notre confrère avait toujours joui. Ses aptitudes et surtout le besoin de se trouver constamment en relation avec le monde lettré et artistique, devaient bientôt lui faire rechercher une position plus en harmonie avec ses goûts.

Lors de la réorganisation de l'Académie et de la création de la Classe des beaux-arts en 1845, la commission administrative créa un poste d'adjoint au secrétaire perpétuel pour aider ce haut fonctionnaire dans ses multiples emplois auprès des trois Classes. Rempli d'abord par Philippe Bernard, correspondant de la Classe des lettres, appelé peu après à l'inspection des écoles de l'État, ce poste fut confié en 1847 à Stappaerts, qui l'occupa jusqu'en septembre 1868, époque où il sollicita sa pension de retraite pour motif de santé.

Dès son installation à Bruxelles, commencèrent pour Stappaerts ses années de lutte pour l'existence. Chaque jour il fallait fournir de la matière : critique littéraire ou artistique, revues de salons ou d'ateliers, aux journaux quotidiens auxquels il collaborait : l'*Émancipation*, le *National*, le *Journal de Bruxelles*, l'*Observateur*, l'*Écho de Bruxelles* et le *Télégraphe*, qu'il aida à fonder.

Comme délassement de ce dur labeur journalier, sa plume alerte et féconde apporta sa contribution à d'importants recueils littéraires : la *Revue de Belgique*, années 1849 et 1850, où nous retrouvons *Le médaillon*, pastel, dédié à son ami L. Mathieu, et un savant *Coup d'œil sur l'histoire de la gravure dans les Pays-Bas;* la *Revue trimestrielle*, fondée par Eugène Van Bemmel (1854); et la *Revue mensuelle* (1856-1858). Il avait fourni à la *Belgique monumentale* et aux *Belges illustres*, édités par la maison Jamar en 1844, des notices d'une importance égale à celle qui distingue sa collaboration à la *Belgique pittoresque*, publiée trente ans plus tard par Van Bemmel. Il a enrichi d'intéressantes notices le *Musée historique belge*, collection de portraits gravés d'après les tableaux des grands maitres par une réunion d'artistes, sous la direction de Louis Calamatta. Bruxelles, 1851, grand in-folio.

Toutes ces productions éparses et n'ayant pas l'étiquette du livre, constitueraient cependant plus d'un volume, sur lequel pourrait s'étaler orgueilleusement le nom de l'auteur. Ce n'est pas sans raison que Ch. Potvin, dans son *Histoire des lettres en Belgique* (page 210, note), a dit des travaux de ce genre : « ... On ferait une histoire de la littérature moderne en réunissant les articles de nos écrivains. Il n'est guère d'auteur marquant et d'œuvre saillante qui n'ait été, au passage, l'objet d'une analyse, d'une critique, parfois d'une traduction, faites pour le public belge. On verrait passer tour à tour, dans ce panthéon ou devant ce tribunal, les plus célèbres et les plus oubliés. »

Stappaerts avait le don de s'assimiler rapidement ce qu'il lisait ou ce qu'il écoutait. Il s'était acquis une grande érudition, seulement il n'était pas homme à accumuler ses richesses et à les faire valoir en temps voulu en un livre. Il fallait qu'il les dépensât au jour le jour, en feuilletons, en articles de toute nature. Comme le célèbre écrivain espagnol Louis de Cordova, frère du général Fernand, qui s'illustra en Espagne et en Italie, Stappaerts estimait que, pour bien écrire, le principal n'est pas d'avoir la forme, qui dépend de l'usage, de l'imagination et de l'étude, mais qu'il faut surtout les idées qui révèlent le génie créateur, la méditation qui analyse, la pensée qui pénètre et convainc. C'était, au surplus, un vrai tempérament de journaliste.

Indépendamment de quelques rapports, on ne connait de Stappaerts, dans les publications académiques, qu'un seul travail : sa notice sur la vie et les œuvres du peintre Madou, publiée dans l'*Annuaire de 1879*. C'est avec le même artiste qu'il fonda, en 1860, la Société royale belge des aquarellistes, dont il a été le premier secrétaire.

Sur l'initiative du baron J. de Saint-Genois, qui fut le premier président de la Commission de la Biographie Nationale et sur celle de M. Gachard, qui présidait les trois Classes de l'Académie en 1860, lors de l'organisation de cette Commission, Stappaerts, bien que n'appartenant pas encore à l'Académie, en fut nommé Secrétaire adjoint. La Commission lui confia, en même temps, la tâche délicate de réviseur littéraire des articles destinés à ce recueil. Il ne se borna pas à remplir scrupuleusement cette mission pour laquelle il avait toutes les aptitudes voulues, il collabora activement à l'œuvre, comme le témoignent les soixante-six notices qu'il a fournies et qui se rapportent principalement à des artistes et à des littérateurs.

Journaliste, critique d'art, biographe, Stappaerts avait eu l'occasion de faire valoir son érudition, marquée au point de vue d'un jugement solide et des agréments du style; mais la scène où il se produisait depuis si longtemps était trop restreinte. Il hésitait, il cherchait : un ami, Alexandre Henne, — à qui nous empruntons ces lignes — lui indiqua la voie où il pouvait trouver une position conforme à ses goûts, à ses aspirations, à la nature de ses études (1). Cette voie était l'archéologie, cette science si importante, si indispensable pour la connaissance de l'état social, des mœurs, des usages, des monuments, des costumes des siècles passés, et qui

(1) Voir sa notice sur Félix Stappaerts : *Bulletin de l'Académie d'archéologie d'Anvers*. 1885.

est restée si négligée jusqu'à nos jours par les artistes.

Déjà Stappaerts avait enrichi de notices historiques les *Monuments d'architecture et de sculpture* dessinés d'après nature par Stroobant. Cette magnifique publication, que la maison Muquardt de Bruxelles publia en 1857, en deux volumes in-folio, était une révélation sur l'importance de nos richesses architecturales et sculpturales. Elle avait fait valoir, entre autres, pour la première fois, les beautés du célèbre tabernacle de Léau ainsi que celles de nombreux monuments dignes d'être reproduits par le crayon et le pinceau; les planches étaient accompagnées de descriptions où le sentiment esthétique tenait place pour la première fois.

Nous ne nous étendrons pas ici, comme a pu le faire M. Henne dans sa notice sur Stappaerts, sur les bizarreries et la manière erronée dont le costume a été interprété si souvent par les artistes des Pays-Bas. Rubens comme tant d'autres n'y a pas échappé. A André Lens fut donné, par son livre publié en 1776 sur *le Costume, ou essai sur les habillements de plusieurs peuples de l'antiquité,* de montrer que l'art doit avoir la vérité pour caractère et pour guide, et ce fut Talma qui fit triompher ces idées.

Sur la proposition d'Eugène Simonis, directeur de l'Académie des beaux-arts de Bruxelles, l'édilité, reconnaissant que l'archéologie était encore à l'état de théorie, créa, en 1861, en vue de donner un sens pratique à cette branche des connaissances humaines, un cours d'archéologie et d'histoire. Sur la proposition du même Simonis, elle confia ce cours à notre confrère. Comme le rappelle Alexandre Henne, « Stappaerts avait enfin trouvé sa sphère d'activité. Improvisé professeur, il montra, dès le début, l'intelligence et le dévouement qu'exigent ces fonctions si importantes et si délicates. De nouvelles études élargirent le cercle de ses connaissances; il se fit érudit, remonta aux origines les plus lointaines, recueillit partout, chez les anciens comme chez les modernes et les contemporains, les données historiques qu'il exposa avec succès dans ses leçons. Doué d'une élocution facile et sympathique, esprit clair et élevé et d'un grand bon sens, il captiva l'attention de ses auditeurs. Son érudition, exempte de pédantisme, implantait la science d'une façon spirituelle et toujours intéressante; il avait l'art d'instruire sans jamais fatiguer.

» Il ne se bornait pas à indiquer les monuments, les costumes, les armes, les cérémonies, les attributs, tout ce qui permet de connaitre et de juger les temps passés; il pénétrait dans la philosophie de l'art. Il estimait qu'il est salutaire d'établir par des faits la solidarité d'un bon jugement avec le bon goût, de la beauté artistique avec la beauté morale.

» Les prémices du cours en justifièrent l'utilité, ainsi que le choix du professeur. Au premier concours d'archéologie, qui eut lieu en 1862, le jury loua l'administration communale d'avoir créé un enseignement d'une incontestable utilité et exprima la plus vive satisfaction pour les résultats déjà obtenus. Les années suivantes virent fréquemment renouveler ce dernier éloge.

» Stappaerts fut pensionné sur sa demande le 1er octobre 1878. L'administration communale lui conféra le titre de professeur honoraire. Il ne cessa de faire partie des jurys d'esthétique, d'archéologie et d'histoire. »

Lorsqu'il exerçait encore ses fonctions professorales, la vie de notre confrère n'était déjà plus qu'une longue suite de souffrances. Ses accès de goutte prirent un tel caractère d'acuité que sa santé s'ébranla complètement; il mourut le 3 mars 1884, entouré de l'affection et de l'estime de tous ceux qui avaient pu apprécier ses qualités d'élite et ses sentiments du cœur.

Lors de ses funérailles, M. Pauli, directeur, se fit l'organe de la Classe des beaux-arts. « Ses rapports avec ses collègues, dit-il entre autres, étaient empreints d'une franchise et d'une cordialité dont le souvenir sera ineffaçable; tous ceux qui vécurent dans son intimité conserveront la même impression de l'amitié dont ils ont été honorés. Aussi crois-je être l'interprète fidèle de tous les membres de la Classe au nom de laquelle j'ai l'honneur de parler en disant que sa mort est pour tous une véritable cause de deuil et qu'elle laissera un vide difficile à remplir. »

Stappaerts avait été nommé chevalier de l'ordre de Léopold le 28 mai 1872, à l'occasion du centième anniversaire de l'Académie.

EDM. MARCHAL.

LISTE DES OUVRAGES DE FÉLIX STAPPAERTS.

Compte rendu de l'Exposition nationale des beaux-arts de Bruxelles 1842; broch. in-8°.

Salon de 1857. Bruxelles, 1857; broch. in-8°.

Exposition nationale des beaux-arts. 1860; broch. in-8°.

Panthéon national. — La Belgique monumentale, historique et pittoresque, par MM. H.-G. Moke, Victor Joly, Eugène Gens, Théodore Juste, Ferdinand Carron, Charles Hen, G. G. G. G. (J. Grandgagnage), Félix Stappaerts, E. Gaussoin, le major Renard, Félix Bogaerts, E. Robin et André Van Hasselt, ouvrage suivi d'un coup d'œil sur l'état actuel des arts, des sciences et de la littérature en Belgique, par A. Baron. Bruxelles, A. Jamar et Ch. Hen, éditeurs, 1844; 2 vol. gr. in-8°.

Musée historique belge ou collection de portraits gravés, d'après les tableaux des grands maîtres, par une réunion d'artistes, sous la direction de L Calamatta. Notices historiques par Félix Stappaerts. Bruxelles, 1851; grand in-folio.

La colonne du Congrès et de la Constitution, à Bruxelles. Historique et description du monument. Bruxelles, 1859; broch. in-8°.

La colonne du Congrès à Bruxelles (2me édition, avec planches). Bruxelles, 1860; broch. in-8°.

Monuments d'architecture et de sculpture dessinés d'après nature par F. Stroobant; accompagnés de notices historiques par F. Stappaerts Bruxelles, 1857; deux vol. in-folio.

Peintures murales exécutées par MM. Van Eycken, Portaels, Robert, Roberti et Stallaert, dans l'habitation du Dr Nollet; planches avec texte descriptif par Félix Stappaerts. Bruxelles, 1869; petit in-folio.

Collaboration à la *Belgique monumentale* (article sur la ville de Liége) et aux *Belges illustres*, 1re édition (notices sur Otto Venius, Crayer, Vanderburch). Bruxelles, A. Jamar et Cie, 1844.

Collaboration à la *Revue britannique;* la *Renaissance*, 1843-1844; la *Revue de Belgique*, 1re série, 1849-1850; la *Revue trimestrielle*, 1854; la *Revue mensuelle*, 1856-1858; *Journal des beaux-arts*. — Articles de critique d'art insérés dans les journaux quotidiens : l'*Émancipation*, le *Telégraphe*, le *National*, le *Journal de Bruxelles*, l'*Observateur*.

BIOGRAPHIE NATIONALE.

Les notices suivantes :

Tome Ier. — Baerle (Gaspard Van). Barthels (Jules-Théodore). Baten (Henri). Baten (Liévin).

Tome II. — Beausard (P.). Bersacques (Louis de). Beyts (J.-F. baron). Binchois (Gilles). Blaes (M.-A.). Boets (Martin). Bosschaert (G.-J.-J.).

Tome III. — Brucœus (Henri).

Tome V. — De Wael (Jean). De Wael (Luc). De Wael (J.-Baptiste). De Weert (Adrien).

T. VI. — De Wit (Gaspard). De Wit (Pierre). De Witte (Jean). De Witte (Liévin). Deymans (J.-B. van). Deyster (Anne De). D'Hooghe (Antoine). D'Huyvetter (Jean-Augustin). Dievoet (Pierre Van). Dorne (Martin Van). Dorne (François Van). Dorne (J.-Bte Van), Dreppé (Louis). Dubois (Félix). Du Chemin (Isaac). Du Hameel (Alart). Deckers (François). Dumortier (Paul). Dumortier (Godefroid). Duvenede (Marc Van). Duvivier (Jean-Bernard). Duvivier

(Jean). Eisen (François). Elhoungne (Antoine-François-Marie d'). Elle (Ferdinand). Elshoecht (Jean). Engel (Adolphe). Espen (Félix Van). Espen (Zeger-Bernard Van).

Tome VII. — Fernande ou Fernandi (Joseph). Feyens (Auguste-Joseph). Fonson (Charles-Auguste). Gachet (Émile). Geefs (Aloys). Geefs (Jean). Geefs (Théodore). Geefs (Alexandre). Geel (Jean-François Van). Geel (Jean-Louis Van). Geerts (Charles-Henri). Geldorp ou Gueldorp (Gortzius). Geldorp (Melchior). Gillis (J.-B[te]), Gillis (J[h]). Goblet (Antoine). Godecharle (Gilles-Lambert).

Tome VIII. — Goltz ou Goltzius (les). Goltzius (Hubert).. Grupello (Gabriel). Gysen ou Gysels (René).

M N J Leclercq

NOTICE

SUR

MATHIEU-NICOLAS-JOSEPH LECLERCQ

MEMBRE DE L'ACADÉMIE

né à Herve le 30 janvier 1796, mort à Bruxelles le 15 mars 1889.

> Il a su faire compter sa patrie au nombre de ses débiteurs.
> D'AGUESSEAU.

I. Introduction. — La famille Leclercq.

Cette notice offre un intérêt particulier. M. Mathieu Leclercq, notre confrère, nous rappelle son père, un magistrat très distingué, M. OLIVIER LECLERCQ; il a transmis son nom et son honneur à son fils LOUIS LECLERCQ, brillant avocat, mort dans la fleur de l'âge, à ses petits-fils GEORGES et PAUL LECLERCQ, continuant les générations de juristes habiles qui ont illustré la famille. Il ne sera pas inopportun de m'occuper d'eux successivement et rapidement, en laissant à notre confrère la grande place dans cette étude : je parlerai du père, du fils, des petits-fils avec l'extrême et courtoise réserve due aux vivants.

J'ai bien connu, dans ma longue existence, non sans agrément, surtout avec profit, les quatre générations des Leclercq. J'y ai toujours rencontré la passion des lois, la haute probité, l'aptitude aux affaires, l'exquise urbanité, l'amour de la science : on sera heureux de voir vivre une brillante série d'hommes d'une véritable éminence. J'entre en matière.

A. Olivier Leclercq (1). Il est né à Herve, dans l'ancien duché de Limbourg, le 31 décembre 1760, il est mort à Bruxelles le 1er novembre 1842, à 82 ans. Il eut, on le comprend, une existence fort agitée. Après avoir fait de brillantes études à Coblentz, à Andernach, à Aix-la-Chapelle, il alla les terminer à Louvain, au collège du Saint-Esprit; il y obtint, après concours, suivant la coutume du temps, une bourse pour la théologie; bientôt, il passa au collège de Drusus, où il commença les études de droit. Armé d'un diplôme solide, il alla à Bruxelles exercer comme avocat au conseil de Brabant; il y prenait position, lorsque la révolution brabançonne le ramena à Herve, en 1790. Il fut appelé à exercer une magistrature locale, celle de juge de la Chambre des domaines et tonlieux, corps composé de sept jurisconsultes chargés de concéder les houillères et les mines, de juger les procès qui s'y rattachaient, de poursuivre les délits forestiers et de surveiller l'administration des bois domaniaux.

Dès ce moment il est lancé dans la vie publique,

(1) Dans son *Liber Memorialis* de l'Université de Liège, l'infatigable professeur Le Roy consacre une bonne notice à M. Olivier Leclercq, qui fut membre du collège des curateurs de cette université.

exerçant une haute et heureuse influence, revêtu d'une primauté due à son talent, à sa patriotique probité et à une infatigable activité. Survint l'invasion française, avec le régime des impôts forcés et des réquisitions ruineuses; Olivier Leclercq entre en lutte, non sans succès, avec les représentants du peuple en mission au sujet des odieuses exactions dont fut frappée la ville de Herve.

Lors de l'organisation du Consulat, il accepta, après quelque hésitation, la place de président du tribunal de Liège; il fut appelé à ces fonctions le 13 nivôse an IX. Chargé par ses fonctions de fonder une justice forte et régulière, il appliqua à ce travail si salutaire une énergique promptitude, marque d'un talent supérieur d'administration : il rétablit l'ordre, réprima les abus. Il avait les qualités de l'organisateur, la sévérité du légiste, la fermeté du magistrat. Ses principes ne lui permirent pas de signer pour le Consulat à vie et pour l'Empire. Il ne rendait pas seulement la justice, il s'occupait encore du nouveau Code civil et proscrivait la sollicitation par les plaideurs, ce qu'interdit aujourd'hui, en Belgique, l'article 144 de la loi du 18 juin 1869.

Le 6 brumaire an XII, il fut nommé conseiller à la Cour de Liège; c'est vers ce temps qu'il publia un ouvrage remarquable qui fit sensation, qui est la première et heureuse conférence du nouveau Code civil et du droit romain, droit indestructible, dont il tira les textes avec une véritable sagacité. Ce livre marque une époque dans la science du droit romain présenté comme source immortelle du droit civil moderne et auquel l'incomparable Pothier rend cet hommage éloquent que je veux citer ici : *Est in mentes humanas vis ipsa rationis, eadem apud omnes populos fuit eritque semper romanarum legum auctoritas* (1). Que de fois j'ai consulté, cité et préconisé ce livre, négligé de nos jours, trop oublié sans doute, datant d'une époque où le droit romain n'était pas plus contesté que les humanités anciennes : *quantum tempus mutatum ab illo* (2).

Cet important ouvrage posa Olivier Leclercq ; ses talents furent utilisés : il fit partie d'une commission chargée de la rédaction d'un Code rural, d'une commission d'instruction publique, du collège des curateurs de l'université de Liège nouvellement instituée. En 1815, il fut nommé membre de la célèbre commission de révision et de rédaction de la loi fondamentale. En 1816, il fut envoyé à Paris pour prendre part à la grande commission de liquidation qui ne termina ses travaux compliqués qu'en 1818. Le 24 avril 1811, il avait été nommé premier avocat général; il fut élevé à la dignité de procureur général le 14 septembre 1815, et presque en même temps, le 19 novembre, il fit, lui septième, partie de la première promotion de l'ordre du Lion néerlandais. Sa popularité grandit à Liège avec l'importance des fonctions. En 1826, il fut envoyé à la seconde Chambre des États généraux, où il s'occupa beaucoup d'organisation judiciaire et où, avec une indépendance remarquée, il prononça, à cette

(1) POTHIER, Préface de ses *Pandectes*.

(2) Voici le titre exact de ce vaste travail en huit volumes in-8° : *Le droit romain dans ses rapports avec le droit français et principes des deux législations.* — Paru de 1810 à 1813, dédié à S. A. S. l'archichancelier. Il y a un bon discours préliminaire de 70 pages, des tables bien ordonnées indiquant les textes romains du Digeste, du Code, des Instituts et des Novelles.

époque critique du régime hollandais, plusieurs discours d'opposition qui dénotaient la fermeté, la franchise et la prévoyance. En 1829, il ne fut pas réélu à la Chambre, mais le 19 octobre de cette année il fut nommé conseiller d'État; il rentra à Bruxelles en 1830, où il mourut en 1842. C'est là que je l'ai connu. C'était un vieillard courbé par l'âge, encore vigoureux, bienveillant, toujours pénétré du sentiment profond du droit, s'étant appliqué toute sa vie à en étudier les textes et voulant, dans l'histoire et dans les travaux législatifs plutôt que dans les commentaires, en retrouver et en dégager l'esprit. Nous verrons, en parlant plus loin de son fils Mathieu, notre confrère, que ce dernier se lança dans la carrière judiciaire fortifié par les instructions de son père.

B. LOUIS LECLERCQ. Le petit-fils d'Olivier, né à Liège, le 16 avril 1829, mort à Paris inopinément le 13 janvier 1883, au grand désespoir de tous ceux qui l'aimaient et l'estimaient, et ils étaient sans nombre : il avait 54 ans à peine. Ses funérailles furent illustrées par un concours sympathique et par les éloquentes expressions d'une profonde douleur. On a dit, avec raison, que le barreau le saisit tout entier, et, en effet, après de fortes études, il se consacra avec ardeur et sans hésitation à la carrière d'avocat. Il ne tarda pas à être élu avocat à la Cour de cassation et le gouvernement lui confia toutes ses affaires financières : depuis lors, pendant vingt-sept ans, je l'ai vu et entendu plaider à presque toutes les audiences, car sa clientèle semblait devoir dépasser les forces d'un seul homme. Il était toujours prêt, n'était jamais fatigué, alerte, plein de verve, d'abondance, de facilité; un heureux choix d'expressions, une clarté limpide, une concision pénétrante, une exposition rapide et vigoureuse, une courtoisie élégante et distinguée : il soutenait l'attention par ses ressources inépuisables, il satisfaisait l'esprit par ses arguments acérés et fermes, par sa démonstration savante et nourrie. Principes souverains, point de verbiage, coups bien dirigés, but sûrement touché, voilà au résumé la méthode du maitre, que plus d'un quart de siècle de travail écrasant a brisé au milieu de sa carrière. Pour moi, l'écoutant à l'audience, j'étais, comme la Cour, captivé par cette forte et courte argumentation, par une sorte de parole harmonieuse, par une élégante politesse. Il fut longtemps conseiller provincial du Brabant, il y exerça son empire; on l'écoutait pour le suivre, on se sentait sous le charme d'une éloquence facile, rehaussée par une inaltérable probité. Sa mort vint trop tôt pour lui et pour le pays; il aurait dirigé ses destinées dans une voie sûre; il aurait montré dans les hauteurs de l'État les qualités de son père, la modération, les larges vues, la fermeté : la mort de tels hommes qui ont encore trente années à consacrer aux grandes affaires et à compléter leur destinée plonge les survivants dans les plus douloureux regrets (1).

(1) Plusieurs discours furent prononcés à ses funérailles. Diverses notices furent publiées : on remarque celle de M. Guillery (*Belg. jud.*, 1883, n° 26). Ce dernier parle du père du défunt; il en fait le portrait bien touché que je reproduis : « Ce grand magistrat, » appelé à prendre la parole dans une affaire célèbre entre toutes, » parce qu'on y voyait un simple citoyen en lutte avec toute la » puissance gouvernementale, se leva, majestueux, n'ayant devant » lui que le texte de la loi, déduisant les principes protecteurs de » la liberté individuelle en une argumentation qui s'adressait à

C. MM. Georges Leclercq, avocat, et Paul Leclercq, substitut du procureur du Roi à Bruxelles, fils de Louis Leclercq. Ils forment la quatrième génération des jurisconsultes et magistrats Leclercq; ils sont devenus avocats en 1879 et en 1884 après avoir, comme leurs ancêtres depuis plus de cent ans, conquis avec le plus grand succès leurs grades académiques. Les voilà consacrés à la science des lois : « *latebrosa terentes enigmata legum* ». Ces jeunes jurisconsultes ont embrassé deux carrières : le barreau, le parquet, saisissant le phare allumé par leur père, leur grand-père, leur bisaïeul, et dont l'éclat, tout l'annonce, sera attentivement entretenu. Je ne veux rien dire de plus en présence de ces athlètes vigoureux à qui sourit l'avenir; ils arriveront, comme leurs devanciers, par la force de l'éducation, de l'exemple et du travail, au sommet d'une noble carrière et d'une bonne renommée.

» toutes les consciences et qui devint bientôt l'arrêt de la Cour. » L'auditoire était nombreux et brillant. Quel silence et quelle » émotion! Comme chaque mot tombait goutte à goutte, marquant » chaque fois son empreinte. L'orateur n'argumentait pas, il jugeait, » il disait le droit. Point de passion, point de blâme, la loi, toute » la loi. Des hommes du monde, des hommes de lettres disaient » en quittant l'audience : Nous ne savions pas que la justice eût » cette grandeur. » Le célèbre avocat a tracé, avec autant d'éloquence que de vérité, un brillant tableau; il a peint d'une manière saisissante le père de Louis Leclercq, concluant dans la célèbre affaire du colonel Hayez, jugée le 23 mars 1852, conformément aux conclusions du procureur général, qui prononça dans cette cause un de ses plus beaux réquisitoires et qui y définit les attributions de la Cour des comptes.

II. M. Mathieu Leclercq.

J'arrive ainsi par une route qui n'est pas, pour moi, sans douleurs, mais qui m'offre un vif intérêt, au confrère regretté dont vous m'avez chargé de raconter la vie. Cette mission me rappelle des souvenirs tristes et attrayants à la fois. Le nom de Mathieu Leclercq se rattache à des services rendus au pays un demi-siècle durant, dans les plus hautes sphères du gouvernement et de la magistrature : ce nom vénéré me rappelle une heureuse communauté de travail que j'ai eu le bonheur de partager avec lui, sous sa direction, pendant une longue suite d'années, dans l'harmonie la plus constante.

C'est la troisième fois que la Classe me confie le soin d'inscrire le nom de confrères illustres dans ses annales. MM. Defacqz, Tielemans, Leclercq, je les rencontre ici, arrivé comme eux à l'extrême vieillesse, ayant vécu les mêmes années depuis 1830, au milieu des mêmes temps, de la même histoire, partageant les mêmes travaux, collègues et amis, toujours trouvant en eux des jurisconsultes de premier ordre, des souverains de la magistrature, tous les trois auteurs de notre Constitution. Mission à la fois singulière et honorable qui m'appelle à contempler toujours en eux cette Constitution que j'ai vue naître et s'épanouir, qui a été le sujet de mon étude et de mon admiration, qui n'a pas sa pareille dans le monde civilisé, qui offre le foyer lumineux de toutes les garanties personnelles et de toutes les sécurités publiques, qui nous a fait don des deux joyaux que la Providence réserve aux peuples tempérants : l'ordre et la liberté, l'ordre durable, la liberté sûre. — Constamment ramené ainsi par les plus doux souvenirs à la société d'amis chers à la patrie, ramené de même à la contemplation de notre nationalité si heureusement garantie et de notre monarchie vraiment démocratique; toujours heureux de pouvoir étudier et comprendre ce pacte que l'on a qualifié d'admirable, et auquel, à raison de la nature et de l'étendue de ses dispositions, on peut décerner ces mots que j'ai vus tracés quelque part, de « majestueuse immensité », mots qu'on trouvera vrais si l'on comprend bien ce monument de 1831. Sa vigueur égale sa puissance : placé entre deux dangers, entre deux radicalismes, il résiste et semble gagner des forces souveraines; tour à tour on lance contre lui les foudres de la destruction, on en dénature l'esprit, on en déchire, on voudrait en disperser les lambeaux, en changer les dogmes fondamentaux : mais rassurons-nous, sa solidité est merveilleuse. Ces vieux constituants qui nous ont quittés peuvent, dans le réveil de la tombe, contempler toujours le règne social de leur œuvre, le vaste ensemble de libertés harmonisées, fortifiées par leur pondération même et placées sous la surveillance d'un pouvoir judiciaire qui ne fut jamais et nulle part aussi puissant et qui ne saurait sans trahison leur retirer sa protection. Noble destinée de ces trois confrères, appelés à appliquer, à interpréter, à confirmer cette charte qu'ils avaient formée et dont ils comprenaient l'esprit, dont ils ont assuré la précieuse domination.

Que ce retour vers ces grandes choses qu'ont érigées et dirigées les trois confrères qui nous manquent me soit pardonné; j'y mets du culte pour les hommes, de l'enthousiasme pour les choses : ces hommes sont la gloire de la patrie, ces choses sont la force de la nation. Que, d'autre part, cette contemplation de quatre générations de jurisconsultes soit bien comprise. J'ai sans doute retardé le moment où j'entrerais dans la vie, dans le génie de Mathieu Leclercq : j'y arrive pour ne plus le quitter. Cette vie n'offre point de nombreux incidents; elle fut paisible, studieuse, traversée sans doute par des douleurs qui sont le triste lot de l'humanité : elle se passa dans le sein de la famille. Leclercq étudiait en méditant; il recueillait moins les doctrines que les principes, moins les autorités que les textes, moins les applications que l'essence. Il a beaucoup recherché, invoqué, signalé « la nature des choses », et la variété de cet argument sous sa plume est constante, remarquable, heureuse. Cet argument était très souvent le point de départ d'une rigoureuse déduction qui le conduisait, sans autre appui que le texte bien compris de la loi, sans profusion de citations, à une conclusion inébranlable. C'est là un caractère de son talent que je signalerai tantôt plus attentivement.

Mathieu Leclercq naquit à Herve le 30 janvier 1796. Après y avoir fait ses premières études, il entra au lycée de Liège nouvellement organisé; il y poursuivit ses humanités qui furent couronnées du plus brillant succès. L'application de l'humaniste annonçait le procureur général. Il se consacra à l'étude du droit, comme son père Olivier, et il alla suivre les cours de droit à Bruxelles. Il y entra en 1814 pour en sortir en 1817, comme avocat, au moment même où les universités s'organisaient dans les Pays-Bas.

J'ai eu entre les mains des lettres que Leclercq écrivait à son père, alors en mission à Paris, soit de Liège, soit de Bruxelles, pendant ses études. Ces lettres révèlent de l'esprit, de l'enjouement, de la malice; on y peut récolter de jolies anecdotes, de piquantes allusions aux incidents politiques, dès lors sérieux, souvent plaisants : on y voit aussi que ses études l'occupaient beaucoup; il rend compte de ses travaux, de ses relations sûres; il recueille les conseils d'un père attentif et habile, prudent et ferme : il donne des nouvelles du pays, il parle avec esprit, non sans épigrammes, des hommes du jour, il s'occupe des projets de loi alors présentés, il ne reste pas étranger à la politique déjà passablement trouble, il indique déjà des incidents fâcheux : il suffit de se rappeler l'histoire des Pays-Bas, à cette époque, pour connaître le sujet piquant des lettres écrites sous l'impression du jour : il parle des procès célèbres de l'abbé DE FOERE et de l'évêque de Gand DE BROGLIE, de la trop fameuse loi du 20 avril 1815, des manœuvres relatives à la loi fondamentale et du célèbre refus de serment; il signale une agitation violente, partout répandue, il persifle déjà sur les langues : « Les Hollandais, dit-il dans une lettre du 3 janvier 1817, font les plus grands efforts pour introduire leur langue en Belgique, mais plus ils se donnent de peine, plus on s'obstine à leur résister. » Il parle notamment de procès retentissants; l'un, entre autres, où plaidaient, dans des camps opposés, deux avocats célèbres, que j'ai connus tous les deux, TARTE AÎNÉ et TARTE CADET : le premier, professeur de droit, défendait gravement, au nom du gouvernement, certains arrêtés royaux que Tarte cadet attaquait avec une violence qui lui était naturelle.

On trouve dans les lettres que je signale des recommandations précieuses d'Olivier à son fils sur ses études : dans une lettre du 10 juillet 1817, lorsqu'il est déjà avocat, le jeune et studieux légiste les résume ainsi, et je les reproduis : « S'attacher au texte de la loi, s'efforcer de le bien comprendre, éviter les auteurs et les commentateurs, raisonner par soi-même, se former ainsi l'esprit et se préparer un fonds de science ferme et solide ; on s'accoutume ainsi à agir sans être désorienté. » Voilà, en 1817, cette méthode que l'on rencontre dans toute la carrière de l'habile procureur général. Nous le verrons, en effet, dans ses nombreuses conclusions et dans ses référés de parquet trop peu connus, suivant un procédé constant et habile, formuler, poser la question à résoudre, remonter au principe qui s'y rattache, consulter la nature des choses, arriver à une solution rigoureuse et juste : pas de commentateurs, quelques maitres, les juristes suprêmes Dumoulin, Voet, Domat, Pothier. Sa conclusion arrivait comme une réponse sans déviation à la question posée : il citait rarement, mais topiquement, même ces maitres juristes, les inspirés du droit romain, les inspirateurs des codes modernes.

Cette maxime posée par le père, cette méthode adoptée par le fils ont valu à celui-ci la réputation méritée, incontestée d'un jurisconsulte de première force et de haute originalité. — Une autre maxime d'Olivier est rappelée dans une lettre écrite à propos de mécontentements violents qui éclataient déjà en 1817 : « Pour régner tran-
» quillement, il faut commander le moins possible, ou
» plutôt avoir l'air de ne pas commander du tout. »
Théorie de la tempérance dans l'art de gouverner.

C'est nourri des enseignements de son père et aprés avoir passé quelque temps auprès de lui, à Paris, que Mathieu Leclercq entra en stage, à Liège, chez le célèbre avocat Lesoinne, que beaucoup de contemporains ont connu dans sa vieillesse respectée. « Me voilà, écrit-il en riant dans une longue lettre du 18 juin 1817, entré dans » la noble bande des chicaneurs » ; il se sent plein d'ardeur pour la profession d'avocat : « Combien de temps, » se demande-t-il, serai-je avocat sans cause : je m'en » moque, répond-il, je ne suis heureusement pas obligé » de me nourrir d'espoir. » Après avoir parlé de politique et des symptômes fâcheux qui l'entourent, il ajoute gaiement : « Mais je vous parle politique au lieu de chi- » cane; la politique n'est guère plus claire que la chi- » cane; la différence est que la chicane rapporte de » beaux écus, tandis que l'on ne remporte souvent que » des coups de la politique. »

Leclercq fréquenta assidûment le barreau, il s'y fit une réputation, et la confiance qu'il inspirait, ses talents reconnus, son habileté avaient été tels que, le 17 mai 1825, il fut nommé conseiller à la Cour d'appel de Liège : il n'avait que 29 ans; il ne tarda pas à conquérir une influence marquée sur ses collègues; il restait toujours grand travailleur : dans tout corps, l'homme qui travaille acquiert cette influence, car la paresse est fréquente et se laisse facilement dominer : il y a peut-être de la reconnaissance dans cette soumission. Notre conseiller était essentiellement modéré, prudent, observateur ; il se tenait hors des partis et, dirigé par son père, il était foncièrement Belge et libéral. Toujours actif, il répandit partout son heureuse vaillance. Il entra successivement au conseil de Régence, à la commission des prisons où il y avait en ce temps beaucoup de bon et d'humain à faire, à la commission des hospices où il n'y avait pas moins à faire au nom de la charité.

III. Congrès.

C'est au milieu de cette vie si occupée que la révolution de 1830 vint le surprendre. Après avoir observé d'une vue ferme et patriotique la transformation qui se préparait pour son pays, en octobre 1830, il se rallia au gouvernement provisoire et son élection au Congrès ne se fit pas attendre; il y entra en bonne société avec Rogier, Destriveaux et Orban, que précédèrent de Gerlache, Nagelmackers, Raikem, de Stockem et de Behr; en même temps Lebeau y arrivait de Huy et Nothomb d'Arlon : ainsi les hasards du scrutin rassemblaient les plus forts travailleurs de la grande Assemblée constituante belge, ses plus grands esprits.

Leclercq y entra avec une pensée, sur le caractère de sa mission, qui lui est propre : il crut que la mission du Congrès cessait le jour où la Constitution et la loi électorale qui en assure la vie auraient été votées; il ne voulait pas que cette assemblée se mêlât du gouvernement et dépassât les limites de la Constitution, ce grand labeur auquel il avait pris une large part : il lui adressa dans cette pensée, le 31 mars 1831, une lettre historique que je reproduis ici et qui, restée sans seconde, marque un caractère indépendant et ferme. Voici cette lettre :

« Je me serais retiré du Congrès immédiatement après le vote de la loi constitutionnelle, de la loi électorale et l'élection du régent si j'avais cru que ce corps conserverait ses pouvoirs au delà du temps nécessaire pour la réunion des Chambres législatives. Je regardais en effet comme accompli le mandat qui m'avait été confié par mes concitoyens; je croyais que l'opinion publique devait être de nouveau consultée sur les hommes auxquels serait confié l'exercice du pouvoir législatif, et que si nous devions encore nous assembler, ce ne pouvait être que pour prendre les mesures que réclamerait l'urgence immédiate des événements .. »

Si Leclercq quittait le Congrès pour reprendre ses fonctions de conseiller, il y avait versé un généreux tribut d'études et d'opinions savamment motivées. Je recueille dans les collections l'indication de ses principaux votes: et tout d'abord, il se prononça successivement pour l'indépendance de la Belgique, pour l'exclusion des Nassau, pour la monarchie représentative, pour les décrets constitutionnels spéciaux; il se prononça plus tard pour une seule Chambre et vota contre l'institution du Sénat; il appuya ces votes sur des discours qui sont de véritables traités dont j'offrirai l'analyse. Il prit part aux principaux débats de l'assemblée dans un sens vraiment libéral et patriotique, et sa volonté, soit exprimée par ses votes, soit expliquée par ses discours, fut toujours d'assurer les libertés et les garanties dans le sens le plus favorable au pays; il fut au total un des esprits dominateurs du Congrès, un directeur d'opinions et de résolutions, un raisonneur profond, à larges idées.

IV. Cour de cassation.

Rentré à la Cour d'appel de Liège, il y avait continué ses travaux et exercé son influence ; son nom était tout désigné lorsque, le 4 octobre 1832, la Cour de cassation fut constituée en vertu de la loi du 4 août : il figurait parmi les forts jurisconsultes de ce corps de l'État, installé solennellement le 15 octobre. J'étais alors jeune avocat, j'assistais à cette cérémonie, je ressentais avec tout le jeune barreau un véritable enthousiasme. Cette Cour, dans l'éclatant costume de l'audience, présidée par M. de Gerlache, ancien président du Congrès, par M. de Sauvage, ancien ministre de l'Intérieur, par M. Van Meenen, ancien procureur général, tous auteurs de la Constitution, cette Cour dont l'établissement était si vivement désiré, avait longtemps été promise et toujours ajournée ; elle nous apparaissait comme une sauvegarde puissante, comme le complément même de la Constitution, comme un pouvoir revêtu d'attributions propres et presque illimitées ; on entendit deux superbes discours prononcés par M. de Gerlache, premier président, et par M. Plaisant, avocat général, remplaçant le procureur général, non acceptant (1). Ces discours, remarquables par la hauteur des pensées et par l'éclat du style, firent sensation ; je cite ces lignes de M. Plaisant : « Ce jour sera » marqué, Messieurs, dans les annales de la Belgique, » comme un jour heureux : après de longues années » d'asservissement et de dépendance, l'ordre judiciaire » se relève plein d'une force nouvelle, affranchi de toute

(1) Alexandre Gendebien.

» entrave; pour la première fois, il présente à la patrie » réunie sous une même bannière un ensemble d'insti» tutions communes, une hiérarchie sagement pondérée, » qui assure à tous les citoyens, sans distinction de rang, » sans différences d'opinions, une bonne et égale jus» tice » (1). C'était rappeler le règne néfaste d'une magistrature amovible, dépendante et soupçonnée, et montrer au pays la savante indépendance de celle qui allait distribuer au pays une justice souveraine et sûre. — De son côté, M. de Gerlache adressait aux magistrats qui l'entouraient ces nobles conseils : « N'oubliez point, vous qui » êtes chargés d'exercer sur l'œuvre d'autrui une sur» veillance légale au nom de la société, qu'une surveil» lance non moins sévère quoique purement morale » s'exercera sur vous. Vos actes seront de toutes parts » recueillis, commentés, critiqués. Mais cette censure, » vous ne la redoutez point, puisqu'elle ne peut que » vous engager à redoubler de zèle et à vous observer de » même avec un soin plus attentif » (2). — Cet enseignement était une prophétie, car maintes fois, depuis 1832, la Cour de cassation a subi des critiques, des injures, des soupçons qui ne l'ont pas empêchée de poursuivre son œuvre avec sérénité, de surveiller et d'arrêter les entreprises que l'on voulait diriger contre l'esprit de la Constitution. M. de Gerlache comprenait toute la force de cette Cour qu'il installait, qui venait de jurer d'observer le pacte et les lois, qui sauvegardera, malgré tout, ce pacte même auquel elle est indissolublement liée. — Quelques

(1) Voy. *Bulletin de cassation*, 1833.
(2) *Id.*

jours plus tard, le 26 novembre, la Cour installait son barreau, où figura plus tard (en 1857), avec éclat, Louis Leclercq ; et en requérant le serment des avocats, M. Plaisant prononça un nouveau discours où il caractérisa la vraie mission des avocats à la Cour de cassation, en vérifia la dignité et dissipa certaines préventions dont les contemporains, comme moi, gardent le souvenir.

V. Procureur général.

Mathieu Leclercq installé comme conseiller, toujours laborieux et précis, changea bientôt de carrière et devint procureur général à la Cour de cassation le 26 juin 1836. M. Plaisant, procureur général en fonctions, était mort le 10 mai 1836 dans la fleur de l'âge (40 ans); rien ne faisait prévoir cette fin. Il avait exercé ses hautes fonctions avec autant d'habilité que d'éclat; il avait curieusement annoté la Constitution. Il avait fondé la *Pasinomie* et la *Pasicrisie*, qu'il enrichissait de notes précieuses; ses conclusions étaient pleines de précision et d'érudition. La Cour ressentit vivement la perte qu'elle éprouvait. M. le premier avocat général Defacqz prononça sur la tombe de M. Plaisant, dans l'admirable style et avec la sensibilité qu'on lui connait, un discours plein de larmes où cette courte phrase résume toute une existence : « Oui, M. Isidore Plaisant fut un homme utile à la science, utile à la magistrature et à la justice, utile à la patrie. » Le gouvernement pouvait trouver dans la Cour même ou dans son parquet le digne remplaçant de M. Plaisant : tout le monde s'attendait à voir nommer Defacqz, premier avocat général, d'une renommée éclatante, un des hommes vraiment « hommes du Congrès », laborieux coopérateur de Plaisant, avec qui il avait posé les premiers principes d'action de la nouvelle Cour, les premiers principes d'application de la Constitution; mais Defacqz déplaisait, ses opinions semblaient effrayer, on se rappelait trop sa ferme participation à certaines dispositions capitales de la Constitution : il ne fut pas nommé; le poste vacant fut confié à Mathieu Leclercq. C'était un coup de surprise dont l'opinion, les barreaux et toute la magistrature furent vivement émus; Leclercq ne le fut pas moins. Lorsqu'on lui proposa la place, il ne l'accepta pas sans prévenir Defacqz, sans le convaincre qu'on avait résolu de l'écarter, sans être assuré qu'il avait vérifié la loyauté de celui que préférait le ministère; Leclercq fut donc nommé le 16 juin 1836 pour remplacer Plaisant, et Defacqz crut de sa dignité de quitter le parquet que l'on n'avait pas voulu lui confier; il fut admis à la Cour comme conseiller; il devait plus tard en devenir premier président avec un incomparable éclat. Les deux concurrents de 1836 se rencontrèrent en parfaite harmonie aux sommets de la magistrature.

Le procureur général Leclercq fut installé le 22 juin 1836 par le premier président de Gerlache, qui se borna à lui souhaiter la bienvenue au parquet, s'abstenant naturellement de tout éloge, mais il fit celui de Plaisant avec ampleur et éloquence, et il n'oublia pas de rappeler les services rendus par Defacqz pendant quatre ans. Le nouveau procureur général prit aussi la parole; il s'occupa surtout de son prédécesseur, enlevé si tôt, dont il reconnut tous les mérites; il retraça avec éloquence l'utilité, les avantages, l'histoire du ministère public dont il se faisait une haute idée, et il finissait, non sans allusion à des circonstances contemporaines, par ces paroles vivement caractéristiques : « Nous unirons nos travaux, » nous servirons la patrie autant qu'il nous est donné de » la servir dans notre position; nous contribuerons » ensemble à assurer son indépendance et sa prospérité, » car si les armes et le cœur de nos guerriers la défen- » dent contre l'étranger, si l'industrie de nos cultivateurs, » de nos manufacturiers, de nos commerçants et de nos » ouvriers l'enrichit, si les veilles de nos savants l'éclai- » rent, la vigilance, la fermeté et les travaux des magi- » strats chargés de rendre la justice la défendent contre » un ennemi intérieur, qui bientôt, s'il n'était contenu, » ouvrirait les portes à l'étranger et tarirait les sources » du travail, de la richesse et des lumières » (1).

Voilà donc Mathieu Leclercq lancé dans les hautes sphères du ministère public. Il devait y demeurer pendant trente-cinq ans, jusqu'en 1871; il prit sa retraite à l'heure précise où il complétait sa 75e année. Il me disait alors, au moment même où j'allais le remplacer, après avoir travaillé avec lui et sous son inspiration pendant vingt-deux ans, il me disait que, arrivé à 75 ans, l'homme a besoin de repos, que la vieillesse l'avertit, que les forces diminuent et que la loi a bien fait de poser une limite et de cacher dans l'éméritat les signes d'une décadence ordonnée par la nature et partant inévitable.

Notre nouveau procureur général exerça avec ardeur ses nouvelles fonctions; il trouvait pour coopérateurs au parquet deux hommes de premier ordre, DEWANDRE et

(1) *Bulletin de cassation*, 1835-1836.

De Cuyper ; en traçant les noms de ces deux amis, de ces deux collègues, ma main tremble d'émotion, je suis saisi de poignants souvenirs. Jamais parquet plus fort ne fut organisé, et son chef marchait à sa tête avec autant d'autorité que de courtoisie. Les premières conclusions qu'il présenta datent du 2 juillet 1836, dans diverses affaires électorales où il eut à s'occuper des principes et des raisons politiques de l'action populaire alors toute nouvelle, de nos jours si étendue et si puissante ; les électeurs sont devenus, suivant une expression connue, « la garde nationale du droit électoral ».

Les fonctions de procureur général à la Cour de cassation sont simples administrativement, mais elles sont des plus importantes juridiquement : ce magistrat ne doit pas seulement veiller à la correction des jugements rendus par tous les tribunaux inférieurs et provoquer des pourvois dans l'intérêt de la loi — mission délicate qui a pour objet de ramener l'application de la loi à son sens topique; on doit du reste user de ce recours avec prudence, — le procureur général doit aussi poursuivre et motiver les pourvois formés par ordre du Ministre de la Justice, qui offrent parfois des questions majeures; il doit répondre à ce qu'on appelle au parquet « les référés », qui demandent les réponses motivées à des questions posées ou à des difficultés signalées dans le cours des affaires et sur toutes les matières par le même Ministre. Dans les premiers temps, depuis 1836, les consultations furent nombreuses et difficiles ; M. Leclercq y apportait le plus grand soin; les minutes de ces rapports parfois très longs, toujours attentivement rédigés, sont recueillies au parquet, et leur auteur en a dressé une table alphabétique qui repose dans ses archives ; il y aurait beaucoup à tirer de ces études, achevées en quelque sorte administrativement et dans le silence du cabinet : la variété en est grande et l'intérêt tout juridique. Il suffit de citer au hasard quelques-uns des sujets traités : qualité de Belge, nationalité, extranéité, droit pénal, cassation, procédure, communes, dettes, pillages, collectes, Cour des comptes, pourvois, Code forestier, lois étrangères, juge étranger, sursis, milice, chasse, état civil, biens des fabriques, cumul des peines, serment, propriété littéraire, domicile de secours, langue flamande et bien d'autres questions ; en résumé, ce travail obscur et intéressant n'est pas une mince besogne, toute personnelle au procureur général, qui doit poursuivre en même temps ses conclusions d'audiences ordinaires et particulièrement ses conclusions dans les affaires plaidées chambres réunies : celles-ci ont une importance connue, elles rapprochent la Cour de cassation du pouvoir législatif dans la juste et souveraine interprétation des lois.

Lorsqu'il fut appelé à prononcer les premiers discours de rentrée, en vertu de la loi judiciaire du 18 juin 1867, M. Leclercq prit pour sujet très intéressant l'examen des arrêts rendus, chambres réunies, en matière civile, commerciale, de procédure, de droit public et administratif : il compléta cette étude après sa retraite, en 1871, en matière pénale. On trouve dans ces trois brochures une analyse substantielle des débats et des solutions dans une soixantaine d'affaires, dont plusieurs, de haute importance, permirent de produire de très remarquables conclusions, dont M. le procureur général Mesdach de ter Kiele, dans son récent discours sur M. Leclercq, a signalé les qualités en termes très heureux et très exacts que nous reproduisons. Cette remarquable et forte appréciation s'applique aux nombreuses conclusions qui enrichissent nos recueils et présentent toujours le même procédé, la même sûreté de principes, la même fermeté.

Voici comment s'exprime M. Mesdach de ter Kiele : « De tous ses réquisitoires, il n'en est pas un seul qui » ne soit un modèle de méditation profonde et de puis- » sante dialectique, en même temps que de rigoureuse » exactitude. Rarement il entrait dans une discussion » sans en déterminer au préalable la base et en préciser » les contours, d'après les éléments de fait spéciaux à la » cause, avec une habileté de composition et un art si » particuliers qu'il semblait aisé à chacun d'y entrer de » confiance avec lui, pour en déduire immédiatement » toutes les conséquences. Toujours maître de sa pensée, » le calme de son discours venait ensuite comme un » témoignage de sa bonne foi et une garantie de son » désintéressement (1). »

VI. Ministère de 1840.

M. Leclercq poursuivait ses travaux paisibles et réguliers, sa renommée de jurisconsulte grandissait; on lui avait, à diverses reprises, proposé d'entrer aux affaires et d'accepter un portefeuille, lorsque se forma le ministère libéral homogène de 1840, ministère auquel la seule

(1) Voy. ce discours, du 1er octobre 1889, aussi énergique que concis; il a paru dans la *Pasicrisie* de la même année. Il faudra toujours le lire lorsqu'on voudra se faire une juste idée de M. Leclercq

présence d'un magistrat, homme essentiellement modéré et profondément religieux, devait donner à tous des garanties. Il est facile de résumer les graves événements de cette époque : le ministère mixte constitué le 4 août 1834, sous l'influence de M. de Theux et de M. Demuelenaere, avec le concours de M. le baron d'Huart et de M. Ernst, tomba, pour un motif assez connu, sur une célèbre motion de blâme soutenue par M. Dumortier; 42 voix contre 38 et 5 abstentions prononcèrent la retraite du cabinet le 14 mars 1840. Celui qui le remplaça et qui était composé de MM. Lebeau, Rogier, Liedts, Mercier, Buzen et Leclercq à la Justice, avait été constitué le 18 avril suivant. Le programme du nouveau ministère fut lu aux Chambres; on y signale la phrase suivante qui annonce à la fois l'homogénéité et la modération : « Le nouveau » cabinet est d'accord sur les principes... Il sait bien » que dans les Chambres les opinions se fractionnent en » diverses nuances; mais les nouveaux ministres croient » que leurs principes conviennent à toutes les opinions » modérées et franchement constitutionnelles. » On promettait dans les écoles primaires une éducation morale et religieuse... Le 10 février 1841, le ministère avait obtenu un vote de confiance par 49 voix contre 39 et 3 abstentions à la Chambre des représentants : sa position se trouvait donc bien définie d'après toutes les théories constitutionnelles. Mais le Sénat fut d'une autre opinion et, voulant à tout prix renverser le cabinet homogène, défendu alors avec vivacité par M. Devaux dans la *Revue nationale* dont ne voulait pas la majorité du Sénat, celui-ci, adoptant une résolution qui n'avait pas, je pense, de précédent et qui n'eut pas d'imitateurs, adressa, en présence et en dépit du vote de confiance de la Chambre, par 33 voix contre 19, une adresse au Roi le 17 mars 1841, pour obtenir, avec le renversement du cabinet, le rétablissement de l'union... « Il a la conviction, disait-il, que quels que soient les moyens que Votre Majesté croie devoir employer pour arrêter de funestes divisions, les hommes sages et modérés viendront s'y rallier et prêteront ainsi à la royauté, placée au-dessus de tous les partis, l'appui nécessaire pour accomplir la mission qui lui est assignée. » Le ministère voulut arrêter le message en posant la question de cabinet; il voulut en enrayer les conséquences en demandant au Roi la dissolution du Sénat. Se sentant soutenu par la Chambre, il ne reconnaissait pas au Sénat, pouvoir modérateur, la prérogative de provoquer, par une démarche en soi inusitée, le renversement d'un ministère. Les historiens ont diversement apprécié cette entreprise restée célèbre : on ne lui ôtera jamais son caractère de violence, de tendance imméritée, et, sur ce point, je rappellerai le sentiment de l'homme le plus modéré du ministère, de M. Leclercq. Il prononça, dans la séance du 13 mars 1841, un grand discours où il examinait la situation. Sans contester la constitutionnalité de l'adresse proposée par le Sénat, il en critique avec vigueur l'opportunité et la convenance vis-à-vis du vote de la Chambre; son discours est ferme et éloquent, il redoute les conséquences de la résolution du Sénat : « Je crois pouvoir dire que les hommes qui » sont sur ce banc sont dignes de la confiance de tous... » Si l'on persiste, oh! alors, je désespère de mon pays; » il entre dans une voie de trouble et d'agitation dont » nul ne peut prévoir l'issue, et ce n'est pas parce que

» quelques hommes se séparent de la majorité qu'on » évitera ce malheur. » — « Nous voyons, disait-il encore le 17 mars, dans l'adresse proposée un vote dans un sens opposé au vote de la majorité de la Chambre. » Celui-là frappait à la fois le ministère, anéantissait les conséquences politiques d'une résolution solennelle de la Chambre et entrainait le Roi dans une position qui n'était nullement régulière et qui découvrait la royauté, contrairement à tous les principes et à tous les précédents; malgré les efforts du cabinet, la supplique fut discutée et présentée par le Sénat au Roi, qui répondit simplement : « Messieurs, je reçois l'adresse du Sénat; je n'ai jamais douté de ses bonnes intentions. J'examinerai cette adresse avec attention. » — Le ministère fut remplacé (1).

VII. Renommé procureur général.

Après la retraite de ce ministère d'un an (18 avril 1840, 13 avril 1841), si brusquement renversé, M. Leclercq fut réinstallé dans ses fonctions de procureur général, le 13 avril, et il reprit le cours paisible de ses travaux judiciaires après s'être vaillamment défendu contre la majorité hostile du Sénat. Sa vie redevint studieuse, partagée entre une fréquentation facile du monde et les devoirs de la famille; il manifestait toujours avec sincérité des croyances d'un pur catholicisme et d'une largeur de tolérance remarquable. Régulier en tout, studieux et liseur, exact et ponctuel, possédant un fond de gaieté et

(1) Tous nos historiens racontent ces graves événements : Vandenpeereboom, Thonissen, Juste, L. Hymans.

de malice sous une apparence un peu sévère, il mettait à profit une mémoire qui lui rendait facile le développement à l'audience d'études préparées et le résumé de lectures anciennes et sérieuses, déposées comme dans un trésor dont il répandait la richesse, qui donnaient un vif attrait à sa conversation. Un incident grave vint interrompre les travaux féconds de notre procureur général. Le ministère libéral du 12 août 1847 fut constitué par M. Rogier, qui se souvint de M. Leclercq, son compagnon de disgrâce de 1841, et lui offrit le poste de ministre plénipotentiaire à Rome, auprès du Vatican. L'histoire qui se rapporte à cet incident mérite d'être rappelée rapidement et nettement.

VIII. L'affaire de Rome (1).

Je rappellerai cette curieuse affaire en la ramenant à ses termes précis et caractéristiques. On verra que si l'on refusa de recevoir à Rome un homme éminent et respecté, cet homme fut couronné d'honneurs et comblé de protestations sympathiques; il sortit de l'incident, grandi et en quelque sorte rayonnant. — A la suite du Congrès libéral de 1846 et des élections du mois de juin 1847, le ministère catholique avait été renversé et remplacé par le ministère libéral du 12 août 1847. La démission du cabinet date du 12 juin, la constitution du nouveau cabinet prit un temps assez long, deux mois comme on

(1) Les historiens ont aussi raconté cette affaire; elle est particulièrement exposée, suivant les pièces officielles, dans l'Introduction du recueil intitulé : *La Belgique et le Vatican* (1880).

le sait. Le 7 juillet, alors qu'il était démissionnaire depuis vingt jours et la constitution d'une nouvelle administration n'étant pas douteuse, M. Deschamps, Ministre des Affaires étrangères du cabinet démissionnaire crut pouvoir nommer le comte Vander Straeten-Ponthoz ministre auprès du Saint-Siège. En prenant leurs portefeuilles, les nouveaux ministres n'acceptèrent point cette nomination faite, malgré son importance, dans des conditions exceptionnelles : ils proposèrent de remplacer M. Vander Straeten-Ponthoz par M. Leclercq dès l'organisation du nouveau cabinet : le choix fut accepté par le Roi et communiqué à la cour de Rome. « M. Leclercq, » disait M. d'Hoffschmidt, est, par ses antécédents, sa posi- » tion et son caractère, un des hommes les plus considé- » rables et les plus considérés du pays. Toutes les opi- » nions s'accordent à rendre hommage à sa modération » et à son caractère. Peu de noms sont entourés d'une » sympathie aussi marquée. » La dépêche qui contenait ce juste résumé de l'opinion publique fut placée sous les yeux du Saint-Père. Que se passa-t-il durant l'espace de temps qui s'écoula jusqu'à la communication de la réponse du Vatican ? On le présume : on ne connait ni les intrigues, ni les influences, ni les griefs exprès qui purent déterminer la réponse donnée par la cour de Rome et communiquée le 13 septembre au gouvernement belge : « Tout bien considéré, disait-on, il a été facile à Sa » Sainteté de décider que, dans les circonstances graves » où Elle se trouve, Elle ne pouvait en aucune manière » accepter comme ministre de la Belgique que des per- » sonnes qui auraient offert, par leurs antécédents, » beaucoup plus de garanties que celles qu'offre M. Le-

» clercq. » M. d'Hoffschmidt combattit ce refus vague et sans précision en rappelant que M. Leclercq était « un » homme religieux », et il fit connaître l'impossibilité de proposer au Roi la désignation d'un autre agent pour le poste de Rome. Les motifs du refus de Rome avaient-ils leur source dans cette ville même? Furent-ils transmis de Belgique à Rome? Quels ont été les griefs précis dirigés contre M. Leclercq? Bien des conjectures proposées, non affirmées, bien des suppositions formulées par M. Leclercq, du moins dans ses notes et dans ses conversations, resteront sans doute couvertes d'incertitude. On peut dire que ces manœuvres obscures, que rien ne justifiait, ont trompé la bonne foi du Saint-Père, ont caché le vrai caractère de M. Leclercq et ont pu dicter une exclusion qui provoqua dans la Belgique une sensation profonde et dans l'esprit du plénipotentiaire repoussé, autant de surprise que d'indignation.

L'attitude de M. Leclercq fut marquée par l'énergie et la dignité. Dix jours après le refus de le recevoir, le 23 septembre 1847, il adressa au ministre des Affaires étrangères une lettre, livrée depuis à la publicité, dans laquelle il déclarait décliner désormais, d'une manière absolue, la mission de Rome. Cette lettre est historique, elle est digne d'être conservée dans la notice de notre illustre confrère. Elle est assez longue et fut lue en son temps, par tout le monde au milieu du mouvement passionné de l'opinion; elle mérite d'être relue par ceux qui voudront se rappeler la vie de M. Leclercq.

« Monsieur le Ministre,

» Lorsqu'avec l'agrément du Roi vous m'offrites la

mission de Rome, je ne vis dans cette offre qu'une nouvelle occasion de servir mon pays et je m'empressai de l'accepter, sans supposer un instant que mon agréation de la part du Saint-Siége pût souffrir la moindre difficulté personnelle; aujourd'hui cette difficulté existe; le nonce apostolique vous a notifié *officiellement* que sa cour refusait d'agréer ma nomination et que ce refus était motivé sur ce que mes antécédents empêchaient qu'elle ne pût me recevoir avec plaisir; vous avez, il est vrai, demandé communication de la dépêche qui le chargeait de faire cette notification, et, sur son refus de vous la communiquer sans l'autorisation du Saint-Siége, vous avez résolu d'attendre, avant de prendre aucune mesure, que cette autorisation lui eût été accordée ou refusée. Mais quoi qu'il arrive à cet égard, le nonce ne vous en a pas moins fait *officiellement*, en sa qualité de nonce et au nom de la cour de Rome, la notification que je viens de rapporter, et à moins de dire que ce ministre vous en a imposé et qu'il est indigne de foi, force est de le croire; la communication demandée pourra bien vous faire connaitre quelques détails de plus, quelques termes plus textuels, mais elle ne vous apprendra rien de plus au fond, et il reste *officiellement* vrai que ma nomination n'est pas agréée, et cela par des motifs personnels, injurieux à mon caractère, et formellement énoncés sans que l'on se soit enquis auparavant, avec les formes convenables, de ce qu'il pouvait y avoir de vrai ou de faux dans ces motifs.

» Une pareille situation, vous l'avez reconnu, Monsieur le Ministre, me touche trop personnellement pour que je n'aie pas à m'en préoccuper directement et indépendamment des considérations politiques, si toutefois l'on peut jamais, même au point de vue d'une saine politique, faire abstraction de l'honneur de l'homme appelé à servir sa patrie, ce que, pour mon compte, je ne crois pas.

» J'ai, en conséquence, depuis notre entretien d'hier, sérieusement réfléchi au parti que j'avais à prendre et j'ai trouvé qu'il n'y en avait que deux : ou renoncer immédiatement à la mission que j'avais d'abord acceptée, tout en protestant hautement contre l'injure faite à mon caractère, ou attendre qu'après les explications à intervenir entre le Gouvernement belge et la cour de Rome, lorsque la communication demandée aura été accordée ou déclinée, ma personne se trouve justifiée de toute imputation et agréée par ce motif, ou simplement agréée par des considérations politiques ou d'égards pour le Roi, ou itérativement non agréée. Ce dernier parti, Monsieur le Ministre, je ne puis le prendre ; un homme qui se respecte, qui n'a jamais eu à se reprocher et à qui l'on n'a jamais eu à reprocher rien qui pût le rendre indigne d'être reçu partout, ne peut, sans se déshonorer, descendre à se justifier ou à se laisser justifier là où il ne doit aucun compte de ses actions ; il ne pourrait non plus, sans se déshonorer, après un refus de la nature de celui que l'on vous a notifié officiellement, accepter une agréation fondée sur des motifs étrangers à sa personne, ou s'exposer à un nouveau refus, plus injurieux encore que le premier, parce qu'il paraitrait plus réfléchi. Mon honneur, Monsieur le Ministre, est mon bien le plus précieux, il ne m'appartient pas à moi seul, il appartient non moins à mes enfants qu'à moi, et j'oserais ajouter que dès qu'il s'agit de servir ma patrie, il lui appartient également ; je ne ferai donc rien qui puisse y laisser porter la moindre atteinte, et, dès lors, il ne me reste plus qu'un seul parti à prendre, c'est de renoncer dès à présent, sans explication ultérieure avec la cour de Rome, à la mission que vous m'avez offerte de la part du Roi, et de protester hautement et de toutes les forces de mon âme contre ce que contient d'injurieux pour moi le refus qui vous a été notifié au nom de cette cour.

» C'est ce que je fais expressément par les présentes, tout en déclarant qu'il n'est aucun dévouement que mon pays ne pût réclamer de moi, et m'en rapportant au surplus, pour mon honneur, avec pleine confiance, au témoignage de ma conscience comme à celui de mes concitoyens, au milieu desquels s'est passée ma vie.

» Je n'ai pas besoin d'ajouter qu'en agissant comme je le fais, je n'entends nullement critiquer ni le Gouvernement, ni le Saint-Père. Le Gouvernement a demandé communication de la dépêche qui a autorisé le nonce à faire sa notification et à suspendre toute résolution jusqu'à ce qu'il eût reçu cette communication ou essuyé un refus; en adoptant cette marche, il a fait ce qu'il croyait commandé par la prudence, afin d'ôter jusqu'à l'ombre d'un prétexte à la malveillance de ses ennemis. Quant au Saint-Père, il a été indignement trompé par d'infâmes calomniateurs, et sa grande âme me comprendrait si elle pouvait lire ces lignes; j'eusse été heureux d'être le représentant du Roi des Belges auprès de Sa Sainteté, mais je serais indigne d'une pareille mission si j'avais pu hésiter à m'y refuser après ce qui vient de se passer.

» Recevez, Monsieur le Ministre, etc.

« LECLERCQ. »

Cette lettre fut suivie de négociations intimes auprès de son auteur : les ministres, les amis du cabinet, des hommes politiques éminents firent des démarches multiples pour faire revenir notre confrère sur sa décision ; on voit que celui-ci considérait son influence comme amoindrie, comme réduite en quelque sorte à rien par les termes mêmes du refus qui était venu le frapper ; il estimait comme absolument nécessaire le choix d'un homme resté intact, entier, à Rome même ; il considérait comme un devoir de ne plus se produire, de laisser toute liberté au gouvernement pour le choix d'un autre agent.

Tandis que toute cette agitation se produisait autour de M. Leclercq, la session des Chambres s'ouvrait le 9 novembre 1847. Le discours du trône parlait des difficultés, l'adresse répliquait, en termes précis : dans la discussion du paragraphe relatif à l'honorable procureur général il y avait un concert d'éloges, de regrets très vifs, un blâme sévère ; on avait eu tort de repousser un personnage si imposant, estimé, savant, religieux, modéré.

Le discours du trône disait : « Un incident est survenu » dans nos rapport avec la cour de Rome : des explica- » tions vous seront données sur ce fait qui a ému l'opi- » nion publique. » Le paragraphe de l'adresse, dont le projet avait été rédigé par M. Lebeau, répondait : « Malgré » notre désir de voir les meilleurs rapports régner entre » la Belgique et la cour de Rome, désir que rendent plus » vifs encore de grands événements qui tiennent en éveil » l'Europe attentive, nous reconnaissons que le gouver- » nement ne pouvait se dispenser de prendre la résolution » dont il vous a fait part, sans blesser les plus légitimes » susceptibilités d'une nation indépendante. »

La discussion fut longue et vive : après les explications détaillées de M. d'Hoffschmidt, MM. De Decker, Malou, Vilain XIIII, de Haerne, prirent plusieurs fois la parole, d'accord avec MM. Lebeau, Lehon, Rogier; les expressions de M. De Decker, énergiques, souvent reproduites, donnent la note du débat; elles sont ainsi conçues, elles ne sont pas équivoques, elles ont été confirmées par un vote unanime :

« Je dois reconnaître qu'il était impossible de trouver,
» dans toute l'opinion libérale, j'allais presque dire dans
» toute la Belgique, un homme plus respectable et plus
» considérable que M. Leclercq (adhésion unanime). »
La discussion de la Chambre mérite d'être relue au profit de l'homme si grossièrement méconnu, si triomphalement réhabilité. Il fut réhabilité plus complètement encore : on reconnut à Rome même que l'on y avait agi avec précipitation au préjudice d'une sommité belge : une satisfaction complète lui fut offerte en même temps qu'au gouvernement armé du vote de la Chambre : le cardinal ministre fit connaître, le 27 mars 1848, « que le Saint-Père
» verrait avec beaucoup de plaisir M. Leclercq à Rome,
» comme représentant de la Belgique ; que c'était une
» agréation pure et simple et sans commentaire comme
» on l'avait demandée; que c'était la meilleure solution
» d'un incident qui n'avait été causé que par un malen-
» tendu ». Ce malentendu, qui l'avait causé? quelles misérables haines, quelles audacieuses faussetés il suppose? M. Leclercq n'a jamais, je pense, connu la vraie source de cette insulte, suscitée contre un homme irréprochable; il avait pu faire des suppositions, il indiquait les ténèbres où l'intrigue avait pu être ourdie, mais ce

qui l'avait touché, c'était cette sorte de couronne civique que lui décernaient, dans un concert, l'opinion, la presse, la Chambre, l'applaudissement public. Il se contentait, disait-il, des témoignages éclatants qu'il venait de recueillir et qui le dispensaient de chercher d'autres réparations que celles qui venaient de lui être prodiguées de toutes parts. Le Vatican l'avait reconnu digne, capable, orthodoxe, inattaquable; le Vatican avait clos le débat : *causa finita;* personne à Rome, même de nos jours, n'est plus autorisé, comme on l'a fait encore tout récemment dans un coin de la presse belge, à rien retrancher, par des soupçons ou par des insinuations, de la réparation consacrée en 1848 et dont l'éclat ne saurait plus jamais être terni.

Ainsi, dans ces deux notables incidents de 1841 et de 1847, M. Leclercq a joué un grand rôle. D'une part, attaqué par le Sénat en dépit d'un vote de confiance de la Chambre, le ministère dont il faisait partie fut vigoureusement défendu par lui. D'autre part, il se signala par une noble fermeté et avec un sentiment de haute convenance. Dans les questions de dignité, il ne faiblissait pas; il savait porter et défendre son pouvoir. Il n'a pas transigé : il n'a plus voulu rentrer, en 1841, dans un ministère; il n'a plus voulu s'aventurer à Rome. Aux deux époques il fut méconnu, et jamais, depuis 1847, il ne voulut s'éloigner du parquet qu'il honora par le talent et par le caractère; homme juste, il ne s'est plus exposé à de retentissantes aventures, et il s'est refusé à reprendre la politique où il s'était trouvé mêlé par la force même de ses aptitudes. Il avait eu raison d'écrire à son père en 1817, par une sorte de prévision, que « l'on ne remporte souvent que des coups de la politique ». Si M. Leclercq refusa d'accepter des portefeuilles, il montra bien qu'il ne chercha point à entraver des combinaisons ministérielles : en 1852, le ministère de Brouckere fut formé et M. Leclercq refusa d'y entrer; il fut alors question de m'offrir le portefeuille de la justice, mais je voulais réserver mon poste d'avocat général à la Cour de cassation. M. Leclercq, d'accord avec mon honorable collègue M. Delebecque, consentit à faire mon service au parquet pendant mon absence. Cela dura deux ans et demi, et jamais mon laborieux chef ne s'est plaint du surcroît de travail qu'il avait accepté et qu'il partagea avec M. Delebecque. Je tiens à consigner ici, pour ces deux chers et regrettés défunts, l'expression de ma gratitude.

IX. Les présidences.

Toujours actif, Mathieu Leclercq a exercé plusieurs présidences importantes. De 1849 à 1880, il a dirigé les travaux du Conseil de perfectionnement de l'enseignement supérieur; de 1854 à 1880 il a dirigé ceux de la Commission des examens diplomatiques, et de 1846 à 1881 ceux de la Commission pour la publication des anciennes lois et ordonnances. A diverses reprises, il présida la Classe des lettres de l'Académie et l'Académie elle-même. Il fut placé, en 1853, à la tête d'une commission chargée de préparer un projet de loi sur l'organisation judiciaire et, en 1855, d'une commission qui devait s'occuper d'un nouveau code de commerce. Il fit partie, en 1859, d'une commission chargée de la publication des *Annales universitaires*, qui ont cessé de paraître. Je l'ai vu, comme collègue, exerçant bien des fois sa présidence : il se trouvait appelé à régler des discussions toujours importantes et auxquelles prenaient part des hommes habiles, distingués, qu'il fallait ménager et dont, d'ailleurs, il fallait se montrer au moins l'égal. Je puis dire, avec certitude, qu'on ne pouvait y mettre plus de dignité, de politesse, de fermeté, d'ordre et de précision : il était un président modèle, maintenant la marche de la discussion, ramenant rigoureusement à la question, posant nettement le vote sans mots inutiles et sans équivoque, clôturant bien le débat. On découvrait l'homme qui avait étudié à fond les matières proposées, qui les avait comprises, qui pouvait en remontrer aux plus habiles de ses collègues. Les discussions du Conseil de l'enseignement supérieur ont offert parfois autant d'intérêt que de complications ; les procès-verbaux ont été reproduits dans les rapports triennaux officiels : en parcourant ces documents on peut apprécier les difficultés de la présidence au milieu d'hommes éminents, impatients d'un joug quelconque. Les Commissions d'organisation judiciaire et de Code de commerce devaient assurer sa prépondérance. Au jury diplomatique il a toujours pris sa part dans les matières de droit et d'histoire aux interrogations des récipiendaires. Il a coopéré, en éditant les *Coutumes du Luxembourg et du comté de Chiny*, à la publication confiée à la Commission des anciennes lois et ordonnances. En résumé, toutes ces présidences lui ont permis de déployer des qualités de précision, de fermeté, de méthode qu'on trouverait rarement chez d'autres, et qu'il a constamment montrées sans déviation et avec une politesse à la fois de bon goût et un peu sévère. Il est toujours resté maitre de son fauteuil et de son influence.

X. Religion. Philosophie.

Mathieu Leclercq a toujours été d'un spiritualisme pur et ardent. Il a résumé ses pensées et ses convictions dans les derniers temps de sa vie où la retraite favorisait ses méditations. Il a laissé un manuscrit plein de chaleur et d'originalité. Sans y établir un corps complet de philosophie chrétienne, il s'y livre à une sorte de lyrisme inspiré par la conviction et l'enthousiasme. Pratiquant catholique, imbu des dogmes, gardant des convictions hautement chrétiennes, les appliquant à la contemplation de Dieu, au culte, à tous les devoirs de la vie, conduisant sa philosophie à toutes ses conséquences, aux vertus sociales, à l'amour du prochain, à la charité, aux actes de l'existence, au mariage, à la famille, à l'éducation des enfants, au règlement de la maison, à l'amour du pays, au gouvernement de la cité. Il faut, dit-il, adorer Dieu en esprit et en vérité, le trouver partout agissant, conduisant au bien moral dans l'homme, dans la famille, dans la société; toute la doctrine, dans ce vaste domaine, est appuyée sur d'ardentes convictions. Je ne puis entrer ici dans le détail; je marque les points indiqués, compris dans un ensemble de maximes fortes et nettes. En relisant son écrit, en se rappelant ses conversations, en contemplant sa vie si conforme à ses convictions, on est tenté d'appliquer à cet homme juste et vertueux ce mot de Sénèque : *inter bonos viros ac Deum amicitia est, conciliante virtute*. Cette belle pensée me frappe ici par sa justesse et par sa sublime familiarité, si l'on peut parler ainsi : elle rappelle toutes ces fermes convictions, toutes ces méditations, tous ces exercices sur soi-même, dont il profitait avant de les conseiller aux autres ; on s'explique une sévérité de principes et une austérité de mœurs qui forment le trait saillant de son caractère : il est l'exemple remarquable de ce que peut une volonté forte, exercée et droite, au service d'un jugement supérieur.

Sa rigueur de convictions s'alliait en lui à une tolérance indulgente, à un patriotisme libéral. Il était large et modéré, il repoussait vivement les abus de raisonnement, les excès de conduite ; il aimait mieux expliquer les erreurs que les condamner sans merci. Durant les dernières années de sa vie, dans les éternelles ténèbres d'une cécité complète qui l'avait frappé en 1882 (1), il a eu de noires tristesses, d'invincibles mélancolies, il a dû subir de cruels moments, repasser dans sa mémoire ses fréquents malheurs de mari et de père ; ses lumineuses méditations dans son inexorable nuit ont dû purifier l'atmosphère religieuse où il respirait, où il a pu jouir de son « amitié avec Dieu », selon le mot de Sénèque, et y fortifier, encore au terme d'une longue existence sans déviation, la rigueur de ses convictions. Cette rigueur ne fléchissait pas ; il était, il voulait être juste en tout. C'est bien lui qui aurait pu invoquer, qui avait le droit d'invoquer la célèbre et noble règle du droit romain :

(1) Il eut toujours la vue faible : dans son enfance il avait reçu un coup de canif qui lui avait fait perdre l'usage d'un œil.

Non omne quod licet honestum est (1). Cette loi de vertu a régi à travers le monde les honnêtes gens. Les juristes, comme les apôtres, l'ont enseignée : *honestum est quod bonum, rectum et decorum est,* dit l'un d'eux. *Decorum,* l'ornement de l'homme juste, la splendeur de sa conscience. Je le dis avec certitude, Leclercq avait fait entrer dans son évangile la maxime de saint Paul : *omnia mihi licent, sid non expediunt.* Il ne transigeait pas sur la loi, sur le devoir, sur la correction même : il semblait avoir enfermé sa conscience au fond d'une forteresse imprenable où elle demeurait dans sa plénitude et dans sa force d'action. Son esprit, accoutumé à des méditations profondes et constantes, avait des saillies pleines de finesse, de bonté et d'indulgence; et tout le monde savait que cet homme un peu solennel, ce nonagénaire résigné à son malheur était profondément croyant et sévèrement vertueux. Homme heureux devant l'opinion, homme influent dans les hautes affaires, homme-médaille devant la postérité et que la religion revendique comme un exemple.

XI. Discours. Études. Publications.

Les débuts de Leclercq dans la publicité eurent lieu au Congrès national, où il arrivait avec toutes les idées du patriotisme inspiré par une révolution rapide sans violence, décisive par son unanimité, répondant à d'inexorables nécessités. Il avait 34 ans en 1830; on peut s'assurer par sa correspondance avec son père que ses idées étaient

(1) Voy. *Dig. de Reg. Juris.*, 144, 197.

vraiment belges, qu'il connaissait les griefs, leur portée et les motifs de la révolution; il comprenait ce qu'il y avait de démocratique, de populaire, dans ce mouvement qui parcourait comme une traînée de poudre toutes nos provinces. Leclercq se trouvait très actif au Congrès, il a pu en connaitre l'esprit, en comprendre et en expliquer les votes.

On peut dire aujourd'hui avec sûreté que les votes du Congrès ont une signification historique certaine : leur unanimité prouve la sagesse de cette assemblée pleine d'élan, de prévoyance, d'intelligence, de résolution; elle prouve la vérité des griefs et leur gravité, le haut degré de l'éducation civique de ces deux cents patriotes, en général jeunes, armés d'autant d'ardeur que de raison, ayant la puissance de la fermeté en même temps que la puissance de l'ordre : ces votes nombreux et vigoureux sont la leçon de l'histoire, sont la leçon morale interprétant la leçon politique, sont la vérité défendant la révolution et le Congrès même; on ne pouvait en 1830 faire autrement que celui-ci. L'assemblée représentait la nation levée tout entière, placée au niveau de la condition qu'elle voulait s'assurer; les Belges avaient ce que de Tocqueville dit admirablement quelque part « le mal de la dépendance », de cette dépendance séculaire et forcée que le peuple belge brisa avec une résolution invincible et devant laquelle céda toute opposition; il n'y eut jamais au Congrès « cette guerre civile qui surgit parfois dans les assemblées révolutionnaires ou orageuses. » Les discussions violentes, j'aime à le rappeler, surgirent non pas précisément durant l'œuvre de constitution intérieure, mais lorsque les faits politiques de l'extérieur venaient menacer le développement de la révolution ou gâter les conditions internationales de notre existence. — Ce Congrès dont Leclercq a si bien rappelé LA VIE, en 1879 (1), a gardé la reconnaissante admiration des Belges, et les cinq constituants survivants, à l'heure où j'écris, vénérables nonagénaires (2), demeurent sous nos yeux, couronnés à la fois du laurier civique et de la sympathie populaire.

Leclercq ne fut pas le moins actif de ces jeunes et ardents patriotes de 1830; imbu de l'esprit liégeois, dont les historiens ont défini la trempe vigoureuse, il a, dès le début, prononcé des discours fondamentaux, puissamment raisonnés, savamment motivés : je les ai relus, peut-être les ai-je entendus en 1830 au Palais de la Nation : j'en apprécie la solidité, l'accent, la fermeté. A peine assis sur les bancs de l'assemblée, coup sur coup, après l'installation du 10 novembre, dès le 18, l'indépendance de la Belgique est consacrée à l'unanimité de 188 membres présents; le 22, la monarchie constitutionnelle est votée à l'unanimité moins 13 voix sur 174; le 24, l'exclusion des Nassau est décrétée par 161 voix contre 28. Ces votes à jamais mémorables sont proclamés au milieu d'une situation politique menaçante, avec une fermeté à la fois calme et enthousiaste, si l'on peut unir ces deux mots.

A. *Discours sur la monarchie.* — Dans son discours sur la monarchie, Leclercq semble être, au début,

(1) Voy plus loin.

(2) Je pense que les cinq survivants du Congrès sont, en décembre 1889 : M. de Brouckere, ministre d'État, M. le chanoine de Haerne, MM. Cartuyvels, Henry et Jacques.

hostile à l'hérédité et prendre pour idéal les États-Unis ; dans ses considérations étudiées, il ne dissimule pas les abus, les dangers de la monarchie : mais « les vices de la monarchie, dit-il, perdent leur effet » par les nombreuses garanties dont la société peut se » prémunir contre elle. » Les enseignements de la raison et de l'histoire devaient faire abandonner — non sans un profond regret, continuait-il — les plus flatteuses images de la République américaine, mais pour y arriver prudemment, il fallait poursuivre le perfectionnement politique de la Belgique de 1830 ; ses traditions historiques, ses idées de liberté et d'ordre s'unissent au principe de l'hérédité, répudient celui d'un chef périodiquement élu. Il considère ensuite sa thèse au point de vue de la nature de l'homme en général, au point de vue de la Belgique à l'intérieur et de sa situation extérieure. On reconnait ici la précision méthodique de Leclercq, son désir d'examiner toutes les faces de la question qu'il traite, de résumer sa conclusion en l'affermissant. Nos institutions, nos garanties, notre organisation des pouvoirs, des tribunaux, des provinces et des communes, nos libertés assurées, notre publicité éclatant partout, la responsabilité ministérielle, la presse affranchie, tout cela remplace la république, tout cela nous conduira sans secousse à l'état républicain quand la nécessité s'en fera sentir....... Il y avait là un mirage trompeur, signalé sans doute pour calmer l'ardeur des républicains bruyants au Congrès, mais dont on ne connaissait pas encore le petit nombre (13). Il serait curieux de leur demander aujourd'hui leur avis sur notre vigoureuse monarchie et sur les avantages alors séduisants de la constitution américaine.

Cette courte analyse fait assez voir la pensée toute démocratique de Leclercq, pensée d'ailleurs répandue parmi tout le Congrès et dont l'expression n'a pas manqué dans ses délibérations, à commencer par Pélichy Van Huerne, qui adoptait ce qu'il appelait, dès le 19 novembre, « une république monarchique ». Telle était le sentiment de Leclercq qui finissait noblement et sagement son discours par ces vives paroles résumant sa pensée : « Pour moi, Messieurs, j'aime la liberté : sans » elle, à mes yeux, il n'y a point de bonheur assuré en » ce monde ; mais je ne la place pas dans une seule » espèce d'institutions : plusieurs peuvent la garantir, » et je ne choisirai pas celle qui ferait peser sur ma » tête la responsabilité d'une guerre dont la suite serait » peut-être l'anéantissement de ma patrie et du nom de » Belge » (1). Il prononçait ces paroles le 19 novembre 1830. La veille il avait, avec l'unanimité des 188 membres, proclamé l'indépendance de la Belgique ; le 24 novembre il faisait partie de la majorité des 161 votants qui décidèrent l'exclusion des Nassau.

B. *Discours contre le Sénat.* — Le 15 décembre (2) il prenait sa large part dans la discussion sur le Sénat et se prononçait pour une seule Chambre. Ce système, qui ne recueillit que 66 voix sur 188, était développé par l'orateur avec une conviction ferme et un grand effort de raisonnement; mais la thèse en elle-même, suivant moi, était fausse; la théorie des deux Chambres a triomphé depuis 1830; l'expérience de 1791, celle de 1848, n'ont pu

(1) Voy. Van Overloop, p. 102.
(2) Voy. Van Overloop, pp. 383, 514.

que fortifier cette théorie que je n'entends pas discuter ici. Ce qui m'intéresse, c'est d'exposer la pensée de notre vigoureux confrère.

Il entre en matière par une large étude des divers pouvoirs, fondée sur leur nature propre et nécessaire; il insiste sur le pouvoir législatif, sur son organisation nécessaire, sur les dangers de conflits des deux branches qui le composait; il n'y a plus, dit-il, qu'une classe dans la société fondée sur l'égalité: la classe moyenne. Cette classe est celle de l'instruction et du travail; il veut donc une seule Chambre sagement organisée, représentant les divers intérêts de la nation, agissant vis-à-vis de la royauté couverte par la responsabilité ministérielle. Il écarte l'argument des partisans des deux Chambres fondé sur la nécessité d'endiguer en quelque sorte le torrent démocratique; « ce torrent, s'écriait-il, n'est que dans l'imagination de ceux qui en parlent »; il soutenait la complète inutilité d'une Chambre haute et s'efforçait d'en signaler même les dangers, qui pouvaient résulter des rivalités entre les deux assemblées : de plus, l'existence du Sénat tendait à faire renaître l'inégalité contre la tendance du siècle; il veut repousser de toutes ses forces une institution si dangereuse. — Ce discours est inspiré par ces idées démocratiques qui avaient pénétré dans le Congrès et qui s'étaient signalées lorsqu'on avait fondé la monarchie parlementaire. Après une des plus mémorables discussions du Congrès, le Sénat fut adopté le 15 décembre 1830, par 128 voix contre 62. Se soumettant au vote de la majorité, agissant avec sa logique d'ordre, Leclercq vota les mesures d'organisation du Sénat même, tâchant de le rendre le plus populaire et le plus utile au pays.

XII. Le cinquantième anniversaire (1880).

Le cinquantième anniversaire nous a valu deux discours de M. Leclercq, qui resteront célèbres : l'un académique, prononcé à la séance publique du 7 mai 1879 : « la Vie et l'œuvre du Congrès national » ; — l'autre politique : « l'Allocution des survivants du Congrès aux Chambres », le 16 août 1880. — La Vie et l'œuvre du Congrès est un chef-d'œuvre de méditation, de narration et de doctrine. L'auteur commence par rappeler les trois grands actes qui constituent en quelque sorte la prise de possession de la nation belge après la révolution : la proclamation d'indépendance, l'exclusion des Nassau, la fondation de la monarchie; dès lors la Belgique vivait et marquait sa personnalité en Europe en la rassurant. Les projets de constitution furent examinés, discutés au milieu d'incidents politiques et avec une rapidité savante et progressive. M. Leclercq divise les discussions de l'assemblée en trois parties : les droits largement consacrés, les pouvoirs savamment balancés, les moyens d'action, finances et force publique, fortement organisés. Les prérogatives de la couronne, la puissance électorale répandue partout, la justice fermement établie, armée de son indépendance, exerçant une autorité universelle et active, et, pour finir, l'établissement de la dynastie royale et la liberté de la presse, consécration de la publicité universelle sous la protection du jury. Cet exposé offre, en courant, des vues philosophiques et larges de croyance et de tolérance, des vues politiques sur les quatre grandes libertés, des vues organiques sur la division des pouvoirs : le Congrès, dit-il, ne consulte que le droit dans la juste mesure qui en éloigne l'abus.... Ce cachet particulier de l'esprit du Congrès, cette largeur de vue dans la proclamation des vérités fondamentales du droit en Belgique, cette précision avec laquelle il en fixe les bornes, se retrouvent dans les dispositions qui tracent partout les limites. Plus loin, parlant de sa dissolution du Congrès, notre confrère termine ainsi son patriotique et savant discours : « Le » Congrés, dit-il, laissa à la postérité les plus grands » exemples du patriotisme et de l'activité laborieuse, de » l'énergie et de la prudence, l'exemple du respect le plus » scrupuleux du droit, et, ce qu'on ne peut trop rappeler, » parce que là est et sera toujours le salut des nations, » l'exemple de l'union de tous dans un même but supé- » rieur aux partis, l'exemple des égards mutuels, malgré » les dissidences d'opinions qui les engendrent et qui, » en définitive, ont une source commune, le bien public » diversement apprécié. » M. Leclercq avait été ici l'organe de l'Académie ; il recueillit de vifs applaudissements; ce discours ne fut pas assez répandu, connu, apprécié; c'est une admirable description. en une cinquantaine de pages, d'une œuvre prodigieuse par sa sagesse, son ampleur, sa solidité ; qui lira ce noble discours connaitra, dans son essence philosophique et dans ses dispositions nettes et concises, notre Constitution qui consacre, je l'ai dit, le plus vaste ensemble de libertés et de garanties qui soit organisé dans le monde.

Quelques mois après avoir produit cette magistrale page de nos annale, M. Leclercq, doyen survivant des fondateurs du pays, fut appelé, le 16 août 1880, à 85 ans, à servir d'organe à ses vénérables collègues, réunis en petit nombre, hélas! au sein des Chambres. Il est difficile de parler avec plus d'éloquence, de sensibilité, de patriotisme : sa courte allocution a toute la vigueur de la jeunesse, le lyrisme de l'inspiration; l'effet en fut prodigieux, la publicité universelle, l'applaudissement enthousiaste, et ce dernier acte d'une longue vie passée dans les hauteurs de la philosophie et de l'État est le couronnement magnifique d'une noble vieillesse. L'intégrité reconnue d'un homme supérieur rendait tout-puissant l'enseignement de son éloquence lorsqu'il expliquait « les principes fondamentaux proclamés par le Congrès national ». Nous reproduisons ses paroles, avec la réponse pleine de sensibilité et d'une heureuse expression, de M. Guillery, président de la Chambre.

Séance solennelle des deux Chambres législatives et de leurs anciens membres, réunis en assemblée générale.

M. Leclercq, membre du Congrès national, se lève et, après avoir demandé la parole, prononce le discours suivant :

« MESSIEURS,

» Nous vous remercions du plus profond du cœur de votre bienveillant accueil. Je n'ai pas besoin de vous dire combien nous sommes touchés des paroles qui viennent de nous être adressées en votre nom. Nous y sommes sensibles, non seulement pour nous-mêmes, mais aussi, et surtout, à cause des grands souvenirs qu'elles rappellent et qui planent aujourd'hui sur la Belgique comme l'écho des sentiments patriotiques qui font battre tous les cœurs. (*Applaudissements prolongés.*)

» Puissent ces souvenirs, dans lesquels a sa place marquée l'illustre assemblée dont nous sommes les derniers restes vivants, puissent ces souvenirs se perpétuer avec l'indépendance de notre chère patrie, dont ils sont inséparables!

» Vous êtes, Messieurs, les continuateurs non moins que les gardiens de l'œuvre de cette assemblée.

» Certes, les temps changent et avec eux les idées; mais les principes fondamentaux proclamés par le Congrès national ne changent pas; ils sont la vérité, et la vérité est immuable. (*Applaudissements, acclamations unanimes et prolongées.*)

» Vous continuerez à développer cette œuvre, comme l'ont fait vos prédécesseurs, et vous après eux, dans cet esprit de sagesse qui répond si bien au caractère et aux mœurs du peuple belge et sur lequel j'appelle les bénédictions du ciel. (*Vifs applaudissements.*)

» Nous sommes heureux de nous joindre à vous pour aller célébrer le cinquantième anniversaire de notre existence nationale indépendante. en acclamant avec le pays tout entier les grands souvenirs qui s'y rattachent, et parmi eux, avant tout, nos libertés constitutionnelles, sauvegarde de tous les droits et de tous les intérêts; notre monarchie constitutionnelle, symbole de notre indépendance et de nos libertés, enfin nos rois Léopold Ier et Léopold II, qui, de concert avec la nation et ses représentants, les ont conservées intactes. (*Applaudissements enthousiastes.*)

» En répondant, Messieurs, comme je le fais à vos paroles de bienvenue, je crois être le fidèle interprète des sentiments de mes anciens collègues absents, comme je suis sûr de l'être des sentiments de mes collègues ici présents. Je me permets d'ajouter : l'interprète des sentiments de nos anciens collègues qui ont quitté cette terre et dont, sans doute, il vous plait qu'en ce jour solennel j'évoque la mémoire pour leur rendre le tribut d'hommages qui leur est dû. »

Réponse de M. Guillery :

« Je ne répondrai pas au discours qui vient d'être prononcé au nom des membres du Congrès; il n'y a pas, dans la langue, d'expression pour rendre notre émotion. Ce discours restera imprimé dans nos annales comme les sentiments qu'il exprime resteront gravés dans nos cœurs. (*Applaudissements unanimes et prolongés.*)

» Messieurs, nous avons terminé cette séance solennelle, qui laissera dans le pays de grands souvenirs. »

XIII. A l'Académie.

Comme membre de l'Académie, où il était entré en 1847, M. Leclercq présenta, le 11 octobre 1852 et le 9 février 1857, à la Classe des lettres, une étude en deux parties sur le pouvoir judiciaire, intitulée: *Un chapitre du droit constitutionnel des Belges*. Ce travail est remarquable; il n'est pas assez connu, il est resté enfermé dans les volumes in-4° de la collection des mémoires qui sont dans un petit nombre de bibliothèques. Appréciant la valeur de cette œuvre topique, convaincu de l'importance d'une publicité qui lui a manqué, M. le procureur-général Mesdach de ter Kiele a désiré le faire réimprimer dans la *Belgique Judiciaire* (1), et le faire ainsi pénétrer dans le cabinet des hommes de loi. C'est une bonne fortune, car on retrouve dans cet ouvrage toutes les qualités de son savant auteur. Dans la première partie : « nature, étendue, limites », M. Leclercq remonte à ce qu'il appelle constamment la nature des choses, c'est-à-dire l'essence même, en indiquant l'étendue, en marquant la limite; dans la seconde partie : « l'organisation », c'est-à-dire les dispositions mêmes de la Constitution et les institutions qui assurent l'action des divers tribunaux et le jeu des diverses compétences. Il avait une prédilection marquée pour le pouvoir judiciaire, dont il était l'ornement et le soutien; souvent il en a montré la puissance constitutionnelle et l'immense autorité; ce travail est presque le seul qu'il ait consacré directement à la Constitution même, et l'on doit le regretter; s'il avait pris en œuvre tous les titres de notre Constitution, il eût élevé un monument sans second de doctrine à la fois et d'application, et nous aurions un commentaire lumineux, comme source et comme pratique, rédigé par un des auteurs les plus actifs et les plus éclairés de notre pacte fondamental. Un travail de cette vaste utilité nous manque et, sans doute, les travaux du parquet auxquels notre confrère employait sa précieuse activité l'ont empêché de multiplier ses études constitutionnelles. On peut affirmer, du reste, lorsqu'on connait l'ensemble de ses conclusions ordinaires, et surtout celles en chambres réunies et celles dans l'intérêt de la loi, qu'on y retrouverait d'autres chapitres offrant même profondeur, même science, même admiration pour l'œuvre du Congrès.

(1) Voy. *Belg. jud*, 1889, nos 80, 81, 82.

C'est en contemplant dans ce mémoire notre pouvoir judiciaire, que l'on peut se rendre compte de sa vaste étendue. Son organisation le rend indépendant, inaccessible aux influences et à la crainte, inattaquable dans son action, l'égal des autres pouvoirs constitutionnels, assurant partout la justice, comprenant tous les intérêts civils et politiques, voyant, depuis un demi-siècle et en vertu d'une confiance toujours plus marquée, s'étendre sa puissance, ayant recueilli, — en quelque sorte refuge universel, — tous les intérêts qui concernent le civil, le politique, le financier, le militaire, le pénal, l'électoral, le constitutionnel : tout lui revient; il est le réparateur universel, la garantie suprême, la force active de la Constitution même par un organe souverain, la Cour de cassation, qui est incorporée à la Constitution même par sa juridiction sur la responsabilité des ministres que la Chambre lui dénonce, qu'elle amnistie ou condamne souverainement. Tous les principes, toutes les dispositions, toutes les définitions sont exposées et expliquées par M. Leclercq dans le détail le plus méthodique; toutes les juridictions, depuis le juge de paix, depuis le Conseil de discipline jusqu'à la Cour militaire, la Cour des comptes, la Cour de cassation, tout y est mis à son rang, dans son action, dans sa nature, dans sa hiérarchie, et tandis que le juge de paix, en vertu de son utile compétence, condamne à 5 francs d'amende, la Cour de cassation assure la juste interprétation des lois, l'un aussi nécessaire dans ses humbles sentences que l'autre dans ses arrêts souverains et quasi législatifs.

Je ne me livrerai pas à une analyse plus détaillée

de : *Un chapitre sur le droit constitutionnel des Belges.* L'ouvrage est concis en raison de son importance et du nombre de renseignements; il n'a point paru dans la vaste publicité où il aurait dû être répandu dès l'origine: l'auteur, toujours modeste, l'a maintenu parmi quelques amis et confrères. Qu'il me soit permis de reproduire ici les lignes superbes qui terminent son œuvre et qui marquent encore une fois la pure et religieuse essence de toutes choses, qu'il retrouvait dans ses études et qu'il indiquait fidèlement dans ses enseignements :

« Les Constitutions seront toujours vaines et impuis-
» santes, si elles ne sont dominées par une loi supérieure
» ayant son principe dans la lumière qui éclaire tout
» homme venant dans ce monde et sa sanction dans la
» sagesse infinie qui gouverne toutes choses. Cette loi
» supérieure est la loi du devoir, de l'abnégation et des
» sacrifices que le devoir commande. Hors d'elle il n'y a
» ni liberté, ni perfectionnement, ni ordre durables;
» toute Constitution tire d'elle sa force première; avec
» elle seulement elle peut fonder une magistrature qui
» réponde à sa grande mission, parce qu'avec elle seule-
» ment elle peut engendrer les vertus qui placent le
» magistrat au-dessus de tous les sacrifices, de tous les
» entraînements et de toutes les faiblesses, et font de
» lui, par la méditation et l'étude de chaque jour, la
» voix vivante du droit, de cette science justement définie
» par les anciens dans son vaste ensemble : *divinarum*
» *atque humanarum rerum notitia, justi atque injusti*
» *scientia.* » — Et, dans une note montrant l'immense idée qu'il se fait du droit, il ajoute : « Le droit touche à
» toutes les sciences historiques, morales et politiques,

» à tous les besoins, à tous les travaux de l'homme; » il embrasse toutes les parties de l'existence, soit indi- » viduelle, soit sociale. » — Associons-nous tous à cette noble conception du droit, de la justice, et qu'il me soit permis de reproduire, pour la fortifier, ces lignes si nettes et si vigoureuses de Victor Cousin : « La justice est iden- » tique à la religion; le droit civil, le droit politique, le » droit des gens, ne sont que divers chapitres de la loi » divine, et mieux un peuple les interprète et les pratique, » plus il est religieux : tout acte de vertu est un hymne » et tout ami de la justice et de la vérité est un adora- » teur de Dieu » (1). Je me plais, je l'avoue, à recueillir, à conseiller cette haute et pure morale : plus elle paraîtra élevée et certaine, plus elle fera apprécier le magistrat illustre, notre confrère qui, en la formulant vigoureu- sement, la rappelait à ses contemporains. C'est lui qui aurait pu inscrire au seuil de son existence les mots de Cicéron : *justitia in quâ splendor est maximus*. Il a vécu dans cette splendeur et s'y est retiré en nous quittant, à 93 ans, respecté et populaire.

XIV. Question du flamand.

Une autre étude académique, datant de 1864, porte sur l'usage des langues parlées en Belgique (2). — Comme toujours, en présence de certains débats judiciaires qui firent quelque bruit, M. Leclercq, voulant produire ses

(1) COUSIN, *Plan de philosophie*.

(2) Insérée dans la *Belg. jud*, 1864, p. 578, et *Bulletins de l'Académie*, 1864.

appréciations, posa ainsi la question : « Quel est le droit, » quant à l'usage des langues, dans les rapports de » l'autorité et de l'administration publique avec les » citoyens et réciproquement? » Par des considérations étendues et fortement raisonnées, le savant procureur général arrive à une conclusion ainsi formulée qui est, selon lui, le commentaire de la règle constitutionnelle de l'emploi facultatif des langues usitées en Belgique : 1° le Belge ne peut subir, à raison de sa langue, aucune exclusion dans une partie quelconque de la Belgique; 2° la langue comprise tout à la fois par deux ou plusieurs Belges fonctionnaires publics, ou par le Belge fonctionnaire public et le Belge simple particulier, doit être employée dans leurs relations; 3° à défaut d'une langue commune, un interprète doit leur servir d'intermédiaire aux frais du Trésor public; 4° à défaut d'une langue commune dans un jury, la composition doit être ramenée à la langue de la majorité; 5° l'avocat est tenu de plaider dans la langue comprise par le jury, comme dans celle comprise par les magistrats; 6° une langue unique doit être employée dans l'armée. — « Tel est le droit en cette matière, dit notre confrère; il dérive de la nature des choses et de l'existence de la patrie belge. »

La difficile question examinée par M. Leclercq avait été discutée par le savant Albéric Allard, en janvier 1864, à la suite d'un arrêt longuement motivé de la Cour d'appel
Bruxelles (1). M. le baron Kervyn de Lettenhove
rigea, contre son confrère Leclercq, une courte réfu-

(1) 31 octobre 1863, suivi d'observations de M Allard. (*Belg. jud.* 1864, p. 81.)

tation (1). - Depuis lors, diverses lois, que tout le monde connait, se sont attachées à régler les graves difficultés que soulève l'article 23 de la Constitution dans ses applications variées : tous les principes ne sont pas complètement réglés, toutes les prétentions complètement satisfaites, toutes les thèses complètement établies. Je n'ai pas à proposer ici une formule heureuse non encore trouvée; je me borne à signaler cette étude de l'article 23 de la Constitution qui prouve une fois de plus avec quelle force de raisonnement le savant magistrat préparait ses solutions.

XV. Pouvoirs de la Cour de cassation.

J'ai peut-être eu tort de dire que M. Leclercq ne s'était directement occupé de la Constitution qu'en traitant du pouvoir judiciaire : nous venons de voir, en effet, qu'il a étudié l'article 23; nous allons le voir étudier avec développement et profondeur l'article 95, qui institue la Cour de cassation et déclarer qu'elle ne connait pas « du fond des affaires » (2). — Il s'agissait de donner au Gouvernement un avis sur le meilleur système pour régler les effets des secondes cassations prononcées par les Chambres réunies. Ce travail, aussi profondément étudié qu'habilement exposé, proposait le projet qui est devenu la loi du 7 juillet 1865, laquelle a remplacé les articles 23. 24 et 25 de la loi organique du 4 août 1832 : cette loi impose comme chose jugée en droit, au second tribunal de

(1) *Belg. jud.*, 1864, p. 785.
(2) Voy. la *Belg. jud.*, 1856, p. 1409.

renvoi, la décision des Chambres réunies de la Cour de cassation. Le rapport de M. Leclercq sert d'exposé des motifs à la loi; il est tout historique, il développe et discute les diverses lois qui ont régi la matière en France, en Hollande, en Belgique. Les considérations pratiques, essentiellement dictées par une longue expérience, sont nombreuses et décisives. Pour définir et limiter les attributions de la Cour de cassation, dans le sens de l'article 95 de la Constitution, il se livre à une merveilleuse interprétation du mot *fond des affaires* dont se sert cet article. Le savant procureur général recherche l'histoire et la juste signification, les sources lointaines et les raisons vraies de ce que la Constitution a appelé le *fond des affaires*. C'est une des questions les plus difficiles que l'on rencontre en droit public judiciaire, et, en cherchant à la résoudre, en traçant l'attribution topique de la Cour de cassation dans le domaine du droit, en distinguant cette attribution d'avec le domaine du fond qui est le domaine des tribunaux, qu'on appelle, sans toujours être précis ou exact, *le juge du fait*, M. Leclercq se livre à des développements d'une rare habileté, d'une démonstration parfaite et qui serviront désormais de guide à tous ceux qui voudront étudier la question.

Voilà donc trois études constitutionnelles que je me plais à signaler : l'ordre judiciaire (art. 92 et suiv.), l'usage des langues (art. 23), le fond des affaires (art. 95), qui, je le répète, doivent nous faire regretter de ne pas avoir dans nos trésors de littérature juridique le commentaire complet de la Constitution, rédigé par l'un de ses auteurs, et non par le moins savant.

XVI. Leclercq opposé à Dupin.

J'ai rapproché naguère Tielemans de Defacqz (1), j'opposerai aujourd'hui le procureur général Leclercq au procureur général Dupin : tous les deux furent, durant les mêmes années, les suprêmes organes du Ministère public en Belgique et en France, mais avec de fortes différences. Leur situation fut toute diverse. — En France, Dupin ne vit que révolutions dans sa longue carrière, depuis la Restauration jusqu'à l'Empire; il entra dans la politique la plus bruyante, il dirigea les débats parlementaires les plus orageux; il posa des actes retentissants qui furent justement et sévèrement jugés par l'opinion; il publia une série de petits ouvrages qui ont eu leur utilité, mais qui ont eu leur temps; il ne composa point d'œuvre maitresse qui ait couronné sa vie. Tout, chez Dupin, fut agitation, variation, entrainement. — Leclercq, au contraire, eut une vie paisible, il prit part à la rénovation de son pays qu'il constitua avec fermeté, dirigea avec constance et gouverna avec modération; le calme de sa vie rappelle le calme de son pays durant soixante ans. Dupin remplit le prétoire de bruit et d'éclat; il y prodigua une éloquence vivace, entrainante, spirituelle, toujours en éveil; partout dans ses discours et dans ses écrits il répand sans mesure les fleurs d'une érudition inépuisable, curieuse, variée, pittoresque, mais pas toujours nécessaire. Leclercq s'exprime avec mesure, méthode, armé non pas de cette érudition sentant quel-

(1) Voy. ma notice sur Tielemans dans l'*Annuaire* pour 1889.

que peu le bibliophile, mais de principes médités, formulés, mis en relief, de déductions rigoureuses, remontant avec une prédilection marquée « à la nature des choses » pour y rattacher la solution commandée. — Je trouve dans les deux savants juristes une forte dialectique, mais avec des formes opposées : d'un côté, la parole rapide et entrainante, enveloppant en quelque sorte le juge; de l'autre, la sévère conclusion qui fixe la décision. L'érudition de Dupin vient d'être bien décrite par un magistrat spirituel qui le représente jusqu'à la fin de sa vie transportant « son vieux bagage juridique, » saupoudrant ses réquisitoires de citations latines et » d'axiomes de droit » (1). Dupin semble avoir oublié les enseignements de Senèque : *Certis ingeniis immorari et innutrari oportet, si velis aliquid trahere, quod in animo fideliter sedeat. Nusquam est qui ubique est* (2). Leclercq suit une autre méthode, formulée par le même et séduisant précepteur de Néron : *Distringit librorum multitudo : probatos semper lege.* Ces maximes veulent dire que l'abus de l'érudition est un mal et qu'il vaut mieux en définitive consulter les maitres, vivre avec les maitres, comme M. Leclercq, que multiplier les recherches, les citations et les textes à tout propos. Je ne suis pas ennemi d'une érudition judicieuse, choisie, distinguée : elle fortifie certainement la démonstration; mais qu'elle vienne à

(1) Voy. Discours de rentrée de 1889, Cour d'Amiens, par l'avocat général Corentin-Guyot. — Voy. aussi sur Dupin le discours de son successeur, le procureur général de Langle. (*Gazette des Tribunaux*, 4 novembre 1865.)

(2) Voy. la 2e lettre de Senèque.

l'appui d'un principe établi par les maîtres et fortifiée par les disciples judicieux. On a reproché l'abus de l'érudition à Grotius, chez qui elle est étonnante, mais en un siècle où elle était de mode et de fantaisie; on l'a reprochée dans notre temps à Chateaubriand, qui l'unissait à sa puissance littéraire sans l'appliquer toujours justement (1). On l'a un peu répudiée chez Dupin : mais je n'entends pas discuter ici une thèse; je me borne à opposer, justement je pense, Leclercq à Dupin en constatant leurs méthodes de travail et les procédés de leur argumentation. L'esprit juridique est remarquable chez ces deux magistrats, leur puissance s'impose aux esprits par des moyens différents, pour arriver aux mêmes décisions.

Je veux en fournir un exemple mémorable en rappelant ce qui s'est passé, en matière de duel, en 1837. Par une coïncidence qui a été remarquée, le 27 juin 1837, devant les chambres réunies de la Cour de cassation de Belgique, et à la même date (27 juin 1837), devant la Cour de cassation de France, les deux procureurs généraux prirent des conclusions de la plus haute importance et de la plus puissante méditation en matière de duel. A cette époque, en France comme en Belgique, les Cours d'appel acquittaient les duellistes, elles les considéraient comme non punissables, en vertu du Code pénal. Le ministère public près la Cour de cassation résolut de soumettre à cette Cour ce qu'on a appelé dans les deux pays « la question du duel », alors aussi agitée dans la presse et parmi l'opinion publique que devant les tribu-

(1) Voy. SAINTE-BEUVE, *Chateaubriand et son groupe*, 6e leçon.

naux. En Belgique, la question était posée, le 27 juin 1837, devant les chambres réunies de la Cour suprême, où il fut décidé que le Code pénal s'appliquait aux conséquences du duel. Le même jour, la même décision fut prise par la Cour de cassation de France, et plus tard, le 15 décembre 1837, par ses chambres réunies. Cette jurisprudence, admise en opposition à de nombreux arrêts qui avaient en quelque sorte consacré une doctrine, fut inspirée par des conclusions très puissantes de MM. Leclercq et Dupin, qui n'avaient pas pu s'entr'aider puisqu'ils parlaient à la même heure (1). Je ne cite ce fait historique, assez connu du reste, que pour rapprocher les travaux des deux éminents légistes et opposer leurs mérites semblables, leur puissance égale, mais aussi leurs allures diverses. Leclercq déploie en quelque sorte son argumentation, développe des principes, remonte à la nature des choses, interprète doctrinalement le Code pénal, arrive à son application. Par une voie en quelque sorte plus pittoresque, plus brève, plus vive, Dupin établit la même doctrine, et arrive à la même conclusion avec un égal succès. Je ne veux que rapprocher les deux procureurs généraux : Dupin prodiguant les notions historiques, les auteurs divers, les arguments de doctrine, les aperçus rapides ; Leclercq exposant largement et compendieusement les principes, poursuivant leurs conséquences morales et sociales. Remontant aux sources de la loi par des procédés divers, par une égale étude du Code, les deux habiles jurisconsultes arrivent à un bril-

(1) Voy. *Rép. Daloz*, v° uel, n°s 107 et suiv., et *Pasicr. belge*, 1836-1837, I, 168.

lant succès. Le duel est déclaré punissable dans les deux pays. Sa répression a été prononcée par la loi belge du 8 janvier 1841 et par notre Code pénal, articles 423-433. En France, elle reste consacrée par la jurisprudence.

J'ai voulu rapprocher les travaux des deux émules du ministère public dans cette affaire restée célèbre, parce que ceux qui voudront étudier et comparer leurs longues carrières de trente-cinq ans seront frappés des différences qu'on y signale. Chez l'un la multitude des citations, des formules, des précédents, chez l'autre l'argumentation fermement menée, la sobriété des auteurs et la puissance des principes : chez l'un rapidité, vivacité, entraînement; chez l'autre marche lente, calme, assurée. Convainquant tous les deux avec sûreté, concluant avec autorité, mais faisant partager leurs opinions. l'un par le calme, l'autre par la vivacité.

XVII. Caractère. Études. Qualités.

M. Leclercq unissait au sentiment profond de sa dignité une bienveillance gracieuse; sous une apparence sévère, il était affable, obligeant, très affectueux pour sa famille, adoré de tous ceux qui l'entouraient. Il voulait être respecté parce qu'il se respectait lui-même : il était modèle parmi les siens. Nous l'avons vu s'enveloppant de dignité dans sa lettre du 23 septembre 1847 lorsqu'éclata l'affaire de Rome. Nous pouvons le voir, par opposition, homme de retraite et de vie cachée, s'enveloppant de modestie, refusant à son confrère, Théodore Juste, de faire partie de la « galerie des Fondateurs de la monarchie belge ». M. Juste lui avait proposé de lui consacrer un volume et avait demandé les documents nécessaires. M. Leclercq refusa, par une lettre du 12 juillet 1876, que dicta une gracieuse modestie et dont je dois donner ici un extrait qui fait bien connaître l'homme :

Bruxelles, le 12 juillet 1876.

« Mon cher Confrère,

» Je suis très sensible à l'honneur que vous voulez me faire en me plaçant dans votre galerie des fondateurs de la monarchie belge. Mais je dois décliner cet honneur; mon rôle dans ce grand événement a été trop modeste pour qu'en vous envoyant les notes biographiques que vous me demandez je consente à figurer dans votre œuvre. J'ai, il est vrai, fait partie du Congrès national; mais, à part un court rapport sur la nécessité de procéder sans retard à la rédaction et au vote de la Constitution, deux discours, l'un sur la question de monarchie et de république, l'autre sur celle d'une ou deux Chambres, et ma participation aux travaux préparatoires de la Constitution comme membre de la section centrale en nombre double chargée de ces travaux, je n'ai été qu'un membre bien obscur de cette illustre assemblée. Mon rôle a été un peu plus marquant dans la Chambre des représentants qui a suivi, mais la monarchie alors était fondée. Je n'ai donc aucun titre pour prendre place parmi ses fondateurs.

» Ma carrière a été, en réalité, simplement celle d'un magistrat remplissant, dans la mesure de ses forces et de ses moyens, les devoirs attachés aux diverses fonctions auxquelles il s'est trouvé appelé, et s'occupant de politique et de gouvernement, comme doit le faire dans un état libre tout citoyen quelque peu instruit.

» Je vous prie donc, mon cher confrère, de renoncer à votre projet en ce qui me concerne. Il est du reste pour moi une marque d'estime dont je vous suis on ne peut plus reconnaissant. »

Rapprochons donc ces deux lettres, du 23 septembre 1842 et du 12 juillet 1876, et saisissons le contraste: D'une part le haut et fier magistrat injustement et publiquement offensé aux yeux de l'Europe, d'autre part le paisible homme de loi, appréciant, réduisant sa valeur propre en présence de propositions qui tendent à le faire sortir, sans justes raisons, de sa studieuse retraite et à l'offrir à la publicité, au milieu des hommes illustres et des grands patriotes de la Belgique. C'est par des lettres privées que l'on définit les caractères vrais dans les incidents courants de la vie, et, certes, ce refus définit un caractère en ce qu'il a de réservé et de tempérant.

Dans ses longs travaux d'audience durant trente-cinq ans comme dans ses brillantes et trop courtes apparitions au Congrès, à la Chambre et au ministère, Leclercq a déployé des qualités que je suis tenté de résumer en finissant, au risque de commettre quelques redites que je ne me reprocherai pas : caractère fier, ferme, sûr et bienveillant, ne transigeant pas sur la vérité, le devoir, la loi; remontant à la source divine, à l'essence des principes; consultant avec constance, étudiant avec profondeur ce que de toutes parts il a appelé « la nature des choses »; usant de déductions rigoureuses pour établir des conclusions précises et résolvant ainsi avec solidité des questions toujours clairement formulées; armé d'une logique souveraine; montrant à son poste de combat des qualités précieuses qui lui étaient propres et que semblait annoncer sa tenue digne et un peu sévère; disert sans passion, clair sans éclat, large sans confusion, élégant sans recherche, convainquant sans entrainement, savant sans étalage. En résumé, une belle et forte dialectique que rien ne pouvait briser, une modération et une tempérance que rien ne pouvait altérer. Toujours silencieusement écouté par les juges, rarement contrarié par les arrêts, fréquemment consulté par ses collègues de la Cour. En tout, homme de loi, de foi, de science, de probité, grand magistrat, proclamé tel par l'opinion publique, honoré du grand cordon de l'ordre de Léopold dès 1859 (1), vénérable citoyen auquel on peut décerner le beau vers du poète :

Haud alium tantâ civem tulit indole Roma (2).

C. Faider.

(1) Il avait été nommé officier en 1839 et successivement à tous les autres grades.

(2) Lucain.

Voici le court discours que j'ai prononcé au nom de l'Académie, le 29 mars 1889, à la maison mortuaire :

« Messieurs,

» L'Académie rend hommage à son vénérable doyen, à l'un de ses plus illustres membres, que la mort vient de lui enlever. Il disparait, entouré de l'estime publique et d'une éclatante popularité. La perte du confrère qui avait rempli un siècle est si douloureuse qu'elle semble imprévue : il avait exercé de si hautes fonctions, il était entouré de tant d'estime et de confiance, que la place qu'il laisse vide est immense.

» Rappelons sa brillante carrière : Né en 1796, avocat en 1817, conseiller à la Cour de Liège dès 1825, membre du Congrès en 1830, à trente-quatre ans auteur de la Constitution, courageux fondateur de la Belgique. Ce grand labeur accompli, en 1832, il entra à la Cour de cassation pour n'en sortir qu'en 1871, après en avoir été la lumière pendant quarante ans. En 1840, il fut ministre de la Justice; proclamé membre de notre Académie en 1847, le Roi l'avait choisi pour le représenter auprès du Saint-Siège; en 1859, il recevait le grand cordon de l'ordre de Léopold.

» M. Leclercq, dès sa jeunesse, a été appelé aux plus hauts emplois dans le droit, la politique, les conseils du Roi, la diplomatie, les belles-lettres. Ses travaux juridiques, ses conclusions d'audience forment un corps d'études et de science d'une inestimable valeur. Au Congrès, ses discussions sont fermes et patriotiques. Comme ministre, il fut lutteur vigoureux, appelé à défendre des positions difficiles. A notre Académie, il fut trois fois président, cinq fois directeur. Il présida longtemps des conseils d'instruction publique, des jurys diplomatiques et universitaires. Il montra une grande dignité dans l'affaire de Rome, assez connue.

» Partout on le retrouva homme supérieur, savant laborieux, infatigable chercheur dans sa vie retirée, courtois et bienveillant dans le monde, respecté et adoré dans sa famille, où il rencontrait des imitateurs, utilisant pour l'étude une mémoire exceptionnelle, pratiquant dans une vie pure de fermes croyances; sachant supporter stoïquement de vives afflictions.

» Vivre ainsi, Messieurs, n'est-ce pas fournir une carrière féconde et magnifique d'un siècle presque entier? Disparaitre après une si belle vie, ce n'est pas mourir, c'est passer à la gloire et à l'immortalité; il n'y a eu chez cet homme fort ni vieillesse, ni décadence. Au seuil du tombeau, accablé de souffrances, on l'a vu vivant par l'esprit, par la mémoire, par la méditation, par les doux entretiens. Ce fier vieillard a été tué, il n'a pas été abattu. La cécité l'avait frappé; il s'est relevé sous le coup terrible; elle n'a point ralenti ses vastes lectures, enchainé sa passion d'apprendre, refroidi sa constante bienveillance. M. Leclercq rappelle un autre magistrat, aveugle comme lui, ayant comme lui parcouru presque un siècle; M. le premier président Henrion de Pansey: tous les deux illustres et vénérables, puissants jurisconsultes, voyant tout de haut, modèles proposés aux magistratures: deux patriarches qui rappellent les anciens parlementaires.

» Je m'arrête; je regrette de si peu dire sur un tel homme. Je dois me séparer de lui en le pleurant avec les siens. Adieu, savant homme, noble esprit, mon cher maitre, formé de noblesse, de science accumulée, pénétré de croyances sublimes. Je garderai, nous garderons tous, la patrie gardera de vous un pieux et tendre souvenir, et tous vous saluent au sein de l'immortalité : *quoniam in me speravit, liberabo eum* (1). »

(1) Presque tous les journaux du pays ont consacré des articles pleins de regrets, de sympathie et d'éloges à M. le procureur général ; quelques-uns d'entre eux sont de grande valeur.

NOTICE

SUR

JULES VAN PRAET

MEMBRE DE L'ACADÉMIE

né à Bruges le 2 juillet 1806, mort à Bruxelles le 28 décembre 1887.

Un chroniqueur allemand du XIIe siècle, dont l'œuvre contient un long chapitre consacré à la première croisade, attribue aux qualités de Godefroid de Bouillon une influence considérable sur l'issue de son entreprise. Ce passage curieux explique, on peut le dire, comment le duc de Lotharingie se vit porté d'une voix unanime sur le trône de Jérusalem. Son caractère, aussi conciliant qu'énergique, fut la principale cause de son élévation. « Il estimait plus que tous autres les guerriers de notre race, dit ce chroniqueur, et il sut concilier leur dureté avec l'exquise urbanité des chevaliers gaulois; il adoucit de la sorte la jalousie qui se manifeste entre eux d'une manière pour ainsi dire naturelle, et cela grâce à sa connaissance des deux langues (1). » N'y a-t-il pas, dans ces

(1) « Nostrae gentis milites pre cunctis bellatoribus honoravit, feritatemque illorum suavissima urbanitate Gallicis caballariis commendans, invidiam, que inter utrosque naturaliter quodammodo versatur, per innatam sibi utriusque linguae peritiam mitigavit. » EKKEHARD, *Chronicon universale,* dans PERTZ, *Monumenta Germaniae historica. Scriptores,* t. VI, p. 218.

lignes, la manifestation d'un type que l'on retrouve souvent chez les Belges de distinction, l'union de la vigueur germanique, portée quelquefois si loin chez le Flamand, avec une délicatesse toute française. Godefroid avait hérité des qualités des deux races grâce à l'alliance de son père Eustache avec sa mère Ide d'Ardenne, qui était fille d'une Brabançonne. Jules Van Praet semble avoir partagé les mêmes dispositions, non que sa famille ne fût entièrement flamande, mais il subit si considérablement l'influence des idées françaises que ses manières s'en ressentirent toujours. A la gravité, à la taciturnité, à l'esprit de modération que l'on remarque souvent chez ses compatriotes, il sut toujours allier cette distinction, cette grâce, qui sont comme des qualités innées chez nos voisins du Midi.

Fils d'un greffier du tribunal de Bruges, Augustin Van Praet, et d'Anne-Marie De Pau, Jules Van Praet naquit à Bruges le 2 juillet 1806. Son grand-père était libraire-imprimeur et son oncle Joseph fut longtemps l'un des conservateurs en chef de la bibliothèque publique de Paris, où il passa son existence de 1784 à 1837 et où il mérita cet éloge auquel il est inutile de rien ajouter : « Van Praet était le modèle parfait de l'exactitude, de » l'urbanité, de cette simplicité de mœurs qui, mieux que » la morgue, inspire l'estime et le respect. Il communi- » quait avec autant d'obligeance que d'aménité, à tous les » hommes studieux, les immenses trésors que contenait » le dépôt confié à ses soins (1). » Le goût des livres était

(1) *Biographie universelle*, t. XX, p. 58 (édit. de Bruxelles, de 1847).

héréditaire chez les Van Praet, et l'aïeul de Jules Van Praet, en le transmettant à ses fils, leur laissa aussi mainte rareté bibliographique et, dans le nombre, plusieurs ouvrages sortis des presses du premier imprimeur brugeois, Colard Mansion. Dans un milieu intelligent, le jeune Brugeois contracta ces goûts littéraires par lesquels il se fit connaître et qui plus tard constituèrent sa principale distraction.

Après avoir étudié au lycée de Bruges, puis à l'Athénée de Bruxelles, il fit son droit à l'Université de Gand, où il eut pour professeurs Haus, Warnkönig et Thorbecke, l'éminent homme d'État hollandais, et pour condisciple Conway, qui devait plus tard partager avec lui la confiance du premier roi des Belges. Il soutint sa thèse pour le doctorat en 1826, mais il se voua aux travaux historiques, et deux années à peine s'étaient écoulées qu'il publiait son premier ouvrage, dédié à l'historien français Guizot: *Histoire de la Flandre depuis le comte Guy de Dampierre jusqu'aux ducs de Bourgogne*, 1280-1383 (Bruxelles, H. Tarlier, 1828, deux vol. in-8°, imprimés chez Lebeau-Ouwerx, à Liège). L'auteur termine ainsi son introduction : « Je soumets ce livre au public; je l'ai écrit dans » l'espoir de contribuer à naturaliser en Belgique les » études historiques, telles qu'on les conçoit et qu'on les » cultive aujourd'hui en France, telles que MM. de Barante, » Guizot, Thierry, Mignet et le docteur Lingard les font » aimer. Mon souhait le plus ardent serait rempli si ceux » de mes jeunes compatriotes qui liront cet ouvrage » peuvent y puiser le désir de s'associer à mes recherches » et d'étudier l'histoire de leur pays, cette histoire si » pleine de vie et d'intérêt. » Composé uniquement à l'aide de documents imprimés et connus depuis longtemps, sans aucun esprit de critique des sources, le travail de Van Praet a perdu toute valeur depuis la publication de l'*Histoire de Flandre,* de M. le baron Kervyn, de l'*Histoire des comtes de Flandre,* par Edward Le Glay, du *Siècle des Artevelde,* de M. Vanderkindere. C'est presque un décalque d'Oudegherst. On doit cependant y reconnaitre le désir de produire une narration exacte, animée, sérieuse.

L'opuscule portant pour titre : *De l'origine des communes flamandes et de l'époque de leur établissement* (Gand, Leroux, 1829, 114 pages in-8°), mérite une plus sérieuse attention. C'est une très bonne dissertation, évidemment inspirée par les premiers travaux d'Augustin Thierry : les *Lettres sur l'histoire de France* et *Dix ans d'études historiques.* Van Praet y met à néant la vieille erreur d'après laquelle les comtes de la maison d'Alsace, Thierri et son fils Philippe, auraient été les fondateurs de la plupart des communes de la Flandre. Mais, à mon avis, il va trop loin lorsqu'il dit (p. 75) : « Je pense que les » chartes primitives des communes, dont nous ignorons » la naissance, n'ont jamais existé. Je pense que les droits » dont elles ont joui plus tard leur ont été acquis peu à » peu, dans une progression si lente, que personne n'a » jamais songé à les leur disputer ; et lorsqu'est venu le » temps de fixer les organisations communales par écrit, » il s'est trouvé des communes déjà existantes, avec » toutes leurs franchises, leur indépendance, et, au lieu » d'accorder des faveurs, on n'a plus eu qu'à sanctionner » d'anciennes conquêtes. »

Cette opinion n'est pas telle que l'on puisse y souscrire.

Comment admettre que Bruges n'ait pas reçu de charte avant le XIIIe siècle, ni Gand avant le règne de Thierri d'Alsace, quand on voit Ypres en obtenir dès 1113, Aire dès le temps de Robert de Jérusalem, Saint-Omer dès l'avènement de Charles de Danemark, et Grammont, ce qui est plus fort, dès le milieu du XIe siècle? Or, la plus vieille charte de Grammont suppose la préexistence de chartes gantoises. Que sont devenues ces dernières? La réponse est bien simple. Elles ont péri dans un incendie, dans une commotion, lors d'une réaction, ou bien elles ont été négligées parce qu'elles ne cadraient plus avec des mœurs nouvelles ou avec une nouvelle organisation. Sachons gré toutefois à Van Praet d'avoir entrevu en partie la vérité et, de plus, d'avoir signalé le rôle essentiel de l'association dans la formation des bourgeoisies; comme je l'ai dit ailleurs, arrêté dans ses déductions faute de preuves suffisantes, il eut le courage d'affirmer qu'il vaut mieux marcher pas à pas que de chercher une solution à l'aventure.

Sans s'occuper ostensiblement de politique, Van Praet ne resta pas étranger au mouvement patriotique qui entraina en Belgique la chute du trône de Guillaume Ier. Il y a dans le *Courrier des Pays-Bas* des articles qui semblent sortir de sa plume. Il s'était lié d'une amitié qui ne se démentit jamais avec Paul Devaux, qui épousa sa sœur en 1827, et qui était l'un des principaux collaborateurs du journal liégeois le *Mathieu-Laensberg*, depuis le *Politique*, le véritable organe de l'opposition libérale. Pour lui donner sans doute l'occasion et la facilité de faire des recherches dans le dépôt des archives communales de Bruges, on créa pour lui la place d'archiviste, au commencement de 1830. C'est, à défaut d'autres pièces, ce qui résulte d'une lettre du 4 mars de l'année suivante, où il dit, en s'adressant aux membres du collège des bourgmestre et échevins :

« Messieurs,

» Par arrêté du 21 mars 1830, la régence de la ville de » Bruges m'a nommé aux fonctions d'archiviste. J'ai » exercé ces fonctions depuis lors, et mes travaux pen- » dant le courant de l'année dernière ont eu pour résultat » le classement de presque toute cette partie des archives » qui consiste, soit en registres, soit en cahiers de peu » de feuilles. C'était, il me semble, la première chose à » faire pour la classification générale du dépôt.... »

Une lettre de l'avocat Van der Hofstadt, du 3 mai suivant, constate que la place d'archiviste était alors vacante, Van Praet venant d'entrer au ministère des Affaires étrangères à Bruxelles (1). Mais, en quittant sa ville natale, le jeune écrivain ne l'oublia jamais et, devenu considéré et influent, montra pour elle, dans toutes les occasions, une véritable sollicitude.

La direction du musée du Louvre ayant manifesté le désir de posséder un moulage de la cheminée du Franc de Bruges et des tombeaux de Charles le Téméraire et de Marie de Bourgogne, Van Praet contribua à la réussite de cette demande et engagea le roi des Français à gratifier l'Académie des beaux-arts de sa ville natale d'une collection de plâtres. Dans une lettre du 16 juin 1841, adressée

(1) Lettre de M. Gilliodts-Van Severen, archiviste actuel de la ville de Bruges.

au bourgmestre, baron de Pélichy, où il donne ces détails, Van Praet annonce la prochaine arrivée de M. de la Rue, que M. de Cailleux, directeur des musées royaux de France, avait chargé de ce travail. Son heureuse intervention est également attestée par une dépêche du comte de Muelenaere, ministre des Affaires étrangères de Belgique, datée du 29 décembre 1842, et envoyée à la ville de Bruges.

L'administration communale ne manqua pas de témoigner au Gouvernement français sa reconnaissance pour une largesse vraiment royale et, tandis qu'elle en transmettait à Paris l'expression bien sentie, elle adressa de vifs remerciements à l'éminent concitoyen qui avait été le véritable instigateur de cet acte de libéralité. Avec un tact exquis Van Praet répondit par ces lignes, le 1er juillet 1843 :

« Messieurs,

» J'ai reçu la lettre dont vous m'avez honoré à la date » du 18 juin.

» Je suis heureux de voir que la collection de plâtres » moulés sur l'antique qui vous a été adressée de la part » de S. M. le roi des Français a été accueillie avec satis- » faction. Je ne puis accepter l'honneur que vous me » faites en m'attribuant le mérite de ce présent. Le roi » des Français a apprécié le bon accueil que vous avez » fait aux artistes qu'il a envoyés à Bruges. Il met un » grand prix aux monuments dont il a fait exécuter la » copie, et a voulu vous témoigner sa reconnaissance » pour l'empressement que vous avez mis à seconder ses » désirs. Je vous remercie de la bienveillance avec

» laquelle vous parlez de mon intervention, qui a été » très secondaire dans cette circonstance.

» Veuillez agréer,.... »

Au milieu des honneurs, il n'oublia jamais sa ville natale. Il aimait à passer la bonne saison à Blankenberghe, où la mode n'avait pas encore attiré une foule d'étrangers et provoqué la construction de villas sans nombre, dont une fut longtemps habitée par son beau-frère Devaux. Parfois on le voyait à Bruges, où il aimait à parcourir la ville en simple curieux et de l'air d'un touriste aimant à passer inaperçu; il visitait alors, non seulement les édifices publics et les galeries particulières, si riches en trésors d'art, mais les quartiers pauvres et délaissés où, aux jours de procession, la population aime à étaler ce que renferme de chétives demeures en images, tableaux, statues et autres objets. Un jour, il rendit visite aux Archives communales, confiées à notre savant confrère M. Gilliodts-Van Severen, de qui je tiens tous ces intéressants détails, et s'entretint avec lui, non sans émotion, de ses débuts dans la carrière administrative.

Van Praet était âgé de 24 ans, en 1830, lorsque Paul Devaux devint l'un des députés de Bruges au Congrès national. L'année suivante, comme il parlait très bien l'anglais, il fut nommé secrétaire de légation à Londres. Mais le comte d'Aerschot, qu'il devait accompagner, ne put remplir sa mission, le Gouvernement britannique refusant de le reconnaitre officiellement aussi longtemps que le Congrès maintiendrait sa protestation contre le protocole du 20 janvier 1831, dans lequel la Conférence de Londres s'était attribué le droit de déterminer les limites de la Belgique. D'après les conseils de Lebeau, alors Ministre des Affaires étrangères, le régent Surlet de Chokier rappela le comte d'Aerschot et le remplaça par des commissaires chargés de se mettre directement en rapport avec le prince Léopold de Saxe-Cobourg. Van Praet retourna avec eux à Londres, et l'on peut voir, dans un livre composé presque entièrement à l'aide de pièces officielles, la part considérable qu'il prit aux négociations (1). Non seulement, comme on l'a dit, il plut au prince par ses manières polies, son air aisé, son intelligence prompte et droite, mais on peut dire qu'il contribua à décider Léopold Ier à accepter la couronne de Belgique, malgré les difficultés sans nombre devant lesquelles on se trouvait, l'hésitation très naturelle du prince, l'hostilité à peine déguisée du ministre de France, Talleyrand, la froideur de quelques cours étrangères et l'opposition énergique du souverain dépossédé, Guillaume Ier. Peu d'esprits croyaient au succès de la combinaison proposée; Van Praet, entre autres, déploya dans la négociation un véritable talent, et ce ne fut pas sans avoir eu l'occasion fréquente de le juger que le nouveau roi, après avoir accepté la couronne de Belgique, le prit pour secrétaire de cabinet, le 12 juillet 1831.

De 1831 à 1887, c'est-à-dire pendant cinquante-six ans, Van Praet a été le secrétaire, le confident, le premier conseiller des deux rois qui se sont succédé sur le trône de Belgique. Un rôle si important semblerait lui assurer

(1) Voir, pour ces faits, TH. JUSTE, *L'élection de Léopold Ier d'après des documents inédits* (Bruxelles, Muquardt, 1882, in-8°).

une biographie longue et nourrie de faits. Erreur complète; la biographie de Van Praet est tellement stérile en événements qu'elle serait presque impossible à écrire si l'on en retranchait ce qui concerne ses écrits. C'est que, au lieu de tirer gloire et profit de sa position éminente, il affecta de rester dans l'ombre; il ôtait ainsi tout prétexte à la malignité publique, qui n'aurait pas manqué d'exagérer ou de dénaturer la portée de ses conseils. Toujours dévoué au souverain, toujours prêt à prodiguer son temps, ses conseils, sa connaissance des hommes et des choses, il conserva une confiance dont personne ne fut jamais plus digne et une considération que jamais on n'essaya d'amoindrir.

Une seule fois Van Praet éprouva la tentation d'entrer d'une manière active dans la vie publique. C'était en 1833, après la dissolution des Chambres législatives, prononcée par le cabinet Lebeau, le premier ministère libéral, dont l'existence fut très courte. Il se présenta à Anvers comme candidat du Gouvernement; mais, violemment combattu par la presse catholique, il se vit préférer un protégé du parti, M. Smits, dont le nom est resté inconnu. Après cet échec, il se renferma plus que jamais dans une réserve dont il ne se départit plus. Intervenant sans cesse dans les combinaisons ministérielles, il déploya une habileté, une activité, une impartialité que l'on s'est plu à reconnaitre. « Les grandes secousses, dit un écrivain qui
» a été à même de bien l'apprécier, étaient prévenues, de
» fortes oscillations qui auraient pu compromettre les
» rouages du mécanisme étaient amorties, et les institu-
» tions se développaient en apparence par leur vertu
» intrinsèque, sans qu'on s'aperçût même de l'interven-

» tion des forces modératrices appliquées sans relâche à » se soustraire à la vue, à s'absorber dans le mouvement » d'ensemble de la vie politique (1). » Plus d'une fois cependant on l'a passionnément attaqué ; on lui a reproché de former, avec son neveu Jules Devaux, un septième ministère, un ministère du palais, dont l'influence neutralisait auprès du souverain l'ascendant pris dans les Chambres législatives par les conservateurs; c'était à ses conseils, disait-on, qu'était due la résistance manifestée par d'augustes personnages à des mesures dont on poursuivait ou réclamait l'adoption. Il est inutile de nier que les idées libérales étaient fortement enracinées dans les familles Van Praet et Devaux; les antécédents des chefs de ces familles et leurs écrits offrent des témoignages trop manifestes de leurs sentiments pour que l'on puisse se tromper à cet égard, mais on a dû reconnaître, et dans cette voie on est allé jusqu'à l'exagération, que, chez Paul Devaux comme chez Jules Van Praet, la modération, la retenue, le respect des opinions d'autrui étaient portés aussi loin que possible.

Les mêmes qualités dont Van Praet fit preuve dans les affaires intérieures le rendaient un instrument précieux pour les négociations à l'étranger. Ici la question du tact prime en quelque sorte toutes les autres, et le meilleur des négociateurs est celui qui, à de grandes connaissances, allie l'art de plaire par les manières et la parole. Gentleman distingué dans toute la force du terme, possédant cette belle prestance du corps qui, dans le monde, ajoute un grand poids aux avantages de l'esprit, le secrétaire du

(1) BANNING, dans le *Moniteur belge*, du 1er janvier 1888.

roi, qui devint le Ministre de sa maison en 1840, prit part à plusieurs affaires d'une haute importance, mais où son intervention, pour des raisons que l'on comprend, fut toujours plus ou moins dissimulée. En 1845, il négocia avec la France une convention commerciale qui, dans la pensée du roi Léopold Ier, devait aboutir à une union douanière; cette dernière fut enfin reconnue impraticable; elle avait rencontré, d'ailleurs, d'ardents adversaires, parmi lesquels il faut compter le baron Stockmar, dont l'influence était si grande à Londres et à Bruxelles; elle avait, en outre, été combattue à outrance par les industriels français, voués en majeure partie au système protectionniste.

Ce n'est pas sans raison que Louis-Philippe, en écrivant au roi Léopold Ier, son gendre, lui parlait de son « fidèle Van Praet ». Ce mot seul constitue un éloge. Et plus tard Sa Majesté Léopold II, à son avènement au trône, entouré de dangers dont on n'a que depuis entrevu l'étendue, crut ne pouvoir mieux faire que d'envoyer à Paris ce conseiller dévoué. Il fallait sonder la Cour des Tuileries, dont la prépondérance était alors si grande et dont les projets mal connus, mal dissimulés, rendus plus effrayants par l'incertitude, prolongeaient dans toute l'Europe une crise politique fatale à tous les intérêts et menaçante pour tous les États secondaires.

Il n'est pas hors de propos de faire ressortir les difficultés dont la tâche de Van Praet se vit entourée, et combien de périls eut à redouter cette monarchie à laquelle il était si fortement attaché. Ses sympathies pour le gouvernement français, tel que la révolution de juillet l'avait constitué, étaient vives et profondes; il honorait à la fois dans le roi Louis-Philippe le représentant des idées modernes dans ce qu'elles ont de modéré, et le parent et l'ami de son souverain. Partisan du régime constitutionnel, il le voulait toutefois pratiqué avec plus de hardiesse d'idées qu'on ne l'admettait aux Tuileries, et il n'aurait pas conseillé cette politique sans grandeur qui semblait avoir en vue plutôt des avantages dynastiques que des réformes fécondes, et dont un mouvement populaire triompha sans rencontrer la moindre résistance.

Si, en Belgique, où les libertés publiques étaient beaucoup plus grandes qu'en France, et où, cependant, le pouvoir du roi Léopold Ier se maintint et s'affermit au milieu des agitations dont presque toute l'Europe fut le théâtre, Van Praet et les autres conseillers ordinaires de la couronne ne furent pas moins effrayés de la catastrophe de 1848. C'en était fait, à Paris, de cette monarchie entourée de garanties légales, dont ils avaient fait leur idéal, de cette famille d'Orléans à laquelle ils étaient attachés par tant de liens. La lutte allait s'y établir entre le régime républicain, qu'involontairement on voyait accompagné de tous les désordres dont la France avait été le théâtre pendant les huit dernières années du XVIIIe siècle, et un régime autoritaire, despotique, antipathique à la fois à l'étranger, à qui il rappelait les agissements du premier Empire, et à la fraction la plus énergique de la nation française, à laquelle il ne laissait plus qu'un semblant de liberté.

La Belgique et la monarchie belge se trouvèrent alors dans une position délicate. Habitués à vivre en communauté d'idées avec leurs voisins du midi, parlant pour la plupart leur langue, entretenant avec eux des relations constantes, les Belges se crurent à la veille d'une invasion dont le moment seul était incertain. Ils ne s'en montrèrent que plus attachés à leurs institutions nationales, et l'on put juger de la popularité que la royauté avait acquise lors de la rentrée dans Bruxelles de Léopold Ier après une longue maladie, et lors de l'avènement du roi actuel. Mais à ces sentiments d'un enthousiasme aussi patriotique se mêlaient déjà des tendances regrettables : par crainte réelle ou affectée de tomber dans l'anarchie, on se rejetait dans un étroit esprit de conservation, on retournait à l'admiration des choses du passé, et quelques esprits, tout en profitant des libertés que la Constitution seule a octroyées au pays, couvraient d'insultes ces libertés dont ils ne se servaient que pour en recommander la suppression.

Les événements de 1870-1871 modifièrent la situation sans écarter tous les périls. Le trône impérial tomba et, pour une troisième fois, la France se vit constituée en république. Cette fois, elle ne se montre pas envahissante, elle ne constitue même plus un danger pour ses voisins, contenue qu'elle est par l'attitude et les ressources de la Prusse. Les Français n'ont d'ailleurs aucun intérêt réel à se créer des difficultés en s'emparant de nos provinces par la violence. Le danger est ailleurs. En voulant nous éloigner complètement d'eux, on risque d'affaiblir notre attachement pour les grandes institutions qui sont notre véritable force et qui nous permettent de réaliser, dans tous les sens et d'une manière pacifique, les réformes les plus larges et les plus fécondes, réformes dont la marche progressive en Europe devient de plus en plus frappante. Favoriser, sous prétexte qu'en France il y a un régime populaire, des mesures dont le but réel serait d'arrêter le progrès des idées, constituerait un péril plus grave qu'on ne le croit. Toutefois on comprend sans peine que plus d'une intelligence s'arrête en chemin. Arrivé à un certain âge, après s'être attaché à un idéal politique, on n'aime pas à s'en écarter; souvent, on ne veut sous aucun rapport s'en éloigner et l'on n'admet qu'avec une peine infinie les modifications qui seraient de nature à les altérer.

Ces détails sont-ils nécessaires? Oui; ils servent à comprendre les réflexions que l'histoire contemporaine inspirait à Van Praet et dont on trouve l'écho dans son principal ouvrage, dans celui qui marquera sa véritable place dans l'histoire littéraire. Je veux parler de ses *Essais sur l'histoire politique des trois derniers siècles*, en trois volumes qui ont successivement paru en 1864, 1874 et 1884 (Bruxelles, Bruylant-Christophe et Cie, in-8°).

« J'ai pensé souvent et longtemps, dit l'auteur dans » la préface du premier volume, sans avoir formé le » projet de l'exécuter, à un travail qui aurait pour objet » de montrer la manière dont s'est modifiée et transfor- » mée la situation politique intérieure et extérieure des » grands États de l'ouest de l'Europe depuis la fin de la » période féodale jusqu'à nos jours.

» Il s'agirait d'exposer les changements successivement » survenus dans les principes, la forme et la conduite » des gouvernements qui ont dirigé les affaires de ces » grands États, l'accroissement et la décroissance de leur » force, leurs ambitions avouables ou déréglées, leur » influence heureuse ou funeste sur le sort des popula-

» tions, leurs relations militaires ou pacifiques entre eux, » avec les conséquences territoriales des guerres.....

» Un pareil travail serait l'histoire politique des temps » modernes. Ce que j'en publie n'en est pas même le » commencement ni l'esquisse. C'est tout au plus ce » qui, en termes de peinture, s'appellerait une *prépa-* » *ration*..... »

Le premier volume contient, en cinq chapitres, un résumé rapide de l'histoire de l'Europe occidentale depuis le commencement du XVe siècle jusqu'à la fin du XVIIe. Les faits sont exposés avec clarté et avec ordre, le style, nerveux et concis, atteste une étude sérieuse des meilleurs modèles. Le plus grave reproche que l'on puisse adresser à l'ouvrage c'est, me semble-t-il, qu'il met trop en évidence des personnages sans tenir suffisamment compte des grands courants d'opinion qui ont dominé ou du moins influencé la politique. Certes, Philippe de Bourgogne et Charles le Téméraire ont été puissants et redoutables; ils ont accompli de grandes actions et, en particulier, établi et affermi la réunion de nos provinces en un seul État; mais n'ont-ils pas considérablement nui à ce dernier en y renforçant le pouvoir central aux dépens des immunités provinciales et locales? En passant sous silence les agitations terribles auxquelles la Belgique fut livrée pendant le règne de Marie de Bourgogne, Van Praet perdit ou négligea l'occasion de montrer combien le despotisme bourguignon avait appelé de dangers sur la Belgique et combien aurait pu être fructueux pour notre pays l'établissement ou plutôt le maintien d'un régime où les communes auraient, comme en Angleterre, joué un rôle prépondérant. En arrivant au règne de

Charles-Quint, Van Praet se préoccupe des actions et des intrigues du connétable de Bourbon plus que des causes et des premiers progrès de la réforme. C'est que, comme il l'àvoue du reste (1), « en observant la marche des gou» vernements, j'ai été entraîné — ce sont ses expres» sions —, par une préférence involontaire ou par l'effet » d'une habitude longuement et forcément contractée, à » considérer plus spécialement le côté personnel des » événements historiques, à donner trop d'attention à » l'action individuelle des hommes au sein des crises. »

A mesure que l'écrivain avance dans sa narration, on sent poindre davantage dans son œuvre l'influence exercée par un des hommes qui ont brillé, à notre époque, dans le domaine de l'histoire: je veux parler de Macaulay. On était, en effet, au moment où cet esprit, aussi puissant que lucide, exposait avec une sereine grandeur le tableau des principales phases des annales de l'Europe au XVIIe siècle. Les longues lectures et les méditations de Van Praet lui avaient fait goûter, sans doute, les qualités de premier ordre de l'éminent Anglais, car on retrouve chez lui comme un reflet des pensées de celui-ci.

Il trace de Guillaume le Taciturne un portrait bien étudié; il comprend et apprécie la politique du premier des Nassau; il rend justice à ses talents et à ses vertus. Pour triompher de Philippe II, le prince d'Orange voulait, dit-il avec raison, allier les catholiques anti-espagnols aux réformés. « Ce contraste, ajoute-t-il, qui existe réel» lement entre le caractère modeste de son ambition et la » nature de son succès ajoute à l'originalité de sa physio-

(1) *Essais*, 2e édit., t. I, p. xxv.

» nomie et au mérite de son désintéressement. La république des Provinces-Unies a été plus libre, plus puissante et plus prospère qu'il n'avait cru pouvoir le désirer » et l'espérer pour elle (1). » Mais cette grande figure historique du XVIe siècle est peut-être moins caressée par l'écrivain que celle de Guillaume III, le continuateur de l'œuvre de son célèbre aïeul, l'homme qui arrêta Louis XIV comme le Taciturne avait arrêté Philippe II. C'est que celui-ci est plutôt un patriote, un penseur, et celui-là plutôt un politique. « Son action est une des plus » puissantes qu'il ait été donné à qui que ce soit d'exercer. » Elle a été celle, non pas d'un égoïste, d'un conquérant » irréfléchi et aventureux, mais d'un homme profondé- » ment sage et maître de lui, qui n'a pas envisagé la poli- » tique de son pays par son côté flatteur et personnel, » mais qui a calculé les conséquences utiles de ses actes, » et préparé l'avenir de l'influence britannique plus » encore qu'il ne l'a fondée dans le présent » (2).

Accueilli avec une grande faveur dans le monde littéraire, le volume de Van Praet eut en 1867 une seconde édition. L'Académie royale de Bruxelles avait admis l'auteur parmi ses membres correspondants depuis le 5 avril 1834 et l'avait nommé membre effectif de la Classe des lettres le 21 janvier 1846, après sa réorganisation sous le titre d'Académie royale de Belgique. Mais Van Praet, obéissant toujours à ces habitudes de circonspection qui formaient l'un des traits de son caractère, ne prit pour ainsi dire aucune part à ses travaux. En 1871,

(1) *Essais*, 2e édit., t I, p. 241.
(2) *Ibidem*, p. 428.

un jury, composé de sept membres, dont six pris dans le sein de l'Académie, lui accorda le prix quinquennal d'histoire (1), mais il refusa de profiter pécuniairement de cette haute distinction, comme on l'apprit par la lettre suivante, adressée au Ministre de l'Intérieur, et dont les termes méritent d'être reproduits :

« Bruxelles, le 9 mai 1871.

» Monsieur le Ministre,

» J'ai reçu ampliation de l'arrêté qui, sur le rapport de
» la Commission du prix quinquennal d'histoire natio-
» nale, me fait l'honneur de me décerner le prix. Je suis
» très flatté de cette décision inattendue et vous remercie
» des termes dans lesquels vous voulez bien me l'accorder.
» Mon intention est de consacrer ce fonds à l'institution
» d'un prix pour l'ouvrage publié d'ici à cinq ans et qui
» sera jugé le plus utile aux intérêts de la nationalité
» belge. La somme sera déposée à la caisse d'épargne,
» où elle s'accroîtra des intérêts.
» Je me propose de me concerter avec vous pour l'exé-
» cution de ce projet, et j'aurai l'honneur de vous com-
» muniquer ultérieurement ce que je crois utile pour la
» composition de la Commission chargée du jugement.
» Veuillez agréer..... »

Cette Commission, dont la présidence fut confiée à M. Leclercq, l'un de nos jurisconsultes, l'un des membres

(1) Ce jury était composé de MM. le général Renard, président; Adolphe Borgnet, De Witte, Grandgagnage, Snellaert, Van Hasselt, Alphonse Le Roy, secrétaire-rapporteur.

de l'Académie les plus considérés, adjugea plus tard le prix à M. Eugène Van Bemmel pour la *Patria Belgica*, ouvrage en trois volumes, du à la collaboration d'un grand nombre de savants et de littérateurs.

Dans son deuxième volume, publié en 1874, Van Praet s'occupe de l'histoire de l'Europe depuis le traité d'Utrecht, en 1715, jusqu'à la révolution française. Signalons ce passage de la préface (1), qui donne une idée générale de l'époque dont l'auteur s'est occupé : « En » présentant ces observations, je cherche à établir que » le XVIIIe siècle n'a pas, comme je le disais plus haut, » le caractère de grandeur, l'allure régulière et suivie du » XVIIe : les événements, les guerres ont moins de durée ; » les alliances y sont plus variables, le drame manque » d'unité. Mais, en revanche, cette époque présente bien » plus de points de contact avec la nôtre, elle nous res» semble davantage, elle est bien plus un précédent pour » nous qu'elle n'est la suite de ce qui se passait sous la » génération antérieure. C'est une cause puissante et spé» ciale d'intérêt qu'il serait injuste de méconnaitre. »

En effet, les alliances et les querelles des États au XVIIIe siècle sont, en partie, cause des difficultés dont notre époque est entourée. Les États-Unis d'Amérique apparaissent alors, formant, sans en avoir conscience, le noyau de cette nouvelle république dont le développement devient effrayant; les convoitises et les regrets causés par le partage de la Pologne ne sont pas encore calmés, la Prusse poursuit le développement de cette puissance qui ne date véritablement que des premières années après

(1) P. XIX.

1700, la Russie, aujourd'hui si colossale, était à peine connue des occidentaux avant Pierre le Grand, en un mot presque tous les grands rôles, dans le monde politique, ont été alors modifiés, et la rivalité entre la France et la famille des souverains austro-espagnols, qui jadis se plaçait au premier rang, a cessé d'être l'axe de la politique européenne. Au XVIIIe siècle, parmi les souverains, c'est Frédéric II, c'est Catherine II de Russie qui attirent tous les regards, et Van Praet, avec un discernement particulier, analyse longuement leur caractère et leurs actions.

Mais si l'unité et la grandeur semblent moins régner dans la marche des événements, c'est, à mon sens, parce que Van Praet n'en montre pas assez les véritables fils conducteurs. Les batailles et les négociations décident des événements, mais guerriers et diplomates obéissent à des opinions et à des idées. Or, les opinions dominantes, les idées qui troublent et passionnent les esprits, je n'en trouve pas de traces dans les *Essais*. Lorsque Louis XIV abandonne la politique du cardinal de Richelieu et néglige les anciennes alliances de la France; lorsque, à l'intérieur, il établit un gouvernement personnel, despotique, sans contrôle ni contrepoids, à quel mouvement obéit-il? A une profonde indignation contre la conduite des révolutionnaires anglais dont le triomphe sur le roi Charles Ier, exécuté ensuite par ordre de Cromwell, avait réveillé tous ses colères. Poussant à l'excès l'esprit de réaction, il prépare à ses successeurs des ennemis irréconciliables dans le pays comme à l'étranger. L'esprit d'examen et d'opposition se développera en France avec d'autant plus de suite et de violence qu'il aura été comprimé et aboutira, après un règne plein de langueur et d'énervement, à une période pleine d'incertitudes et dont le dénouement fatal sera une révolution. A l'extérieur, les persécutions dirigées sans motif contre les protestants accroitront les forces des puissances hostiles, et inspireront à nombre d'esprits distingués des idées de tolérance qui deviendront chères même à des princes absolus. L'ennemi à combattre sera alors, pour tous, le défenseur de l'intolérance et, par une réaction naturelle contre l'ordre qui avait fourni à plusieurs pays des ministres dont l'administration avait été funeste, c'est contre cet ordre que la plupart des gouvernements réuniront leurs efforts. A ce point de vue, la suppression de l'ordre des jésuites par Clément XIV est un des événements principaux du temps, un événement qui marque une date essentielle. Alors commence le triomphe des idées philosophiques; alors s'engage le combat sans trêve ni merci livré par quelques membres de la corporation supprimée aux institutions publiques nées des idées nouvelles.

Dix années encore se sont écoulées entre l'apparition du deuxième volume des *Essais* et la publication du troisième. Les années marchent, les événements se précipitent à l'étranger et à l'intérieur, mais l'écrivain ne se décourage, ni ne se lasse. Son style reste le même; il conserve cette fermeté, cette lucidité, cette élégance qui le caractérisaient précédemment. Le troisième volume des *Essais*, longtemps et impatiemment attendu, parut enfin en 1884, au milieu d'une période pleine d'agitations. Van Praet a voulu montrer la situation de l'Europe au moment où allait éclater une guerre « entre les armées révolutionnaires de la France et la grande coalition européenne, » alors que plusieurs des puissances qui devaient s'unir

» contre un danger commun et qui ne prévoyaient pas » cette prochaine nécessité, débattaient entre elles des » questions de rivalité et de suprématie (1) ». On admire dans ce travail les pages consacrées à William Pitt, ce ministre énergique et habile, dans lequel s'incarna en quelque sorte la résistance de l'Angleterre au débordement de la révolution française et au génie de Napoléon Ier; mais on peut lui reprocher de n'avoir pas entrevu une solution dans laquelle l'habileté de Pitt aurait pu rencontrer des obstacles insurmontables. Si Napoléon, imitant la conduite de Washington et non celle de César, était resté le premier citoyen de la France au lieu d'en devenir le maitre, l'Angleterre n'aurait-elle pas perdu les meilleures chances de ranimer la coalition et de perpétuer sa prépondérance?

C'est ici qu'éclate peut-être un vice dans la répartition des matières de ce troisième volume, d'ailleurs si digne de l'ouvrage. Il se divise en quatre chapitres, consacrés 1° à l'Angleterre sous Georges III, 2° à la France au début de la révolution, 3° aux relations entre Frédéric II et la grande Catherine de Russie et 4° aux Pays-Bas autrichiens et à la révolution brabançonne. Ce fractionnement ne me parait pas heureux. Il manque, en outre, dans ce tableau des dissentiments qui s'élevaient alors entre les gouvernements européens, des éléments essentiels. On n'y insiste pas assez sur les défectuosités capitales dont était entachée l'administration judiciaire et financière de la France, cause principale de la révolution terrible qui éclata dans ce pays et qu'il était impossible de conjurer

(1) T. III, p. v

sans le secours d'un homme qui, aux capacités d'un Turgot et d'un Necker, aurait joint une fermeté et un esprit de suite difficiles à rencontrer. Lorsque Van Praet nous entretient des princes qui se sont partagé la Pologne, il oublie peut-être trop les habitants de ce pays, et le lecteur cherche en vain comment une grande monarchie, longtemps redoutée, a pu être divisée en tronçons sans qu'un effort suffisamment vigoureux, tenté au nom du patriotisme, vînt réveiller de leur inertie les puissances occidentales.

Peut-être faut-il attribuer à cette préférence ouverte, accordée aux relations personnelles des souverains et des ministres, le jugement porté sur Joseph II et la révolution brabançonne. L'empereur est hautement loué pour ses qualités, pour ses intentions, mais sévèrement jugé à cause des mesures qu'il prit aux Pays-Bas. Van Praet va même jusqu'à se demander ce que Joseph II, roi d'Angleterre, aurait été tenté de faire de la Constitution, de la loi électorale, de l'organisation judiciaire et de la jurisprudence, etc. (1). C'est, me semble-t-il, perdre absolument de vue le fil conducteur qui doit aider l'historien à juger les situations. L'empereur d'Allemagne, si prompt et si ardent à renverser ou à modifier dans ses États héréditaires ce qu'il considérait comme des abus, aurait reculé à Londres devant les obstacles de toute nature qu'un peuple libre apporte à l'autorité absolue. Ici le danger n'existe que pour l'auteur d'un coup d'État, et les aspirations à la tyrannie ne lui laissent qu'une perspective : l'exil ou la mort. Mais, dans des pays pliés à

(1) T. III, p. 283.

l'exercice du pouvoir personnel, les réformes tentées par Joseph II étaient possibles, et l'on ne doit pas oublier qu'en Autriche le souvenir de ce prince est resté entouré de respect. Il ne faut pas l'apprécier absolument comme on le juge trop souvent en Belgique. Je ne puis pas souscrire d'une manière complète à ce passage, que l'on a cité maintes fois :

« Joseph II se serait récrié si quelque prophète politique » lui avait prédit qu'au bout de quarante ans ce même » peuple, devenu libre, maintiendrait dans sa Constitution » la plupart des principes et des libertés locales, les repré- » sentations et les attributions provinciales, les dépu- » tations permanentes électives, la représentation et » l'indépendance municipales, la liberté d'association, » qui va bien au delà de celle des corporations, la » liberté d'enseignement, c'est-à-dire tout ce que l'empe- » reur considérait comme dangereux, intolérable et » incompatible avec l'exercice d'un pouvoir régulier (1). »

Certes, le gouvernement du pays par des gouverneurs généraux, étrangers par la naissance, impuissants à faire le bien par suite du peu d'étendue de leurs attributions, dominés par un ministre qui n'était lui-même qu'un instrument des volontés d'un prince résidant au loin, cette organisatien boiteuse n'a rien de regrettable. Mais que dire du gouvernement éphémère de 1790, et comment en anathémiser suffisamment l'impéritie? Est-ce là qu'il faut chercher une ressemblance quelconque avec nos institutions actuelles? Voulait-on de ce côté ce qui est inscrit dans nos lois : la tolérance de tous les cultes, entre autres, idée chère au

(1) T. III, p. 284.

moins à Joseph II; la liberté d'enseignement, la liberté d'association? Au contraire, les libertés locales, depuis trois siècles, avaient de plus en plus été restreintes, à tel point qu'on en comprenait à peine le véritable esprit; les institutions provinciales consistaient en corps privilégiés; les corps municipaux, à part d'étroites restrictions, se composaient de personnages nommés directement par le Gouvernement. Un souffle de liberté véritable animait encore Vonck et ses partisans; on sait avec quels ménagements ils furent traités, en 1790, par un parti un instant triomphant et dont l'inconcevable incurie livra le pays à une restauration, bientôt suivie d'une double invasion.

Là, peut-être, est la condamnation des principes que Van Praet a admis et qui ne me semblent pas justifiés par sa manière de traiter l'histoire. Il me parait perdre trop de vue les masses, les principes, pour ne s'occuper que d'individualités; jugeant avec sévérité les fluctuations des multitudes et leurs passions, il évite de s'en occuper. Il préfère se complaire dans l'étude et l'appréciation de ceux qui ont joué un grand rôle. Il leur attribue, semble-t-il, une influence trop considérable et ne tient pas assez compte de l'art avec lequel ils ont su obéir aux aspirations de leur entourage. « Les efforts peu visibles, dit-il (1), » mais persévérants d'un petit groupe d'hommes influents » comptent souvent pour beaucoup dans l'accomplisse- » ment d'un fait d'importance majeure. C'est, dit-on, la » différence de l'histoire à la politique, qui doit tenir » compte d'une foule de choses que l'histoire oublie. » L'une regarde de loin, l'autre de près. »

(1) T. III, p XVII.

Il nous en coûte de venir à l'encontre d'une appréciation émise par un homme si autorisé. Mais ici il me semble donner à tort à la politique un rôle préférable à l'histoire. La première a trop souvent recours à des expédients dont le succès est momentané et qui donnent tort, en apparence, aux conjectures les plus fondées. Mais l'histoire juge de haut. Feuilletez-en les pages, vous y rencontrerez peu d'établissements durables élevés sur la base de la violence et l'iniquité. Tôt ou tard l'emploi de ces moyens rencontre son châtiment, et l'on ne peut promener ses yeux sur le globe sans y constater que les peuples les plus puissants et, autant qu'on puisse le constater (car en beaucoup de pays la constatation n'est pas permise ou n'est qu'apparente), les plus heureux sont ceux qui jouissent d'institutions équitables. L'histoire est l'éternelle justification des idées de progrès.

Si je me suis attaché à l'idée première des *Essais* de Van Praet, c'est que leur haute valeur appelle un examen approfondi. Plusieurs critiques de valeur (1) s'en sont déjà occupés spécialement et en ont fait ressortir les mérites à divers points de vue. N'est-il pas pénible de penser que ce fut en travaillant assidûment à son troisième volume que l'éminent vieillard contracta une fatigue excessive de la vue, qui alla toujours en augmentant et le priva du plaisir qu'il trouvait à lire, à se promener, à prendre enfin ces délassements qui constituent une nécessité pour l'homme de cabinet.

(1) MM. de Laveleye dans la *Revue de Belgique;* Alphonse Le Roy dans le *Journal de Liège*, n° du 28 janvier 1884; Deschamps dans le *Journal de Bruxelles*, des 25 et 26 janvier 1884.

Il avait réuni dans sa demeure de la rue Ducale (n° 13) une belle collection de tableaux, formée surtout d'après les conseils de M. Arthur Stevens, le frère des deux peintres du même nom, Alfred et Joseph. L'école française moderne, cela se comprend, y tenait la première place. On y compte sept Meissonier, parmi lesquels la *Barricade* et le portrait du peintre, don de l'artiste lui-même; quatre Millet, dont la *Gardeuse de moutons;* trois Troyon : le *Valet de chasse,* une *Plage,* les *Vaches à l'abreuvoir;* deux Jules Dupré : la *Vanne* et le *Pêcheur;* quatre Théodore Rousseau, quatre Delacroix, quatre Descamps, un Fromantin, la *Halte dans le désert;* un Corot, *Ville-d'Avray*, et un Bonington, la *Convalescente.* Citons en outre sept portraits : *Bartolini,* par Ingres; *Walter Scott,* par Wilkie; *Louis XIV,* par Largillière; *Béranger,* par A. Scheffer; le *général Palafox,* par Goya; une *Dame anglaise,* par Gainsborough; une *Famille,* par Louis David. L'école belge est représentée par des œuvres des deux Stevens, de Gallait, de Madou, de Willems, de Leys, de De Groux, de Marie Colart, de Portaels, de Wappers, de de Knyff. Il y a en outre des aquarelles et des dessins.

Au milieu de ces richesses, le ministre de la maison du roi vivait modestement et simplement. Outre son beau-frère Devaux et son neveu, il affectionnait particulièrement M. Dolez et M. le comte de Marnix, mais peu à peu ses vieux amis disparurent et le vieillard connut l'isolement au milieu d'une génération à qui, partout, son nom inspirait un profond respect. Il recevait volontiers ceux qui désiraient voir ses tableaux et se montrait plein d'obligeance et d'affabilité à ceux qui avaient besoin de son intervention. On cite de lui plus d'un acte de générosité et de délicatesse, et cela se comprend : il ne connaissait ni l'avidité, qui pousse à s'enrichir par tous les moyens, ni l'ambition, qui aspire constamment à de nouveaux honneurs. On ne trouva jamais son nom mêlé à aucune entreprise, à aucune spéculation. Il avait quelque fortune et le roi Léopold Ier, en mourant, avait constitué à son profit une rente annuelle de 20.000 francs, que Mgr le comte de Flandre était chargé de payer.

Notre collègue n'a jamais revendiqué aucun titre et ne fut jamais que chevalier de l'ordre de Léopold, mais il ne put refuser les distinctions dont les souverains étrangers se plurent à le gratifier. Il était grand-cordon des ordres de Léopold d'Autriche et de l'Aigle blanc de Russie, grand-croix des ordres du Mérite civil de Saxe, du Lion de Zaehringen, de Saint-Michel de Bavière, de la Légion d'honneur, de l'Étoile polaire de Suède, de Charles III d'Espagne, de Saint-Janvier de Naples, de la Branche Ernestine de la maison de Saxe et de Saint-Joseph de Toscane; officier de l'ordre de la Tour et de l'Épée de Portugal, de l'ordre ottoman du Nichan, commandeur de l'ordre de Saint-Étienne de Hongrie.

Jules Van Praet fit partie de ce groupe remarquable qui consacra toutes ses forces à la fondation de la nationalité belge. Honorables entre toutes, ces grandes figures : Van Praet, Devaux, Joseph Lebeau, Charles Rogier, Sylvain Van de Weyer, sont restées entourées d'une auréole de talent et de désintéressement que rien n'est venu ternir. Toujours conséquents, ces hommes de 1830 ont conservé fidèlement les convictions qui avaient influencé leurs jeunes années et tracé leur route dans la carrière des honneurs. Les plus grandes distinctions les ont laissés modestes dans leurs goûts, fermes dans leurs principes, dévoués à la cause qu'ils avaient embrassée. Ils formaient autour de Léopold Ier et ont longtemps formé autour de son auguste fils une sorte de garde où se perpétuait l'attachement aux grandes institutions du pays.

Peu à peu ils sont tombés. Madame Devaux était morte depuis 1869, son mari la suivit en 1880, puis Van Praet perdit son neveu Jules Devaux, pour lequel il éprouvait la plus vive affection, et qui succomba pendant un voyage en Suisse, en 1886. Van Praet n'avait jamais voulu se marier; resté seul, le vieillard consentit enfin à quitter sa demeure et alla habiter le boulevard de Waterloo, nº 46, chez ses neveux : M. Georges Devaux, ministre résident en disponibilité, et Mlle Pauline Devaux, qui se plaisaient à l'entourer de soins et de prévenances. Son état étant devenu des plus graves, notre Roi, Sa Majesté Léopold II, et Sa Majesté la Reine firent une dernière visite au conseiller dévoué dont ils appréciaient les services à une si haute valeur, mais ils le trouvèrent dans un état complet d'affaissement. Le lendemain, 28 décembre 1887, il rendait le dernier soupir à l'âge de 81 ans et 6 mois.

Le lundi 2 janvier 1888, les funérailles de Van Praet eurent lieu avec un éclat inaccoutumé. Le Roi aurait désiré en payer la dépense, mais la famille, voulant témoigner de sa reconnaissance pour le chef illustre qu'elle perdait, demanda qu'on lui laissât ce soin. Plusieurs discours furent prononcés à la maison mortuaire : le premier par le comte de Borchgrave d'Altena, secrétaire du Roi; le deuxième par M Beernaert, ministre des

Finances; le troisième par M. Frère-Orban, ministre d'État et membre de la Chambre des Représentants (1). L'auteur de la présente notice avait préparé un discours pour parler au nom de l'Académie, mais l'affluence du monde ne lui permit pas de pénétrer jusqu'à la chambre où reposait le défunt (2). D'ailleurs, le temps pressait; le Roi, voulant donner à son vieux conseiller une marque publique de ses vifs regrets, s'était rendu à l'église de Notre-Dame du Sablon, où un service funèbre était préparé. Le cortège, dans lequel S. A. R. le comte de Flandre et son fils S. A. R. le prince Baudouin allaient à pied, suivis de l'élite de la population, y conduisit le corps, qui fut ensuite transporté à Laeken, dans un caveau de famille.

On ne peut mieux faire, afin de donner une idée de l'unanimité des sentiments inspirés par l'honorable défunt, que de reproduire des fragments de ce que dirent en cette occasion les chefs autorisés des deux grandes opinions entre lesquelles se partage la nation.

Le chef du cabinet, M. Beernaert, après avoir rapidement passé en revue l'existence du Ministre de la Maison du roi, termina par ces mots :

» Messieurs, un mot synthétise cette belle existence, ce » mot c'est patriotisme. M. Van Praet n'a jamais songé à » lui-même, pas de jalousie, pas d'ambition personnelle, » pas de désir des honneurs, de la richesse ou de cette

(1) Voir le *Moniteur belge* du 4 janvier 1884.

(2) Inséré dans l'*Indépendance belge* et le *Moniteur belge* du même jour, ce discours a été reproduit dans le *Bulletin de l'Académie*, nº de janvier 1888.

» fumée de gloire qui, pour quelques-uns, tient lieu de » tout. Mais devant ses yeux un seul but, toujours le » même, le bien du pays, ses progrès en dedans, l'éta- » blissement de plus en plus solide de sa réputation » européenne. Voilà ce qui fait l'unité de cette belle et » noble vie, voilà la leçon que nous y devons trouver, » leçon qu'un long demi-siècle de prospérité doit rendre » plus précieuse ».

De son côté, M. Frère-Orban, après avoir rappelé combien était grande l'impartialité de son vieil ami, s'exprima en ces termes :

« C'est dans ces conditions qu'il a été permis de juger » de sa droiture, de sa justice, de son désir de bien faire, » de sa fermeté pleine de douceur, de sa discrétion à » toute épreuve et de son inaltérable dévouement.

» Il avait acquis le droit, par ses services et son dévoue- » ment, de faire entendre partout la vérité, et il accom- » plissait ce devoir, souvent difficile, sans être jamais » arrêté par la crainte de déplaire ; c'est par là que l'ami » veritable se révélait.

» Tout semble avoir été dit et bien peu cependant a été » dit, en réalité, sur l'œuvre si considérable, intérieure et » extérieure, à laquelle il a participé pendant sa belle » vie. Il faut longtemps pour que l'histoire se fasse. Mais » l'heure viendra où une justice éclatante le fera sortir » de l'ombre dans laquelle il s'est constamment maintenu, » et son nom grandira dans le souvenir de la Belgique » reconnaissante ».

Toute la presse belge et, à l'étranger, une foule de journaux, se plurent à exprimer d'unanimes regrets de la mort d'un homme qui, après avoir parcouru une si longue carrière et occupé des fonctions aussi difficiles, ne laissait que les souvenirs les plus honorables. Son nom, que l'Académie royale de Belgique s'honore d'avoir pu inscrire parmi ceux de ses membres, restera entouré d'honneur et d'estime, et la Belgique comptera au nombre de ses plus glorieux enfants cet écrivain, qui sut mériter et conserver la confiance de deux rois, sans avoir inspiré à la nation entière d'autres sentiments que des sentiments de haute considération (1).

ALPHONSE WAUTERS.

(1) En terminant cette notice, je dois remercier la famille de M. Théodore Juste, qui a bien voulu, pour faciliter mon travail, communiquer à l'Académie les notes rassemblées par M. Juste, qui s'était d'abord chargé d'écrire la présente notice et en fut empêché par la mort.

Nos remerciements aussi à M. Devaux, à qui je dois de précieux renseignements. J'ai de plus utilisé le travail de M. le baron de Haulleville, qui a paru dans la *Revue générale* (Bruxelles, 1888, gr. in-8°).

LISTE

DES

SOCIÉTÉS, ÉTABLISSEMENTS ET RECUEILS PÉRIODIQUES, AVEC LESQUELS L'ACADÉMIE EST EN RELATION.

La lettre A, placée à la suite du nom d'une société, etc., signifie que celle-ci reçoit toutes les publications de l'Académie.

B signifie qu'elle reçoit les *Bulletins* et l'*Annuaire*.
» M » » les *Memoires*.
» C » » le *Compte rendu* des séances de la Commission d'histoire.
» K » » les *Chroniques* publiées par cette Commission.
» E » » les *OEuvres des grands écrivains du pays* (1).
» N » » la *Biographie nationale*.

EUROPE.

BELGIQUE.

Anvers. . . . . Académie d'archéologie. BMN.
Académie royale des beaux-arts. E.
Archives communales. BCK.
Archives provinciales. M.

(1) Il n'a plus rien été publié de ces travaux depuis 1885.

Anvers. . . . . Athénée royal. BM.
Bibliothèque communale. BMCKE.
Société de géographie. B.
Société de médecine. B.
Société de pharmacie. B.

Arlon . . . . . . Archives de l'État. CKE.
Athénée royal. BM.
Bibliothèque communale. BMCKE
Société archéologique. CK.

Ath. . . . . . . Athénée royal. BM.
Bibliothèque communale. BMCKE.

Audenarde . . Bibliothèque communale. MCKE.

Bruges . . . . Archives de l'État. BCKE.
Athénée royal. BM.
Bibliothèque communale. BMCKE.
Séminaire de Bruges. CK.
Société archéologique. C.
Société d'émulation. BMCKN.

Bruxelles . . . Abeille (l'). B.
Académie royale de médecine. BMC.
Académie royale des Beaux-arts. B.
Annales de médecine vétérinaire. B.
Annales d'oculistique. B.
Annales des travaux publics. BM.
Archives générales du royaume. BMCKE.
Association belge de photographie. B.
Athénée royal. BM.
Bibliothèque de Sa Majesté le Roi. A.
Bibliothèque du Comte de Flandre. BMCKEN.
Bibliothèque royale. A.
Bibliothèque royale : Section des manuscrits. BM.
Bollandistes (les). BMCKFN.
Chambre des Représentants. BMCKE.
Commission centrale de statistique. BMCK.

lles. . . Commission des échanges internationaux. A.
Commission royale des monuments. BCE.
Commissions royales d'art et d'archéologie. H.
Conseil de perfectionnement de l'enseignement moyen. B.
Conservatoire royal (Annuaire).
Cour d'appel. BCK.
Cour de cassation. BMCK.
Cour de cassation (Parquet). BM.
Cour des comptes. CK.
École de médecine vétérinaire. BM.
École militaire. BM.
Ministère des Affaires Étrangères : Biblioth. CKE.
Ministère de l'Agriculture, de l'Industrie et des Travaux publics :
a) Bibliothèque centrale. BMCKE.
b) Bibliothèque de la direction de l'agriculture. B.
c) Biblioth. de la direction des Ponts et Chaussées. BM.
Ministère de l'Intérieur et de l'Instruction publique :
a) Bibliothèque centrale. BMCKE.
b) Biblioth. de la direction des beaux-arts. BME.
c) Biblioth. de la direction des lettres et des sciences. B.
d) Bibliothèque du Cabinet du Ministre. F.
Ministère des Chemins de fer, Postes et Télégraphes : Biblioth. BMCK.
Ministère des Finances : Bibliothèque. BMCKE.
Ministère de la Guerre : BMCKE.
Ministère de la Justice : Bibliothèque. BMCKE
Moniteur belge. BM.
Moniteur industriel belge. BM (in-8°).
Musée royal d'antiquités. E.
Musée de l'industrie (École industrielle). B.

Bruxelles . . . Musée royal d'histoire naturelle. BM.
Musée royal de peinture. BM.
Musée scolaire national. B.
Observatoire royal. BMCKE.
Presse médicale belge (la). B.
Sénat. BMCKE.
Société d'anthropologie de Bruxelles. B.
Société centrale d'architecture. BC.
Société royale de botanique. BM.
Société belge d'électriciens. B.
Société entomologique. B.
Société royale belge de géographie. B.
Société belge de géologie, de paléontologie et d'hydrologie. B.
Société royale malacologique. BM.
Société belge de microscopie. B.
Société royale de médecine publique de Belgique. B.
Société royale de numismatique. B.
Société royale de pharmacie. B.
Société des sciences médicales et naturelles. BM.
Tribunal de 1re instance. BM.
Université libre. BMCKE.
Charleroi . . . Bibliothèque communale. E.
Athénée royal. BM.
Société paléontologique et archéologique. BCKE.
Chimay . . . . Athénée royal. BM.
Bibliothèque communale. CKE.
Courtrai. . . . Bibliothèque communale. MCKE.
Eecloo . . . . . Bibliothèque communale. E.
Enghien . . . . Cercle archéologique. BC.
Furnes. . . . . Bibliothèque communale. CKE.
Gand . . . . . Koninklijke vlaamsche Academie van taal- en letterkunde. A.
Archives de l'État. BMCKE.

Gand. . . . Athénée royal. BM.
Cour d'appel. MC.
Messager des sciences historiques. B.
Revue de l'Instruction publique. B.
Séminaire. CK.
Société académique d'histoire. C.
Société de médecine. B.
Université. BMCKE.
Willems-Fonds. BN.

Gembloux. . . Institut agricole de l'État. BM.

Hasselt . . . . Archives de l'État. CKE.
Athénée royal. BM.
Bibliothèque communale. BMCKE.
Société des mélophiles. B.

Huy . . . . . . Athénée royal. BM.
Bibliothèque populaire. BM.
Cercle hutois des Sciences et des Beaux-Arts C.

Ixelles. . . . . Athénée royal. BM.

Liège. . . . . . Archives de l'État. BCKE.
Athénée royal. BM.
Bibliothèque communale. B.
Cour d'appel. C.
École normale des humanités. BM.
École normale primaire d'institutrices, de l'État :
Section normale moyenne. B.
Écho vétérinaire (l'). B.
Institut archéologique. BN.
Scalpel (le). B.
Séminaire. CK.
Société d'émulation. BMN.
Société des bibliophiles liégeois. B.
Société des étudiants libéraux, à l'Université. B.
Société géologique de Belgique. BM.
Société médico-chirurgicale. B.

Liège. . . . . Société royale des sciences. BM.
Université. BMCKE.
Lierre . . . . . Bibliothèque communale. E.
École normale de l'État. BMCKE.
Lokeren . . . . Bibliothèque communale. E.
Louvain . . . . Analectes pour servir à l'histoire ecclésiastique de la Belgique. C.
Athénée royal. BM.
Bibliothèque communale. E.
Société littéraire. BN.
Université catholique. BMCKE.
Malines . . . . Athénée royal. BM.
Bibliothèque communale. BMCKE.
Grand Séminaire. BMCKE.
Mons. . . . . . Archives de l'État. BMCKE.
Athénée royal. BM.
Bibliothèque communale. BMCKE.
Cercle archéologique. BC.
École normale. E.
Société des sciences, arts et lettres. BMCN.
Namur. . . . . Archives de l'État. CKE.
Athénée royal. BM.
Bibliothèque communale. } A.
Société archéologique. } A.
Séminaire. CK.
Nieuport . . . Bibliothèque communale. E.
Nivelles . . . . École normale de l'État. BMCKE.
Société archéologique. E.
Ostende . . . . Athénée royal. BM.
Bibliothèque communale. BMCKE.
Saint-Nicolas. Bibliothèque communale. E.
Cercle archéologique du pays de Waes. BCKEN.
Saint-Trond . Bibliothèque communale. B.
Termonde. . . Bibliothèque communale. BMCKE.

Tirlemont. . . Bibliothèque communale. CKE.
Tongres . . . . Athénée royal. BM.
Société scientifique et littéraire. BCKN.
Tournai . . . . Archives de l'État. BMCKE.
Athénée royal. BM.
Bibliothèque communale. BMCKE.
Séminaire. CK.
Société historique et littéraire. BCKN.
Verviers. . . . Athénée royal BM.
Bibliothèque communale. BMCKE.
Ypres . . . . . Bibliothèque communale. BMCKE.
Société archéologique et littéraire. CK.

ALLEMAGNE.

Altenbourg. . Naturforschende Gesellschaft des Osterlandes. B.
Bamberg . . . Naturforschende Gesellschaft. B.
Berlin . . . . . Akademie der Wissenschaften. BMKN.
Archiv der Mathematik und Physik. B.
Archives de l'État. CK.
Archæologische Gesellschaft. B.
Königliche Bibliothek. M.
Berliner Gesellschaft für Anthropologie, Ethnologie und Urgeschichte. B.
Deutsche chemische Gesellschaft. B.
Deutsche geologische Gesellschaft. B.
Gesellschaft für Erdkunde. B.
Gesellschaft naturforschender Freunde. B.
Geologische Landesanstalt und Berg-Akademie B.
Légation belge. K.
K. preuss. meteorologische Institut. B.
Physikalische Gesellschaft. B.
Physiologische Gesellschaft. B.

Berlin . . . Sternwarte. B.
Universität. K.
Bonn. . . . . . Naturhistorischer Verein der preussischen Rheinlande und Westphalens. B.
Rhenisches Museum. K.
Universität. BMK.
Verein von Alterthumsfreunden im Rheinlande. B.
Brême. . . . . Naturwissenschaftlicher Verein. B.
Breslau . . . . Gesellschaft für vaterländische Cultur. BM.
Verein für Geschichte und Alterthum Schlesiens. B.
Brunswick . . Verein für Naturwissenschaft. B.
Carlsruhe. . . Archives du Grand-Duché de Bade. CK.
Naturwissenschaftlicher Verein. B.
Cassel. . . . . Verein für Naturkunde. B.
Colmar. . . . . Société d'histoire naturelle. B.
Dantzig . . . . Naturforschende Gesellschaft. BM.
Darmstadt. . . Bibliothek. B.
Verein für Erdkunde. B.
Dresde. . . . . Königliche Bibliothek. CK.
Gesellschaft für Natur- und Heilkunde. B.
Verein für Erdkunde. B.
Dürkheim . . . Naturwissenschaftlicher Verein der Rheinpfalz. B.
Dusseldorf . . Archives provinciales. CK.
Erlangen . . . Physikalisch-medizinische Societät. BM.
Francfort s/M. Physikalischer Verein. BM.
Senckenbergische naturforschende Gesellschaft. BM.
Fribourg (*Bade*). Naturforschende Gesellschaft. B.
Universität. K.
Fulda . . . . . Verein für Naturkunde. B.
Giessen . . . . Oberhessische Gesellschaft für Natur- und Heilkunde. B.
Universität. KM.
Görlitz. . . . . Oberlausitzische Gesellschaft der Wissenschaften. K.

Gotha . . . . . Bibliothek. CK.
Geographische Anstalt von J. Perthes. BM.
Göttingen . . . Gesellschaft der Wissenschaften. BMK.
Sternwarte. B.
Universität. K.
Halle. . . . . . Leopoldino-Carolinische deutsche Akademie der Naturforscher. BM.
Naturwissenschaftlicher Verein für Sachsen und Thüringen. BM.
Verein für Erdkunde zu Halle a/Saale. B.
Universität. K.
Hambourg. . . Naturwissenschaftlicher Verein. BM.
Hanau. . . . . Wetterauische Gesellschaft für die gesammte Naturkunde. B.
Hanovre. . . . Historischer Verein für Niedersachsen. C.
Heidelberg. . . Naturhistorisch-medizinischer Verein. B.
Universität. BMCK.
Iéna . . . . . . Medizinisch-naturwissenschaftliche Gesellschaft. B.
Universität. K.
Kiel . . . . . . Gesellschaft für die Geschichte der Herzogthümer Schleswig, Holstein und Lauenburg. BC
Universität. B.
Königsberg . . Physikalisch-ökonomische Gesellschatt. BM.
Universität. MCK.
Leipzig . . . Astronomische Gesellschaft. BM.
Beiblätter zu den Annalen der Physik und Chemie. B.
Gesellschaft der Wissenschaften. BM.
Verein für Erdkunde. B.
Universität. K.
Zoologischer Anzeiger. B.
Leisnig. . . . . Geschichts- und Alterthums-Verein. B.
Magdebourg Naturwissenschaftlicher Verein. B.

Marbourg . . . Jahresbericht über die Fortschritte der chemie. B.
Universität. BM.

Metz . . . . . . Académie des lettres, sciences, arts et agriculture. BM.

Munich . . . . Akademie der Wissenschaften. BMKN.
Königl. Hof- und Staats-Bibliothek. BMC.
Repertorium der Physik. B.
Sternwarte. B.
Universität. K.

Munster . . . . Westfalischer provinzial-Verein für Wissenschaft und Kunst. B.

Neisse . . . . . Philomathie. B.

Nuremberg . . Germanisches Nationalmuseum. BMC.

Ratisbonne . . Bayerische botanische Gesellschaft. BM.
Naturwissenschaftlicher Verein (ci-devant Zoologisch-mineralogischer Verein). B.
Société historique du Haut-Palatinat. C.

Strasbourg . . Kaiserl. Universitäts- und Landesbibliothek. BMCK.
Société des sciences, agriculture et arts de la Basse-Alsace. B.

Stuttgart. . . . Königliche Bibliothek. BMCK.
Verein für vaterländische Naturkunde in Württemberg. B.

Thorn . . . . . Coppernicus-Verein f. Wissenschaft u. Kunst. B.

Tübingen . . . Universität. BMK.

Ulm . . . . . . Verein für Kunst und Alterthum in Ulm und Oberschwaben. B.

Wiesbaden . . Verein für Naturkunde. B.

Wurzbourg . . Historischer Verein von Unterfranken und Aschaffenburg. C.
Physikalisch-medizinische Gesellschaft. B.
Universität. K.

AUTRICHE-HONGRIE.

Brunn. . . . . Naturforschender Verein. B.
Budapest. . . Magyar tudomanyos Akademia. BM.
Bureau de statistique. B.
Institut royal hongrois de géologie. BM.
Universität. BM.
Cracovie . . . Académie des sciences. BM.
Gratz. . . . . . Historischer Verein für Steiermark. B.
Naturwissenschaftlicher Verein für Steiermark. B.
Universität. BM.
Inspruck . . . Ferdinandeum für Tirol und Vorarlberg. BM.
Klagenfurt . . Naturhistorisches Landes-museum von Kärnten. B.
Lemberg (*Leopol*) Institut Ossolinski. BMCK.
Löcse. . . . . . Ungarischer Karpathenverein. B.
Prague. . . . . Böhmische Gesellschaft der Wissenschaften. BM.
Société mathématique. B.
Sternwarte. B.
Trieste. . . . . Museo civico di storia naturale di Trieste. BM.
Società adriatica di scienze naturali. B.
Vienne. . . . . Akademie der Wissenschaften. BMCN.
Anthropologische Gesellschaft. B.
Central-Anstalt für Meteorologie und Erdmagnetismus. B.
Geographische Gesellschaft. B.
Geologische Reichsanstalt. BM.
Ministerium für Cultur und Unterricht. CK.
Naturhistorisches Hofmuseum. B.
Sternwarte. B.
Universität. CK.
Verein zur Verbreitung naturwissenschaftlicher Kenntnisse. B.
Von Kuffner'schen Sternwarte. B.

Vienne . . . . Zoologisch-botanische Gesellschaft. B.

DANEMARK.

Copenhague. . Det kongelige danske Videnskabernes Selskab BMKN.
Institut météorologique danois. B.
Société royale des antiquaires du Nord. B.

ESPAGNE.

Madrid . . . . Academia de ciencias. BMN.
Academia de ciencias morales y politicas. B.
Academia de la historia. BMCKN.
Academia de jurisprudencia y legislacion. B
Sociedad geográfica. B.
San-Fernando. Academia de bellas artes. B.
Instituto y Observatorio de marina. B.

FRANCE.

Abbeville . . . Société d'émulation. B.
Amiens . . . . Bibliothèque de la ville. K.
Société des antiquaires de Picardie. BMN.
Société industrielle. B.
Société linnéenne du Nord de la France. B.
Angers . . . . Société d'agriculture, sciences et arts (ancienne Académie d'Angers). B.
Société industrielle et agricole. BM.
Arras . . . . . Académie des sciences, lettres et arts. B.
Commission départementale des monuments historiques et antiquités du Pas-de-Calais. B.

Besançon . . . Académie des sciences, belles-lettres et arts. B.
Bibliothèque publique. K.
Société d'émulation du Doubs. BM.
Bordeaux. . . Académie des sciences, belles-lettres et arts. B.
Société des sciences physiques et naturelles BM.
Société linnéenne. BM.
Boulogne s/M. Bibliothèque de la ville. K.
Caen. . . . . . Académie nationale des sciences, arts et belles-lettres B.
Société linnéenne de Normandie. B.
Cambrai . . . Société d'émulation. BMN.
Châlon s/S. . . Société d'histoire et d'archéologie. CK.
Chambéry. . . Société savoisienne d'histoire et d'archéologie B.
Cherbourg. . . Société des sciences naturelles. B.
Dax . . . . . . Société de Borda. B.
Dijon. . . . . . Académie des sciences, arts et belles-lettres. BM.
Archives générales du département de la Côte-d'Or. B.
Douai.. . . . . Bibliothèque de la ville. KC.
Société d'agriculture, de sciences et d'arts BMCKN.
Dunkerque . . Société pour l'encouragement des sciences, des lettres et des arts. B.
Le Havre . . . Société d'études diverses. B.
Lille. . . .. . . Archives générales du département du Nord BMCK.
Comité flamand de France. C.
Société des architectes du Nord de la France B.
Société des sciences, de l'agriculture et des arts. BMN.
Société géologique du Nord. B.
Limoges. . . . Société archéologique et historique du Limousin. B.
Lyon. . . . . . Académie des sciences, belles-lettres et arts. B.
Société académique d'architecture. B.

Lyon . . . . . . Société d'agriculture, histoire naturelle et arts utiles. BM.
Société linnéenne. B.

Marseille . . . Société scientifique industrielle. B.

Montpellier . . Académie des sciences et lettres. BM.
Bibliothèque publique. K.

Nancy . . . . . Académie de Stanislas. BM.
Société des sciences. BM.

Paris. . . . . . Académie nationale de médecine. BM.
Archives nationales. CK.
Bibliothèque de l'Arsenal. K.
Bibliothèque de la Sorbonne. K.
Bibliothèque Mazarine. K.
Bibliothèque nationale. MK.
Bibliothèque Sainte-Geneviève. K.
Bulletin scientifique de la France et de la Belgique (Giard). B.
Corps législatif. K.
Cosmos, revue des sciences. B.
Département des manuscrits de la Bibliothèque nationale. K.
École des chartes. K.
École libre des sciences politiques. B.
École normale supérieure. BMCK.
École polytechnique. BM.
Institut de France. BMCKN.
Journal de l'Agriculture. B.
Journal des savants. CK.
Ministère des Affaires Étrangères. K.
Ministère de la Guerre. K
Ministère de l'Instruction publique et des cultes. CK.
Comité des Travaux historiques institué près le Département de l'Instruction publique. K.
Commission du Répertoire des Travaux historiques de France. B.

Paris. . . . . . Moniteur scientifique. B.
Musée Guimet. B.
Muséum d'histoire naturelle. BM.
Nature (la). B.
Polybiblion (le). B.
Progrès médical (le). B.
Revue britannique. BM.
Revue des questions historiques. BC.
Revue internationale de l'Électricité et de ses applications. B.
Revue scientifique, et Revue politique et littéraire. BM.
Semaine des constructeurs (la). B.
Société académique indo-chinoise de France. BM.
Société nationale d'agriculture de France. B.
Société d'anthropologie. B.
Société nationale des antiquaires. B.
Société de biologie. B.
Société des études historiques. B.
Société de l'histoire de France. BCNK.
Société de géographie. B.
Société géologique de France. BM.
Société mathématique. B.
Société météorologique de France. B.
Société philomatique. B.
Société zoologique de France. B.

Reims . . . . . Académie nationale. B.
Bibliothèque de la ville. K.

Rouen . . . . . Académie des sciences, belles-lettres et arts. B.
Société d'émulation de la Seine-Inférieure. B.
Société des amis des sciences naturelles. B.

Saint-Omer. . Société des antiquaires de la Morinie. BCK.

Soissons . . . . Société archéologique, historique et scientifique. B.

Solesmes. . . Bibliothèque de l'abbaye. MCK.

Toulouse. . . . Académie de législation. B.
Société archéologique du midi de la France. B.
Toulouse . . . Société d'histoire naturelle. B.
Valenciennes. Société d'agriculture, sciences et arts. BMC.

GRANDE-BRETAGNE ET IRLANDE.

Birmingham. . Philosophical Society. B.
Cambridge. . . Philosophical Society. BM.
Dublin . . . . . Royal Dublin Society. B.
Royal irish Academy. BMN.
Royal geological Society of Ireland. B.
Édimbourg . . Botanical Society. B.
Geological Society. B.
Laboratory of the royal College of physicians. B.
Royal physical Society. B.
Royal Society. BMN.
Glasgow. . . . Geological Society. B.
Biological Society. B.
Philosophical Society. B.
Liverpool. . . . Literary and philosophical Society. B.
Londres . . . . Anthropological Institute. BM.
British Museum (Natural history). BM
Chemical Society. B.
Entomological Society. BM.
Geological Society. BM.
House of Commons. CK.
Institute of royal british Architects. B.
Institute of civil Engineers. BM.
Institution of mechanical Engineers. B
Iron. B.
Linnean Society. BM.
London Library. K.

Londres . . . . Mathematical Society. B.
Meteorological Society. B.
Microscopical Society. B.
Museum of practical Geology. BM.
Nature. B.
Numismatic Society. B.
Public Record Office. KE.
Royal asiatic Society. BM.
Royal astronomical Society. BM
Royal geographical Society. BM.
Royal Greenwich Observatory. B.
Royal historical Society of Great-Britain B.
Royal Institution of Great Britain. BM
Royal Society. BMN.
Royal Society of antiquaries. BMK.
Royal statistical Society. B.
Society for psychical research. B.
Zoological Society. BM.
Manchester . . Philosophical and literary Society. BM.
Newcastle-upon-Tyne. Institute of mining and mechanical engineers. B.
Oxford. . . . . Radcliffe Observatory. B.

GRÈCE.

Athènes . . . . Bibliothèque nationale. K.
Chambre des Députés. BMK.
Société littéraire « Le Parnasse. » B.

ITALIE.

Arezzo . . . . . Accademia Petrarca di scienze, lettere ed arti. B.
Bologne. . . . . Accademia delle scienze dell' Istituto. BM.
Brescia. . . . . Ateneo. B.

Florence. . . . Bibl. nazionale (R. Istituto di studi superiori). B.
Museo di fisica e storia naturale. BM.
Rivista scientifico-industriale. B.
Società entomologica italiana. B.
Lucques . . . Accademia di scienze, lettere ed arti. BM.
Mantoue . . . . Accademia Virgiliana. B.
Milan. . . . . . Accademia fisio, medico-statistica. B.
Istituto lombardo di scienze e lettere. BM.
Società crittogamologica italiana. B.
Società italiana di scienze naturali. BM.
Modène. . . . . Accademia di scienze, lettere ed arti. BM.
Società dei naturalisti. B.
Naples . . . . . Società Reale. BMN.
Station zoologique. BM.
Padoue . . . . Società veneto-trentino di scienze naturali. B
Palerme. . . . Accademia di scienze lettere ed arti. BM.
Circolo matematico. B.
Reale Scuola superiore d'agricoltura. B.
Società di scienze naturali ed economiche. B.
Pesaro. . . . . Accademia agraria. B.
Pise . . . . . . Scuola normale superiore. B
Società toscana di scienze naturali. B.
Portici. . . . . R. Scuola superiore d'agricoltura. B.
Rome. . . . . . Accademia dei Lincei. BMN.
Accademia pontificia de' Nuovi Lincei. BM.
Biblioteca nazionale centrale Vittorio Emanuele. B
Bibliothèque du Vatican. K.
Bullettino del vulcanismo italiano. B.
Comitato geologico d'Italia. B.
Comitato di artiglieria e genio. B.
École française. K.
Ministero dei Lavori pubblici : Biblioteca e Archivio tecnico. B.
Società italiana delle scienze (dite des XL). BM.

Rome . . . . . Società romana di storia patria. CK.
Stazione chimico agraria. B.
Turin . . . . . Accademia reale delle scienze. BMN.
Deputazione sovra gli studi di storia patria. K.
Venise . . . . . Istituto veneto di scienze, lettere ed arti. BM.
Vérone . . . . . Accademia d'agricoltura, commercio ed arti. B.
Vicence. . . . . Accademia olimpica. B.

PAYS-BAS ET LUXEMBOURG.

Amsterdam. . Université (ci-devant : Athénée illustre). N.
Koninkl. Akademie van wetenschappen. BMCKN.
Zoolog. Genootschap « Natura Artis magistra. » BM.
Bois-le-Duc. . Genootschap van kunsten en wetenschapp. BMK.
Delft. . . . . . École polytechnique. B.
Groningue. . Université. CK.
Harlem. . . . . Hollandsche Maatschappij der Wetenschapp. BMF.
Teyler museum. BM.
La Haye. . . . Koninklijke bibliotheek. A.
Entomologische Vereeniging. B.
Instituut voor de taal- land- en volkenkunde van Nederlandsch Indië. B.
Leeuwarden. . Friesch Genootschap van geschied- oudheid- en taalkunde. F.
Leyde. . . . . . Maatschappij der nederlandsche Letterkunde. B.
Nederlandsche dierkundige Vereeniging. B.
Observatorium. B.
Universiteit. BMK.
Luxembourg. . Institut royal grand-ducal : *a.* Section historique. BMCKN. *b.* Section des sciences. BM.
Maestricht . . Société historique et archéologique. BC.
Bibliothèque des Archives du Duché de Limbourg. CK.

Middelbourg. . Zeeuwsch Genootschap van wetenschappen. B.
Rotterdam. . . Bataafsch Genootschap der proefondervindelijke wijsbegeerte. BM.
Utrecht. . . . . Genootschap van kunsten en wetenschappen. BM.
Historisch Genootschap. BCKN.
Universiteit. K.

PORTUGAL.

Lisbonne. . . Academia real das sciencias. BMKN.
Observatorio do Infante don Luiz. B.

ROUMANIE.

Bucharest. . . Institut météorologique. B.

RUSSIE.

Dorpat . . . . . Dorpater Naturforscher Gesellschaft. B.
Universität. BM.
Helsingfors . . Société de géographie finlandaise. B.
Société finlandaise des sciences. BM.
Societas pro fauna et flora Fennica. B.
Kazan . . . . . Université. BM.
Mitau . . . . . Kurländ. Gesellschaft für Literatur und Kunst. B.
Moscou . . . Musées public et Roumiantzow. BM.
Société impériale d'agriculture. B.
Société impériale des amis d'histoire naturelle, d'anthropologie et d'ethnographie, attachée à l'Université. BM.
Société impériale des naturalistes. BM.
Odessa. . . . . Société des naturalistes de la Nouvelle-Russie. B.
Poulkova . . . Observatoire impérial. B.

St-Pétersbourg. Académie impériale des sciences. BMN.
Bibliothèque impériale. BM.
Comité géologique à l'Institut des Mines. BM.
Commission impériale archéologique. BM.
Jardin impérial de botanique. B.
Observatoire physique central. B.
Société de chimie. B.
Société impériale russe de géographie. BM.
Université impériale. BM.
Tiflis . . . . . . Administration des mines du Caucase. B.

SUÈDE ET NORWÈGE.

Bergen . . . Bergens Museum. B.
Christiania . . Kongelige Frederiks-Universitet. BM.
Gothembourg . Vetenskaps och Vitterhets Samhället. B.
Lund . . . . . . Université. BM.
Stockholm . . . Acta mathematica. (Mittag-Leffler). B.
Bibliothèque royale. K.
Institut royal géologique de la Suède. B.
Musée du Nord. BM.
Nordiskt medicinskt Arkiv. B.
Société entomologique. B.
Vetenskaps Akademien. BMN.
Vitterhets, Historie och Antiqvitets Akademien. BM.
Trondhjem . . Norske Videnskabers Selskabet. B.
Upsal . . . . . Societas regia scientiarum. BM.
Université. BM.

SUISSE.

Bâle . . . . . . Naturforschende Gesellschaft. B.
Berne . . . . . Bibliothèque fédérale. KE.

Berne. . . . . . Bibliothèque publique. K.
Société helvétique des sciences naturelles. BM.
Coire. . . . . . . Naturforschende Gesellschaft Graubündens. B.
Genève. . . . . Bibliothèque universelle : Archives des sciences physiques et naturelles. B.
Bibliothèque publique. CK.
Institut national genevois. BMN.
Société de géographie. B.
Société de physique et d'histoire naturelle. BM.
Lausanne . . . Société d'histoire de la Suisse romande. B.
Société vaudoise des sciences naturelles. BM.
Neuchâtel . . Société des sciences naturelles. B.
St-Gall. . . . . Bibliothèque publique. K.
Naturwissenschaftliche Gesellschaft. B.
Zurich . . . . . Naturforschende Gesellschaft. B.

TURQUIE.

Constantinople. Sylloge grec. BM.

AMÉRIQUE.

ARGENTINE (RÉPUBLIQUE).

Buenos-Ayres. Museo público. BM.
Sociedad cientifica Argentina. B.
Cordova . . . . Academia nacional de ciencias exactas. B.

BRÉSIL.

Rio-de-Janeiro. Bibliothèque nationale. K.
Gouvernement brésilien. K.

Rio-de-Janeiro. Instituto historico, geographico e ethnographico. BM.
Museu nacional. B.
Sociedad geographia. B.

CANADA.

Montréal. . . . Natural history Society. B.
Ottawa. . . . . Société royale du Canada. B.
Geological and natural history Survey of Canada. B.
Toronto. . . . . Canadian Institute. B.

CHILI.

Santiago. . . . Observatorio nacional. B.
Universidad de Chile. BM.

ÉTATS-UNIS D'AMÉRIQUE.

Albany . . . . . New-York State Library. BM.
Baltimore. . . . John Hopkins University. BM.
Boston . . . . . American Academy of arts and sciences. BM.
Natural history Society. BM.
Cambridge . . . Harvard College Observatory. BM.
Museum of comparative zoölogy. BM.
Granville, Ohio. Denison University laboratories. B.
Iowa-City . . . University. B.
New-Haven. . . Connecticut Academy of sciences. BM.
American Journal of sciences and arts. BM.
Observatory of Yale University. B.
New-York . . . American geographical and statistical Society. B.
New-York Academy of sciences (ci-devant : Lyceum of natural history). B.

Philadelphie. . Academy of natural sciences. BM.
American naturalist. B.
American philosophical Society. BM.
Franklin Institute. B.
Historical Society. BMCKN.
Second geological Survey of Pennsylvania. BM.
Wagner free Institute of science. B.

Saint-Louis. . . Academy of sciences. B.
University. KE.

Salem. . . . . Essex Institut. B.
Peabody Academy of science. BM.

San Francisco. California Academy of sciences. B.

San José . . . . Lick Observatory (Mount Hamilton). BM.

Washington . . Bureau of Education. B.
Department of Agriculture. B.
Government. K.
United States geological Survey. BM.
Smithsonian Institution. BMF.
United States naval Observatory. B.
War Departement; Office of the surgeon general U. S. army; Medical museum. B.
Signal Office. M.

MEXIQUE.

Mexico. . . . . Sociedad de geografia y estadistica. BM.
Sociedad mexicana de historia natural. B.

AFRIQUE.

AFRIQUE AUSTRALE.

Le Cap. . . . . . South african philosophical Society. B.

ALGÉRIE.

Alger. . . . . . École supérieure des lettres. B.
Bône. . . . . . Académie d'Hippone. B.

ÉGYPTE.

Alexandrie. . Institut égyptien. BME.
Le Caire . . . Société khédiviale de géographie. B.

ILE MAURICE.

Port-Louis . . Royal Society of arts and sciences. B.

ASIE.

INDE ANGLAISE.

Calcutta . . . Asiatic Society of Bengal. BM.
Geological Survey of India. BM.
Meteorological department of the Government of India (ci-devant Meteorological Committee). B.

JAPON.

Tokyo (*Yedo*). Deutsche Gesellschaft für Natur- und Völkerkunde Ost-Asiens. B.
Seismological Society of Japan. B.
University of Japan BM.

OCÉANIE.

AUSTRALIE.

Brisbane. . . . Royal Society of Queensland. B.
Melbourne. . . Observatoire. B.
Public Library. BMCKN.
Royal Society of Victoria. B.
Sydney. . . . . R. Society of New South Wales. B.
Linnean Society of New South Wales. B.

INDES NÉERLANDAISES.

Batavia . . . . Bataviaasch Genootschap van kunsten en wetenschappen. BM.
Observatorium. B.
Natuurkundige Vereeniging. BM.
Buitenzorg . . Jardin botanique de l'État. B.

NOUVELLE-ZÉLANDE.

Wellington . . New Zealand Institute. B.

CAISSE CENTRALE DES ARTISTES BELGES.

RAPPORT

SUR L'ADMINISTRATION PENDANT L'ANNÉE 1888 (1),
PAR M. H. HYMANS, SECRÉTAIRE.

La Caisse centrale des artistes est parvenue à la quarantième année de son existence. Cette longévité, assurément précieuse pour les intérêts de l'institution, s'est, par malheur, traduite dans les derniers temps par la perte, en quelque sorte simultanée, de plusieurs de ses membres les plus anciens et les plus dévoués. Gallait, l'illustre promoteur de l'œuvre, Alvin, qui fut l'un de ses fondateurs et vingt ans son trésorier, De Keyser, fondateur, aussi, et le président du comité anversois, Siret, qui vint de bonne heure grossir nos rangs et nous prêter le concours de son influence, nous ont été enlevés coup sur coup. En payant à leur

(1) Article 13 du Règlement (approuvé par arrêté royal du 10 janvier 1849) : « Le compte et le bilan de la Caisse sont dressés chaque année; ils sont soumis à l'examen du comité, qui les arrête définitivement. Ce compte, accompagné d'un exposé général de l'administration de la Caisse pendant l'année écoulée, est inséré dans l'*Annuaire de l'Académie royale de Belgique* et dans le *Moniteur*. »

mémoire un sincère tribut de regrets, ce nous est une satisfaction de penser qu'ils ont vu fleurir l'institution que leurs efforts ont tant contribué à soutenir à ses débuts (1).

M. Fétis a cru devoir résigner les fonctions de secrétaire du comité qu'il remplissait depuis plus de trente ans avec le tact et la conscience qui donnent un si haut prix à son concours. Interprète des sentiments de l'Académie, nous consignons dans ce rapport l'expression de la vive gratitude que notre éminent confrère emporte dans sa retraite et l'assurance unanime du profond regret occasionné par sa détermination. Nous sommes heureux de pouvoir ajouter que M. Fétis conserve un siège au sein du comité, comme délégué de la Classe des beaux-arts.

Nous n'avons eu pour 1888, aucune adhésion nouvelle à enregistrer.

Persévérant dans leurs traditions généreuses, les commissions directrices des expositions triennales de Bruxelles et d'Anvers ont admis la Caisse à bénéficier d'une contribution prélevée sur le prix des achats opérés par leurs soins. Une somme de 2,000 fr. nous a été allouée de ce chef par la commission de l'exposition de Bruxelles.

La Société royale d'encouragement des beaux-arts d'Anvers nous a attribué, indépendamment d'une somme de 717 fr., imputée sur le montant des acquisitions, un complément de 240 fr., résultant de la vente d'un catalogue spécial de l'exposition des œuvres de Gallait et de De Keyser, organisée conjointement avec le salon d'An-

(1) La mort nous a également enlevé deux membres effectifs : le littérateur et poète J. Nolet de Brauwere van Steeland et le peintre J. Vander Plaetsen.

vers (1). La précieuse initiative prise en cette circonstance par la puissante Société lui crée de nouveaux titres à notre gratitude.

Le Cercle artistique et littéraire de Bruxelles a bien voulu nous favoriser, de son côté, d'un don de fr. 562-50, ensemble des entrées du public à l'exhibition des œuvres de MM. Van Beers et W. Linnig Nous enregistrons avec une extrême satisfaction ces divers actes de bonne confraternité artistique.

Dans son rapport de 1881 M. Fétis exprimait le vœu que pas une exposition d'œuvres d'art n'eût lieu en Belgique sans que la Caisse n'obtînt une part, si minime qu'elle fût, de ses recettes. « Espérons, ajoutait notre honorable prédécesseur, qu'un jour viendra où cette contribution, si elle n'est pas établie par la loi, aura passé dans les mœurs et sera consacrée par l'opinion publique. »

Nous devons constater à regret que ce jour n'est pas encore venu. Des appels ont été adressés aux commissions organisatrices de diverses expositions importantes, ouvertes tant à Bruxelles qu'en province; ils sont restés sans suite. Les Sociétés musicales non plus ne sont entrées dans la voie de nous favoriser d'une part de leurs recettes dans les concerts si fréquents qu'elles organisent dans un but charitable. Pourtant la Caisse compte de nombreux musiciens parmi ses participants.

Les promoteurs de notre œuvre auraient-ils escompté trop largement la générosité des amis des arts et l'esprit de

(1) Ces deux dernières sommes, non encore perçues le 31 décembre 1888, date où les comptes de cette année ont été arrêtés, ne figureront que dans l'Exposé financier pour 1889. Voir ci-après.

prévoyance des artistes? Il nous répugnerait de le croire. N'est-il pas plus légitime de supposer que l'institution n'est pas suffisamment connue de ceux qui, certainement, seraient disposés à seconder ses moyens d'action et à profiter de ses avantages? Comment expliquer autrement qu'après quarante années d'existence il n'ait été possible de recruter en Belgique que 23 membres honoraires, comment expliquer que le nombre des membres effectifs n'ait jamais pu atteindre la centaine? Pour l'année 1888 il n'arrive même qu'au chiffre de 74.

Quatorze pensions de veuves sont actuellement payées sur les fonds de la caisse. Un secours temporaire a été accordé en 1888.

Nous ne terminerons pas ce rapport sans faire un chaleureux appel au concours de tous pour augmenter le nombre de nos adhérents et assurer ainsi à l'institution un degré de prospérité qui lui permette de réaliser, aussi complètement que possible, les généreuses intentions de ses fondateurs.

État général

DES RECETTES ET DES DÉPENSES DE LA CAISSE CENTRALE DES ARTISTES EN 1888, DRESSÉ EN CONFORMITÉ DE L'ARTICLE 13 DU RÈGLEMENT, PAR M. EDM. MARCHAL, TRÉSORIER.

I. — RECETTES.

1. Encaisse au 1er janvier 1888 . . . fr.	568 56	
2. Cotisations des membres associés et protecteurs	1,208 »	
3. Intérêts des fonds placés au Crédit communal	14,935 »	
4. Dons des expositions (1)	2,562 50	
Ensemble . . . fr.		19,274 56

II. — DÉPENSES.

1. Pensions et subsides . . . . . . fr.	5,600 »	
2. Achat de rentes pour capitalisation . .	12,221 37	
3. Frais divers	340 »	
Ensemble . . . fr.		18,161 37
D'où résulte au 1er janvier 1889, une encaisse de fr.		1,113 19

(1) Cette somme se décompose ainsi : De l'exposition nationale de Bruxelles en 1887, 2,000 francs ; du Cercle artistique et littéraire de Bruxelles : expositions Van Beers et Linnig, fr. 562-50.

III. — RÉSUMÉ.

A. Avoir de la Caisse au 31 décembre 1888 . . fr. 341,012 69
B. Capitaux placés au Crédit communal 4 1/2 p. %. 339,900 »
C. Intérêts annuels de ces capitaux. 15,295 50
D. Progression du capital en 1888 . . . . 11,000 »
E. Progression des intérêts pendant la même année. 485 »

Bordereau des valeurs appartenant à la Caisse centrale des artistes belges, se trouvant, à la date du 31 décembre 1888, entre les mains du trésorier de l'Association.

A. Certificats d'inscription au grand-livre du Crédit communal.

DATE.	NUMÉROS.	CAPITAL.	RENTE ANNUELLE.
1879, 8 mai . . .	5982	258,000	10,710 »
1880, 30 juin . . .	6550	10,500	472 50
1881, 26 février . .	6689	6,000	270 »
— 19 novembre .	6838	10,000	450 »
1882, 14 août . . .	6974	6,200	279 »
1883, 6 juin . . .	7112	11,700	526 50
— 16 novembre .	7190	5,900	265 50
1884, 9 mai . . .	7323	5,000	225 »
1885, 21 mars. . .	7479	5,600	252 »
— 5 novembre .	7569	8,000	360 »
1886, 27 mai . . .	7712	6,500	292 50
1887, 30 novembre .	7980	15,500	697 50
1888, 31 décembre .	8207	11,000	495 »
		339,900	15,295 50

B. En numéraire, la somme de 1,113 fr. 19 c.

COMPOSITION DES COMITÉS.

(Janvier 1890.)

COMITÉ CENTRAL (1).

Bureau de la Classe des Beaux-Arts

MM. Jos. Schadde, directeur;
N. . . . ., vice-directeur;
J. Liagre, secrétaire perpétuel.

Membres délégués de la Classe.

MM. Éd. Fétis;
H. Hymans, secrétaire du comité;
Edm. Marchal, trésorier du comité;
A. Robert;
A. Samuel;
Demannez.

Sous-comité d'Anvers.

MM. Schadde.
N. . . . .

Sous-comité de Gand

MM. F. Vander Haeghen, président;
A. Samuel.

Sous-comité de Liège.

MM. le Bon de Selys Longchamps, président.
A. Chauvin.

(1) Voyez article 5 du Règlement.

MINISTÈRES DE L'INTÉRIEUR ET DES FINANCES.

CAISSE CENTRALE DES ARTISTES.

LÉOPOLD, Roi des Belges,
A tous présents et à venir, salut.

Vu le règlement adopté par la Classe des beaux-arts de l'Académie royale de Belgique, pour l'établissement d'une Caisse centrale des artistes belges, qui serait destinée à assurer des pensions et des secours aux artistes infirmes et à leurs familles;

Vu le désir exprimé par ladite Classe de voir ce règlement consacré par une disposition royale;

Considérant que l'institution projetée offre un haut degré d'utilité et mérite, à tous égards, le patronage du Gouvernement;

Sur le rapport de notre Ministre de l'Intérieur et vu l'avis de notre Ministre des Finances,

Nous avons arrêté et arrêtons :

ART. 1er. Est approuvé, dans sa forme et teneur, le règlement suivant :

Règlement.

ART. 1er. Il est formé, sous la dénomination de *Caisse centrale des artistes belges,* une Association dont le but est d'assurer des pensions et des secours aux artistes infirmes et à leurs familles.

L'Association a son siège à Bruxelles, au secrétariat de l'Académie royale de Belgique.

Art. 2. Pour être membre de l'Association, il faut : 1° être agréé par le comité; 2° signer une adhésion aux présents statuts, dans la forme qui sera ultérieurement déterminée; 3° payer exactement la cotisation, fixée à un franc par mois (1).

Tout membre de l'Association qui manque à cet engagement cesse de faire partie de l'Association.

Le comité juge des causes qui empêchent un membre de payer exactement sa cotisation et décide si le membre doit être relevé de sa déchéance.

Art. 3. La Caisse est instituée pour les artistes peintres, sculpteurs, graveurs, dessinateurs, musiciens, architectes et littérateurs, qui seront invités à s'associer conformément à l'article 4 ci-après.

Les membres de l'Académie sont admis de droit dans l'Association.

L'Association admet dans son sein, comme membres honoraires, les amateurs qui consentent à contribuer à l'alimentation de la Caisse.

Art. 4. Pour la première formation de l'Association, le comité adressera aux artistes qui se sont fait honorablement connaître par leurs travaux, une invitation personnelle de s'associer, accompagnée d'un exemplaire des présents statuts.

Chaque année, des invitations seront adressées de la même manière aux artistes qui auraient été involontairement oubliés dans les invitations des années précédentes, ou qui se seront fait connaître récemment par la production d'un ouvrage important.

Art. 5. Les intérêts de la Caisse centrale des artistes belges

(1) Et n'avoir pas dépassé l'âge de 40 ans. (Décision du comité directeur, en date du 6 octobre 1859.)

sont gérés par un comité composé du bureau de la Classe des beaux-arts de l'Académie royale de Belgique, auquel seront adjoints six membres de la Classe, nommés par elle.

La durée du mandat de ces six membres est de cinq ans; les membres sortants peuvent être réélus (1).

Si l'un des académiciens désignés pour faire partie du comité vient à être nommé membre du bureau de la Classe, il lui est donné un suppléant pour la durée de son mandat de membre du bureau.

Le comité peut délibérer au nombre de cinq membres.

Les résolutions sont prises à la majorité absolue des suffrages; en cas de partage, la voix du président est prépondérante.

Il est tenu procès-verbal des délibérations; les procès-verbaux font mention des membres qui ont assisté à la séance.

Le comité se réunit au moins une fois par mois, au plus tard la veille du jour de la séance de la Classe des beaux-arts.

Le comité nomme, parmi les associés, un agent dans chaque localité importante sous le rapport des arts.

Art. 6. Le directeur de la Classe des beaux-arts préside le comité; il est remplacé, en cas d'absence, par le vice-directeur.

La Classe nomme un trésorier parmi les six membres du comité dont le choix lui est confié.

Le comité fait un règlement d'ordre intérieur, lequel est soumis à l'approbation de la Classe des beaux-arts.

Art. 7. Les sources de revenu de la Caisse centrale des artistes belges sont :

1° La cotisation personnelle obligatoire des membres de l'Association;

(1) Le renouvellement du comité a eu lieu en février 1888.

2° La rétribution volontaire des amateurs, membres honoraires;

3° Les dons et legs des particuliers;

4° Les subventions qui seront réclamées du Gouvernement et autres autorités;

5° Le produit des expositions, des concerts ou des fêtes publiques que le comité pourra organiser dans l'intérêt de la Caisse et, en général, de toutes les recettes qui seront réalisées en dedans et en dehors de l'Association.

Art. 8. La cotisation personnelle des membres de l'Association, ainsi que la rétribution volontaire des amateurs, est acquittée tous les mois entre les mains du trésorier de l'Association pour Bruxelles, et, pour la province, chez l'agent du comité (1).

Les quittances à délivrer sont coupées dans un registre à souche parafé par le président et le secrétaire perpétuel.

Le 15 de chaque mois, le trésorier et les agents de comité dans les provinces versent chez l'agent du caissier général de l'État de leur ressort les sommes provenant desdites cotisations et rétributions mensuelles.

Les agents provinciaux transmettent immédiatement au trésorier le récépissé du versement.

Art. 9. Les subsides accordés à l'Association, soit par l'État, soit par la province, soit par la commune, sont liquidés au profit du secrétaire perpétuel de l'Académie, lequel acquitte les mandats. Le trésorier encaisse les sommes et opère le versement dans la forme prescrite à l'article qui précède. Il en est

(1) Il est néanmoins facultatif aux personnes qui le préfèrent, de solder en un seul payement leur cotisation annuelle.

de même des sommes de toute autre recette quelconque, opérée au profit de l'Association.

Toutefois, pour éviter des pertes d'intérêts le comité peut autoriser le placement immédiat de tout ou partie de ces sommes.

Le trésorier de l'Association ne peut conserver en caisse une somme excédant 500 francs en espèces.

Toute somme versée à la Caisse lui est définitivement acquise. Il n'y a lieu, en aucun cas, à restitution.

ART. 10. Le directeur de l'administration du trésor public ouvre un compte courant à la Caisse centrale des artistes belges.

Tous les trois mois, il communique un extrait de ce compte au Ministre de l'Intérieur, qui le transmet au secrétaire perpétuel.

ART. 11. L'avoir de l'Association est placé en rentes sur l'État, ou en obligations du trésor. Le comité statue sur les placements qui sont opérés par l'intermédiaire du Ministère des Finances.

Toute inscription nominative de rente porte l'annotation suivante :

La présente inscription ne pourra être transférée qu'à la demande de la Caisse centrale des artistes belges.

Les intérêts des capitaux inscrits au nom de l'Association lui sont portés en compte par l'administration du trésor.

Les titres des rentes demeurent déposés au Ministère des Finances.

ART. 12. Dans la séance qui suit la communication de l'extrait de compte dont il est parlé à l'article 10, le comité statue sur le placement des fonds disponibles.

Art. 13. Le compte et le bilan de la Caisse sont dressés chaque année; ils sont soumis à l'examen du comité, qui les arrête définitivement. Ce compte, accompagné d'un exposé général de l'administration de la Caisse pendant l'année écoulée, est inséré dans l'*Annuaire de l'Académie royale de Belgique* et dans le *Moniteur.*

Chaque membre de l'Association reçoit un exemplaire de cet exposé général, par les soins du comité.

Art. 14. Le comité n'emploie en dépenses que les intérêts de l'année précédente ou les arrérages produits par les fonds appartenant à l'Association, sans jamais toucher au capital. Jusqu'au jour où les intérêts annuels des capitaux de l'Association auront atteint la somme de six cent cinquante francs, le comité est autorisé à disposer, chaque mois, d'une somme de cinquante francs.

Art. 15. Le comité prononce dans toutes les questions de collation de pension ou de secours; il détermine le taux et la durée de ces derniers, selon les circonstances, dont l'appréciation lui est abandonnée.

Les membres de l'Association qui se croiraient lésés par une décision du comité peuvent en appeler à la Classe des beaux-arts, laquelle, après avoir entendu les observations du comité, réforme ou maintient la décision.

Art. 16. La Caisse prend à sa charge :

1° Des pensions;

2° Des secours temporaires.

Les pensions sont exclusivement destinées aux veuves; elles sont conférées par la Classe des beaux-arts, sur la proposition du comité; elles ne peuvent excéder douze cents francs par an et ne sont accordées, dans aucun cas, qu'après dix années de participation à la Caisse (1); la veuve qui se remarie cesse d'y avoir droit.

Les secours accordés aux orphelins prennent la dénomination de *bourses d'éducation*.

Les bourses d'éducation ne peuvent excéder quatre cents francs par an; elles ne peuvent être conservées au delà de l'âge de dix-huit ans accomplis.

Art. 17. Le comité nomme, parmi les membres de l'Association, un patron à tout orphelin titulaire d'une bourse d'éducation.

Le patron veille à ce que l'orphelin boursier acquière un état en rapport avec la position que son père occupait.

Le patron est le seul intermédiaire entre le boursier et le comité; il signale à ce dernier tous les faits importants qui intéressent l'orphelin placé sous son patronage.

Art. 18. L'association est pourvue d'un conseil judiciaire et d'un conseil médical dont les membres sont nommés par le comité.

Le conseil judiciaire est composé de la manière suivante :

1° D'avocats à la Cour de cassation;

2° D'avocats et d'avoués à la Cour d'appel;

3° D'un notaire.

Les membres de ce conseil sont consultés individuellement par le comité sur les questions relatives aux intérêts des veuves

(1) La disposition additionnelle introduite dans cet article et qui rend obligatoire la participation à la Caisse pendant la durée de dix ans, a été approuvée par arrêté royal du 19 avril 1852.

et orphelins secourus par l'Association. Leurs vacations sont entièrement gratuites. L'Association ne prend à sa charge que les frais de justice.

Art. 19. Le conseil médical est composé de la manière suivante :

1° De docteurs en médecine;

2° De docteurs en chirurgie en nombre proportionnel aux besoins;

3° De pharmaciens dans chaque localité où le comité en jugera l'institution nécessaire.

Les médecins de ce conseil prêtent gratuitement leurs soins, sur la réquisition du comité ou de son agent, aux artistes malheureux faisant partie de l'Association.

Le pharmacien fournit, sur l'ordonnance du médecin du conseil, les médicaments à des prix réduits, d'après un tarif arrêté de commun accord avec le comité.

Art. 2. Nos Ministres de l'Intérieur et des Finances sont chargés, chacun en ce qui le concerne, de l'exécution du présent arrêté.

Donné à Bruxelles, le 10 janvier 1849.

LÉOPOLD.

Par le Roi :

Le Ministre de l'Intérieur,

Ch. Rogier.

Le Ministre des Finances,

Frere-Orban.

AVIS IMPORTANT.

—

L'article 7 de l'arrêté royal du 10 janvier 1849 approuvant les statuts de la Caisse centrale des artistes range au nombre des sources de revenus de celle-ci les dons et legs faits par des particuliers. Le legs de 10,000 francs compris dans le testament de M. Édouard De Biefve ne nous a pas été délivré parce que la Caisse ne jouit pas de la personnification civile. Les trois Classes de l'Académie royale n'ont pas, individuellement, davantage qualité pour recevoir. Mais le Gouvernement a toujours accepté au nom de l'Académie les legs qui lui ont été faits par M. le baron de Stassart le baron de Saint-Genois, Ducpétiaux, Joseph De Keyn, Teirlinck et Adelson Castiau. Si M. Édouard De Biefve avait fait son legs à l'Académie avec affectation spéciale à la Classe des beaux-arts pour le service de la Caisse des artistes, nul doute que le Gouvernement ne l'eût accepté.

Avis aux personnes qui auraient l'intention de faire des libéralités à notre institution.

LISTE DES MEMBRES DE L'ASSOCIATION.

(Janvier 1890.)

Protecteurs.

SA MAJESTÉ LE ROI.

S. A. R. Mgr LE COMTE DE FLANDRE.

Membres honoraires.

	Quotité par an.
BEERNAERT, Mlle Euphrosine, peintre, rue du Buisson, 20, à Bruxelles	12
BRIAVOINNE, Mme, rue de Ligne, 43, à Bruxelles	20
BRUGMANN, G., consul de Suède, rue d'Arenberg, 9, à Bruxelles	12
BUCHERON-GALLAIT, Mme, peintre, rue de Prony, 91, à Paris.	20
DAELE, Auguste, rue Haute-Porte, 20, à Gand.	12
DE HAAS, J.-H., peintre, place de Luxembourg, 9, à Bruxelles	20
DE HEMPTINNE, C., industriel, rue des Meuniers, 52, à Gand.	12
DE LALAING, le comte Jacques (de l'Académie), rue Ducale, 42, à Bruxelles	15
DE SENZEILLE, le baron, propriétaire, au château de Bruille par Binche	12
FOLOGNE, Égide, architecte, rue de Namur, 12, à Bruxelles.	12
HYMANS, Henri (de l'Académie), conservateur des estampes à la Bibliothèque royale, rue de la Croix, 44, à Ixelles.	12
LAMBERT-ROTHSCHILD (L.), consul général de Grèce, rue d'Egmont, 2, à Bruxelles	20

LIAGRE, J.-B.-J., secrétaire perpétuel de l'Académie royale de Belgique, rue Caroly, 23, à Ixelles 12
MARCHAL, le chev. Edm. (de l'Académie), secrétaire adjoint de l'Académie royale de Belgique, rue de la Poste, 61, à St-Josse-ten-Noode 12
MARKELBACH, A. (de l'Académie), peintre, chaussée d'Haecht, 129, à Schaerbeek 24
MAUS, Henri (de l'Académie), directeur général des ponts et chaussées et des mines en retraite, rue de Naples, 41, à Ixelles 12
OPPENHEIM, Mme Joseph, rue Royale, 6^{a}, à Bruxelles. . . 25
PIRMEZ, Eudore, Ministre d'État, rue de Florence, 35, à Ixelles 12
PRISSE, le baron É., à Saint-Nicolas (Waes) 12
ROBERT, Alexandre (de l'Académie), peintre, professeur à l'Académie des beaux-arts, place Madou, 6, à St-Josse-ten-Noode 12
SCHADDE, Jos. (de l'Académie), professeur à l'Académie des beaux-arts, rue Leys, 18, à Anvers. 12
SIGART, Fl., avocat, rue de l'Arbre-Bénit. 105, à Ixelles . 12
STALLAERT, J.-J.-F. (de l'Académie), peintre, professeur à l'Académie des beaux-arts de Bruxelles, rue des Chevaliers, 20, à Ixelles 12
VAN DER HAEGHEN, Ferdinand (de l'Académie), bibliothécaire de l'Université de Gand, chaussée de Courtrai, 81, à Gand. 12
WILMOTTE, Ch., place de Meir, 42, à Anvers 20

Membres effectifs.

ALLAERT, Polydore-François, artiste-peintre, rue du Perroquet, 22, à Gand 12
BALAT, Alph. (de l'Académie), architecte, rue de Londres, 17, à Ixelles 12

Benoit, Peter (de l'Académie), directeur de l'école de musique, Marché Saint-Jacques, 13, à Anvers 12
Beyaert, Henri (de l'Académie), architecte, rue du Trône, 18, à Ixelles 12
Biot, G. (de l'Académie), graveur, chaussée d'Ixelles, 280, à Ixelles 12
Blaes, Arnold-Joseph, ancien professeur au Conservatoire, rue Joseph II, 9, à Bruxelles 12
Canneel, Théodore-Joseph. peintre, directeur de l'Académie des beaux-arts, rue du Béguinage, 109, à Gand 12
Capronnier, J.-B., peintre sur verre, rue Rogier, 251, à Schaerbeek. 12
Chalon, R. (de l'Académie), rue du Trône, 113, à Ixelles. 12
Clays, Paul-Jean (de l'Académie), peintre, rue Seutin, 27, à Schaerbeek 12
Dauge, Franz, peintre, rue de Suède, 49, à Bruxelles . . . 12
De Block, Eug., peintre, rue Bréderode, 139, à Anvers (Sud). 12
De Groot, G. (de l'Académie), avenue Louise, 406, à Bruxelles 12
Demannez, Joseph (de l'Académie), graveur, rue de la Ferme, 8, à St-Josse-ten-Noode. 12
De Selys Longchamps, le baron Edm. (de l'Académie), boulevard de la Sauvenière, 34, à Liège 12
Dewaele, Joseph, architecte, prof. à l'Académie, Coupure, 93, Gand. 12
Dupont, Auguste (de l'Académie), professeur au conservatoire royal, 98, rue de Stassart, à Ixelles 12
Fétis, Éd. (de l'Académie), conservateur en chef de la Bibliothèque royale, professeur à l'Académie des beaux-arts, rue de Ruysbroeck, 55, à Bruxelles 12
Fraikin, C.-A. (de l'Académie), statuaire, chaussée d'Haecht, 182, à Schaerbeck 12
Gevaert, F.-A. (de l'Académie), directeur du Conservatoire royal, place du Petit-Sablon, 16, à Bruxelles. 12

GUFFENS, Godfried (de l'Académie), peintre, place Le Hon, 4, à Schaerbeek 12
HASELEER, E.-A., peintre, rue Philomène, 47, à Schaerbeek. 12
HEMLEB, professeur de musique, Place du Théâtre, 39, à Namur. 12
HENNE, Alex. (de l'Académie), secrétaire honoraire de l'Académie des beaux-arts, rue de Livourne, 12, à Ixelles . 12
HENNEBICQ, J. (de l'Académie), peintre, rue de Lausanne, 1, à Saint-Gilles 12
HERBO, Léon, peintre, rue des Drapiers, 28, à Ixelles. . . 12
HERTOGS, Joseph, architecte, avenue du Commerce, 162, à Anvers. 12
HOFMAN, J., architecte-ingénieur, marché au Fil, 8, à Gand. 12
JAQUET, Joseph (de l'Académie), statuaire, prof. à l'Académie des beaux-arts, rue des Palais, 156, à Schaerbeek. 12
LAGAE, Jules, statuaire. rue Jolly, 24, à Schaerbeek . . . 12
LAMMENS, Jean-Charles, peintre, professeur à l'Académie des beaux-arts, boulevard du Béguinage. 7, à Gand . . 12
LAMORINIÈRE, peintre, rue de la Province, 163, à Anvers . 12
LAUREYS, Félix (de l'Académie). architecte, boulevard du Nord, 9, à Bruxelles. 12
MAILLY, Éd. (de l'Académie), rue St-Alphonse, 31, à St-Josse-ten-Noode 12
MEUNIER, Ch.-Jean-Baptiste (de l'Académie), graveur, rue Maes, 16, à Ixelles. 12
MOYSARD, Louis, chef de musique pensionné du 2e régiment de lanciers, avenue de la Reine, 141, à Schaerbeek. . . 12
MUSSELS, F., ancien chef de musique du 1er régiment de lanciers, à Thulin (Hainaut) 12
PAULI, Adolphe (de l'Académie), professeur d'architecture à l'Université, place des Fabriques, 1, à Gand 12
PLATTEEL, Franç., régisseur des concerts, etc., au Conservatoire royal, chaussée de Bruxelles, 30, à Forest. . . . 12
PORTAELS, Jean (de l'Académie), peintre, directeur de

l'Académie des beaux-arts, rue Royale, 184; à St-Josse-ten-Noode 12

PORTIELJE, Gérard, artiste-peintre, rue de l'Harmonie, 80, à Anvers 12

RADOUX, Théodore (de l'Académie), directeur du Conservatoire royal, boulevard Piercot, à Liège. 12

ROFFIAEN, Fr., peintre, rue Godecharle, 16, à Ixelles. . . 12

ROOSES, Max. (de l'Académie), conservateur du Musée Plantin, rue de la Province (Nord), 99, à Anvers 12

ROUSSEAU, Jean (de l'Académie), directeur général des beaux-arts, des lettres et des sciences, rue du Conseil, 59, à Ixelles et à Mousty-Ottignies. 12

SAMUEL, Adolphe (de l'Académie), directeur du Conservatoire royal, place de l'Évêché, 1, à Gand 12

SLINGENEYER, Ernest (de l'Académie), peintre, rue du Commerce, 93, à Bruxelles 12

STAS, J.-S. (de l'Académie), rue de Joncker, 13, à St-Gilles. 12

STOBBAERTS, artiste-peintre, rue Vifquin, 63, à Schaerbeek. 12

STROOBANT, François, peintre, rue d'Édimbourg, 8, à Ixelles. 12

TIBERGHIEN, Louis, peintre, boulevard de Bruxelles, à Gand. 12

VAN BIESBROECK, L., sculpteur, professeur à l'Académie des beaux-arts de Gand, rue d'Egmont, 13, à Gand 12

VAN DAMME, Émile, peintre, rue Vanderlinden, 56, à Schaerbeek 12

VANDEN BOGAERDE, François-Liévin, chef de musique pensionné du 9e régiment de ligne, à Alost. 12

VANDEN EYCKEN, Charles, peintre, rue de Robiano, 85, à Schaerbeek. 12

VAN EVEN, Edward (de l'Académie), archiviste de la ville de Louvain. 12

VANDERPLAETSEN, peintre, avenue Brugmann, 289, à Uccle. 12

VAN KEIRSBILCK, professeur à l'Académie des beaux-arts de Bruxelles, rue Thiéfry, 47, à Schaerbeek 12

Van Kuyck, peintre, longue rue d'Argile, 212, à Anvers . . 12

Van Lamperen, M., bibliothécaire du Conservatoire, rue de Florence, 47, à Ixelles 12

Van Leemputten, Frans, artiste-peintre, rue Vanderlinden, 33, à Schaerbeek 12

Van Volxem, Jean-Baptiste professeur au Conservatoire, rue Saint-Gilles, 25, à Saint-Gilles-Bruxelles 12

Verlat, Charles (de l'Académie), peintre, directeur de l'Académie des beaux-arts, rue du Fagot, 17, à Anvers . 12

Verplancke, Bern., professeur à l'Académie des beaux-arts, rue des Douze Chambres, 56, à Gand 12

Verwée, Alfred, peintre, rue de la Consolation, à Schaerbeek. 12

Vinçotte, Thomas (de l'Académie), statuaire, rue de la Consolation, 97, à Schaerbeek 12

Wagener, A. (de l'Académie), administrateur-inspecteur de l'Université de Gand, boulevard du Jardin zoologique, 27, à Gand 12

Watelle, Ch.-Henri, professeur de musique, rue Duquesnoy, 5, à Bruxelles 12

Wauters, Émile, peintre (de l'Académie), rue Froissart, 111, à Bruxelles 12

N. B. Les associés qui négligent de faire connaître leur changement de domicile s'exposent à être considérés comme ayant renoncé à faire partie de l'Association.

TABLE.

FIN DE LA TABLE.

ANNUAIRE

DE

L'ACADÉMIE ROYALE

DES

SCIENCES, DES LETTRES ET DES BEAUX-ARTS

DE BELGIQUE.

DE

L'ACADÉMIE ROYALE

DES

SCIENCES, DES LETTRES ET DES BEAUX-ARTS

DE BELGIQUE.

1891.

CINQUANTE-SEPTIÈME ANNÉE.

BRUXELLES,

F. HAYEZ, IMPR. DE L'ACADÉMIE ROYALE DES SCIENCES, DES LETTRES
ET DES BEAUX-ARTS DE BELGIQUE,

RUE DE LOUVAIN, n° 112.

MDCCCXCI.

ÉPHÉMÉRIDES POUR L'ANNÉE 1891.

Année d'après les ères anciennes et modernes.

Année de la période julienne	6604
— de la fondation de Rome selon Varron	2644
— de l'ère de Nabonassar	2638

L'année 2667 des Olympiades, ou la 3e année de la 667e Olympiade, commence en juillet 1891.

L'année 1308 des Turcs, commence le 17 août 1890, et l'année 1309, commence le 7 août 1891, selon l'usage de Constantinople.

L'année 1891 du calendrier julien commence le 13 janvier de la même année.

L'année 5651 des juifs, commence le 15 septembre 1890, et l'année 5652 commence le 3 octobre 1891.

Comput ecclésiastique.

Nombre d'or	11
Épacte	XX
Cycle solaire	24
Lettre dominicale	D

Fêtes mobiles.

Septuagésime	25 janvier.
Les Cendres	11 février.
Pâques	29 mars.
Ascension	7 mai.
Pentecôte	17 mai.
La Trinité	24 mai.
La Fête-Dieu	28 mai.
Premier dimanche de l'Avent	29 novembre.

Quatre-Temps.

Les 18, 20 et 21 février.	Les 16, 18 et 19 septembre.
Les 20, 22 et 23 mai.	Les 16, 18 et 19 décembre.

Commencement des saisons.

(Temps civil de Bruxelles.)

Printemps	le 20 mars,	à 9 h.	42 m.	du soir.
Été	le 21 juin,	à 5	50	du soir.
Automne	le 23 sept.,	à 8	31	du matin.
Hiver	le 22 déc.,	à 2	58	du matin.

Éclipses.

(Temps civil de Bruxelles.)

Il y aura, en 1891, deux éclipses de Soleil, une annulaire et une partielle, la première seule visible en Belgique, comme éclipse partielle ; deux éclipses totales de Lune, visibles en Belgique, la première en partie, la seconde en entier ; et un passage de Mercure sur le disque du Soleil, en partie visible en Belgique.

Le 23 mai, éclipse totale de Lune, en partie visible à Bruxelles : premier contact avec l'ombre à 4 h. 59 m. du soir ; milieu de l'éclipse à 6 h. 47 m. ; dernier contact avec l'ombre à 8 h. 35 m. A Bruxelles, la Lune se levant à 7 h. 53 m. du soir, on ne pourra observer que les dernières phases de l'éclipse.

Le 6 juin, eclipse annulaire de Soleil, visible à Bruxelles comme éclipse partielle. A Bruxelles on aura : commencement de l'éclipse partielle à 5 h. 20 m. 6 s. du soir ; plus grande phase à 6 h. 3 m. 5 s. ; fin de l'éclipse partielle à 6 h. 42 m. 4 s.

Le 15-16 novembre, éclipse totale de Lune, visible à Bruxelles : premier contact avec l'ombre, le 15, à 10 h. 53 m. du soir ; milieu de l'éclipse, le 16, à 0 h. 36 m. du matin ; dernier contact avec l'ombre à 2 h. 20 m. du matin.

Le 10 mai, passage de Mercure sur le disque du Soleil, en partie visible à Bruxelles. A Bruxelles on aura : Sortie, contact interne, à 5 h. 1 m. 4 s. du matin ; Sortie, contact externe, à 5 h 6 m. 4 s. Au moment de l'entrée, le Soleil ne sera pas levé.

Janvier.

—

1 J. Circoncision.
2 V. S. Adélard, ab. de C.
3 S. Ste Geneviève, vierge.
4 D. S. Tite. Ste Pharaïlde, v.
5 L. S. Télesphore, pape.
6 M. Épiphanie ou les Rois.
7 M. Ste Mélanie, vierge.
8 J. Ste Gudule, vierge.
9 V. S. Marcellin, évêque.
10 S. S. Agathon, pape.
11 D. S. Hygin, pape.
12 L. S. Arcade, martyr.
13 M. Ste Véronique de Milan.
14 M. S. Hilaire, év. de Poit.
15 J. S. Paul, ermite.
16 V. S. Marcel, pape.
17 S. S. Antoine, abbé.
18 D. Chaire de s. P. à Rome.
19 L. S. Canut, roi de Danem.
20 M. SS. Fabien et Sébastien.
21 M. Ste Agnès, v. et mart.
22 J. SS. Vincent et Anastase.
23 V. Épousailles de la Vierge.
24 S. S. Timothée, év. d'Eph.
25 D. *Sept.* Conv. de S. Paul.
26 L. S. Polycarpe, év. et m.
27 M. S. Jean Chrysostome, év.
28 M. S. Julien, év. de Cuença.
29 J. S. Franç. de Sales, év.
30 V. Ste Martine, v. et mart.
31 S. S. Pierre Nolasque.

Dernier Quartier le 3.
Nouvelle Lune le 10.
Premier Quartier le 17.
Pleine Lune le 25.

Février.

—

1 D. S. Ignace, év. et mart.
2 L. Purif. ou Chandeleur.
3 M. S. Blaise, év. et mart.
4 M. S. André, Ste Jeanne, r.
5 J. Ste Agathe, vierge et m.
6 V. S. Amand, Ste Dorothée.
7 S. S. Romuald, abbé.
8 D. S. Jean de Matha.
9 L. S. Cyrille, Ste Apolline.
10 M. Ste Scholastique, vierge.
11 M. *Cendres* S. Séverin, abb.
12 J. Ste Eulalie, v. et mart.
13 V. Ste Euphrosine, vierge.
14 S. S. Valentin, p. et m.
15 D. SS. Faustin et Jovite, m.
16 L. Ste Julienne, vierge.
17 M. SS. Théodule et Julien.
18 M. *Q.-temps.* S. Siméon, év.
19 J. S. Boniface, év. de Laus.
20 V. *Q.-temps.* S. Éleuthère.
21 S. *Q.-temps.* Le bap. Pépin.
22 D. C. de s. Pier. à Antioche.
23 L. S. Pierre Damien, év.
24 M. SS. Mathias et Modeste.
25 M. Ste Walburge, vierge.
26 J. Ste Aldetrude, abbesse.
27 V. S. Alexandre, évêque.
28 S. SS. Julien, Chron., Besas.

Dernier Quartier le 2.
Nouvelle Lune le 9.
Premier Quartier le 15
Pleine Lune le 23.

Mars.

—

1 D. S. Aubin, év. d'Angers.
2 L. S. Simplice, pape.
3 M. Ste Cunégonde, impérat.
4 M. S. Casimir, roi.
5 J. S. Théophile.
6 V. Ste Colette, vierge.
7 S. S. Thomas d'Aquin.
8 D. S. Jean de Dieu.
9 L. Ste Françoise, veuve.
10 M. Les 40 Mart. de Sébaste.
11 M. S. Vindicien, év. d'Arras.
12 J. S. Grégoire le G., pape.
13 V. Ste Euphrasie.
14 S. Ste Mathilde, reine.
15 D. *Passion.* S. Longin, sold.
16 L. Ste Eusébie, vierge.
17 M. Ste Gertrude, abb. de Niv.
18 M. S. Gabriel, archange.
19 J. S. Joseph, patr. de la B.
20 V. S. Wulfran, év. de Sens.
21 S. S. Benoit, abbé.
22 D. *Rameaux.* S. Basile, m.
23 L. S. Victorien, martyr.
24 M. S. Agapet, év. de Synn.
25 M. S. Humbert.
26 J. S. Ludger, év. de Munster.
27 V. *Vend.-Saint.* S. Rupert.
28 S. S. Sixte III, pape.
29 D. PAQUES. S. Eustase.
30 L. S. Veron, abbé.
31 M. S. Benjamin, martyr.

Dernier Quartier le 3.
Nouvelle Lune le 10.
Premier Quartier le 17.
Pleine Lune le 25.

Avril.

—

1 M. S. Hugues, év. de Gren.
2 J. S. François de Paule.
3 V. S. Richard, év. de Chich.
4 S. S. Isidore de Séville.
5 D. S. Vincent Ferrier.
6 L. ANNONCIAT. S. Célestin, p.
7 M. S. Albert, ermite.
8 M. S. Perpétue, év. de Tours.
9 J. Ste Waudru, abbesse.
10 V. S. Macaire, évêque.
11 S. S. Léon le Gr. pape
12 D. S. Jules I, pape.
13 L. S. Herménégilde, mart.
14 M. SS. Tiburce et Valér., m.
15 M. SS. Anastasie et Basilisse.
16 J. S. Drogon, ermite.
17 V. S. Anicet, p. et martyr.
18 S. S. Ursmar, évêque.
19 D. S. Léon IX, pape.
20 L. Ste Agnès, vierge.
21 M. S. Anselme, archev.
22 M. SS. Soter et Cajus, p. et m.
23 J. S. Georges, martyr.
24 V. S. Fidèle de Sigmaring.
25 S. S. Marc, évangéliste.
26 D. SS. Clet et Marcellin, p.
27 L. S. Antime, évêq. et m.
28 M. S. Vital, martyr.
29 M. S. Pierre de Milan, mart.
30 J. Ste Catherine de S., v.

Dernier Quartier le 2.
Nouvelle Lune le 8.
Premier Quartier le 16.
Pleine Lune le 24.

Mai.

—

1 V. SS. Phil. et Jacq., apôt.
2 S. S. Athanase, évêque.
3 D. Invention de la Croix.
4 L. Ste Monique, veuve.
5 M. S. Pie V, pape.
6 M. S. Jean Porte Latine.
7 J. ASCENSION. S. Stanislas
8 V. Apparition de S. Michel.
9 S. S. Grégoire de Nazianee.
10 D. S. Antonin, archevêque.
11 L. S. Franç de Hiéronymo.
12 M. SS. Nérée et Achillée, m.
13 M. S. Servais, év. de Tongr.
14 J. S. Pacôme, abbé de Tab.
15 V. Ste Dymphne, v. et m.
16 S. S. Jean Népomucène, m
17 D. PENTECOTE. S. Pascal.
18 L. S. Venance, martyr.
19 M. S. Pierre Célestin, pape
20 M. *Q.-temps.* S. Bernardin.
21 J. Ste Itisberge, vierge.
22 V. *Q.-temps.* Ste Julie, vierg
23 S. *Q.-temps.* S. Guibert.
24 D. TRINITÉ. N. D. Sec. des C.
25 L. S. Grégoire VII, pape.
26 M. S. Philippe de Néri.
27 M. S. Jean I, pape.
28 J. FÊTE-DIEU. S. Germain.
29 V. S. Maximin, év. de Trèv.
30 S. S. Ferdinand, roi.
31 D. Ste Pétronille, vierge.

Dernier Quartier le 1.
Nouvelle Lune le 8.
Premier Quartier le 15.
Pleine Lune le 23.
Dernier Quartier le 30.

Juin.

—

1 L. S. Pamphile, martyr.
2 M. SS. Marcellin et Érasme.
3 M. Ste Clotilde, reine.
4 J. S. Optat, év. de Milève.
5 V. S. Boniface, év. et mart.
6 S. S. Norbert, évêque.
7 D. S. Robert, abbé.
8 L. S. Médard, év. de Noyon.
9 M. S. Prime.
10 M. Ste Marguerite, reine.
11 J. S. Barnabé, apôtre.
12 V. S. Jean de Sahagun.
13 S. S. Antoine de Padoue.
14 D. S. Basile le Gr., archev.
15 L. SS. Guy et Mod., m.
16 M. S. J.-François-Régis.
17 M. Ste Alène, vierge et mart.
18 J. SS Marc et Marcellin, m.
19 V. Ste Julienne de Falconieri.
20 S. S. Sylvère, pape.
21 D. S. Louis de Gonzague.
22 L. S. Paulin, év. de Nole.
23 M. Ste Marie d'Oignies.
24 M. Nativ. de S. Jean-Bapt.
25 J. S. Guillaume, abbé.
26 V. SS. Jean et Paul, mart.
27 S. S. Ladislas, roi de Hong.
28 D. S. Léon II, pape.
29 L. SS. PIERRE ET PAUL, ap.
30 M. Ste Adile, vierge.

Nouvelle Lune le 6.
Premier Quartier le 14.
Pleine Lune le 22.
Dernier Quartier le 28.

Juillet.

—

1 M. S. Rombaut, évêque.
2 J. Visitation de la Vierge.
3 V. S. Euloge, martyr.
4 S. S. Théodore, évêque.
5 D. SS. Cyrille ét Meth.
6 L. Ste Godelive, martyre.
7 M. S. Willebaud, évêque.
8 M. Ste Élisabeth, r. de Port.
9 J. SS. Martyrs de Gorcum.
10 V. Les sept Frères Martyrs.
11 S. S. Pie I, pape.
12 D. S. Jean Gualbert, abbé.
13 L. S. Anaclet, pape et m.
14 M. S. Bonaventure, évêque.
15 M. S. Henri, emp. d'Allem.
16 J. N.-D. du Mont Carmel.
17 V. SS. Lamb., Alexis, conf.
18 S. S. Camille de Lellis.
19 D. *S. Sacr. de Mir.* à Brux.
20 L. S. Jérôme Émilien.
21 M. Ste Praxède, vierge.
22 M. Ste Marie-Madeleine.
23 J. S. Apollinaire, év. de R.
24 V. Ste Christine, v. et mart.
25 S. S. Jacques le Majeur, ap.
26 D. Ste Anne, mère de la Vier.
27 L. S. Pantaléon, martyr.
28 M. S. Victor, martyr.
29 M. Ste Marthe, vierge.
30 J. SS. Abdon et Sennen, m.
31 V. S. Ignace de Loyola.

Nouvelle Lune le 6
Premier Quartier le 14.
Pleine Lune le 21.
Dernier Quartier le 28.

Août.

—

1 S. S. Pierre-ès-Liens.
2 D. S. Alphonse de Liguori.
3 L. Invention de S. Étienne.
4 M. S. Dominique, confess.
5 M. Notre-Dame-aux-Neiges.
6 J. Transfiguration de N. S.
7 V. S. Donat, év. et mart.
8 S. S. Cyriac, martyr.
9 D. S. Romain, martyr.
10 L. S. Laurent, martyr.
11 M. S. Géry, év. de Cambrai.
12 M. Ste Claire, vierge.
13 J. S. Hippolyte, martyr.
14 V. S. Eusèbe, martyr.
15 S. ASSOMPTION. S. Arnld.
16 D. SS. Hyac. et Roch, conf.
17 L. SS. Joachim et Libérat, a
18 M. Ste Hélène, impératrice.
19 M. SS. Louis Florès, Jules.
20 J S. Bernard, abbé.
21 V. S. J.-Franç. de Chantal.
22 S. S. Timothée, martyr.
23 D. S. Philippe Béniti.
24 L. S. Barthélemi, apôtre.
25 M. S. Louis, roi de France.
26 M. S. Zéphirin, pape et m.
27 J. S. Joseph Calasance.
28 V. S. Augustin, év. et doct.
29 S. Décoll. de S. Jean-Bapt.
30 D Ste Rose de Lima, vierge.
31 L. S. Raymond Nonnat.

Nouvelle Lune le 4.
Premier Quartier le 12.
Pleine Lune le 19
Dernier Quartier le 26.

Septembre.

—

1 M. S. Gilles, abbé.
2 M. S. Étienne, roi de Hong.
3 J. S. Remacle, év. de Maest.
4 V. Ste Rosalie, vierge.
5 S. S. Laurent Justinien.
6 D. S. Donatien, martyr.
7 L. Ste Reine, vierge.
8 M. Nativité de la Vierge.
9 M. S. Gorgone, martyr.
10 J. S. Nicolas de Tolentino.
11 V. SS. Prote et Hyacinthe.
12 S. S. Guy d'Anderlecht.
13 D. S. Amé, év. Sion en Val.
14 L. Exaltation de la Croix.
15 M. S. Nicomède, martyr.
16 M. *Q.-temps.* S. Corneille.
17 J. S. Lambert, év. de Maest.
18 V. *Q.-temps.* S. Joseph de C.
19 S. *Q.-temps.* S. Janvier, m.
20 D. S. Eustache, martyr.
21 L. S. Mathieu, apôtre.
22 M. S. Maurice et ses comp.
23 M. Ste Thècle, vierge.
24 J. N.-D de la Merci.
25 V. S. Firmin, év. et mar.
26 S. S. Cyprien et Ste Justine.
27 D. SS. Côme et Damien, m.
28 L. S. Wenceslas, martyr.
29 M. S. Michel, archange.
30 M. S. Jérôme, docteur.

Nouvelle Lune le 3.
Premier Quartier le 11.
Pleine Lune le 18.
Dernier Quartier le 24.

Octobre.

—

1 J. S. Bavon, patr. de Gand.
2 V. S. Léodegaire, évêque.
3 S. S. Gérard, abbé.
4 D. S. François d'Assise.
5 L. S. Placide, martyr.
6 M. S. Brunon, confesseur.
7 M. S. Marc, pape.
8 J. Ste Brigitte, veuve.
9 V. S. Denis et ses comp., m.
10 S. S. François de Borgia.
11 D. S. Gommaire, p. de Lier.
12 L. S. Wilfrid, év. d'York.
13 M. S. Édouard, roi d'Angl.
14 M. S. Calixte, pape et mart.
15 J. Ste Thérèse, vierge.
16 V. S. Mummolin, évêque.
17 S. Ste Hedwige, veuve.
18 D. S. Luc, évangéliste.
19 L. S. Pierre d'Alcantara.
20 M. S. Jean de Kenti.
21 M. Ste Ursule et ses comp. m.
22 J. S. Mellon, évêque.
23 V. S. Jean de Capistran.
24 S. S. Raphaël, archange.
25 D. SS. Crépin et Crépinien.
26 L. S. Evariste, pape et m.
27 M. S. Frumence, apôtre.
28 M. SS. Simon et Jude, apôt.
29 J. Ste Ermelinde, vierge.
30 V. S. Foillan, martyr.
31 S. S. Quentin, martyr.

Nouvelle Lune le 3.
Premier Quartier le 10.
Pleine Lune le 17.
Dernier Quartier le 24.

Novembre.

—

1 D. TOUSSAINT.
2 L. *Les Trépassés.*
3 M. S. Hubert, év. de Liège.
4 M. S. Charles Borromée.
5 J. S. Zacharie, S^e Élisabeth.
6 V. S. Winoc, abbé.
7 S. S. Willebrord, év. d'Ut.
8 D. S. Godefroi, év. d'Am.
9 L. Déd. de l'égl. du Sauv. à R.
10 M. S. André Avellin.
11 M. S. Martin, év. de Tours.
12 J. S. Lievin, év. et mart.
13 V. S. Stanislas Kostka.
14 S. S. Albéric, év. d'Utrecht.
15 D. S. Léopold, confesseur.
16 L. S. Edmond, archevêq.
17 M. S. Grégoire Thaumatur.
18 M. Déd. des SS. Pier. et Paul.
19 J. Ste Élisabeth de Thur.
20 V. S. Félix de Valois.
21 S. Presentat. de la Vierge.
22 D. Ste Cécile, vierge et mar.
23 L. S. Clément I, pape et m.
24 M. S. Jean de la Croix.
25 M. Ste Catherine, v. et m.
26 J. S. Albert de Louv., év.
27 V. S. Acaire, évêque.
28 S. S. Rufe, martyr.
29 D. *Avent.* S. Saturnin, mart.
30 L. S. André, apôtre.

Nouvelle Lune le 1.
Premier Quartier le 9.
Pleine Lune le 16.
Dernier Quartier le 23.

Décembre.

—

1 M. S. Éloi, év. de Noy.
2 M. Ste Bibienne, v. et m.
3 J. S. François-Xavier.
4 V. Ste Barbe, martyre.
5 S. S. Sabbas, abbé.
6 D. S. Nicolas, év. de Myre.
7 L. S. Ambroise, év. et doct.
8 M. CONCEPTION DE LA VIERGE.
9 M. Ste Léocadie, v. et mart.
10 J. S. Melchiade, p. et m.
11 V. S. Damase, pape.
12 S. S. Valéry, abbé en Pic.
13 D. Ste Lucie, vierge et m.
14 L. S. Nicaise, évêque.
15 M. S. Adon, arch. de Vienne.
16 M. *Q.-temps* S. Eusèbe, év.
17 J. Ste Begge, veuve.
18 V. *Q.-temps.* Expos. de la V.
19 S. *Q.-temps.* S. Némésion, m.
20 D. S. Philogone.
21 L. S. Thomas, apôtre.
22 M. S. Hungère, év. d'Utr.
23 M. Ste Victoire, vierge et m.
24 J. S. Lucien.
25 V. NOËL.
26 S. S. Étienne, premier m.
27 D. S. Jean, apôt. et évang.
28 L. SS. Innocents.
29 M. S. Thomas de Cantorb.
30 M. S. Sabin, évêq. et mart.
31 J. S. Sylvestre, pape.

Nouvelle Lune le 1.
Premier Quartier le 8.
Pleine Lune le 15.
Dernier Quartier le 23.
Nouvelle Lune, le 31.

Calendrier de l'Académie.

Janvier. — Élection du Directeur dans les trois Classes.
Élection des membres, associés et correspondants de la *Classe des Beaux-Arts.*
Élection du jury pour le Prix De Keyn.
Formation provisoire du programme de concours annuel de la *Classe des Sciences.*

Février. — Les mémoires destinés au concours annuel ouvert par la *Classe des Lettres* doivent être remis avant le 1er de ce mois.
Élection du *Comité chargé de la présentation des candidats pour les places vacantes dans la Classe des Lettres.*
Réunion de la Commission administrative pour le règlement des comptes.
Rédaction définitive du programme de concours de la *Classe des Sciences.*

Mars. — Proposition de candidats pour les élections aux places vacantes dans la *Classe des Lettres.*
Réunion des Commissions spéciales des finances de chaque Classe pour l'examen des comptes.

Avril. — Lecture des rapports sur les mémoires de concours de la *Classe des Lettres* et des Prix De Keyn.
Discussion des titres des candidats aux places vacantes dans la *Classe des Lettres*, et, éventuellement, propositions de candidatures nouvelles.

Mai. — Jugement des mémoires envoyés au concours annuel de la *Classe des Lettres* et au concours De Keyn.
Élection des membres, associés et correspondants de la *Classe des Lettres.*
Élection des membres de la Commission administrative.
Séance générale des trois Classes pour régler leurs intérêts communs.
Séance publique de la *Classe des Lettres;* distribution des recompenses.

Juin. — Désignation par la *Classe des Lettres* des anciennes questions à maintenir au programme : détermination des matières sur lesquelles porteront les questions nouvelles et nomination pour chacune de celle-ci, d'une Commission de trois membres qui sera chargée de présenter trois sujets.
Les mémoires destinés au concours ouvert par la *Classe des Beaux-Arts* doivent être remis avant le 1er de ce mois.

Juillet. — Rapport des Commissions de la *Classe des Lettres* sur les sujets à mettre au concours, détermination des prix et rédaction définitive du programme annuel.

Août — Les vacances, pour chaque Classe, commencent après les seances respectives.

Les mémoires destinés au concours ouvert par la *Classe des Sciences* doivent être remis avant le 1er de ce mois.

Septembre. — Les sujets d'art appliqué mis au concours par la *Classe des Beaux-Arts* doivent être remis avant la fin de ce mois.

Fin des vacances le 30.

Octobre. — Proposition de candidats pour les élections aux places vacantes dans la *Classe des Sciences.*

Rappel aux membres et aux correspondants de la *Classe des Lettres* au sujet des lectures à faire pendant l'année.

Jugement des mémoires littéraires et des sujets d'art appliqué, envoyés au concours annuel ouvert par la *Classe des Beaux-Arts.*

Dernier dimanche du mois : Séance publique de la *Classe des Beaux-Arts ;* distribution des récompenses.

Novembre. — Discussion des titres des candidats aux places vacantes dans la *Classe des Sciences,* et, éventuellement, propositions de candidatures nouvelles.

Proposition de candidats pour les élections aux places vacantes dans la *Classe des Beaux-Arts.*

Designation par la *Classe des Beaux-Arts* des matières du concours annuel, formation des Commissions chargees de composer le programme.

Élection, par la *Classe des Sciences,* des candidats pour la formation du jury chargé de juger la 9e période du concours quinquennal des *sciences naturelles ;* par la *Classe des Lettres,* du jury chargé de juger la 2e période du concours quinquennal des *sciences sociales.*

Décembre. — Nomination des Commissions spéciales des finances.

Jugement des mémoires envoyés au concours annuel ouvert par la *Classe des Sciences.*

Élection des membres, associés et correspondants de la *Classe des Sciences.*

Rédaction définitive du programme de concours de la *Classe des Beaux-Arts.*

Discussion des titres des candidats aux places vacantes dans la *Classe des Beaux-Arts,* et, éventuellement, propositions de candidatures nouvelles.

Seance publique de la *Classe des Sciences ;* distribution des recompenses.

Réunion de la Commission administrative pour arrêter le Budget.

ORGANISATION DE L'ACADÉMIE.

ORGANISATION DE L'ACADÉMIE ROYALE DES SCIENCES, DES LETTRES ET DES BEAUX-ARTS DE BELGIQUE.

Aperçu historique (1).

En 1769, il se forma à Bruxelles une *Société littéraire*, sous les auspices du comte de Cobenzl, ministre plénipotentiaire de l'Impératrice Marie-Thérèse auprès du prince Charles de Lorraine, gouverneur général des Pays-Bas. La première séance de cette Société eut lieu chez le comte de Neny, le 5 mai de la même année.

Trois ans après, la Société littéraire vit élargir son cadre et reçu de Marie-Thérèse, par lettres patentes datées du 16 décembre 1772, le titre d'*Académie impériale et royale des sciences et belles-lettres*, ainsi que plusieurs privilèges importants pour cette époque. La première séance fut tenue à la Bibliothèque royale, sous la présidence du chancelier de Brabant, M. de Crumpipen, le 13 avril 1773.

L'Académie impériale et royale continua paisiblement ses travaux jusqu'au 21 mai 1794, jour où elle s'assembla pour la dernière fois à cause des événements politiques; elle publia,

(1) Un abrégé de l'Histoire de l'Académie (1769-1872) a été donné par Ad. Quetelet, dans l'ouvrage intitulé : *Centième anniversaire de fondation*, tome Ier.

M. Éd. Mailly, membre de la Classe des sciences, a écrit, en 1883, l'Histoire de l'Académie impériale et royale des sciences et belles-lettres de Bruxelles. (Voyez *Mémoires couronnés et autres Mémoires*, coll. in-8°, tomes XXXIV et XXXV.)

outre cinq volumes de mémoires sur les sciences et les lettres, un grand nombre d'ouvrages couronnés, dont la liste a été insérée dans l'*Annuaire* pour 1841, 7e année.

Par arrêté du 7 mai 1816, le Roi Guillaume Ier la rétablit, sous le titre d'*Académie royale des sciences et belles-lettres*. L'installation eut lieu au Musée des tableaux de la ville, le 18 novembre de la même année (1).

En 1832, l'Académie, consultée par M. le Ministre de l'Intérieur sur le projet de création d'une Classe des beaux-arts, répondit, à l'unanimité, qu'elle regardait cette extension comme nécessaire. Différents plans de réorganisation furent proposés et le Gouvernement, par ses arrêtés du 1er décembre 1845, divisa définitivement la Compagnie en trois Classes, celle des sciences, celle des lettres et celle des beaux-arts (2).

Deux événements mémorables ont eu lieu pour l'Académie depuis sa réorganisation :

Le premier a été la célébration, le 7 mai 1866, du cinquantième anniversaire de sa réorganisation par le roi Guillaume Ier (3);

Le second a eu lieu les 28 et 29 mai 1872, lorsque la Compagnie a célébré solennellement le centième anniversaire de sa fondation par l'impératrice Marie-Thérèse (4).

(1) Voyez le procès-verbal de la séance dans l'*Annuaire de l'Académie* pour 1840, 6e année, ainsi que les différents documents insérés par M. Gachard.

(2) Voyez, dans les *Annuaires* de 1846 à 1850, les documents relatifs à cette réorganisation.

(3) Voyez *Bulletin*, 2e série, t. XXI, p. 455.

(4) Voyez le *Centième anniversaire de fondation de l'Académie*, 1772-1872. Bruxelles, Hayez, 1872; 2 vol. gr. in-8°.

Statuts organiques (1).

Art. 1er. L'Académie des sciences et belles-lettres, fondée par l'impératrice Marie-Thérèse, prend le titre d'*Académie royale des sciences, des lettres et des beaux-arts de Belgique*.

Art. 2. Le Roi est Protecteur de l'Académie.

Art. 3. L'Académie est divisée en trois Classes.

La première Classe (Classe des sciences) s'occupe spécialement des sciences physiques et mathématiques, ainsi que des sciences naturelles.

La seconde Classe (Classe des lettres et des sciences morales et politiques) s'occupe de l'histoire, de l'archéologie, des littératures ancienne et moderne, de la philosophie et des sciences morales et politiques.

La troisième Classe (Classe des beaux-arts) s'occupe de la peinture, de la sculpture, de la gravure, de l'architecture, de la musique, ainsi que des sciences et des lettres dans leurs rapports avec les beaux-arts.

Art. 4. Chaque Classe est composée de trente membres.

Elle compte en outre cinquante associés étrangers et dix correspondants regnicoles au plus.

A l'avenir, la qualité de membre absorbera la qualité de correspondant, même d'une autre Classe (2).

Art. 5. Les nominations aux places sont faites par chacune des Classes où les places viennent à vaquer.

Art. 6. Pour devenir membre, il faut être Belge ou natura-

(1) Adoptés par arrêté royal du 1er décembre 1845.

(2) Ce paragraphe a été ajouté par arrêté royal du 20 août 1847.

lisé Belge, d'un caractère honorable et auteur d'un ouvrage important relatif aux travaux de la Classe.

Art. 7. Les nominations des membres sont soumises à l'approbation du Roi.

Art 8. Chaque Classe peut choisir le sixième de ses membres parmi les membres des autres Classes.

Art. 9. Tout académicien qui cesse d'être domicilié en Belgique perd son titre et prend celui d'associé.

Art. 10. Chaque Classe nomme son directeur annuel. Le directeur n'est pas immédiatement rééligible.

Le directeur ne peut être choisi deux années de suite parmi les membres étrangers à la ville de Bruxelles (1).

Art. 11. Le Roi nomme, pour la présidence annuelle, un des trois directeurs.

Dans les occasions solennelles où les trois Classes sont réunies, le président représente l'Académie.

Art. 12. Le directeur a la direction générale de sa Classe; il préside à toutes les assemblées, fait délibérer sur les différentes matières qui sont du ressort de la Classe, recueille les opinions des membres et prononce les résolutions à la pluralité des voix.

Il fait observer tous les articles des présents statuts et du règlement, et tient particulièrement la main à ce que, dans les assemblées, tout se passe avec ordre.

Art. 13. Le secrétaire perpétuel appartient aux trois Classes, et il est élu par elles au scrutin et à la majorité absolue.

Le secrétaire perpétuel est choisi parmi les membres domiciliés à Bruxelles. Sa nomination est soumise au Roi (1).

(1) Les seconds paragraphes des articles 10 et 13 ont été adoptés par arrêté royal du 1er juin 1848, qui en modifie la rédaction primitive.

Art. 14. La correspondance de l'Académie se tient par le secrétaire perpétuel, organe et interprète de cette Compagnie.

Art. 15. Le secrétaire perpétuel tient registre des délibérations, signe les résolutions, délivre les certificats d'approbation et autres, reçoit les mémoires et lettres adressés à chaque Classe et y fait les réponses.

Lorsque, par maladie ou autre empêchement légitime, il ne peut pas assister aux séances, il s'y fait remplacer par un membre de son choix et appartenant à la Classe.

Art. 16. Chaque Classe forme son règlement intérieur, qui est soumis à l'approbation royale.

Art. 17. Le Roi décrète un règlement général.

Il ne peut y être apporté de changements qu'une fois par an, dans la séance générale des trois Classes mentionnée ci-après; ces changements doivent avoir obtenu l'assentiment des deux tiers des membres présents, et ils sont soumis à l'approbation du Roi.

Art. 18. Chaque Classe a une séance mensuelle d'obligation pour ses membres; les membres des autres Classes peuvent y assister et y faire des lectures, mais ils n'y ont pas voix délibérative.

Chaque Classe a, de plus, une séance publique annuelle, présidée par son directeur, dans laquelle elle rend compte de ses travaux et remet les prix décernés aux concours.

Les deux autres Classes assistent à cette séance publique.

Chacune des Classes peut admettre le public à ses séances en prenant à cet égard telles dispositions qu'elle juge convenables (1).

Art. 19. Chaque année, les trois Classes ont, au mois de

(1) Ce paragraphe a été adopté par arrêté royal du 10 janvier 1871.

mai, une séance générale pour régler, entre elles, les intérêts communs.

Art. 20. Les budgets des trois Classes sont arrêtés par une Commission administrative de sept membres, composée des trois directeurs, du secrétaire perpétuel et d'un membre à désigner annuellement dans chaque Classe. La répartition des fonds est faite d'après les besoins de chacune, par cette Commission administrative (1).

Art. 21. Les mémoires des trois Classes sont publiés dans un même volume et ont chacun leur pagination. Il en est de même pour la collection des mémoires couronnés et des mémoires des savants étrangers dont l'impression aura été ordonnée par chaque Classe. Un Bulletin paraît mensuellement et contient le résumé des travaux des trois Classes (2).

Art. 22. La bibliothèque, les archives et les collections appartiennent en commun aux trois Classes, et sont sous la surveillance spéciale de la Commission désignée à l'article 20.

Art. 23. Les dispositions qui précèdent, formant les statuts organiques, ne peuvent être changées qu'en séance générale, et du consentement de l'Académie, donné par les trois quarts des membres présents. Tout changement est soumis à l'approbation du Roi.

(1) Voir, à ce sujet, les résolutions prises par la Commission administrative dans la séance du 23 mars 1846, pages 34 et 35.

(2) Les membres, les correspondants et les associés habitant le pays reçoivent les publications de l'Académie; les associés habitant l'étranger recevront également les *Bulletins* et l'*Annuaire*, quand ils en auront exprimé le désir et qu'ils auront désigné, à Bruxelles, un correspondant chargé de les leur transmettre.

RÈGLEMENTS DE L'ACADÉMIE.

RÈGLEMENT GÉNÉRAL (1).

Composition de l'Académie.

Art. 1er. L'Académie est divisée en trois Classes : celle des sciences, celle des lettres et celle des beaux-arts.

La Classe des sciences est divisée en deux sections, savoir : la section des sciences mathématiques et physiques et la section des sciences naturelles, qui se compose de la botanique, de la géologie, de la minéralogie et de la zoologie.

La Classe des lettres est également partagée en deux sections : celle d'histoire et des lettres, et celle des sciences morales et politiques. La première comprend l'histoire nationale, l'histoire générale, l'archéologie, les langues anciennes et les littératures française et flamande; la seconde comprend les sciences philosophiques, la législation, la statistique et l'économie politique.

La Classe des beaux-arts comprend les subdivisions suivantes : la peinture, la sculpture, la gravure, l'architecture, la musique, les sciences et les lettres dans leurs rapports avec es beaux-arts.

Art. 2. Les nominations de membres, d'associés ou de correspondants se font, pour les Classes des sciences et des lettres, une fois par an, la veille de la séance publique; et, pour la Classe des beaux-arts, à la séance du mois de janvier (2).

Art. 3. Chaque fois qu'il est question d'une élection, la mention en est faite spécialement dans la lettre de convo-

(1) Adopté par arrêté royal du 1er décembre 1845.

(2) Cet article a été adopté par arrêté royal du 10 août 1852, qui en modifie la rédaction primitive.

cation, qui indique le jour et l'heure précise à laquelle il y sera procédé, ainsi que le nombre des places vacantes.

Art. 4. L'élection a lieu à la majorité absolue des voix; cependant si, après deux tours de scrutin, aucun des candidats n'a obtenu la majorité des suffrages, on procède à un scrutin de ballottage.

En cas de parité de suffrages, après ce dernier scrutin, le plus âgé est élu (1).

Art 5. Lorsque plusieurs places sont vacantes, on vote séparément pour chaque place.

Art. 6 Les listes de présentation pour chaque place doivent être doubles et contenir l'indication des titres des candidats.

Art. 7 On peut nommer en dehors des listes de présentation, pourvu que l'inscription des nouvelles candidatures ait lieu, avec l'assentiment de la Classe, dans la séance qui précède celle de l'élection (2).

Art. 8. Le directeur de chaque Classe est désigné une année avant d'entrer en fonction, et cette nomination a lieu à la séance de janvier. Pendant cette année, il prend le titre de vice-directeur.

En l'absence du directeur, ses fonctions sont remplies par le vice-directeur.

Séances.

Art. 9. Des billets de convocation sont adressés aux membres de chaque Classe, trois jours, au moins, avant chaque réunion; ils énoncent les principaux objets qui y seront traités.

Art. 10. Les associés et les correspondants ont le droit

(1) Ce paragraphe a été ajouté par arrêté royal du 6 octobre 1873.

(2) Les articles 6 et 7 ont été adoptés par arrêté royal du 15 juin 1854, qui en modifie la rédaction primitive.

d'assister aux séances avec voix consultative, excepté quand la Classe sera constituée en comité.

Art. 11. Chaque Classe a une séance publique, savoir :

La Classe des sciences, au mois de décembre;

La Classe des lettres, au mois de mai;

La Classe des beaux-arts, au mois de septembre (1).

On y distribue les récompenses décernées par la Classe, et on y fait des lectures et des rapports sur les ouvrages couronnés.

Art. 12. Tous les ans, la veille de la séance publique de chaque Classe, on proclame les auteurs des mémoires auxquels un des prix aura été adjugé. On détermine ensuite les sujets des questions à proposer pour les concours suivants.

Art. 13. Le jour des séances, la salle est ouverte depuis dix heures.

Art. 14. La séance commence par la lecture de la correspondance; le secrétaire ne peut être interrompu pendant cette lecture.

Art. 15. Les vacances de l'Académie commencent après la séance du mois d'août et finissent le 30 septembre.

Art. 16. Des jetons de présence sont distribués de la manière suivante aux membres et associés habitant la Belgique (2) :

Les membres titulaires et les associés résidant en Belgique ont droit, pour chaque séance à laquelle ils assistent, à un jeton de présence de la valeur de dix francs.

Il est, en outre, alloué à ceux qui n'habitent pas la capitale :

Deux jetons de six francs, s'ils résident de dix à cinquante kilomètres;

(1) Depuis la suppression des fêtes de septembre, cette séance a lieu le dernier dimanche d'octobre.

(2) Cet article a été adopté par arrêté royal du 13 décembre 1866, qui en modifie la rédaction primitive.

Trois jetons de six francs, s'ils résident de cinquante à soixante-quinze kilomètres;

Quatre jetons de six francs, s'ils résident à plus de soixante-quinze kilomètres de la capitale.

Pour la détermination des distances, il sera fait usage des tableaux annexés aux dispositions réglementaires fixant les frais de route et de séjour des fonctionnaires ressortissant au Ministère de l'Intérieur (1).

Publications.

Art. 17. Les publications de l'Académie sont les suivantes :

1° Mémoires des membres, des associés, des correspondants;

2° Mémoires couronnés et mémoires des savants étrangers;

3° Bulletins des séances;

4° Annuaire de l'Académie.

Art. 18. L'Annuaire est publié à la fin de chaque année, et il en est de même des Mémoires, qui paraissent par volume ou par partie de volume.

Les Bulletins sont publiés à la suite de chaque séance et au moins huit jours avant la séance suivante.

Art 19. Chaque mémoire, dans les deux premiers recueils, a sa pagination particulière.

Les mémoires des associés et des correspondants, dans le premier recueil, sont imprimés à la suite de ceux des membres.

Art. 20. Quand des mémoires composés par des membres sont lus à l'Académie, il en est donné une analyse succincte dans le Bulletin de la séance où la lecture en aura été faite.

(1) Ces dispositions ont été appliquées à dater du 1er janvier 1867.

Les rapports des commissaires sur les mémoires des membres ne sont point livrés à la publicité; cependant, s'ils présentent, en dehors de l'analyse, des détails qui soient de nature à intéresser la science, on peut les insérer par extraits.

Art. 21. Quand des mémoires composés par des associés et des correspondants, ou par des savants étrangers, sont lus à l'Académie, on se borne à les annoncer dans le Bulletin de la séance où la lecture en aura été faite.

Les rapports des commissaires, qui devront présenter un aperçu de ce que ces mémoires contiennent de plus remarquable, peuvent être imprimés dans les Bulletins.

Art. 22. Le secrétaire peut confier aux auteurs les mémoires qui ont été adoptés pour l'impression, afin qu'ils y fassent les corrections nécessaires, mais il est tenu de les reproduire aux commissaires, si ces mémoires ont été modifiés pour le fond, ou si l'on y a fait des intercalations.

Quand de pareils changements ont été faits, il faut les désigner d'une manière expresse, ou donner aux mémoires la date de l'époque à laquelle ils ont été modifiés.

Art. 23. Dans aucun cas, on ne peut rendre aux auteurs les manuscrits des mémoires qui ont concouru. Les changements qui peuvent être adoptés pour des mémoires de concours que l'on imprime sont placés, sous forme de notes ou d'additions, à la suite de ces mémoires.

Art. 24. Les mémoires des membres dont l'impression n'a pas été ordonnée peuvent être rendus aux auteurs, qui, dans tous les cas, peuvent en faire prendre une copie à leurs frais.

Les manuscrits des mémoires de concours, de même que des mémoires communiqués par des associés, des correspondants ou des savants étrangers, sur lesquels il a été fait des rapports, deviennent la propriété de l'Académie.

Art. 25. On présente, dans les Bulletins des séances, les communications scientifiques et littéraires qui ont été faites et l'annonce des mémoires qui ont été lus.

Le Bulletin ne peut être considéré comme appendice au procès-verbal, que pour autant qu'il aura été approuvé.

Art. 26. Le secrétaire est autorisé à remettre à un Bulletin suivant l'impression des notices illisibles, ou des pièces dont la composition ou la lithographie exigeraient un retard dans la publication des Bulletins.

Art. 27. Tout mémoire qui est admis pour l'impression est inséré dans les Mémoires de l'Académie, si son étendue doit excéder une feuille d'impression. La compagnie se réserve de décider, à chaque séance, d'après la quantité de matériaux qui y sont présentés, si les mémoires qui excèdent une demi-feuille seront ou ne seront pas insérés dans le Bulletin.

Art. 28. Les auteurs des mémoires ou notices insérés dans les Bulletins de l'Académie ont droit à recevoir cinquante exemplaires particuliers de leur travail.

Ce nombre sera de cent pour les écrits imprimés dans le recueil des Mémoires.

Les auteurs ont, en outre, la faculté de faire tirer des exemplaires en sus de ce nombre, en payant à l'imprimeur une indemnité de quatre centimes par feuille (1).

Art. 29. L'Académie a son lithographe, mais, à conditions égales, les auteurs ont la faculté d'employer d'autres litho-

(1) Quant aux prix des titres extraordinaires, brochures, etc., le tarif suivant a été admis provisoirement :

Grand titre in-4° (composition).	fr.	6 00
Titre in-8°. »		3 00

Impression comme pour les exemplaires d'auteurs, à 4 centimes la feuille.

graphes dont les talents leur inspireraient plus de confiance.

Art. 30. L'Académie a aussi son imprimeur. L'imprimeur et le lithographe ne reçoivent les ouvrages qui leur sont confiés que des mains du secrétaire perpétuel, et ils ne peuvent imprimer qu'après avoir obtenu de lui un *bon à tirer*.

Art. 31. Les épreuves sont adressées directement au secrétaire perpétuel, qui les fait remettre aux auteurs. C'est aussi par l'entremise du secrétaire que les feuilles passent des mains des auteurs dans celles de l'imprimeur.

Art. 32. Les frais de remaniements ou de changements extraordinaires faits pendant l'impression sont à la charge de celui qui les a occasionnés.

Concours.

Art. 33. Les médailles d'or, présentées comme prix des concours, sont de la valeur de six cents francs.

Art. 34. Ne sont admis, pour les concours, que des ouvrages et des planches manuscrits.

Art. 35. Les auteurs des ouvrages envoyés au concours ne mettent pas leurs noms à ces ouvrages, mais seulement une devise qu'ils répètent dans un billet cacheté, renfermant leur nom et leur adresse.

Ceux qui se font connaître de quelque manière que ce soit,

Couverture non imprimée,	in-4°, papier de pâte, le cent. fr		3 00
» »	in-8°		1 50
» imprimée,	in-4°		5 00
» »	in-8°		3 00
Brochage in-4°, avec planches,	moins	de 5 feuilles, le cent.	4 00
» » »	plus	de 5 feuilles	5 50
» in-8°, »	moins	de 5 feuilles	3 00
» »	plus	de 5 feuilles	4 00

ainsi que ceux dont les mémoires sont remis après le terme prescrit, sont absolument exclus du concours.

Art. 36. Aucun des académiciens ne peut concourir pour les prix fondés en faveur de ceux qui, au jugement de la Compagnie, ont satisfait le mieux aux questions proposées; au surplus, aucun des membres ne peut donner des instructions à ceux qui concourent pour les mêmes prix.

Art. 37. Les mémoires qu'on destine au concours doivent être écrits en caractères lisibles, en langue latine, française, flamande ou hollandaise, et être adressés au secrétaire de l'Académie.

Art. 38. Les académiciens qui ont donné le programme des questions proposées pour les prix annuels sont les premiers examinateurs des ouvrages qui ont concouru, et ils en font un rapport détaillé et par écrit, qui est lu dans une séance de l'Académie et exposé avec ces ouvrages jusqu'à l'assemblée du mois de mai (1), à l'examen et aux observations de tous les membres, afin que les prix soient adjugés en entière connaissance de cause, à la pluralité des voix de tous les académiciens présents : on peut aussi accorder un accessit à un second mémoire, qui, au jugement de la Compagnie, aura mérité cette distinction; et, si aucun des mémoires présentés ne remplit les vues de l'assemblée, le prix peut être remis à une autre année.

Finances.

Art. 39. Les finances de l'Académie sont gérées par une Commission administrative, dont les membres sont élus annuellement à l'époque de la séance générale.

Art. 40. La Commission administrative est chargée de régler ce qui concerne les impressions.

(1) Pour la Classe des lettres; d'octobre pour la Classe des beaux-arts, et de décembre pour la Classe des sciences

Art. 41. A la fin de l'année, les comptes de chaque Classe sont vérifiés par une Commission spéciale composée de cinq membres pris dans la Classe.

Art. 42. Les Commissions spéciales, après avoir arrêté les comptes de la Commission administrative, font connaître à chaque Classe, dans la séance suivante, l'état des dépenses et des recettes pendant l'année écoulée.

Bibliothèque. — Archives.

Art. 43. Les ouvrages qui appartiennent à l'Académie sont déposés, après inventaire, à la bibliothèque de ce corps.

Art. 44. Les registres, titres et papiers concernant chaque Classe de l'Académie demeurent toujours entre les mains du secrétaire, à qui ils sont remis, accompagnés d'inventaires, que les directeurs font rédiger et qu'ils signent à la fin de chaque année; au surplus, les directeurs font aussi, tous les ans, le récolement des pièces qui sont annotées dans cet inventaire, dans lequel ils font insérer, en même temps, tout ce qui est présenté durant l'année.

Dispositions particulières.

Art. 45. L'Académie examine, lorsque le Gouvernement le juge convenable, les projets qui peuvent intéresser les sciences, les lettres et les beaux-arts.

Art. 46. L'Académie peut nommer, quand elle le juge convenable, sous l'approbation du Gouvernement, un ou plusieurs de ses membres, pour faire un voyage scientifique, littéraire ou artistique, et elle leur donne des instructions sur les objets dont ils auront principalement à s'occuper.

Art. 47. Toutes les dispositions antérieures, relatives aux matières prévues par le présent règlement, sont et demeurent abrogées.

Articles additionnels (1).

Art. 1er. L'élection du directeur et celle de membre de la Commission administrative ont lieu à la majorité absolue des suffrages.

Si, après deux tours de scrutin, personne n'a obtenu la majorité, il est procédé à un ballottage entre les membres qui ont réuni le plus de voix.

En cas de parité de suffrages, après ce dernier scrutin, le plus ancien membre est élu.

Art. 2. Dans les scrutins qui seront ouverts pour l'élection des membres de la Commission des finances, ou de toute autre Commission que la Classe jugera à propos de nommer, le membre le plus ancien, en cas d'égalité de voix, sera toujours préféré.

La *Commission administrative de l'Académie*, lors de sa réunion du 23 mars 1846, après avoir pris connaissance d'un relevé de la comptabilité générale pendant les quatre dernières années, a reconnu, à l'unanimité, qu'il fallait distinguer deux espèces de dépenses: les unes *générales*, et devant être supportées en commun par les trois Classes, et les autres *spéciales*, et devant être payées sur les fonds particuliers des Classes. Les dépenses générales comprennent toutes les impressions autres que les Mémoires, les gravures des Bulletins, les reliures, les jetons et le service du personnel, ainsi que les faux frais divers; les dépenses spéciales concernent uniquement les impressions in-4° et les concours pour lesquels chaque Classe dispose du

(1) Adoptés par arrêtés royaux du 23 mars et du 24 octobre 1849.

tiers de la somme affectée chaque année sur le budget pour cette catégorie de dépenses.

Lors de la séance du 6 juillet 1871, la Commission, appelée, d'après l'article 40 du règlement général, à s'occuper des impressions courantes et de la répartition des fonds à allouer à chaque Classe, a résolu que les mesures suivantes, qui serviront de règles invariables pour les publications, seront insérées dans l'*Annuaire :*

« La Commission, considérant qu'elle est parfaitement armée de dispositions réglementaires pour les impressions, a décidé qu'un tiers de la part annuelle dans la dotation de l'État à dépenser intégralement chaque année, d'après la comptabilité gouvernementale, pour les publications in-4°, serait réservé annuellement à chacune des Classes, pour les mémoires, avec la réserve que dans le cas où l'une d'elles n'aurait pas dépensé sa part vers la fin de l'année, ses fonds pourraient être alloués aux autres.

» Chaque Classe sera appelée, au commencement de l'année, à décider sur ses impressions, comme l'indique leur règlement intérieur. La Commission a reconnu qu'elle est en droit de leur demander si elles n'ont point de changements à faire à cet *ordre* d'impression prescrit par une disposition identique, formant l'article 10 du règlement de la Classe des sciences, l'article 7 de la Classe des lettres et l'article 8 de la Classe des beaux-arts. Le bureau de chaque Classe juge quels sont, parmi les mémoires reçus pour l'impression, ceux qui doivent être imprimés les premiers.

» Comme aucune disposition réglementaire n'ordonne l'impression des mémoires couronnés, la Commission en décidera à cet égard après avis des Classes. »

Règlement intérieur de la Classe des sciences (1).

Art. 1. Les deux sections de la Classe des sciences, celle des sciences mathématiques et celle des sciences naturelles, se composent, chacune, d'un même nombre de membres.

Art. 2. En cas de vacance dans une section, un membre de l'autre section peut y être admis du consentement de la Classe. L'académicien doit en avoir exprimé la demande par écrit, avant que la liste de présentation ait été arrêtée pour la section où la place est devenue vacante.

Art. 3. Le bureau se compose du directeur, du vice-directeur et du secrétaire perpétuel.

Art. 4. La séance, quel que soit le nombre des membres présents, s'ouvre à l'heure précise, indiquée sur la carte de convocation.

Art. 5. En cas d'absence du directeur et du vice-directeur, le fauteuil est occupé par le plus ancien membre de la Classe.

Lorsque plusieurs membres ont été élus dans la même séance, l'âge détermine leur rang d'ancienneté dans la liste des membres.

Art. 6. Le directeur peut admettre à la séance des savants de distinction étrangers au pays.

Art. 7. Le directeur donne lecture de l'ordre du jour, immédiatement après l'adoption du procès-verbal.

Ne sont admis, pour être lus en séance, que les écrits dont

(1) Adopté par arrêté royal du 23 janvier 1847.

la rédaction est entièrement achevée et qui sont indiqués à l'ordre du Jour.

Art. 8. Quand un écrit est accompagné de planches, l'auteur en prévient le secrétaire perpétuel. L'impression du texte et la gravure des planches sont votées séparément.

En cas de disjonction, l'auteur peut s'opposer à l'impression de son travail.

Art. 9. Si une planche doit occasionner des dépenses extraordinaires, ou si plusieurs planches sont jointes à une notice, le vote pour l'impression est différé; et, à la séance suivante, le secrétaire présente un devis des frais qui seront occasionnés par la gravure ou la lithographie.

Art. 10. Le bureau juge quels sont, parmi les mémoires reçus pour l'impression, ceux qui doivent être imprimés les premiers.

Il a égard : 1° à la date de la présentation du mémoire; 2° aux frais qui seront occasionnés par la publication; 3° à ce que les différentes branches dont s'occupe la Classe soient représentées dans ses publications.

La décision du bureau est rendue exécutoire par la sanction de la Classe.

Art. 11. Les opinions des commissaires sont signées par eux et restent annexées au mémoire examiné.

Elles sont communiquées en temps utile au premier commissaire, qui fera fonction de rapporteur.

Art. 12. La Classe ne fait pas de rapport sur les ouvrages déjà livrés à la publicité.

Sont exceptés les ouvrages sur lesquels le Gouvernement demande l'avis de la Classe.

Art. 13. La Classe ne délibère que sur des propositions écrites et signées.

La délibération sur une proposition réglementaire n'a lieu que dans la séance qui suit celle de la présentation.

Toute proposition que la Classe n'a pas prise en considération ou qu'elle a écartée après discussion ne peut être représentée dans le cours de l'année académique.

Art. 14. La présentation pour les places vacantes est faite par la section.

La section ne délibère sur l'admission d'aucun candidat, s'il n'a été présenté par deux membres au moins. Les présentations indiquent les titres des candidats.

Art. 15. La Classe met annuellement au concours six questions.

Chaque section en propose trois.

Art. 16. Quand la Classe se constitue en comité secret, elle se compose de ses membres seulement.

Le comité secret est de rigueur :

1° Pour la présentation et l'élection aux places vacantes;

2° Pour la discussion des articles réglementaires;

3° Pour la formation des programmes et le jugement des concours.

Sont toutefois admis au comité secret les associés, les académiciens des deux autres Classes, ainsi que les correspondants de la Classe des sciences, lorsqu'ils ont été désignés pour faire partie du jury sur la proposition des commissaires.

Art. 17. Les pièces destinées à être lues en séance publique sont préalablement soumises à la Classe.

Règlement intérieur de la Classe des lettres (1).

Art. 1er. La séance commence à l'heure précise, indiquée sur la carte de convocation, quel que soit le nombre des membres présents.

Art. 2. En cas d'absence du directeur et du vice-directeur, le fauteuil est occupé par le plus ancien membre de la Classe.

Art. 3. Le directeur peut admettre à la séance des savants, des littérateurs et des personnages de distinction étrangers au pays.

Art. 4. Le directeur donne lecture de l'ordre du jour, immédiatement après l'adoption du procès-verbal.

Cet ordre du jour, quant aux mémoires et notices, est réglé par la date de leur dépôt entre les mains du secrétaire.

Ne sont admis, pour être lus dans la séance, que les mémoires et notices entièrement achevés et indiqués à l'ordre du jour.

Art. 5. Quand des planches devront être jointes à un travail, l'auteur en préviendra la Classe. L'impression de la notice et la gravure des planches sont votées séparément.

Art. 6. Si une planche doit donner lieu à des dépenses extraordinaires, ou si plusieurs planches sont jointes à une notice, la publication en est différée, et le secrétaire présente à la séance suivante un devis des frais qui seront occasionnés par la gravure ou la lithographie.

Art. 7. Le bureau juge quels sont, parmi les mémoires reçus pour l'impression, ceux qui doivent être publiés les premiers. Il a égard : 1° à la date de la présentation du mémoire ; 2° aux frais qui seront nécessités par la publication ; 3° à ce que les différentes matières dont s'occupe la Classe soient représentées dans ses recueils.

(1) Adopté par arrêté royal du 26 janvier 1847.

Art. 8. Les mémoires modifiés (art. 22 du règlement général) portent, avec la date de leur présentation, celle de l'époque où les modifications ont été faites.

Art. 9. Les rapports faits à la Classe sont signés par leurs auteurs.

Le rapport de chaque commissaire reste annexé au mémoire examiné.

Art 10. La Classe ne délibère que sur des propositions écrites et signées.

La délibération sur une proposition réglementaire n'a lieu que dans la séance qui suit celle de la présentation.

Art. 11. La Classe, dans ses nominations, veille à ce que les différentes matières dont elle s'occupe soient, autant que possible, représentées. Ces matières sont :

1° Histoire et antiquités nationales;

2° Histoire générale et archéologie;

3° Langues anciennes, littératures française et flamande;

4° Sciences philosophiques;

5° Législation, droit public et jurisprudence;

6° Économie politique et statistique.

Art. 12. Les présentations pour les places vacantes sont faites collectivement par un comité de trois personnes nommées au scrutin secret dans la séance précédente, comité auquel s'adjoint le bureau.

La Classe ne délibère sur l'admission d'aucun candidat, à moins que deux membres n'aient demandé par écrit que son nom soit porté sur la liste des candidats.

Art. 13. La Classe met annuellement au concours six questions sur les matières indiquées à l'article 11.

Art. 14. Quand la Classe se constitue en comité secret, elle se compose de ses membres seulement.

Le comité secret est de rigueur:

1° Pour la présentation et l'élection aux places vacantes;

2° Pour la discussion des articles réglementaires;

3° Pour la formation des programmes et le jugement des concours.

Sont toutefois admis au comité secret les associés, les académiciens des deux autres Classes, ainsi que les correspondants, lorsqu'ils ont été désignés pour faire partie du jury du concours.

Art. 15. Les pièces destinées à être lues en séance publique sont préalablement soumises à la Classe.

Art. 16. La Classe ne fait pas de rapport sur les ouvrages déjà livrés à la publicité (1).

Sont exceptés les ouvrages sur lesquels le Gouvernement demande l'avis de la Classe.

Art. 17. Lorsque l'Académie aura pris une décision d'après un rapport rédigé par un ou plusieurs de ses commissaires, il ne sera plus permis de changer la rédaction de ce rapport.

Art. 18. Les membres et correspondants de la Classe lui communiqueront, tous les deux ans, un travail inédit.

Sont exceptés ceux qui s'en jugeront empêchés par l'âge, par des maladies ou par des occupations trop nombreuses.

Chaque année, au mois d'octobre, le secrétaire perpétuel rap-

(1) Par dérogation à cet article, la Classe a décidé, dans sa séance du 6 janvier 1873, que, « lorsqu'un membre de la Classe présente » un ouvrage qui lui paraît digne de fixer spécialement l'attention, » il peut joindre à l'hommage qui en est offert, une analyse con- » cise destinée à en faire apprécier l'intérêt. La Classe décide si ce » résumé sera inséré dans le Bulletin de la séance. Dans tous les » cas, il n'exprime que l'opinion du membre qui l'a rédigé et n'en- » gage en rien celle de la Classe. »

pellera par écrit cette disposition à tous les membres et correspondants de la Classe.

Aussitôt que les membres et correspondants auront fait connaître au secrétaire perpétuel le sujet du travail qu'ils se proposent de communiquer à la Classe et l'époque à partir de laquelle il pourra être porté à l'ordre du jour, ces indications seront inscrites avec leur date dans un registre à ce destiné. Le directeur répartira les lectures entre les diverses séances, d'après l'ordre des inscriptions.

Les travaux dont il vient d'être parlé n'en excluent aucun autre. La date à laquelle ils ont été inscrits déterminera indistinctement entre tous l'ordre dans lequel la lecture en sera faite.

Art. 19. Les questions du concours seront, autant que possible, réparties entre les diverses matières énumérées dans l'article 11 du règlement; elles seront publiées deux ans d'avance.

Chaque année, dans la séance de juin, la Classe désignera les anciennes questions à maintenir au programme, déterminera les matières sur lesquelles porteront les questions nouvelles et nommera pour chacune de celles-ci une Commission de trois membres, qui sera chargée de présenter trois sujets à son choix.

Les Commissions nommées feront, chacune, leur rapport dans la séance de juillet, et la Classe, après avoir choisi une des trois questions qui lui sont proposées et déterminé la valeur du prix à accorder, arrêtera définitivement son programme.

Art. 20. Le rapport des commissaires, soit sur les mémoires présentés aux concours, soit sur les mémoires des savants étrangers, sera lu aux membres de la Classe un mois avant qu'il soit mis en délibération; chacun pourra, dans cet intervalle, prendre communication de ces mémoires.

Art. 21. Tous les membres sont autorisés à faire, séance tenante, leurs observations sur les travaux dont il est donné lecture, ou sur lesquels il est fait rapport, ainsi que sur les rapports mêmes.

Si la demande en est faite, une discussion à ce sujet pourra, avec l'autorisation de la Classe, être portée à l'ordre du jour d'une séance suivante.

Art. 22. Aucune lecture ne sera faite sans que le sujet en ait été indiqué à l'ordre du jour de la Classe par le billet de convocation distribué au moins quinze jours avant la réunion.

Art. 23. Toutes les fois que trois membres feront la proposition d'examiner en commun une ou plusieurs questions se rapportant à l'une des matières que l'article 3 des Statuts organiques de l'Académie range dans le domaine de la Classe des lettres, la Classe en délibérera; et, si elle adopte la proposition, la discussion sera portée à l'ordre du jour de la séance qu'elle déterminera.

Le bureau de la Classe, les commissaires chargés soit de la rédaction du programme, soit du jugement des concours, soit de l'examen des mémoires des membres, des associés, des correspondants et des savants étrangers, présenteront des propositions aux mêmes fins chaque fois qu'ils le trouveront utile.

Les rapports, les lectures, les propositions de questions littéraires, historiques ou scientifiques à discuter, et les discussions qui en seront la suite, seront portés à l'ordre du jour des séances, immédiatement après l'approbation du procès-verbal et le dépouillement de la correspondance, avant toute discussion à laquelle la correspondance pourrait donner lieu, sauf les cas d'urgence (1).

(1) Les articles nouveaux 18 à 23 ont été sanctionnés par arrêté royal du 8 juillet 1872, qui en modifie la rédaction primitive.

Règlement intérieur de la Classe des beaux-arts (1).

Art. 1er. La séance commence à l'heure précise indiquée sur la carte de convocation, quel que soit le nombre de membres présents.

Art. 2. La liste de présence est retirée une demi-heure après l'ouverture de la séance. Les inscriptions ne sont plus admises, sinon pour des motifs valables et soumis à l'appréciation du bureau.

Art. 3. En cas d'absence du directeur et du vice-directeur, le fauteuil est occupé par le plus ancien membre de la Classe. Quand l'ancienneté est la même, le fauteuil est occupé par le plus âgé des membres.

Art. 4. Le directeur fait connaître l'ordre du jour, immédiatement après la lecture du procès-verbal.

Art. 5. On n'admet pour la lecture que les notices entièrement achevées et indiquées à l'ordre du jour.

Art. 6. Quand une notice est accompagnée de planches, l'auteur en prévient la Classe. L'impression de la notice et la gravure des planches sont votées séparément.

Art. 7. Si une planche doit occasionner des dépenses extraordinaires, ou si plusieurs planches sont jointes à une notice, la publication en est différée, et le secrétaire présente à la séance suivante un devis des frais qui seront occasionnés par la gravure ou la lithographie.

Art. 8. Le bureau juge quels sont, parmi les mémoires reçus pour l'impression, ceux qui doivent être publiés les premiers. Il a égard : 1° à la date de la présentation du travail ; 2° aux

1) Adopté par arrêté royal du 27 octobre 1846.

frais qui seront occasionnés par la publication; 3° à ce que les différentes branches dont s'occupe la Classe soient représentées dans ses mémoires.

Art. 9. Les mémoires modifiés (art. 22 du règlement général) portent la date de l'époque où les modifications ont été faites.

Art. 10. Les rapports faits à la Classe sont signés par les auteurs. Ils auront dû être communiqués, en temps utile, au rapporteur.

Art. 11. La Classe ne délibère que sur des propositions écrites et signées.

La délibération sur une proposition réglementaire n'a lieu que dans la séance qui suit celle de la présentation.

Art. 12. La présentation pour les places vacantes est faite par le bureau, qui s'adjoint la section dans laquelle la place est vacante.

En outre, la Classe ne délibère sur l'admission d'aucun candidat, à moins que deux membres ne l'aient présenté officiellement.

Lorsque la Classe est appelée à procéder aux élections pour plus d'une place vacante dans la même section, le candidat de la première place qui n'est pas élu devient, par ce fait, candidat supplémentaire pour la seconde place, et ainsi de suite (1).

Art. 13. La Classe des beaux-arts met annuellement au concours quatre questions, à savoir :

Une sur la peinture ou sur la gravure en taille-douce;

Une sur la sculpture ou sur la gravure en médaille;

Une sur l'architecture;

Une sur la musique.

Il est entendu qu'il y a un roulement qui permet de représenter successivement les différentes parties des beaux-arts correspondant aux quatre divisions précédentes.

1° La résolution de la Classe des beaux-arts, adoptée dans la

(1) Le dernier paragraphe de l'article 12 a été sanctionné par arrêté royal du 3 juin 1875.

séance du 20 septembre 1849, relativement aux concours pratiques, sera remise en vigueur;

2° A l'avenir, indépendamment des questions de théorie ou d'histoire de l'art, le programme des concours de la Classe comportera des questions d'art appliqué;

3° Chaque année des prix seront proposés pour récompenser le vainqueur dans les concours pratiques;

4° La peinture, la sculpture, l'architecture, la musique et la gravure feront l'objet de ces concours;

5° Les diverses spécialités seront appelées, à tour de rôle, dans l'ordre suivant :

En 1872, la peinture et la sculpture; en 1873, l'architecture et la musique; en 1874, la peinture et la gravure, et ainsi de suite (1);

6° Les lauréats conserveront la propriété des ouvrages envoyés au concours;

7° Une reproduction graphique de l'œuvre couronnée figurera dans les Mémoires de l'Académie, accompagnée des rapports des commissaires chargés de préparer le jugement;

8° Le jugement se fera par la Classe entière, sur un rapport

(1) Roulement établi jusqu'en 1891 :

En 1875, sculpture et gravure en médaille; en 1876, architecture et musique; en 1877, peinture et sculpture; en 1878, peinture et gravure au burin; en 1879, architecture et musique; en 1880, sculpture et gravure en médaille; en 1881, peinture et gravure au burin; en 1882, architecture et musique; en 1883, peinture et sculpture; en 1884, gravure au burin et gravure en médaille; en 1885, architecture et musique; en 1886, peinture et sculpture; en 1887, peinture et gravure en médaille; en 1888, architecture et gravure en taille douce; en 1889, musique et sculpture; en 1890, peinture et gravure en médaille; en 1891, architecture et musique.

présenté par la section qui a proposé le sujet du concours (1)

Les questions à mettre au concours, en vertu de l'article 13 du règlement de la Classe des beaux-arts et auxquelles il doit être répondu au moyen de mémoires écrits, seront envoyées à l'examen d'une Commission spéciale avant d'être soumises au vote de la Classe.

A cet effet, tout académicien ayant l'intention de faire inscrire une question de ce genre au programme, en adressera le texte au secrétaire perpétuel un mois avant la réunion dans laquelle le programme du concours doit être arrêté.

Il sera formé annuellement quatre Commissions de cinq membres où figureront des représentants de chacune des spécialités de l'art indiquées au premier paragraphe de l'article 13. Un des cinq membres sera choisi dans la section des sciences et des lettres dans leurs rapports avec les beaux-arts (2).

Art. 14. Quand la Classe se constitue en comité secret, elle se compose de ses membres seulement.

Le comité secret est de rigueur :

1° Pour la présentation et l'élection aux places vacantes;

2° Pour la discussion des articles réglementaires;

3° Pour le jugement des concours.

Sont toutefois admis au comité secret, les associés, les académiciens des deux autres Classes, ainsi que les correspondants de la Classe des beaux-arts, lorsqu'ils ont été désignés pour faire partie du jury.

Art. 15. Les pièces destinées à être lues en séance publique sont préalablement soumises à la Classe.

(1) Les paragraphes 1 à 8 du complément de l'article 13 ont été sanctionnés par arrêté royal du 8 juillet 1872.

(2) Ces trois derniers paragraphes ont été sanctionnés par arrêté royal du 3 juin 1875.

BIBLIOTHÈQUE DE L'ACADÉMIE.

Règlement général (1).

Art. 1er. La Bibliothèque est placée sous la surveillance et la direction de la Commission administrative de l'Académie.

La conservation du dépôt est confiée au secrétaire perpétuel.

Art. 2. Les ouvrages qui appartiennent à l'Académie sont estampillés sur le titre, inscrits au catalogue et déposés à la bibliothèque.

L'annonce du dépôt se fait par la voie du *Bulletin de l'Académie*

Art. 3. Les ouvrages nouvellement reçus sont déposés à l'époque des séances mensuelles des trois Classes, pour pouvoir être examinés par les membres, et ne sont prêtés qu'après que cette inspection aura pu avoir lieu.

Art. 4. Tous les ouvrages de la bibliothèque sont, autant que possible, reliés.

Ils portent, sur la couverture, une marque distinctive indiquant qu'ils appartiennent à l'Académie royale de Belgique.

Art. 5. Le conservateur et les employés sont exclusivement chargés de rechercher les objets que les membres désirent consulter.

Art. 6. Les livres et autres objets sont prêtés contre reçu : on ne peut les garder pendant plus de trois mois; ceux qui

(1) Adopté, en assemblée générale des trois Classes, du 7 mai 1858.

seraient demandés par un autre membre seront restitués dans le mois de la demande.

Art. 7. Nul ne peut être détenteur de plus de dix volumes ou brochures à la fois.

Art. 8. La Commission administrative peut, en tout temps, faire rentrer les objets empruntés à la bibliothèque.

Art. 9. Il est tenu un registre sur lequel sont indiqués la date de la sortie, celle de la rentrée, le nom de l'emprunteur et l'état dans lequel rentrent les objets prêtés.

Art. 10. Quiconque perd ou détériore un objet appartenant à la bibliothèque est tenu de le remplacer à ses frais.

Art. 11. On ne peut être admis à emprunter des objets appartenant à la bibliothèque qu'en se conformant aux dispositions du présent règlement.

Costume des membres de l'Académie (1).

Habit de cour en drap bleu. Collet, parements et garniture à la taille ornés d'une broderie formée d'une branche d'olivier à feuilles brodées en soie verte bordées d'un filet d'or. Boutons d'or portant au centre le Lion belge sur un écusson surmonté de la couronne royale, entouré de l'exergue avec l'inscription : Académie royale de Belgique. — Pantalon en drap semblable à celui de l'habit, avec bande en or. — Gilet blanc à boutons d'or. — Chapeau-claque ordinaire. — Épée de forme facultative.

(1) Déterminé par arrêté royal du 13 janvier 1876.

Franchise de port (1).

Art. 1er. Notre Ministre de l'Intérieur est autorisé à correspondre en franchise de port, *sous enveloppe fermée,* avec le bureau de l'Académie des sciences et belles-lettres de Bruxelles, et les membres de ce corps, individuellement.

Art. 2. La franchise est également attribuée à la correspondance sous bandes et contre-seing que l'Académie et son Secrétaire perpétuel doivent échanger avec chacun de ses membres.

Art. 3. Le contre-seing de l'Académie en nom collectif sera exercé, soit par le président, soit par le secrétaire perpétuel délégué à cet effet.

(1) Accordée par arrêté royal du 21 décembre 1841.

N. B. Pour que les envois parviennent avec la franchise de port, il est indispensable que les lettres, papiers ou livres soient mis *sous bandes croisées à l'adresse du secrétaire perpétuel et contre-signées par le membre, correspondant ou associé, qui fait l'envoi.* De plus, les envois doivent être *déposés au bureau de la poste ;* l'exemption n'est pas admise pour les papiers qui seraient *simplement jetés dans la boîte aux lettres.*

LOCAL ET TRAVAUX DE L'ACADÉMIE.

LOCAL DE L'ACADÉMIE (1).

Art. 1er. Le palais de la rue Ducale, à Bruxelles, sera mis à la disposition de l'Académie des sciences, des lettres et des beaux-arts et de l'Académie de médecine. Il portera désormais le nom de Palais des Académies.

Art. 2. Les locaux actuellement occupés par les Académies au palais de l'ancienne Cour seront affectés à la galerie des tableaux modernes de l'État et aux services dépendant de la Bibliothèque royale.

Nos Ministres des Travaux publics et de l'Intérieur sont chargés, chacun en ce qui le concerne, de l'exécution du présent arrêté.

Bustes des académiciens décédés (2).

Art. 1er. En attendant qu'il puisse être construit un local spécial pour l'Académie royale des sciences, des lettres et des beaux-arts de Belgique, il lui sera assigné un local provisoire dans les bâtiments de l'ancienne Cour (3).

Art. 2. La salle des séances publiques de l'Académie sera ornée des bustes des souverains fondateurs et protecteurs de cette institution, de ceux des Belges qui se sont illustrés dans la carrière des sciences, des lettres et des arts, ainsi que des acadé-

(1) Arrêté royal du 30 avril 1876.

(2) Arrêté royal du 1er décembre 1845.

(3) Cet article a été supprimé de fait par l'arrêté précité du 30 avril 1876.

miciens décédés qui ont doté le pays d'ouvrages importants (1).

Art. 3. Le Gouvernement fera exécuter, à ses frais, un ou deux bustes par an (2).

Art. 4. Notre Ministre de l'intérieur est chargé de l'exécution du présent arrêté.

TRAVAUX SPÉCIAUX DE L'ACADÉMIE.

Travaux spéciaux de l'Académie. — Adjonction de savants et de littérateurs (3).

Art. 1er. L'Académie royale des sciences, des lettres et des beaux-arts de Belgique sera successivement chargée des travaux suivants :

1° D'une biographie nationale;

2° D'une collection des grands écrivains du pays, avec traductions, notices, etc.;

3° De la publication des anciens monuments de la littérature flamande.

Art. 2. L'Académie soumettra à la sanction du Gouvernement les mesures d'exécution de ces travaux.

(1) En vertu d'un règlement, adopté par l'assemblée générale des trois Classes du 12 mai 1868, ne sont admis sur la liste des académiciens qui méritent les honneurs d'un buste, que ceux décédés depuis dix ans au moins.

(2) *Bustes exécutés :* membres de l'Académie: Sciences : Dandelin, de Nieuport, d'Omalius, Dumont, Melsens, A. Quetelet, Schmerling, Simons, Spring et Van Mons; Lettres: de Gerlache, de Ram, de Reiffenberg, de Saint-Genois, de Stassart, Dewez, Gachard, Lesbroussart, Mathieu, Moke, Raoul, Van de Weyer, Van Duyse, Weustenraad et J.-F. Willems; Beaux-arts : A. Baron, F.-J. Fétis, Ch.-L. Hanssens, Leys, Madou, Soubre, Suys, Navez, Roelandt, Simonis, Van Hasselt et G. Wappers.

Belges illustres : Mercator, Gossec et Roland de Lassus.

(3) Arrête royal du 1er décembre 1845.

COMMISSION CHARGÉE DE LA PUBLICATION D'UNE BIOGRAPHIE NATIONALE.

Règlement (1).

Art. 1er. L'Académie royale des sciences, des lettres et des beaux-arts est chargée de la rédaction et de la publication d'une *Biographie nationale*.

Art. 2. Elle institue à cet effet une Commission de quinze membres qui sont élus, en nombre égal de cinq, par chacune des trois Classes, au scrutin secret et à la majorité des suffrages (2).

Tous les six ans, chaque Classe sera appelée à réélire ou à remplacer les membres de la Commission (3).

La Commission nomme dans son sein un président et un secrétaire.

Art. 3. La Commission peut s'associer, pour le travail de rédaction, d'autres membres de l'Académie.

Elle est autorisée aussi à y faire concourir des savants et des littérateurs du pays qui n'appartiennent pas à la Compagnie.

Art. 4. La Commission dresse préalablement une liste alphabétique, aussi complète que possible, de tous les hommes remarquables, à quelque titre que ce soit, qui lui paraissent dignes de prendre place dans la *Biographie nationale*.

(1) Adopté par arrêté ministériel du 29 mai 1860.

(2) Voyez plus loin la composition de la Commission au 1er janvier 1891.

(3) La sixième période sexennale de la Commission expirera e mai 1896.

Ne pourront être compris dans cette liste que des personnages décédés depuis dix ans au moins.

Art. 5. Cette liste est imprimée et rendue publique par la voie du *Moniteur*.

Art. 6. La Commission revoit et approuve la rédaction des notices, avant de les livrer à l'impression.

Elle peut en limiter l'étendue d'après les convenances de la publication et selon l'importance relative des personnages.

Les revisions sont communiquées à l'auteur de la notice avant la publication.

Chaque notice porte la signature de celui qui en est l'auteur.

Art. 7. La Commission fait un rapport annuel au Ministre sur l'état de ses travaux. Elle en donne aussi annuellement connaissance à l'assemblée générale de l'Académie.

Art. 8. La *Biographie nationale* sera publiée dans le format in-8°, par volume de 500 pages au moins.

Art. 9. Une indemnité par feuille d'impression, à fixer ultérieurement, sera accordée aux auteurs des notices biographiques.

Art. 10. Les membres de la Commission qui ne résident pas à Bruxelles recevront une indemnité de déplacement, chaque fois que la Commission se réunira en dehors des jours ordinaires de la séance académique.

Art. 11. Une allocation spéciale sera mise à la disposition de l'Académie, afin de l'aider à pourvoir aux dépenses qui résulteront de l'exécution du présent arrêté.

COMMISSION ROYALE D'HISTOIRE.

Règlement organique (1).

Art. 1. La Commission royale d'histoire est instituée à l'effet de rechercher et de mettre au jour les chroniques belges inédites, les relations, les cartulaires et les autres documents de la même nature également inédits. Elle est chargée aussi de la publication d'une table chronologique des chartes et diplômes imprimés concernant l'histoire de la Belgique.

Elle est rattachée à l'Académie royale des sciences, des lettres et des beaux-arts de Belgique, dont elle forme une annexe, et sa correspondance est soumise aux dispositions arrêtées pour cette Compagnie.

Il en est de même de ses archives.

Ses publications servent de complément à celles de l'Académie.

Art. 2. La Commission, composée de sept membres nommés par le Roi, choisit dans son sein un président et un secrétaire-trésorier (2).

Art. 3. Des membres suppléants, nommés par le Ministre de l'intérieur, peuvent être adjoints aux membres de la Com-

(1) Arrêté royal du 28 avril 1869 remplaçant les arrêtés royaux du 22 juillet 1834, du 1er décembre 1845, du 5 octobre 1852, du 31 décembre 1861, du 7 avril 1866, et l'arrêté ministériel du 29 mars 1845.

(2) Voyez plus loin la composition de la Commission au 1er janvier 1891.

mission, assister, comme tels, à toutes les séances de celle-ci et prendre part à tous ses travaux.

Art. 4. En cas d'empêchement, les membres effectifs peuvent être remplacés aux séances par les membres suppléants; ceux-ci ont, dans ce cas, voix délibérative. Ils jouissent de la même indemnité, pour frais de voyage et de séjour, que les membres titulaires.

Art. 5. Les membres de la Commission s'assemblent régulièrement à Bruxelles quatre fois l'an, dans les mois de janvier, avril, juillet et novembre, pour délibérer sur les matières soumises à leur examen et se concerter sur les publications qui font l'objet de leurs travaux, d'après un plan rédigé par la Commission et approuvé par le Ministre de l'Intérieur.

La Commission se réunit extraordinairement lorsque le président le juge utile.

Art. 6. Le président met en délibération les objets à l'ordre du jour, recueille les voix et conclut au nom de la Commission.

En cas d'absence, il est remplacé par le membre le plus ancien.

Art. 7. Il est publié un Compte rendu ou Bulletin des séances de la Commission, dans lequel sont rapportés les sujets dont elle s'est occupée et les communications qu'elle a reçues, en tant que celles-ci concernent l'histoire de la Belgique.

Aucune communication n'y est insérée qu'après résolution prise par la Commission.

Lorsque des séries de documents ou des notices ont une grande étendue, elles peuvent être publiées à part comme annexes au Bulletin.

Art. 8. La Commission ayant pour but principal de rechercher et de mettre au jour les chroniques belges inédites, les membres éditeurs s'abstiennent d'introduire, dans les publications qui leur sont confiées, des matières étrangères au contenu du texte principal de l'ouvrage.

Art. 9. Aucune publication comprise dans le plan approuvé par le Ministre de l'Intérieur n'est autorisée qu'après que le membre qui désire en être chargé a fait connaître, dans un rapport à la Commission, la marche qu'il se propose de suivre, ainsi que la nature et l'importance des documents qu'il croit devoir ajouter au texte principal.

L'impression ne commence que lorsque la copie d'un tiers de volume, au moins, peut être livrée à l'imprimeur.

Art. 10. Les cartes et planches reconnues nécessaires pour être jointes au texte des chroniques ou de leurs appendices, ne sont confectionnées que lorsque la Commission en a autorisé la dépense, sur évaluation approximative.

Art. 11. Tous les mois, l'imprimeur adresse à chaque membre de la Commission une bonne feuille de tout ce qui est imprimé du texte des volumes de la collection.

Art. 12. Chaque membre reçoit un exemplaire, sur grand papier, des volumes de la collection, ainsi que cinq exemplaires du Bulletin. Il a droit, en outre, à dix exemplaires dits d'auteur de chacun des ouvrages qu'il est chargé de publier.

Art. 13. La Commission adresse au Ministre de l'Intérieur, à la fin de chaque année, un rapport général sur ses travaux.

Art. 14. La Commission s'abstient de porter un jugement sur les ouvrages imprimés d'auteurs vivants, quand ces ouvrages n'ont pas de rapport direct avec ses travaux.

Art. 15. Les résolutions et les pièces expédiées par la Commission, ou en son nom, sont signées par le président et par le secrétaire.

Art. 16. Le secrétaire est dépositaire des papiers et documents appartenant à la Commission. Il en tient inventaire.

Art. 17. Les ouvrages dont il est fait hommage à la Commission sont déposés dans la bibliothèque de l'Académie. Les titres de ces ouvrages et les noms des donateurs sont insérés au Bulletin.

Art. 18. Un crédit est attribué annuellement à la Commission pour couvrir les frais de toute nature résultant de la mission qui lui est confiée.

Art. 19. La Commission soumet, chaque année, son budget à l'approbation du Ministre de l'Intérieur, avec l'indication des publications qu'elle se propose d'entreprendre dans le courant de l'exercice; aucune dépense ne peut être faite en dehors du budget approuvé. La Commission rend compte de ses dépenses dans son rapport annuel.

Art. 20. Les membres de la Commission qui ne résident point à Bruxelles reçoivent, à titre d'indemnité de déplacement, pour chaque réunion ordinaire, c'est-à-dire pour celles qui coïncident avec les réunions mensuelles de l'Académie royale de Belgique, savoir :

Les membres demeurant dans un rayon de cinq lieues partant de Bruxelles, quinze francs;

Dans un rayon de dix lieues, vingt francs;

Dans un rayon de quinze lieues, vingt-cinq francs;

Enfin ceux demeurant dans une localité au delà de ce dernier rayon, trente francs.

Pour les réunions extraordinaires, les mêmes membres reçoivent douze francs par séjour de vingt-quatre heures, et une indemnité pour frais de route, calculée à raison de deux francs par lieue par voie ordinaire et d'un franc par lieue par chemin de fer.

Art. 21. Une indemnité de vingt francs par feuille d'impression, du format in-4°, est allouée aux membres qui donnent leurs soins à l'édition des chroniques, relations, cartulaires et de la Table chronologique des chartes et diplômes imprimés concernant l'histoire de la Belgique, en en préparant les matériaux, en les annotant, en en rédigeant les introductions, etc.

La même indemnité est accordée aux personnes que la Commission charge, sous sa direction et sa surveillance, après y avoir été autorisée par le Ministre de l'Intérieur, de concourir à ces publications.

Art. 22. Le traitement annuel de douze cents francs, dont jouit le secrétaire-trésorier actuel, est maintenu.

Art. 23. Notre Ministre de l'Intérieur est chargé de l'exécution du présent arrêté.

COMMISSION CHARGÉE DE LA PUBLICATION DES ŒUVRES DES ANCIENS MUSICIENS BELGES.

Institution (1).

Art. 1er. Une Commission est chargée de la publication des œuvres des anciens musiciens belges.

Art. 2. La Commission se compose de tous les membres de la section de musique de la Classe des beaux-arts de l'Académie royale de Belgique et d'un membre de la section des sciences et des lettres dans leurs rapports avec les beaux-arts, désigné par le Ministre de l'Intérieur (2).

Art. 3 Un bureau permanent, formé d'un président, d'un secrétaire et d'un trésorier, nommés par le Gouvernement, est chargé de la direction des travaux de la Commission.

Des personnes, aptes à donner un concours efficace à la Commission, peuvent lui être adjointes par le Ministre de l'Intérieur.

Art. 4. La Commission est convoquée par le président, au moins quatre fois par année :

A. Pour arrêter le mode général de publication, format, etc ;

B. Pour délibérer sur les œuvres musicales à mettre sous presse;

C. Pour choisir les maisons chargées de la gravure, des impressions, etc. ;

D. Pour dresser le budget annuel.

(1) Arrêté royal du 23 septembre 1879.

(2) Voir, plus loin, la composition de la Commission au 1er janvier 1891.

Les dispositions prises par la Commission, quant à ces divers objets, sont soumises à l'approbation préalable du Ministre de l'Intérieur.

Art. 5. Les membres et les adjoints présents aux réunions reçoivent les jetons de présence et de déplacement déterminés par l'arrêté royal du 13 décembre 1866 pour les séances de l'Académie.

Art. 6. Le bureau permanent réunit et, au besoin, achète les ouvrages et les documents pouvant servir à ses travaux de publication.

Après la correction des épreuves, le *bon à tirer* est donné par le président.

Art. 7. Le secrétaire-bibliothécaire tient la correspondance, rédige les procès-verbaux des séances, veille à l'exécution des décisions et conserve les archives et les livres.

Art. 8. Le trésorier encaisse les subsides accordés par l'État, paye les mandats des dépenses ordonnancées par le président et le secrétaire et présente annuellement à la Commission directrice son compte général, appuyé des pièces justificatives, conformément aux règles de la comptabilité de l'État.

Art. 9. La Commission adresse au Ministre de l'Intérieur, à la fin de chaque année, un rapport général sur ses travaux et ses dépenses.

PRIX

ET CONCOURS PÉRIODIQUES.

PRIX DÉCERNÉS PAR L'ACADÉMIE DEPUIS 1816 (1).

Durant la période de 1816 à 1845 l'Académie était divisée en deux Classes : celle des sciences et celle des lettres. Les prix pour la première Classe se décernaient dans sa séance publique du 16 décembre, jour anniversaire de la signature, par l'impératrice Marie-Thérèse, des lettres patentes de l'ancienne Académie impériale et royale; pour la Classe des lettres ils étaient décernés dans sa séance publique qui avait lieu, habituellement, le 7 mai, jour du rétablissement de l'Académie par le roi Guillaume Ier, sous le titre d'Académie royale des sciences et belles-lettres de Bruxelles.

Depuis 1845, l'Académie, réorganisée par le roi Léopold Ier sous le titre d'Académie royale des sciences, des lettres et des beaux-arts de Belgique, décerne ses prix pour les Classes des sciences et des lettres aux époques précitées, et pour la Classe des beaux-arts dans sa séance publique qui a lieu le dernier dimanche du mois d'octobre. C'est dans cette dernière séance que sont aussi proclamés les résultats des grands concours artistiques du Gouvernement.

(1816-1845.)

CLASSE DES SCIENCES.

1817. — * Médaille d'or à A. De Hemptinne pour son mémoire *Sur les applications de la vapeur d'eau comme moyen d'échauffement*. (Mém. cour. in-4°, t. I.)

(1) L'astérisque indique que le mémoire a été imprimé dans les recueils académiques.

1817. — Accessit à Ch. De Laveleye pour son mémoire sur le même sujet.

1817. — Médaille d'argent à Mr. Schaumans pour son mémoire *Sur l'orobranche.*

1819. — Médaille d'argent à U. Huguenin pour son mémoire *Sur une question de mécanique physique.*

1819. — Médaille d'argent à J.-F.-D. Behr pour son mémoire *Sur les minéraux de Belgique.*

1820. — * Médaille d'or à J. Vène pour son mémoire *Sur une question de mécanique.* (Mém. cour. in-4°, t. II.)

1820. — * Médaille d'or à J.-P. Pirard pour son mémoire *Sur une question de physique.* (Idem.)

1820. — Médaille d'encouragement à Mr. Audoor pour son mémoire *Sur l'ancien état des vignobles en Belgique.*

1821. — * Médaille d'or à Mr. Drapiez pour son mémoire *Sur la constitution géologique du Hainaut.* (Mém. cour. in-4°, t. III.)

1821. — * Médaille d'or à G.-A. Marée pour son mémoire *Sur la composition chimique des sulfures.* (Idem.)

1821. — Médaille d'encouragement à Mr. Coulier pour son mémoire *Sur le bleu de Prusse.*

1822. — * Médaille d'or à J. Vène pour son mémoire *Sur l'élimination entre deux équations à deux inconnues.* (Mém. cour. in-4°, t. IV.)

1822. — Médailles d'argent à H. Guillery et Évrard pour leur mémoire *Sur les plantes.*

1823. — Médaille d'argent à J. Vène pour son mémoire *Sur les lignes spiriques.*

1823. — * Médaille d'or à D. Hensmans pour son mémoire *Sur les esprits alcooliques.* (Mém. cour. in-4°, t. IV.)

1824. — * Médaille d'or à G.-M. Pagani pour son mémoire *Sur les lignes spiriques.* (Mém. cour. in-4°, t. V.)

1824. — Médaille d'argent à Mr. Demoor pour son mémoire sur le même sujet.

1824. — Médaille d'argent à Mr. Martens pour son mémoire *Sur l'action d'un fil flexible.*

1824. — Médaille d'argent à D. Hensmans pour son mémoire *Sur les corps gazeux et gazifiables.*

1825. — * Médaille d'or à G.-M. Pagani pour son mémoire *Sur le fil flexible.* (Mém. cour. in-4°, t. V.)

1825. — * Médaille d'or à F.-P. Cauchy pour son mémoire *Sur la constitution géologique de la province de Namur.* (Idem.)

1825. — * Médaille d'or à A. Moreau de Jonnès pour son mémoire *Sur le déboisement des forêts.* (Idem.)

1825. — * Accessit avec mention honorable à Mr. Bosson pour son mémoire sur le même sujet. (Idem.)

1826. — Médaille d'argent à M. Gloesener pour son mémoire *Sur le magnétisme terrestre.*

1826. — * Médaille d'or à A Belpaire pour son mémoire *Sur les changements de la côte d'Anvers à Boulogne.* (Mém. cour. in-4°, t. VI.)

1826. — Médaille d'argent à l'auteur du mémoire *Sur le fumier animal.*

1826. — Médaille d'argent à Alexis Timmermans pour son mémoire *Sur le mouvement d'une bulle d'air qui s'élève dans un liquide.*

1827. — Médaille d'argent à Th. Olivier pour son mémoire *Sur les dix points dans l'espace.*

1828. — Médaille d'argent à Mr. Aelbrouck pour son mémoire *Sur les prairies aigres.*

1828. — * Médaille d'or à F. Steiningen pour son mémoire *Sur la constitution géognostique du Grand-Duché de Luxembourg.* (Mém. cour. in-4°, t. VII.)

1828. — * Médaille d'argent à A. Engelspach-Larivière pour son mémoire sur le même sujet. (Idem.)

1829. — * Médaille d'or à A. Timmermans pour son mémoire *Sur les ailes des moulins à vent.* (Mém. cour. in-4°, t. VIII.)

1829. — Médaille d'argent à l'auteur du mémoire *Sur le meilleur mode de dénombrement de la population.*

1830. — * Médaille d'or à André Dumont pour son mémoire *Sur la description géologique de la province de Liège.* (Idem.)

1830. — * Médaille d'argent à L.-J. Davreux pour son mémoire *Sur la constitution géognostique de la province de Liége.* (Mém. cour. in-4°, t. IX.)

1830. — * Médaille d'or à Mr. Chasles pour son *Histoire des méthodes de géométrie.* (Mém. cour. in-4°, t. XI.)

1834. — * Médaille d'or à Mr. Martens pour son mémoire *Sur les chlorures d'oxydes solubles.* (Mém. cour. in-4°, t. X.)

1835. — * Médaille d'or à A. De Vaux pour son mémoire *Sur l'épuisement des eaux dans les mines.* (Mém. cour. in-4°, t. XII.)

1835. — * Médaille d'or à H. Galeotti pour son mémoire *Sur la constitution géologique du Brabant.* (Idem.)

1836. — * Médaille d'or à J. Decaisne pour son mémoire *Sur la garance.* (Idem.)

1837. — * Médaille d'argent à H. Lambotte pour son mémoire *Sur les appareils sanguins et respiratoires des batraciens anoures.* (Mém. cour. in-4°, t. XIII.)

1837. — Mention honorable à Mr. Verplancke pour son mémoire *Sur les garances de Zélande et d'Avignon.*

1838. — Mention honorable à l'auteur du mémoire sur le même sujet remis au concours.

1839. — Médaille d'argent à Ed. Le François pour son mémoire *Sur l'analyse algébrique.*

1839. — Médaille d'argent à A. Trinchinetti pour son mémoire *Sur la formation des odeurs dans les fleurs.*

1840. — * Médaille d'or à Eug. Catalan pour son mémoire *Sur la transformation des variables dans les intégrales multiples.* (Mém. cour. in-4°, t. XIV.)

1840. — Médaille d'argent à J. Vallès pour son mémoire *Sur les logarithmes.*

1840. — (L'Académie a regretté de ne pouvoir décerner à Éd. Le François une médaille d'argent pour son mémoire *Sur les produites continues,* attendu qu'une semblable distinction avait déjà été accordée à cet auteur, en 1839, pour un même travail.) (Mém. cour. in-4°, t. XIV.)

1840. — * Médailles d'or à Gonot, le Dr G. Bischoff, Boisse, et médailles d'argent à Lemielle et Motte, pour leurs mémoires *Sur les explosions dans les mines.* (Mém. cour. in-8°, t. Ier.)

1841. — Médailles d'argent à P.-C.-L.-E. Louyet et B. Verver pour leurs mémoires *Sur l'absorption par les plantes des substances métalliques vénéneuses accidentellement répandues dans le sol.*

1841. — * Médaille d'or à Moritz Stern pour son mémoire *Sur la théorie des résidus quadratiques.* (Mém. cour. in-4°, t. XV.)

1842. — Médaille d'argent à F. Duprez pour son mémoire *Sur l'électricité de l'air.*

1843. — * Médaille d'or à H. Nyst pour son mémoire *Sur les coquilles et polypiers fossiles des terrains tertiaires de la Belgique.* (Mém. cour. in-4°. t. XVII.)

1843. — * Médaille d'or à F. Duprez pour son mémoire sur le même sujet que celui qui lui a valu une médaille d'argent en 1842. (Mém. cour. in-4°, t. XVI.)

1844. — Médaille d'argent à H. Simonis pour son mémoire *Sur l'extension aux surfaces de la théorie des points singuliers des courbes.*

1844. — * Médaille d'or à Verlooren pour son mémoire *Sur le phénomène de la circulation chez les insectes.* (Mém. cour. in-4°, t. XIX.)

1845. — Mention honorable à l'auteur du mémoire *Sur les engrais.*

CLASSE DES LETTRES.

1817. — * Médaille d'or à l'auteur du mémoire *Sur les places qui pouvaient être considérées comme villes du VIIe au XIIe siècle.* (Mém. cour. in-4°, t. I.)

1817. — * Accessit au R. Père Stals pour son mémoire sur le même sujet. (Idem.)

1818. — Médaille d'or à A.-A.-M. Hoverlant de Beauvelaere pour son mémoire *Sur la servitude aux Pays-Bas.*

1820. — * Médaille d'or au baron F. de Reiffenberg pour son mémoire *Sur la population des fabriques pendant les XVe et XVIe siècles.* (Mém. cour. in-4°, t. II.)

1820. — * Médaille d'or à P. Hoffman-Peerlkamp pour son mémoire latin *Sur la vie et les doctrines des Belges qui écrivirent en vers latins.* (Idem.)

1821. — Médaille d'encouragement à L. Pycke pour son mémoire *Sur la législation et les tribunaux avant l'invasion des armées françaises aux Pays-Bas.*

1821. — * Médaille d'or au baron F. de Reiffenberg pour son mémoire *Sur Juste-Lipse.* (Mém. cour. in-4°, t. III.)

1822. — * Médaille d'or à L. Pycke pour son mémoire *Sur la législation et les tribunaux des Pays-Bas autrichiens.* (Mention honorable en 1821.) (Mém. cour. in-4°, t. IV.)

1822. — Médaille d'argent au baron F. de Reiffenberg pour son mémoire *Sur Érasme.*

1823. — Médaille d'argent à H. Guillery pour son *Éloge de François Hemsterhuis.*

1824. — * Médaille d'or à A.-P. Raoux pour son mémoire *Sur les langues flamande et wallonne.* (Mém. cour. in-4°, t. V.)

1824. — Médaille d'argent à Ch. Steur pour son mémoire *Sur les États des provinces belgiques.*

1826. — * Médaille d'or à L. Pycke pour son *Mémoire sur les corporations et métiers des Pays-Bas.* (Mém. cour. in-4°, t. VI.)

1827. — * Médaille d'or à M^r^. Raingo pour son mémoire *Sur l'instruction publique aux Pays-Bas.* (Idem.)

1827. — * Médaille d'or à Ch. Steur pour son mémoire *Sur l'administration des Pays-Bas sous Marie-Thérèse.* (Mém. cour. in-4°, t. VI.)

1828. — * Médaille d'or au même pour son *Mémoire sur l'état des Pays-Bas sous l'empereur Charles VI.* (Mém. cour. in-4°, t. VII.)

1829. — * Médaille d'or au même pour son mémoire *Sur le voyage de Charles-Quint à Gand.* (Mém. cour. in-4°, t. X.)

1829. — Médaille d'argent à G. Mees pour son mémoire sur le même sujet.

1830. — * Médaille d'or à J. Grandgagnage pour son *Mémoire concernant l'influence de la législation française sur celle des Pays-Bas espagnols*. (Mém. cour. in-4°, t. VIII.)

1830. — * Médaille d'or à J.-J. Van Hees Vanden Tempel pour son mémoire *Sur l'établissement des communes en Flandre*. (Mém. cour. in-4°, t. X.)

1830. — * Médaille d'or à D. Grœbe pour son *Mémoire sur les monnaies*. (Idem.)

1830. — Médaille d'or à L.-J. Dehaut pour son mémoire *Sur la vie et la doctrine d'Ammonius Saccas*. (Mém. cour. in-4°, t. IX.)

1834. — Médaille d'argent à A.-G.-B. Schayes pour son mémoire *Sur les monuments d'architecture du Brabant jusqu'au XVIe siècle.*

1834. — Médaille d'argent à J. de Saint-Genois pour son mémoire *Sur l'origine et la nature des avoueries dans les Pays-Bas.*

1835. — * Médaille d'or à A.-G.-B. Schayes pour son mémoire *Sur les documents du moyen âge relatifs à la Belgique avant et pendant la domination romaine*. (Mém. cour. in-4°, t. XII.)

1835. — Mention honorable à F. Labeye, pour son mémoire *Sur l'état de la poésie flamande depuis l'époque la plus reculée jusqu'à la fin du XIVe siècle.*

1837. — * Médaille d'or à A. Van Hasselt pour son mémoire *Sur la poésie française depuis son origine jusqu'à la fin du règne d'Albert et Isabelle*. (Mém. cour. in-4°, t. XIII.)

1837. — * Médaille d'or à N. Briavoinne pour son mémoire *Sur l'époque des inventions, etc., qui ont successivement contribué aux progrès des arts industriels aux Pays-Bas depuis les dernières années du XVIIIe siècle jusqu'à nos jours*. (Idem.)

1838. — * Médaille d'or à J.-A. Snellaert pour son mémoire *Sur la poésie flamande dès son origine jusqu'à la fin du règne d'Albert et Isabelle*. (Mém. cour. in-4°, t. XIV, 1re partie.)

1838. — * Médaille d'argent à E. Del Marmol pour son *Mémoire* *concernant l'influence du règne de Charles-Quint sur la législation et les institutions politiques de la Belgique.* (Mém. cour. in-4°, t. XIV, 1re partie.)

1839. — Mention honorable à l'auteur du mémoire *Sur les changements apportés, par le prince Maximilien-Henri de Bavière (en 1684), à l'ancienne constitution liégeoise.*

1840. — Médaille d'argent à J. Henaux pour son mémoire sur le même sujet.

1840. — * Médaille d'or à N. Briavoinne pour son mémoire *Sur l'état de la population, des fabriques, des manufactures et du commerce dans les Pays-Bas, depuis Albert et Isabelle jusqu'à la fin du siècle dernier.* (Mém. cour. in-4°, t. XIV, 2e partie.)

1840. — * Médaille d'or à A.-G.-B. Schayes pour son mémoire *Sur l'époque à laquelle l'architecture ogivale a fait son apparition en Belgique.* (Idem.)

1840. — Médaille d'argent à J. Devigne pour son mémoire sur le même sujet.

1841. — * Médaille d'or à A.-J. Namèche pour son mémoire *Sur la vie et les écrits de Jean-Louis Vivès, professeur de l'Université de Louvain.* (Mém. cour. in-4°, t. XV.)

1842. — Médaille d'argent à A. Paillard de Saint-Aiglan pour son mémoire *Sur les changements que l'établissement des abbayes et des autres institutions religieuses au VIIe siècle, ainsi que l'invasion des Normands au XIe siècle, ont introduits dans l'état social en Belgique.*

1843. — Médaille d'argent à F. Van de Putte pour son mémoire *Sur l'état des écoles et autres établissements d'instruction publique en Belgique, depuis Charlemagne jusqu'à l'avènement de Marie-Thérèse.*

1843. — * Médaille d'or à A. Paillard de Saint-Aiglan pour son mémoire sur le même sujet que celui pour lequel il a obtenu une médaille d'argent en 1842. (Mém. cour. in-4°, t. XVI.)

1844. — * Médaille d'or au chevalier F. Van den Branden de Reeth pour son mémoire *Sur la famille des Berthout de Malines.* (Mém. cour. in-4°, t. XVI.)

1845. — * Médaille d'or à N. Britz pour son mémoire *Sur l'ancien droit belgique.* (Mém. cour. in-4°, t. XX.)

1845. — * Médaille d'or à l'abbé Ch. Carton pour son mémoire *Sur l'éducation des sourds-muets.* (Mém. cour. in-4°, t. XIX.)

(1846 à 1850.)

—

CLASSE DES SCIENCES.

1846. — * Médaille d'or à B. Amiot pour son mémoire *Sur la théorie des points singuliers des courbes.* (Mém. cour. in-4°, t. XXI.)

1847. — Médaille d'argent à Arm. Le Docte pour son mémoire *Sur les engrais et la faculté d'assimilation dans les végétaux.*

1848. — * Médaille de vermeil à Arm. Le Docte pour son mémoire sur le sujet précité remis au concours. (Mém. cour. in-8°, t. III.)

1848. — * Médaille d'or à A. Eenens pour son mémoire *Sur les meilleurs moyens de fertiliser la Campine et les dunes.* (Mém. cour in-8°, t. II.)

1848. — * Médaille de vermeil à Arm. Le Docte pour son mémoire *Sur l'agriculture luxembourgeoise.* (Mém. cour. in-8°, t. III.)

1849. — * Médaille d'or à Ossian Bonnet pour son mémoire *Sur la théorie générale des séries.* (Mém. cour. in-4°, t. XXIII.)

1851. — * Médaille d'or à F. Chapuis et Dewalque pour leur mémoire *Sur la description des fossiles des terrains secondaires de la province de Luxembourg.* (Mém. cour. in-4°, t. XXV.)

1851. — * Médaille d'or à Ad. de Hoon pour son mémoire *Sur les Polders.* (Mém. cour. in-8°, t. V.)

1852. — Médaille de vermeil à Éd. Morren pour son mémoire *Sur la coloration chez les végétaux.*

1853. — * Médaille d'argent à J. d'Udekem pour son mémoire *Sur le développement du Lombric terrestre.* (Mém. cour. in-4°, t. XXVII.)

1853. — * Médaille d'or à N. Lieberkuhn pour son mémoire *Sur l'évolution des Grégarines.* (Mém. cour. in-4°, t. XXVI.)

1853. — * Médaille d'or à J. Crocq pour son mémoire *Sur la* *pénétration des particules solides à travers les tissus de l'économie animale.* (Mém. cour. in-8°, t. IX.)

1862. — * Médaille d'or à Isid. Cohnstein pour son mémoire *Sur le tonus musculaire.* (Mém cour. in-4°, t. XXXIII.)

1864. — * Médaille d'or au capitaine d'artillerie Caron pour son mémoire *Sur la composition chimique des aciers.* (Mém. cour. in-4°, t. XXXII.)

1868. — * Médaille d'or à Éd. Van Beneden pour son mémoire *Sur la composition anatomique de l'œuf.* (Mém. cour. in-4°, t. XXXIV.)

1869. — * Médaille d'or à C. Malaise pour son mémoire *Sur le terrain silurien du Brabant.* (Mém. cour. in 4°, t. XXXVII.)

1870. — * Médaille d'or à L. Pérard pour son mémoire *Sur le magnétisme terrestre.* (Idem.)

1873. — * Médaille d'or à P. Mansion pour son mémoire *Sur la théorie de l'intégration des équations aux différences partielles des deux premiers ordres.* (Mém. cour. in-8°, t. XXV.)

1874. — * Médaille d'or à A. Gilkinet pour son mémoire *Sur le polymorphisme des champignons.* (Mém. cour. In-8°, t. XXVI.)

1874. — * Médaille d'or à Ch. de la Vallée Poussin et A. Renard pour leur mémoire *Sur les roches plutoniennes de la Belgique et de l'Ardenne française.* (Mém. cour. in-4°, t. XL.)

1875. — Médailles d'argent à R. Malherbe et J. de Macar pour leurs mémoires *Sur le système du bassin houiller de Liège.*

1876. — Médaille d'or à Édouard Grimaux pour son mémoire *Sur l'acide urique.*

1877. — Médaille d'or à Mr. Rostafinski pour son mémoire *Sur les aminariacées.*

1878. — Mentions honorables aux auteurs des mémoires portant pour devise : le 1er, *Nomina si pereunt perit et cognitio rerum;* le 2d, *Maximus in minimis certe Deus,* etc., en réponse à la question sur la *Flore des algues, des champignons, etc., croissant en Belgique.*

1879. — Mention honorable à Ad. Courtois pour son mémoire *Sur la torsion*

1880. — * Médaille d'or à A. Ribaucour pour son mémoire *Sur les Élassoïdes.* (Mém. cour. in-4°, t. XLIV.)

1882. — * Médaille d'or à P. De Heen pour son mémoire *Sur les relations qui existent entre les propriétés physiques et les propriétés chimiques des corps simples et des corps composés* (Mém. cour. in-8°, t. XXXVI.)

1882. — Médaille d'or à Léon Fredericq pour son mémoire concernant l'*Influence du système nerveux sur la régulation de la température à sang chaud.* (*Archives de Biol.*, t. III, p. 687.)

1883. — * Médaille d'or à Armand Jorissen pour son mémoire *Sur les dépôts nutritifs des graines.* (Mém. cour. in-8°, t. XXXVIII.)

1886. — * Médaille d'or à Émile Yung pour son mémoire *Sur la physiologie de l'escargot.* (Mém. cour. in-4°, t. XLIX.)

CLASSE DES LETTRES.

1846. — Médaille d'encouragement à G. Guillaume pour son mémoire *Sur l'organisation militaire en Belgique depuis Philippe le Hardi jusqu'à l'avènement de Charles-Quint.*

1846. — * Médaille d'or à A.-C.-A. Zestermann pour son mémoire *Sur les basiliques.* (Mém. cour. in-4°, t. XXI.)

1846. — Médaille d'honneur à F. Tindemans pour son mémoire sur le même sujet.

1847. — * Médaille d'or à G. Guillaume pour son mémoire sur le même sujet que celui pour lequel il a obtenu une médaille d'encouragement en 1846. (Mém. cour. in-4°, t. XXII.)

1848. — Médaille d'argent à J. Le Jeune pour son mémoire *Sur le pouvoir judiciaire en Belgique avant Charles-Quint.*

1849. — Médaille d'argent à Ch. Stallaert et Ph. Van der Haeghen pour leur mémoire *Sur l'état des écoles en Belgique jusqu'à l'établissement de l'Université de Louvain.*

1849. — Médaille de vermeil à E. Ducpetiaux pour son mémoire *Sur les causes du paupérisme dans les Flandres.*

1849. — Médaille de vermeil à J. Le Jeune pour son mémoire

Sur l'organisation du pouvoir judiciaire en Belgique avant Charles-Quint. (Médaille d'argent en 1848.)

1849. — Prix d'encouragement à J. Dieden pour son mémoire *Sur le règne d'Albert et Isabelle.* (Concours du Gouvernement.)

1850. — *·Médaille d'or à Ch. Stallaert et Ph. Van der Haeghen pour leur mémoire *Sur l'état des écoles en Belgique jusqu'à l'établissement de l'Université de Louvain.* (Médaille d'argent en 1849.) (Mém. cour. in-4°, t. XXIII.)

1850. — * Médaille d'or à E. Ducpetiaux pour son mémoire *Sur les causes du paupérisme en Flandre.* (Médaille d'argent en 1849.) (Mém. cour. in-8°, t. IV.)

1851. — * Médaille d'or à Ad. Siret pour *une pièce de vers, en langue française, consacrée à la mémoire de la Reine Louise.* (*Bull.*, t. XVIII. 1re partie, p. 517.)

1851. — * Médaille d'or à A. Bogaers pour *une pièce de vers, en langue flamande, sur le même sujet.* (Idem, p. 540.)

1851. — * Médaille d'or à S.-J. Legrand et F. Tychon pour leur mémoire *Sur Démétrius de Phalère.* (Mém. cour. in-4°, t. XXIV.)

1852. — * Médaille d'or à Mr. Wéry pour son mémoire *Sur l'assistance à accorder aux classes souffrantes de la société.* (Mém. cour. in-8°, t. V.)

1853. — Médaille d'argent à E. Rottier pour son mémoire *Sur Érasme.*

1853. — Médaille d'argent à V. Gaillard pour son mémoire *Sur l'influence que la Belgique a exercée sur les Provinces-Unies.*

1853 — * Médaille d'argent à F. De Give pour son mémoire *Sur l'enseignement littéraire et scientifique dans les établissements d'instruction moyenne.* (Mém. cour. in-8°, t. VI.)

1854. — * Médaille d'or à E. Rottier pour son mémoire *Sur Erasme.* (Médaille d'argent en 1853.) (Idem.)

1854. — * Médaille d'or à V. Gaillard pour son mémoire *Sur l'influence que la Belgique a exercée sur les Provinces-Unies.* (Médaille d'argent en 1853) (Idem.)

1856. — * Médaille d'or à F. Nève pour son mémoire *Sur le collège des Trois-Langues à Louvain.* (Mém. cour. in-4°. t. XXVIII.)

1857. — * Médaille d'or à E.-J. Delfortrie pour son mémoire *Sur les analogies que présentent les langues flamande, allemande et anglaise.* (Mém. cour. in-4°, t. XXIX.)

1857. — * Médaille d'or à A. Pinchart pour son mém. *Concernant l'histoire du Grand-Conseil de Hainaut.* (Mém. c. in-8°, t. VII.)

1858. — * Médaille d'or à F. Gabba pour son mémoire *Sur les origines du droit de succession.* (Mém. cour. in-8°, t. XII.)

1858. — Médaille d'argent à H. Voituron pour son mémoire sur le même sujet.

1858. — * Médaille d'or à F. Loise pour son mém. *Concernant l'influence de la poésie sur la civilisation.* (Mém. c. in-8°, t. VII.)

1859. — Médaille d'argent à l'auteur du mémoire *Sur les Chambres de rhétorique.*

1859. — * Médaille d'or à A. Wauters pour son mémoire *Sur le règne de Jean Ier, duc de Brabant.* (Mém. cour. in-8°, t. XIII.)

1860. — * Médaille d'or à P. Van Duyse pour son *Éloge de Cats.* (Mém. cour. in-8°, t. XI.)

1860. — * Médaille d'or au même pour son mémoire *Concernant les Chambres de rhétorique.* (Idem.)

1862. — Médailles d'argent à P.-V. Lecouvet pour son mémoire *Sur Aubert Le Mire* et à l'auteur d'un second mémoire sur le même sujet.

1862. — * Médaille d'or à E. Poullet pour son mémoire *Sur l'ancienne constitution brabançonne.* (Mém. cour. in-4°, t. XXXI.)

1863. — Médaille d'argent à Ém. de Borchgrave pour son mémoire *Sur les colonies belges en Allemagne au XIIe et au XIIIe siècle.*

1863. — * Médaille d'or à C.-B. De Ridder pour son mémoire *Sur Aubert Le Mire.* (Mém. cour. in-4°, t. XXXI.)

1863. — * Médaille d'or à C. Picqué pour son mémoire *Sur Philippe de Commines.* (Mém. cour. in-8°, t. XVI.)

1864. — * Médaille d'or à Ém. de Borchgrave pour son mémoire *Sur les colonies belges en Allemagne au XIIe et au XIIIe siècle.* (Médaille d'argent en 1863.) (Mém. cour. in-4°, t. XXXII.)

1864. — * Médaille d'or à A. De Jager pour son *Éloge de Vondel.* (Mém. cour. in-8°, t. XVII.)

1867. — Médaille d'argent à l'auteur du mémoire sur *Chastellain.*

1867. — * Médaille d'or à E. Poullet pour son mémoire *Sur l'histoire du droit pénal dans le duché de Brabant jusqu'à Charles-Quint.* (Mém. cour. in-4°, t. XXXIII.)

1868. — * Médaille d'or à Ch. Fétis pour son mémoire *Sur Jean Lemaire (des Belges).* (Mém. cour. in-8°, t. XXI.)

1869. — * Médaille d'or à E. Poullet pour son mémoire *Sur l'histoire du droit pénal dans le duché de Brabant depuis Charles-Quint.* (Mém. cour. in-4°, t. XXXV.)

1869. — * Médaille d'or à Frans De Potter et J. Broeckaert pour leur *Description statistique d'une commune du centre des Flandres.* (Mém. cour. in-8°, t. XXI.)

1870. — * Médaille d'or à Ém. de Borchgrave pour son mémoire *Sur les colonies belges de la Hongrie et de la Transylvanie.* (Mém. cour. in-4°, t. XXXVI.)

1871. — * Médaille d'or à Ch. Piot pour son mémoire *Sur les pagi en Belgique.* (Mém. cour. in-4°, t. XXXIX.)

1871. — * Médaille d'or à E. Poullet pour son mémoire *Sur le droit criminel dans la principauté de Liége.* (Mém. cour. in-4°, t. XXXVIII.)

1873. — * Médaille d'or à P. Henrard pour son mémoire *Sur le règne de Charles le Téméraire.* (Mém. cour. in-8°, t. XXIV.)

1873. — Médaille d'argent à E. Varenbergh pour son mémoire sur le même sujet.

1874. — * Médaille d'or à Ad. De Ceuleneer pour son mémoire *Sur Septime Sévère.* (Mém. cour. in-4°, t. XLIII.)

1874. — * Médaille d'or à A. Van Weddingen pour son mémoire *Sur St Anselme de Cantorbéry.* (Mém. cour. in-8°, t. XXIV.)

1874. — Médaille d'or à J. Dauby pour son mémoire *Sur la théorie du capital et du travail* (1).

1876. — * Médaille d'or à A. Faider pour son mémoire *Sur l'histoire de la législation du droit de chasse.* (Mém. c. in-8°, t. XXVII.)

(1) A été imprimé par l'auteur.

1877. — * Médaille d'or à Th. Quoidbach pour son mémoire *Sur le caractère national des Belges.* (Mém. cour. in-8°, t. XXVIII.)

1879. — * Médaille d'or, en partage, à H.-V.-A. Francotte et J. Küntziger, pour leurs mémoires *Sur la propagande des encyclopédistes français dans la principauté de Liège, dans la seconde moitié du XVIII*e *siècle.* (Mém. cour. in-8°, t. XXX.)

1879. — * Médaille d'or à F. De Potter pour son mémoire *Sur Jacqueline de Bavière.* (Mém. cour. in-4°, t. XXXI.)

1880. — * Médaille d'or (en partage), à V. Brants et à F. De Potter et J. Broeckaert pour leurs mémoires *Sur l'histoire des classes rurales en Belgique jusqu'à la fin du XVIII*e *siècle.* (Mém. cour. in-8°, t. XXXII.)

1881. — * Médaille d'or à A. De Decker, pour son mémoire en flamand *Sur les Malcontents.* (Mém. cour in-8°, t. XXXIII.)

1881. — * Médaille d'or à F. De Potter pour son mémoire *Sur l'échevinage.* (Mém. cour. in-8°, t. XXXIII.)

1882. — * Médaille d'or à P. Alberdingk-Thijm pour son mémoire en flamand *Sur les institutions charitables en Belgique au moyen âge.* (Mém. cour. in-4°, t. XLV.)

1882. — * Médaille d'or à A. Delattre pour son mémoire *Sur l'Empire des Mèdes.* (Mém. cour. in-4°, t. XLV.)

1882. — * Médaille d'or à Louis Richald pour son mémoire *Sur l'histoire des finances de la Belgique depuis 1830.* (Mém. cour. in-4°, t. XLVI.)

1882. — Médailles d'argent à J. Mayer et E. Nicolaï pour leurs mémoires sur le même sujet.

1884. — * Médaille d'or à L. Demarteau pour son mémoire *Sur l'histoire de la dette publique belge.* (Mém. cour. in-4°, t. XLVIII.)

1884. — Médaille d'or à Edg. de Marneffe pour son mémoire *Sur les institutions mérovingiennes.*

1885. — * Médaille d'or à J. Van Droogenbroeck pour son mémoire en flamand *Sur les règles de la métrique grecque et latine appliquée à la poésie néerlandaise.* (Mém. cour. in-8°, t. XXXVIII.)

1886. — * Médaille d'or à l'abbé Monchamp pour son *Histoire du cartésianisme en Belgique.* (Mém cour. in-8°, t. XXXIX.)

1887. — * Médaille d'or à Henri Lonchay pour son mémoire concernant l'*Attitude des souverains des Pays-Bas à l'égard du pays de Liège au XVIe siècle.* (Mém. cour. in-8°, t. XLI.)

1888. — * Médaille d'or à G. Delaunois pour son mémoire *Sur l'Intempérance*. (Mém. cour. in-8°, t. XLIII.)

1889. — * Médaille d'or à H. Lonchay pour son mémoire *Sur les relations politiques du pays de Liège, au XVIIe et au XVIIIe siècle, avec la France*, etc. (Mém. cour. in-8°, t. XLIV.)

1889. — Médaille d'or à P. J. Waltzing pour son mémoire *Sur les corporations d'ouvriers et d'artistes chez les Romains.*

1890.— * Médaille d'or (en partage) à L. Tierenteyn et P. Alexandre pour leurs mémoires *Sur les officiers fiscaux des anciens Pays-Bas.* (Mém. cour. in-8°, t. XLV.)

CLASSE DES BEAUX-ARTS.

1853. — Médaille d'argent à Félix Belleflamme pour son mémoire *Sur les bases et les chapiteaux en architecture.*

1854. — Médaille d'argent à l'auteur du mémoire *Sur l'introduction de l'emploi du verre à vitre.*

1855. — * Médaille d'or à J. Héris pour son mémoire *Sur l'école flamande de peinture sous les ducs de Bourgogne.* (Mém. cour. in-4°, t. XXVII.)

1857. — Médaille d'argent à l'auteur du mémoire *Sur la gravure dans les Pays-Bas jusqu'à la fin du XVe siècle.*

1858. — Médaille d'or à E. Levy pour son mémoire *Sur l'enchaînement des diverses architectures.*

1859. — * Médaille d'or à J. Renouvier pour son mémoire *Sur la gravure aux Pays-Bas jusqu'à la fin du XVe siècle.* (Mém. cour. in-8°, t X.)

1859. — Médaille d'or à A. Pinchart pour son mémoire *Sur la tapisserie de haute-lisse.*

1863. — * Médailles d'or à E. Baes et A. Wiertz pour leurs mémoires *Sur les caractères constitutifs de l'école flamande de peinture.* (Mém. cour. in-4°, t. XXXII.)

1865. — Médaille d'argent à E. Baes pour son mémoire *Sur l'enseignement des arts graphiques et plastiques.*

1865. — Médaille d'argent au même pour son mémoire *Sur l'histoire de la peinture de paysage.*

1867. — Médaille d'argent à E. Van Cleemputte pour son mémoire *Sur Quentin Metsys.*

1868. — * Médaille d'or à A. Pinchart pour son mémoire *Sur l'histoire de la gravure des médailles en Belgique.* (Mém. cour. in-4°, t. XXXV.)

1873. — * Médaille d'or à A. Schoy pour son mémoire *Concernant l'influence italienne sur l'architecture aux Pays-Bas.* (Mém. cour. in-4°, t. XXXIX.)

1874. — Médaille d'argent à l'auteur du mémoire *Sur la sculpture aux* Pays-*Bas pendant les XVII*e *et XVIII*e *siècles.*

1875. — * Médaille d'or à Edm. Marchal pour son mémoire *Sur la sculpture aux* Pays-*Bas pendant les XVII*e *et XVIII*e *siècles.* (Mém. cour. in-4°, t. XLI.)

1877. — * Médaille d'or à Edg. Baes pour son mémoire *Concernant l'influence italienne sur Rubens et Van Dyck.* (Mém. cour. in-8°, t. XXVIII.)

1877. — * Médaille d'or à Alphonse Goovaerts pour son mémoire *Sur l'histoire de la typographie et de la bibliographie musicales aux Pays-Bas.* (Mém. cour. in-8°, t. XXIX.)

1878. — * Médaille d'or à Henri Hymans pour son mémoire *Sur l'histoire de l'école de gravure sous Rubens.* (Mém. cour. in-4°, t. XLII.)

1879. — Mention très honorable à l'auteur du mémoire *Sur le régime de la profession de peintre jusqu'à l'époque de Rubens.*

1881. — * Médaille d'or à Edgar Baes pour son mémoire *Sur le* *régime de la profession de peintre avant Rubens.* (Mém. cour. in-4°, t. XLIV.)

1883. — * Médaille d'or à Michel Brenet, pour son mémoire *Sur Grétry.* (Mém. cour. in-8°, t. XXXVI.)

ARTS APPLIQUÉS.

1853. — Médaille d'or (concours extraordinaire) à Hugo Ulrich pour *une symphonie triomphale* (mariage de Léopold II).

—

La Classe des beaux-arts avait ouvert un concours extraordinaire de GRAVURE AU BURIN pour la période de 1856 à 1860.

Le prix a été décerné à Joseph Bal pour sa gravure du tableau de L. Gallait : *Jeanne la Folle.*

—

La dite Classe avait décidé dans sa séance du 20 septembre 1849 qu'un concours d'arts appliqués aurait lieu, chaque année, concurremment avec son concours littéraire. Cette disposition, mise en vigueur à partir de 1872, a donné les résultats suivants :

1872. — PEINTURE ET SCULPTURE. — Prix de mille francs à X. Mellery pour son carton représentant *les travaux de la métallurgie.* — Prix de mille francs à J. Cuypers pour son bas-relief représentant *les travaux de l'agriculture.*

1873. — ARCHITECTURE ET MUSIQUE. — Prix de mille francs à H. Blomme pour son projet d'*Arc de triomphe dédié à la Paix.* — Prix de mille francs à S. De Lange pour son *Quatuor pour instruments à cordes.*

1874. — PEINTURE ET GRAVURE AU BURIN. — Prix (d'encouragement) de cinq cents francs à J. Dillens pour son carton d'une frise destinée à une *Salle d'hospice.* — Prix de six cents francs à J. Demannez pour sa gravure du tableau de Leys : *Érasme dans son cabinet de travail.*

1875. — Sculpture et gravure en médailles. — Prix (d'encouragement) de cinq cents francs à J. Dillens pour son bas-relief ayant comme sujet l'*Horticulture.* — Prix de six cents francs à Ch. Wiener pour ses deux médailles: *La visite du czar Alexandre à Londres en 1874*, et *l'Alliance des républiques américaines du Sud pour la défense de Lima.*

1876. — Architecture et musique. — Prix de mille francs, en partage, à H. Vandeveld et J. Baes pour leurs projets de *Pont monumental.* — Prix (d'encouragement) de cinq cents francs à De Doss pour sa *Messe du jour de Pâques.*

1877. — Peinture et Sculpture. — Prix de mille francs à A. Bourotte pour son carton ayant pour sujet *L'enseignement de l'enfance, la crèche école gardienne et le jardin d'enfants.* — Prix de mille francs à George Geefs pour son bas-relief ayant pour sujet l'*Industrie linière personnifiée.*

1878. — Peinture et gravure au burin. — Prix de peinture non décerné. — Prix de six cents francs à Pierre J. Arendzen pour sa gravure d'un tableau de J. Portaels: *Dans la bruyère.*

1879. — Architecture et musique. — Prix (d'encouragement) de cinq cents francs à Oscar Raquez pour son projet de *Fontaine monumentale.* — Prix (d'encouragement) de cinq cents francs, avec mentions honorables, à Jos. Callaerts et Raffaele Coppola pour leurs *Symphonies à grand orchestre.*

1880. — Sculpture et gravure en médailles. — Prix de mille francs à Isid. De Rudder pour sa statue représentant le *Printemps*, et mention honorable à J. De Keyser pour sa statue représentant le même sujet. — Prix de six cents francs à Ch. Wiener pour sa *médaille commémorative du cinquantième anniversaire de l'indépendance nationale.*

1881. — Peinture et eaux-fortes. — Prix de mille francs à E. Broermann pour son carton représentant le *Commerce maritime*, et mention honorable à Isidor De Rudder pour le même sujet. — Prix de six cents francs à A. Danse pour sa gravure du tableau de Jordaens : *Le Satyre et le Paysan.*

1882. — Architecture et musique. — Prix de mille francs à Jules Van Crombrugghe, pour son *Projet d'entrée de tunnel dans les Alpes.* — Prix de mille francs à Jos. Callaerts, pour son *Trio pour piano, violon et violoncelle*, et mention très honorable à P. Heckers, pour son *Trio sur le même sujet.*

1883. — Peinture et sculpture. — Prix de mille francs à Henri Evrard pour son carton représentant les *Secours en temps de guerre;* et mention honorable à Guillaume-François Hoffman pour son carton représentant le même sujet. — (Le prix pour la sculpture n'a pas été décerné. Sujet: Statue monumentale personnifiant *l'Électricité.*)

1884. — Gravure et gravure en médailles. — Prix de six cents francs à Fr. De Meersmann pour sa gravure du tableau de J. Stallaert : *Œdipe et Antigone.* — Prix de six cents francs à Ch. Wiener ponr sa médaille de l'inauguration de la forêt d'Epping en 1882 par l'impératrice-reine Victoria.

1885. — Architecture et musique. — Prix de mille francs à Ch. De Wulf pour son projet de cimetière pour une ville de 100,000 âmes; mention très honorable à Henri Vander Haeghen pour son projet sur le même sujet. — Prix de mille francs à Lebrun pour son quatuor pour instruments à cordes.

1886. — Peinture et sculpture. — Sujets : 1° Projet de diplôme destiné aux lauréats des différents concours ouverts par l'Académie ; — 2° *Un guerrier nervien devant l'ennemi.* Prix non décernés.

1887. — Peinture et gravure en médailles. — Prix de mille francs à Joseph Middeleer pour son carton représentant *Les nations du globe apportant à la Belgique leurs produits divers.* — Aucune médaille n'a été soumise au concours.

1888. — Architecture et gravure en taille douce. — Prix de huit cents francs à Désiré Jacques Van der Haeghen pour son projet de phare; mention très honorable à Victor Horta pour son projet de même nature. — Prix de six cents francs à Auguste Danse pour sa gravure : *le Moine*, d'après Memling.

1889. — Sculpture et musique. — Prix de mille francs à

Pierre Braecke pour son bas-relief destiné à une crèche-école gardienne; mention très honorable à Charles Samuel pour une œuvre de même nature. — Le prix de mille francs n'a pas été décerné pour la symphonie à grand orchestre; un prix d'encouragement de *cinq cents francs* a été accordé à M. L. Kefer, de Verviers.

1890. — Peinture et gravure en médailles. — Prix de six cents francs à Guillaume-François Hoffman pour un projet de diplôme destiné aux lauréats des différents concours ouverts par l'Académie. — Mention honorable à l'auteur du n° 7 : *Géométrie.* — Le concours pour la gravure en médailles n'a pas donné de résultats.

PRIX GUINARD.

Le docteur Guinard, de Saint-Nicolas (Waes), a fondé, par testament, un prix perpétuel de *dix mille* francs, destiné à être décerné tous les cinq ans à « celui qui aura fait le meilleur ouvrage ou la » meilleure invention pour améliorer la position matérielle ou intel- » lectuelle de la classe ouvrière en général sans distinction ».

1re période (1868-1872), prix décerné à François Laurent, pour son travail sur l'*Épargne dans les écoles*.

2e période (1873-1877), prix décerné à Louis Melsens, pour ses *Recherches sur l'iodure de potassium en ce qui concerne les affections saturnines ou mercurielles.*

3e période (1878-1882), prix décerné à J. Dauby, pour son livre intitulé : *Des grèves ouvrières.*

4e période (1883-1887), prix décerné à Ernest Gilon, pour son livre intitulé : *Misères sociales : La lutte pour le bien-être.*

PRIX QUINQUENNAL D'HISTOIRE.

Institution (1).

Art. 1. Il est institué un prix quinquennal de cinq mille francs en faveur du meilleur ouvrage sur l'histoire du pays, qui aura été publié par un auteur belge, durant chaque période de cinq ans.

Art. 2. Il sera affecté, pour la formation de ce prix, un subside annuel de mille francs sur les fonds alloués au budget en faveur des lettres et des sciences.

Art. 3. La Classe des lettres de l'Académie royale des sciences, des lettres et des beaux-arts de Belgique soumettra à la sanction du Gouvernement un projet de règlement, qui déterminera les conditions auxquelles le prix sera décerné et le mode qui sera observé pour le jugement des ouvrages.

PRIX QUINQUENNAUX DE LITTÉRATURE ET DE SCIENCES.

Institution (2).

Art. 1. Indépendamment du prix fondé par l'arrêté précité, il est institué cinq prix quinquennaux de cinq mille francs chacun. en faveur des meilleurs ouvrages qui auront été publiés en Belgique, par des auteurs belges, et qui se rattacheront à l'une des catégories suivantes :

(1) Sanctionnée par arrêté royal du 1er décembre 1845.

(2) Sanctionnée par arrêté royal du 6 juillet 1851.

1° Sciences morales et politiques (1);
2° Littérature française;
3° Littérature flamande;
4° Sciences physiques et mathématiques;
5° Sciences naturelles.

Art. 2. Le jugement des ouvrages est attribué à des jurys de sept membres, nommés par Nous, sur la proposition, à savoir : pour les trois premières catégories, par la Classe des lettres, et pour les deux autres catégories, par la Classe des sciences de l'Académie royale de Belgique.

Art. 3. Chaque Classe soumettra à la sanction du Gouvernement un projet de règlement qui déterminera, conformément aux principes posés dans le règlement pour le prix quinquennal d'histoire, les conditions auxquelles les prix seront décernés et le mode qui sera observé pour la composition du jury et pour le jugement des ouvrages.

Art. 4 Les deux Classes proposeront de commun accord l'ordre dans lequel seront appelées les différentes catégories désignées ci-dessus, de telle sorte que la première période quinquennale finisse le 31 décembre 1851.

Art. 5. Si aucun ouvrage n'est jugé digne d'obtenir le prix intégral, il pourra être fait des propositions au Gouvernement pour la répartition de la somme entre les ouvrages qui se seront le plus rapprochés des conditions requises pour l'allocation du grand prix (2).

Art 6. L'article 2 de Notre arrêté précité du 1er décembre 1845 est rapporté.

(1) Voyez p. 90.
(2) Cet article a été rapporté par arrêté royal du 7 février 1859.

Remplacement du prix quinquennal des sciences morales et politiques par trois autres prix, et création d'un prix quinquennal des sciences sociales (1).

Art. 1er. Le prix quinquennal des sciences morales et politiques institué le 6 juillet 1851 est remplacé par les trois prix suivants :

A. Prix quinquennal des sciences historiques;
B. Prix décennal des sciences philosophiques;
C. Prix décennal de philologie.

Art. 2. Il est institué en outre un prix quinquennal des sciences sociales.

Art. 3. Le prix de chacun de ces concours est fixé à cinq mille francs.

(1) Sanctionné par arrêté royal du 20 décembre 1882.

RÈGLEMENT GÉNÉRAL POUR LES PRIX QUINQUENNAUX ET DÉCENNAUX.

Art. 1er. Le programme de chacun des concours quinquennaux et décennaux est fixé comme suit :

A. — Prix quinquennal d'histoire nationale.

(Institué le 1er décembre 1845.)

Histoire politique du pays, tant interne qu'externe. — Histoire des provinces et des communes. — Histoire diplomatique. — Histoire de l'industrie, du commerce, des finances, etc. — Histoire des sciences, des lettres et des beaux-arts. — Histoire religieuse, histoire militaire. — Recueils de documents analysés et annotés. — Ethnographie, géographie et statistique historique. — Archéologie nationale, numismatique belge, études biographiques, généalogiques, bibliographiques, etc. (auxiliaires de l'histoire).

B. — Prix quinquennal de littérature française.

(Institué le 6 juillet 1851.)

a) Poésie (à l'exclusion de la poésie dramatique, qui fait l'objet d'un concours triennal).

b) Romans, nouvelles et autres compositions purement littéraires, telles que portraits, tableaux de mœurs, recueils de pensées, morceaux d'éloquence.

C. — Prix quinquennal de littérature néerlandaise.
[Institué le 6 juillet 1851 (1)].

a) Poésie (à l'exclusion de la poésie dramatique, qui fait l'objet d'un concours triennal).

b) Romans, nouvelles et autres compositions purement littéraires, telles que portraits, tableaux de mœurs, recueils de pensées, morceaux d'éloquence.

D. — Prix quinquennal des sciences physiques et mathématiques.
(Institué le 6 juillet 1851.)

a) Physique et chimie expérimentales.

b) Mathématiques pures comprenant l'analyse et la géométrie.

c) Mathématiques appliquées comprenant la mécanique, l'astronomie, la géodésie, la physique mathématique, la mécanique appliquée et la mécanique céleste, etc.

E. — Prix quinquennal des sciences naturelles.
(Institué le 6 juillet 1851.)

a) Sciences zoologiques. — Morphologie animale divisée en : 1° zoologie descriptive et paléontologie animale, anatomie et embryologie, et 2° physiologie animale.

b) Sciences botaniques. — Morphologie botanique divisée en : 1° botanique descriptive et paléontologie végétale, anatomie végétale et embryologie végétale, et 2° physiologie botanique.

(1) Par arrêté royal du 14 octobre 1889, ce prix a été placé dans les attributions de l'Académie royale flamande de littérature et de philologie.

c) Sciences minérales. — Minéralogie. — Géologie. — Applications de la paléontologie à la géologie.

F. — Prix quinquennal des sciences historiques.

(Institué le 20 décembre 1882.)

a) Histoire dans l'acception la plus large du mot, savoir : Histoire universelle; histoire particulière des nations étrangères et de leurs institutions; histoire des religions, des mythologies, des croyances populaires, des mœurs et des coutumes; études comparées sur les civilisations. — Histoire des sciences, des lettres et des beaux-arts (pays étrangers). — Histoire de l'industrie, du commerce, des finances (id.). — Géographie, ethnographie, statistique historique (id.). — Autres études auxiliaires de l'histoire; paléographie diplomatique, épigraphie, numismatique, chronologie, etc.

b) Antiquités politiques, judiciaires, administratives, etc.

c) Critique historique et littéraire; critique d'art.

G. — Prix décennal des sciences philosophiques

(Institué le 20 décembre 1882.)

Métaphysique, logique, psychologie, philosophie morale, philosophie du droit, philosophie du langage, philosophie de l'éducation, esthétique, philosophie de la nature, philosophie de l'histoire, histoire de la philosophie.

H. — Prix décennal de philologie.

(Institué le 20 décembre 1882.)

Linguistique; philologie (orientale, classique, germanique, romane, etc.).

I. — PRIX QUINQUENNAL DES SCIENCES SOCIALES.

(Institué le 20 décembre 1882.)

Sciences juridiques en général, législation et droit, etc. — Économie politique. — Bienfaisance. — Hygiène. — Éducation. — Instruction.

ART. 2. La nomenclature des divers programmes n'est pas limitative.

ART. 3. L'ordre de succession ainsi que le commencement et la fin des périodes pour les cinq premiers de ces concours sont maintenus tels qu'ils ont été établis par les règlements antérieurs (1).

(1) L'art. 1er du règlement pour le prix quinquennal d'histoire, sanctionné par arrêté royal du 26 décembre 1848, portait : « La première période de cinq années prend cours du 1er janvier 1846, pour finir au 31 décembre 1850 ».

La 9me période comprendra donc les années 1886-1890 et le prix pourra être décerné en 1891.

L'article 1er du règlement pour les prix quinquennaux de littérature et de sciences, sanctionné par arrêté royal du 29 novembre 1851, était ainsi conçu :

« Les concours pour les prix quinquennaux se succèdent d'année en année, dans l'ordre suivant :

Sciences naturelles;
Littérature française;
Sciences physiques et mathématiques ;
Littérature flamande;
Sciences morales et politiques.

La première période de cinq années finira le 31 décembre 1851, pour les sciences naturelles; le 31 décembre 1852, pour la littérature française, et ainsi de suite. »

Voir pages 98 et suivantes les dates auxquelles ces prix pourront être decernés.

Art. 4. L'ordre de succession ainsi que le commencement et la fin des périodes établis par les règlements antérieurs pour le prix quinquennal des sciences morales et politiques, remplacé par trois concours nouveaux, seront appliqués au concours quinquennal des sciences historiques institué par l'arrêté royal du 20 décembre 1882, dont la première période quinquennale prendra fin le 31 décembre 1883.

Art. 5. Le premier concours quinquennal pour le prix des sciences sociales comprendra les ouvrages publiés depuis le 1er janvier 1882 jusqu'au 31 décembre 1886.

Art. 6. Le premier concours décennal pour le prix des sciences philosophiques comprendra les ouvrages publiés depuis le 1er janvier 1878 jusqu'au 31 décembre 1887.

Art. 7. Le premier concours pour le prix décennal de philologie comprendra les ouvrages publiés du 1er janvier 1880 au 31 décembre 1889.

Art. 8. Seront admis à ces différents concours les ouvrages d'auteurs Belges de naissance ou naturalisés, publiés en Belgique ou à l'étranger pendant l'une des années dont se compose chaque période.

Tous les ans, avant la clôture de chaque période, un avis inséré au *Moniteur belge* invitera les intéressés à adresser au Département de l'intérieur un exemplaire de leurs œuvres qui se trouveraient dans les conditions voulues, en mentionnant d'une manière expresse que l'œuvre envoyée est destinée à être soumise au jury chargé de décerner tel ou tel prix.

Art. 9. A l'administration supérieure est réservé, toutefois, le droit de soumettre d'office au jury de chaque concours les ouvrages qui réunissent les conditions prescrites et dont la publication est venue à sa connaissance autrement que par l'envoi prescrit par l'article 8.

Art. 10. Les ouvrages sur les sciences pourront être écrit en français, en néerlandais ou en latin.

Art. 11. Quelle que soit l'époque de la publication des premières parties d'un ouvrage, celui-ci est admis au concours de la période dans laquelle a paru la dernière partie.

Art. 12. L'édition nouvelle d'un ouvrage ne donne pas lieu à l'admission de celui-ci, à moins qu'il n'ait subi des changements ou des augmentations considérables.

Art. 13. Un ouvrage achevé dont quelque partie aurait déjà été couronnée sera néanmoins admis au concours, si les parties nouvelles y apportent des augmentations considérables.

Art. 14. Le jugement de chaque concours sera attribué à un jury de sept membres nommé par Nous sur une liste double de présentation dressée :

a) Pour les prix quinquennaux des sciences physiques et mathématiques et des sciences naturelles, par la Classe des sciences, et

b) Pour les autres concours, par la Classe des lettres de l'Académie royale des sciences, des lettres et des beaux-arts de Belgique.

Art. 15. Le jury chargé de juger un concours ne pourra délibérer qu'au nombre de cinq membres au moins.

Lorsqu'il aura pris connaissance des ouvrages soumis à

son examen, il décidera si parmi ces ouvrages il en est un qui mérite le prix quinquennal ou décennal à l'exclusion des autres et lequel.

La question sera mise aux voix sans division; elle ne pourra être résolue affirmativement que par quatre voix au moins.

Aucun membre n'aura la faculté de s'abstenir de voter.

ART. 16. Les ouvrages des membres du jury ne peuvent concourir pour le prix.

ART. 17. En cas de doute, quant à la classification d'un ouvrage, le jury chargé de décerner le prix tranchera la question par un vote spécial.

La question ne pourra être résolue que par quatre voix au moins et aucun membre n'aura le droit de s'abstenir de voter.

ART. 18. Le jugement du jury sera proclamé dans la séance publique de la Classe de l'Académie royale des sciences, des lettres et des beaux-arts de Belgique, sur la proposition de laquelle le jury aura été nommé.

PRIX QUINQUENNAUX ET DÉCENNAUX DÉCERNÉS DEPUIS LEUR INSTITUTION.

PRIX QUINQUENNAUX.

Histoire nationale.

1re *période* (1846-1850), prix décerné à Kervyn de Lettenhove;
2e — (1851-1855), prix partagé entre Th. Juste, A. Wauters, Mertens et Torfs;
3e — (1856-1860), prix non décerné;
4e — (1861-1865), prix décerné à Ad. Borgnet;
5e — (1866-1870), prix décerné à J. Van Praet;
6e — (1871-1875), prix décerné à Th. Juste;
7e — (1876-1880), prix décerné à L.-P. Gachard;
8e — (1881-1885), prix décerné à Edm. Poullet.
9e — (1886-1890), pourra être decerné en 1891.

Littérature française.

1re *période* (1848-1852), prix partagé entre Baron, Moke et Weustenraad;
2e — (1853-1857), prix non décerné;
3e — (1858-1862), prix décerné à Ad. Mathieu;
4e — (1863-1867), prix décerné à Ch. Potvin;
5e — (1868-1872), prix décerné à Éd. Fétis;
6e — (1873-1877), prix non décerné;
7e — (1878-1882), prix non décerné;
8e — (1883-1887), prix décerné à Cam. Lemonnier.

Littérature néerlandaise (1).

1re *période* (1850-1854), prix décerné à H. Conscience;
2e — (1855-1859), prix décerné à P. Van Duyse;
3e — (1860-1864), prix décerné à Mme veuve Courtmans;
4e — (1865-1869), prix décerné à H. Conscience;

(1) Voir note, page 92.

5ᵉ *période* (1870-1874), prix décerné aux œuvres de feu A. Bergmann;
6ᵉ — (1875-1879), prix décerné à Pol de Mont;
7ᵉ — (1880-1884), prix décerné à J. Van Beers.

Sciences physiques et mathématiques.

1ʳᵉ *période* (1849-1853), prix décerné à J. Plateau;
2ᵉ — (1854-1858), prix non décerné;
3ᵉ — (1859-1863), prix décerné à J.-S. Stas;
4ᵉ — (1864-1868), prix décerné à J. Plateau;
5ᵉ — (1869-1873), prix décerné à Michel Gloesener;
6ᵉ — (1874-1878), prix décerné à J. C. Houzeau;
7ᵉ — (1879-1883), prix décerné à C. Le Paige.
8ᵉ — (1884-1888), prix décerné à W. Spring.

Sciences naturelles.

1ʳᵉ *période* (1847-1851), prix partagé entre L.-G. de Koninck, A. Dumont et P.-J. Van Beneden.
2ᵉ — (1852-1856), prix partagé entre Kickx, Wesmael, L.-G. de Koninck et le baron de Selys Longchamps;
3ᵉ — (1857-1861), prix décerné à P.-J. Van Beneden;
4ᵉ — (1862-1866), prix décerné à P.-J. Van Beneden;
5ᵉ — (1867-1871), prix décerné à l'abbé Carnoy;
6ᵉ — (1872-1876), prix décerné à Éd. Van Beneden;
7ᵉ — (1877-1881), prix décerné à L.-G. de Koninck.
8ᵉ — (1882-1886), prix décerné à Éd. Van Beneden.

Sciences morales et politiques.

1ʳᵉ *période* (1851-1855), prix partagé entre Ducpetiaux, Brialmont. Thonissen et P. Vander Meersch;
2ᵉ — (1856-1860), prix décerné à P. de Haulleville;
3ᵉ — (1861-1865), prix décerné à F. Tielemans;

4e *période* (1866-1870), prix non décerne;
5e — (1871-1875), prix décerné à F. Laurent;
6e — (1876-1880), prix décerné à Ém. de Laveleye (1).

Sciences historiques.

1re *période* (1881-1885), deux prix décernés à F.-A. Gevaert et P. Willems.
2e — (1886-1890), pourra être décerné en 1891.

Sciences sociales.

1re *période* (1882-1886), prix décerné à J.-J. Thonissen.

PRIX DÉCENNAUX.

Sciences philosophiques.

1re *période* (1878-1887), prix décerné à G. Tiberghien.

Philologie.

1re *période* (1880-1889), prix décerné à Aug. Scheler.

(1) Voyez, pour la suite, *Sciences sociales*.

PRIX QUINQUENNAL DE STATISTIQUE (1) FONDÉ PAR XAVIER HEUSCHLING.

LÉOPOLD II, Roi des Belges,

A tous présents et à venir, Salut.

Vu Notre arrêté du 24 juillet 1883, autorisant Notre Ministre de l'Intérieur à accepter, au nom de l'État, le legs fait, par M. Heuschling (P.-F.-X.-T.), dans les termes suivants :

« Directeur pensionné au service de la Statistique générale, je lègue à l'État belge un capital de VINGT-CINQ MILLE FRANCS pour, au moyen des intérêts composés, fonder à perpétuité un prix quinquennal de statistique à décerner par le Gouvernement. »

Sur la proposition de Notre Ministre de l'Intérieur et de l'Instruction publique,

Nous avons arrêté et arrêtons :

ART. 1er. — Un prix, qui, à raison du nom de son fondateur, portera la qualification de « Prix Heuschling », est institué à perpétuité en faveur des meilleurs ouvrages de statistique offrant un intérêt exclusivement ou plus particulièrement belge.

Ce prix, consistant en une somme de *5,000 francs*, sera,

(1) Extrait du *Moniteur belge* des 24 et 25 janvier 1887, nos 24-25.

s'il y a lieu, délivré par le Gouvernement, tous les cinq ans, aux conditions du présent arrêté.

La première période quinquennale expirera le 31 décembre 1888.

Art. 2. — Ne sont admis au concours que les ouvrages d'auteurs belges, publiés dans le royaume ou à l'étranger, dans le cours de la période, et rédigés en français ou en flamand.

Les ouvrages manuscrits sont également admis. Ils peuvent être envoyés signés ou anonymes. Dans ce dernier cas, ils porteront une devise qui sera répétée dans un billet cacheté joint au manuscrit et renfermant les nom, prénoms et adresse de l'auteur.

Ce billet ne sera ouvert que si l'ouvrage auquel il est joint obtient le prix, à moins que l'auteur n'en demande l'ouverture.

Art. 3. — Lorsqu'un ouvrage a été publié en plusieurs parties, il est admis, dans son ensemble, au concours de la période dans laquelle a paru celle de ses parties (suite ou fin) qui a été publiée en dernier lieu.

Art. 4. — L'édition nouvelle d'un ouvrage publié antérieurement à la période quinquennale ne sera admise au concours que si des changements ou des augmentations considérables ont été apportés à l'édition primitive.

Art. 5. — Sont exclus du concours les ouvrages émanant des membres du jury, ainsi que les ouvrages qui déjà, à la suite d'un concours quelconque, institué en vertu des lois et arrêtés, ont valu à leur auteur un prix en argent.

Art. 6. — Trois mois avant la clôture de chaque période, un avis inséré, à trois reprises et à quinze jours d'intervalle, au *Moniteur belge*, invitera les intéressés à adresser au Ministre de l'Intérieur et de l'Instruction publique, avant le 31 décembre, un exemplaire de leurs œuvres qui se trouveraient dans les conditions requises pour être admises au concours, en joignant à cet exemplaire la déclaration qu'il est destiné à être soumis à l'appréciation du jury du Prix Heuschling.

Les ouvrages transmis tardivement seront renvoyés aux expéditeurs ou tenus à leur disposition.

Art. 7. — Le jugement du concours est attribué à un jury de sept membres, nommés par Nous, dans le cours du trimestre suivant la clôture de chaque période quinquennale.

Quatre de ces membres sont choisis sur une liste double de présentation adressée par la Commission centrale de statisque du royaume; les trois autres, sur une liste double dressée par l'Académie royale de Belgique (Classe des lettres).

Art. 8. — Tous les ouvrages adressés au Département ministériel ensuite de l'avis mentionné à l'article 6 seront remis au jury dès sa première séance.

Le Ministre de l'Intérieur et de l'Instruction publique a, toutefois, le droit d'y joindre d'autres ouvrages imprimés, réunissant les conditions requises, qui n'auraient pas fait l'objet d'un envoi de la part de leurs auteurs.

Le jury ne pourra examiner d'autres ouvrages que ceux dont il aura été saisi officiellement, conformément au présent article.

Art. 9. — Le jury ne délibérera qu'au nombre de cinq membres au moins.

Lorsqu'il aura pris connaissance des ouvrages soumis à son examen, il décidera, en premier lieu, si, parmi ces ouvrages, il en est un qui mérite le prix de *5,000 francs*, et lequel.

La question sera mise aux voix sans division.

Si cette première question n'est pas résolue affirmativement, le jury décidera si, parmi les ouvrages qui lui sont soumis, il en est deux entre lesquels il convient que le prix de *5,000 francs* soit partagé, quels sont ces ouvrages, et dans quelle proportion s'établira le partage.

En aucun cas la somme attribuée à l'auteur le moins favorisé ne pourra être inférieure à *1,000 francs*. Il ne sera point accordé de mention honorable.

Art. 10. — Toute résolution du jury doit être prise par quatre voix au moins. Aucun membre n'a le droit de s'abstenir.

Art. 11. — Si l'ouvrage couronné est manuscrit, le prix ne sera délivré au lauréat que lorsque ce manuscrit aura été imprimé, ce qui devra être fait dans les deux ans au plus tard.

Art. 12. — Si le concours reste sans résultat, la somme disponible sera ajoutée au capital primitif, ce qui permettra d'augmenter la valeur du prix perpétuel.

Art. 13. — Les ouvrages manuscrits soumis au jury resteront, avec les ouvrages imprimés, déposés à la bibliothèque de la Commission centrale de statistique.

Toutefois, si l'auteur reconnu d'un ouvrage manuscrit en demande la restitution, celle-ci lui sera accordée aux conditions suivantes :

1° Chaque page ainsi que les notes et renvois seront, au préalable, cotés et paraphés par un délégué du Ministre;

2° Si l'auteur publie son ouvrage, il doit, aussitôt la publication faite, restituer au Gouvernement le manuscrit soumis au jury;

3° Si l'ouvrage publié ne l'est point *ne varietur*, sa préface mentionnera les modifications essentielles qui y auraient été apportées.

ART. 14. — Notre Ministre de l'Intérieur et de l'Instruction publique est chargé de l'exécution du présent arrêté.

Donné à Bruxelles, le 14 janvier 1887.
LÉOPOLD.

Par le Roi :
Le Ministre de l'Intérieur et de l'Instruction publique,
THONISSEN.

Concours.

1re *période* (1884-1888), prix décerné à Jules Sauveur.

PRIX TRIENNAL DE LITTÉRATURE DRAMATIQUE FRANÇAISE (1).

Art. 1. Il est institué un prix triennal pour la composition d'une œuvre dramatique en langue française. Toute liberté est laissée aux concurrents en ce qui concerne le choix des sujets, mais, à mérite égal, le prix sera décerné à l'ouvrage dont le sujet aura été emprunté soit à l'histoire, soit aux mœurs nationales (2).

Art. 2. Le prix qui sera décerné à l'auteur de l'ouvrage couronné consistera en une médaille d'or de la valeur de cent cinquante francs et en une somme de cinq cents francs au moins et de quinze cents francs au plus, à déterminer par Notre Ministre de l'Intérieur suivant les mérites et l'importance de la pièce dramatique.

Art. 3. La pièce couronnée sera représentée pendant les fêtes anniversaires de Septembre de l'année qui suivra la clôture de chaque période triennale.

La présente disposition sera applicable aux pièces dramatiques en langue flamande dont les auteurs auront obtenu le prix institué par l'arrêté royal du 10 juillet 1858.

Art. 4. Le jugement se fera par une Commission de trois membres au moins, choisis sur une liste double de présentations faites par la Classe des lettres de l'Académie royale de Belgique.

Art. 5. La première période triennale sera considérée comme close le 1er janvier 1861 (3).

(1) Modifié par arrêté royal du 14 décembre 1875.

(2) Par arrêté royal du 1er septembre 1881, les ouvrages dramatiques écrits par des auteurs belges et imprimés à l'étranger sont admis à ce concours.

(3) Le prix pour la onzième période (1888-1890) pourra être décerné en 1891.

PRIX TRIENNAL DE LITTÉRATURE DRAMATIQUE FLAMANDE (1).

Art. 1. Il est institué un prix triennal pour la composition d'une œuvre dramatique en langue flamande. Toute liberté est laissée aux concurrents en ce qui concerne le choix des sujets; mais, à mérite égal, le prix sera décerné à l'ouvrage dont le sujet aura été emprunté soit à l'histoire, soit aux mœurs nationales.

Art. 2. L'ouvrage devra avoir été publié dans le pays (2), ou être remis en manuscrit, soit au Département de l'Intérieur, soit à l'Académie royale des sciences et des lettres, avant que la période triennale soit close.

Art. 3. Ne seront pas admises au concours les œuvres traduites ou arrangées d'après des ouvrages étrangers ou nationaux.

Quant aux pièces imitées, le jury aura à décider si elles présentent un caractère suffisant d'originalité.

Art. 4. Le jury chargé du jugement du concours sera composé de cinq membres.

Art. 5. Les ouvrages dramatiques des membres du jury sont exclus du concours.

Art. 6. Le prix triennal ne peut être partagé entre plusieurs œuvres.

Art. 7. Le jugement du jury sera proclamé dans la séance publique de la Classe des lettres qui suivra la période triennale.

(1) Modifié par arrêté royal du 14 décembre 1875.

(2) Par arrêté royal du 26 août 1881, les ouvrages écrits par des auteurs belges et imprimés à l'étranger sont admis à ce concours.

PRIX TRIENNAUX DÉCERNÉS DEPUIS LEUR INSTITUTION.

Littérature dramatique française.

1re *période* (1858-1860), prix décerné à C. Potvin;
2e — (1861-1863), prix décerné à C. Potvin;
3e — (1864-1866), prix non décerné;
4e — (1867-1869), prix non décerné;
5e — (1870-1872), prix décerné à C. Potvin;
6e — (1873-1875), prix décerné à H. Delmotte;
7e — (1876-1878), prix décerné à L. Claes;
8e — (1879-1881), prix non décerné.
9e — (1882-1884), prix décerné à Laurent de Coninck.
10e — (1885-1887), prix decerné à Ad. Leclercq.

Littérature dramatique flamande.

1re *période* (1856-1858), prix décerné à H. Van Peene;
2e — (1859-1861), prix décerné à B. Sleeckx;
3e — (1862-1864), prix décerné à F. Van Geert;
4e — (1865-1867), prix décerné à A. Vandenkerckhove;
5e — (1868-1870), prix décerné à F. Vande Sande;
6e — (1871-1873), prix décerné à D. Delcroix;
7e — (1874-1876), prix décerné à D. Delcroix;
8e — (1877-1879), prix non décerné;
9e — (1880-1882), prix décerné à Frans Gittens;
10e — (1883-1885), prix décerné à H.-B. Peeters.

GRANDS CONCOURS DE PEINTURE, D'ARCHITECTURE, DE SCULPTURE ET DE GRAVURE.

Réorganisation générale (1).

ARTICLE PREMIER. Le grand concours pour l'un des prix institués par l'article 14 de l'arrêté royal du 13 avril 1817 et par l'arrêté royal du 25 février 1847 a lieu tous les ans à Anvers.

Le lauréat reçoit, pendant quatre années, une pension de voyage afin de se perfectionner à l'étranger.

Cette pension est de 5,000 francs pour les peintres et les sculpteurs, de 4,000 francs pour les architectes et les graveurs.

La pension prend cours après que le lauréat a satisfait à l'examen de sortie prescrit par l'article 13.

Toutefois, s'il est âgé de moins de 21 ans, il n'entre en jouissance de la pension que lorsqu'il a atteint cet âge.

ART. 2. Outre le grand prix, il peut être décerné un second prix et une mention honorable.

Le second prix consiste en une médaille d'or de la valeur de 300 francs. Il peut être accordé en partage, ainsi que la mention honorable.

ART. 3. Les différentes branches des beaux-arts sont appelées à participer périodiquement au concours dans l'ordre suivant, à partir de 1889 :

La peinture.
L'architecture.
La sculpture.

(1) Arrêté royal du 28 juin 1889.

La peinture.
L'architecture.
La sculpture.
La peinture.
L'architecture.
La sculpture.
La peinture.
L'architecture.
La sculpture.
La peinture.

L'époque de l'ouverture du concours est annoncée par la voie du *Moniteur*, au moins trois mois d'avance.

Tous les cinq ans il est ouvert un concours spécial pour la gravure (1).

Art. 4. Tout artiste belge ou naturalisé qui n'a pas atteint l'âge de 30 ans peut être admis à concourir. Il s'adresse à cet effet, par écrit ou en personne, au conseil de l'Académie royale d'Anvers, au plus tard quinze jours avant la date fixée pour l'ouverture du concours.

Art. 5. Le nombre des concurrents pour le prix est limité à six. Ce chiffre pourra toutefois être plus élevé si, à la suite de l'épreuve préparatoire, deux ou plusieurs concurrents ayant le même nombre de points occupaient la sixième place.

Quel que soit le nombre des concurrents qui se présentent, il y aura une épreuve préparatoire. Dans le cas où aucun des concurrents ne serait jugé capable, le jury pourra déclarer qu'il n'y a pas lieu de procéder à l'épreuve définitive.

L'épreuve préparatoire consistera :

Pour le peintre et pour le sculpteur, en une figure en pied

(1) Le premier concours pour la gravure a eu lieu en 1886; le deuxième aura lieu en 1891.

de 1 mètre de hauteur, une esquisse, composition ou ébauche, et une tête d'expression de grandeur naturelle;

Pour le graveur, en une tête dessinée d'après nature, de grandeur naturelle, le dessin d'une figure académique de 70 centimètres de hauteur et un dessin d'après l'antique;

Pour l'architecte, en une composition architecturale.

Le peintre ou le sculpteur aura dix jours pour la figure, quatre pour l'esquisse, composition ou ébauche, et deux pour la tête d'expression.

Le graveur aura quatre jours pour le dessin d'une tête d'après nature, six jours pour la figure académique et six jours pour le dessin d'après l'antique.

L'architecte aura trois jours pour la composition architecturale.

Art. 6. Le jury chargé de juger le concours préparatoire est composé de sept membres nommés par Nous. Trois membres sont choisis parmi les membres-artistes de la Classe des beaux-arts.

Deux membres supplémentaires sont désignés pour remplacer, le cas échéant, les titulaires absents.

Art. 7. Le jury fait choix de plusieurs sujets pour le concours; le sort désigne celui que les concurrents auront à traiter. Ils en font l'esquisse d'après un programme donné. Ils travaillent dans des loges séparées et, pendant l'exécution de l'esquisse, ils n'ont de communication avec personne.

Art. 8. Les concurrents sont tenus d'achever l'esquisse dans le délai fixé par le jury. Après ce délai, l'esquisse est scellée sous glace par l'administrateur de l'Académie royale des beaux-arts d'Anvers, en présence du concurrent, qui est tenu d'en faire la copie dans un temps déterminé. C'est d'après cette copie qu'il exécute l'ouvrage qui doit concourir.

Art. 9. A l'expiration du terme fixé pour l'achèvement des

ouvrages du concours, ceux-ci sont jugés par un jury composé de sept membres au moins et de onze membres au plus, nommés par Nous.

Trois membres au moins sont choisis dans la Classe des beaux-arts de l'Académie royale de Belgique.

Deux membres supplémentaires sont désignés pour remplacer, le cas échéant, les titulaires absents.

Art. 10. Le jury examine en premier lieu si, parmi les ouvrages produits au concours, il y en a qui sont dignes d'obtenir le grand prix.

Si l'opinion de la majorité est négative sur ce point, le montant de la pension est réservé, durant les quatre années, pour être réparti en encouragements particuliers à de jeunes artistes de mérite.

Si le jury est d'avis qu'il y a lieu d'accorder le prix, il examine:

1° Si les concurrents ont suivi le programme;

2° Si chaque ouvrage est conforme à son esquisse;

3° Si les limites données pour la dimension des figures ont été observées.

Tout ouvrage qui, à l'égard de ces trois points, ne satisfait pas aux conditions requises, doit être écarté du concours.

Le jury vote à haute voix, et toutes ses décisions sont prises à la majorité des suffrages; en cas de parité, la voix du président est décisive.

Aucun membre n'a la faculté de s'abstenir de voter.

Le procès-verbal est rédigé, séance tenante, signé par tous les membres présents et transmis au Ministre de l'Intérieur et de l'Instruction publique.

Les membres du jury non domiciliés à Anvers ont droit à une indemnité de déplacement qui est fixée par le Gouvernement.

Art. 11. Après le jugement, les ouvrages faits pour le grand concours sont exposés publiquement à Anvers et à Bruxelles pendant huit jours consécutifs.

Art. 12. Les résultats du concours sont proclamés dans une séance solennelle de la Classe des beaux-arts de l'Académie royale de Belgique à laquelle sont invités les membres du jury et du conseil d'administration de l'Académie royale d'Anvers, ainsi que les directeurs et les professeurs des écoles auxquelles appartiennent les lauréats.

Art. 13. Le lauréat du grand concours de peinture, de sculpture, d'architecture ou de gravure est examiné par un jury nommé par le Ministre et présidé, suivant la nature du concours, par un artiste peintre, sculpteur, architecte ou graveur. Ce jury est composé de telle sorte que chacune des matières indiquées aux programmes arrêtés par le Ministre y soit représentée par un membre.

Si le lauréat est porteur de diplômes ou de certificats attestant qu'il a déjà subi un examen légal sur une ou plusieurs des matières mentionnées aux programmes, il est dispensé de l'examen sur cette partie.

L'examen a lieu oralement et par écrit. Toutefois, sauf en ce qui concerne la rédaction française ou flamande, le jury peut dispenser de l'épreuve par écrit le lauréat qui lui a fourni par ses réponses orales la preuve d'une instruction suffisante.

Après l'examen, le jury se pose d'abord cette question : Le lauréat possède-t-il les connaissances nécessaires pour profiter de son séjour à l'étranger? Si la réponse est affirmative, le départ est autorisé immédiatement; dans le cas contraire, le départ est ajourné jusqu'à nouvel examen; après deux examens infructueux, le lauréat perd ses droits à la pension.

Le Gouvernement peut allouer au lauréat qui n'est pas jugé suffisamment instruit un subside proportionné au délai fixé par le jury pour le second examen.

Art. 14. Le but principal du grand prix étant de procurer au lauréat les moyens de se perfectionner à l'étranger, le jury, après avoir entendu l'artiste, émet son avis sur le choix des pays à visiter, sur l'opportunité du départ, sur la durée du séjour dans les villes où il convient de résider, ainsi que sur tous les autres points qui paraîtront mériter d'être pris en considération dans l'intérêt du lauréat.

Tout pensionnaire devra se trouver à Rome dans le cours du premier trimestre de l'année où il entre en possession de sa pension. Il est tenu d'y rester au moins deux années pour compléter ses études.

Art. 15. Pendant son séjour à l'étranger, le lauréat correspond avec le directeur de la Classe des beaux-arts de l'Académie royale de Belgique et, tous les six mois, il adresse par son intermédiaire à la Classe un rapport détaillé sur ses études et sur les objets qui s'y rattachent. La Classe fera un rapport au Ministre sur ces communications.

Art. 16. Les lauréats sont tenus, pendant la durée de leur pension, aux épreuves et travaux ci-après indiqués :

PEINTURE.

Le pensionnaire peintre devra exécuter dans *la première année* : 1° une figure peinte d'après nature et de grandeur naturelle, représentant un sujet emprunté soit à la mythologie, soit à l'histoire ancienne, sacrée ou profane; 2° un dessin d'après une peinture de grand maître ou d'après une œuvre de sculpture (statue ou bas-relief) de l'antiquité ou de la Renaissance.

A l'expiration de *la deuxième année*, le lauréat est tenu d'envoyer soit la copie d'une œuvre d'art, tableau ou fresque, de la grandeur de l'original, soit une esquisse d'assez grande dimension d'après un ensemble décoratif tiré d'un des monuments de l'Italie. Cette copie peut être rétribuée et, dans ce cas, elle devient la propriété de l'État.

Le lauréat adressera, en même temps, au directeur de la Classe des beaux-arts de l'Académie royale de Belgique un rapport sur ses études et les objets qui s'y rattachent. Il désignera les pays qu'il désire visiter pendant *la troisième année*, l'Italie centrale, la Sicile, la Grèce ou l'Orient. Il soumettra, dans le cours de cette même année, la composition et l'esquisse du tableau qu'il aura à faire pour son dernier envoi.

La Classe des beaux-arts fera connaître au Ministre son appréciation sur ce rapport et sur les envois des pensionnaires.

Durant *la quatrième année*, le pensionnaire pourra voyager, après en avoir reçu l'autorisation, en Espagne, en France, en Allemagne, en Angleterre ou en Hollande, suivant ses préférences et ses goûts.

A son retour, il adressera à la Classe des beaux-arts, comme dernier envoi, un tableau de sa composition de plusieurs figures en grandeur naturelle; le sujet devra être pris soit dans la mythologie, soit dans la littérature ou l'histoire ancienne, sacrée ou profane.

Il sera fait sur cette œuvre un rapport par l'Académie royale de Belgique. Si ce rapport est favorable et si le lauréat prouve qu'il a profité de son voyage et satisfait à tous ses devoirs, il pourra être recommandé pour un travail à exécuter aux frais du Gouvernement.

SCULPTURE.

Le pensionnaire sculpteur devra exécuter :

1° Dans *la première année*, un dessin achevé d'après une statue ou un bas-relief de l'antiquité ou de la Renaissance;

2° Dans *la deuxième année*, une copie en marbre d'après un chef-d'œuvre de l'antiquité ou de la Renaissance, copie qui deviendra la propriété de l'État, après indemnité accordée à l'artiste pour le marbre et la mise au point;

3° Dans *la troisième année,* une composition en bas-relief comprenant au moins cinq figures d'au moins 80 centimètres de hauteur; le sujet devra être pris soit dans la mythologie, soit dans la littérature ou l'histoire ancienne, sacrée ou profane.

A son retour, comme dernier envoi, il devra soumettre une statue de grandeur naturelle de sa composition et d'un sujet pris aux mêmes sources.

Il joindra aussi à ses rapports semestriels des croquis à la plume ou au crayon des bas-reliefs et statues qui auront été spécialement l'objet de ses études.

GRAVURE.

Les graveurs seront tenus aux travaux suivants :

Première année. — Le dessin : 1° d'une figure nue d'après nature; 2° d'une figure ou d'un bas-relief d'après l'antique ; 3° d'une tête d'après nature, de grandeur naturelle.

Deuxième année. — Le dessin : 1° d'une figure nue d'après nature et d'une figure d'après l'antique ou d'une sculpture de la Renaissance; 2° le dessin d'un portrait d'après un grand maître et, de préférence, un portrait intéressant l'art belge ou l'histoire nationale; la tête aura de 5 à 6 centimètres de hauteur; le lauréat devra préalablement faire approuver son choix par la Classe des beaux-arts.

Troisième année. — 1° Le dessin de deux figures, l'une d'après nature, l'autre d'après un chef-d'œuvre de la Renaissance;

2° Un dessin de deux figures au moins d'après un tableau ou

une fresque de grand maître : hauteur, 30 centimètres au moins;

3° La gravure ébauchée du portrait dessiné l'année précédente.

Quatrième année. — La gravure terminée du portrait précité et la planche qui constitue l'envoi de cette dernière année resteront la propriété du Gouvernement, qui pourra autoriser l'auteur à en faire tirer des épreuves et, en outre, lui accorder une indemnité, si l'œuvre en est jugée digne et si le lauréat a pleinement satisfait à toutes ses obligations.

Des ouvrages de gravure sur bois seront compris parmi les travaux demandés aux graveurs concurremment avec ceux de la gravure au burin.

ARCHITECTURE.

Le pensionnaire architecte devra exécuter :

Dans *la première année* de son séjour à Rome, au moins quatre feuilles de détails d'après les monuments antiques de Rome, au quart de l'exécution ;

Dans *la deuxième année* : 1° deux feuilles de détails (au quart de l'exécution) d'après un monument antique de Rome et un essai de restauration d'une partie du monument auquel appartiennent ces détails, essai qui devra faire connaître les parties essentielles de la construction. Cette première partie de l'envoi, qui, dans son ensemble, ne comprendra pas moins de quatre feuilles, sera accompagnée d'un mémoire explicatif; 2° des détails décoratifs extérieurs ou intérieurs et des ensembles d'architecture du moyen âge ou de la Renaissance.

Pendant *la troisième année,* le lauréat exécutera la restauration d'un édifice antique ou d'un ensemble d'édifices antiques de l'Italie, de la Sicile, de la Grèce ou de l'Orient. Les plans indiqueront à la fois l'état actuel et l'état restauré avec des études de détails. Un mémoire historique et explicatif y sera joint;

Durant *la quatrième année*, le pensionnaire pourra, après en avoir reçu l'autorisation, voyager en Espagne, en France, en Allemagne, en Angleterre ou en Hollande et notamment en Belgique, selon ses préférences et ses goûts. Au retour, comme dernier envoi, il devra présenter un projet complet d'édifice public.

Art. 17. La pension est payée au lauréat par semestre et d'avance.

Art. 18. Cette pension pourra être suspendue ou supprimée, sur l'avis conforme de la Classe des beaux-arts, à défaut par le lauréat de se conformer aux obligations que le présent règlement lui impose.

Art. 19. Les cas non prévus sont réglés par Notre Ministre de l'Intérieur et de l'Instruction publique, qui est chargé de l'exécution du présent arrêté.

Articles additionnels relatifs au grand concours d'architecture.

Arrêté royal du 22 mai 1875.

Article premier. L'arrêté royal du 17 avril 1852, relatif aux grands concours d'architecture, est rapporté.

Il est remplacé par la disposition ci-après :

Nul n'est admis à prendre part au grand concours d'architecture dit « concours de Rome », s'il ne fournit la preuve qu'il a subi avec succès l'examen scientifique et littéraire dont le programme a été inséré dans l'arrêté ministériel du 19 avril 1852.

Art. 2. Un jury de cinq membres, nommé par Notre Ministre de l'Intérieur, procède à cet examen, qui doit toujours avoir lieu trois mois au moins avant l'époque fixée pour les inscriptions au grand concours.

Art. 3. Les certificats délivrés par ce jury sont valables pour tous les concours auxquels le candidat croira devoir prendre part jusqu'à l'âge de 30 ans.

Arrêté ministériel du 24 mai 1875.

Le Ministre de l'Intérieur,

Vu l'arrêté royal du 22 mai 1875 portant que les aspirants pour le grand concours d'architecture sont tenus, préalablement à leur inscription, de faire preuve de connaissances scientifiques et littéraires;

Revu l'arrêté du 23 avril 1863 portant approbation du règlement d'ordre des grands concours;

Arrête :

Article unique. La disposition inscrite à l'article 75 dudit règlement d'ordre est remplacée par ce qui suit :

A. — *Concours préparatoire.*

Les concurrents ont à faire :

1° Une composition d'architecture académique rendue graphiquement par plans, coupes, élévations, etc., etc.

Il est accordé un jour entier pour ce travail, qui doit être exécuté simplement en esquisse ;

2° Un dessin au trait d'après la bosse (figure antique), ou d'après nature, au choix du jury.

Les concurrents sont séquestrés en loge et ils ont deux jours et une nuit pour ce travail, qui doit être exécuté dans les proportions de 48 à 50 centimètres de haut.

Arrêté ministériel du 24 juillet 1878.

Les lauréats du grand concours de gravure sont tenus de joindre aux rapports semestriels mentionnés à l'article 15 de l'arrêté royal du 22 mai 1875, des croquis à la plume ou au crayon destinés à faire apprécier la valeur des observations qui y seront consignées.

Les dessins resteront la propriété des lauréats et leur seront restitués lorsqu'ils auront été examinés par qui de droit.

LAURÉATS DES GRANDS CONCOURS DE PEINTURE, D'ARCHITECTURE, DE SCULPTURE ET DE GRAVURE.

1819. P. (1) Grand prix,	De Braekeleer (F.).	d'Anvers.
1821. » » »	Maes (J.-B.-L.),	de Gand.
1823. » » »	Van Ysendyck (A.),	d'Anvers.
1826. » » »	(Non décerné.)	
1828. » » »	Verschaeren (J.-A.),	d'Anvers.
1830. S. » »	Van der Ven (J.-A.),	de Bois-le-Duc.
1832. P. » »	Wiertz (A.),	de Dinant.
1834. A. » »	De Man (G.),	de Bruxelles.
1836. S. » »	Geefs (Jos.),	d'Anvers.
1838. P. » »	Van Maldeghem (R.-E.),	de Denterghem.
1840. G. » »	(Non décerné.)	
1842. P. » »	Portaels (J.-F.),	de Vilvorde.
1844. A. » »	Ombrechts (A.-L.),	de Gand.
1846. S. » »	Geefs (Jean),	d'Anvers.
1847. P. » »	Stallaert (J.-J.-F.),	de Merchtem.
1848. G. » »	Bal (C.-J.),	de Berchem.
1849. A. » »	Laureys (F.),	d'Ostende.
1850. P. » »	Carlier (M.),	de Wasmuel.
2d prix,	De Groux (C.-C.-A.),	de Commines.
1851. S. Grand prix,	De Bock (J.-B.),	d'Anvers.
2d prix,	Laumans (J.-A.),	d'Heyst-op-den-Berg.
	Verdonck (J.-J.-F.),	d'Anvers.
1852. P. Grand prix,	Pauwels (G.-F.),	d'Eeckeren.
2d prix,	Vermotte (L.-F.),	de Courtrai.
M. honorable,	Mergaert (D.),	de Cortemarck.
1853. A. Grand prix,	(Non décerné.)	

(1) Les initiales après les dates signifient : P (Peinture), A (Architecture), S (Sculpture), G (Gravure).

1854. P.	» »	Mergaert (D.),	de Cortemarck.
	2d prix,	Goeyers (A.),	de Malines.
		Hendrix (L.),	de Peer.
1855. G.	Grand prix,	Biot (G.-J.),	de Bruxelles.
	2d prix,	Campotosto (H.-J.),	de Bruxelles.
	M. honorable,	Nauwens (J.-J.),	d'Anvers.
1856. S.	Grand prix,	Van der Linden (G.),	d'Anvers.
	2d prix,	Bogaerts (P.-A.),	de Borgerhout.
1857. P.	Grand prix,	Beaufaux (P.-C.),	de Wavre.
	2d prix,	Callebert (F.-J.),	de Roulers.
		Delfosse (A.-A.),	de Renaix.
1858. A.	Grand prix,	Baeckelmans (L.),	d'Anvers.
	2d prix,	Altenrath (H.-H.),	»
	M. honorable,	Demaeght (C.),	de Bruxelles.
1859. S.	Grand prix,	Fabri (R.-J.),	d'Anvers.
	2d prix,	Dehaen (J.-P.),	de Bruxelles.
	M. honorable,	Deckers (J.-F.),	d'Anvers.
1860. P.	Grand prix,	Legendre (L.-A.),	de Bruges.
	2d prix,	Verhas (J.-F.).	de Termonde.
	M. honorable,	Debruxelles (E.),	d'Ath.
1861. G.	Grand prix,	Copman (E.-J.),	de Bruges.
	M. honorable,	Durand (L.),	d'Anvers.
1862. A.	Grand prix,	Delacenserie (L.-J.-J.),	de Bruges.
	2d prix,	Naert (J.-J.-D.),	»
	M. honorable,	Vanderheggen (A.),	de Bruxelles.
1863. P.	Grand prix,	Van den Bussche (J.-E.),	d'Anvers.
	2d prix,	Hennebicq (A.),	de Tournai.
		Van den Kerckhove (C.-E.),	de Bruxelles.
1864. S.	Grand prix,	Deckers (J.-F.),	d'Anvers.
	2d prix,	Carbon (C.),	de Gits (Fl. occ.)
	M. honorable,	Palinck (C.),	de Borgerhout.
		Samain (L.),	de Nivelles.
1865. P.	Grand prix,	Hennebicq (A.),	de Tournai.
	2d prix,	Van der Ouderaa (P.-J.),	d'Anvers.
	M. honorable,	De Wilde (F.-A.),	de St-Nicolas.
1866. A.	Grand prix,	Naert (J.-J.-D.),	de Bruges.
	2d prix,	Bonnet (L.),	de Taintignies.
1867. P.	Grand prix,	Van den Kerckhove (C.-E.),	de Bruxelles.
	M. honorable,	Lebrun (L.),	de Gand.
		Mellery (X.),	de Laeken.
1868. C.		Le concours n'a pu avoir lieu faute de concurrents.	

1869. S.	Grand prix,	Marchant (J.-G.),	des Sables-d'Olonne.
	2d prix,	De Vigne (P.),	de Gand.
		Dupuis (L.),	de Lixhe (Liège)
	M. honorable,	Palinck (C.),	de Borgerhout.
1870. P.	Grand prix,	Mellery (X.),	de Laeken.
	2d prix,	Ooms (C.),	de Desschel (Anv.).
1871. A.	Grand prix,	Dieltiens (E.),	de Grobbendonck.
	2d prix,	Bonnet (L.),	de Taintignies.
	M. honorable,	Boonen (L.),	d'Anvers.
1872. S.	Grand prix,	Cuypers (J.),	de Louvain.
	2d prix,	De Kesel (C.),	de Somergem (F. O.)
		Dupuis (L.),	de Lixhe (Liège)
		Vinçotte (T.),	de Borgerhout.
1873. P.	Grand prix,	(Non décerné.)	
	2d prix,	Siberdt (E.),	d'Anvers.
1874. G.	Grand prix,	Lauwers (F.),	»
	M. honorable,	Dirks (J.),	»
1875. A.	Grand prix,	De Coster (J.-B.),	d'Anvers.
	2d prix,	Allard (E.),	de Bruxelles.
		Van Rysselberghe (O.),	de Minderhout.
1876. P.	Grand prix,	(Non décerné.)	
1877. S.	Grand prix,	Dillens (J.),	de Bruxelles.
	2d prix,	De Kesel (Ch.),	de Somergem.
	M. honorable,	Joris (F.),	de Deurne.
		Geefs (G.),	d'Anvers.
		Duwaerts (D.),	de Diest.
1878. P.	Grand prix,	De Jans (Ed.),	de Saint André, lez-Bruges.
	2d prix,	Van Biesbroeck (J.),	de Gand.
	M. honorable,	Lefebvre (Ch.),	de Bruxelles.
1879. A.	Grand prix,	Geefs (Eug.),	d'Anvers.
	2d prix,	Dieltiens (Eug.),	de Grobbendonck.
		Van Rysselberghe (Oct.),	de Minderhout.
1880. P.	Grand prix,	Cogghe (Rémi),	de Mouscron.
	2d prix,	Verbrugge (Emile),	de Bruges.
	M. honorable,	Van Landuyt,	de Bruxelles.
1881. G.	Grand prix,	Lenain (Louis),	d'Estinnes-au-Val.
	2d prix,	Vander Veken,	d'Anvers.
1882. S.	Grand prix,	Charlier (Gme),	d'Ixelles.
	2d prix,	Braecke (P.),	de Nieuport.
		De Rudder (Is.),	de Bruxelles.

1883. P.	Grand prix,	Verbrugge (Émile),	de Bruges.
	2d prix,	Van Acker (Fld),	de Bruges.
	M. honorable,	Van Strydonck (Gme),	de Bergen (Norw.).
1884. A.	Grand prix,	Dieltiens (Eug.),	de Grobbendonck.
	2d prix,	Truymans (Ferd.),	d'Anvers.
1885. S.	Grand prix,	Anthone (Julien),	de Bruges.
	2d prix,	Devreese (God.),	de Courtrai.
	M. honorable,	Samuel (Charles),	de Bruxelles.
1886. P.	Grand prix,	Montald (Ct),	de Gand.
	1er 2me prix,	Middeleer (Jh),	d'Ixelles.
	2d »	Richir (Herman),	»
	M. honorable,	Rosier (Jean),	de Lanaeken.
G.	Grand prix,	Van der Veeken (Gme),	d'Anvers.
	2d prix,	Greuze (Louis),	de Mons.
	M. honorable,	Brant (Florent),	d'Anvers.
1887. A.	Grand prix,	De Wulf (Ch.,	de Bruges.
	2d prix,	De Braey (Michel),	d'Anvers.
		Truyman (Ferd.),	»
	M. honorable,	Van Boxmeer (Th.),	de Malines.
1888. S.	Grand prix,	Lagae (Jules),	de Roulers.
	2d prix,	Van Hove (Gust.),	de Wetteren.
	M. honorable,	Braecke (Pierre),	de Nieuport.
		Samuel (Ch.),	de Bruxelles.
1889. P.	M. honorables,	Fichefet (Georges),	de Bruges.
		Van Dyck (Victor),	de Malines.
		Geerinck (César),	de Zele.
1890. A.	Grand prix,	Verhelle (Arthur),	de Bruges.
	2d prix,	Kockerols (Adolphe),	d'Anvers.
	M. honorable,	Vereecken (Émile),	d'Anvers.
		Marcq (Hub.),	de Bruxelles.

FONDATION GODECHARLE.

Bourses d'études au profit d'artistes.

Arrêté royal du 7 décembre 1886, faisant rentrer dans les attributions de l'Académie les rapports des lauréats.

LÉOPOLD II, ETC.,

Revu notre arrêté en date du 17 janvier 1881, statuant sur l'organisation du concours Godecharle, conformément à l'arrêté du 12 novembre 1878 qui approuve la fondation du dit concours;

Considérant que le but principal de la fondation Godecharle était de procurer aux lauréats du concours les moyens de se perfectionner à l'étranger;

Sur la proposition de Notre Ministre de l'Agriculture, de l'Industrie et des Travaux publics (1),

NOUS AVONS ARRÊTÉ ET ARRÊTONS :

ARTICLE PREMIER. — Le jury, après avoir entendu l'artiste, émet son avis sur le choix des pays à visiter, sur l'opportunité du départ, sur la durée du séjour dans les villes où il convient de résider, ainsi que sur tous les autres points qui paraîtront mériter d'être pris en considération dans l'intérêt du lauréat.

ART. 2. — Pendant leur séjour à l'étranger, les lauréats adressent tous les six mois à Notre Ministre de l'Agriculture, de l'Industrie et des Travaux publics un rapport détaillé sur leurs études et sur les objets qui s'y rattachent.

Ces rapports seront soumis à l'appréciation de la Classe des beaux-arts de l'Académie royale de Belgique.

(1) Les beaux-arts étant actuellement dans les attributions de M. le Ministre de l'Intérieur et de l'Instruction publique, c'est à ce haut fonctionnaire que doivent être adressés ces rapports.

Arrêté royal du 2 avril 1890, appliquant aux lauréats du concours GODECHARLE les prescriptions des articles 14, 15 et 16 du Règlement pour les grands concours de peinture, etc.

LÉOPOLD II, ETC.,

Revu Nos arrêtés du 17 janvier 1881 et du 7 décembre 1886, statuant sur l'organisation du concours Godecharle et sur les conditions imposées aux lauréats;

Vu Notre arrêté du 28 juin 1889, réorganisant les concours de Rome;

Considérant qu'il y a lieu de prendre, de part et d'autre, les mêmes garanties pour le bon emploi du temps des lauréats pendant leur séjour à l'étranger;

Considérant toutefois que la durée de la pension des lauréats du concours Godecharle n'est que de trois ans;

Sur la proposition de Notre Ministre de l'intérieur et de l'Instruction publique,

NOUS AVONS ARRÊTÉ ET ARRÊTONS :

ARTICLE PREMIER. — Les prescriptions formulées par les articles 14 et 15 du réglement précité, ainsi que par l'article 16 qui détermine les travaux imposés pour les premières années de pension des lauréats du concours de Rome, sont applicables aux lauréats du concours Godecharle sous les réserves ci-après :

La durée de leur séjour à Rome sera limitée à la première année de leur pension. Leurs voyages dans les autres villes de l'Europe pourront avoir lieu dans le cours de la troisième année.

Les prescriptions concernant la troisième année de séjour

des lauréats de Rome seront, pour les lauréats du concours Godecharle, reportées à la deuxième année.

Art. 2. — Il est loisible aux lauréats, pour ce qui regarde les épreuves imposées aux statuaires, de remplacer la copie réglementaire par une œuvre originale.

Organisation (1).

LÉOPOLD II, etc.,

Vu le testament, en date du 15 mars 1871, par lequel le sieur Napoléon Godecharle, avoué à Bruxelles, ordonne que les revenus de sa succession soient affectés à des bourses qui seront conférées à des artistes statuaires, peintres d'histoire et architectes, pour perfectionner leur éducation artistique en visitant les grands établissements à l'étranger;

Vu Notre arrêté en date du 12 novembre 1878 qui approuve cette fondation de bourses;

Vu la délibération de la commission provinciale des fondations du Brabant, l'avis de la députation permanente du Conseil de cette province et le rapport de Notre Ministre de l'Intérieur, en date du 6 septembre, du 2 et du 19 octobre 1877;

Vu les articles 35 et 43 de la loi du 19 décembre 1864 et 33 de l'arrêté royal du 7 mars 1865;

Sur la proposition de Nos Ministres de la Justice et de l'Intérieur,

Nous avons arrêté et arrêtons :

Article premier. — Le taux des bourses de la fondation précitée est fixé à 4,000 francs par an.

(1) Arrêté royal du 17 janvier 1881.

Le nombre en sera déterminé d'après les revenus nets de la dotation.

Chaque bourse est accordée pour le terme de trois ans.

La date à laquelle la jouissance en prend cours est fixée par l'acte de collation.

La première annuité est payable par anticipation, la seconde le sera après un an de jouissance et sur la production de certificats constatant soit la résidence du boursier à l'étranger, soit sa visite des grands dépôts artistiques à l'extérieur du pays.

Ces certificats seront visés par les agents diplomatiques belges dans ces divers États.

Art. 2. — Il sera prélevé sur ces revenus : 1° le traitement du receveur ou son denier de recettes; 2° les frais à résulter de la publication extraordinaire de la vacance des bourses, ainsi que des avis aux exposants et aux concurrents; 3° les honoraires attribués aux membres des jurys spéciaux institués en exécution de l'article 9 ci-dessous et qui prononceront sur l'aptitude des candidats boursiers. Les dépenses de transport et de placement, au Musée de Bruxelles, des œuvres d'art que les boursiers devront livrer à l'État seront à la charge du Gouvernement.

Art. 3. — Aucune des bourses de la fondation n'est exclusivement affectée à l'une des trois branches des beaux-arts indiquées par le disposant. Toutes pourront, au contraire, le cas échéant, être conférées à des boursiers cultivant la même branche, soit la sculpture, soit la peinture d'histoire, soit l'architecture.

Les revenus ne seront dévolus au Gouvernement que dans le cas où les bourses ne trouveraient de titulaires dans aucune des branches prémentionnées; s'ils sont partiellement affectés à des bourses, la quotité libre sera seule mise à la disposition du Gouvernement.

Si un boursier mourait pendant qu'il jouit de sa bourse ou s'il n'effectuait son voyage à l'étranger que pendant une partie des trois années ou enfin si la copie qu'il doit produire n'était pas admise au Musée de Bruxelles, des réductions, selon le cas, seront opérées sur le montant qui lui était attribué et les fonds disponibles seront remis au Département de l'Intérieur pour être employés dans l'intérêt de l'art, selon la volonté du testateur.

Art. 4. — Douze mois avant l'ouverture de chaque exposition triennale des beaux-arts à Bruxelles, la commission provinciale des fondations de bourses du Brabant fera publier, dans la forme prescrite pour les bourses de fondation, la vacance des bourses créées par Napoléon Godecharle.

Art. 5. — Les artistes statuaires, peintres d'histoire et architectes, Belges et âgés de moins de vingt-cinq ans, qui désireront obtenir la jouissance d'une de ces bourses, transmettront leur requête à la commission provinciale dans les quinze premiers jours de l'ouverture de l'exposition.

Ils y joindront l'engagement :

1° D'abandonner à l'État l'œuvre d'art qu'ils auront exposée au salon et d'après laquelle ils auront été déclarés doués d'une aptitude spéciale, et

2° D'envoyer, à leur retour en Belgique, au Musée de l'État à Bruxelles, une copie faite par eux, à leur choix, d'un chef-d'œuvre de peinture, de sculpture ou d'architecture existant dans l'un des pays qu'ils auront visités.

Art. 6. — Les requêtes des artistes, avec les pièces à l'appui, seront transmises par la commission provinciale au Département de l'Intérieur.

Art. 7. — Si une des expositions triennales à Bruxelles ne pouvait avoir lieu ou si celles-ci étaient supprimées, le Département de l'Intérieur ferait un appel aux artistes désignés par le fondateur, qui désireraient concourir pour profiter de ces bourses.

L'avis, publié dans la forme usitée en cas de vacances de bourses, sera envoyé aux académies des beaux-arts du royaume et aux artistes dont les ateliers sont fréquentés par des élèves réunissant les conditions voulues pour prétendre à la jouissance de la fondation.

Art. 8. — Les pétitionnaires s'adresseront au Ministère de l'Intérieur et désigneront, dans leur requête, les œuvres d'art qu'ils invoquent comme titre à l'obtention de la bourse.

Ils y joindront un engagement semblable à celui mentionné à l'article 5.

Le Département de l'Intérieur informera la commission provinciale des demandes qu'il aura reçues.

Art. 9. — Trois jurys spéciaux de trois membres, choisis, autant que possible, parmi ceux de la commission des récompenses du salon triennal de Bruxelles, seront nommés par le Gouvernement pour prononcer sur l'aptitude artistique des candidats exigée par le testateur et désigner, entre les œuvres d'art présentées par les artistes, celles qui deviendront la propriété de l'État. Le nombre des œuvres désignées par les jurys devra être au moins double de celui des bourses vacantes.

L'un de ces jurys statuera sur l'admission des statuaires, le second sur celle des peintres d'histoire et le troisième sur celle des architectes.

Art. 10. — La collation des bourses sera faite par la commission provinciale du Brabant, qui devra faire son choix parmi les artistes que les jurys spéciaux auront reconnus dignes de cette faveur. Leurs propositions ne comprendront que des artistes réunissant les conditions et les qualités prescrites par le fondateur.

S'il s'en présente plusieurs pour la même bourse, ils seront proposés dans l'ordre de leur mérite respectif.

Une copie des actes de collation sera adressée au Ministère de l'Intérieur.

ART. 11. — La dernière annuité de chaque bourse ne sera payée qu'après due réception, au Musée de l'État, à Bruxelles, de la copie faite par le boursier d'un chef-d'œuvre de peinture, de sculpture ou d'architecture, conformément aux volontés du testateur.

ART. 12. — Le Ministre de l'Intérieur statuera sur la réception de cette copie, aprés avoir entendu la commission directrice dudit Musée.

ART. 13. — Si les jurys spéciaux ne trouvaient pas parmi les exposants et, en cas de suppression des expositions triennales, parmi les concurrents des titulaires pour les bourses, le Ministère de l'Intérieur informerait la commission provinciale qu'aucune collation n'aurait lieu ; la commission mettra, en conséquence, les revenus libres de la dotation à la disposition dudit Département pour être employés dans l'intérêt de l'art, selon les intentions du testateur.

ART. 14. — Les cas non prévus par le présent règlement seront réglés par la commission provinciale, sous l'approbation du Ministre de l'Intérieur. Les décisions seront communiquées au Département de la Justice.

ART. 15. — Par dérogation à l'article 4, le délai de douze mois est réduit, pour l'année 1881, à trois mois.

GRAND CONCOURS DE COMPOSITION MUSICALE.

Organisation (1).

Art. 1er. Le concours de composition musicale a lieu tous les deux ans, à Bruxelles.

Art. 2. Le lauréat reçoit, pendant quatre années, une pension de 4,000 francs, pour aller se perfectionner dans son art en Allemagne, en France et en Italie.

La pension prend cours à l'époque à fixer par le règlement. Toutefois, si le lauréat est âgé de moins de 21 ans, il n'entre en jouissance de la pension qu'après avoir atteint cet âge.

Art. 3. Sont seuls admis au concours les Belges qui n'auront pas atteint l'âge de trente ans au 30 juillet de l'année pendant laquelle le concours a lieu, et qui auront été reçus à la suite d'une épreuve préparatoire devant le jury mentionné ci-après.

Art. 4. Les concurrents doivent écrire une scène dramatique sur un sujet donné (2).

Art. 5. Le jury chargé d'apprécier la capacité des concurrents et de juger le concours est composé de sept membres.

Trois de ces membres sont désignés par la Classe des beaux-arts de l'Académie royale de Belgique parmi les académiciens appartenant à la section de musique. Les quatre autres sont nommés par Nous, sur la proposition de Notre Ministre de l'intérieur.

Le jury nomme son président parmi les membres domiciliés

(1) Sanctionnée par arrêté royal du 5 mars 1849.

(2) Voir p. 136 : *Concours pour les cantates.*

dans la capitale; le président est remplacé, en cas d'empêchement, par le plus âgé des membres qui habitent Bruxelles.

Art. 6. Les fonctions des membres du jury sont gratuites. Cependant, il est accordé des indemnités de déplacement et de séjour à ceux d'entre eux qui n'habitent pas la capitale ou les faubourgs.

Art. 7. Un secrétaire, nommé par le Ministre de l'Intérieur, est attaché au jury. Il ne prend point part aux travaux du jury qui ont pour objet le jugement tant de l'épreuve préparatoire que du concours définitif. Il est spécialement chargé de la direction et de la haute surveillance de la partie matérielle du concours. Une indemnité peut lui être accordée.

Art. 8. Il peut être décerné un premier prix, un second prix et une mention honorable.

Le premier prix n'est accordé qu'à un seul concurrent.

Le second prix et la mention honorable peuvent être accordés en partage.

Art. 9. Le second prix consiste en une médaille d'or de la valeur de trois cents francs.

Art. 10. Le jury ne peut juger si cinq membres, au moins, ne sont présents. Ses jugements se font au scrutin secret.

Art. 11. Les décisions du jury, pour ce qui concerne les prix, sont prises à la majorité absolue des suffrages. Toutefois, en cas de partage égal des voix, celle du président est prépondérante.

Art. 12. Nos dispositions antérieures relatives au concours de composition musicale sont rapportées.

Art. 13. Notre Ministre de l'Intérieur est chargé de faire le règlement définitif et de prendre les mesures nécessaires pour l'exécution du présent arrêté.

Règlement (1).

Art. 1er. — Le concours bisannuel de composition musicale s'ouvre le 20 juillet (2).

Art. 2. — Les aspirants au concours doivent se faire inscrire au Ministère de l'Intérieur avant le 10 juillet.

Ils sont tenus de justifier de leur qualité de Belges et de prouver qu'ils n'auront pas atteint l'âge de 30 ans au 20 juillet.

Art. 3. — Le jour indiqué pour l'ouverture du concours, le jury s'assemble, à huit heures du matin, au local qui sera indiqué par avis inséré dans les journaux, afin de procéder à l'épreuve préparatoire.

Art. 4. — L'épreuve préparatoire se compose : 1° d'une fugue (vocale ou instrumentale) développée à deux sujets et à quatre parties; 2° d'un chœur peu développé avec orchestre.

Soixante-douze heures consécutives sont accordées pour cette épreuve.

Art. 5. — Le sujet de la fugue est tiré d'une urne, où il en aura été déposé quinze au moins. Le texte du chœur est choisi par le concurrent.

Le tirage est fait par l'aspirant le plus jeune, en présence du jury et des autres aspirants.

Art. 6. — Immédiatement après le tirage, il est remis à chaque aspirant une copie du bulletin indiquant le sujet de la fugue, ainsi que le texte du chœur, et les aspirants se retirent

(1) Arrêté par dispositions ministérielles des 5 mars 1849, 30 mai 1855, 18 mars 1873 et 31 mars 1879.

(2) Le prochain concours aura lieu en 1891.

dans les loges qui leur sont assignées pour procéder à leur travail.

Art. 7. — Le jury ne se sépare qu'après l'entrée en loge de tous les aspirants.

Art. 8. — L'épreuve préparatoire est obligatoire pour tous les concurrents, soit qu'ils aient déjà concouru, soit qu'ils se présentent pour la première fois au concours.

Aucun concurrent n'est admis à participer plus de trois fois au concours.

Art. 9. — Toute communication avec d'autres personnes que le secrétaire du jury et celles qui sont chargées du service est interdite aux aspirants pendant toute la durée de leur travail, tant pour l'épreuve préparatoire que pour le concours définitif.

Art. 10. — La fugue et le chœur, sujets de l'épreuve, sont remis au jury le surlendemain à huit heures du matin. Chaque composition doit être accompagnée d'un billet cacheté indiquant le nom de l'aspirant.

Art. 11. — Les aspirants qui se retirent sans avoir achevé la fugue ou le chœur sont considérés comme ayant renoncé au concours.

Art. 12. — Immédiatement après la remise de la composition mentionnée à l'article 10, le jury s'occupe, sans désemparer, de l'examen des morceaux.

Art. 13. — L'examen terminé, le président du jury invite les membres à voter sur l'admission des aspirants, en désignant les compositions par leurs numéros d'inscription.

Le président proclame le résultat du vote, puis il ouvre les billets contenant les noms des aspirants dont les travaux ont obtenu la majorité des suffrages et les lit à haute voix.

Le nombre des concurrents ne peut dépasser six.

Les aspirants admis sont immédiatement introduits, et le président, après leur avoir annoncé le résultat de l'épreuve, les invite à se trouver au même local, le lendemain à huit heures du matin, pour y recevoir le sujet du grand concours, et entrer immédiatement en loge.

Après quoi le président déclare l'épreuve préparatoire terminée, et ajourne l'assemblée du jury au vingt-sixième jour après l'entrée en loge des concurrents.

Art. 14. — Le jour fixé pour le concours, le président du jury, assisté du secrétaire, reçoit les concurrents au local désigné et remet à chacun d'eux une copie des paroles de la scène dramatique qui fera l'objet du concours (1).

Art. 15. — Vingt-cinq jours, y compris celui de l'entrée en loge, sont accordés aux concurrents pour mettre la scène en musique avec orchestre.

Art. 16. — Les loges sont numérotées et tirées au sort entre les concurrents. Elles renferment un piano, un lit, une table et les objets nécessaires à leur service.

Art. 17. — Les concurrents sont immédiatement introduits et enfermés dans leurs loges. Leurs malles ou paquets sont inspectés par le président du jury et le secrétaire; ils ne peuvent contenir ni compositions musicales, manuscrites ou imprimées, ni aucun ouvrage de théorie.

Art. 18. — Aucune personne autre que le secrétaire du jury, le surveillant et les domestiques de service ne peut pénétrer dans les loges des concurrents.

Tout paquet ou journal, à l'adresse de l'un deux, est ouvert ou déployé avant la remise, par le gardien des loges, qui s'assure s'il ne contient aucun objet défendu.

(1) Voir page 140 : *Concours pour les cantates.*

En cas d'indisposition, ledit gardien accompagne en loge la personne dont le concurrent réclamera les soins.

Art. 19. — Les concurrents se réunissent aux heures de repas et de récréation.

Tout le reste du temps ils sont enfermés dans leurs loges.

Art. 20. — Leur travail étant terminé, ils en déposent les manuscrits accompagnés de billets cachetés, entre les mains du secrétaire, qui paraphe immédiatement chacune des pages.

Art. 21. — Tout concurrent qui se retire sans faire la remise du manuscrit complet de son ouvrage est considéré comme ayant renoncé au concours.

Art. 22. — Le jour qui suit la clôture du concours, le jury se réunit à huit heures du matin. Il reçoit des mains du secrétaire les compositions des concurrents et arrête les mesures nécessaires pour l'examen de ces œuvres. Il fixe, en outre, le jour auquel il sera procédé à l'audition des morceaux au piano.

Les concurrents doivent se procurer des chanteurs pour l'exécution de leurs scènes; ils peuvent toutefois prendre part à cette exécution.

Art. 23. — L'audition étant terminée, le président pose la question de savoir s'il y a lieu de décerner un premier prix.

Si la résolution est affirmative, les membres du jury votent sur le choix du compositeur qui a mérité le premier prix. Le président proclame le résultat du vote.

Puis le président met aux voix s'il y a lieu de décerner un second prix, et les mêmes formes que pour le premier sont observées.

Il en est de même si le jury décide qu'il y a lieu de décerner une mention honorable.

Art. 24. — La distribution des prix a lieu dans une séance solennelle, à laquelle sont invités les membres du jury, les directeurs et les membres des Commissions des conservatoires de musique.

Cette séance est suivie de l'exécution à grand orchestre du morceau couronné.

ART. 25. — Avant d'être admis à jouir de la pension instituée par les arrêtés sur la matière, le lauréat devra subir, devant le jury qui a jugé le concours, un examen sur les matières suivantes :

Langue française ou flamande. — Le lauréat devra, dans un travail écrit, fournir la preuve qu'il est en état d'exprimer ses idées en langue française ou en langue flamande, à son choix. Le sujet qui lui sera donné à traiter sera choisi parmi les objets de ses études d'artiste.

Littérature générale. — Le lauréat sera interrogé sur la Bible, sur les poèmes d'Homère et du Dante, ainsi que sur les Niebelungen, sur les drames d'Eschyle, de Sophocle, d'Euripide, de Shakespeare, de Corneille, de Vondel, de Goethe et de Schiller; il donnera une idée sommaire de ces œuvres, des ressources que son art peut y trouver et des principaux personnages qui y figurent.

Les lauréats pourront indiquer eux-mêmes au jury les ouvrages qui ont fait particulièrement l'objet de leurs études.

Histoire et antiquités. — Notions générales d'histoire universelle; l'histoire de la Belgique avec plus de détails.

Histoire de la musique dans l'antiquité, le moyen âge et les époques modernes, connaissance et appréciation esthétique des principales œuvres musicales composées depuis le XVIe siècle jusqu'à ce jour.

Si l'examen a lieu en flamand, le lauréat devra justifier dans l'épreuve orale prescrite par le § 3 du présent article qu'il a de la langue française une connaissance suffisante pour profiter immédiatement de ses voyages à l'étranger.

Art. 26. — Le lauréat doit voyager un an et demi en Allemagne, dix mois en Italie, et séjourner ensuite huit mois à Paris. Pendant la quatrième année, il ne peut jouir de sa pension qu'en habitant la Belgique.

Il envoie, avant le 1er mai des trois dernières années pendant lesquelles il jouira de la pension, deux grandes compositions musicales, l'une vocale avec accompagnement d'orchestre, l'autre symphonique; ces compositions sont soumises à l'examen de la Classe des beaux-arts de l'Académie royale de Belgique et deviennent l'objet d'un rapport qui sera publié. Dans le cours de la dernière année, il doit faire la remise d'un morceau instrumental à grand orchestre, qui ne sera point examiné, mais qui sera exécuté dans la plus prochaine séance de distribution des prix du concours de composition musicale. Il adresse, en outre, tous les trois mois, au Gouvernement, un rapport sur ses voyages et sur ses travaux. Ces rapports sont également communiqués à la Classe des beaux-arts de l'Académie royale de Belgique.

Il se conforme, au surplus, aux instructions que le Ministre lui remet après avoir consulté le jury.

Art. 27. — Le départ du lauréat est fixé au 1er décembre; sa pension prend cours à partir de ce jour et lui est payée par semestre et par anticipation.

Art. 28. — Il est remis au lauréat une lettre de recommandation générale pour les agents diplomatiques ou consulaires belges dans les pays indiqués à l'article 26. A son arrivée dans une ville où il compte séjourner et où réside un de ces agents, de même qu'à son départ de cette ville, il est tenu de lui présenter cette lettre de recommandation, sur laquelle la date de la présentation est immédiatement mentionnée. Si son séjour dans cette ville doit se prolonger, il se représente à la légation ou au consulat au bout de trois mois.

Art. 29. — Les frais divers du concours sont à charge du Gouvernement; il est alloué à chacun des concurrents, pour frais de nourriture et d'entretien, une indemnité de trois francs pour chaque jour qu'il reste enfermé en loge.

Art. 30. — Dans les cas non prévus par le présent règlement, le Ministre se réserve de prononcer, sur l'avis du jury.

CONCOURS POUR LES CANTATES.

Institution (1).

Art. 1er. — Il est ouvert un double concours pour la composition d'un poème en langue française et d'un poème en langue flamande destinés à être mis en musique pour le prix de composition musicale.

Art. 2. — Il sera décerné un prix de 300 francs ou une médaille d'or de la même valeur à l'auteur de chacun des deux poèmes, français et flamand, désignés par le jury.

Les poèmes ne contiendront pas plus de trois morceaux de musique de caractère différent, entrecoupés de récitatifs. Le choix des sujets est abandonné à l'inspiration des auteurs, qui pourront, à leur gré, écrire un monologue ou introduire divers personnages en scène.

(1) Arrêté royal du 31 mars 1879.

Art. 3. — Les écrivains belges qui voudront concourir pour l'obtention de l'un ou l'autre des prix institués par le présent arrêté adresseront, avant le 1er mai (1), leur travail au secrétaire de l'Académie royale des sciences, des lettres et des beaux-arts de Belgique.

Les manuscrits ne porteront aucune indication qui puisse faire connaître l'auteur.

Ils seront accompagnés d'un billet cacheté contenant le nom et le domicile de l'auteur.

Il est interdit, sous peine d'être déchu du prix, de faire usage d'un pseudonyme.

Dans ce cas, le prix sera dévolu au poème qui suivrait immédiatement dans l'ordre de mérite.

Art. 4. — Le jugement des poèmes, tant français que flamands, se fera par un jury de sept membres à nommer par le Roi, sur une liste double de présentation dressée par la Classe des beaux-arts de l'Académie royale de Belgique. Quatre membres au moins du jury devront connaître les deux langues.

Art. 5. — Les deux poèmes couronnés seront transmis au moins quinze jours avant le concours de composition musicale au Ministre de l'Intérieur, qui en fera faire la traduction. Ils seront ensuite renvoyés au jury, qui désignera le poème à mettre en musique.

Les concurrents pourront se servir soit du texte original, soit de la traduction pour la composition musicale.

Art. 6. — Le choix du poème se fait le jour de l'épreuve préparatoire. Toutefois, les billets cachetés ne sont ouverts qu'après l'ouverture du concours définitif.

(1) Le prochain concours aura lieu en 1891.

Un exemplaire du poème original et de la traduction est remis à chacun des concurrents au moment de l'entrée en loge pour ce concours.

Programme (1).

Les cantates ne dépasseront pas 200 vers. Elles appartiendront soit au genre lyrique, soit au genre dramatique. Dans ce dernier cas, il n'est pas nécessaire qu'elles aient été conçues en vue de la représentation théâtrale.

(1) Arrêté royal du 26 avril 1883.

LAURÉATS

DES

GRANDS CONCOURS DE COMPOSITION MUSICALE.

1834.	1er prix.	Busschop (Jules),	de Bruges.
	2d »	Ermel,	de Bruxelles.
1841.	1er »	Soubre (E.-J.),	de Liège.
	2d »	Meynne (G.),	de Bruxelles.
1843.	1er »	(Non décerné.)	
	2d	Ledent (F.-E.).	
1845.	1er »	Samuel (Ad.-O.),	de Liège.
	2d	{ Terry (J.-Léonard),	de Liège.
		{ Batta (J.),	de Bruxelles.
1847.	1er »	Gevaert (F.-A.),	de Huysse.
	2d »	Lemmens (J.-N.).	de Bruxelles.
1849.	1er »	Stadfeldt (Alexandre),	de Wiesbaden.
	2d	Lassen (Édouard),	de Copenhague.
1851.	1er »	Lassen (Édouard),	
	2d »	Rongé (J.-B.),	de Liège.
1853.	1er »	(Non décerné.)	
	2d »	Demol (Pierre),	de Bruxelles.
1855.	1er »	Demol (Pierre),	
	2d »	(Non décerné.)	
	M. honorable.	Benoit (Pierre-L.),	de Harlebeke.
1857.	1er prix.	Benoit (Pierre-L.)	
	2d »	Conrardy (Jules-Lamb.),	de Liège.
1859.	1er »	Radoux (Jean-Théodore),	de Liège.
	2d »	(Non décerné), l'auteur étant M. Conrardy, déjà second prix en 1857.	
	M. honorable.	{ Vander Velpen (J.-B.)	de Malines.
		{ Wantzel (Frédéric),	de Liège.

Année	Prix	Lauréat	Origine
1861.	1er prix.	(Non décerné.)	
	2d »	Dupont (Henri-Joseph),	d'Ensival (Liége).
		Vander Velpen (J.-B.),	de Malines.
	M. honorable.	Van Hoey (Gust.-J.-C.-M.),	de Malines.
1863.	1er prix.	Dupont (Henri-Joseph),	d'Ensival (Liége).
	2d »	Huberti (Léon-Gustave),	de Bruxelles.
	M. honorable.	Van Gheluwe (Léon),	de Wannegem.
1865.	1er prix.	Huberti (Léon-Gustave),	de Bruxelles.
	2d »	Vanden Eeden (J.-Bapt.).	de Gand.
		Van Hoey (Gust.-J.-C.-M.),	de Malines.
	M. honorable.	Haes (Louis-Antoine),	de Tournai.
		Rüfer (Phil.-Barthélemy),	de Liége.
1867.	1er prix.	Waelput (Ph.-H.-P.-J.-B.).	de Gand.
	2d »	Van Gheluwe (Léon),	de Wannegem.
		Haes (Louis-Antoine),	de Tournai.
1869.	1er »	Vanden Eeden (J.-Bapt.),	de Gand.
	2d »	Mathieu (Emile),	de Louvain.
		Pardon (Félix),	de St J.-ten-Noode.
	M. honorable.	Demol (Guillaume),	de Bruxelles.
1871.	1er prix.	Demol (Guillaume),	
	2d »	(Non décerné), l'auteur, M. Émile Mathieu, ayant déjà obtenu un second prix en 1869.	
	M. honorable.	Tilman (Alfred),	de St-J.-ten-Noode.
		Blaes (Édouard),	de Gand.
1873.	1er prix.	Servais (Franç.-Mathieu),	de Hal.
	2d »	Van Duyse (Florimond),	de Gand.
	M. honorable.	De Vos (Isidore),	de Gand.
1875.	1er prix.	De Vos (Isidore),	
	2d »	Tilman (Alfred),	de St-J.-ten-Noode.
	M. honorable.	De Pauw (J.-B.),	de Bruxelles.
1877.	1er prix.	Tinel (Edgar),	de Sinay (St-Nicolas).
	1er 2d prix.	Simar (Julien),	de Bruxelles.
	2e 2d »	De Pauw (J.-B.),	de Bruxelles.
	M. honorable.	Dupuis (Sylvain),	de Liége.
		Dethier (Émile),	de Liége.
		Soubre (Léon),	de Bruxelles.
1879.	1er prix.	(Non décerné.)	
	2d prix.	Dupuis (Sylv.),	de Liége.
		De Pauw (J.-B.),	de Bruxelles.

1881.	1er prix.	Dupuis (Sylv.),	de Liège.
	2d prix.	Dubois (Léon),	de Bruxelles.
1883.	2d prix (en partage).	Heckers (Pierre),	de Gand.
		Soubre (Léon),	de Liège.
1885.	1er prix.	Dubois (Léon),	de Bruxelles.
	2d prix.	Heckers (Pierre),	de Gand.
	M. honorable.	Lapon (Edm.),	d'Ostende.
1887.	1er prix.	Heckers (Pierre),	de Gand.
	2d prix.	Lebrun (Paul),	de Gand.
		Lapon (Edm.),	d'Ostende.
1889.	1er prix.	Gilson (Paul),	de Bruxelles.
	1er 2d prix.	Lebrun (Paul),	de Gand.
	2e 2d »	Mortelmans (Louis),	d'Anvers.
	M. honorable.	Rinskopf (Léon),	de Gand.

LAURÉATS DES CONCOURS DES CANTATES.

—

POÈMES FRANÇAIS.

1847. Pujol (Auguste). — *Le roi Lear* (1).
1849. Gaucet, de Liège. — *Le songe du jeune Scipion* (2).
1851. Claessens (J.-J.). — *Le festin de Balthazar* (3).
1853. Michaëls (Clément), de Bruxelles. — *Les Chrétiens-Martyrs* (4). (Pris en dehors de seize concurrents.)
1855. Steenberghe. — *Le dernier jour d'Herculanum* (5).
1857. Wytsman (Clém.), de Termonde. — *Le meurtre d'Abel* (6).
1859. Braquaval (Mme Pauline). — *Le juif errant* (7).
1861. Braquaval (Mme Pauline). — *Agar dans le désert* (8).
1863. Kürth, de Mersch. — *Paul et Virginie* (9).

(1) *Bulletin*, 1re série, t. XIV, 1re part., 1847; p. 607.
(2) Non imprimé dans le *Bulletin*.
(3) Id., id.
(4) B. 1re série, t. XXI, 2e part., 1854; p. 532.
(5) B. 1re série, t. XXII, 2e part., 1855; p. 332
(6) B. 2e série, t. III, 1857; p. 85.
(7) B. 2e série, t. VIII, 1859; p. 47.
(8) B. 2e série, t. XII, 1861; p. 164.
(9) B. 2e série, t. XVI, 1863; p. 278.

POÈMES FRANÇAIS ET FLAMANDS.

1865. Mme Strumann, née Amélie Picard, de St-Léger-sur-Ton. — *La fille de Jephté* (1).
» Hiel (Emmanuel), de Termonde. — *De Wind* (2).
1867. Michaëls (Clément), de Bruxelles. — *Jeanne d'Arc* (3).
» Versnaeyen (Charles), de Bruges. — *Het Woud* (4).
1869. Lagye (Gustave), d'Anvers. — *La dernière nuit de Faust* (5). Traduction flamande par Emmanuel Hiel (6).
» Adriaensen (Jean), de Louvain. — *De zuster van liefde* (7).
1871. Michaëls (Clément), de Bruxelles. — *Le songe de Colomb* (8). Traduction flam. par Emmanuel Hiel (9).
» Willems (Franz), d'Anvers. — *Zegetocht der dood op het slagveld* (10).
1873. Abrassart (Jules), de Louvain. — *L'Océan* (11).
» Van Droogenbroeck (Jean), de Schaerbeek. — *Torquato Tasso's dood* (12). — Traduction française par J. Guilliaume (13).
1875. Abrassart (Jules), de Louvain. — *La dernière bataille* (14).

(1) *Bulletin*, 2e série, t. XX, 1865; p. 593.
(2) B. 2e série, t. XXII, 1866; p. 248.
(3) Non imprimé dans le *Bulletin*.
(4) B. 2e série, t. XXIV, 1867; p. 270.
(5) B. 2e série, t. XXVIII, 1869; p. 303; — (6) p. 310.
(7) Non imprimé dans le *Bulletin*.
(8) B. 2e série, t. XXXII, 1871; p. 141; — (9) p. 147.
(10) et — (11) Non imprimés dans le *Bulletin*.
(12) B. 2e série, t. XXXVI, 1873; p. 292; — (13) p. 287.
(14) Non imprimé dans le *Bulletin*.

1875. Sabbe (Jules), de Bruges. — *De Meermin* (1). — Traduction par J. Guilliaume (2).

1877. Michaëls (Clément), de Bruxelles. — *Samson et Dalila* (3).

» Sabbe (Jules), de Bruges. — *De klokke Roeland* (4). — Traduction par Jules Guilliaume (5).

1879. Baes (Edg.), d'Ixelles. — *Judith.*

» Van Droogenbroeck (J.), de Schaerbeek. — *Camoëns* (6). — Traduction par Jules Guilliaume (7).

1881. Lagye (G.), de Schaerbeek. *Les filles du Rhin.*

» Bogaerd (Charles), de Laeken. — *Scheppingslied* (8). — Traduction par G. Antheunis (9).

1883. Solvay (Lucien), de St-Josse-ten-Noode. — *Les Aïssa-Ouahs.*

» Van Oye (Eug.), d'Ostende. — *Daphné* (10). — Traduction par G. Antheunis (11).

1885. Bogaerts, de Gand. — *In 't Elfenwoud* (12). — Traduction par G. Antheunis (13).
Le prix des cantates françaises n'a pas été décerné.

1887. De Casembroot, de Bruxelles. — *Les Suppliantes* (14). — Traduction par Emm. Hiel (15).

» Van Droogenbroeck (J.), de Schaerbeek. — *De Morgen.*

1889. Sauvenière (Jules), de Liège. — *Sinaï* (16). — Traduction par Emm. Hiel (17).

» Lievevrouw-Coopman, de Gand. — *Orpheus Hellevaart.*

(1) *Bulletin*, 2e série, t. XLII, 1876; p. 440; — (2) p. 448.
(3) Non imprimé dans le *Bulletin*.
(4) B. 2e série, t. XLIV, 1877; p. 300; — (5) p. 306.
(6) B. » t. XLVIII, 1879; p. 330; — (7) p. 324.
(8) B. 3e série, t. II, 1881; p. 365. — (9) p. 359.
(10) B. » t. VI, 1883; p. 391. — (11) p. 399.
(12) B. » t. X, 1885, p. 508. — (13) p. 516.
(14) B. » t. XIV, 1887, p. 506. — (15) p. 516.
(16) B. » t. XVIII, 1889, p. 482. — (17) p. 491.

FONDATIONS ACADÉMIQUES.

PRIX DE STASSART POUR UNE NOTICE SUR UN BELGE CÉLÈBRE.

Institution.

Dans la séance de la Classe des lettres du 3 novembre 1851, le baron de Stassart lut à ses confrères la note suivante :

« Je viens exécuter un projet que, déjà, vous m'avez fait » l'honneur d'accueillir; je viens mettre à votre disposition un » capital de *deux mille seize francs* en rentes sur l'État belge, » pour fonder, au moyen des intérêts accumulés, un prix per- » pétuel qui, tous les six ans, à la suite d'un concours ouvert » deux années d'avance, soit décerné, par la Classe des lettres, » à l'auteur d'une notice sur un Belge célèbre, pris alternative- » ment parmi les historiens ou les littérateurs, les savants et les » artistes. Lorsqu'il s'agira d'un savant, la Classe des sciences, » et lorsqu'il s'agira d'un artiste, la Classe des beaux-arts sera » priée d'adjoindre *deux* de ses membres aux commissaires de » la Classe des lettres pour l'examen des pièces.

» Notre Académie, comme l'Institut de France, est, je n'en » fais aucun doute, parfaitement habile à recevoir les dona- » tions et les legs qui lui seraient faits.

» Je suis heureux, Messieurs, de donner à l'illustre Com- » pagnie, qui m'a fait l'honneur de m'admettre dans son sein, » ce témoignage de l'intérêt que je lui porte et de mon dé- » vouement sans bornes. »

La Classe accueillit avec empressement cette offre généreuse et en exprima sa gratitude au donateur, qui, au mois de mai 1853, ajouta à ce premier don une somme de *deux cents francs*. Ce don complémentaire avait pour objet de compenser la diminution de revenu due à la conversion des rentes 5 p. c. en rentes à 4 1/2 p. c.

Concours.

1re période (1851-1856).

La Classe des lettres a ouvert la série des biographies consacrées à des Belges célèbres, en demandant *une notice consacrée à la mémoire du donateur le baron de Stassart.* Ce concours donna pour résultat un travail d'Eug. Van Bemmel, couronné en mai 1856 et publié dans le tome XXVIII des *Mémoires couronnés et des Mémoires des savants étrangers*, in-4°.

2e période (1857-1862).

Cette période, demandant l'*Éloge de Van Helmont*, n'a pas donné de résultat, bien que ce concours ait été prorogé, d'année en année, jusqu'en 1867.

3e période (1863-1868).

La 3me période devait être consacrée à l'éloge d'un artiste, mais, à cause du résultat négatif de la 2e période, la Classe des lettres a décidé de demander l'éloge d'un savant en même temps que celui d'un artiste, comme sujets pour chacune de ces périodes.

Ce double concours ayant pour objet l'*Éloge de Mercator* et l'*Éloge d'Antoine Van Dyck*, n'a donné pour résultat qu'un travail, en flamand, sur *Van Dyck*, par Frans De Potter et Jean Broeckaert, couronné dans la séance de la Classe des lettres du 12 mai 1873 et publié dans le tome XXIV des *Mémoires couronnés et autres*, in-8°.

4e PÉRIODE (1869-1874).

Cette quatrième période, dont le terme fatal a été prorogé jusqu'au 1er février 1876, a donné pour résultat un travail, en flamand, par Max. Rooses sur *Christophe Plantin, ses relations, ses travaux et l'influence exercée par l'imprimerie dont il fut le fondateur*. Il a été imprimé dans le t. XXVII des *Mémoires* in-8°.

5e ET 6e PÉRIODES (1875-1886).

La Classe des lettres avait offert un prix de six cents francs à l'auteur de la meilleure notice consacrée à *Simon Stévin*. Ce concours n'avait pas donné de résultat malgré une prorogation jusqu'au 1er février 1885.

La Classe avait mis ensuite au concours pour la 6e période, prorogée jusqu'au 1er février 1888, la notice de *David Teniers* (1610-1690 ?).

Le prix avait été porté à *mille francs*.

Le mémoire reçu en réponse, portant une devise empruntée à Arnold Houbraken, n'a pas été couronné.

7e PÉRIODE (1887-1892).

La Classe des lettres offre un prix de *mille francs* à l'auteur de la meilleure notice écrite en français, en flamand ou en latin, consacrée à la vie et aux travaux de *Lambert Lombard*, peintre et architecte à Liège (1506-1566).

Le délai pour la remise des manuscrits expirera le 1er février 1892.

Les concurrents se conformeront aux conditions réglementaires des concours annuels de l'Académie.

PRIX DE STASSART POUR UNE QUESTION D'HISTOIRE NATIONALE.

Institution.

Dans son testament olographe, en date du 19 mai 1854, le baron de Stassart avait inscrit la clause suivante:

« Mon légataire universel (le marquis de Maillen) achè-
» tera cinq cents francs de rentes belges, et il priera l'Acadé-
» mie royale des sciences, des lettres et des arts de Belgique
» de les employer à fonder un prix qui soit décerné tous les
» six ans (afin qu'il excède, avec les intérêts accumulés, trois
» mille francs) pour *une question d'histoire nationale.* »

Concours.

1re PÉRIODE (1859-1864).

La Classe des lettres a ouvert la première période sexennale de ce concours en demandant l'*Histoire des rapports de droit public qui ont existé entre les provinces belges et l'empire d'Allemagne, depuis le Xme siècle jusqu'à l'incorporation de la Belgique dans la république française.*

Le prix de cette période a été décerné, en mai 1869, à Émile de Borchgrave. Son travail a été publié dans le tome XXXVI des *Mémoires couronnés et des Mémoires des savants étrangers,* collection in-4°.

2e PÉRIODE (1865-1870).

Le concours de la deuxième période demandait d'*Exposer quels étaient, à l'époque de l'invasion française en 1794, les principes constitutionnels communs à nos diverses provinces et ceux par lesquels elles différaient entre elles.*

Le prix a été décerné, en mai 1874, à Edmond Poullet. Son travail a été publié dans le tome XXVI des *Mémoires couronnés et autres*, collection in-8°.

3e, 4e ET 5e PÉRIODES (1871-1888).

La Classe avait offert, pour la troisième période, un prix de *trois mille francs* au meilleur travail en réponse à la question suivante :

Apprécier l'*influence exercée au XVI*me *siècle par les géographes belges, notamment par Mercator et Ortelius.*

Le concours n'ayant pas donné de résultat, malgré une prorogation jusqu'au 1er février 1883, la Classe remplaça alors cette question par le sujet suivant :

Tracer, sur la carte de la Belgique et des départements français limitrophes, une ligne de démarcation indiquant la séparation actuelle *des pays de langue romane et des pays de langue germanique. Consulter les anciens documents contenant des noms de localités, de* lieux dits, *etc., et constater si cette ligne idéale est restée la même depuis des siècles, ou si, par exemple, telle commune wallonne est devenue flamande, et* vice versa. *Dresser des cartes historiques indiquant ces fluctuations pour des périodes dont on laisse aux concurrents le soin de déterminer l'étendue; enfin, rechercher les causes de l'instabilité ou de l'immobilité signalées.*

Le prix a été décerné, en mai 1888, à Godefroid Kurth, professeur à l'Université de Liège.

6e PÉRIODE (1889-1894).

La Classe des lettres offre, pour la 6e période de ce concours, un prix de *trois mille francs* à l'auteur du meilleur travail rédigé en français, en flamand ou en latin, en réponse à la question suivante :

Faire l'histoire du conseil privé aux Pays-Bas, à partir de son origine jusqu'en 1794; examiner les attributions de ce corps, ses prérogatives et sa compétence en matière politique, d'administration et de justice.

Le délai pour la remise des manuscrits expirera le 1er février 1894.

Les concurrents devront se conformer aux conditions réglementaires des concours annuels de l'Académie.

PRIX DE SAINT-GENOIS POUR UNE QUESTION D'HISTOIRE OU DE LITTÉRATURE EN LANGUE FLAMANDE.

Institution.

Lors du décès du baron de Saint-Genois, le 13 septembre 1867, M. De Decker, son exécuteur testamentaire, communiqua à l'Académie l'extrait suivant du testament du défunt :

« Nr 9. Ik legatere eene som van duizend franks aan de koninklijke Akademie van België, en eene andere som van vijf honderd franks aan de Maatschappij : *De taal is gansch het volk.* Zij zullen er gebruik van maken om de eene of andere prijskamp over geschiedenis of letterkunde uit te schrijven in het vlaamsch.

» Nr 10. Tot het uitvoeren van dit mijnen laatsten wil, benoem ik, wat nr 9 aangaat, de heeren P. De Decker en Dr Snellaert. »

La Commission administrative, dans sa séance du 11 novembre 1867, se conformant aux volontés du défunt, institua un *prix de quatre cent cinquante francs, à décerner tous les dix ans, à l'auteur du meilleur travail, écrit en flamand, en réponse à une question d'histoire ou de littérature proposée par la Classe des lettres.*

Concours.

1re ET 2de PÉRIODES (1868-1887).

La Classe des lettres avait offert un prix de *mille francs* à l'auteur du meilleur travail, rédigé en flamand, en réponse à la question suivante :

Letterkundige en wijsgeerige beschouwing van Coornhert's werken.

(Étude littéraire et philosophique des œuvres de Coornhert.)

Ce concours, prorogé jusqu'en 1888, n'a pas donné de résultat.

3e PÉRIODE (1888-1897).

La Classe des lettres offre, pour la 3e période de ce concours, un prix de *mille francs* à l'auteur du meilleur travail, rédigé en flamand, en réponse à la question suivante :

Caractériser l'influence exercée par la Pléiade française sur les poètes néerlandais du XVIe et du XVIIe siècle.

Le délai pour la remise des manuscrits expirera le 1er février 1897.

Les concurrents devront se conformer aux conditions réglementaires des concours annuels de l'Académie.

PRIX TEIRLINCK POUR UNE QUESTION DE LITTÉRATURE FLAMANDE.

Institution.

Feu Auguste Teirlinck, greffier de la justice de paix du canton de Cruyshautem (Fl. or.), domicilié à Elseghem, et décédé en cette commune le 7 avril 1873, avait inscrit la disposition suivante dans son testament :

« *Vijf duizend franks te betalen tot het stichten van eenen Vlaamschen prijs bij de Academie van kunsten en letteren te Brussel.* »

Ce legs a été accepté, au nom de l'Académie, par arrêté royal du 12 mars 1875.

La Classe des lettres, consultée au sujet de ce prix, avait chargé trois de ses membres, le baron Guillaume, Faider et Conscience, de lui faire un rapport sur la manière d'interpréter les intentions de feu Auguste Teirlinck. Voici ce rapport qu'elle a ratifié :

« La Commission, après avoir entendu l'interprétation rationnelle, donnée par l'honorable M. Conscience, aux expressions dont s'est servi le testateur, a pensé qu'il s'agissait de la fondation d'un prix ; que cette fondation avait un caractère de perpétuité ; qu'en conséquence le capital de *cinq mille* francs, légué à la Classe des lettres, devait être placé de façon à former tous les cinq ans, au moyen des intérêts accumulés, un prix d'environ *mille* francs. »

Quant à la nature des questions à proposer ou des travaux à couronner, la Commission a pensé que le fondateur n'a pas pu avoir précisément pour objet une œuvre écrite en langue flamande, que cette expression n'a pas été expressément formulée par lui, que, par conséquent, on doit appliquer dans le cas présent les règles ordinaires et autoriser des travaux écrits en langue française, en langue flamande ou en langue latine, pourvu qu'il reste bien entendu que les questions auront pour objet fondamental l'encouragement de la littérature flamande. Quant à l'impression des travaux couronnés, elle est régie par les dispositions du règlement de la Classe qui conserve son droit d'appréciation.

Concours.

1re et 2e périodes (1877-1886).

Un prix de *mille francs* avait été offert au meilleur ouvrage en réponse à la question suivante :

Faire l'histoire de la prose néerlandaise avant Marnix de Sainte-Aldegonde.

Ce concours, prorogé jusqu'en 1888, n'a pas donné de résultat.

3e période (1887-1891).

La Classe des lettres maintient la même question pour cette période.

Le terme fatal pour la remise des manuscrits, qui peuvent *être rédigés en français, en flamand ou en latin,* expirera le 1er février 1891.

Les concurrents devront se conformer aux formalités et aux règles des concours annuels de l'Académie.

PRIX DÉCENNAL DE LITTÉRATURE FLAMANDE FONDÉ PAR Mme Ve ANTON BERGMANN.

Institution.

Par dépêche du 10 décembre 1875, M. le Ministre de l'Intérieur avait adressé, en communication, la lettre suivante de la dame Anton Bergmann, de Lierre, témoignant l'intention de faire dotation à l'Académie de la somme de cinq mille francs, montant du prix quinquennal de littérature flamande décerné à l'œuvre, *Ernest Staas, schetsen en beelden*, de feu son mari.

« Nazareth bij Lier, den 21 October 1875.

« MIJNHEER DE MINISTER,

« Ik heb de eer het volgende voorstel aan uwe goedkeuring te onderwerpen.

« De somme van *vijf duizend frank*, door mij ontvangen van den vijfjaarlijkschen prijs voor Nederlandsche letterkunde, aan het werk *Ernest Staas, schetsen en beelden*, van mijnen op 21 Januari 1874 te Lier overleden Echtgenoot, Anton Bergmann, door het Staatsbestuur toegewezen, zal door mij aan de koninklijke Academie van wetenschappen, letteren en schoone kunsten van België worden geschonken, ten einde daarmede eenen tienjaarlijkschen prijs te stichten, die den naam zal dragen van *prijs Anton Bergmann*, ter nagedachtenis van mijnen diep betreurden Echtgenoot.

« De prijs zal bestaan in de gedurende tien jaren verzamelde interesten van de boven genoemde somme van vijf duizend frank, en om de tien jaar worden verleend aan de beste in het Nederlandsch geschreven Geschiedenis van eene stad of eene gemeente van ten minste vijf duizend inwoners der Vlaamsch-sprekende gewesten van België, gedurende een tijdperk van tien jaren uitgekomen.

» Het aanmoedigen van schrijvers van plaatselijke geschiedenissen werd door mij verkozen, omdat wijlen mijn Echtgenoot tevens het vak der historie beoefende en eene geschiedenis van zijne geboortestad Lier vervaardigde.

» In het *eerste* tienjarig tijdperk zullen naar den prijs dingen de geschiedenissen van steden of gemeenten die tot de provincie *Antwerpen* behooren.

» In het *tweede* tienjarig tijdperk, die van steden of gemeenten der provincie Brabant.

» In het *derde*, die van steden of gemeenten der provincie *Oost-Vlaanderen*.

» In het *vierde*, die van steden of gemeenten der provincie *West-Vlaanderen*.

» En in het *vijfde*, die van steden of gemeenten der provincie *Limburg*.

» Voor de volgende tijdperken zal dezelfde orde worden gevolgd.

» De jury, gelast met het toewijzen van den prijs, zal bestaan uit vijf leden, door het Staatsbestuur, op voordracht eener lijst van candidaten in dobbel getal door de koninklijke Academie opgemaakt, te benoemen.

» Mocht geene der gedurende het tienjarig tijdperk uitgekomen geschiedenissen door de jury ter bekroning worden waardig geoordeeld, dan zullen de interesten bij het kapitaal worden gevoegd, en de prijs voor het volgende tijdvak met de interesten van den niet toegewezen prijs worden vermeerderd. In dit geval zal de volgende provincie aan de beurt wezen.

» Gaarne zou ik vernemen, Mijnheer de Minister, of het door mij gedane voorstel onder de voorwaarden, die ik zoo vrij ben U hierboven op te geven, door U wordt aangenomen.

» Aanvaard, Mijnheer de Minister, de betuiging mijner bijzondere hoogachting.

» Weduwe Anton Bergmann,
» geb. Van Acker. »

TRADUCTION.

« J'ai l'honneur de soumettre à votre approbation la proposition suivante :

» La somme de *cinq mille francs* que j'ai reçue pour le prix quinquennal de littérature flamande, décerné par le Gouvernement à l'ouvrage : *Ernest Staas, schetsen en beelden*, de mon mari, décédé le 21 janvier 1874, à Lierre, sera accordée par moi à l'Académie royale des sciences, des lettres et des beaux-arts de Belgique, afin d'en fonder un prix décennal, qui portera le nom de *prix Anton Bergmann*, en mémoire de mon très regretté Mari.

» Le prix consistera dans les intérêts de la somme de cinq mille francs susmentionnée, accumulés pendant dix années; il sera décerné tous les dix ans à la meilleure histoire, écrite en néerlandais, d'une ville ou d'une commune des localités flamandes de la Belgique (*Vlaamschsprekende gewesten*) d'au moins cinq mille habitants et qui aura paru pendant une période de dix ans.

» J'ai choisi l'encouragement d'écrivains de monographies, parce que feu mon mari cultivait aussi la branche de l'histoire et qu'il écrivit une monographie de Lierre, sa ville natale.

» Pour la *première* période décennale pourront aspirer au prix, les monographies de villes ou de communes appartenant à la province d'*Anvers*.

» Pour la *deuxième* période décennale, celles de villes ou de communes de la province de *Brabant*.

» Pour la *troisième*, celles de villes ou de communes de la *Flandre orientale*.

» Pour la *quatrième*, celles de villes ou de communes de la province de la *Flandre occidentale*.

» Et pour la *cinquième*, celles de villes ou de communes de la province de *Limbourg*.

» Le même ordre sera suivi pour les périodes subséquentes.

» Le jury chargé de décerner le prix se composera de cinq membres nommés par le Gouvernement, sur la présentation d'une liste double de candidats, faite par l'Académie.

» Si aucune des histoires, qui ont paru pendant la période décennale, n'est jugée digne, par le jury, d'être couronnée, les intérêts seront ajoutés au capital, et le prix pour la période suivante sera augmenté des intérêts du prix non décerné. Dans ce cas ce sera le tour de la province suivante.

» J'apprendrais volontiers, Monsieur le Ministre, que ma proposition fût admise, sous les conditions que j'ai pris la liberté de vous poser ci-dessus.

» Agréez, Monsieur le Ministre, l'assurance de ma considération très distinguée.

Signé : Veuve Anton Bergmann,
» née Van Acker. »

La Classe des lettres, conformément à l'avis de la Commission qui a examiné le projet de donation, a constaté que, dans l'intention de la donatrice, qui a en vue de favoriser la littérature flamande, le prix ne doit être décerné qu'aux provinces ou parties de provinces où l'on parle le flamand (*Vlaamschsprekende gewesten*); que par suite, pour ce qui concerne le Brabant, l'arrondissement de Nivelles ne doit pas être compris dans la donation.

Il résulte, également, des termes généraux employés, que les œuvres historiques seront comprises dans les avantages de la fondation du prix, qu'elles aient pour auteurs des étrangers ou des Belges, pourvu qu'elles soient écrites en néerlandais et éditées en Belgique ou dans les Pays-Bas.

Concours.

1re PÉRIODE (1er février 1877 — 1er février 1887).

Concours décennal pour une histoire ou une monographie d'une ville ou d'une commune flamande de la Belgique.

Conformément aux dispositions prises par la fondatrice et approuvées par la Classe des lettres dans sa séance du 7 février 1876, un prix de *deux mille deux cent cinquante francs* avait été réservé à la meilleure histoire ou monographie, publiée en flamand, pendant cette première période, au sujet d'une ville ou d'une commune comptant 5,000 habitants au moins, et appartenant *à la province d'Anvers.*

La première période n'a pas donné de résultats : deux ouvrages ont été soumis à l'examen du jury, aucun n'a été couronné.

2de PÉRIODE (1er février 1887 — 1er février 1897).

Le prix est réservé, cette fois, à la meilleure histoire, écrite en néerlandais, d'une ville ou d'une commune appartenant à la *province de Brabant* (l'arrondissement de Nivelles excepté) et comptant au moins cinq mille habitants.

En vertu du règlement, le prix pour cette seconde période peut être augmenté des intérêts du prix non décerné pour la première ; il s'élèvera donc à la somme de *trois mille* francs.

PRIX JOSEPH DE KEYN.

Prix annuels et perpétuels pour des ouvrages d'instruction et d'éducation laïques.

Institution.

La Classe des lettres, dans sa séance du 1er mars 1880, a reçu communication, par M. le Ministre de l'Intérieur, de la copie d'un acte par lequel Joseph De Keyn (1), de Saint-Josse-ten-Noode, fait, sous certaines conditions, donation à l'Académie d'une somme de 100,000 francs (2); ainsi que d'un autre acte qui constate l'acceptation de cette libéralité (3).

(1) Décédé le 14 avril 1880.

(2) Afin d'assurer une rente annuelle de 4,000 francs, cette somme a été portée, par le donateur, à 106,410 francs.

(3) Acte du 5 février 1880, contenant : Donation par M. Joseph De Keyn, propriétaire à Saint-Josse-ten-Noode, rue de l'Astronomie, 29, à l'Académie royale des sciences, des lettres et des beaux-arts de Belgique.

Par-devant nous, Albert De Ro, notaire à Saint-Josse-ten-Noode, a comparu : M. Joseph De Keyn, propriétaire, demeurant à Saint-Josse-ten-Noode, rue de l'Astronomie, 29, lequel a déclaré, par les presentes, faire donation entre vifs :

A l'Académie royale des sciences, des lettres et des beaux-arts de Belgique, d'une somme de cent mille francs, qu'il s'oblige de verser entre les mains de la Commission administrative de ladite

M. le Ministre y joint une expédition de l'arrêté royal suivant, en date du 11 février 1880, acceptant la donation de Joseph De Keyn.

Académie, aussitôt qu'elle aura été autorisée par l'autorité compétente à accepter la présente libéralité.

Cette donation est faite aux conditions suivantes :

1° Les intérêts de ladite somme de cent mille francs seront affectés annuellement à récompenser les auteurs belges d'ouvrages exclusivement laïques, profitables à l'enseignement primaire et à l'enseignement moyen institués par l'État ;

2° Un concours ayant alternativement pour objet l'enseignement primaire et l'enseignement moyen, aura lieu chaque année et sera jugé par la Classe des lettres de l'Académie;

3° Un premier prix de deux mille francs, et deux prix de mille francs, chacun, pourront être décernés aux meilleurs livres imprimés ou mánuscrits d'instruction et d'éducation morale primaire et moyenne, y compris l'art industriel.

Si l'on trouvait à l'occasion d'un concours annuel qu'il n'y a pas lieu de décerner un ou plusieurs prix, les sommes y destinées pourront servir, soit en totalité, soit partiellement, à majorer l'importance des récompenses de l'année ou des années subséquentes ;

4° L'Académie veillera à ce que les ouvrages couronnés soient, autant que faire se peut, admis par l'État, pour l'usage des écoles et pour la distribution de prix ;

5° L'Académie appréciera s'il convient d'exiger que les ouvrages couronnés entreront dans le domaine public, afin de les vendre au plus bas prix possible ;

6° Finalement, le soin d'interpréter, le cas échéant, les intentions du donateur et, en tout cas, de régler les concours mentionnés plus haut, dans le sens le plus utile à l'œuvre constituée par les présentes, est laissé à l'Académie.

Les frais et honoraires du présent acte, ainsi que ceux de l'accep-

LÉOPOLD II, roi des Belges,

A tous présents et à venir, salut.

Vu l'acte avenu, le 5 de ce mois, devant le notaire Albert De Ro, à Saint-Josse-ten-Noode, acte par lequel M. Joseph De Keyn, propriétaire, demeurant à Saint-Josse-ten-Noode, rue de l'Astronomie, n° 29, fait donation entre vifs à l'Académie royale des sciences, des lettres et des beaux-arts de Belgique, d'une somme de 100,000 francs, aux conditions suivantes :

1° Les intérêts de ladite somme de 100,000 francs

tation et, s'il y a lieu, ceux de la notification seront supportés par le donateur.

— Acte du 10 février 1880, contenant acceptation de la donation d'une somme de cent mille francs, faite par M. Joseph De Keyn, à l'Académie royale des sciences, des lettres et des beaux-arts de Belgique.

Par-devant nous, Albert De Ro, notaire à Saint-Josse-ten-Noode, a comparu M. Marie-Henri-Joseph Dulieu, directeur au Ministère de l'Intérieur, demeurant à Ixelles, rue de la Tulipe, 30, lequel agissant en vertu de la délégation qui lui a été donnée par M. le Ministre de l'Intérieur aux fins des présentes, datée du dix février mil huit cent quatre-vingt, et qui restera ci-annexée,

A déclaré accepter au nom de l'État belge la donation faite d'une somme de cent mille francs, par M. Joseph De Keyn, propriétaire, demeurant à Saint-Josse-ten-Noode, rue de l'Astronomie, 29, à l'Académie royale des sciences, des lettres et des beaux-arts de Belgique, suivant acte passé devant le notaire soussigné, le cinq février courant, et vouloir en profiter, en s'obligeant à l'exécution des conditions qui s'y trouvent imposées.

A ces présentes est intervenu M. De Keyn prénommé, lequel a déclaré se tenir pour dûment notifiée l'acceptation ci-dessus de la donation prérappelée.

seront affectés annuellement à récompenser les auteurs belges d'ouvrages exclusivement laïques, profitables à l'enseignement primaire et à l'enseignement moyen institués par l'État;

2° Un concours ayant alternativement pour objet l'enseignement primaire et l'enseignement moyen aura lieu chaque année et sera jugé par la Classe des lettres de l'Académie;

3° Un premier prix de 2,000 francs et deux prix de 1,000 francs chacun pourront être décernés aux meilleurs livres imprimés ou manuscrits d'instruction et d'éducation morale primaire et moyenne, y compris l'art industriel.

Si l'on trouvait à l'occasion d'un concours annuel qu'il n'y a pas lieu de décerner un ou plusieurs prix, les sommes y destinées pourront servir, soit en totalité, soit partiellement, à majorer l'importance des récompenses de l'année ou des années subséquentes;

4° L'Académie veillera à ce que les ouvrages couronnés soient, pour autant que faire se peut, admis par l'État, pour l'usage des écoles et pour la distribution de prix;

5° L'Académie appréciera s'il convient d'exiger que les ouvrages couronnés entreront dans le domaine public, afin de les vendre au plus bas prix;

6° Finalement, le soin d'interpréter, le cas échéant, les intentions du donateur et, en tout cas, de régler les concours mentionnés plus haut, dans le sens le plus utile à l'œuvre constituée par les présentes, est laissé à l'Académie;

Vu l'acte d'acceptation de ladite donation, avenu devant le même notaire le 10 de ce mois;

Vu les articles 910, 937 et 938 du Code civil;

Sur la proposition de Notre Ministre de l'Intérieur,

Nous avons arrêté et arrêtons :

Art. 1er. — Notre Ministre de l'Intérieur est autorisé à accepter au nom de l'État, pour l'Académie des sciences, des lettres et des beaux-arts de Belgique, la donation, faite par M. Joseph De Keyn, pour récompenser les auteurs belges d'ouvrages exclusivement laïques, profitables à l'enseignement primaire et à l'enseignement moyen institués par l'État.

Art. 2. — Notre Ministre de l'Intérieur est chargé de l'exécution du présent arrêté.

Donné à Bruxelles, le 11 février 1880.

LEOPOLD.

Par le Roi :

Le Ministre de l'Intérieur,

G. Rolin-Jaequemyns.

RÈGLEMENT POUR LES CONCOURS DE KEYN.

L'Académie, en assemblée générale des trois Classes du 11 mai 1880, a adopté, sur le rapport de la Classe des lettres, le réglement suivant :

ARTICLE PREMIER. — Ne seront admis au concours que des écrivains belges et des ouvrages conçus dans un esprit exclusivement laïque et étrangers aux matières religieuses.

ART. 2. — Ces ouvrages devront avoir pour but l'éducation morale ou l'instruction primaire ou moyenne, dans l'une ou l'autre de ses branches, y compris l'art industriel.

ART. 3. — Ils pourront être écrits en français ou en flamand, imprimés ou manuscrits.

Les imprimés seront admis quel que soit le pays où ils auront paru.

Le jury complétera la liste des ouvrages imprimés qui lui auront été adressés par les auteurs ou éditeurs en recherchant les autres ouvrages rentrant dans le programme qui auront paru dans la période.

Les manuscrits pourront être envoyés signés ou anonymes; dans ce dernier cas, ils seront accompagnés d'un pli cacheté contenant le nom de l'auteur.

ART. 4. — Le concours sera ouvert alternativement d'année en année pour des ouvrages: 1° d'instruction ou d'éducation à l'usage des élèves des écoles primaires et d'adultes ; 2° d'instruction ou d'éducation moyennes, y compris l'art industriel.

La première période concernera le premier degré et comprendra les ouvrages de classe ou de lecture qui auront été publiés du 1er janvier au 31 décembre 1880, ou inédits, envoyés au concours avant le 31 décembre 1880.

La seconde période concernera le second degré et comprendra les ouvrages de classe ou de lecture qui auront été publiés du 1er janvier 1880 au 31 décembre 1881, ou inédits, envoyés au concours avant le 31 décembre 1881.

Les autres périodes se suivront alternativement et comprendront chacune deux années.

ART. 5. — Les intérêts de la somme affectée à la donation seront répartis chaque année en prix, s'il y a lieu. Un premier prix de deux mille francs et deux seconds prix de mille francs chacun pourront être décernés (1). Si le jury trouvait qu'il n'y a pas lieu de décerner l'un ou l'autre de ces prix, les sommes disponibles pourront servir, soit en totalité, soit en partie, à augmenter le taux des récompenses de cette année, en donnant, selon la valeur des œuvres, un premier prix plus élevé ou un autre premier prix *ex æquo*, sans qu'aucune récompense puisse être inférieure à mille francs ou supérieure à quatre mille francs.

S'il y a un excédent, il sera reporté sur la période correspondante qui suivra et, si les excédents s'accumulaient, ils serviraient à augmenter le capital primitif.

ART. 6. — La Classe des lettres jugera le concours sur le

(1) Par suite de la conversion du 4 p. °/° en 3 1/2 p. °/°, les intérêts de la fondation De Keyn sont réduits à 3,500 francs depuis le 1er mai 1887.

rapport d'un jury de sept membres élus par elle dans sa séance du mois de janvier de chaque année.

Art. 7. — Les prix seront décernés dans la séance publique de la Classe des lettres, où il sera donné lecture du rapport.

Art. 8. — Le jury et la Classe apprécieront si les ouvrages couronnés doivent être recommandés au Gouvernement pour être admis à l'usage des écoles publiques ou des distributions de prix et quelles conditions de vente à bon marché pourront être mises à l'obtention de cette faveur.

Art. 9. — Tout ce qui a rapport au concours doit être adressé à M. le secrétaire perpétuel de l'Académie.

Les ouvrages manuscrits qui seront couronnés devront être publiés dans l'année (1).

Les concurrents devront se conformer aux formalités et règles des concours annuels de l'Académie.

Concours.

Premier concours : *1re période, 1880.* Enseignement primaire.

Prix de deux mille francs, voté à Camille Lemonnier pour un recueil de contes manuscrits, intitulé : *Histoire de quelques bêtes.*

Prix de mille francs : 1° à Émile Leclercq pour son livre, intitulé : *Les contes vraisemblables ;*

2° à F. Schoonjans, pour son livre intitulé : *Aanvankelijke lessen in de theoretische rekenkunde.*

(1) Ce paragraphe a été ajouté en vertu d'une décision prise par la Classe des lettres dans sa séance du 6 mars 1882.

Premier concours : 2de *période, 1880-1881.* Enseignement moyen et art industriel.

Prix de mille francs :

1° A J. Delbœuf et Iserentant pour leur ouvrage intitulé : *Le latin et l'esprit d'analyse* et *Chrestomathie latine*, mss.;

2° A J. Gantrelle pour son ouvrage intitulé : *Cornelii Taciti historiarum libri qui supersunt;*

3° A F. Plateau pour son ouv. intitulé : *Zoologie élémentaire;*

4° A l'ouvrage de feu Eugène Van Bemmel, intitulé : *Traité général de littérature française.*

Deuxième concours : 1re *période, 1881-1882.* Enseignement primaire.

Prix de deux mille francs à Léon Evrard pour son livre intitulé : *La santé du peuple.*

Prix de mille francs :

1° A L. Genonceaux pour son livre intitulé : *Leesboek;*

2° A Ém. Leclercq pour son livre intitulé : *Histoire d'une statue.*

Deuxième concours : 2de *période, 1882-1883.* Enseignement moyen et art industriel.

Prix de mille francs :

1° A Léon Vanderkindere pour son *Manuel de l'histoire de l'antiquité;*

2° A A.-J. Wauters pour son *Histoire de la peinture flamande;*

3° A Th. Swarts pour son *Traité de chimie;*

4° A J.-B.-J. Liagre pour sa *Cosmographie stellaire.*

Troisième concours : 1re *période, 1883-1884.* Enseignement primaire.

Prix de mille francs :

1° A Virginie Loveling pour ses *Verhalen voor kinderen* (contes enfantins);

2° A E. Discailles pour son livre intitulé : *Guillaume le Taciturne et Marnix de Ste-Aldegonde;*

3° A Léon Fredericq pour son livre intitulé : *Le corps humain ;*

4° A Jules Mac-Leod pour son livre intitulé : *De Werveldieren* (Les vertébrés).

Troisième concours : *2de période, 1884-1885.* Enseignement moyen et art industriel.

Prix de mille francs :

1° A Marguerite Van de Wiele pour son roman intitulé : *Filleul du Roi ;*

2° A L. Roersch et P. Thomas pour leurs *Éléments de grammaire grecque ;*

3° A l'abbé Gelin pour son *Traité d'arithmétique élémentaire ;*

4° A Fr. Merten pour son *Manuel des sciences commerciales.*

Quatrième concours : *1re période, 1885-1886.* Enseignement primaire.

Prix de mille francs :

1° A Ernest Candèze, pour son livre intitulé : *Périnette, histoire surprenante de cinq moineaux ;*

2° A Fernand Courtois et Narcisse Gillet, pour leur livre intitulé : *Cours théorique et pratique de grammaire française ;*

3° A P. Cooreman, pour son *Cours complet de gymnastique éducative ;*

4° A Jacques Stinissen, pour son livre intitulé : *Gedachten over opvoeding en onderwijs vooral met het oog op de lagere school.*

Quatrième concours : *2de période, 1886-1887.* Enseignement moyen et art industriel.

Prix de quinze cents francs à J. Stecher, pour son *Histoire de la littérature néerlandaise en Belgique.*

Prix de mille francs :

1° A Pol. De Mont, pour sa *Grammaire pratique et théorique de la langue allemande ;*

2° A E. Gelin, pour ses *Éléments de trigonométrie.*

CINQUIÈME CONCOURS : *1re période, 1887-1888.* Enseignement primaire.

Prix de mille francs :

1° A Ch. De Bosschere, pour son livre intitulé : *De Vlinderbloemigen* (les Papilionacés) et *Les fleurs des jardins et des champs ;*

2° A J. Roland, pour sa *Géographie illustrée,* avec atlas ;

3° A N. Hermann et H. Kevers, pour leur ouvrage en deux parties : *Onze moedertaal. Eerste trap van het spraakkundig onderwijs in de volksschool.*

CINQUIÈME CONCOURS : *2de période, 1888-1889.* Enseignement moyen et art industriel.

Prix de mille francs :

1° A J. Vercoullie, pour son ouvrage intitulé : *Beknopt etymologisch woordenboek der nederlandsche taal ;*

2° A Jean Chalon, pour son livre : *Le microscope, essai de vulgarisation ;*

3° Au colonel J.-A.-H. Kraus, pour son livre : *Echos militaires, souvenirs d'un milicien.*

Prix Adelson CASTIAU en faveur de l'amélioration de la condition morale, intellectuelle et physique des classes laborieuses et des classes pauvres.

Institution.

Par son testament olographe, M. Adelson Castiau, ancien membre de la Chambre des représentants, décédé à Paris en 1879, a « légué à la Classe des lettres de l'Académie une » somme de dix mille francs, dont les intérêts, accumulés de » trois en trois ans, seront, à chaque période triennale, attri» bués à titre de récompense à l'auteur du meilleur mémoire » sur les moyens d'améliorer la condition morale, intellec» tuelle et physique des classes laborieuses et des classes » pauvres ». Par suite du prélèvement par le Gouvernement français des droits de succession, cette somme se trouve réduite à 9,286 fr. 83 c^s.

Règlement.

Art. 1er. Ne seront admis au concours Castiau que des écrivains belges.

Art. 2. Seront seuls examinés les ouvrages soumis directement par leurs auteurs au jugement de l'Académie.

Art. 3. Ces ouvrages pourront être rédigés en français ou en flamand. Les manuscrits seront reçus comme les imprimés. S'ils sont anonymes, ils porteront une devise qui sera répétée sur un billet cacheté contenant le nom et le domicile de l'auteur.

Art. 4. Le jury se composera de trois commissaires délégués par la Classe des lettres de l'Académie. Il n'y aura qu'un seul prix.

Art. 5. Si le concours demeure sans résultat, la somme restée disponible s'ajoutera au capital primitif.

Art. 6. Le nom du lauréat sera proclamé dans la séance publique de la Classe des lettres.

Art. 7. Tout ce qui concerne le concours devra être adressé à M. le secrétaire perpétuel de l'Académie.

Art. 8. Si l'ouvrage couronné est inédit, il devra être imprimé dans l'année.

Le prix ne sera délivré au lauréat qu'après la publication de son travail.

Art. 9. Les manuscrits envoyés au concours deviennent la propriété de l'Académie (art. 24 du règlement général).

Concours.

Le prix pour la première période (1881-1883) a été décerné à J. Dauby, chef de division-gérant du *Moniteur belge*, auteur d'un mémoire manuscrit dont la devise était : *L'amélioration du sort des classes .. pauvres fait à la fois l'honneur et le tourment de notre temps.*

2e PÉRIODE (1884-1886).

Le prix a été décerné à Charles Cambier, directeur au gouvernement provincial à Gand, pour son travail imprimé intitulé : *Manuel de prévoyance ou moyens d'améliorer la condition des classes laborieuses.*

3e PÉRIODE (1887-1889).

Le prix a été décerné à M. le baron H. de Royer de Dour à Bruxelles pour son livre intitulé : *Essai d'étude d'économie sociale. Les habitations ouvrières en Belgique.*

4e PÉRIODE (1890-1892).

La Classe des lettres rappelle que la quatrième période du prix Adelson Castiau sera close le 31 décembre 1892.

Ce prix, d'une valeur de *mille francs*, sera décerné à l'auteur du meilleur travail belge, imprimé ou manuscrit :

Sur les moyens d'améliorer la condition morale, intellectuelle et physique des classes laborieuses et des classes pauvres.

PRIX BIENNAL DE PHILOLOGIE CLASSIQUE.

Fondation.

Sur la demande exprimée par une « personne qui désire que son nom ne soit connu qu'après sa mort », la Classe des lettres de l'Académie a été mise en possession, par un arrêté royal du 5 mai 1890, pris ensuite d'un avis favorable de la Classe, d'un capital de *quarante-cinq mille francs* pour instituer au moyen des intérêts, UN PRIX BIENNAL DE PHILOLOGIE CLASSIQUE.

Voici les principales raisons émises par le fondateur au sujet de cette fondation :

« La philologie gréco-latine est en Belgique dans un marasme déplorable. Les travaux originaux relatifs aux langues et aux littératures anciennes, ainsi qu'aux sciences qui en facilitent ou en complètent l'étude, sont chez nous extrêmement rares.

» L'Académie royale de Belgique dispose d'un certain nombre de prix perpétuels ayant pour objet de favoriser les auteurs d'ouvrages sur l'histoire nationale, la littérature flamande, l'enseignement moyen, l'enseignement primaire, etc.; elle n'en a pas qui soient *spécialement* et *exclusivement* destinés à encourager l'étude du latin et du grec et des différentes questions qui se rattachent à la littérature classique.

» C'est pour combler cette lacune regrettable qu'a été fondé le prix biennal de philologie classique.

» Si le donateur a cru devoir stipuler que les ouvrages classiques destinés aux élèves ne pourraient pas être couronnés, c'est que les encouragements ne manquent pas à ces sortes d'ouvrages. »

Règlement (1).

ARTICLE PREMIER. — Tous les deux ans, la Classe des lettres de l'Académie royale de Belgique mettra au concours, sur la proposition d'une commission composée de trois de ses membres, une question de philologie classique, le mot philologie étant pris dans son acception la plus large (critique et exégèse des auteurs grecs et latins, grammaire, histoire littéraire, histoire politique, mythologie, archéologie, épigraphie, numismatique, etc.).

ART. 2. — Ne seront admis à concourir que des auteurs belges. Les membres correspondant de l'Académie sont exclus.

ART. 3. — Les mémoires envoyés en réponse à la question mise au concours devront être rédigés en français, en flamand ou en latin.

ART. 4. — Ces mémoires ne pourront pas être signés Ils porteront une devise qui sera répétée dans un bulletin cacheté joint au manuscrit et renfermant les nom, prénoms et adresse de l'auteur.

(1) Adopté en assemblée générale de l'Académie du 6 mai 1890.

Art. 5. — La Classe jugera le concours sur un rapport d'une commission de trois membres, désignés par elle dans sa séance du mois de janvier qui suivra la clôture de chaque période biennale.

Art. 6. — Si, à l'expiration de la période biennale spécifiée à l'article 1er, aucun mémoire digne du prix n'est parvenu à la Classe, le délai pourra être prolongé de deux ans et la récompense éventuellement doublée.

Art. 7. — Si la Classe ne croit pas devoir doubler la récompense, elle mettra au concours une deuxième question, tout en maintenant celle pour laquelle le délai aura été prolongé.

Art. 8. — Dans le cas prévu à l'article 6, la Classe pourra, sur la proposition de la commission spécifiée à l'article 5, accorder le prix à un travail imprimé, relatif à la philologie classique, publié par un auteur belge dans le même intervalle.

Sont toutefois exclus du concours les ouvrages destinés à l'enseignement proprement dit, à l'exception des éditions de textes dites *savantes* et des grammaires ou dissertations grammaticales ayant pour objet de faire progresser la science.

Art. 9. — La Classe pourra également, dans le cas prévu à l'article 6, mettre au concours ou récompenser la traduction française d'un ouvrage de philologie important, qui, d'après elle, serait consulté avec fruit par les membres du personnel enseignant.

Art. 10. — Lorsque la Classe aura à sa disposition les

intérêts accumulés pendant deux périodes biennales, elle pourra décerner deux prix d'égale valeur.

Art. 11. — Si, à l'expiration de deux périodes biennales, aucune récompense n'a pu être décernée, la Classe veillera à ce que les intérêts échus servent à augmenter le capital de la fondation.

Art. 12. — La première période biennale finira le 31 décembre 1892

Art. 13. — Tout ce qui se rapporte au concours doit être adressé à M. le Secrétaire perpétuel de l'Académie.

Concours

Première période (1891-1892).

Conformément à la volonté du testateur, la Classe des lettres offre, pour la première période de concours, un prix de *deux mille sept cent cinquante francs* à l'auteur du meilleur travail, rédigé en français, en flamand ou en latin, en réponse à la question suivante :

Faire une étude critique sur les rapports publics et privés qui ont existé entre les Romains et les Juifs jusqu'à la prise de Jérusalem par Titus.

Le délai pour la remise des manuscrits expirera le 31 décembre 1892. Ils devront être adressés, francs de port, à M. le Secrétaire perpétuel de l'Académie, au Palais des Académies, à Bruxelles.

LISTE DES MEMBRES,

DES CORRESPONDANTS ET DES ASSOCIÉS DE L'ACADÉMIE.

(1er Janvier 1891.)

LE ROI, PROTECTEUR.

TIBERGHIEN, G., président de l'Académie pour 1891.
LIAGRE, J.-B.-J., secrétaire perpétuel de l'Académie.

COMMISSION ADMINISTRATIVE POUR 1891.

Le directeur de la Classe des Sciences, F. PLATEAU.
» » des Lettres, G. TIBERGHIEN.
» » des Beaux-Arts, H. HYMANS.
Le Secrétaire perpétuel, J.-B.-J. LIAGRE.
Le délégué de la Classe des Sciences, J.-S. STAS, trésorier.
» » des Lettres, Ch. FAIDER.
» » des Beaux-Arts, Éd. FÉTIS.

MARCHAL (le chev. Edm.), secrétaire adjoint de l'Académie.

CLASSE DES SCIENCES.

PLATEAU, F., directeur.
LIAGRE, J., secrétaire perpétuel.

---

30 MEMBRES.

Section des Sciences mathématiques et physiques.

(15 membres.)

STAS, Jean-S., G. O. ✠; à St-Gilles-Brux. . Élu le 14 décem. 1841.
LIAGRE, J.-B.-J., G. O. ✠; à Ixelles . . . — 15 décem. 1853.
MAUS, Henri-M.-J., G. O. ✠; à Ixelles . . — 15 décem. 1864.
DONNY, François-M.-L., O. ✠; à Gand. . — 15 décem. 1866.
STEICHEN, Michel, O. ✠; à Ixelles . . . — 15 décem. 1868.
BRIALMONT, Alexis-H., G. C. ✠; à Saint-Josse-ten-Noode . . . . — 15 décem. 1869.
FOLIE, François-J.-Ph, O. ✠; à Bruxelles. — 15 décem. 1874.
MAILLY, Édouard-N., O. ✠; à St-Josse-t. N. — 15 décem. 1876.
DE TILLY, Joseph-M., O. ✠; à Anvers. . — 16 décem. 1878.
VAN DER MENSBRUGGHE, Gust.-L., ✠; à Gand . . . . — 14 décem. 1883.
SPRING, Walthère-V., ✠; à Liège. . . . — 15 décem. 1884.
HENRY, Louis, O. ✠; à Louvain . . . . — 15 décem. 1886.
MANSION, Paul, O. ✠; à Gand. . . . . . — 15 décem. 1887.
DE HEEN, Pierre-J.-F.; à Liège . . . . — 14 décem. 1888.
LE PAIGE, Constantin-M.-H.-H.-J.; à Liège. — 15 décem. 1890

Section des Sciences naturelles (15 membres).

VAN BENEDEN, Pierre-J., G. O. ✠; à Louvain . . . . Élu le 15 décem. 1842.
DE SELYS LONGCHAMPS, le b^on^ Edmond-M., G. O. ✠; à Liège . . . . — 16 décem. 1846.
GLUGE, Théophile, O. ✠; à Bruxelles . . — 15 décem. 1849.
DEWALQUE, Gustave-G.-J., O. ✠; à Liège . — 16 décem. 1859.
CANDÈZE, Ernest-C.-A., ✠; à Glain (Liège). — 15 décem. 1864.
DUPONT, Édouard-L.-F., O. ✠; à Ixelles . — 15 décem. 1869.
VAN BENEDEN, Édouard, ✠; à Liège . . — 16 décem. 1872.
MALAISE, Constantin-H.-G.-L., ✠; à Gembloux . . . . — 15 décem. 1873.
BRIART, Alphonse, O. ✠; à Mariemont. . — 15 décem. 1874.
PLATEAU, Félix-A.-J., ✠; à Gand . . . — 15 décem. 1874.
CRÉPIN, François, ✠; à Bruxelles . . . — 15 décem. 1875.
VAN BAMBEKE, Charles-E.-M., ✠; à Gand. — 15 décem. 1879.
GILKINET, Alfred-Charles ; à Liège . . . — 15 décem. 1880.
MOURLON, Michel-J., ✠; à Bruxelles . . — 15 décem. 1886.
DELBŒUF, Joseph-R.-L., ✠; à Liège . . — 15 décem. 1887.

CORRESPONDANTS (10 au plus).

Section des Sciences mathématiques et physiques.

VALERIUS, Hubert, O. ✠; à Gand . . . Élu le 15 décem. 1869.
LAGRANGE, Charles; à Ixelles. . . . . — 15 décem. 1887.
TERBY, François; à Louvain . . . . . — 16 décem. 1889.
DERUYTS, Jacques; à Liège . . . . . . — 15 décem. 1890.
N. . . . .

Section des Sciences naturelles.

FREDERICQ, Léon; à Liège. . . . . . Élu le 15 décem. 1879.
MASIUS, J.-B.-N.-Voltaire, ✠; à Liège . — 15 décem. 1880.
RENARD, Alphonse-F., ✠; à Wetteren . . — 15 décem. 1882.
ERRERA, Léo; à Bruxelles . . . . . . — 15 décem. 1887.
VANLAIR, C. ✠; à Liège. . . . . . . — 14 décem. 1888.

50 ASSOCIÉS.

Section des Sciences mathématiques et physiques.

(25 associés.)

AIRY, Georges-Biddell (sir); à Greenwich. Élu le 15 décem. 1853.
KEKULÉ, Frédéric-Auguste, ✠; à Bonn. . — 15 décem. 1864.
BUNSEN, R.-G.-E., O. ✠; à Heidelberg. . — 15 décem. 1865.
CATALAN, Eugène-C., O. ✠; à Liège . . — 15 décem. 1865
DE COLNET D'HUART, Alex.; à Luxembourg. — 15 décem. 1873.
HELMHOLTZ, A.-L.-F.; à Berlin . . . . — 15 décem. 1873.
MENABREA, marquis DE VAL-DORA, le
c^te Louis-Frédéric, G. C. ✠; à Paris. . — 15 décem. 1874.
STRUVE, Otto-Wilhelm; à Poulkova . . . — 15 décem. 1874.
L'Empereur DOM PEDRO II, D'ALCANTARA. — 15 décem. 1876.
WEBER, Guillaume-Ed.; à Göttingen. . . — 14 décem. 1877.
FAYE, Hervé-Aug.-Et.-Albani; à Paris . . — 16 décem. 1878.
THOMSON, William (sir); à Glasgow . . . — 16 décem. 1878.
PASTEUR, Louis; à Paris . . . . . . — 15 décem. 1879.
SCHIAPARELLI, Jean-Virginius; à Milan. . — 15 décem. 1879.
TYNDALL, Jean; à Londres. . . . . . — 14 décem. 1883.
HOFMANN, Aug.-Wilh.; à Berlin . . . . — 15 décem. 1884.
IBAÑEZ, Mis DE MULHACEN, Charles; à Madrid — 15 décem. 1885.
THOMSEN, Jules; à Copenhague . . . . — 15 décem. 1887.
DE CALIGNY, le marq. Anatole; à Versailles. — 14 décem. 1888.
WEIERSTRASS, Charles; à Berlin . . . . — 14 décem. 1888.
BERTHELOT, Marcelin-P.-E.; à Paris . — 16 décem. 1889.
HERMITE, Charles; à Paris . . . . . . — 16 décem. 1889.
CAYLEY, Arthur; à Cambridge. . . . — 15 décem. 1890.
FIZEAU, Louis; à Paris . . . . — 15 décem. 1890.
VON BAEYER, Adolphe; à Munich. . . . — 15 décem. 1890.

Section des Sciences naturelles (25 associés).

Owen, Richard (sir K. C. B.), O. ✠; à Londres . . . . Élu le 17 décem. 1847.
Dana, Jacques-D.; à New-Haven (É.-U.) . — 15 décem. 1864.
de Candolle, Alph.-L.-P.-Pyrame; à Genève . . . . — 15 décem. 1869.
Hooker, Jos.-Dalton; à Kew (Angl.). . . — 16 décem. 1872.
Ramsay, André-Crombie; à Londres . . 16 décem. 1872.
Steenstrup, J.-Japhet-S.; à Copenhague . 16 décem. 1872.
Huxley, Thomas-Henri; à Londres . . . — 15 décem. 1874.
Pringsheim, Nathaniel; à Berlin. . . 15 décem. 1874.
Gosselet, Jules-Aug.-Alex., ✠; à Lille . 15 décem. 1876.
Daubrée, Gabriel-Auguste; à Paris. . — 14 décem. 1877.
Kölliker, Rod.-Albert; à Wurzbourg . . 14 décem. 1877.
de Saporta, Le m[is] G., à Aix (France). 14 décem. 1877.
Gegenbaur, Charles; à Heidelberg . . — 15 décem. 1882.
Kowalewsky, Alexandre; à Odessa. . 15 décem. 1882.
de Quatrefages de Bréau, Jean-Louis-Armand, C.✠; à Paris . . . . . . — 14 décem. 1883.
Stur, Dionys-Rud.-Jos.; à Vienne . . . — 14 décem. 1883.
Nordenskjöld, le b[on] Ad.-N.-E.; à Stockholm . . . . — 15 décem. 1884.
Virchow, Rud.; à Berlin . . 15 décem. 1884.
Moleschott, Jacques; à Rome . . — 15 décem. 1884.
Leuckart, Rudolphe; à Leipzig . . . . — 15 décem. 1885
de la Vallée Poussin, Charles-L.-J.-X., ✠; à Louvain . . . . — 15 décem. 1885.
Hall, James; à Albany (É.-U. d'A.) . . . — 15 décem. 1886.
Prestwich, Joseph, à Darent-Hulme Shoreham (Sevenoaks), Londres . . . . . — 14 décem. 1888.
du Bois-Reymond, Émile; à Berlin . . . — 16 décem. 1889.
Gaudry, Jean-Albert; à Paris. . . . . . — 16 décem. 1889.

CLASSE DES LETTRES.

TIBERGHIEN, G., directeur.
LIAGRE, J., secrétaire perpétuel.

---

30 MEMBRES.

Section des Lettres et Section des Sciences morales et politiques réunies.

DE DECKER, Pierre-J.-F., C. ✠; à Schaerbeek	Élu le 10 janv. 1846.
FAIDER, Charles-J.-B.-F., G. C. ✠; à Bruxelles	— 7 mai 1855.
KERVYN DE LETTENHOVE, le baron J.-B.-M.-C., G.O. ✠; à Bruges	— 4 mai 1859.
THONISSEN, Jean-Joseph, G. C. ✠; à Louvain.	— 9 mai 1864.
NÈVE, Félix-J.-B.-J., ✠; à Louvain	— 11 mai 1868.
WAUTERS, Alphonse, O. ✠; à Bruxelles	— 11 mai 1868.
DE LAVELEYE, Émile-L.-V., O. ✠; à Liège	— 6 mai 1872.
LE ROY, Alphonse, C. ✠; à Liège	— 12 mai 1873.
DE BORCHGRAVE, Émile-J.-Y.-M., C. ✠; à Constantinople	— 12 mai 1873.
LIAGRE, J.-B.-J., G. O. ✠; à Ixelles	— 5 mai 1874.
WAGENER, Auguste, O. ✠; à Gand	— 10 mai 1875.

WILLEMS, Pierre-G.-H., ✠; à Louvain. . . Élu le 14 mai 1877.
ROLIN-JAEQUEMYNS, Gustave, ✠; à St-Gilles. — 6 mai 1878.
BORMANS, Stanislas, O. ✠; à Liège. . . . — 5 mai 1879.
PIOT, Charles-G.-J., O. ✠; à St-Gilles (Brux.) — 5 mai 1879.
POTVIN, Charles, ✠; à Ixelles . . . . . . — 9 mai 1881.
STECHER, Jean-A., O. ✠; à Liège . . . . 9 mai 1881.
LAMY, Thomas-J., ✠; à Louvain . . . . . — 8 mai 1882.
HENRARD, Paul-J.-J., C. ✠; à Bruxelles . . — 5 mai 1884.
GANTRELLE, Joseph, C. ✠; à Gand. . . . — 4 mai 1885.
LOOMANS, Charles-W.-H., C. ✠; à Liège . . — 10 mai 1886.
TIBERGHIEN, Guill., O. ✠; à St-J.-t.-Noode . — 9 mai 1887.
ROERSCH, L., O. ✠; à Liège. . . . . . . — 9 mai 1887.
DE HARLEZ, le chev. Charles-Jh; à Louvain . — 7 mai 1888.
VANDERKINDERE, Léon-A.-V.-J., O. ✠; à Bruxelles. . . . . — 7 mai 1888.
HENNE, Alexandre, O. ✠; à Bruxelles . . — 6 mai 1889.
FRÉDÉRIX, Gustave-A.-H., ✠; à Bruxelles . — 6 mai 1889.
GOBLET D'ALVIELLA, le comte Eug., ✠; à Bruxelles . . . . — 5 mai 1890.
N. . . . .
N. . . . .

CORRESPONDANTS (10 au plus).

LOISE, Ferdinand, O. ✠; à Louvain . . . Élu le 12 mai 1873.
VANDER HAEGHEN, Ferdinand, O. ✠; Gand. — 7 mai 1888.
PRINS, Adolphe, ✠; Ixelles . . . . . . — 7 mai 1888.
VUYLSTEKE, Jules; à Gand. . . . . . . — 6 mai 1889.
BANNING, E., C. ✠; à Ixelles. . . . . . — 6 mai 1889.
DE MONGE, P., ✠; à Louvain. . . . . — 6 mai 1889.
GIRON, Alfred, O. ✠; à Bruxelles. . . . . — 5 mai 1890.
DE CHESTRET DE HANEFFE, le bon J.; à Liège. — 5 mai 1890.
N. . . . .
N. . . . .

50 ASSOCIÉS.

LEEMANS, Conrad, O. ✠; à Leyde. . . . Élu le 11 janv. 1847.
DE ROSSI, le chevalier J.-B.; à Rome. . . — 7 mai 1855.
MINERVINI, Jules; à Naples . . . . . . — 4 mai 1859.
CANTÙ, César; à Milan. . . . . — 13 mai 1861.
VON LÖHER, François, C. ✠; à Munich . . — 13 mai 1862.
DE VRIES, Mathieu, ✠; à Leyde . . . . — 19 mai 1863.
VON ARNETH, le chev. A., C. ✠; à Vienne . . — 9 mai 1864.
MOMMSEN, Théodore; à Berlin . . . . . — 5 mai 1866.
VON SYBEL, Henri-Ch.-L., C. ✠; à Berlin . — 10 mai 1869.
BRUNN, Henri, ✠; à Munich . . . . . — 8 mai 1871.
D'ANTAS, le chev. M., G. C. ✠; à Londres . — 6 mai 1872.
CURTIUS, Ernest; à Berlin . . . . — 6 mai 1872.
RIVIER, Alphonse-P.-O., O. ✠; à Saint-Gilles (Bruxelles) . . . . — 12 mai 1873.
FRANCK, Adolphe; à Paris. . . . . . . — 12 mai 1873.
DESMAZE, Charles; à Paris . . . . . . — 4 mai 1874.
OPPERT, Jules; à Paris . . . . — 4 mai 1874.
TENNYSON, le baron Alfred; à Farringford, Freshwater, île de Wight . . . . — 10 mai 1875.
DELISLE, Léopold-Victor; à Paris . . . — 10 mai 1875.
BANCROFT, George; à Washington. . . . — 14 mai 1877.
DI GIOVANNI, Vincent; à Palerme . . . . — 6 mai 1878.
COLMEIRO, Manuel; à Madrid . . . . . — 10 mai 1880.
D'OLIVECRONA, Samuel-Rodolphe-Deller-Canut; à Stockholm. . . . . — 10 mai 1880.
BOHL, Joan; à Amsterdam . . . . — 9 mai 1881.
CANOVAS DEL CASTILLO, A., G. C. ✠; à Madrid. — 8 mai 1881.
CASTAN, Auguste; à Besançon. . . . . . . — 9 mai 1881.
GLADSTONE, W. EWART; à Londres . . . — 9 mai 1882.
DE AMORIM, Fr.-GOMES; à Lisbonne . . . — 8 mai 1882.

DARESTE, Rodolphe, C. ✠; à Paris . . . . Élu le 5 mai 1884.
BRÉAL, Michel-Jules-Alfred; à Paris . . — 5 mai 1884.
BEETS, Nicolas; à Utrecht . . . . — 4 mai 1885.
VON HOEFLER, le chev.; à Prague . . . — 4 mai 1885.
SULLY PRUDHOMME, René-François-Armd; à Paris. . . . . — 4 mai 1885.
PERROT, Georges; à Paris. . . . . . . — 10 mai 1886.
PHILIPPSON, Martin; à Bruxelles. . . . . — 10 mai 1886.
SNIEDERS, Auguste; à Anvers. . . . . . — 10 mai 1886.
LEROY BEAULIEU, Pierre-Paul; à Paris. . . — 9 mai 1887.
LORIMER, Jacques; à Édimbourg. . . . . — 4 mai 1887.
AUMALE, Henri-E.-Ph.-L. d'Orléans, duc d', G. C. ✠; à Chantilly. . . . . — 9 mai 1887.
CANONICO, Tancrède; à Rome . . . . — 7 mai 1888.
SOHM, Rudolphe; à Leipzig . . . . . . — 7 mai 1888.
NADAILLAC, J.-F.-A. du POUGET, mis de; à Paris — 7 mai 1888.
LALLEMAND, Léon; à Paris . . . . — 7 mai 1888.
LUCCHINI, Louis; à Bologne. . . . . . . — 7 mai 1888.
HIRSCHFELD, Otto; à Berlin. . . . . . . — 6 mai 1889.
WORMS, Émile; à Rennes . . . . - 6 mai 1889.
TE WINKEL, Jean; à Groningue . . . . . — 5 mai 1890.
DE FRANQUEVILLE, le comte Amable-Ch. FRANQUET; à Paris. . . . . — 5 mai 1890.
BAUMGARTEN, Herman; à Strasbourg . . . — 5 mai 1890.
N. . . . .
N. . . . .

CLASSE DES BEAUX-ARTS.

HYMANS, H., directeur.
LIAGRE, J., secrétaire perpétuel.

---

30 MEMBRES.

Section de Peinture :

PORTAELS, Jean-François, C. ✠; à St-Josse-ten-Noode	Élu le	4 janv. 1855.
SLINGENEYER, Ernest, C. ✠; à Bruxelles .	—	7 avril 1870.
GUFFENS, Godfr.-E., C. ✠; à Schaerbeek .	—	6 janv. 1876.
WAUTERS, Ch.-Émile-M., C. ✠; à Bruxelles.	—	5 janv. 1882.
CLAYS, Paul-J., C. ✠; à Schaerbeek . . .	—	1er mars 1883.
STALLAERT, Joseph-J.-F., O. ✠; à Ixelles .	—	7 janv. 1888.
MARKELBACH, Alex.-P.-J., O. ✠; à Schaerb.	—	10 janv. 1889.
N.		
N.		

Section de Sculpture :

FRAIKIN, Charles-A., C. ✠; à Schaerbeek .	Élu le	8 janv. 1847.
JAQUET, Joseph-J., O. ✠; à Schaerbeek .	—	11 janv. 1883.
DE GROOT, Guillaume, O. ✠; à Bruxelles .	—	10 janv. 1884.
VINÇOTTE, Thomas-J., O., ✠; à Schaerbeek.	—	12 mai 1886.

Section de Gravure :

DEMANNEZ, Joseph-A., ✠; à St-Josse-ten-Noode	Élu le	11 janv. 1883.
BIOT, Gustave-J., O. ✠; à Anvers	—	10 janv. 1884.

Section d'Architecture :

Balat, Alphonse-F.-H., G. O. ✠; à Ixelles . Élu le 9 janv. 1862.
Pauli, Adolphe-Éd.-Th., O. ✠; à Gand . . — 7 janv. 1875.
Schadde, Joseph-E.-H.-M., O. ✠; à Anvers. — 10 janv. 1878.
Beyaert, Henri-J.-F., C. ✠; à Bruxelles . — 5 janv. 1888.

Section de Musique :

Gevaert, F.-Auguste, G. O. ✠; à Bruxelles. Élu le 4 janv. 1872.
Samuel, Adolphe, C. ✠; à Gand . . . . . — 8 janv. 1874.
Radoux, J.-Théodore, O. ✠; à Liège . . . — 3 avril 1879.
Benoit, Pierre, C. ✠; à Anvers. . . . . . — 5 janv. 1882.
N . . . .

Section des Sciences et des Lettres dans leurs rapports avec les Beaux-Arts :

Fétis, Édouard-F.-L., C. ✠; à Bruxelles. . Élu le 8 janv. 1847.
Liagre, J.-B.-J., G. O. ✠; à Ixelles . . . — 5 mai 1874.
Hymans, Henri, ✠; à Ixelles. . . . . . — 8 janv. 1885.
Marchal, le chev. Edmond-L.-J.-G., ✠; à Saint-Josse-ten-Noode . . . . — 7 janv. 1886.
Rousseau, Jean, O. ✠; à Bruxelles . . . — 5 janv. 1888.
Rooses, Maximilien; à Anvers . . . . . . — 10 janv. 1889.

CORRESPONDANTS (10 au plus).

Peinture :

Hennebicq, A., ✠; à St-Gilles (Bruxelles) . Élu le 10 janv. 1889.
de Lalaing, le cte Jacq., ✠; à Bruxelles . — 10 janv. 1889.
Robie, Jean; C. ✠ à Bruxelles. . . . . — 9 janv. 1890.

Sculpture :

Du Caju, Joseph-J, O. ✠; à Anvers . . Élu le 8 janvier 1885.

Gravure :

Meunier, Jean-Baptiste, O. ✠; à Ixelles. Élu le 10 janvier 1884.

Architecture :

Laureys, Félix, ✠; à Bruxelles . . . Élu le 10 janvier 1889.

Musique :

Busschop, Jules, O. ✠; à Bruges . . Élu le 11 janvier 1883.
N. . . . .

Sciences et Lettres dans leurs rapports avec les Beaux-Arts :

Van Even, Édouard, ✠; à Louvain . . Élu le 10 janvier 1889.
Tardieu, Charles; à Boitsfort . . . . — 9 janvier 1890.

50 ASSOCIÉS.

Peinture :

Gérome, Jean-Léon, ✠; à Paris . . . Élu le 12 janvier 1865.
Madrazo, Frédéric de; à Madrid . . . — 12 janvier 1865.
Meissonier, Jean-L.-E., G.O. ✠; à Paris. — 7 janvier 1869.
Hébert, Aug.-Ant.-Ern., O. ✠; à Paris . — 12 janvier 1871.
Becker, Charles, O. ✠; à Berlin . . — 8 janvier 1872.
Frith, William-Powell, ✠; à Londres . — 8 janvier 1874.
Willems, Florent, C. ✠; à Paris . . . — 7 décem. 1882.
Leighton, Frederic; à Londres. . . . — 7 janvier 1886.

MENZEL, Adolphe; à Berlin . . . . . Élu le 6 janvier 1887.
BOUGUEREAU, William-Adolphe, ✠; à Paris . . . . — 9 janvier 1890.
N . . . .
N . . . .

Sculpture :

DE NIEUWERKERKE, le comte Alfred-Émilien, ✠; à Paris . . . . . . Élu le 22 sept. 1852.
CAVELIER, Pierre-Jules; à Paris . . — 7 janvier 1864.
MONTEVERDE, Jules; à Rome . . . — 8 janvier 1874.
BONNASSIEUX, Jean; à Paris. . . . . — 7 janvier 1875.
GUILLAUME, Cl.-J.-B.-Eugène; à Paris . — 6 janvier 1876.
THOMAS, Gabriel-Jules; à Paris. . . . — 11 janvier 1883.
KUNDMANN, Charles; à Vienne . . . — 11 janvier 1883.
BEGAS, Reinhold, O. ✠; à Berlin . . . — 8 janvier 1885.

Gravure :

HENRIQUEL-DUPONT, L.-P., ✠; à Paris . Élu le 8 janvier 1857.
STANG, Rudolphe; à Amsterdam . . . — 8 janvier 1874.
CHAPLAIN, Jules-Clément; à Paris. . . — 5 janvier 1888.
RAAB, J.-L.; à Munich . . . . . — 10 janvier 1889.

Architecture :

DE LEINS, Chr.-Fréd., ✠; à Stuttgart. . Élu le 7 janvier 1864.
DALY, César; à Paris . . . . — 12 janvier 1865.
VESPIGNANI, le comte Virginio; à Rome . — 12 janvier 1871.
CONTRERAS, Raphaël; à Grenade . . . — 8 janvier 1880.
RASCHDORFF, J.-Charles; à Berlin . . . — 5 janvier 1882.
WATERHOUSE, Alfred; à Londres . . . — 7 janvier 1886.
HANSEN, le baron Théophile; à Vienne . — 5 janvier 1888.
REVOIL, Henri, ✠; à Nimes . . . . . — 10 janvier 1889.

Musique :

THOMAS, Ch.-L.-Ambroise, O. ✠; à Paris. Élu le 8 janvier 1863.
VERDI, Joseph; à Busseto (Ital.). . . . — 12 janvier 1865.
GOUNOD, Charles-François, O. ✠; à Paris. — 4 janvier 1872.
LIMNANDER DE NIEUWENHOVE, le baron Arm.-M., C. ✠; à Paris . . . . — 9 janvier 1879.
SAINT SAËNS, Camille-Ch., ✠; à Paris . — 8 janvier 1885.
BRAHMS, Jean; à Vienne . . . . — 7 janvier 1886.
RUBINSTEIN, Antoine-Grég.; à St-Petersbourg . . . . — 6 janvier 1878.
BOURGAULT-DUCOUDRAY, Louis-Albert; à Paris . . . . — 6 janvier 1887.
N . . . .

Sciences et Lettres dans leurs rapports avec les Beaux-Arts :

RAVAISSON-MOLLIEN, J.-G.-Félix; à Paris . Élu le 10 janvier 1856.
GAILHABAUD, Jules; à Paris . . . . . — 9 janvier 1868.
LUEBKE, Guillaume; à Stuttgart . . . — 9 janvier 1873.
DELABORDE, le vicomte Henri; à Paris . — 8 janvier 1874.
Le radja SOURINDRO MOHUN TAGORE, C. ✠; à Calcutta . . . . — 4 janvier 1877.
SCHLIEMANN, Henri; à Athènes . . . . — 5 janvier 1882.
MILANESI, Gaetan; à Florence . . . . — 8 janvier 1885.
BERTOLOTTI, Antoine; à Mantoue . . . — 5 janvier 1888
BODE, Guillaume; à Berlin . . . . . . — 10 janvier 1889.

COMMISSIONS DES CLASSES.

Commission pour la publication d'une Biographie nationale.

Président, P.-J. VAN BENEDEN, délégué de la Classe des Sciences.
Vice-président, A. WAUTERS, délégué de la Classe des Lettres.
Secrétaire, VANDER HAEGHEN, délégué de la Classe des Lettres.

Membres :

CRÉPIN,	délégué	de la Classe des Sciences.
DEWALQUE,	id.	id.
LIAGRE,	id.	id.
VAN DER MENSBRUGGHE,	id.	id.
LE ROY,	id.	Classe des Lettres.
ROERSCH,	id.	id.
STECHER,	id.	id.
GEVAERT,	id.	Classe des Beaux-Arts.
HYMANS,	id.	id.
ROOSES,	id.	id.
ROUSSEAU,	id.	id.
SAMUEL,	id.	id.

Commissions spéciales des finances :

Classe des Sciences.	Classe des Lettres.	Classe des Beaux-Arts.
BRIALMONT.	DE DECKER.	DEMANNEZ.
GLUGE.	FAIDER.	FRAIKIN.
MAILLY.	PIOT.	PAULI.
MAUS.	THONISSEN.	SAMUEL.
P. VAN BENEDEN.	A. WAUTERS.	SLINGENEYER.

Classe des Sciences. — *Commission pour les paratonnerres.*

Maus, président.
Donny, membre.
Folie, id.
Spring, membre.
Valerius, id.
Van der Mensbrugghe, id.

Classe des Lettres. — *Commission pour la publication des anciens monuments de la littérature flamande.*

P. De Decker, président.

— *Commission pour la publication d'une collection des grands écrivains du pays.*

N. . . , président.
le baron Kervyn de Lettenhove, secrétaire.
Alph. Le Roy.
J. Stecher.
N . . . .

Classe des Beaux-Arts. — *Commission pour les portraits des membres décédés.*

Fétis. Portaels. Demannez.

— *Commission pour la publication des œuvres des anciens musiciens belges.*

Gevaert, *président.*
Fétis, *secrétaire.*
Samuel, *trésorier.*
Radoux, membre.
N . . . . .

— *Commission chargée de discuter toutes les questions relatives aux lauréats des grands concours dits prix de Rome.*

Membres :

BALAT.	PAULI.
DEMANNEZ.	PORTAELS.
FÉTIS.	ROUSSEAU.
FRAIKIN.	SCHADDE.
GEVAERT.	SLINGENEYER.
JAQUET.	STALLAERT.
LIAGRE.	

COMMISSION ROYALE D'HISTOIRE

pour la publication des Chroniques belges inédites.

Le baron KERVYN DE LETTENHOVE, président.
WAUTERS (Alph.), secrétaire et trésorier.
BORMANS, membre.
PIOT, id.
DEVILLERS, id.
GILLIODTS VAN SEVEREN, id.
VANDERKINDERE (L.), membre suppléant.
DE PAUW (N.), id.
GÉNARD (P.), id.
KURTH (God.) id.

NECROLOGIE.

CLASSE DES SCIENCES.

MONTIGNY (Ch.), membre, décédé à Schaerbeek le 16 mars 1890.

FIEVEZ (Ch.), correspondant, décédé à Saint-Josse-ten-Noode le 2 février 1890.

HIRN, (G.-A.), associé, décédé à Colmar le 14 janvier 1890.

BUYS-BALLOT (C.-H.-D.), associé, décédé à Utrecht le 3 février 1890.

CLASSE DES LETTRES.

VAN WEDDINGEN (A.), membre, décédé à Laeken le 7 juillet 1890.

SCHELER (A.), membre, décédé à Ixelles le 16 novembre 1890.

VON DÖLLINGER (Ign.), associé, décédé à Munich le 10 janvier 1890.

CAMPBELL (F.-G.-A.), associé, décédé à La Haye le 2 avril 1890.

CHAUVEAU (P.), associé, décédé à Québec le 4 avril 1890.

CLASSE DES BEAUX-ARTS.

VERLAT (Ch.), membre, décédé à Anvers le 24 octobre 1890.

ROBERT (Alex.), membre, décédé à Saint-Josse-ten-Noode le 13 décembre 1890.

DUPONT, (Auguste), correspondant, décédé à Ixelles le 17 décembre 1890.

LACHNER (Fr.), associé, décédé le 30 janvier 1890.

BENDEMANN (Éd.), associé, décédé à Dresde en 1890.

ROBERT-FLEURY (J^{h}.), associé, décédé le 5 mai 1890.

ADRESSES DES MEMBRES, DES ASSOCIÉS ET DES CORRESPONDANTS DE L'ACADÉMIE HABITANT BRUXELLES OU SES FAUBOURGS.

BALAT (Alph.), rue de Londres, 17, à Ixelles.
BANNING (E.), rue du Président, 64, à Ixelles.
BEYAERT (H.), rue du Trône, 18, à Bruxelles.
BRIALMONT (Alex.), rue de l'Équateur, 7, à St-Josse-ten-Noode.
CLAYS (P.), rue Seutin, 27, à Schaerbeek.
CRÉPIN (Fr.), rue de l'Association, 31, à Bruxelles.
DE DECKER (P.-J.), rue des Palais, 68, à Schaerbeek.
DE GROOT (Guillaume), avenue Louise, 406, à Bruxelles.
DE LALAING (le comte J.), rue Ducale, 43, à Bruxelles.
DEMANNEZ (Jos.), rue de la Ferme, 8, à St-Josse-ten-Noode.
DE TILLY (Jos.), à la Cambre, à Bruxelles.
DUPONT (Éd.), villa du Lac, à Boitsfort.
ERRERA (Léo.), place Stéphanie, 1, à Bruxelles.
FAIDER (Ch.), rue du Commerce, 77, à Bruxelles.
FÉTIS (Éd.), rue de Ruysbroeck, 55 à Bruxelles.
FOLIE (F.), à l'Observatoire de Bruxelles.
FRAIKIN (C.-A.), chaussée d'Haecht, 182, à Schaerbeek.
FRÉDÉRIX (G.), rue de Pascale, 23, à Bruxelles.
GEVAERT (A.), place du Petit-Sablon, 16, à Bruxelles.
GIRON (Alf.), rue Goffart, 16, à Ixelles.
GLUGE (T.), rue Joseph II, 7, à Bruxelles.
GOBLET D'ALVIELLA (le comte E.), rue Faider, 10, à Ixelles.
GUFFENS (Godfr.), place Le Hon, 4, à Schaerbeek.
HENNE (Alex.), rue de Livourne, 14, à Bruxelles.
HENNEBICQ (A.), rue de Lausanne, 1, à St-Gilles
HENRARD (P.), rue Marie de Bourgogne, 44, à Bruxelles.
HYMANS (H.), rue de la Croix, 44, à Ixelles.
JAQUET (Jos.), rue des Palais, 156, à Schaerbeek.
LAGRANGE (Ch.), rue Sans-Souci, 42, à Ixelles.

LAUREYS (F.), boulevard du Nord, 9, à Bruxelles.
LIAGRE (J.), rue Caroly, 23, à Ixelles.
MAILLY (Éd.), rue St-Alphonse, 31, à St-Josse-ten-Noode.
MARCHAL (le chev. Edm.), rue de la Poste, 63, à St-Josse-ten-Noode.
MARKELBACH (Alex.), chaussée d'Haecht, 155, à Schaerbeek.
MAUS (H.), rue de Naples, 41, à Ixelles.
MEUNIER (J.-B.), rue Maes, 16, à Ixelles.
MOURLON (M.), rue Belliard, 107, à Bruxelles.
PHILIPPSON (M.), rue du Luxembourg, 33, à Ixelles.
PIOT (Ch.), rue Berckmans, 104, à Saint-Gilles.
PORTAELS (J.), rue Royale, 232, à St-Josse-ten-Noode.
POTVIN (Ch.), rue Vautier, 58, à Ixelles.
PRINS (Ad.), rue Souveraine, 69, à Ixelles.
RIVIER (Alph.), avenue de la Toison d'or, 58, à Saint-Gilles.
ROBIE (J.), chaussée de Charleroi, 127, à St-Gilles.
ROLIN-JAEQUEMYNS (G.), rue de la Bonté, 3, à Bruxelles.
ROUSSEAU (Jean), rue du Conseil, 59, à Ixelles, et à Mousty.
SLINGENEYER (Ern.), rue du Commerce, 113, à Bruxelles.
STALLAERT (J.), rue des Chevaliers, 20, à Ixelles.
STAS (J.-S.), rue de Joncker, 13, à Saint-Gilles.
STEICHEN (M.), rue de Berlin, 44, à Ixelles.
TARDIEU (Ch.), chaussée de La Hulpe, 39, à Boitsfort.
TIBERGHIEN (G.), rue de la Commune, 4, à St-Josse-ten-Noode.
VANDERKINDERE (Léon), rue Nouvel, 50, à Uccle.
VINÇOTTE (Thomas), rue de la Consolation, 97, Schaerbeek.
WAUTERS (Alph.), rue de Spa, 22, à Bruxelles.
WAUTERS (Émile), rue Froissart, 111, à Bruxelles.

ADRESSES DES MEMBRES, DES ASSOCIÉS ET DES CORRESPONDANTS DE L'ACADÉMIE HABITANT EN PROVINCE.

BENOIT (Pierre), Marché St-Jacques, 13, à Anvers.
BIOT (Gust.), rue Van Beethoven, 6, à Anvers.
BORMANS (Stanislas), à l'Université, à Liège.
BRIART (Alph.), à Morlanwelz-Mariemont (Hainaut).
BUSSCHOP (Jules), quai Ste-Anne, 13, à Bruges.
CANDÈZE (E.), à Glain, près de Liège.
CATALAN (Eugène), rue des Éburons, 21, à Liège.
DE BORCHGRAVE (Ém.), à la Coupure, 35, à Gand, et à Constantinople.
DE CHESTRET DE HANEFFE (Le baron J.), rue des Augustins, 31, à Liège.
DE HARLEZ (le chev. Ch.), rue au Vent, 8, à Louvain.
DE HEEN (P.), rue de Joie, 54, à Liège.
DE LA VALLÉE POUSSIN (Ch.), rue de Namur, 190, à Louvain.
DE LAVELEYE (Émile), rue Courtois, 38, à Liège.
DELBŒUF (J.), boulevard Frère-Orban, 32, à Liège.
DE MONGE (L.), rue des Joncs, 3, à Louvain.
DERUYDTS (J.), rue des Augustins, 35, à Liège.
DE SELYS LONGCHAMPS (le bon Edm.), à Waremme, et boulev. de la Sauvenière, 34, à Liège.
DEWALQUE (Gust.), rue de la Paix, 17, à Liège.
DONNY (F.), rue Neuve-St-Pierre, 95, à Gand.
DU CAJU (J.), rue des Escrimeurs, 32, à Anvers.
FREDERICQ (Léon), rue de Pitleurs, 14, à Liège.
GANTRELLE (J.), chaussée de Courtrai, 96, à Gand.
GILKINET (Alfred), rue Renkin, 13, à Liège.
HENRY (L.), rue du Manège, 2, à Louvain.
KERVYN DE LETTENHOVE (Le baron), à Saint-Michel lez-Bruges.
LAMY (Th.), rue des Moutons, 143, à Louvain.
LE PAIGE (C.), rue des Anges, 21, à Liège.

LE ROY (Alph.), rue Fusch, 36, à Liège.
LOISE (F.), rue Juste Lipse, 43, à Louvain.
LOOMANS (Ch.), rue Beeckman, 20, à Liège.
MALAISE (C.), à l'Institut agricole de l'État, à Gembloux.
MANSION (P.), quai des Dominicains, 6, à Gand.
MASIUS (V.), rue Beeckman, 18, à Liège.
NÈVE (Félix), rue des Orphelins, 52, à Louvain.
PAULI (Ad.), place des Fabriques, 1, à Gand.
PLATEAU (Félix), boulevard du Jardin zoologique, 54, à Gand.
RADOUX (J.-Th.), boulevard Piercot, 3, à Liège.
RENARD (A.), rue de la Station, à Wetteren.
ROERSCH (L.), rue de Chestret, 5, à Liège.
ROOSES (Max.), rue de la Province (Nord), 99, à Anvers.
SAMUEL (Ad.), place de l'Évêché, à Gand.
SCHADDE (Jos.), rue Leys, 18, à Anvers.
SNIEDERS (Aug.), rue van Lérius, 24, à Anvers.
SPRING (Walthère), rue Beeckman, 32, à Liège.
STECHER (J.), quai Fragnée, 36, à Liège.
TERBY (F.), rue des Bogards, 96, à Louvain.
THONISSEN (J.), rue de la Station, 88, à Louvain.
VALERIUS (H.), rue Basse, 45, à Gand.
VAN BAMBEKE (C.), rue Haute, 7, à Gand.
VAN BENEDEN (Éd.), quai des Pêcheurs, 50, à Liège.
VAN BENEDEN (P.-J.), rue de Namur, 93, à Louvain.
VANDER HAEGHEN (F.), Fossé d'Othon, 1, à Gand.
VAN DER MENSBRUGGHE (G.), Coupure, 101, à Gand.
VAN EVEN (Édouard), à Louvain.
VANLAIR (C.), rue des Augustins, 45, à Liège.
VUYLSTEKE (J.), rue aux Vaches, 15, à Gand.
WAGENER (A.), boulevard du Jardin zoologique, 27, à Gand.
WILLEMS (Pierre), rue de Bruxelles, 192, à Louvain.

LISTE

DES PRÉSIDENTS ET DES SECRÉTAIRES PERPÉTUELS DE L'ACADÉMIE

depuis la fondation en 1769.

ANCIENNE ACADÉMIE (1)

(1769 — 1816).

Présidents (2).

Le comte de Cobenzl. . . . . 1769.
Le chancelier de Crumpipen . . . . 1772.

Secrétaires perpétuels.

Gérard. . . . . 1769 à 1776.
Des Roches . . . . 1776 à 1787.
L'abbé Mann . . . . 1787 à 1794.

Directeurs (3).

L'abbé Needham. . . . . 1769 à 1780.
Le comte de Fraula. . . . . 1780 à 1781.
Le marquis du Chasteler . . . . 1781 à 1784.
Gérard . . . . 1784 à 1786.
Le marquis du Chasteler . . . . 1786 à 1789 (4).
L'abbé Chevalier. . . . . 1791 à 1793.
Gérard. . . . . 1793 à 1794.
L'abbé Chevalier. . . . . 1794 (5).

(1) L'ancienne Académie n'a pas tenu de séance de 1794 à 1816; période pendant laquelle elle resta dispersée par suite des événements politiques.

(2) Nommés par le Gouvernement.

(3) Élus par l'Académie.

(4) Il n'y pas eu de directeur pendant l'intervalle compris entre la mort du marquis du Chasteler (11 octobre 1789) et la nomination de l'abbé Chevalier 18 mai 1791).

(5) L'abbé Chevalier fut élu directeur dans la séance du 21 mai 1794, la dernière que l'Académie ait tenue.

ACADÉMIE DEPUIS SA RÉORGANISATION EN 1816.

Présidents.

Le b[on] de Feltz.	1816-1820.	Van Hasselt.	1862.
Le p[nce] de Gavre	1820-1832.	M.-N.-J. Leclercq	1863.
Ad. Quetelet.	1832-1835.	Schaar	1864.
Le baron de Stassart	1835.	Alvin	1865.
Le baron de Gerlache	1836.	Faider	1866.
Le baron de Stassart.	1837.	Le vicomte Du Bus	1867.
Le baron de Gerlache	1838.	F. Fétis	1868.
Le baron de Stassart.	1839.	Borgnet	1869.
Le baron de Gerlache	1840.	Dewalque	1870.
Le baron de Stassart.	1841.	Gallait	1871.
Le baron de Gerlache	1842.	d'Omalius d'Halloy	1872.
Le baron de Stassart.	1843.	Thonissen	1873.
Le baron de Gerlache	1844.	De Keyzer	1874.
Le baron de Stassart.	1845.	Brialmont	1875.
Le baron de Gerlache	1846 (1).	Faider.	1876.
Le baron de Stassart.	1847.	Alvin	1877.
Verhulst	1848.	Houzeau	1878.
F. Fétis	1849.	M.-N.-J. Leclercq	1879.
d'Omalius d'Halloy	1850.	Gallait	1880.
M.-N.-J. Leclercq	1851.	P.-J. Van Beneden.	1881.
Le baron de Gerlache	1852.	Le Roy	1882.
Le baron de Stassart.	1853.	Fétis	1883.
Navez	1854.	Dupont	1884.
Nerenburger	1855.	Piot	1885.
Le baron de Gerlache	1856.	Alvin	1886.
de Ram	1857.	De Tilly	1887.
d'Omalius d'Halloy	1858.	Bormans	1888.
F. Fétis	1859.	F.-A. Gevaert	1889.
Gachard	1860.	J.-S. Stas	1890.
Liagre	1861.	G. Tiberghien	1891.

Secrétaires perpétuels.

Van Hulthem	1816 à 1821.
Dewez	1821 à 1835.
Ad. Quetelet	1835 à 1874.
Liagre	Élu en 1874.

(1) Depuis 1846, c'est le Roi qui nomme le président, parmi les directeurs annuels des Classes.

LISTE

DES DIRECTEURS DEPUIS LA RÉORGANISATION EN 1845.

Classe des Sciences.

Dandelin	1846.	Nyst	1869.
Wesmael	1847.	Dewalque	1870.
Verhulst	1848.	Stas	1871.
Le v^te^ Du Bus	1849.	d'Omalius d'Halloy	1872.
d'Omalius d'Halloy	1850.	Gluge	1873.
de Hemptinne	1851.	Candèze	1874.
Kickx	1852.	Brialmont	1875.
Stas	1853.	Gloesener	1876.
de Selys Longchamps	1854.	Maus	1877.
Nerenburger	1855.	Houzeau	1878.
Dumon	1856.	de Selys Longchamps	1879.
Gluge	1857.	Stas	1880.
d'Omalius d'Halloy	1858.	P.-J. Van Beneden	1881.
Melsens	1859.	Montigny	1882.
P.-J. Van Beneden	1860.	Éd. Van Beneden	1883.
Liagre	1861.	Dupont	1884.
de Koninck	1862.	Morren	1885.
Wesmael	1863.	Mailly	1886.
Schaar	1864.	De Tilly	1887.
Nerenburger	1865.	Crépin	1888.
d'Omalius d'Halloy	1866.	Briart	1889.
Le v^te^ Du Bus	1867.	Stas	1890.
Spring	1868.	F. Plateau	1891.

Classe des Lettres.

Le b^on^ de Gerlache	1846.	Le b^on^ de Gerlache	1848.
Le b^on^ de Stassart	1847.	Le b^on^ de Stassart	1849.

de Ram	1850.	Haus	1871.
M.-N.-J. Leclercq . .	1851.	De Decker	1872.
Le b^on de Gerlache . .	1852.	Thonissen	1873.
Le b^on de Stassart . .	1853.	Chalon	1874.
de Ram	1854.	le b^on Guillaume . .	1875.
M.-N.-J. Leclercq . .	1855.	Ch. Faider	1876.
Le b^on de Gerlache . .	1856.	Alphonse Wauters . .	1877.
de Ram	1857.	de Laveleye	1878.
M.-N.-J. Leclercq . .	1858.	M.-N.-J. Leclercq . .	1879.
Le b^on de Gerlache . .	1859.	Nypels	1880.
Gachard	1860.	H. Conscience . . .	1881.
de Ram	1861.	Le Roy	1882.
De Decker	1862.	Rolin-Jaequemyns . .	1883.
M.-N.-J. Leclercq . .	1863.	Wagener	1884.
Gachard	1864.	Piot	1885
Grandgagnage	1865.	P. Willems	1886.
Faider	1866	Tielemans	1887.
Roulez	1867.	Bormans	1888.
Le b^on Kervyn de Lettenhove	1868.	Potvin	1889.
Borgnet	1869.	Stecher	1890.
Defacqz	1870.	G. Tiberghien	1891.

Classe des Beaux-Arts.

F. Fétis	1846.	De Keyser	1856.
Navez	1847.	Alvin	1857.
Alvin	1848.	G^me Geefs	1858.
F. Fétis	1849.	F. Fétis	1859.
Baron	1850.	Baron	1860.
Navez	1851.	Suys	1861.
F. Fétis	1852.	Van Hasselt	1862.
Roelandt	1853.	Éd. Fétis	1863.
Navez	1854.	De Keyser	1864.
F. Fétis	1855.	Alvin	1865.

De Busscher	1866.	Le chev. de Burbure .	1879.
Balat	1867.	Gallait	1880.
F. Fétis	1868.	Balat	1881.
De Keyser.	1869.	Siret	1882.
Fraikin.	1870.	Fétis	1883.
Gallait	1871.	Slingeneyer	1884.
Éd. Fétis	1872.	Pauli	1885.
Alvin	1873.	Alvin	1886.
De Keyser.	1874.	Fraikin.	1887.
Balat	1875.	Robert.	1888.
Gevaert	1876.	Gevaert.	1889.
Alvin	1877.	Schadde	1890.
Portaels	1878.	H. Hymans	1891.

NOTICES BIOGRAPHIQUES.

212

HENRY VIEUXTEMPS,

MEMBRE DE L'ACADÉMIE,

né à Verviers le 17 février 1820, décédé à Alger le 6 juin 1881.

SA VIE. — SES ŒUVRES.

Fidèle à un pieux usage, l'Académie a voulu que la biographie de Henry Vieuxtemps vînt enrichir son *Annuaire*.

Le sujet était vaste, et ce n'était pas trop de la plume éloquente d'un grand écrivain pour la tracer dignement.

C'est à un musicien, cependant, que l'honneur en est échu. L'Académie a pensé, sans doute, que les exigences littéraires devaient plier ici devant les nécessités d'un autre ordre, et qu'à l'œuvre capitale d'un musicien éminent il fallait un biographe que l'ardeur et la sincérité de son admiration missent à la hauteur de son sujet.

Un sentiment plus délicat, peut-être encore, a dicté le choix d'un musicien liégeois pour retracer la vie glorieuse d'un des enfants les plus illustres de la province de Liège.

Ce préambule était nécessaire pour rappeler mes droits à l'indulgence de l'Académie.

Elle ne s'étonnera pas si ce travail est privé des qualités qui font une œuvre littéraire, et si, à défaut d'autres mérites, elle possède seulement celui de refléter l'enthousiasme qu'inspirera toujours à un musicien le génie du virtuose-compositeur le plus grand que la Belgique ait produit.

I.

Vers 1805, un jeune garçon, à peine âgé de 15 ans, arrivait à Verviers.

Son bagage n'était pas lourd, un mince paquet de hardes et un veston en composaient toute la richesse.

Abandonné par les siens, il s'était vu forcé de quitter son village des Ardennes et de chercher ailleurs à subvenir à ses besoins.

Cette quasi-expatriation d'un enfant n'était pas chose commune à cette époque, et elle dénotait de la part de notre adolescent une puissance de caractère que l'on rencontrerait bien rarement de nos jours.

Verviers était alors la ville industrieuse qu'elle est restée depuis, et les fabriques de drap, nombreuses, formaient déjà la principale ressource de sa population ouvrière.

A peine arrivé, le jeune voyageur s'installa modestement dans une maison bourgeoise, sorte d'auberge tenue par un bonhomme qu'on appelait familièrement le père

Anselme, et là, grâce à sa serviabilité et à sa bonne humeur, il ne tarda pas à se faire aimer de toute la famille.

Après différents apprentissages dans les fabriques de drap, il choisit définitivement le métier de tondeur.

Tout allait bien, et la Providence, cette mère des malheureux, semblait avoir pris sous son aile protectrice le courageux travailleur, lorsqu'en 1809, ayant atteint l'âge de 19 ans, il fut appelé par la conscription à l'honneur peu enviable de servir dans les armées de Napoléon.

Nous renonçons à dépeindre le désespoir qui s'empara de la famille Anselme à cette triste nouvelle, car en ces temps de guerres incessantes, l'homme appelé sous les drapeaux était voué à une mort presque certaine.

Les adieux furent touchants et bien des larmes coulèrent, mais il fallut se résigner, et, le jour fatal arrivé, toute la famille accompagna le plus loin possible le pauvre exilé sur la route d'Allemagne, car il devait faire ses premières armes à Dresde.

De là, il fut dirigé avec son régiment sur Culm, où l'armée française, on le sait, éprouva un échec considérable.

Blessé d'un coup de lance qui le mit hors combat, et frappé près de l'œil par une balle qui pénétra dans la tête, sans atteindre heureusement les organes vitaux, il fut fait prisonnier et enfermé dans un hangar avec plusieurs centaines de compagnons, blessés comme lui.

Présageant le sort qui leur était réservé, quelques-uns de ces prisonniers, parmi lesquels Jean-François Vieuxtemps, tinrent conseil, et préparèrent un plan d'évasion qui, favorisé par une nuit sombre, réussit à merveille.

Après avoir couru mille dangers, ils parvinrent enfin à rejoindre les lignes françaises; exténué par la longue marche qu'il venait de faire, et aussi par les souffrances que lui occasionnaient ses blessures, notre vaillant soldat dut entrer à l'ambulance, où il refusa de laisser procéder à l'extraction de la balle qui lui était entrée dans la téte. Bien lui en prit, car peu de jours plus tard, à la suite d'un étourdissement accompagné d'un terrible serrement de la gorge qui le fit tomber en syncope, il rejeta le projectile par la bouche, et, dès ce moment, il fut considéré comme sauvé.

On l'envoya à Tours, au dépôt de son régiment, pour y faire sa convalescence, mais là, on s'aperçut que sa blessure avait amené, une aphonie complète, qui résista à toutes les tentatives de la science, circonstance qui lui valut d'être déclaré impropre au service et renvoyé dans ses foyers.

On devine quelle fut la surprise et la joie de la famille Anselme en revoyant l'enfant que l'on croyait perdu! Ce ne fut pendant plusieurs jours que fêtes et festins auxquels s'associèrent les voisins, car tout le monde avait pris en affection ce brave garçon toujours serviable, et d'une humeur égale dans les bons comme dans les mauvais jours.

Les premiers moments d'effervescence passés, il reprit son métier, et s'occupa, plus sérieusement qu'il ne l'avait fait jusqu'alors, de la musique et de son cher violon.

Il s'en fit plus tard une source de profits en jouant de cet instrument à l'église, et aussi dans les petits bals, où l'orchestre se composait généralement d'un violon, d'un cornet à pistons et d'une contrebasse!

Les rapports affectueux qui s'étaient établis entre le jeune musicien et sa famille d'adoption prirent, quelques années plus tard, un caractère plus tendre encore, qui devait resserrer davantage les liens qui unissaient ces braves cœurs.

En effet, Marie-Albertine, l'une des filles du père Anselme, sentait se développer depuis quelque temps déjà au fond de son âme le germe d'un pur amour qui, partagé par notre jeune homme, aboutit à un mariage célébré au commencement de l'année 1819.

De ce mariage naquit le 17 février 1820, Henry Vieuxtemps.

C'était « un vrai chérubin », dit M. J.-J. Renier (1), et ajoutons-le, il manifesta dès sa plus tendre enfance l'instinct de l'art qui devait plus tard illustrer son nom.

Le son du violon paternel exerça de bonne heure sur sa jeune âme une impression profonde; dès l'âge de deux ans, sa passion pour le roi des instruments se manifestait confusément, car lorsqu'il lui arrivait de pleurer, nous apprend M. Renier, « il redevenait sage comme un ange, dès que le violon se faisait ouïr! »

En présence d'une vocation qui s'annonçait si éloquemment, et dans le seul but d'obtenir la paix, que l'enfant ne cessait de troubler aussitôt qu'on le privait du voisinage de son cher violon, son père essaya de lui inculquer les premiers principes de la musique.

Il lui enseigna ce qu'il savait, et comme ce n'était pas bien long, nous dit Henry Vieuxtemps dans son autobiographie, « j'en sus vite autant que lui ».

(1) *L'enfance de Vieuxtemps*, par J.-J. Renier. Liège, imprimerie Carmanne, 1867.

Sentant toute l'insuffisance de son enseignement, le père de notre bambin pensa à le confier à des mains plus habiles, et, grâce à la protection éclairée d'un amateur riche et généreux, M. Génin, l'enfant reçut les conseils de *M. Lecloux-Dejonc*, de Herve, musicien de valeur, et quelque peu virtuose.

Remarquons que presque tous les prédestinés de l'art ont rencontré sur leur chemin un Mécène qui leur aplanissait les difficultés d'une carrière où les épines, hélas ! sont plus communes que les roses, et qui faisait, ainsi, éclore les grands talents.

N'avons-nous pas vu naguère encore Wagner, le grand Wagner, devoir le complet épanouissement de son génie à la protection éclairée et si audacieusement généreuse du roi Louis de Bavière? N'est-ce pas aux libéralités de ce monarque, si justement épris du talent du grand musicien que la postérité classera dans la famille des Bach, des Weber et des Beethoven, qu'il a dû de pouvoir construire ce théâtre de Bayreuth où l'idéal rêvé par son génie a pu se réaliser dans sa plus haute acception? Que n'a-t-on pas dit et écrit sur la folie de ce monarque! Folie sublime, puisqu'elle a contribué à doter le monde d'un des plus grands génies du siècle.

M. Génin, bien que dans une sphère plus modeste, aura, lui aussi, puissamment aidé au développement du talent de Henry Vieuxtemps, et son nom restera toujours étroitement lié à celui de son protégé.

Mais aussi, reconnaissons-le, il eut la main heureuse et il dut se féliciter, par la suite, d'avoir su si bien deviner les hautes destinées auxquelles notre jeune virtuose était appelé.

Les progrès de notre *bambino* furent si rapides et si merveilleux, qu'à peine âgé de 6 ans, il put se produire comme soliste dans un concert que l'on organisa à son intention au théâtre de Verviers.

M. J. Renier fait un récit charmant de l'émotion produite dans le paisible intérieur du père de Vieuxtemps à l'idée de ce premier début public du petit prodige. « Impossible de dépeindre, dit-il, la jubilation de la famille : elle n'était égalée que par le zèle et l'application de Henry, qui comprenait déjà qu'il avait à répondre à l'attente de ses bienfaiteurs.

» Malgré la vivacité de son caractère et la légèreté de son âge, aucun jeu enfantin ne l'attira plus jusqu'au grand jour.

» Feu sa tante Barbe, citée alors pour sa dextérité dans les ouvrages de mains, ne voulut confier qu'à elle-même le soin de lui confectionner un costume d'apparat.

» Une blouse en mérinos bleu, s'il vous plait! taille plissée, ceinture, manches à gigot, et une grande collerette semi-circulaire en toile, entourée d'une large bordure de baptiste à plis très fins, rien que cela !

» Le jour solennel arrivé, l'impatience du public était extrême.

» Enfin, le jeune violoniste parut, tenant sous le bras l'instrument qui devait l'immortaliser.

» Il entonna avec une énergie surprenante; l'émotion des assistants avait peine à se contenir. Les applaudissements éclatèrent avec un entrain, une frénésie dont on n'avait jamais eu d'exemple à Verviers.

» L'artiste s'était révélé : aux acclamations de la foule, le petit Henry était devenu Vieuxtemps!

» L'enfant déjà célèbre saluait à droite, à gauche, et les mains battaient toujours; la tête de Henry dépassait à peine les quinquets de la rampe.

» En ce moment le vénérable Pierre de Thier, grand ami des arts, s'apercevant que l'assemblée était animée du désir de contempler le héros de la soirée, éleva Henry en l'air en le soulevant sous les bras; ce fut une véritable tempête de bravos et de trépignements. »

Le souvenir de ce premier succès, ainsi que les détails de la toilette confectionnée pour la circonstance, ne devaient pas être perdus pour l'histoire; ainsi en décida M. Génin, qui fit immédiatement reproduire par la peinture les traits du jeune virtuose dans son costume d'apparat.

Ce portrait appartient aujourd'hui au Musée de Verviers et continue à faire l'admiration des concitoyens du grand homme.

C'est à partir de ce moment que la vie militante du virtuose commença pour Vieuxtemps.

Son triomphe de Verviers avait trouvé de l'écho dans la cité de Grétry, qui voulait à son tour contempler et admirer l'émule des Viotti et des de Bériot.

C'est le 29 novembre 1827 qu'il se fit entendre au public liégeois dans un concert de la *Société Grétry*. Le succès qu'il y remporta ne fut pas moins brillant qu'à Verviers, s'il faut en croire le *Mathieu Laensbergh*. Qu'on en juge :

« Liége, dit ce journal, n'a jamais entendu sur le violon un talent aussi précoce. Le petit bonhomme n'a que 7 ans; sa petite taille et son air enfantin n'en annoncent pas davantage. La vigueur et la grâce de son archet, dans les passages les plus difficiles d'un concerto de Rode, lui ont valu des applaudissements.

» La justesse de son jeu et l'agilité de ses petits doigts, jointes à une grande netteté d'exécution, se sont plus particulièrement encore fait remarquer dans la symphonie concertante de Kreutzer pour deux violons. C'est là que M. Lecloux, son professeur, est venu recueillir, dans les applaudissements donnés à son élève, la récompense de ses soins et un nouvel encouragement à perfectionner un si jeune et si rare talent. »

Une circonstance, oubliée aujourd'hui, mais dont le souvenir est toujours resté cher au cœur de notre artiste, avait marqué cette soirée.

Le président de la Société lui avait remis, à la fin du concert, un magnifique archet de *Tourte*(1). L'inscription suivante était gravée sur ce premier trophée de gloire : *« à Henry Vieuxtemps, la Société Grétry. »*

On comprend tout ce qu'il pouvait y avoir de dangereux, au point de vue de l'avenir de Vieuxtemps, dans les démonstrations enthousiastes dont il était l'objet de la part du public. Une organisation vulgaire en eût certes conçu de l'orgueil et, qui sait, eût peut-être avorté; mais sa nature éminemment artistique avait déjà des aspirations vers un idéal; le grand art hantait son esprit; il devait gravir glorieusement tous les degrés du Parnasse!

Après Verviers et Liège, Bruxelles voulut aussi entendre

(1) François Tourte naquit à Paris en 1747 et mourut dans cette ville au mois d'avril 1835. Il s'était acquis une véritable célébrité en fabricant des archets. Ils sont encore de nos jours fort recherchés.

le petit Henry, qui se mit bravement en route pour la future capitale, où il arriva le 20 janvier 1828.

Le lendemain, il prenait part à la fête musicale donnée à l'ancienne salle du concert noble, au Waux-Hall, et il y obtenait un nouveau et éclatant succès.

M. Maurice Kufferath, dans le remarquable livre qu'il a publié sur Vieuxtemps (1), reproduit l'article que le *Courrier des Pays-Bas* a consacré à ce concert. Je me permets de le lui emprunter :

« Le jeune Vieuxtemps, dit ce journal, me paraît avoir eu un violon pour hochet et ne l'avoir point quitté depuis son enfance, tant la facilité avec laquelle il manie cet instrument est un jeu pour lui. Un goût inné, autant que les leçons d'un maître, lui a sans doute révélé les secrets de son art; et ce qui achève d'en convaincre, c'est que, malgré les difficultés qu'il est parvenu à surmonter, il conserve dans l'exécution on ne sait quoi d'enfantin et de gracieux qui appartient à son âge, et qui indique que chez lui les sensations musicales ne sont point des sensations factices. Nous avons tâché de ne point le perdre de vue dans les moments où il ne figurait pas à son pupitre; nous l'avons observé jouant à l'écart, au milieu des camarades de son âge (car il n'est pas indifférent d'observer un enfant), et nous l'avons vu partager leurs jeux dans un coin de la salle, aussi gaîment que s'il n'était pas une merveille. »

On le voit, partout notre jeune artiste excitait la même curiosité, et Anvers devait, quelques jours plus tard, cor-

(1) *Henry Vieuxtemps, sa vie et son œuvre.* Bruxelles, Rosez, libraire-éditeur.

roborer de tout point l'opinion émise sur son talent précoce par la presse du pays.

Ce fut, en effet, le 15 mars 1828 qu'il joua à la salle olympique. Il exécuta la romance *Je ne l'aime plus*, variée par Wéry, une *symphonie concertante* et *les souvenirs du Simplon*, airs suisses variés, par Lafont.

Le *Journal d'Anvers* s'exprimait ainsi au sujet de ce concert : « La réputation de cet enfant et l'intérêt qu'il inspire avaient attiré une réunion nombreuse et choisie. Il a justifié, et même dépassé toutes les espérances, et le premier moment de surprise, à la vue d'une créature aussi faible, a fait place à un sentiment d'admiration, lorsqu'on a entendu cet instrument soupirer une romance avec un charme, *accompagné* d'une expression presque inconciliable avec un âge aussi tendre.

» Dans une symphonie, et surtout dans les airs suisses variés, le petit Vieuxtemps a développé un goût et une sûreté d'exécution qui ont excité des transports unanimes. On doit, en effet, considérer comme prodigieuses la connaissance théorique du plus difficile des instruments et l'exécution mécanique, à un âge où les facultés intellectuelles et physiques sont à peine développées. »

Le 20 mars suivant, Vieuxtemps se faisait encore entendre au Théâtre royal de cette même ville et provoquait le même enthousiasme.

Son passage à Anvers eut ceci de particulièrement remarquable, qu'il y composa sa première œuvre musicale.

Vieuxtemps a rappelé cet événement, car c'en était un, dans son autobiographie.

A son arrivée dans la cité de Rubens, il était descendu

chez M. de Pouhon (le généreux fondateur et bienfaiteur de l'hospice d'Ensival, près de Verviers), auquel il avait été recommandé.

La réception qui lui fut faite fut des plus cordiales; « *Je passai quelques jours agréables chez cet homme généreux* », dit Vieuxtemps. « C'est dans cette maison, ajoute-t-il, que je composai un quadrille, ou quelque chose qui avait la prétention d'y ressembler, qui fut intitulé : *Le chant du coq*, à propos d'une épingle que mon hôte m'avait offerte et qui représentait ce bipède. »

Le *Do*, *mi*, *sol*, journal satirique de Verviers, a rapporté, dans son numéro du 3 avril 1881, cette historiette, et, au dire de Vieuxtemps lui-même, le récit est exact :

« C'était en 1828, dit ce journal; Vieuxtemps venait d'atteindre sa huitième année. A l'âge où d'autres enfants sont encore considérés comme des poupées innocentes et inconscientes, il avait déjà réussi à se faire une petite réputation dans sa ville natale.

» Monsieur de Pouhon, d'Ensival, qui fut directeur de la Banque nationale de Bruxelles, habitait alors Anvers, et il fit venir l'enfant dans la cité de Rubens pour le faire entendre à un de ses amis, grand amateur de musique. Or, en traversant une rue de la ville, le jeune Vieuxtemps lâcha tout à coup la main de M. de Pouhon et s'arrêta devant la vitrine d'un bijoutier dans une contemplation d'éblouissement. Oh! le joli coq, s'exclamait-il, le joli coq! On avait beau vouloir l'entraîner, il ne pouvait détacher les yeux d'une épingle qui le fascinait. Mon Dieu, lui dit M. de Pouhon, si tu tiens tant à ce coq, je vais te l'acheter. Il entra, fit l'emplette et présenta le cadeau à son petit ami.

» Deux heures plus tard, on était à table; au moment de passer au dessert, on s'étonne de ne plus apercevoir l'enfant; on l'appelle, on le cherche partout et on finit par le découvrir dans un coin du jardin. A l'approche des gens de la maison, le bambin se leva, agitant une feuille de papier, qu'il présenta à son tour à celui dont il avait reçu le bijou.

» C'était une composition qui figure aujourd'hui dans les œuvres de l'illustre virtuose, sous le titre : *Le chant du coq*. »

Mme veuve de Pouhon, nous apprend Vieuxtemps, possède encore le manuscrit de cette élucubration enfantine.

II.

Entretemps, la famille du père de Vieuxtemps s'était accrue rapidement, car, outre une fille nommée Barbe, née le 4 septembre 1822, Isidore et Marie, morts en bas âge, un nouveau fils venait de naitre le 5 juillet 1828.

Celui-ci, dont nous aurons quelques mots à dire à la fin de cette notice, reçut les prénoms de Jean-Joseph-Lucien.

Cet accroissement de petites bouches à nourrir avait amené une certaine gène dans le ménage, et le chef de famille ne voyait pas l'avenir sans inquiétude.

Ce fut précisément à ce moment que l'on vint lui proposer de faire un nouveau voyage avec son fils Henry.

Cette fois il s'agissait de visiter la Hollande. Le voyage projeté devait être considéré, à cette époque, comme très important, et surtout fort onéreux. Or, le père de Vieuxtemps n'était rien moins que rassuré sur la réussite pécuniaire de l'entreprise, et il s'en ouvrit franchement à M. Génin.

« Ne t'inquiète pas de cela, mon ami, lui dit cet excellent homme, en lui remettant une lettre de crédit. Avec le papier que voici, tu auras de l'argent partout, et tu peux aller jusqu'à 10,000 francs sans te gêner.

» Je dois dire, à la louange de mon père, nous apprend Vieuxtemps, qu'on l'aurait plutôt broyé que de lui faire entamer ce trésor. »

Le résultat fut, du reste, des plus satisfaisants, et l'on put vivre du produit des concerts donnés à la Haye, à Rotterdam et à Amsterdam.

Ce fut dans cette dernière ville que notre jeune artiste eut le bonheur de rencontrer Charles de Bériot, le grand violoniste, alors dans tout l'éclat de son tendre et gracieux talent.

Il écouta l'enfant prodige avec une attention extrême, fut émerveillé des dispositions exceptionnelles dont il fit preuve dans un morceau très difficile : *Le Ranz des vaches*, de Lafont, et, sur-le-champ, proposa au père Vieuxtemps de se charger de l'éducation musicale de son fils.

Pour cela, il fallait que toute la famille quittât Verviers et allât s'installer à Bruxelles, où de Bériot avait sa résidence.

Est-il besoin d'insister sur les hésitations que souleva ce projet, dont la réalisation devait bouleverser complètement la vie du modeste musicien verviétois?

Il rencontra surtout de la résistance chez la mère du jeune Vieuxtemps; la pauvre femme ne pouvait se résigner à quitter ainsi sa ville natale, ses parents, ses amis toutes ses habitudes.

Cependant, disons-le à son honneur, elle sut vite faire taire ses sentiments personnels pour ne songer qu'à l'avenir de son *fieu* Henry, le benjamin de la famille, et il fut enfin décidé que l'on s'installerait à Bruxelles, dans le courant de l'année 1829.

Après avoir réalisé un peu d'argent par la vente d'une partie du mobilier, et grâce au produit d'un concert d'adieux que Vieuxtemps organisa à Verviers avant de quitter cette ville, on put se mettre en route avec une certaine confiance dans l'avenir.

Il fut arrêté, tout d'abord, que le père et le fils précéderaient de quelque temps la famille dans la capitale, et s'occuperaient d'y préparer une installation convenable pour y recevoir la mère et les autres enfants.

Le premier soin de nos voyageurs en mettant le pied à Bruxelles fut, on le comprend, de faire une visite à Charles de Bériot, qui les reçut, nous dit Henry Vieuxtemps, comme de vieux amis.

Notre jeune artiste, dans son autobiographie, parle avec attendrissement de la bonté, de la douceur de cet excellent maitre.

La simplicité de son récit donne bien la note juste de ses rapports journaliers avec l'illustre artiste, et caractérise admirablement l'homme dont la sensibilité d'âme n'avait d'égale que celle de cette grande artiste tuée, comme l'a dit Musset, pour n'avoir pu étouffer « . . . *cette* » *flamme brûlante que son sein palpitant ne pouvait con-* » *tenir* », et qui fut la compagne de sa vie, *la Malibran !*

De Bériot n'eut que fort peu à modifier dans le jeu de son élève, tant avait été excellent l'enseignement de son premier maitre, M. Lecloux.

Dans les concertos de Viotti surtout, qu'il travailla de prime abord, Vieuxtemps sut acquérir cette souplesse du bras droit, restée la caractéristique de son talent.

C'est là encore qu'il récolta cette variété de coups d'archet dont abondent les traits dans ses œuvres, et principalement dans le 5e concerto, qu'il écrivit pour les concours du Conservatoire de Bruxelles.

Vieuxtemps fut un élève modèle, et chose plus rare de nos jours, où l'égoïsme prétend s'ériger en principe social, il fut un élève reconnaissant.

L'admiration qu'il avait pour son maitre touchait au fanatisme. Chaque phrase tombée de ses lèvres était recueillie comme parole d'évangile; toute remarque esthétique sur la manière d'interpréter les classiques restait gravée dans la mémoire du disciple, comme toutes les preuves de sollicitude qu'il recevait journellement s'incrustaient dans son cœur.

Ce fétichisme pour le talent de de Bériot pouvait avoir une influence sur l'avenir de Vieuxtemps, qui, à force d'observer, d'imiter, était entré à tel point dans la manière de son modèle, qu'un jour de Bériot lui dit : « Mais malheureux, si tu continues ainsi à me copier, tu ne seras jamais qu'un petit *de Bériot*, et il faut que tu deviennes *toi-même.* » Si ce tact était plus commun, on verrait moins de natures étouffées sous l'enveloppe du professeur. En effet, le rôle de celui-ci devrait toujours se borner à étudier l'intelligence de son disciple, et s'il y découvre une étincelle d'originalité, y donner l'essor. Considérée autrement, la mission du professeur ne peut être que fatale. Au lieu de la lumière, c'est la nuit qu'elle apporte.

La remarque si judicieuse de l'illustre maitre eut pour

résultat immédiat de faire réfléchir le jeune élève qui, à partir de ce moment, essaya de voler de ses propres ailes.

Chaque morceau nouveau était fouillé, approfondi par lui avant qu'il mit l'archet à la corde.

Après avoir réalisé ce premier travail d'incubation, il prenait son violon. Le succès ne récompensait pas toujours ses efforts, ce qui l'obligeait à de nouvelles études, mais il arrivait ainsi à remplir un double but : agir par lui-même et se pénétrer de la pensée intime des maitres, ce qui devait avoir une puissante influence sur son avenir de compositeur.

Vieuxtemps a donc, malgré tout, su se créer une individualité, tant il est vrai que l'influence du professeur n'a et ne peut avoir de prise absorbante que sur les intelligences médiocres, que j'appellerai : *les copistes de l'art.*

Cette existence de labeur et d'études de tous genres, jugée d'une utilité si précieuse par le père de Vieuxtemps, ne pouvait se prolonger bien longtemps si l'on ne trouvait le moyen de combler les vides que chaque journée venait creuser dans la modeste bourse du ménage.

C'est encore le bon de Bériot qui, devinant cette situation et les inquiétudes paternelles, conçut la pensée d'user de son influence auprès du Gouvernement hollandais pour faire obtenir une bourse d'étude à son protégé.

Voici la lettre qu'il adressa dans ce but au roi Guillaume :

« Sire,

» Encouragé par la protection particulière que Votre Majesté accorde aux artistes, je prends la respectueuse liberté de solliciter, au nom de M. Vieuxtemps, en faveur de son fils, âgé de 8 ans, qui a déjà acquis sur le violon un talent remarquable, et qui est, à mon avis, le phénomène le plus étonnant que j'aie jamais entendu.

» M. Vieuxtemps, père de trois enfants, n'ayant d'autre moyen d'existence que l'état de luthier (1), qu'il exerçait à Verviers, s'est trouvé forcé d'abandonner sa famille pour suivre son fils et le mettre à même de continuer son éducation musicale; je me trouve heureux de contribuer à ses progrès, et c'est en qualité de maître de cet enfant que j'ose joindre ma prière à la sienne pour supplier Votre Majesté de daigner lui accorder quelques secours sans lesquels il lui est de toute impossibilité de continuer sa carrière.

» Je suis avec respect, Sire, de Votre Majesté le très humble et fidèle sujet.

Signé : » C. DE BÉRIOT. »

Cette requête, favorablement accueillie par le monarque, ami des arts, auquel le pays devait déjà la création des écoles musicales de Bruxelles, Liège, la Haye et Amsterdam, vint augmenter d'une somme de 300 florins les ressources annuelles du modeste ménage. Il était dit, en outre, dans le libellé de la pension, que la somme en

(1) Jean-François Vieuxtemps (dit M. Kufferath, dans son livre déjà cité), ne fut pas, à proprement parler, luthier de profession. A Verviers, en 1820, le métier de luthier ou d'accordeur d'instruments n'aurait offert aucune ressource. Seulement, le père de Vieuxtemps consacrait à la lutherie et à la musique les loisirs que lui laissaient les travaux de la fabrique où il était employé.

serait majorée au bout de trois ans, « suivant les progrès du boursier. »

Cette petite rente permit au père d'appeler auprès de lui sa femme et ses autres enfants, et de s'installer d'une façon plus confortable.

A cet effet, il loua une petite maison *rue aux Choux, 28,* maison que notre jeune artiste remplit des sons harmonieux de son violon pendant six ans.

III.

Nous avons dit avec quelle ardeur, quel sérieux pour son âge, Vieuxtemps s'était mis à l'étude. Il passait tous les jours trois ou quatre heures chez son excellent maître, qui habitait alors rue Fossé-aux-Loups, et tout ce temps était consacré à la musique.

On comprendra que pareille semence, répandue à pleines mains sur un terrain aussi fertile, devait germer promptement et amener des résultats remarquables.

Le fait est que de Bériot jugea le moment venu de produire son élève à Paris, la grande métropole des arts, et de partir avec lui.

C'est (d'après un renseignement qui m'est donné par M. Lucien Vieuxtemps) le 22 mai 1829 que nos voyageurs débarquèrent à Paris, où le jeune Henry ne tarda pas à se produire devant le grand public parisien, dans les entr'actes de l'opéra *Tancrède,* aux Italiens.

Le fait de cet enfant, en contact avec toutes les célébrités de ce théâtre, et venant leur disputer les bravos de la foule sur leur terrain, avait quelque chose de phénoménal.

La *Sonntag* et la *Malibran*, « ces deux soleils », dit Vieuxtemps, me prirent sur leurs genoux après la répétition, et m'embrassèrent à m'étouffer. « Je me doutais bien peu alors, ajoute-t-il, de la divinité des lèvres qui me touchaient, et de l'essence de fée qu'exhalait leur haleine ! »

L'effet produit par le jeune artiste dans cette soirée mémorable fut colossal, inoubliable. « Un violoniste, dont la taille égale à peu près celle de son archet, écrivait Fétis dans la *Revue et gazette musicale*, est venu se faire entendre après M. de Bériot, son maitre, dans le 7e concerto de Rode. Cet enfant, dont le nom est Vieuxtemps, possède une sûreté, un aplomb, une justesse vraiment remarquables pour son âge; il est né musicien. »

Après ce premier grand triomphe, de Bériot fit entendre son petit prodige dans le cercle de ses nombreuses relations parisiennes. Il s'attachait aussi à empêcher le petit bonhomme de se griser des louanges que public et presse lui prodiguaient à l'envi.

« Tu n'es encore qu'un petit Bériot, lui répétait il sans cesse. Tu dois chercher ta voie, devenir un Vieuxtemps. Ne l'oublie pas. »

De son côté, son père le menaçait de *sa trique* s'il ne travaillait pas à la réalisation du rêve caressé par l'excellent maitre.

« Cette façon de procéder de mon cher père, quoiqu'un peu brutale, devait avoir du bon, puisqu'elle m'a réussi, nous dit Vieuxtemps. Cependant, mes préférences étaient pour celle de l'autre, plus persuasive et..... moins *frappante !* »

Après cette première étape dans la grande capitale, Vieuxtemps revint à Bruxelles, plus désireux que jamais de continuer ses études avec de Bériot, et avide d'acquérir les connaissances nécessaires à l'éclosion des idées musicales qu'il sentait remplir sa jeune imagination.

« Nous avons déjà parlé de cet enfant prodigieux qui semble, comme Mozart, être né musicien », avait dit un journal; et notre adolescent voulait probablement justifier cette ressemblance en prouvant qu'il était, comme Mozart, virtuose et compositeur.

Les événements de 1830 ayant suspendu le mouvement artistique un peu partout, et le jeune Henry, n'ayant plus l'occasion de se faire entendre en public comme violoniste, il voulut profiter de la présence à Bruxelles d'une demoiselle *Ragué* (excellente musicienne, fort éprise de la musique de Haydn, Mozart et Beethoven) pour s'initier aux secrets de l'harmonie.

« Je lui ai de bien grandes obligations, dit Vieuxtemps, car c'est à elle que je dois d'avoir connu de bonne heure les classiques, et cela à un âge et à une époque où on ne se doutait guère, surtout dans notre pays, ni de leur existence, ni de leurs œuvres. »

Constatons une fois de plus la régularité avec laquelle tout arrive à son heure dans cette existence vraiment extraordinaire.

C'est d'abord ce Mécène prêt à faire tous les sacrifices pour assurer l'avenir de son protégé, et qui prend une part si grande à l'éclosion de son talent précoce; puis de Bériot, qui se dévoue corps et âme au développement des facultés de son disciple; puis, enfin, l'arrivée à Bruxelles de cette jeune émigrée française que des événements politiques avaient amenée là juste au moment où, l'esprit hanté par le démon de la composition, l'imagination de notre jeune artiste avait besoin d'une nourriture forte et substantielle, et qui l'initie aux secrets des œuvres des grands maitres symphonistes. Quelle influence immense ne dut pas avoir, sur Vieuxtemps compositeur, l'étude de pareils modèles!

La tourmente révolutionnaire qui souffla si terriblement sur notre pays à ce moment de notre récit eut des conséquences désastreuses pour Vieuxtemps, en lui enlevant sa faible pension. « Le Gouvernement qui suivit, nous dit Vieuxtemps, ne *sut* ou ne voulut rien faire pour moi. » Dès lors, il fallut chercher ailleurs les ressources nécessaires à l'entretien de la petite famille.

De son côté, Mlle Ragué procura quelques leçons d'accompagnement à son intéressant élève, et la barque, remise à flots, put voguer encore pendant quelque temps sans trop faire craindre le naufrage.

Vieuxtemps venait d'atteindre sa dixième année lorsqu'il s'essaya sérieusement à l'art si difficile de la composition. Il produisit tout d'un jet, raconte son frère Lucien dans une note qu'il a bien voulu me communiquer, une dizaine d'airs variés et un concerto avec accompagnement d'orchestre.

De ces œuvres de son enfance, il n'est resté aucun vestige, et c'est vraiment grand dommage, car il eût été fort intéressant d'étudier cette belle intelligence dans les différentes phases de ses manifestations artistiques.

Une nouvelle et grande difficulté vint s'ajouter bientôt à celle que l'on venait de traverser.

De Bériot et la Malibran venaient à peine de rentrer à

Bruxelles, lorsque le bruit de leur prochain départ pour l'Italie se répandit et jeta le père de Vieuxtemps dans une perplexité d'esprit que nous renonçons à dépeindre.

Qu'allait devenir son fils, privé si jeune des conseils d'un tel maitre? A qui pourrait-il le confier?... A personne! telle fut la réponse du grand violoniste.

« Veillez à ce qu'il ne contracte pas de défauts, vous êtes assez compétent pour cela; mais, je le répète, ne le confiez à personne! Votre fils doit se frayer le chemin tout seul par la réflexion, et aussi par l'audition des artistes étrangers, qu'il doit chercher à entendre le plus possible. »

Ces sages conseils furent suivis à la lettre, « car, depuis ce temps, nous apprend Vieuxtemps lui-même, je n'ai plus eu une leçon de violon de qui que ce fût. » Seulement, il fit beaucoup de musique de chambre, ce qui contribua considérablement à lui former le goût et aussi à l'initier à une école spéciale du violoniste, pour laquelle il devait plus tard montrer une prédilection marquée et où il devait briller en maitre.

Sa bonne étoile le servit, du reste, le plus efficacement du monde, en lui faisant faire au moment propice la rencontre de *Pauline Garcia*, qui, avant de devenir l'illustre cantatrice connue sous le nom de *Pauline Viardot*, était alors, parait-il, une admirable pianiste.

En compagnie de cette femme-artiste si bien douée, il fit la connaissance des principales œuvres alors en vogue, et entre autres des trios de Schubert, des sonates de Beethoven, de Mozart, qui, d'après l'expression de Vieuxtemps, « les plongeaient dans l'éther, dans l'azur! Jeunes et fous d'enthousiasme, ajoute-t-il, nous allions aux découvertes, nous croyant de vrais Christophe Colomb! Ce temps de bonheur juvénil a duré environ un an ».

Avant de quitter Bruxelles, de Bériot voulut donner à son cher élève une nouvelle preuve de sa sollicitude en demandant et en obtenant du roi Léopold Ier un subside de 600 francs, qui permit à Vieuxtemps de faire son premier voyage en Allemagne. Là, s'il faut en juger par les vers suivants qui lui furent adressés par l'*Augsburger Tagblatt*, il fut remarqué et fort encouragé :

Par ses doux et savants accords,
Cet artiste nous fait comprendre
Comment autrefois chez les morts
Orphée a su se faire entendre!
Qui, de ton charme séducteur
Peut se défendre, ô! divine musique!
L'oreille est le chemin du cœur;
Vieuxtemps le prouve sans réplique.

Si la poésie n'est pas merveilleuse, l'hommage rendu à cet enfant de 13 ans ne manquait certes pas d'éloquence.

Ce fut le prélude des nouveaux triomphes qui l'attendaient à Darmstadt, Mannheim, Carlsruhe, Baden et Munich.

La tournée artistique, on le voit, était importante, surtout pour l'époque.

IV.

Vieuxtemps retira de grands avantages de ce voyage dans la patrie de Gœthe et de Beethoven, en ce sens qu'il y fit la connaissance de beaucoup d'artistes illustres qui s'intéressèrent à son avenir, et lui donnèrent l'occasion de mettre en pratique ce précepte de son maître de Bériot : *Écouter et réfléchir*.

C'est ainsi qu'il put entendre *Spohr*, qui était alors à l'apogée de son talent; *Molique*, autre violoniste très prisé en Allemagne, et enfin *Mayseder*, pour lequel notre jeune artiste professait une admiration sans bornes.

Ici se place un incident caractéristique qui prouve que les grands esprits se rencontrent toujours sur le terrain du bon sens.

Profitant de l'accueil bienveillant avec lequel Mayseder avait reçu Vieuxtemps père et son fils, le premier pria le maître allemand de donner à Henry quelques conseils sur la façon d'interpréter ses compositions; mais celui-ci s'y refusa de la façon la plus formelle par cette déclaration :

« Il ne les joue pas à ma manière, mais c'est si bien, si original, que ce serait dommage de rien y changer. »

C'était là, dit Vieuxtemps dans son autobiographie, ratifier sans le savoir les paroles de de Bériot : « Laissez-le aller à sa guise ! »

Notons, en passant, le récit que Vieuxtemps fait d'une représentation du *Fidelio* de Beethoven, à laquelle il lui fut donné d'assister à Francfort.

Ce récit peint admirablement le degré d'exaltation dont était déjà susceptible son imagination : « Impossible de rendre l'impression profonde que fit sur ma jeune âme de 13 ans cette musique incomparable. La scène du deuxième acte (celle du caveau) me donna un frisson général, sensation qui s'est reproduite depuis à chaque nouvelle audition de la même œuvre.

» Enfin, pour tout dire, j'en fus tellement remué que j'en perdis le repos. »

Il ne faut pas oublier que Beethoven fut un révolutionnaire dans l'art, et que sa musique mit un certain temps à s'acclimater dans le monde.

On traitait volontiers le hardi novateur de fou, d'illuminé; ses œuvres étaient inintelligibles, incohérentes. *Habeneek*, qui a été le révélateur de ce génie incomparable, non seulement pour la France, mais aussi pour l'Allemagne, qui le comprenait peu ou point, ne dut-il pas avoir recours à des subterfuges, en cachant le nom de Beethoven sur les parties d'orchestre, pour arriver à forcer l'admiration des musiciens qui ne voulaient pas exécuter les œuvres de cet *halluciné?*

Wagner lui-même, n'eut-il pas un moment de découragement et de doute à l'audition de la 9e symphonie exécutée par l'orchestre du Gewand-Haus de Leipzig? « Je me sentis si découragé, dit-il, que je me détournai pour quelque temps de l'étude de Beethoven, et que je tombai dans une grande perplexité. »

Il ne lui fallut rien moins que l'exécution géniale que l'orchestre du Conservatoire de Paris en fit en 1839, pour lui rendre la confiance et lui prouver que si le doute sur la valeur de ce chef-d'œuvre avait pu entrer un instant dans son esprit, la faute en était au chef d'orchestre du Gewand-Haus, qui ne comprenait probablement rien à la musique sublime de son dieu.

La 1re symphonie de Beethoven fut exécutée à Paris vers 1815, mais le grand symphoniste ne commença guère à être apprécié à sa juste valeur qu'après 1828. Dès lors, n'est-il pas étonnant de constater que notre artiste de

13 ans avait le sens musical à ce point développé, que l'audition d'un des chefs-d'œuvre du maître lui fit perdre le repos?

Veut-on une nouvelle preuve de la perspicacité de ce jeune esprit si extraordinairement doué? lisons ce qu'il dit encore dans son autobiographie au sujet de la *Kreutzer-Sonate* et de l'accueil qui fut fait à cette œuvre admirable, par l'homme même qui avait l'honneur de voir son nom accolé à cette immortelle composition :

« Lorsque Kreutzer la reçut, dit Vieuxtemps, il la parcourut, haussa les épaules et dit: *Décidément il est fou!* Cela peut-il être vrai? » s'empresse-t-il d'ajouter, tant il lui paraît impossible d'accepter semblable hérésie. « Le fait est qu'il ne l'a jamais jouée, ou du moins ne l'a jamais fait entendre publiquement. C'est égal, le misérable, tout grand artiste, tout remarquable violoniste qu'il était, aurait dû faire le voyage de Paris à Vienne à genoux pour aller voir le dieu, lui rendre grâce et mourir! »

Voilà du lyrisme, ou il n'en existe pas.

Pareille organisation chez un aussi jeune garçon pouvait certes faire concevoir les plus riches espérances; Vieuxtemps sut les réaliser et même les dépasser, ainsi que nous le verrons plus tard.

Nous avons dit qu'il avait commencé à s'initier aux secrets de l'harmonie avant son départ pour l'Allemagne, et que le démon de la composition hantant sans cesse son imagination, il n'avait pu résister au désir de produire quelques essais sans haute importance.

Des études faites un peu à la hâte ne pouvaient avoir laissé des racines bien profondes, et le besoin d'étendre ses connaissances dans l'art d'écrire le préoccupait sans cesse.

C'est à Vienne, je pense, qu'il eut le bonheur de rencontrer le savant théoricien *Simon Sechter*, qui voulut bien consentir à lui donner des leçons de contrepoint et de haute composition.

Sous la conduite d'un pareil maître, Vieuxtemps fit de merveilleux progrès, et, selon son expression, « l'enfant prodige disparut bien vite, faisant place à l'adolescent précoce, rêvant l'inconnu, le nouveau ».

Il est vrai de dire que le commerce régulier qui s'établit, à ce moment, entre lui et des artistes, contemporains de Beethoven, dont la plupart avaient vécu dans l'intimité du grand compositeur, exerça une influence heureuse sur les études qu'il faisait alors des œuvres du Titan de la symphonie.

Ces artistes avaient tous de la valeur et l'histoire a recueilli leurs noms. Ils se réunissaient d'ordinaire chez *Dominique Artaria,* éditeur des œuvres de Beethoven, et c'est là que Vieuxtemps les vit pendant son séjour à Vienne.

Czerny, Merk, le célèbre violoncelliste; *Weigl,* le compositeur dramatique, et enfin le *baron de Lannoy,* qui fut directeur du Conservatoire et entrepreneur du concert spirituel, accueillirent le jeune Henry avec la plus grande bonté et ne dédaignèrent pas de discuter avec lui sur le mérite des œuvres contemporaines; on comprend tout le fruit qu'il dut retirer de ces discussions instructives, à un âge où fermentaient déjà en lui les œuvres grandioses qui devaient immortaliser son nom, quelques années plus tard, et remplir d'étonnement le monde musical.

Il eut, du reste, bientôt l'occasion de montrer sa pénétration d'esprit et la finesse de son jugement artistique en interprétant le Concerto de Beethoven à l'un des concerts spirituels du baron de Lannoy, et cela après quinze jours d'étude seulement.

C'était un véritable tour de force, et aussi un coup d'audace. Mais *Audaces fortuna juvat*, et, cette fois encore, le proverbe eut raison.

Cette exécution lui valut la lettre suivante, que je crois devoir reproduire en entier. Elle est du baron de Lannoy, qui avait dirigé le concert :

« Monsieur,

» Veuillez accepter mes remerciements pour la manière originale, nouvelle et cependant classique, avec laquelle vous avez exécuté le concerto pour le violon, de Beethoven, au concert spirituel d'hier. Vous êtes entré tout à fait dans l'esprit de cette composition, chef-d'œuvre de l'un de nos grands maitres.

» La qualité de son avec laquelle vous avez rendu le *cantabile*, l'âme que vous avez mise dans l'exécution de l'*andante*, la précision et la vigueur avec lesquelles vous avez joué les passages difficiles, dont ce morceau abonde, tout caractérise en vous un talent supérieur, tout montre que, jeune encore et touchant presque à l'enfance, vous êtes déjà un grand artiste, qui apprécie ce qu'il joue, sait donner à chaque genre l'expression qui lui est propre et ne se borne pas à étonner les auditeurs par des difficultés.

» Des talents aussi rares ont enchanté le public de

cette capitale, accoutumé à entendre les plus grands maîtres, parmi lesquels vous occupez une place honorable.

» Poursuivez, Monsieur, cette noble carrière; vous deviendrez sous peu le premier violon de l'Europe, car vous réunissez à la vigueur du coup d'archet, à l'exécution brillante des plus grandes difficultés, l'âme, sans laquelle l'art ne peut rien, le discernement qui fait qu'on saisit l'esprit du compositeur, et le goût exquis, qui empêche l'artiste de se livrer aux écarts de son imagination. Continuez, dis-je, et vous fonderez une école classique, qui sera le modèle de tous les véritables artistes.

» Recevez, Monsieur, l'assurance des sentiments distingués avec lesquels j'ai l'honneur d'être votre très obéissant serviteur.

» ÉDOUARD, baron DE LANNOY,

» Directeur du Conservatoire de musique, à Vienne.

» Vienne, le 17 mars 1834. »

Depuis la mort de Beethoven, survenue en 1827, cette œuvre géniale n'avait plus été exécutée; aussi Vieuxtemps a-t-il soin de nous l'apprendre lui-même dans son autobiographie, se faisant gloire, à juste titre, d'avoir ramené l'attention du dilettantisme sur un concerto qui, on le sait, fait encore aujourd'hui le fond le plus précieux du répertoire des violonistes.

Si nous tenions à ne pas omettre un mot de la lettre qui précède, c'est que nous la considérons, en quelque sorte, comme le programme prophétique de la brillante carrière que Vieuxtemps devait parcourir par la suite.

Mais n'anticipons pas; les événements vont marcher rapidement et sauront prouver avec éloquence la pénétration d'esprit de l'homme qui avait su deviner chez l'adolescent le futur chef d'école.

Poursuivant ses pérégrinations à travers l'Allemagne, Vieuxtemps se rendit à *Prague*, où l'avait précédé déjà la nouvelle de ses triomphes à Vienne, circonstance qui lui valut de pouvoir y organiser plusieurs concerts.

De là il se rendit à *Dresde*, puis à *Leipzig*, où il eut le bonheur de compter *Robert Schumann* au nombre de ses auditeurs.

Schumann publiait alors un journal intitulé : *Neue Zeitschrift für Musik*, dans lequel on put lire, quelques jours après le concert, l'article particulièrement remarquable qui va suivre, et que je me permets encore d'emprunter au livre de M. Maurice Kufferath.

Vieuxtemps dut être bien fier d'y voir son nom accolé à celui de Paganini, alors dans tout l'éclat de son fantastique talent.

Voici cet article :

« Quand on parle de Vieuxtemps, on peut penser à Paganini. Lorsque j'entendis ce dernier pour la première fois, je me figurais qu'il allait commencer avec un son comme personne n'en avait eu jusqu'alors. Au contraire, c'était tout petit, tout maigre. Puis vivement il commençait à développer sa chaîne magnétique : dans la masse du public, c'était d'abord de grandes indécisions ; le cercle magique, de plus en plus merveilleux, se resserrait toujours davantage ; les gens se pressaient les uns contre les autres ; lui serrait plus fort, jusqu'à ce que cette masse rebelle se montrât soumise entièrement à tous ses caprices. D'autres charmeurs ont d'autres procédés. Chez Vieuxtemps, ce ne sont pas les merveilles de détail qu'il faut retenir; et ce n'est pas davantage cet accroissement progressif de l'effet, comme chez Paganini, ou l'exagération, comme chez d'autres grands artistes, qu'il faut chercher. Du premier au dernier son qu'il tire de son instrument, Vieuxtemps vous retient dans un cercle magique tracé autour de vous, et dont on ne trouve ni le commencement ni la fin. »

Du coup, notre jeune artiste était sacré *Maître*, et par quelle plume !...

Il fallait que le charme qui se dégageait de son exécution, que le côté génial de son talent précoce fussent bien puissants pour inspirer à un artiste tel que Schumann les lignes éloquentes qu'on vient de lire.

Ce n'est pas ainsi que l'on parle d'un enfant prodige; il y a dans ces lignes un *au delà* prophétique qui prouve que Schumann avait deviné dans l'adolescent le grand artiste inspiré que Vieuxtemps est devenu par la suite.

V.

En quittant l'Allemagne, notre voyageur se rendit à Londres, où il arriva au mois de mai 1834, c'est-à-dire vers la pleine saison musicale. En effet, c'est l'époque des grandes assises artistiques dont Hændel est le dieu, et où ses oratorios (*le Messie* tout particulièrement) sont encore exécutés de nos jours par des masses chorales et instrumentales qui atteignent parfois le chiffre colossal de cinq et même six mille personnes !

Déjà en 1834, le virtuose, qui aspirait à l'honneur de s'y faire entendre, devait se présenter le front ceint de l'auréole de la gloire et être armé... de lettres de recommandations.

Or, le nom de Henry Vieuxtemps n'avait pas encore traversé les mers, et il arrivait les mains vides de ces précieuses lettres qui servent si bien à aplanir les difficultés de la carrière épineuse de l'artiste.

Cependant la Providence, qui le servait si bien partout, ne l'abandonna pas encore cette fois.

Elle se présenta sous la figure du bon *Moschelès*, qui, daignant s'intéresser à lui, parvint à le faire jouer à l'un des concerts de la Société philharmonique.

« J'y exécutai le 5e air varié de de Bériot », dit Vieuxtemps. Et il ajoute modestement : « *ce qui me valut une bonne note.* »

Une grande joie lui était réservée pendant le court séjour qu'il fit dans la capitale britannique.

Paganini, le grand Paganini, lui apparut dans toute sa gloire à l'un des concerts de la saison.

Ce fut son père qui, entrant un beau matin tout effaré dans sa chambre, lui apprit cette grande nouvelle. « Il est ici, lui dit-il, nous allons l'entendre ce soir. »

Vieuxtemps, à l'idée du bonheur qui l'attendait, fut dans la fièvre toute la journée; mais, enfin, l'heure tant désirée sonna, et l'homme au nez long, à la crinière abondante, au corps grand et sec, véritable type des contes d'Hoffmann, lui apparut tel que sa jeune imagination l'avait rêvé.

Je ne puis mieux faire qu'en rapportant ici une partie

du récit original que Vieuxtemps a fait lui-même de cette soirée mémorable, dans son autobiographie :

« Je m'en souviens comme si cela datait d'hier, dit-il ; je le vois, je l'entends toujours.

» Son apparition théâtrale, fantastique, impressionnait profondément ; on éprouvait comme une sorte de terreur superstitieuse à la vue de cet homme d'aspect méphistophélique, jouant avec la puissance que l'on sait les fameuses variations dites *les Sorcières*.

» Quand il entrait en scène, les applaudissements qui l'accueillaient n'avaient pas de fin. Pour quelque temps, il avait l'air de s'en amuser ; puis, tout à coup, quand il en avait assez, d'un coup d'œil d'aigle, diabolique, il regardait le public et lançait un trait, vraie fusée, partant de la note la plus grave et atteignant la plus haute du violon, et cela avec une rapidité, une puissance de son si extraordinaire, si éblouissante, si vertigineuse, que déjà on se sentait fasciné, subjugué, électrisé...

» A l'époque où j'entendis Paganini, je n'avais que 14 ans à peine, mais j'étais cependant déjà assez avancé dans l'art de jouer du violon pour comprendre toute l'immensité de son talent. L'impression qu'il me fit fut foudroyante, et, quoique ne pouvant me rendre un compte exact des moyens dont il se servait pour arriver aux effets rendus, mon étonnement n'en fut pas moins immense. »

Vieuxtemps continue, pendant plusieurs pages encore, à énumérer une à une les qualités qui faisaient de ce diable d'homme une exception éblouissante, mais il constate cependant qu'il ne possédait pas la grande noblesse de style, la simplicité naïve qui caractérisaient le talent de son maitre, de Bériot.

Si l'on tient compte de l'enthousiasme si naturel chez un jeune homme de 14 ans, virtuose lui-même, et s'intéressant malgré tout à cette partie technique de l'art du violon, on trouvera certainement que le jugement qu'il porte sur le talent de Paganini ne diffère pas autant qu'on pourrait le supposer de celui de Schumann, qui, compositeur et homme d'imagination, devait apprécier plus froidement des *tours de force*, étonnants sans doute, mais dans lesquels il ne pouvait reconnaitre l'expression d'un art pur et vraiment idéal.

C'est pourquoi il lui préférait Vieuxtemps, dont l'exécution annonçait déjà le respect de l'art, par la distinction du style et la grandeur de la conception.

Il y avait à Londres, à l'époque où les faits que nous venons de rapporter se passaient, un *médecin des artistes*, du nom de *Baeling*, chez lequel toutes les célébrités défilaient pendant la grande saison musicale.

C'est dans la maison de ce docteur mélomane que Vieuxtemps eut l'insigne honneur d'être présenté à Paganini, et même de jouer devant lui un solo de de Bériot.

L'impression qu'il produisit dut lui être très favorable, car un journal anglais rapporte qu'émerveillé du talent précoce de l'enfant, le grand artiste italien s'écria : « Ce petit garçon deviendra un grand homme. »

Au souper qui fut offert par l'excellent docteur à ses illustres invités, Paganini voulut que son jeune rival fût assis à côté de lui, et pendant plusieurs heures il lui fit boire force rasades.

Si le résultat de ce premier voyage à Londres fut une déception pour le virtuose, l'artiste y recueillit de nouveaux sujets de méditation qui, plus tard, devaient porter leurs fruits.

Il reprit le chemin de Bruxelles vers le mois de juin ou de juillet, la tête pleine des impressions diverses que lui avaient fait éprouver les nombreux artistes entendus un peu partout pendant cette tournée artistique, qui n'avait pas duré moins d'un an.

La fin de l'année 1834 et les premiers mois de l'année suivante furent consacrés à de nouvelles études, où la méditation joua le rôle principal.

Par ce travail, en quelque sorte d'*incubation*, Vieuxtemps chercha à s'approprier la quintessence des différents styles qui caractérisaient la manière des Spohr, Mayseder et Paganini ; bâtissant ainsi l'édifice sur lequel s'étayerait bientôt sa puissante personnalité.

Le précepte de de Bériot : *écouter et réfléchir,* recevait son application la plus large.

Ce fut pendant l'hiver de 1835 à 1836 que Vieuxtemps reprit avec une nouvelle ardeur ses études de composition à Paris, sous la direction de *Reicha*, qui jouissait alors d'une réputation de savant musicien.

Pour tout autre, des conséquences fâcheuses auraient pu résulter de ces études faites à bâtons rompus, sous différents maitres, dont la science et les aspirations artistiques appartenaient à des écoles distinctes.

Il n'en fut rien, cependant, grâce à un instinct harmonique naturel, et aux excellents modèles qu'il sut toujours choisir dans les classiques pour en faire l'objet de ses profondes méditations.

Celles-ci l'amenèrent à s'essayer dans un genre de composition un peu plus noble de fond et d'idée que l'éternel air varié, très à la mode alors et non encore complètement disparu de nos jours, hélas ! pour le supplice des gens de goût.

Les concertos de Viotti, ceux de Spohr, si purs de forme, si chatoyants de mélodies, avaient fait impression sur l'imagination du jeune Vieuxtemps, et son rêve fut dès lors d'arriver, en quelque sorte, à concilier leur pureté classique avec les exigences d'un art plus moderne.

De cette idée, qui germait dans son esprit, devait sortir le fameux concerto en *mi*.

Mais il y préluda d'abord par des morceaux de moins grande envergure, tels que *Fantaisies*, où les *soli* étaient coupés par des épisodes symphoniques; *Concertinos*, œuvres de forme plus libre que le concerto et réclamant moins de qualités de facture, etc.

Parmi tous ces essais se trouvait une fantaisie pour laquelle notre jeune compositeur professait une certaine estime, et qu'il aurait désiré faire connaitre. Mais ici se présentait une grande difficulté; jamais aucun de ses maitres ne lui avait parlé orchestration, il ne connaissait ni l'étendue des instruments, ni la nature de leur voix, et moins encore le rôle qu'un bon coloriste peut, par l'assemblage de leurs timbres particuliers, leur faire jouer dans la trame harmonique.

En cette occurrence, il résolut d'apprendre pratiquement ce qu'on avait négligé de lui apprendre théoriquement. Il demanda et obtint l'autorisation d'aller s'asseoir à côté des artistes qui composaient l'orchestre de la Monnaie, et dès ce moment commença pour lui une véritable chasse aux renseignements.

Il s'installait un jour près des cors, le lendemain près des hautbois, puis enfin près des clarinettes, ne prêtant aucune attention à la scène, mais observant le rôle que les maitres faisaient jouer à chacun de ces instruments dans l'ensemble orchestral.

Pendant les entr'actes, il s'emparait de la grande partition, et cherchait à se rendre compte d'un effet qui l'avait frappé dans le cours d'un morceau.

Ce travail, le meilleur en somme qu'un élève puisse faire, lui fut des plus profitables, en ce sens qu'il développa en lui les qualités natives de coloriste qu'il devait dévoiler plus tard d'une façon si éclatante.

Lorsqu'il se sentit assez sûr de lui-même, il entreprit bravement l'instrumentation de son œuvre qui, achevée (c'est lui qui nous l'apprend), « ne sonnait pas trop mal ».

Ses concitoyens eurent la primeur de cette fantaisie, qu'il joua ensuite à Bruxelles, à Anvers, en Hollande et même en Allemagne; partout elle fut accueillie, non comme une œuvre achevée, elle en était loin, mais comme les premières aspirations d'une imagination qui s'éveillait et dont on pouvait attendre beaucoup.

Il eut bientôt l'occasion de faire entendre une nouvelle production qui vit le jour à Vienne, sous l'œil paternel de son ancien maitre, Simon Sechter.

Ce fut aussi à Vienne qu'il en fit la première exécution, couronnée d'un plein succès. La conception plus grande, les idées plus nobles, marquaient un pas en avant, et laissaient déjà deviner que Vieuxtemps ne se contenterait pas de tenir un jour le sceptre du violon dans la grande famille des virtuoses, mais qu'il étonnerait le monde par l'audace de vastes productions appartenant au domaine le plus élevé de l'art.

Une fois lancé dans la carrière du compositeur, sa verve productive ne s'arrêtera que le jour où la mort aura glacé sa main.

Le fait est que, moins de trois mois après l'achèvement de l'œuvre jouée à Vienne, il terminait à Dresde une nouvelle composition sous le titre de : *Deuxième concerto en fa dièze mineur*, qui lui valut son premier succès sérieux de compositeur.

Bien qu'elle ne marquât encore qu'une étape modeste dans la voie glorieuse qu'il devait parcourir, cette œuvre eut les honneurs de la gravure. Ce fut, je pense, le premier morceau que notre jeune auteur de 17 ans livra à la publicité.

Comme tous les hommes vraiment supérieurs, Vieuxtemps se jugeait sévèrement.

Les encouragements qu'il recevait de partout, loin de le griser, stimulaient au contraire son zèle au travail, et aiguillonnaient son imagination impatiente d'atteindre à l'idéal rêvé.

Ah ! il sentait réellement sa force, l'homme qui, répondant à une lettre couvrant de fleurs ce deuxième concerto, disait : « Mille remerciements, mon cher Monsieur, pour les quelques lignes que vous voulez bien m'adresser : je regrette seulement que les compliments y fourmillent. Vous savez cependant que je ne les aime pas, et vous saurez que maintenant je les déteste, car plus j'avance dans mon art, plus je me vois éloigné du but. »

Combien de jeunes artistes de nos jours tiendraient sincèrement semblable langage ? Il n'en est pas un qui, au début de sa carrière, ne s'arroge le droit d'en remontrer aux maitres les plus justement renommés, et ne traite les gloires de l'art avec la dernière irrévérence.

VI.

Au commencement de l'année 1837, Vieuxtemps prit son vol vers la Russie.

Les artistes ont de tout temps désiré visiter ce pays des *roubles*, où la virtuosité est encore, de nos jours, très en honneur.

C'est qu'aussi l'hospitalité y est courtoise, raffinée, et que nulle part les artistes ne sont reçus avec plus de déférence.

La cour et l'aristocratie se font un devoir de les accueillir et de les choyer. Vieuxtemps le savait, et l'idée de s'y faire connaitre et apprécier hantait son esprit depuis longtemps.

Son bagage artistique avait pris une certaine consistance, et c'était, comme il le dit lui-même d'une façon si originale : « Armé de pied en cap, *cuirassé de sa musique* », qu'il arrivait à Saint-Pétersbourg.

La saison malheureusement était trop avancée pour qu'il pût y espérer ample moisson de gloire et d'argent ; aussi ne parvint-il à y organiser qu'un seul concert qui eut lieu le 23 avril (8 mai), et qui ne semble pas avoir eu un grand retentissement.

Il reprit sans tarder le chemin de Bruxelles.

Aprés avoir pris quelque repos, Vieuxtemps, qu'une force irrésistible attirait vers la Russie, y retourna avec son père, le cœur plein d'espérance, et convaincu cette fois qu'il saurait forcer l'attention. Il ne se trompait pas.

Cependant, une maladie grave, qui faillit le mettre au tombeau, l'alita pendant près de trois mois, à Narva.

C'est durant sa convalescence qu'il conçut les plans de sa *Fantaisie-Caprice* et de son concerto en *mi:* deux œuvres qui resteront comme les plus beaux fleurons de sa couronne artistique.

Sa maladie eut la conséquence de retarder d'une année, au moins, l'heure du triomphe; mais ce temps fut consacré au parachèvement du concerto et de la fantaisie qui allaient bientôt révolutionner le monde musical par l'audace et la grandeur de leur conception.

C'est dans un concert qui eut lieu le 4/16 mars 1840, au théâtre de Saint-Pétersbourg, que Vieuxtemps les exécuta pour la première fois en public.

L'effet fut immense, écrasant! On se fit alors difficilement à l'idée que ce virtuose de 20 ans pût être à la fois l'émule de Paganini et le rival des compositeurs les plus renommés.

La malveillance s'en mêla et l'on se prit à lui contester la paternité de ces enfants de son intelligence.

Il y avait cependant dans ces compositions un souffle si original, un parfum de nouveauté si piquant, qu'ils eussent bien dû ouvrir les yeux aux plus incrédules et les convaincre qu'ils avaient affaire à une nature bien personnelle, et que rien de ce qui avait été créé auparavant dans la littérature du violon ne ressemblait à ces deux œuvres.

En effet, Vieuxtemps, selon l'expression d'Alfred de Musset, *buvait dans son verre*, et si la pensée a faibli plus tard, elle revêt ici toute la saveur d'une imagination prime-sautière, fortement imprégnée d'un enthousiasme juvénile, avide de formes nouvelles, et dont l'audace atteint parfois jusqu'au lyrisme.

Ce mot de *Pfau* à propos d'un artiste de grand talent : « X... est un virtuose qui joue de son instrument dans la perfection, mais qui ne trouve pas une idée » ne pourrait certes pas s'appliquer à notre musicien, comme auteur des deux œuvres qui nous occupent.

Pour les juger sainement et avec toute l'impartialité désirable, il faut se reporter à cette époque du romantisme que l'on a surnommée si irrévérencieusement de nos jours l'*art de 1830*. C'est, en effet, de ce courant d'idées, qui avait envahi l'art et la littérature, que découle le concerto en *mi* et la *Fantaisie-Caprice*.

Le concerto me donne l'impression que font ressentir les grandes toiles historiques, dont l'*Abdication de Charles-Quint*, de Gallait, peut figurer le type accompli. Il y a dans la grandeur de la conception, dans l'admirable ordonnance et la hardiesse du plan, dans le convenu de la facture, quelque chose du fini des œuvres romantiques de l'époque.

C'était un art bien soigné et qui contrastait singulièrement avec la mise négligée et la chevelure en désordre des artistes en vogue.

Le réalisme était alors dans la personne de l'artiste comme il est aujourd'hui dans ses œuvres : c'est une transformation

L'art est du reste soumis à des fluctuations perpétuelles; c'est pourquoi l'historien doit mettre les choses à leur place, en considérant comme des étapes ses différentes manifestations.

Le XVe siècle a été en musique le siècle polyphonique par excellence Dès le milieu du XVIe, la mélodie se dégage des recherches scolastiques poussées au paroxysme par les *Okegem* et les *Adrien Willaert*, et elle règne en maitresse pendant les XVIIe, XVIIIe et une partie du XIXe siècle.

Aujourd'hui la roue a tourné, et nous en revenons à la polyphonie, mais avec la grandeur de conception et l'idéal en plus.

1830 fut donc une étape dans l'art, et les œuvres qui répondaient si bien aux aspirations du moment, ont droit de cité, et tiendront une place considérable dans l'histoire.

Cela dit, je suis parfaitement à l'aise pour établir d'une façon irréfutable que Vieuxtemps, en composant son *Grand concerto en mi* et sa *Fantaisie-Caprice*, en 1840, a fait œuvre de novateur.

Le premier allegro du concerto est, à lui seul, par sa contexture, son développement colossal, la richesse de ses idées mélodiques, l'élégance de son tissu harmonique et son travail orchestral si distingué, une œuvre compléte.

Je me suis toujours demandé pourquoi son auteur l'avait fait suivre des deux autres parties.

En s'arrêtant à la fin du premier morceau, qui renferme tous les éléments d'une composition achevée, il eût eu la gloire de donner au concerto *une forme* nouvelle.

Son style épique contraste singulièrement, avouons-le, avec l'insignifiance des tendances artistiques de la romance et du rondo qui suivent, deux pièces du domaine de ce que j'appellerais volontiers *amusements musicaux*, fort bien troussés, du reste, mais dont le but évident est de mettre en relief la virtuosité de l'exécutant, ce qui n'a plus aucun rapport avec l'œuvre idéale.

La *Fantaisie-Caprice*, ce chef-d'œuvre de grâce, de tendresse et d'émotion sincère, est un tableau de genre d'une exquise fraicheur.

Là encore, la forme était nouvelle; elle a été fort imitée depuis, mais aucun des imitateurs n'a su faire l'équivalent de cette perle harmonique, et Vieuxtemps lui-même n'a plus retrouvé plus tard la source idéale où son âme d'artiste s'était abreuvée pour créer cette œuvre.

Quel charme dans ces mélodies ! quel naturel et quelle expression dans ces harmonies si tendres et si bien venues ! Ah ! on ne pense et l'on n'écrit ainsi qu'au printemps de la vie. On fait mieux dans l'âge mûr, mais ce n'est plus aussi bien, parce que le cœur de l'artiste a besoin d'enthousiasme et que celui-ci restera éternellement l'apanage de la jeunesse.

Au mois de juillet de cette même année 1840, qui avait vu éclore ces deux chefs-d'œuvre, Vieuxtemps, de retour à Bruxelles, les fit connaitre au public de la capitale, dans un concert donné au Temple des Augustins.

Après le premier *tutti* du concerto, et avant que son auteur eût fait entendre la première note du solo qui le suit, le public, transporté, applaudit avec frénésie.

Le souffle ardent de cette préface musicale avait mis le feu aux quatre coins de la salle, et l'on put craindre un moment que le compositeur ne tuât le virtuose; mais on ne tarda pas à s'apercevoir que l'un marchait l'égal de l'autre, et lorsque, le morceau terminé, les applaudissements reprirent de plus belle, on vit de Bériot, le doux de Bériot, gravir les marches de l'estrade, la figure bouleversée par l'émotion, et tomber dans les bras de son cher disciple devenu à son tour un grand maitre !

Peindre la physionomie de la salle à ce moment est impossible; le délire était à son comble, on n'applaudissait plus, on trépignait.

Cet événement artistique eut, on le comprend, un immense retentissement dans le pays. Aussi la municipalité d'Anvers, qui organisait pour le mois d'août suivant un festival de musique à l'occasion de l'érection de la statue qu'elle élevait à son grand *Rubens*, s'empressa-t-elle de réclamer le concours du grand artiste et une nouvelle audition de son concerto en *mi*, désormais à la mode. Son succès fut, cette fois encore, extraordinaire et prit les proportions d'un véritable triomphe.

« A un moment donné, dit Vieuxtemps lui-même dans une lettre adressée à l'un de ses amis, les quatre-vingts dames et jeunes filles qui se trouvaient sur l'estrade pour l'exécution de l'oratorio *Le Messie*, et qui faisaient l'office de choristes, me jetèrent des bouquets et me couvrirent littéralement de fleurs. » — De là jaillit comme une étincelle électrique une réputation qui devait faire le tour du monde. « Je me demandais, ajoute-t-il modestement, si je méritais cette ovation, cet enthousiasme délirant que j'avais provoqué. Je me croyais si peu de chose qu'il me paraissait hors de toute proportion avec mon mérite. Depuis, ces triomphes se renouvelèrent à Paris, à Londres, à Berlin, à Vienne; je finis par m'y habituer. Mais le seul qui m'ait arraché des larmes, c'est celui qui m'est arrivé à Anvers; c'est à lui que je suis redevable de ma longue et brillante carrière. »

Une couronne superbe lui fut aussi offerte par le comité organisateur de cette fête mémorable, et, afin que cette journée marquât d'une façon ineffaçable dans la vie artistique de son héros, Charles Rogier, alors ministre des beaux-arts, obtint pour lui la croix de l'ordre de Léopold.

Je ne puis m'abstenir de reproduire ici les termes flatteurs dans lesquels était libellé l'arrêté royal qui accordait cette haute distinction à cet artiste de 20 ans. Je l'emprunte au livre de M. Maurice Kufferath : « Compositeur très distingué, en même temps qu'instrumentiste éminent, à un âge où les autres commencent à peine la carrière. »

Ce juste hommage, décerné d'une façon si originale par le grand citoyen qui contribua à donner à la Belgique son indépendance, par ce ministre ami des arts et des artistes, ne pouvait se produire sans exciter l'envie, et ce fut une nouvelle occasion pour ceux qui, de tout temps, s'acharnent aux renommées naissantes, de trouver la distinction prématurée.

D'autres, à vrai dire, approuvèrent hautement et crurent que Vieuxtemps pouvait dire comme le Cid : « Je suis jeune, il est vrai, mais aux âmes bien nées la valeur n'attend pas le nombre des années. » Qu'importe, en effet, l'âge de l'artiste, si son œuvre est grande et belle ? Et celle-ci l'était : je n'en veux pour preuve que sa longévité. Voilà près d'un demi-siècle qu'elle brille sans avoir subi l'atteinte du temps.

Privilège bien rare, surtout dans un art où les transformations sont si fréquentes et si... voyantes !

Voici comment fut appréciée, par le *Journal d'Anvers*, l'œuvre qui nous occupe, et qu'on appela longtemps le *fameux* concerto en *mi :*

« Vieuxtemps, par le chef-d'œuvre qu'il vient de mettre au jour, par la perfection désespérante avec laquelle il l'exécute, a produit une révolution dans l'école du virtuose; il s'est placé à la tête d'une école qui offre d'autant plus d'avenir qu'elle réunit à la fois le sévère au gracieux, le classique à l'élégant. Il laisse loin derrière lui tout ce qui a été fait jusqu'à ce jour, et aucune comparaison n'est possible. Son école n'appartient qu'à lui. on n'y reconnait personne. »

Et comme si ce journal de 1840 avait voulu donner plus de force à l'opinion que j'émets en 1890 sur la première partie du concerto, et prouver que ses tendances audacieuses rompaient en visière aux œuvres similaires de l'époque, il ajoute : « La première partie n'est bien appréciable que par les gens de l'art; c'est *l'œuvre classique.* » Eh bien, non; cette prétendue œuvre classique était du romantisme le plus pur, pleine de liberté, s'affranchissant des formes connues, et pour cette raison ne pouvait être accessible aux intelligences stationnaires, toujours en grand nombre aux époques de transition dans l'art.

C'était certainement le cas pour le chroniqueur du *Journal d'Anvers* qui, dans son article, s'extasie ensuite sur les deux dernières parties du concerto qu'il juge « dignes d'entrer en parallèle avec les chefs-d'œuvre de Mozart et de Haydn ».

VII.

Cette année 1840 laissa dans l'âme de l'artiste une empreinte que rien ne put effacer. « L'impression qui m'en reste, dit-il dans son autobiographie, est celle du plus beau, du plus éclatant, du plus touchant, du plus radieux souvenir de toute ma vie ! »

Le nom de Vieuxtemps commençait à se répandre dans le monde, mais il lui manquait encore la consécration parisienne. Paris était devenu son objectif; il y rêvait sans cesse, et, malgré la confiance que ses succès devaient lui donner, une certaine crainte hantait son esprit. « Quand j'aurai terminé toutes mes petites affaires, écrivait-il le 19 novembre 1840 à un ami, je partirai immédiatement pour la capitale des capitales pour y chercher mon brevet d'artiste premier numéro..... ou de *nullité.* »

Sur les conseils de de Bériot, Vieuxtemps avait décidé qu'il passerait l'hiver de 1841 à Paris.

Pour la première fois depuis qu'il avait commencé son existence nomade, il partit seul.

Jusque-là son père l'avait accompagné dans tous ses voyages, réchauffant son ardeur au travail dans les heures de désespérance ou de lassitude, l'encourageant toujours, mais aussi restant confiné dans sa peau de vieux soldat de Leipzig, et montrant une sévérité excessive, qui bien souvent assombrit le front de notre pauvre jeune homme, impatient de jouir d'une liberté d'autant plus désirable, qu'elle lui avait été absolument refusée jusqu'alors.

Vieuxtemps s'est étendu longuement sur ce chapitre dans son autobiographie. J'en détache quelques extraits qui montreront de quelle façon il apprécia plus tard les rigueurs paternelles :

« Je dois confesser que l'extrême sévérité de mon père, que je trouvais injuste, exagérée, lui avait aliéné mon affection et ma confiance. Mais je m'empresse de déclarer que par la suite, quand j'ai reconnu toute la grandeur et la bonté de son caractère, son désintéressement, sa sollicitude de tous les instants, de toute sa vie, je lui ai rendu toute mon affection et saisi chaque occasion de lui prouver ma parfaite dévotion, mon profond amour.

» Aussi, bien des années avant sa mort, survenue en 1866, nous entendions-nous le mieux du monde et étions-nous les plus grands amis de la terre.

» Il avait des idées à lui, très entières il est vrai, mais qui étaient, il faut en convenir, celles de son temps.

» Sa rigidité envers moi était incompréhensible, et nous ne l'admettrions plus de nos jours pour nos enfants. Mais c'était pour mon bien. Elle m'a souvent sauvé des mains des exploiteurs, des spéculations féminines les plus dangereuses !... qui sait ?... de la perte de mon intelligence, de mon talent, de la vie peut-être.

» C'est lui qui m'a inspiré, par son exemple, le respect, la vénération de la femme. Il m'en est toujours resté vis-à-vis de cette adorable créature une timidité insurmontable...

» La conséquence de cette surveillance paternelle fut, qu'arrivé à Paris, avec de l'argent plein mes poches, maître absolu de mes journées et de mes nuits, je continuai à me conduire comme si mon père était toujours à mes côtés. Mes journées se passaient en courses d'affaires, en visites. Le soir, à 7 heures, je rentrais, prenais mon violon, travaillais sans relâche, souvent jusqu'à 2 et 3 heures du matin. Je n'avais en vue que mon art. Je ne pensais qu'à ce moment désiré, et pourtant si redouté, où j'allais me produire devant ce public français, qui de tout temps a fait ou défait les réputations mal assises; et c'est avec confiance que, bien préparé, je parus enfin devant lui. »

Dans une lettre qu'il adressa à cette époque à l'un de ses amis d'Anvers, M. Lejeune, Vieuxtemps fait un tableau saisissant de la physionomie de la salle le jour de cette épreuve mémorable : « Mon cœur battait bien fort en arrivant en scène, dit-il; cependant l'idée que je jouais là devant un public choisi, d'amateurs et d'artistes distingués, et puis les applaudissements que m'avait prodigués l'orchestre aux répétitions me donnaient singulièrement de l'assurance. »

Hâtons-nous de le dire, la réussite fut complète, et les passages les plus saillants de son œuvre furent souvent soulignés de ces murmures approbateurs, expression si éloquente de l'émotion de l'auditoire, qui vont droit au cœur de l'artiste.

« Le morceau a été généralement compris et apprécié, dit encore Vieuxtemps. Néanmoins, quelques champions de l'*air varié* ont trouvé que c'était bien long ce concerto! D'autres, plus francs, et de ce nombre se trouvait le célèbre flûtiste T..., ont tout bonnement dit que l'œuvre était détestable. »

Notre artiste a pu se consoler aisément des criailleries des envieux et de l'ignorance des adeptes de l'air varié, comme il le dit, en recevant les éloges autorisés des *Baillot, Chopin, Franchomme, de Bériot, Habeneck*, etc., qui tous apprécièrent son concerto comme il méritait de l'être, c'est-à-dire comme une œuvre originale et puissante.

« Le plus touchant des hommages que reçut Vieuxtemps à propos du concerto en *mi* », dit M. Maurice Kufferath dans son excellent livre, « celui qui dut réjouir singulièrement le cœur de l'artiste, c'est l'admiration que lui témoigna *Baillot*, le chef de l'école française du violon. Baillot, enthousiasmé, courut sur l'estrade après l'exécution du concerto et embrassa chaleureusement Vieuxtemps en présence des artistes de l'orchestre. Dans la matinée du lendemain, quelqu'un frappa à la porte numérotée du modeste hôtel où était descendu Vieuxtemps. C'était encore Baillot; Baillot, septuagénaire, à la téte blanche, qui venait faire sa visite à l'imberbe virtuose-compositeur, ne se tenant pas quitte envers lui par ses félicitations de la veille. »

Tous les journaux accueillirent avec enthousiasme la venue de ce nouveau Messie de l'art, et parmi les éloges qui lui furent prodigués, il en est qui, par leur provenance, flattèrent bien agréablement son amour-propre.

« Vous apprendrez avec plaisir, ajoute Vieuxtemps dans la lettre précitée, que *Berlioz* a fait sur moi un article des plus flatteurs. L'approbation de cet homme, *qui dit du mal de tout le monde,* est une grande chose. J'ai fait sa connaissance en allant chez lui pour le remercier, et il m'a parfaitement accueilli. »

Berlioz, ou le sait, avait horreur de la banalité. Toute

œuvre qui n'avait pas de tendance vraiment artistique, qui sentait le mercantilisme, ne trouvait pas grâce à ses yeux. Or, en sa qualité de chroniqueur du *Journal des Débats,* contraint à fournir un feuilleton par semaine, il fut souvent appelé à dire son opinion sur des œuvres dont l'insignifiance n'avait d'égale que la morgue de leurs auteurs. De là cette mauvaise humeur qui s'exhalait en termes plus ou moins acerbes, et cette réputation d'homme méchant, qu'il ne méritait certes pas.

Ainsi que Vieuxtemps le constate lui-même, Berlioz était accueillant et ne refusait jamais un conseil aux jeunes artistes chez lesquels il avait découvert la sincérité et le respect du grand art.

Né avec un idéal au cœur, il voulait chez les autres cette religion du beau à laquelle il est resté obstinément fidèle toute sa vie; souffrant amèrement des injustices de ses contemporains, mais restant malgré tout inébranlable dans ses convictions artistiques.

Cette sincérité, cette tendance vers le grand art, il les avait trouvées dans le concerto en *mi* et dans la fantaisie-caprice, et, sans connaître leur auteur, il l'avait dit dans son journal, simplement, chaleureusement, avec le sentiment du devoir accompli et la conviction qu'en agissant ainsi il servait la bonne cause.

En cette occurence, notre jeune artiste a pu se convaincre que Berlioz *ne disait pas du mal de tout le monde,* mais seulement des œuvres *d'un certain monde.*

J'ai tenu à faire cette petite digression au sujet d'un maître que j'ai eu le bonheur d'approcher souvent pendant les premières années que j'ai passées à Paris, et dont j'ai pu étudier de près la nature abrupte, mais généreuse au fond, et cachant, sous des dehors sombres, un cœur sensible et bon.

Voici maintenant le jugement porté par ce passionné *du neuf* en musique, sur le double talent de Vieuxtemps comme virtuose et comme compositeur :

« M. Vieuxtemps est un violoniste prodigieux, dans la plus rigoureuse acception du mot. Il fait des choses que je n'ai jamais entendues par aucun autre; son *staccato* est perlé, fin, radieux, éblouissant; ses chants en double corde sont extrêmement justes; il brave des dangers effrayants pour l'auditeur, mais qui ne l'émeuvent nullement, sûr qu'il est d'en sortir sain et sauf; sa quatrième corde a une voix de toute beauté.

» Son concerto en *mi* est une très belle œuvre, d'un effet splendide en général, inondée de détails ravissants dans l'orchestre comme dans la partie principale, et instrumentée en grand maitre.

» Pas un des personnages de l'orchestre, si obscur qu'il soit, n'est oublié dans sa partition; il fait dire à chacun à propos quelque chose de piquant; il n'y a pas jusqu'au triangle, qu'on emploie aujourd'hui presque partout sans intelligence et sans goût, qui ne place fort joliment son mot de temps en temps. » Berlioz fait allusion ici à la partie consacrée à cet instrument de percussion dans le *rondo* du concerto, et dont l'effet cristallin est de tous points délicieux. « Il a tiré grand parti, dit encore le grand critique, de la division des violons de l'orchestre en trois ou en quatre, avec les altos pour basse en *tremolo* continu, pour accompagner les *solos* du violon principal. C'est d'un frais et délicieux aspect. Le violon-roi prime au-dessus de ce petit orchestre frémissant, et vous fait doucement rêver, comme, par une nuit sereine, on rêve au bord d'un lac :

> Tandis que pâle et blonde
> La lune ouvre dans l'onde
> Son éventail d'argent.

» Il maitrise son archet, et sait le *faire durer* tant qu'il veut, sur un son filé ou sur une cadençe. Enfin, M. Vieuxtemps joint au mérite éminent du virtuose celui non moins grand du compositeur. »

Pendant cette année 1841, Vieuxtemps fut le héros de toutes les grandes fêtes musicales parisiennes. La gravure s'empara de sa personne et le représenta de toutes les façons.

Le célèbre sculpteur *Dantan* réclama l'honneur de faire son buste, grandeur nature, pour l'Exposition de Paris. Enfin, l'éditeur *Troupenas* lui fit des propositions fort avantageuses pour l'acquisition du concerto en *mi* et de la Fantaisie-caprice, qui parurent peu de temps après. Son nom, désormais célèbre par ce succès dans la grande métropole des arts, allait se répandre dans les deux mondes, où, comme nous le verrons plus loin, il devait faire ample moisson de lauriers.

VIII.

Le moment lui parut favorable pour faire une nouvelle apparition à Londres, et y conquérir enfin la renommée à laquelle son talent si distingué lui donnait des droits incontestables.

Il crut néanmoins indispensable à la réalisation de son projet, de se munir de quelques lettres d'introduction auprès des hauts personnages de la cour; et, dans ce but, il sollicita la faveur d'une lettre de Sa Majesté *Léopold Ier* pour la reine *Victoria*, que ce monarque-artiste (Léopold Ier était quelque peu compositeur) lui accorda de la meilleure grâce du monde

Son ami, M. *Félix Delhasse*, le remarquable bibliophile et musicologue bien connu, le recommanda également à l'homme éminent qui était alors notre ministre de Belgique à Londres, M. *Vande Weyer*, et Vieuxtemps nous apprend lui-même, dans une lettre adressée à M. Delhasse, le bon accueil qu'il reçut de cet éminent diplomate, qui voulut bien se charger de remettre les précieuses lettres aux différents personnages auxquels elles étaient adressées.

On se rappelle qu'à son début à Londres, en 1834, notre artiste n'avait fait que peu ou point d'effet sur le public anglais.

Habitué comme il l'était alors aux prodiges de l'exécution fantastique du grand Paganini, ce public n'avait vu chez l'enfant de 14 ans qu'une exception de plus à ajouter à celles que les caprices de dame nature prodiguaient à cette époque, et il s'était abstenu de démonstrations trop enthousiastes.

Cette première audition m'a valu *une bonne note*, nous disait Vieuxtemps; celle de 1841 lui vaudra un triomphe complet, car l'enfant est devenu un homme, un virtuose de premier ordre doublé d'un grand compositeur!

C'est le 19 avril 1841 que Vieuxtemps se produisit de nouveau à cette même Société philarmonique, théâtre de ses premières armes en 1834.

Déjà le 17, à la répétition du concert, l'orchestre et les quelques gourmets qui y assistaient lui avaient fait un succès éclatant et significatif, éloquent avant-coureur du triomphe qui l'attendait deux jours plus tard.

Nous trouvons dans une lettre datée du 20 avril 1841, et adressée par Vieuxtemps à M. Lejeune, d'Anvers, les détails suivants sur cette mémorable soirée : « Arrivons au coup décisif, au concert d'hier, où j'ai obtenu un des plus beaux succès de ma vie d'artiste. Le public a écouté le concerto d'un bout à l'autre sans broncher, ou, pour mieux dire, sans parler! ce qui est déjà ici un succès immense. Il m'a manifesté plusieurs fois, pendant le cours de ce morceau, sa satisfaction par des salves d'applaudissements longuement prolongées.

» Je n'ai pas été satisfait de l'orchestre. Le passage le plus intéressant du premier mouvement, où les trombones dialoguent avec le violon principal, a été tout à fait manqué par le peu de savoir du chef d'orchestre, sir G. S..., homme vieux et vain, d'une nullité trop complète pour que je lui en veuille. J'ai eu toute la peine du monde à rallier mes musiciens au grand *tutti* qui précède la cadence.

» Heureusement que cette déconfiture n'en était une que pour moi, et que la cadence a tout raccommodé. Le *rondo* a produit un effet extraordinaire. Les applaudissements ont continué longtemps après ma sortie de scène.

» Aujourd'hui, ajoute-t-il, les journaux sont pleins de moi. Le *Times* seul observe que mon morceau est long, et en demande le morcellement, ce que je ne lui accorderai certes pas. »

M. Maurice Kufferath a publié, dans son livre sur Vieuxtemps, deux fragments d'articles consacrés à ce concert par le *Morning-Post* et le *Morning-Chronicle*. Les termes en sont si flatteurs pour notre artiste, que je n'hésite pas à les reproduire : « Ce jeune et déjà célèbre virtuose, disait le premier de ces journaux, a captivé du premier coup l'admiration de tous les auditeurs. Nous croyons n'être qu'un faible écho de l'opinion générale en disant que M. Vieuxtemps réunit dans son jeu toutes les perfections du style, de l'intonation, de l'exécution et, par-dessus tout, de l'expression. Quoique élève de de Bériot, il n'appartient pas à l'école de celui-ci, il ne ressemble même à aucun des violonistes que nous avons déjà entendus. Par une prérogative qu'il tient du génie, il fait école lui-même, et plus d'un professeur déjà renommé pourrait, avec avantage pour lui et pour le plaisir de ses auditeurs, recevoir des leçons de ce jeune et habile musicien. Si nous pouvions nous permettre une comparaison musicale, nous dirions qu'il est le *Beethoven* de tous les violons connus. »

« Le trait le plus remarquable du concert, disait à son tour le *Morning-Chronicle*, a été l'apparition du jeune et illustre Vieuxtemps, qui s'est du premier coup montré digne de la haute réputation qu'il s'est acquise sur le continent. C'est, en effet, un artiste prodigieux que Vieuxtemps ; son concerto en *mi* est une œuvre de génie et d'une grande originalité, et les effets en sont combinés de manière à mettre encore en relief toute la puissance de sa propre exécution. Son succès à été immense, et nul doute que le jugement des amateurs anglais ne s'accorde en tous points avec celui qui a été exprimé déjà sur le continent, à savoir que ce jeune homme est le violoniste le plus remarquable de l'époque. »

Le fait est que, depuis Paganini et de Bériot, aucun des violonistes célèbres, y compris les David, les Molique, etc., n'était parvenu à faire sortir le flegmatique Anglais de son calme natif.

Vieuxtemps, par la puissante attraction de sa personnalité, avait accompli ce prodige, et l'on peut dire que pendant cette saison musicale il fut le soleil autour duquel tous les amoureux de la gloire vinrent se grouper.

Tous lui rendirent les armes et s'estimèrent heureux de paraitre à ses côtés dans les soirées et les concerts où il était le grand triomphateur.

Chez le *duc de Cambridge,* très haut personnage, et passionné de musique, il y eut, à la suite du fameux concert à la philharmonique, une soirée presque intime où Vieuxtemps et *Mlle Meerti* firent les délices d'une société aristocratique pendant près de trois heures.

Mlle Élisa Meerti était une cantatrice des plus distinguées, qui, après avoir brillé longtemps dans les concerts à Saint-Pétersbourg, en France, en Allemagne et en Hollande, épousa, en 1843, son compatriote *Joseph Blaes,* le célèbre clarinettiste.

« Je dois vous dire, écrivait Vieuxtemps à M. Lejeune, que Mlle Meerti m'a fait un plaisir immense. Elle chante avec une voix et une âme qui émeuvent. J'adore son talent. Comme personne, elle est charmante et d'un commerce des plus agréables. »

Pendant ce second voyage à Londres notre grand

violoniste fit aussi la rencontre d'*Édouard Grégoire,* un autre compatriote, avec lequel il se lia d'amitié.

Par la suite, Grégoire devint son collaborateur dans la composition d'un caprice pour piano et violon, resté en manuscrit, œuvre qui cimenta entre les deux artistes ces liens du cœur que seule la mort de Vieuxtemps a pu rompre.

Ici vient se placer un incident qui, de nos jours, et par le vent de militarisme et de service personnel qui souffle en Belgique, eut pu faire naître les plus graves conséquences pour l'avenir de notre éminent musicien. Énivré par des succès dont le chapelet s'égrenait sans interruption; adulé par des admirateurs fanatiques, Vieuxtemps avait complètement oublié qu'avant d'être un grand artiste il était citoyen, et que, comme tel, il avait des devoirs à remplir envers son pays. Or, que l'on juge de la perplexité d'esprit dans laquelle il dut se trouver en recevant communication de la lettre suivante, datée du 2 septembre 1841, et émanant du quartier général, à Bruxelles :

« M. le Bourgmestre,

« Par sa lettre d'hier, nº 59821, M. le Gouverneur de la province me transmet les pièces nécessaires à l'immatriculation du milicien de 1839, Vieuxtemps, Jean-François-Henry, de votre commune, et m'informe que le 3 août dernier il lui a fait donner l'ordre de se présenter dans mes bureaux, pour être incorporé.

» Le milicien précité n'ayant pas encore satisfait à cet ordre, j'ai l'honneur de vous prier de le prévenir qu'il ait à y optempérer *dans le délai de cinq jours,* s'il ne veut être poursuivi comme réfractaire.

Signé : » Le général-major commandant
la province. »

Une bombe venant éclater au milieu d'un camp endormi n'eut pas produit un effet plus terrifiant que cette missive. Pendant plusieurs heures, Vieuxtemps eut des visions de bonnets à poils à ses trousses !

La réflexion lui vint cependant, et le fit sortir peu à peu de son ahurissement. Il comprit que les lois d'un pays, si cruelles qu'elles pussent lui paraître au moment où elles s'appesantissaient sur lui, n'avaient rien que de très légitime au fond, et il eut bientôt pris le seul parti que les événements commandaient; il s'empressa de boucler ses malles et vint se présenter en personne aux bureaux du général-major, où on lui remit une feuille de route, 1 franc 85 centimes, et l'ordre de rejoindre son corps à Termonde.

Hâtons-nous d'ajouter que des protections bienveillantes s'employèrent utilement en sa faveur, et qu'il ne tarda pas à obtenir son congé définitif.

IX.

Ce retour forcé dans la mère patrie et cette libération inattendue du service militaire ramenèrent un peu de calme dans son existence si agitée depuis quelques années, et il crut avoir le droit de prendre quelque repos.

Il ne fut pas longtemps à s'apercevoir que l'artiste pris dans l'engrenage de la gloire ne s'appartient plus, et que, nouveau juif-errant, il faut, coûte que coûte, *marcher, marcher toujours !*

En effet, la Hollande, qui avait acclamé naguère l'enfant prodige, voulait revoir ce *petit* Vieuxtemps, que la grande voix de la renommée proclamait aujourd'hui musicien de génie, et il fallut obéir.

Ce lui fut du reste une joie réelle de se retrouver au milieu de cette population qui l'avait tant choyé lors de ses débuts dans la carrière, et de constater l'accueil enthousiaste qu'elle fit cette fois *aux enfants* de son imagination, car désormais le compositeur prendra dans le monde entier une grande part des triomphes du virtuose.

Vieuxtemps, pour répondre à la fièvre délirante que son talent avait allumée dans le cœur de ses admirateurs hollandais, dut multiplier ses auditions et rayonner un peu partout dans le pays pendant plusieurs semaines.

Chaque concert venait ajouter un nouveau fleuron à sa couronne de gloire. Pas un succès qui ne fût chanté par les poètes du cru, dans des vers dithyrambiques où l'on comparait celui qui en était le héros aux dieux les plus harmonieux de l'Olympe !

De tous les pays parcourus à ce jour par notre célèbre compatriote, l'Allemagne et l'Autriche seules étaient restées dans l'ignorance du Vieuxtemps compositeur. Le virtuose, on s'en souvient, y avait fait florès dès 1833 ; les plus grands musiciens, Schumann en tête, lui avaient prédit le plus brillant avenir, et les récents succès de Saint-Pétersbourg, de Paris et de Bruxelles semblaient prouver surabondamment que ces prédictions s'étaient réalisées. L'attention était donc suffisamment éveillée dans ces deux pays, pour que l'annonce de l'arrivée prochaine de Vieuxtemps, y venant faire connaître ses compositions, excitât la plus grande curiosité.

Ce fut *Munich*, ville éminemment artistique et possédant un excellent orchestre, que l'artiste choisit tout d'abord pour faire apprécier ses œuvres. Leur succès fut complet, grandiose! L'enthousiasme de ce public connaisseur vibra dans le cœur de Vieuxtemps au point de lui arracher des larmes. Il y vit, avec raison, la consécration définitive de son talent de compositeur.

Cette soirée, ce triomphe pour mieux dire, eut un tel retentissement dans le monde, que la première séance qu'il organisa en arrivant à *Vienne* fut honorée de la présence de l'empereur et de l'impératrice, qui donnèrent à différentes reprises le signal des applaudissements.

Les ovations et les acclamations du public se renouvelèrent ainsi pendant une longue série de concerts.

C'est à ce moment qu'il fit les préparatifs de son premier voyage en *Amérique*, où il arriva dans les derniers jours de novembre, après une traversée des plus accidentées.

Tempêtes furieuses; incendie à bord; un homme perdu en mer; enfin, aucun des éléments propres à impressionner puissamment une âme d'artiste ne fit défaut à notre voyageur, qui pourtant resta impassible en présence de cette nature déchaînée, composa un premier livre d'études et traça les grandes lignes d'un nouveau concerto. Il avait confiance dans son étoile.

Débarqué à *New-York*, il visita successivement *Boston*, *Albany* et quelques autres villes; mais quantité d'artistes arrivés avant lui, au nombre desquels se trouvaient *Artot* et *Ole-Bull*, lui faisaient une concurrence telle, qu'il s'empressa de gagner la *Nouvelle-Orléans*.

Dans cette ville, ses concerts excitèrent tant d'enthousiasme, qu'en moins de quinze jours il fut forcé d'en donner sept.

Le premier février, Vieuxtemps s'embarquait pour le *Mexique*, se faisait applaudir à *Vera-Cruz*, *Mexico*, puis se rendait à *l'île de Cuba* où il était accueilli, comme partout, par les marques non équivoques de l'admiration générale.

On le voit, les lauriers et les couronnes pleuvaient sur sa tête; il n'en était malheureusement pas de même des dollars dans son gousset! « A part quelques natures d'élite capables d'apprécier le grand art, dit Vieuxtemps dans son autobiographie, je ne pus charmer et enthousiasmer les Yankees qu'avec leur thème national : *Yankee-Doodle*, grâce auquel je devins promptement populaire et plantai jalon, bon gré mal gré, en ouvrant le chemin pour d'autres. A cette époque, ajoute-t-il, les habitants des États-Unis d'Amérique n'étaient pas encore atteints de musicomanie comme de nos jours. »

Cette petite composition intitulée *Yankee-Doodle*, dont parle Vieuxtemps, eut un succès européen et servit pendant longtemps de *feu d'artifice* aux programmes de tous les violonistes-virtuoses. Elle est, du reste, toute écrite de verve et d'humour, et produit un effet endiablé.

Peu soucieux de perdre le petit pécule amassé à la Nouvelle-Orléans, notre artiste reprit le chemin de cette dernière ville, où il retrouva ses admirateurs plus ardents que jamais. Nous en donnerons une preuve bien flatteuse en ajoutant que le jour de son concert d'adieux, le public en délire organisa séance tenante une souscription dont le produit considérable servit à faire frapper une médaille en or d'un module gigantesque, sur laquelle furent gravées les inscriptions suivantes : *Hommage au premier violon de son époque. — 29 mars 1844. — Les amateurs de la Nouvelle-Orléans à Henry Vieuxtemps.*

Cette médaille lui fut remise en grande pompe, quelques jours après son dernier concert.

En quittant la Nouvelle-Orléans, Vieuxtemps reprit le chemin de New-York, donnant des concerts à *Natchez*, *Wicksburg*, *Memphis*, *Saint-Louis*, *Louisville*, *Pittsburg*, *Cincinnati*, *Baltimore*, *Philadelphie*, *Boston;* puis enfin il revint en Europe dans le courant de juin 1844.

Les résultats financiers de ce voyage, nous l'avons fait pressentir, furent médiocres.

Il fallait, ainsi qu'il nous l'a dit lui-même, poser des jalons pour l'avenir, initier ce public aux beautés de l'art, et Dieu sait si, sous ce rapport, il y avait à faire!...

Les fatigues et plus encore les émotions, la tension d'esprit qu'un artiste continuellement en relation avec le public doit éprouver avaient altéré sa santé; aussi dut-il se soumettre à une cure chez le docteur Weil, à Canstadt, près Stuttgard, où il séjourna de juillet à fin août.

C'est là qu'il composa son *Concerto en la majeur*, dont les Bruxellois eurent la primeur en décembre 1844, dans un concert qui eut lieu au théâtre de la Monnaie.

Spontini, l'illustre auteur de la *Vestale* et de *Fernand Cortez*, assistait à ce concert et se fit remarquer par l'enthousiasme avec lequel il applaudit notre célèbre compatriote.

Ce *concerto en la*, sans avoir les visées esthétiques du concerto en *mi*, n'en est pas moins une œuvre remarquable, tant sous le rapport de la beauté des thèmes que par la facture générale, qui est d'un maitre.

Une particularité bizarre s'offre dès les premières mesures du début, où l'on retrouve le dessin mélodique et rythmique par lequel Beethoven a commencé sa colossale neuvième symphonie. Est-ce voulu? est-ce une rencontre toute fortuite? Le fait est que l'on ne peut entendre ce début du concerto sans penser immédiatement à l'œuvre immortelle du grand symphoniste.

Les autres thèmes de ce premier *allegro*, fort bien développé, ont une tendresse rêveuse du meilleur aloi et appartiennent bien en propre à leur auteur qui, comme on le sait, avait un fonds assez riche pour s'abstenir des emprunts compromettants.

L'*adagio religioso* constitue à lui seul un vrai, un pur chef-d'œuvre par la grandeur de la pensée, la distinction et la hardiesse de ses harmonies. C'est une de ces pages que le temps et la mode ne peuvent atteindre, parce que le cœur les a dictées, et que le cœur ne ment pas.

L'œuvre se termine par un *rondo*, mais plus étoffé, et non moins original, comme pensée, que celui du premier concerto.

X.

Nous voici arrivés en 1845. A cette époque, l'Académie de Belgique se divisait en deux classes : celle des sciences, et celle des lettres et des sciences morales et politiques.

Son organisation présentait donc une lacune regrettable en écartant de ce centre de l'intelligence les représentants des arts, qui de tout temps ont jeté un grand lustre sur l'activité intellectuelle du pays.

Il appartenait à un esprit supérieur comme celui du ministre Sylvain Van de Weyer de porter remède à cette situation, et nous trouvons, dans le remarquable rapport qu'il adressa le 19 novembre 1845 au roi Léopold Ier, la preuve de sa sollicitude pour les beaux-arts : « L'organisation actuelle de l'Académie royale des sciences et belles-lettres de Bruxelles, y est-il dit, n'est plus en harmonie avec les progrès que la science et la littérature ont faits dans notre pays.

» Les beaux-arts, qui semblent avoir attendu notre régénération politique pour sortir avec éclat d'un long engourdissement, désirent un centre commun, où les efforts individuels de nos artistes puissent en quelque sorte converger, afin de consolider cette glorieuse école flamande qui a jeté tant de lustre sur notre patrie. » Puis, plus loin : « J'ai pensé, Sire, qu'il appartenait au Gouvernement de Votre Majesté de s'acquitter de cette tâche. J'ai étudié mûrement la question, et j'ai l'honneur de soumettre le résultat de mon examen à la haute appréciation de Votre Majesté.

» L'Académie serait désormais divisée en trois classes : celle des sciences; celle des lettres et des sciences morales et politiques; enfin, celle des beaux-arts. »

Les quatre premiers musiciens qui eurent l'honneur de faire partie de cette classe que l'on venait d'adjoindre à l'Académie, furent : *Charles de Bériot; François Fétis; Charles Hanssens* et *Henry Vieuxtemps.*

L'article 6 des statuts disait : « Pour devenir membre, il faut être Belge, d'un caractère honorable, et *auteur d'un ouvrage important relatif aux travaux de la Classe.* »

Vieuxtemps, à l'âge de 25 ans, se trouvait dans les conditions requises pour être admis dans la docte assemblée, et voici dans quels termes le ministre lui fit part de ce grand honneur :

« Monsieur,

» J'ai l'honneur de vous adresser un extrait d'un arrêté royal du 1er décembre 1845, qui vous nomme membre de la Classe des beaux-arts de l'Académie, pour la musique.

» Votre mérite et votre amour éclairé pour les beaux-arts me sont un sûr garant, Monsieur, que vous recevrez cette nomination avec plaisir et que vous contribuerez d'une manière distinguée, par vos travaux académiques, à la consolidation et au progrès de notre école moderne. »

C'est muni de cette haute dignité que Vieuxtemps entreprit une nouvelle tournée en Hollande et en Angleterre.

A la Haye, le roi ayant manifesté le désir d'entendre le nouveau *concerto en la,* un concert fut donné par ordre au théâtre de cette ville.

Les derniers accords de l'œuvre venaient de résonner harmonieusement au milieu des acclamations du public, lorsque le roi fit remettre séance tenante la décoration de la couronne de Chêne à son auteur. Il est à peine utile d'ajouter qu'à ce moment l'enthousiasme fut à son comble; les applaudissements devinrent des trépignements; les fleurs pleuvaient sur la scène au point de faire croire à un bombardement du plus odorant effet. Enfin, pour que rien ne manquât au triomphe de l'artiste, l'orchestre lui offrit une superbe couronne à laquelle était suspendue une petite feuille de papier ornée de fines enjolivures, et sur laquelle était imprimé le quatrain suivant :

> L'orchestre rend toujours hommage aux vrais talents;
> Mais jamais au génie on n'unit tant de grâce!
> Quand son temps sera vieux on dira de Vieuxtemps :
> Il n'est rien encore qu'il n'efface!

En quittant la Hollande, notre glorieux artiste se rendit à Londres, où son talent se manifesta sous une forme nouvelle en interprétant d'une façon merveilleuse la musique de chambre.

Il contribua à la fondation de la *Beethoven-Society* de Londres, en organisant plusieurs séances de quatuor qui obtinrent le plus grand succès.

Il continua cette œuvre de propagande, lorsque plus tard il se fixa rue Chaptal à Paris, où j'eus le bonheur de l'entendre souvent en compagnie des principaux artistes français et étrangers, car tous ceux qui portaient un nom dans l'art tenaient à honneur de concourir avec lui à la diffusion de ce genre de musique, pour lequel il montrait un amour tout particulier.

De même que son émule *Joseph Joachim*, Vieuxtemps excellait dans l'interprétation de la musique de chambre.

Son influence ne fut pas moins grande sur ce terrain que sur celui de l'exécution individuelle. Sa passion communicative électrisait ses partenaires; son âme enthousiaste semblait vibrer sous l'archet de chacun des exécutants. Qu'on juge par là de ce que devaient être ces exécutions vraiment idéales et dont le souvenir n'est pas effacé de nos jours!

A propos de ces séances mémorables, *Paul de St-Victor*, le critique autorisé du *Moniteur universel*, disait, en parlant de Vieuxtemps : « Le violon prend sous son archet une âme, un gosier, une poitrine humaine; il pleure comme une femme, il rit comme une fée, il chante comme un ténor! »

Dès la fin de 1844, un événement considérable pour Vieuxtemps s'était accompli; il avait épousé Mlle *Joséphine Eder*, femme d'une haute distinction, et musicienne *di primo cartello*.

Nous avons sous les yeux des notes très étendues, écrites par Vieuxtemps lui-même sur la carrière artistique de sa femme, et nous croyons intéressant d'y puiser quelques renseignements qui nous serviront à tracer succinctement la physionomie de la digne compagne que notre artiste s'était choisie :

Joséphine Eder, née le 3 décembre 1815 à Vienne, montra dès l'âge le plus tendre une facilité étonnante à concevoir et à retenir tout ce qu'on voulait lui apprendre.

En peu de temps elle fit des progrès remarquables en littérature, en histoire, en géographie; mais c'est surtout pour la musique qu'elle manifesta un goût et des aptitudes vraiment extraordinaires.

A l'exemple des *Listz, Rubinstein* et autres prédestinés de l'art, elle débuta dès l'âge de 8 ans devant le public viennois en exécutant sur le piano les concertos de *Field, Hummel, Kalbrenner,* et ce, de façon à charmer les plus difficiles. Ses petits doigts couraient sur le clavier avec une souplesse, une rapidité vertigineuse; bref, elle fit sensation et excita la plus vive curiosité.

Son esprit scrutateur la poussait en avant, avide de savoir, dévorant les livres, travaillant sans cesse; elle acquit au bout de quelques années les connaissances les plus étendues.

A 14 ans, parlant et écrivant l'allemand, le français, l'anglais, l'italien, elle connaissait les poètes classiques de tous les pays. Plus tard, elle s'assimila avec une rare facilité le latin et... le turc, sans négliger toutefois ses études musicales. qu'elle conduisit jusqu'à la connaissance parfaite de l'harmonie, étudiée avec ce même Sechter, qui naguère avait initié son futur mari aux mystères du contrepoint.

Admirée, applaudie, elle réalisait à 17 ans le type parfait de la femme artiste.

Sa mémoire était prodigieuse; aussi exécutait-elle tous ses morceaux par cœur, ce qui, parait-il, excitait la grande colère de la critique!

On se demandera de nos jours pourquoi une faculté si précieuse était considérée alors comme une audace impardonnable... *Mystère et innovation!* Le fait est que, s'il faut en croire Vieuxtemps, elle souleva des tempêtes.

Un talent aussi parfait ne pouvait se confiner dans les limites d'une capitale; aussi, dès l'âge de 18 ans, se sentant mûre pour entreprendre une première tournée,

Mlle Eder partit avec sa mère et visita successivement *Prague, Dresde, Leipzig, Berlin, Cassel, Francfort, Aix-la-Chapelle,* remonta le Rhin, s'arrêta à *Ems*, à *Wiesbaden, Heidelberg, Stuttgard,* et partout obtint comme artiste des succès étourdissants, et comme femme distinguée la sympathie et l'admiration générales.

La première rencontre des deux futurs époux se fit en 1833, à Stuttgard, où ils donnèrent plusieurs concerts ensemble.

Ils se revirent l'automne suivant à Munich et à Vienne, où le jeune Vieuxtemps obtint ses premiers vrais succès.

A la suite de revers de fortune, Mlle Eder disparut de la scène artistique en 1835, et se retira pendant plusieurs années à la campagne, vivant dans la méditation et l'étude.

Une erreur longtemps accréditée la signala comme *prima donna* au théâtre de Léopoldstadt à Vienne, ce qui, nous dit Vieuxtemps, est absolument faux.

Mlle Eder, tout en s'étant occupée de chant, n'a jamais eu ce qu'on peut appeler de la voix, et elle avait trop de tact, de jugement, se connaissait surtout trop bien elle-même pour songer un instant à aborder la scène lyrique.

Il y a eu, en effet, à cette époque, une demoiselle Eder cantatrice, qui obtint des succès sur plusieurs scènes allemandes, mais elle n'avait aucune identité avec Mlle Joséphine Eder qui devint plus tard madame Vieuxtemps, et que nous retrouvons en 1838 à Vienne, où elle revit notre artiste grandi et mûri dans son art.

C'est de ce moment que date la naissance des sentiments de tendresse qui devaient amener l'union de ces deux âmes, si bien faites pour s'aimer et se comprendre.

Leur mariage fut célébré à Francfort en 1844, et, à partir de ce jour, Mme Vieuxtemps, rayant de la grande famille artiste le nom de Mlle Eder, abdiqua le sceptre artistique, qu'elle commençait à porter d'une main ferme et de façon à exciter l'envie, pour adopter définitivement le rôle effacé d'accompagnatrice de son mari.

Mais ce rôle, elle le remplit avec une telle distinction, une maëstria si grande, que tous ceux qui, comme moi, ont été témoins de ces duos d'amour artistique, où l'âme de l'un vibrait à l'unisson de celle de l'autre, en ressentent encore aujourd'hui les émotions inoubliables.

Les conditions dans lesquelles ce mariage fut célébré amenèrent un refroidissement dans les rapports de notre artiste avec ses concitoyens, dit M. *Jean Renier* dans une note qu'il a bien voulu me communiquer; et voici ce qui l'avait provoqué : Un Verviétois habitant Francfort avait vu le cortège nuptial se rendre au temple des réformés (Mlle Eder étant protestante), et il en avait conclu que le fiancé avait changé de religion. Cette nouvelle répandue par lui à Verviers avait trouvé créance, ce qui fit que, lorsque notre artiste reparut dans sa ville natale quelque temps après, plusieurs de ses admirateurs lui montrèrent moins d'empressement que de coutume. Néanmoins, il ne dut guère s'apercevoir de ce refroidissement, causé par une erreur, car ses enthousiastes lui préparèrent une réception très flatteuse, animée aussi par une solennité qui se déroulait en ce moment, et à laquelle les nouveaux époux prirent part avec entrain.

Ici commence pour Vieuxtemps et sa femme une longue série de voyages comprenant les États-Unis d'Amérique, le Mexique, la Havane, la Belgique, l'Allemagne, où l'annonce de leur arrivée valut à Vieuxtemps une lettre charmante de *Mendelssohn*, commençant ainsi : « La nouvelle de votre arrivée chez nous m'a rempli de joie, et je suis bien persuadé que tous les vrais amateurs partagent ce sentiment, vous attendent avec la plus vive impatience, et vous salueront avec l'enthousiasme que vous méritez à si juste titre ! »; puis enfin Saint-Pétersbourg, où le grand artiste fut appelé en 1846 en qualité de violon solo de la cour de S. M. l'Empereur Nicolas, et de professeur au Conservatoire.

Mme Vieuxtemps, par son talent, sa haute intelligence et les qualités de son cœur, sut se créer une place distinguée à la cour et dans les salons aristocratiques, où elle conquit d'emblée les bonnes grâces des dames russes, qui l'honorèrent de leur amitié la plus affectueuse.

Elle suivit son mari dans les voyages qu'il fit annuellement pendant ses congés, et c'est ainsi que nous les retrouvons en 1847 à Paris, où Vieuxtemps désirait faire entendre son concerto en *la*.

« M. H. Vieuxtemps, qui ne s'est plus fait entendre à Paris depuis 1841, disait le *Journal des Débats*, doit donner un concert le 5 avril chez Herz. On se rappelle avec quel succès fut accueilli son fameux concerto en *mi* au Conservatoire et au théâtre Italien.

» Il vient cette année avec un nouveau concerto qu'on dit supérieur au premier. »

XI.

En 1848, les deux époux sont à Constantinople, où ils ont l'insigne honneur d'être reçus au palais de *Tschiraghan* par le sultan.

Vieuxtemps m'a fait lui-même le récit de cette entrevue, qui emprunte au milieu où elle eut lieu un parfum d'orientalisme le plus piquant.

Le lecteur nous saura gré sans doute de le lui narrer ici :

C'était en juin 1848 : un vent de révolution soufflait sur l'Europe.

Entre tous les rois et souverains du monde, le sultan était le seul monarque qui pût fumer sa pipe d'ambre en paix et promener son ennui dans les jardins de son sérail, que baignent les eaux du Bosphore mêlées à celles de la mer de Marmara.

Au lieu des majestueux bateaux de guerre transportant des soldats, on ne voyait que les gondoles rapides, les gracieux caïques de l'Orient transportant les citoyens paisibles dans les délicieuses montagnes de Péra et de Galata.

A ce moment, un étranger, un Belge, vint échouer sur les bords de ce pays enchanteur. Ce Belge était un artiste qui s'inscrivit dans le registre de l'hôtel français où il descendit : « Henry Vieuxtemps, violoniste, né en Belgique; venant de Saint-Pétersbourg par Odessa, et allant à....? peut-être Pékin! »

Abdul-Medjid, auquel les distractions du bruit des canons russes manquaient en ce moment, était mélancolique; il commençait même à prendre en dégoût l'arome de son moka, lorsque, ayant entendu parler par son vizir de l'arrivée du célèbre artiste franc, il désira le voir, et lui *commanda* de venir à son palais.

Un matin, vers 8 heures, par une de ces matinées magnifiques si communes dans ce pays idéal, Vieuxtemps et sa femme se mirent en route pour rencontrer *Rifaat-Pacha*, ministre des affaires étrangères, qui avait reçu l'ordre de les conduire à Sa Majesté.

Quand ils mirent pied à terre, les ministres étaient occupés à de sérieuses affaires d'État et ne purent les recevoir immédiatement.

En attendant le bon plaisir de ces Messieurs, Vieuxtemps, qui tenait à la couleur locale, se mit à fumer *comme un Turc* dans une de ces pipes à long tuyau appelées chibouk, qu'un domestique s'était empressé de lui présenter, et il prit en même temps un nombre considérable de petites tasses contenant un excellent moka.

Par une faveur toute spéciale, et rarement accordée, Mme Vieuxtemps fut introduite dans le harem et présentée à la femme du Pacha, *Lady-Rifaat*, qui la reçut avec une amabilité charmante.

Elle lui adressa mille questions sur la toilette européenne, lui montra ses bijoux, ses châles, et poussa même la gracieuseté pour la compagne de l'artiste jusqu'à chanter et danser devant elle !

Ce chant, qui pouvait être très agréable aux oreilles musulmanes, remplit le cœur de Mme Vieuxtemps des plus horribles appréhensions sur la réception que la musique de son mari ne pouvait manquer d'obtenir de la part du sultan. Il était clair que si Abdul-Medjid ressentait les mêmes sensations en entendant le violon de

Vieuxtemps, que celles qu'elle avait éprouvées en écoutant chanter Mme Rifaat, il ordonnerait sûrement à ses kavass de bâtonner le pauvre artiste!

Après cette visite du harem, Mme Vieuxtemps et son mari furent invités à faire honneur au repas préparé pour eux, et qui se composait de riz blanc, de riz jaune, de poissons frits à l'huile et de côtelettes de chèvre.

Sur la table, pas de nappe, pas de serviettes, mais, malgré le *Coran,* il y avait des couteaux, des fourchettes et une bouteille de vin de Bordeaux.

Enfin, le Pacha ayant terminé ses audiences, rejoignit nos artistes et leur fit prendre place dans un magnifique caïque tout doré, qui les mena au palais du sultan.

Il était 4 heures de relevée lorsqu'ils arrivèrent à la résidence impériale; mais là encore de nouvelles lenteurs se produisirent et retardèrent le moment solennel. Un messager survint apportant les ordres de son maitre.

Sa Hautesse désirait que Vieuxtemps inspectât la musique militaire et l'école de musique dirigée à cette époque par Donizetti, frère du célèbre compositeur.

Cette école comprenait une soixantaine de jeunes Turcs auxquels on enseignait les instruments à archet, la danse, et surtout *les tours de gobelets*, genre d'exercice pour lequel le sultan professait une prédilection toute particulière.

Un petit concert fut donné en l'honneur de nos artistes, qui purent se convaincre ainsi de la triste médiocrité de l'enseignement et de l'ignorance complète du corps professoral.

Les chanteurs représentèrent un acte de *la Somnambule* de façon à dérider les fronts les plus moroses. « On ne peut se faire une idée, me disait Vieuxtemps, du grotesque de cette exécution; c'était désopilant, inénarrable! »

En revanche, la musique militaire n'était pas sans valeur; les instrumentistes, notablement plus forts que les chanteurs, le prouvèrent séance tenante en exécutant fort correctement, et *a prima vista*, une marche composée par Vieuxtemps, et dédiée à Sa Hautesse.

L'auteur fut acclamé par ses exécutants, et de nouvelles pipes accompagnées de petites tasses de moka furent offertes en signe de réjouissance.

Après une promenade dans les nombreuses galeries du palais, éclairées mystérieusement à cette heure par la lune (il était prés de minuit), on vint enfin leur annoncer que le sultan, entouré de ses pachas et des grands de sa cour, les attendait.

Abdul-Medjid était, à l'époque de notre récit, un beau jeune homme, à l'allure altière. Ses yeux, empreints d'une fière expression, avaient une teinte de mélancolie qui inspirait à la fois le respect et le plus poétique intérêt.

Bien qu'il parlât le français, l'étiquette de la cour exigeait qu'il n'adressât la parole aux étrangers que par l'intermédiaire du *drogman*.

Après quelques mots échangés, Abdul-Medjid s'assit; les autres personnages en firent autant, et le concert commença.

Notre artiste joua d'abord sa belle *fantaisie-caprice*, dont l'effet fut absolument nul. A ce moment, Mme Vieuxtemps, se rappelant la musique de Lady-Rifaat, eut des visions de kavass armés de bâtons, et implora la protection du grand Mahomet pour son mari!

Mais celui-ci avait de suite compris qu'il n'arriverait pas à émouvoir Son Altesse avec des pièces sentimentales, et son choix se porta immédiatement sur le *tremolo* de de Bériot.

Le sultan s'intéressa à cette musique, l'écouta avec la plus vive attention et, le morceau terminé, en demanda un autre; la bataille était gagnée.

Ce fut par le duo sur la Somnambule, exécuté avec sa femme, que Vieuxtemps acheva de conquérir les bonnes grâces du souverain qui, oubliant l'étiquette, s'approcha vivement de l'artiste et lui dit en français combien il regrettait que ses femmes ne fussent pas en ville, pour apprécier avec lui une exécution aussi merveilleuse.

Puis, comme effrayé d'une familiarité aussi compromettante pour sa dignité, il s'adressa au drogman pour achever son speech, que celui-ci traduisit ainsi à Vieuxtemps : « O musicien franc, dans nos anciens livres on parle beaucoup et avec la plus grande vénération d'un joueur de violon, mais, après t'avoir entendu, je commence à croire qu'il ne pourrait être que ton élève ».

Après ce compliment original, le sultan se retira, suivi de sa cour.

Il était près de 3 heures du matin et, par conséquent, trop tard pour retourner à Bayakdire avec le bateau. Nos artistes, exténués, furent obligés de regagner leur hôtel à pied, escortés par la garde impériale!

« Le lendemain, ajoute Vieuxtemps, un homme m'apporta, de la part de Sa Hautesse, un sac immense, qui paraissait rempli de pommes de terre. J'étais sur le point de renvoyer homme et sac, lorsque quelqu'un me fit observer que je ferais peut-être bien d'en vérifier le contenu. Qu'on juge de ma surprise lorsque je vis s'échapper de l'enveloppe grossière une véritable pluie de piastres et de fruits les plus exquis!

Mme Vieuxtemps passa plus de deux heures à compter les piastres; il y en avait 20,000! Le sultan avait bien fait les choses. Cependant, il ne se crut pas quitte envers l'artiste, car deux jours plus tard il lui envoyait la décoration, en diamants, du Nichan Istihar, une des dernières données dans ce luxe oriental.

Voici la traduction du curieux diplôme qui accompagnait le bijou : « Notre ordre révéré, très haut, impérial, revêtu du chiffre honoré du monde Rhanique est tel que : notre opinion auguste est que le porteur du présent diplôme très haut et impérial, M. Henry Vieuxtemps (que sa dignité soit augmentée), est un des maitres de l'art et de la science.

» Comme la bienveillance envers de tels artistes est une des attributions de la louable coutume de protéger les arts, un Nichan glorieux ayant été donné au susmentionné de notre part, qui réunit la dignité et la gloire. — En vertu de quoi, ce diplôme impérial a été accordé et délivré. — Fait vers le milieu du mois de Remadan de l'an de l'Hégire 1264. »

N'avions-nous pas raison de croire que ce récit intéresserait le lecteur?

XII.

A son retour à Saint-Pétersbourg, notre artiste renouvela son engagement avec la cour pour trois nouvelles années, et reprit ses travaux de composition.

Plusieurs morceaux de genre parurent coup sur coup, et, bien qu'ils n'aient pas la profondeur de la pensée que l'on remarque dans les grandes œuvres du maître, il faut reconnaître cependant qu'ils ont les qualités de facture, le charme de la mélodie et la solidité de style des meilleures productions similaires.

Ce fut encore à ce moment que Vieuxtemps jeta les grandes lignes de son beau concerto en *ré* mineur, le quatrième, je pense.

Cette œuvre ne fut terminée qu'en 1850.

La nouveauté de la forme et je ne sais quelle autre considération le firent hésiter longtemps avant d'oser le livrer à l'appréciation du grand public. Le fait est que, ni en Pologne, ni en Autriche, où il fit un nouveau séjour dans le courant de l'année 1850, il ne se décida à le produire.

L'été suivant il était à Paris, où il donnait une série de concerts avec un succès toujours croissant, lorsqu'une grave maladie de sa femme vint enrayer tous ses projets et le forcer à manquer aux engagements pris avec la cour de Saint-Pétersbourg, ce qui le mit dans l'obligation d'abandonner sa position dans cette ville.

Ses élèves, au nombre desquels se trouvaient le *prince Youssopoff, Walkoff, Pozanski*, etc., furent au désespoir, car tous aspiraient depuis longtemps à le voir revenir pour recevoir ses excellents conseils.

Vieuxtemps, pendant son séjour en Russie, avait, en effet, formé une quantité de disciples qui répandaient partout la renommée de leur maître.

La considération dont il jouissait dans le monde entier comme professeur, le faisait rechercher par tous ceux qui désiraient se perfectionner dans leur art. C'est ainsi que, pendant un voyage qu'il fit à Londres en 1851, *Richard Wagner*, en lui recommandant un jeune homme auquel il s'intéressait, lui écrivait une lettre dont nous croyons devoir reproduire ici les principaux passages. On y verra en quelle haute estime Wagner tenait Vieuxtemps, et, détail piquant, en quelle situation d'esprit se trouvait le grand réformateur au lendemain des événements politiques qui avaient fait de lui un proscrit. Voici cette lettre :

« Trés cher ami.

» Celui qui vous présente ces lignes est un jeune Polonais, pour lequel je m'intéresse particulièrement. Il a appris le violon par Helmesberger, à Vienne, et David, à Leipzig, et n'a d'autre désir que de trouver *un maître tel que vous*, pour se perfectionner dans son art, pour lequel je le juge plein de talent. En outre, ce jeune homme, fils d'une famille bureaucrate de la Gallicie, a été impliqué dans les affaires politiques de 1848 et 1849; il est actuellement réfugié, et parfaitement renié et abandonné par son père, qui est bon impérialiste autrichien.

» Si vous pouvez faire quelque chose pour aider mon protégé à ce qu'il arrive à son but, si ardemment désiré par le jeune malheureux, vous m'obligerez infiniment.

» Quant à moi, il me va assez bien : *je suis content de ne plus traîner mon art à la suite de sots courtisans, et de pouvoir vivre pour lui sans moleste, bien dans un état modeste, mais libre.*

» Faites-moi le plaisir de me donner de vos nouvelles, e

rendez mes civilités bien empressées à Madame Vieuxtemps. Surtout, gardez-moi en bonne mémoire, et soyez persuadé des sentiments plus qu'amicaux de votre

» tout dévoué

» RICHARD WAGNER. »

Zurich, 17 mai 1851.
(Suisse.)

Au mois de décembre de cette même année 1851, Vieuxtemps, de retour à Paris, se décida enfin à faire entendre son concerto en *ré* mineur.

La question d'argent, on le sait, a toujours été secondaire pour lés artistes dans cette ville-lumière, qui donnait alors le ton au monde entier dans les choses d'art et de science. Ils y cherchaient, avant tout, des satisfactions d'amour-propre.

Une œuvre consacrée par la critique de la capitale s'imposait à tous les publics; de là cette préoccupation constante, chez les artistes, du *succès parisien*.

Il n'en est plus absolument de même de nos jours.

Hâtons-nous de le dire, cette nouvelle œuvre de notre grand musicien fut reçue avec non moins de faveur que ses aînées. Chacun proclama à l'envi les mérites du virtuose et du compositeur, et Hector Berlioz ne fut pas l'un des moins enthousiastes dans ce concert d'éloges. Écoutons ce qu'il dit alors dans son feuilleton du *Journal des Débats :* « Le concert que Vieuxtemps a donné, il y a quelques jours, lui a valu un véritable triomphe; on l'y a proclamé aussi remarquable compositeur que virtuose incomparable. Et cette justice lui a été rendue, non seulement par le public, mais par tous les habiles violonistes de Paris, accourus pour l'admirer, et qui l'entouraient à la fin du concert de leurs félicitations. Il y a des talents qui désarment l'envie. »

Puis dans un second article :

« Le talent de Vieuxtemps est merveilleux ; ses qualités dominantes sont la grandeur, l'aplomb, la majesté et un goût irréprochable. Il ne tente rien dont il ne soit sûr, et pourtant on a peine à croire aux prodiges de son mécanisme. Ses intonations sont d'une justesse parfaite, tant pour les sons ordinaires que pour les sons harmoniques, dont il fait un emploi fréquent et vraiment ingénieux. L'archet, dans sa main, semble embrasser la corde plutôt que la toucher seulement sur un point ; le son qu'il tire est moelleux, plein, doux, fort, savoureux, si j'ose me servir de cette expression. Et quant à sa main gauche, on la dirait armée de doigts de fer dans les traits en pizzicato, tant la corde, ainsi arrachée, vibre avec netteté et énergie.

» La jouissance qu'on éprouve à entendre ce virtuose-maître est sereine, comme celle qu'on trouve dans la contemplation de tout ce qui est beau, calme et grand.

» Comme compositeur, Vieuxtemps n'est pas moins remarquable, et les qualités que je viens de signaler dans son exécution se retrouvent dans ses œuvres. On est convenu de dire, et l'on croit en général que la musique des virtuoses n'a pas de valeur. Cela est vrai quatre-vingts fois sur cent. Mais celle de tant de gens qui se posent en compositeurs sans être virtuoses est encore bien plus rarement bonne ! » Puis, parlant du nouveau concerto, il ajoute : « Cette œuvre est magistrale, neuve de forme, semée d'effets piquants et imprévus, et traitée si musicalement que la partie de violon principal s'efface souvent pour laisser la parole à l'orchestre. L'auteur, on le sent, est presque jaloux du virtuose; et pourtant quelle brillante tâche il a conférée à celui-ci! que de traits originaux, que de combinaisons hardies! Ce concerto est une magnifique symphonie avec un violon principal. Les idées en sont vivaces, nombreuses, et ne se présentent jamais qu'armées d'une instrumentation qui en rehausse l'éclat. Vieuxtemps traite magistralement l'orchestre; ceci est important à dire chez nous, où l'on parle tant d'instrumentation sans savoir précisément ce que c'est, et où l'on donne le nom de compositeur à des aligneurs de notes. ». Puis plus loin : « Je ne puis analyser cette œuvre, digne pendant des concertos que Vieuxtemps a déjà produits auparavant.

» Le *scherzo* est une des plus curieuses choses que l'on puisse entendre et des plus difficiles aussi à produire jusqu'au bout sans accident, pour le virtuose qui exécute le violon principal autant que pour le chef d'orchestre.

» L'exécution, en général, m'a paru excellente, et le succès de Vieuxtemps a été réellement exceptionnel. »

Cette appréciation d'un artiste qui, par l'essence même de son esprit, avait en horreur la banalité, le convenu en matière d'art, acquiert une importance capitale et méritait d'être rapportée dans un travail qui a pour objet la glorification d'un musicien tel que Vieuxtemps.

Ce concerto en *ré* mineur, comme son aîné en *mi*, ne tarda pas à faire son tour d'Europe et à affirmer de plus en plus la grande réputation de son auteur.

L'Allemagne, l'Angleterre, la Suisse, la Belgique l'acclamèrent tour à tour.

Il m'est impossible de passer sous silence les émotions personnelles que je ressentis le jour où Vieuxtemps vint exécuter cet admirable concerto au Théâtre Royal de Liège. Jamais je n'oublierai la physionomie de cette salle en délire, qu'un grand artiste dominait par la force du génie.

J'étais assis à côté de mon cher et vénéré maitre, *Daussoigne-Méhul*, qui, haletant, l'œil animé par le bonheur que lui faisait éprouver l'audition de cette belle et grande œuvre, m'en faisait savourer toutes les beautés. Son enthousiasme, qu'il avait peine à traduire, tant son émotion était grande, fut consigné le lendemain dans une lettre que Vieuxtemps avait conservée et qui m'a été communiquée par le fils du grand artiste; la voici :

« Mon bon et cher Vieuxtemps,

» Bénies soient la mère qui vous a engendré et la noble femme qui vous entoure de ses soins. Je suis enivré de l'audition de votre nouveau concerto, ou plutôt de votre épopée musicale. J'ignore, du reste, si vous attachez quelque prix à mes louanges et n'emploierai pas ici les phrases boursouflées que les *jugeurs* de profession vous jettent à la face..., mais je dirai tout simplement que s'il m'était donné de choisir le titre le plus glorieux et le plus en rapport avec mon cœur, je voudrais me pouvoir dire l'ami de Vieuxtemps.

» Au revoir, adieu, mon cher Henry, pensez quelquefois à un homme qui vous a vu tout enfant, et vous aimait avant de vous admirer.

» DAUSSOIGNE-MÉHUL. »

Nous cueillons encore dans les souvenirs de la famille Vieuxtemps, ce passage d'une lettre que notre grand artiste adressait à son père pendant sa tournée en France.

Elle donnera le ton des succès qu'il obtint à cette époque avec son concerto en *ré* mineur : « Les points culminants de l'enthousiasme, disait-il, se sont manifestés à Marseille, où une couronne en argent *vrai* m'a été offerte par le maire, et à Toulouse, où j'ai reçu de l'orchestre une médaille en or massif! Après chaque concert dans cette dernière ville, plus de deux mille personnes me faisaient la conduite du théâtre à mon hôtel (historique) et, le jour de mon départ, tout l'orchestre, les chœurs du théâtre, etc., m'ont accompagné jusqu'à la diligence. O Toulouse! Toulouse! je ne t'oublierai jamais! »

Il ne reçut cependant pas toujours le même accueil partout. C'est ainsi qu'à *Hyères*, où il débarqua après ses triomphes de Marseille et de Toulouse, les personnes qu'il visita le reçurent avec tant de froideur, tant de méfiance, qu'il en resta confondu. Que s'était-il donc passé?... Ce fut *Belloni*, son secrétaire, qui parvint, après bien des circonlocutions, à avoir le mot de l'énigme.

L'histoire est racontée dans tous ses détails par le journal *la France musicale*, et vaut la peine d'être reproduite ici : « Depuis huit jours, dit ce journal, un Monsieur, se disant Vieuxtemps, s'était installé au premier hôtel, avait mené grande vie, promenades par mer et par terre, avait accepté un grand dîner que le club des notables avait organisé en son honneur; il parlait beaucoup de musique, buvait davantage de champagne en invitant les membres, avides de l'entendre, de venir le lendemain déjeuner à son hôtel, où il voulait leur montrer ses instruments et jouer devant eux; mais quand la société arriva, l'autre avait déguerpi en oubliant de payer sa note. C'était précisément la veille de l'arrivée du vrai artiste, qui, je crois, n'a jamais réussi à se réhabiliter dans l'opinion des Hyérois. » C'était donc un sosie qui, dans le but d'exploiter la situation, avait pris pour quelques jours la place du grand musicien, et lui avait joué ce méchant tour. Vieuxtemps, furieux d'abord d'avoir manqué la bonne recette qu'il eût faite sans doute, sans la concurrence déloyale de cet aventurier, finit cependant par en prendre son parti en philosophe, et en rit avec tout le monde.

Nous avons dit que le concerto en *ré* mineur fit promptement son tour d'Europe.

Une anecdote bien touchante se rattache à la tournée triomphale qu'il fit quelques années plus tard avec cette œuvre en Allemagne.

Lors de son premier séjour à Darmstadt, en 1833, Vieuxtemps, qui avait alors 13 ans, s'amusait parfois (bien qu'il ne connût qu'imparfaitement encore la science des accords), à jeter sur le papier les idées musicales qui commençaient à germer dans sa jeune imagination. Il fut surpris un beau matin par un musicien de l'orchestre Grand-Ducal, jouant une étude de violon de sa composition. L'artiste, sous le charme de l'exécution du célèbre *bambino*, attendit prudemment à la porte la fin du morceau avant de signaler sa présence. — De qui est donc l'étude que vous jouiez à l'instant? lui demanda le brave musicien. — Mais de moi, lui répartit Vieuxtemps. — De vous? fit-il avec étonnement... Si je ne craignais de commettre une grande indiscrétion, je vous en demanderais une copie... — Vous êtes si peu indiscret, lui répondit son interlocuteur, que je vous fais cadeau de l'original.

Lorsqu'en 1856 ou 1857, Vieuxtemps fut invité à prendre part à un grand festival dans cette même ville, il avait oublié son visiteur de 1833. Il venait de répéter son admirable concerto; les artistes de l'orchestre l'entouraient et lui exprimaient leur admiration par les marques chaleureuses de leur enthousiasme; c'était à qui lui toucherait la main, lui baiserait le bout des doigts!

Au nombre des plus empressés se trouvait un vieillard qui, les larmes aux yeux, vint lui dire : Monsieur Vieuxtemps, vous rappelez-vous votre séjour à l'hôtel de *** en 1833, et la visite que vous fit alors un modeste artiste de cet orchestre? Vous êtes *l'homme à l'étude*, s'écria Vieuxtemps!... En effet, c'était bien lui, qui venait ainsi rappeler au grand triomphateur du moment, l'époque où, encore enfant, il lui avait donné cette petite perle, bien modeste sans doute, mais que ce bon vieillard conservait comme une relique et dont pour rien au monde il n'eût voulu se séparer!

Qui ne comprendra l'émotion de Vieuxtemps? Il se mit à pleurer et tomba dans les bras de ce brave homme.

Cette petite scène avait ému tous les assistants, et pendant plusieurs jours ce fut un véritable pèlerinage à la maison du bon vieux, qui montrait avec orgueil à chacun des visiteurs le petit chef-d'œuvre de l'enfant de 13 ans!

XIII.

Pendant un voyage que notre artiste fit en 1857 à Nice, il reçut la décoration du roi de Sardaigne, puis revint à Bruxelles pour prendre part à un grand concert organisé au théâtre de la Monnaie à l'occasion du mariage de la princesse Charlotte.

Peu de temps après, Vieuxtemps faisait un second voyage en Amérique, accompagné cette fois du célèbre pianiste Thalberg.

Le grand art n'avait rien à voir dans cette tournée. entreprise par un *barnum* dans l'unique but de battre monnaie.

On en aura la conviction lorsqu'ou saura que nos pauvres grands artistes durent jouer dans soixante-quinze concerts en moins de trois mois!

Après ce véritable travail d'hercule, Vieuxtemps, exténué, se retira pour quelque temps dans sa propriété de *Dreichenheim*, village pittoresque situé entre Darmstadt et Francfort-sur-Mein (une idylle, écrivait-il lui-même à un ami), où il aimait à se reposer pendant l'été, des fatigues, toujours excessives des saisons hivernales.

Une surprise bien agréable l'y attendait cette fois. Un enthousiaste, comme il en eût tant pendant sa longue et brillante carrière artistique, lui avait adressé d'Amérique la pièce de vers suivante, qui, sous une forme à la fois badine et emphatique, dut chatouiller singulièrement son amour-propre; qu'on en juge :

Jupiter, certain jour, se sentant de l'humeur,
Interpelle Apollon, lui dit d'un ton boudeur :
Je commence à vieillir, nul plaisir ne me tente;
Je vais, pour m'amuser, devenir dilettante,
Car de tonner toujours ce n'est point amusant;
Je voudrais essayer d'un plus doux instrument.
Toi donc, ô Dieu de la lumière!
Qui parcours chaque jour l'un et l'autre hémisphère,
Ne peux-tu découvrir, en visitant la terre,
Quelque artiste modèle, un mérite éminent?
Je veux pour diriger ma musique privée,
Un archet hors de ligne, un descendant d'Orphée . . .
D'Amphion . . . . . à ton choix; il devra seulement
Posséder d'*Ole Bull* l'ampleur large et savante,
De Bériot la force et la grâce touchante,
D'*Artot* les soupirs et les pleurs;
Un prodige, en un mot, qui subjugue les cœurs,
Nouveau *Paganini* à la fougue entraînante.
. . . . O père des humains! vous êtes exigeant.
C'est trop demander! où chercher ce talent?
Car la perfection sur ce globe mouvant
Se rencontre très rarement.
J'en jure par le Styx! je trouverai pourtant.
. . . .
Quels suaves accords au charme électrisant
Des terres de Colomb viennent à mon oreille?
Quels sont donc vers le sud ces applaudissements,
Tous ces hurrahs sans fin, tous ces trépignements?
Un génie apparaît qui verse en mélodie
Aux Caroliniens les flots de l'harmonie;
Tout s'émeut, tout s'agite à ses divers accens, ...

La foule l'environne . . . . . autour de la merveille,
Couronnes et bouquets pleuvent incessamment . . . . .
.. . Je tiendrai mon serment, plus de soins, plus de veille;
O puissant Jupiter, j'ai découvert VIEUXTEMPS!!!

C'était signé : *un admirateur!* naïf, au point de vue poétique, sans doute, mais bien lyrique dans ses expansions admiratives, on en conviendra.

En 1859, Vieuxtemps est de nouveau à Paris, où il organise quatre grands concerts avec orchestre.

Le besoin de faire un peu de vraie musique se faisait d'autant plus sentir chez lui, qu'il avait encore sur la conscience le souvenir des séances antiartistiques *fabriquées* par son terrible *barnum* américain : « Nous venons de commettre soixante-quinze fois le crime de lèse-musique en Amérique avec Thalberg, disait-il plaisamment à Henri Herz, et je viens me faire absoudre par le public parisien. »

Cette absolution ne lui fut par marchandée, s'il faut en croire le journal *la France musicale*, dont les quelques extraits suivants me sont communiqués par M. Édouard Grégoire : « Henri Vieuxtemps a donné mercredi dernier son premier concert à grand orchestre à la salle Herz. Le célèbre virtuose a produit une immense sensation. Tout le Paris artiste était là applaudissant avec enthousiasme. On a rappelé Vieuxtemps aprés chacun des morceaux qu'il a joués; on lui a fait une longue ovation. On ne pouvait fêter avec plus de chaleur et de cordialité cet incomparable artiste.

» Les œuvres de Vieuxtemps sont marquées, on le sait, au coin de sa puissante individualité. Son concerto en *ré* mineur est tout bonnement un chef-d'œuvre. Tout s'y trouve, la grâce du chant, la nouveauté des effets, la largeur du style; c'est une composition magistrale qu'il a exécutée d'une façon splendide. *La Fantaisie slave* et le *Bouquet américain*, que Vieuxtemps a fait encore entendre, sont des morceaux d'un caractère très original et peuvent être comparés à tout ce que le grand virtuose a écrit et exécuté de plus brillant et de plus charmant. On battait des mains à vous assourdir; on criait *bis!* on appelait Vieuxtemps : c'est un triomphe complet. »

Les deuxième et troisième concerts affirmèrent encore ce succès, qui prit au quatrième des proportions vraiment incroyables. « Le dernier concert donné par Vieuxtemps, disait encore *la France musicale*, a été plus brillant que les précédents. Le grand violoniste a produit dans tous les morceaux qu'il a joués un effet impossible à décrire. Compter le nombre de fois qu'il a été rappelé serait chose impossible. Toute la salle s'est levée à plusieurs reprises, et c'était à qui applaudirait et crierait au plus fort. »

Sans perdre un seul jour, notre grand artiste reprit ses périgrinations et visita successivement Leipzig, Dresde, Magdebourg; puis se rendit à Vienne, où il fut appelé à jouer à la cour. Il y donna, chose à noter, plusieurs séances de quatuor qui obtinrent un succès sans précédent.

Poursuivant le cours de ses voyages, il passa par Presbourg, Prague, Berlin, puis revit la Russie.

A Saint-Pétersbourg et à Moscou, où il avait laissé tant d'admirateurs, ses nombreux concerts furent suivis *con rabia;* les triomphes se succédèrent sans interruption;

on semblait vouloir lui faire regretter d'avoir quitté ce pays où il avait compté tant de beaux jours! mais le monde entier le réclamait, l'oiseau-chanteur ne voulait plus de cage; ses ailes déployées, il s'envolerait bientôt vers Stockholm, où il était invité à prendre part aux fêtes musicales organisées pour le couronnement du roi Charles XIV. Il s'y rendit par *Riga*, *Kœnigsberg*, *Stettin* et le *Danemark*, et arriva à destination après un voyage des plus pénibles, et qui ne dura pas moins de quinze longs jours.

Sa participation à ces fêtes lui valut la croix de chevalier de l'ordre de Wasa, et le titre de membre de l'Académie.

Dans une lettre qu'il écrivit à ce moment à un ami, il se dit charmé de la Suède et du Danemark, où il rencontra toujours un public intelligent et sympathique.

Au mois de juin 1860, nous le retrouvons à Baden-Baden, où il prend part à un grand festival dirigé par Hector Berlioz.

C'est là, je pense, que, répondant à un désir qui lui avait été exprimé, Vieuxtemps commença la composition d'un cinquième concerto destiné aux concours de la classe de son ami *Hubert Léonard*, au Conservatoire royal de Bruxelles.

Cette œuvre, de proportions plus modestes que ses aînées du même genre, est aussi plus scolastique. On y sent la préoccupation constante de l'auteur d'y introduire tout ce qui constitue la technique de l'école, et en cela notre grand virtuose nous a donné une nouvelle preuve de son tact parfait.

Malgré cette bride mise à son imagination, le compositeur a su faire œuvre éminemment musicale, suffisamment symphonique, et d'une beauté captivante. Mais écoutons ce qu'en dit Léonard dans sa lettre datée du 10 avril 1861; nous ferons ainsi plus ample connaissance avec ce concerto, que Henri Wieniawski promena triomphalement dans le monde pendant les dix dernières années de sa vie :

« Mon cher Vieuxtemps,

» Hier *mardi* j'ai reçu le concerto, aujourd'hui, *mercredi* matin, je reçois votre bonne lettre au moment où j'étudie le morceau. Donc, tout est bien arrivé, et je vous prie de recevoir mes biens sincères remerciements pour ce bon souvenir de confraternité et d'amitié.

» A moi maintenant de mettre les élèves à même de faire ressortir les beautés de votre œuvre. Je la leur donnerai le 1er mai, ils auront trois mois pour l'étudier, le concours n'ayant lieu qu'à la fin de juillet.

» Permettez-moi de vous dire, qu'à l'exception de *l'adagio* du troisième, celui-ci me semble être le plus beau de vos concertos. Je le trouve admirable de tous points. Le premier *tutti* indique les idées de l'œuvre entière. Vous avez traité vos quatre premières mesures en grand maître dans tout le courant du morceau. La mélodie qui revient à la dominante sous les arpèges est bien belle, et la fin du solo en *tutti* est extrêmement heureuse avec l'accompagnement des quatre mesures en question. Dans le solo suivant, le second motif mélangé avec le premier, et plus loin venant sur le trait en triolets, est extrêmement intéressant. Notre vieux Grétry doit se réjouir là-haut que sa mélodie de « Lucile » soit habillée aussi magnifiquement. Nous lui aurons prouvé tous les deux l'admiration que nous avons pour lui (1).

» La forme du concerto me parait des plus heureuses. Il est impossible de réunir plus de beautés dans un petit cadre. Mélodies, traits, récitatifs, toutes les splendeurs du violon (du vrai violon) aux ordres de deux idées mères. Voilà pour moi la perfection du concerto. Je vais naturellement commencer par travailler votre œuvre, et tâcher d'en tirer tout ce que je pourrai. Du reste, sans vanité, je crois que je puis dire que je comprends vos œuvres *Ne suis-je pas un peu votre fils !* quoique fils aussi âgé que son père sous le rapport des années ! »

Admirons en passant la simplicité de langage, la modestie touchante de cette lettre chez un artiste dont le nom est justement célèbre.

Vieuxtemps dédia sa nouvelle œuvre à Monseigneur le duc de Brabant.

Si j'en crois une lettre de François Fétis, datée du 25 juin 1861, notre illustre concitoyen dut venir, au mois de septembre de cette même année, exécuter son concerto (*le Grétry*, comme on l'appelait) à un grand concert organisé par l'éminent directeur du Conservatoire de Bruxelles pour fêter l'anniversaire de l'Indépendance de la Belgique.

(1) Léonard a écrit une fantaisie souvent entendue sous le titre de *Souvenirs de Grétry*. Vieuxtemps, dans son cinquième concerto. développe *con amore* la belle mélodie du quatuor de Lucile : « où peut-on être mieux qu'au sein de sa famille ».

« Très célèbre et grand artiste, disait la lettre de Fétis, M. le Ministre vient d'approuver, par sa lettre du 19 de ce mois, le programme que je lui ai proposé, et dans lequel figure un concerto de votre composition exécuté par vous. Je me réjouis, cher Monsieur Vieuxtemps, à l'idée de faire de la musique, de la grande musique avec vous; ne doutez pas que j'y mette tous mes soins, afin de vous seconder comme il faut dans l'effet de votre belle œuvre et de votre grand talent d'exécution. »

Fidèle à ses habitudes, Vieuxtemps s'empressa, dès l'hiver de 1862, de livrer cette composition au jugement des parisiens. Je relève dans deux journaux de la capitale : l'*Univers musical*, et *les Débats*, des articles signés *Elwart* et *Hector Berlioz*, qui ne laisseront pas de doute sur la nouvelle victoire artistique remportée à cette époque par notre célèbre concitoyen. Voici l'article d'Elwart :

« Le célèbre violoniste-compositeur H. Vieuxtemps vient d'obtenir un des plus grands succès de sa vie d'artiste. Jamais, comme compositeur, il ne s'est élevé aussi haut, et, comme virtuose, il semble avoir dit son dernier mot. Que de grandeur dans le style, de nouveauté dans l'harmonie, de combinaisons ingénieuses et nouvelles dans l'instrumentation ! Le concerto en *la* mineur à grand orchestre semble être une belle symphonie dans laquelle un premier violon, homme de génie, improvise de délicieuses arabesques.

» Après un premier morceau d'une belle ordonnance, le virtuose a fait entendre une *cadenza*, qui est une espèce de concerto de violon seul ; puis vient un sublime adagio dans lequel Vieuxtemps a su encadrer l'air populaire de Grétry : *Où peut-on être mieux qu'au sein de sa famille?*

Les différentes phrases de cette belle inspiration y sont accompagnées avec un art, une nouveauté d'harmonie qui ont dû faire tressaillir l'ombre de l'immortel auteur de *Richard*. Une *coda* vive, puissante, termine avec *brio* ce concerto qui n'a rien de classique quant à la forme, mais qui, par cela même, a tous les avantages de l'ancien morceau de ce nom, tout en conservant ses jalons constitutifs. »

Voyons maintenant comment Berlioz appréciait à son tour cette nouvelle œuvre dans le *Journal des débats* : « Vieuxtemps, disait-il, vient d'arriver à Paris. Il s'y est fait entendre déjà deux fois avec le succès exceptionnel qui l'accompagne partout. Si Vieuxtemps n'était pas un si grand virtuose, on l'acclamerait comme un grand compositeur. Mais le public est ainsi fait, que ce sera toujours par réflexion seulement qu'on rendra pleine justice à ses œuvres. Je ferai le contraire, quoi qu'il ne faille pas un grand effort de réflexion pour reconnaître l'incomparable maëstria du violoniste, son style large et pompeux, son ardeur continue, la sûreté de ses intonations, la force et l'égalité de son archet, la variété incroyable des effets qu'il tire de son instrument, et je ferai surtout remarquer la beauté et la savante ordonnance de ses compositions. Ce sont des œuvres de maître dont le style mélodique est toujours noble et digne, où l'harmonie la plus riche est constamment mise en relief par une instrumentation ingénieuse et d'un beau coloris. Il ne se traine pas à la suite de tous les autres musiciens qui ont écrit pour le violon, reproduisant la coupe et la forme de leurs concertos, de leurs fantaisies, de leurs airs variés; le malheur, ce me semble, n'est pas bien grand, et la nouveauté et l'imprévu dans la forme devraient attirer l'éloge bien plus que le blâme. Je ne puis entrer ici dans une étude analytique de son magnifique concerto ni de sa « polonaise » nouvelle; bornons-nous à dire que tout cela m'a paru grand et neuf, que l'ensemble en est admirablement combiné pour faire rayonner l'instrument principal, sans que sa domination devienne jamais oppressive. L'orchestre parle aussi, et parle avec une rare éloquence; il ne fait pas entendre de vaines rumeurs populaires, et s'il est le peuple, c'est un peuple d'orateurs. — Ajoutons encore que le dernier morceau de Vieuxtemps, celui qui a fait éclater la salle entière en applaudissements, la fantaisie sur l'air national *Saint-Patrick's Day*, est une merveille *d'humour*, de verve, et que jamais l'incompressible gaîté irlandaise n'a été reproduite par la musique avec un tel bonheur. »

Ces œuvres, comme celles qui l'avaient précédées, firent pleuvoir sur la tête de notre artiste un véritable déluge de vers. Je ne veux en retenir qu'un sonnet dû à la plume aristocratique du marquis Eugène de Lonlay, le voici :

A VIEUXTEMPS.

Sonnet.

Je tiens à te fêter, toi, dont la renommée
Du vieux monde au nouveau va toujours grandissant;
Le globe entier t'a vu sur la corde animée
Promener sans efforts ton archet frémissant.

Ta musique nous plaît, et sans être exhumée;
Malgré ta modestie au charme saisissant,
Ton triomphe n'est point une vaine fumée,
Mais bien une auréole au prisme éblouissant.

Après avoir sauvé l'art de son agonie,
Tu peux sans le chercher, guidé par l'harmonie,
Des sphères du talent atteindre la hauteur.

De ton jeu grandiose, admirateur sincère,
Je ne sais plus vraiment celui que je préfère
Du virtuose habile ou du compositeur.

Ce fut pendant cette période si riche de sa carrière artistique, que le Gouvernement belge lui fit parvenir à Paris, le brevet de sa promotion au grade d'officier de l'ordre de Léopold. Indépendamment du concerto dont nous venons de faire ressortir par des documents si précieux. la haute valeur, Vieuxtemps avait produit d'autres œuvres non moins remarquables, si je dois en croire les témoignages autorisés et bien flatteurs d'artistes aussi distingués qu'Ernest Reyer et François Servais.

Dans deux lettres que j'ai sous les yeux, il est question d'une sonate en *si* bémol pour piano et violoncelle entendue par E. Reyer, et au sujet de laquelle celui-ci écrivait à Vieuxtemps : « La sonate en *si* bémol me poursuit et je ne l'évite pas. J'en ai parlé avant-hier à Mme Délessert et à Mme de Nadaille, sa fille. Ces aimables personnes ont le plus grand désir de connaitre l'œuvre et l'auteur. » De son côté, Servais disait : « La partie de violoncelle de ta sonate est fameuse; les bassistes vont être à la noce! L'*andante con moto* est *chic !* (dira Van der Heyden), et moi je le dis aussi. » Puis plus loin : « Va, mon ami, écris toujours de telles sonates pour la basse, et tu feras la barbe à Romberg. »

Je n'ai pu me procurer cette œuvre, et je le regrette d'autant plus, qu'elle m'eût probablement affermi dans cette pensée que notre compositeur n'était pas inférieur à lui-même dans le style de la musique de chambre, assurance que je n'ai pu retirer à la lecture de sa grande sonate en *ré* pour piano et violon, op. 12. En effet, dans cette sonate, à part le premier *allegro* et l'*adagio*, qui ont encore de la *robusticité*, le reste ne brille que par une facture serrée, qualité dont l'auteur a toujours fait montre dans ses moindres production.

L'un des principaux voyages entrepris par Vieuxtemps après sa glorieuse station à Paris, fut celui qu'il fit en Angleterre. On l'y applaudit dans cinquante-trois concerts et dans plusieurs séances de quatuors.

Nous avons dit avec quelle supériorité notre grand artiste jouait la musique de chambre.

Un autre belge renommé, Hubert Léonard, n'y excellait pas moins, Vieuxtemps le savait, et comme son excellent cœur n'a jamais connu l'envie, il eut l'idée de faire partager sa gloire sur ce terrain à son digne émule, et à cet effet, lui fit faire des offres d'engagement qui malheureusement ne purent aboutir.

La lettre que Léonard adressa à ce moment à celui dont il se disait *le fils*, montre trop éloquemment ce beau côté du caractère de Vieuxtemps pour que nous résistions au plaisir d'en citer ces quelques fragments :

« Mon cher Vieuxtemps,

» En effet, il y a eu tableau! surprise! étonnement! mais après avoir lu ta lettre, je n'aï plus été étonné, ni surpris; car chez toi c'est si naturel d'*être bon et obli-*

geant, que cela ne peut surprendre ni étonner personne. — Donc j'ai suivi à la lettre tes conseils, et j'ai attendu une réponse pour te la communiquer. Voici : M. Ella m'offre trois séances à 12 guinées chacune; et M. Chapelle deux séances au même taux. — M. Ella me dit bien que je serai engagé à la cour et ailleurs! mais c'est dans les brouillards du *Mississipi!* — Tu vois donc, mon cher Vieuxtemps, que ces guinées payeraient à peine mes frais de vingt jours, et je t'avoue que j'aime mieux faire ici des trios avec le père Servais et le père Kufferath *gratis pro deo*, plutôt que d'aller avaler ma langue à Londres. Merci, mon cher ami, pour la preuve d'amitié que tu m'as donnée, je t'en suis très reconnaissant, etc. »

Les faits de ce genre pullulent dans la vie de Vieuxtemps; et ce qu'il a été constamment pour des artistes, qui par leur valeur artistique pouvaient rivaliser avec lui devant le public, il le sera plus tard pour tous ses élèves sans exception. Il fera abnégation complète de sa haute personnalité pour les pousser en avant, ne pensant qu'à leur avenir, à leur gloire future. *Tout pour l'art*, telle sera sa devise!

XIV.

Vieuxtemps avait aussi au superlatif ce que l'on a appelé *la mémoire du cœur*. Jamais il n'oublia son premier maitre, Lecloux; son adoration pour de Bériot frisait le fétichisme, et sa reconnaissance envers son Mécène,

M. Génin, eut l'occasion de se manifester de la façon la plus éloquente dès l'année 1861.

A la suite de revers de fortune, cet excellent homme était mort laissant sa veuve dans une situation des plus précaires. Celle-ci avait été une seconde mère pour Vieuxtemps, qui, de son côté, lui avait voué l'affection d'un fils aimant et respectueux.

Son plus grand bonheur depuis plusieurs années était de lui consacrer le meilleur de son temps lorsqu'après ses voyages il revenait au pays. « Je sens qu'auprès d'elle, me disait-il un jour, je me retrempe le caractère; que je reprends de nouvelles forces pour la réalisation de mes projets. » Malgré cette tendresse filiale, il ne savait comment s'y prendre pour rendre à cette excellente femme, devenue si malheureuse, une partie des bienfaits qu'il avait reçus de son mari, car le profond respect dont elle était entourée rendait difficile une offre de secours.

Dans cette occurrence, il s'adressa à Mme Prosper Grandjean, une de ses meilleures amies de Verviers, pour négocier cette affaire délicate, qui présentée avec le tact que les femmes seules possèdent, fut agréée par Mme Génin. La lettre que l'on va lire répond à l'annonce de cette bonne nouvelle, et elle montre bien l'exquise délicatesse des sentiments filiaux du bon Vieuxtemps :

« Madame,

» Je ne puis assez vous dire combien je suis heureux que ma bonne Mme Génin, ma seconde mère, ait bien voulu agréer ce que je ne puis appeler qu'un simple et naturel tribut de reconnaissance. — C'est grâce à vous et à votre intercession sans doute qu'elle a souscrit à cette petite transaction. — Je vous en suis très reconnaissant et ne puis que vous prier de lui continuer vos bons soins. — J'espère qu'aujourd'hui la nommée *Albine* (1), comme vous l'appelez vous-même, est réinstallée chez Mme Génin ; je ne serai tranquille que quand j'aurai la certitude que cette bonne dame n'est plus entièrement seule dans son logement. — A son âge, il lui faut absolument quelqu'un sous la main, à toute heure du jour et de la nuit. — Si Albine ne veut pas, il faut en avoir une autre, et si les moyens entre vos mains sont insuffisants, vous n'auriez. chère Mme Grandjean qu'à m'avertir, comme de tout ce qui pourrait arriver; et en cela je suis heureux d'avoir un intermédiaire aussi attentif et aussi dévoué que vous, sachant surtout que vous remplirez votre mission avec zèle et exactitude (9 novembre 1861). »

A partir de ce moment, et jusqu'à la mort de la respectable Mme Génin, survenue en février 1867, Vieuxtemps lui servit une pension qui fut exactement payée tous les ans, tantôt par l'artiste lui-même, ainsi que le constatent les lettres que j'ai sous les yeux, tantôt par sa digne compagne, lorsque son mari était en voyage, car Mme Vieuxtemps avait aussi voué la plus sincère, la plus tendre amitié à cette chère et digne femme, et jusqu'au dernier jour elle s'évertua à lui prouver qu'en épousant Vieuxtemps, elle avait aussi épousé toutes les affections de son cœur.

(1) Domestique que Mme Génin avait dû congédier faute de ressources suffisantes pour payer ses services.

La lettre qu'on va lire prouvera, mieux que je ne puis le dire, la nature des sentiments dont son âme était pénétrée. Elle est datée du 24 janvier 1867 :

« J'ai été bien péniblement affectée, cher M. Grandjean, dit cette lettre, par la triste nouvelle que vous me donnez du déclin de la santé de cette bonne Mme Génin, que nous avons quittée si fraiche et bien portante il y a trois mois à peine. — J'en suis d'autant plus triste que Henry est bien loin d'ici, en Italie, quelque chose comme entre Trieste et Venise; s'il avait été là, un de nous deux aurait certainement fait de suite le voyage de Verviers, mais nous ne pouvons guère nous absenter tous les deux; il faut donc que nous nous en remettions entièrement à l'admirable bonté de votre chère femme pour nous remplacer auprès de celle qui fut une seconde mère pour mon mari. — Je sais parfaitement que vous ne la laisserez manquer d'aucuns soins et vous prie d'user de notre crédit et de tirer sur moi à Paris, s'il était besoin d'argent pour rendre plus doux et plus agréables ses derniers moments. »

Quelques jours plus tard, Vieuxtemps apprenait, par ses amis de Verviers, la douloureuse nouvelle de la mort de sa chère protectrice et dans une nouvelle épitre son cœur s'épanchait dans les termes suivants :

« Mon cher ami,

» Je viens de recevoir coup sur coup la nouvelle de l'indisposition de Mme Génin et de la mort de cette bonne et sainte dame. Bien que tout nous indiquât l'approche du moment fatal, cette nouvelle m'a vivement frappé et affligé, d'autant plus qu'il m'a été impossible de remplir la promesse que je lui avais faite si souvent d'assister à ses derniers moments. — Sans doute qu'elle aura demandé après moi, qu'elle a voulu me voir, mais j'espère aussi qu'elle aura su que j'étais en Italie, loin du pays et qu'elle ne peut m'avoir taxé d'indifférence! — S'il y a des élus elle doit être des leurs, car dans l'opulence, elle n'a cessé un instant de faire le bien, et dans l'adversité, elle a supporté son malheur, son martyre de vingt-cinq ans, avec une résignation tout angélique, sans amertume, sans reproche, sans regrets et comme une sainte femme. Son souvenir et celui de son digne mari seront en moi tant que je vivrai, comme celui de mon père et de ma mère, car autant que ces derniers, ils sont liés à toute mon existence passée, et je dois tout leur rapporter. »

Quelle admirable simplicité dans ces lignes, et comme on y sent la sincérité des sentiments qu'elles expriment! — A partir de ce moment le noble artiste n'eut plus qu'un désir, posséder les images vénérées des êtres qui, après son père et sa mère, occupaient la meilleure place dans son cœur; aussi avec quelle joie, quelle reconnaissance, il apprend que l'héritière directe de Mme Génin consent à se déssaisir de ces portraits pour les lui offrir.

« Je viens de répondre à Mme David, dit-il à son ami Grandjean, pour la remercier de l'abandon qu'elle fait en ma faveur des portraits de M. et Mme Génin. J'apprécie pleinement l'abnégation dont elle fait preuve; je lui en ai la plus profonde reconnaissance, mais aussi, rien ne pouvait me faire plus de plaisir! qu'elle le sache bien. Vous aurez encore à vous occuper *comme récompense* de toutes les tracasseries que vous avez déjà subies, à faire emballer et à m'apporter les portraits dont vous étes dépositaire. — Faites-les mettre dans une caisse par un *homme entendu*, tels qu'ils sont dans leurs vieux cadres. Je craindrais en voulant les en faire sortir qu'il ne leur arrivât malheur. »

Si je me suis étendu, un peu longuement peut-être, sur ce côté du caractère de Vieuxtemps, c'est que la malveillance qui s'attaque d'ordinaire et de préférence aux cœurs bons et généreux, avait tenté de souiller de sa bave immonde la mémoire de celui dont toute la vie peut se résumer dans ces trois mots : *bonté, amour, reconnaissance.*

On s'expliquera, dès lors, avec quel bonheur, usant d'une correspondance mise obligeamment à ma disposition par Mme Grandjean, je me suis complu à réduire au silence les voix calomniatrices, en établissant d'une façon péremptoire que personne, plus que Vieuxtemps, ne pratiqua la religion du souvenir et n'eut à un plus haut degré *la mémoire du cœur.*

XV.

A partir de 1864, Mme Vieuxtemps avait renoncé à suivre son mari dans ses pérégrinations artistiques, pour ne s'occuper exclusivement que de l'éducation de ses enfants, Maximilien et Julie.

Cette détermination, jugée indispensable par les deux époux, ne fut pas prise sans un serrement de cœur de la part de notre artiste qui, pendant les vingt années qui venaient de s'écouler, s'était habitué à ne s'occuper que de la partie artistique de ses tournées, laissant à sa compagne les soins multiples et désagréables de l'organisation matérielle. Aussi préféra-t-il, cette fois encore, se mettre à la solde de l'*impresario* Ulmann, qui l'engagea en même temps que la Carlotta Patti, pour une série de cinquante-quatre concerts.

Vieuxtemps possédait l'heureuse faculté de travailler en chemin de fer, dans une chambre d'hôtel; partout enfin, son imagination savait s'isoler, concevoir. C'est ainsi que pendant cette longue tournée, qui dura plusieurs mois, il put jeter les bases d'une œuvre à laquelle il attachait d'autant plus d'importance qu'elle sortait de l'ordre d'idées qui avait présidé jusqu'alors à ses travaux de composition; nous voulons parler de son *Ouverture et Hymne national belge, avec chœur.*

Dans cette œuvre, notre artiste a fait de la *musique à programme*, retraçant les différents épisodes de notre révolution pour aboutir à un hymne écrit sur des paroles du poète E. Dubois, et chantant les bienfaits de la paix.

Ce programme n'existe pas en tête de la partition, mais il l'a tracé de sa main dans une lettre adressée à son ami Prosper Grandjean, et datée du 5 décembre 1876. Nous trouvons intéressant de le reproduire ici :

« En composant ce morceau, dit Vieuxtemps, je m'étais fait un petit tableau, je te le communique : le début est assez calme, large, simple; mais il ne tarde pas à s'assombrir, à s'agiter, à se déchainer dans un *allegro furioso;* c'est 1830, la révolution, ses angoisses, ses soulèvements. Après bien des péripéties musicales, la lumière se dégage; un appel formidable de trompettes se fait entendre : c'est Léopold Ier faisant son entrée à Bruxelles, et nous apportant la paix, l'abondance, le bonheur.

» Des accords dans les hautes régions, comme venant du ciel, nous amènent à un hymne presque religieux, entonné d'abord par quatre voix, sans accompagnement, et repris par la masse des chœurs, femmes, hommes et tout l'orchestre. *Alleluia !* Vive la liberté ! »

Dans sa pensée, l'auteur, en glorifiant le nom du chef de notre dynastie, avait caressé l'espoir que l'hymne de la fin de son œuvre pourrait peut-être remplacer dans l'avenir notre triviale brabançonne, oubliant que les chants nationaux ne se font pas sur commande, mais jaillissent d'une situation, de l'état des esprits au moment des bouleversements politiques : « J'invite tous les Belges du pays, dit-il encore dans une autre lettre, à venir entendre mon hymne. S'il leur plaît, je propose de l'attacher à jamais au nom glorieux de Léopold Ier et de ses descendants. Sinon, il tombera dans l'oubli; mais il me restera toujours le mérite d'avoir essayé de chanter la gloire du grand souverain que le monde admire et que tout Belge porte dans son cœur. »

C'est en effet le seul mérite qu'il sut retirer de cet ouvrage, qui ne manque pas cependant d'une certaine valeur. La facture en est serrée, mais peu en harmonie avec l'idée qui a présidé à sa conception.

Ces retours périodiques et épisodiques de longues phrases s'accommodent mal dans un genre qui a des prétentions au tableau symphonique; il fallait plus de liberté d'allure dans le plan général; peut-être moins de correction dans les lignes du dessin, mais à coup sûr plus de coloration dans la peinture orchestrale des événements que l'auteur a voulu reproduire.

L'hymne a la grandeur simple de certains chants nationaux, mais c'est plus cherché que trouvé et l'audition, malgré un déploiement considérable de moyens, vous laisse froid.

La première exécution de cette ouverture eut lieu le 20 septembre 1864 à une séance publique de la Classe des beaux-arts de l'Académie de Belgique. « Le succès en fut considérable », dit Édouard Grégoire dans son livre intitulé *Les artistes musiciens belges*.

En février 1865, elle fut de nouveau exécutée à Leipzig, sous la direction de *Ferdinand David*, qui constate, dans une lettre qu'il écrivait alors à Vieuxtemps, « que l'œuvre, malgré une fort belle exécution, n'a pas été chaudement accueillie par le public; il est vrai, ajoute-t-il, que les chefs-d'œuvre des Mendelssohn et des Schumann ont souvent le même sort à nos concerts du Gewandhaus. »

Nous avons quitté le virtuose au moment de son voyage à travers l'Allemagne avec la Carlotta Patti, pour nous occuper plus spécialement du compositeur. Le succès colossal remporté par ces deux artistes pendant cette tournée, engagea l'*impresario* Ullmann à en entreprendre une nouvelle à travers l'Europe.

Elle commença au mois d'octobre de l'année suivante et se prolongea jusqu'au printemps de 1866.

A peine rentré à Francfort, les événements politiques forcèrent Vieuxtemps à quitter pour toujours sa chère oasis, pour aller s'établir avec sa famille à Paris, dans son petit hôtel de la rue Chaptal, devenu fameux par le relief artistique des soirées musicales qu'il y organisa pendant de longues années.

Ce fut là qu'il reçut un beau matin une lettre de son ami H. Léonard, l'informant qu'il venait de donner sa démission de professeur de violon au Conservatoire royal de Bruxelles. « J'ignore quelles sont tes vues à ce sujet, lui disait Léonard, mais je souhaite, pour la prospérité de l'école de violon belge, que tu veuilles bien venir me remplacer. » De son côté, le savant directeur du Conservatoire, M. Fétis, lui écrivait ce qui suit :

« Mon cher virtuose,

» M. Léonard ayant donné définitivement sa démission, après en avoir parlé longtemps, je viens vous offrir la place vacante par sa retraite. Je serais heureux de compter un artiste tel que vous dans cette belle école, et la Belgique pourrait continuer d'être fière de son école de violon, que vous avez illustrée. Devenir chef de cette école ne sera pas pour vous renoncer à votre carrière militante d'artiste, car jamais les congés n'ont été refusés aux artistes célèbres qui font partie du Conservatoire de Bruxelles, chaque fois que l'occasion s'est présentée d'utiliser leur talent, soit dans le pays, soit à l'étranger. Si vous acceptez l'offre que j'ai l'honneur de vous faire, vous me trouverez toujours disposé à seconder vos projets en pareille occurrence. Je vous serais infiniment obligé si vous vouliez bien me faire connaître votre résolution dans le plus bref délai possible, afin que les élèves de la classe supérieure de violon ne soient pas privés trop longtemps d'un guide. »

Cette lettre, malgré ses termes flatteurs et les nombreux avantages qu'elle accordait, ne put décider notre artiste à renoncer à une liberté qui lui était encore si indispensable pour faire face aux nombreux engagements contractés; aussi ne réfléchit-il pas longtemps avant de prendre une détermination, qu'il formula en ces termes :

« Monsieur le directeur,

» Votre aimable lettre du 16 octobre vient de me rejoindre ici (à Bordeaux) et je m'empresse de vous remercier de l'honneur que vous me faites en voulant me confier la classe de violon vacante au Conservatoire de Bruxelles, à la suite de la démission de M. Léonard. Malheureusement, les mêmes raisons qui m'avaient déjà empêché d'accepter votre offre honorable lors de la retraite de mon cher maitre de Bériot, subsistent toujours. J'ai de nombreux engagements à remplir, et quelque libérales que soient vos propositions, eu égard aux congés, ma conscience de professeur m'empêcherait d'en profiter, *ayant charge d'âmes... de violon !* Veuillez donc, mon vénéré maitre, ne pas m'en vouloir si je ne réponds pas encore à votre appel cette fois-ci, et recevez, avec l'expression de tous mes regrets, celle de ma plus parfaite considération, avec laquelle je reste, Monsieur le directeur, votre dévoué

» H. Vieuxtemps. »

A cette époque de notre récit, on s'en souvient, un terrible fléau sévissait un peu partout, et plus particulièrement en Belgique : nous voulons parler du choléra qui déjà, en 1859, avait fait tant de victimes, et qui reparaissait en Europe, semant partout l'épouvante. Mme Vieuxtemps en fut atteinte à Paris, et ne put être sauvée momentanément que grâce à sa constitution nerveuse et aux soins dont elle fut entourée. Mais le germe empoisonné du mal était en elle, et on la vit dépérir peu à peu, luttant avec énergie contre un ennemi implacable, dont la victoire finale n'était pas douteuse.

Ce fut sans doute dans le but de tromper la vigilante tendresse de son entourage qu'elle se lança plus que jamais dans le tourbillon artistique, en organisant chez elle les soirées musicales dont le tout Paris intellectuel s'occupa pendant l'hiver de 1867. « Elle faisait les honneurs de ces réunions avec un charme, une aisance, un entrain ravissant », nous dit Vieuxtemps. « C'est ainsi, qu'entourée de sa famille. de ses amis, cherchant à s'étourdir pour oublier ses souffrances physiques, elle s'achemina insensiblement vers la tombe. Le 20 mai suivant, Vieuxtemps revenant d'une grande tournée en province, la trouva en apparence bien portante, heureuse surtout de revoir son mari et préparant avec lui un voyage en Angleterre, où ils étaient attendus.

Huit jours se passèrent en visites de congé, dit encore Vieuxtemps, huit jours de bonheur, les derniers, hélas ! car bientôt les symptômes du choléra reparurent plus menaçants, plus intenses, et ébranlèrent complètement cette nature vigoureuse, passionnée et énergique. Ses facultés grandirent encore sur son lit de douleur, et semblèrent atteindre une élévation extraordinaire. Elle s'occupait de tout, dirigeait tout, et semblait plus en peine de son mari, de ses enfants, que de ses propres souffrances. « Un caprice de malade lui fit désirer être transportée à la Celle-Saint-Cloud, et l'on put croire un moment que le changement d'air exerçait une heureuse influence sur la maladie, mais ce n'était hélas ! que les dernières lueurs d'une lampe qui s'éteint. »

Moins de trente-six heures après son installation à cette campagne, le 19 juin 1868, elle rendait le dernier soupir dans les bras de son mari et de sa fille, qui, dès le commencement de ses souffrances, s'étaient établis à son chevet, épiant minute par minute les progrès rapides du mal, voyant arriver avec épouvante cette mort fatale, inévitable!

La veille de la catastrophe, Vieuxtemps avait dû adresser un télégramme à Londres, où, ainsi que nous l'avons dit, il était attendu avec sa femme. Ce télégramme, qui fut publié dans le *The musical Reunion matinees*, disait : « Ma femme est mourante, faites une apologie à votre public en mon nom. Tous comprendront et sympathiseront avec mon malheur irréparable. »

Oui, la douleur de Vieuxtemps fut immense, et personne ne doutera de la sincérité de ses regrets en lisant les lignes suivantes, tracées de sa main, et où son cœur s'épanche si douloureusement. « Ainsi s'éteignit, dit-il, cette femme exceptionnelle, cette nature d'élite dont l'existence fut si active et si remplie, laissant derrière elle une famille atterrée de désespoir, des amis nombreux, des regrets profonds, sincères ; car autant ses facultés intellectuelles étaient élevées, universelles, autant son cœur était bon, compatissant, dévoué. Jamais le malheureux ne s'est adressé à elle sans être aidé, consolé. Que n'a-t-elle pas fait pour les pauvres artistes, en Russie, en Allemagne, partout où le hasard l'a conduite, où il y avait une bonne œuvre à faire? Que de larmes séchées par elle, que de misères soulagées! et toujours à l'ombre, sans bruit, avec ce tact parfait de la délicatesse la plus exquise. Son affection pour son mari, pour ses enfants, était sans bornes. C'était un dévouement absolu, de tous les instants, qui embrassait tout, prévoyait tout. Nul ne comprit comme elle ses devoirs de mère de famille et ne remplit en même temps plus intelligemment et avec plus de cœur sa mission de femme d'artiste. »

N'est-ce pas là le cri du cœur, l'accent sincèrement ému de la vérité?

XVI.

Vieuxtemps ne put trouver un dérivatif à l'état de prostration dans lequel le plongea la mort de sa femme, qu'en se livrant à un travail excessif. Ses amis l'y engagèrent du reste et le décidèrent à entreprendre un nouveau voyage en Suède, en Norwège et au Danemark.

La vue de ces contrées, qu'il avait jadis visitées avec sa chère compagne, raviva souvent sa douleur, mais les succès qui accompagnèrent chacune de ses apparitions devant le public et, mieux encore, les sympathies qui l'accueillirent partout, ramenèrent insensiblement le calme dans son âme, et en adoucirent peu à peu les angoisses.

Il ne revint en Belgique que vers le mois d'octobre, et ses compatriotes fêtèrent d'autant plus chaleureusement ce retour, qu'ils savaient les terribles épreuves par lesquelles le grand artiste venait de passer.

Parmi les marques d'estime et d'admiration qui lui furent prodiguées, nous devons une mention toute spéciale à la soirée organisée en son honneur, à Namur, par la Société de *Moncrabeau.*

Sait-on encore aujourd'hui ce que sont les *Moncrabeautiens ?*

L'origine de cette célèbre société, qui remonte à près d'un demi-siècle, est généralement peu connue, et je tiens à lui consacrer quelques lignes :

C'était en 1843; deux Français, nés à Moncrabeau, petit village de Bourgogne, vinrent s'établir à Namur. Leur gaieté communicative, leurs saillies, et les gaudrioles qu'ils chantaient avec infiniment d'esprit attirèrent l'attention et firent rechercher leur société.

Les amateurs de *joyeusetés*, et ils ont toujours été nombreux à Namur, les sacrèrent du nom de *Molons*, ce qui, en patois, signifie : spirituels, toqués.

Peu à peu les *Molons* firent des disciples, et, un beau jour, l'un d'eux proposa, le plus sérieusement du monde. de fonder un cercle qui prendrait le titre d'*Académie!* Et afin que la ressemblance avec celle des immortels français fût plus complète, on décida que le nombre des Molons ne dépasserait pas quarante!

Au début, les causeries à la diable, entrecoupées de bons et larges rires, faisaient seules les frais de leurs soirées, mais l'ambition vint bientôt les mordre au cœur. L'Académie devint littéraire et musicale; les poètes wallons surgirent comme par enchantement, et la création d'un orchestre (et quel orchestre!) fut décidée.

Chacun des exécutants dut confectionner lui-même son instrument: une prime ayant été promise au plus original, nos *quarante* arrivèrent à composer l'assemblage comique le plus abracadabrant que l'on puisse rêver : un serpent tint lieu de trombone; une corde sur une vessie forma le violoncelle; un sabot se trouva transformé en violon, enfin, pipes, souliers, cornes, conques, chimères, bouteilles, poêles à frire, couteaux, fourchettes devinrent autant d'instruments de musique; et pour rappeler que *Moncrabeau* avait vu le jour *au fond des verres,* le tonneau fut transformé en grosse-caisse!

On pouvait croire que de cet assemblage burlesque ne sortirait qu'un bruit insupportable, une véritable cacophonie; il n'en fut rien cependant, car nos molons étaient tous artistes autant que poètes, et leur musique charmait l'oreille et forçait les bravos. Dès le principe, il avait été décidé que le produit des fêtes organisées par nos *académiciens* servirait exclusivement au soulagement de la misère, ce qui ne contribua pas peu à leur gagner l'estime approbative de toutes les honnêtes gens. Leur chef, un vieillard aveugle du nom de *Bosret,* pianiste et compositeur, créa une série de morceaux fantastiques appropriés aux instruments, et pendant plus de vingt ans promena son orchestre dans tout le pays.

Pour compléter le tableau, disons encore que les Molons avaient un costume aussi fantaisiste que les instruments qu'ils jouaient; rien ne peut donner une idée de leur mise en scène, lorsqu'au lever du rideau on voyait ces quarante statues, groupées sur des gradins disposés à cet effet, s'animer tout à coup au signal du chef pour faire avec un ensemble automatique le salut militaire.

C'est par ce cercle que Vieuxtemps fut reçu comme un prince de l'art, le 7 novembre 1868, obéissant à cette *injonction* du secrétaire :

« Monsieur et honoré confrère en Moncrabeau,

» Au nom de la Société, je vous invite, et au besoin je vous requiers à vouloir bien assister à un bout de soirée, qui se donnera en votre honneur, le 7 novembre, après votre concert dans notre nouveau local. Vous y trouverez, comme toujours, un franc et sympathique accueil, et les Molons agiteront tous leurs grelots pour fêter le Roi du violon. »

La soirée organisée par ces gais compères fut charmante, et la gloire du héros chantée en vers wallons pleins d'humour et d'esprit; les voici, avec une traduction littérale faite par mon ami V. R. :

Li parole à Vieuxtemps j'adresse,
C'est porli voci qu'on fait l'fièsse,
Et nos estants fiers et contints
Qui vint chouter nos instrumints;
Mi ji vol'dit en consciince,
Nos estants pu s'hureux qu'on n'pinse,
D'await l'visite d'on Wallon
Riconnu li Rwoit do violon!

C'est quand y jwoe les sourcires
Y nos fait bruire, y nos fait rires,
On pinse qu'on est aux sabats,
Qui l'diale vint fé ses entrechats!
On dirait qu'il est del Lonzées (1),
Ses coites sont essorcelées,
Y travaille avou tant d'applomb
Qui j'crois qui l'dial est din s'violon!

Si li pays vaireuve à vos piette,
Do ciel por vos l'poite est douviette.
Et là ji vos voit all'Tossaints,
Moirné l'musique di tos les saints;
Woirlat on n'riçoit rin d'injuste,
Et vos qu'a todi joué juste,
Tortos etchonne y vos signrons
Voss'brevet di Rwoit dès violons!

Traduction :

C'est à Henry Vieuxtemps que ce discours s'adresse,
Car c'est en son honneur que nous faisons liesse;
Qu'il apprenne combien nous sommes tous contents
De jouer devant lui de nos gais instruments.
Moi, je vous le déclare, en toute conscience,
Nous avons plus sujet d'être heureux qu'on ne pense,
De recevoir chez nous un illustre Wallon,
Qu'on proclame partout le Roi du violon!

(1) Pays des sorcières de la province de Namur. (Légende populaire.)

Quand son archet magique évoque « les sorcières »,
Quel mélange de joie et de larmes amères!
Ne croirait-on pas voir au milieu du sabbat,
Le diable devant nous, battant un entrechat!
Nul doute qu'il a vu le jour à la Lonzées,
Et que ses cordes, là, se sont ensorcelées.
Elles ne subiraient cet étrange ascendant
Si Satan ne s'était logé dans l'instrument!

Si le pays un jour doit pleurer votre perte,
La porte, à deux battants, du ciel vous est ouverte.
Je vous vois là déjà, le jour de la Toussaint,
D'un bâton magistral régir l'orchestre saint.
Votre place est marquée en ce séjour du juste,
O vous dont l'instrument a toujours joué juste.
Et vous y recevrez, par acclamation
Des élus le brevet de Roi du violon!

Cette existence si enviable du virtuose a pourtant parfois ses lassitudes. Vieuxtemps lui-même éprouva ce besoin de repos au milieu de ses plus grands succès. J'en trouve la preuve dans une lettre qu'il écrivait alors à un ami : « Je veux me retirer comme exécutant, disait-il, et m'éloigner du public avant qu'il ne s'éloigne de moi. Je me livrerai dans l'avenir à la composition. » Ce n'était heureusement qu'un accès de découragement passager. Le public lui restait fidèle et lui réservait encore ses plus belles couronnes.

Lorsqu'en avril 1869 il reparut à Londres, les triomphes se succédèrent sans interruption pendant deux mois, et lui prouvèrent que son archet exerçait toujours la même fascination sur le public, et que le trône sur lequel sa gloire était assise était loin de s'ébranler. On en jugera mieux par quelques extraits des journaux anglais : « Henry Vieuxtemps est l'un des plus grands violonistes du monde, disait le *Leeds Mercurey*, le son et le coup d'archet sont sûrs et parfaits. Ces qualités, il les possédait déjà lorsqu'il vint ici il y a treize ans, mais à cette époque son exécution était moins inspirée; aujourd'hui, *il a l'air plus âgé, mais il joue d'une façon plus jeune,* avec un sentiment plus profond. » Puis encore : « Vieuxtemps, l'incomparable, s'est aussi fait entendre avec la pureté de sons, l'énergie du jeu et la perfection de l'exécution pour laquelle le mot *difficulté* n'a plus de sens. »

« Ce violoniste, disait un autre journal, est le seul qui parvienne, non seulement à mettre en extase les musiciens et ceux qui savent ce que c'est de jouer du violon, mais encore à électriser les masses. Il est le maitre absolu de son instrument et arrive à lui communiquer, si j'ose m'exprimer ainsi, sa noble et grande âme; âme qui parle à chaque auditeur avec la pureté et l'énergie de l'inspiration divine. » On comprendra que tel lyrisme de la part de ses admirateurs n'était pas fait pour étancher sa soif de succès; aussi se laissa-t-il ressaisir par le public, abandonnant, pour le moment du moins, l'idée du silence auquel il avait voulu condamner son archet magique.

En juillet et août, il joue successivement à Boulogne, à Spa, à Ostende; puis, en septembre, il prend part au grand festival organisé à Bruxelles pour l'inauguration de la nouvelle gare du midi.

Son succès y fut retentissant, immense! Jamais il ne s'était montré plus parfait, plus grandiosement artiste.

C'était comme une nouvelle phase de son talent qui surgissait tout à coup ; quelque chose de plus imposant, de plus royalement majestueux. Strakosch, avec ce flair artistique qui le caractérisait, devina tout de suite le parti qu'il pourrait tirer de cette situation si neuve, dans un pays comme l'Amérique, et il ne craignit pas de s'en ouvrir séance tenante à Vieuxtemps. Celui-ci hésita d'abord, et rejeta bien loin la possibilité d'une entreprise, hasardeuse en somme, et que, cette fois, son âge lui faisait envisager avec effroi. « Que faire? écrivait-il à un ami : mes enfants ont besoin de moi. D'un autre côté, ce voyage pourrait être le dernier et me mettrait peut-être à même de faire désormais de l'art pur, rompant ainsi avec le métier absurde que je fais depuis tant d'années. »

Les événements terribles de 1870, si préjudiciables à toute tentative intellectuelle, finirent par triompher de ses dernières résistances, et le décidèrent à accepter les propositions de Strakosch.

Le 3 septembre de cette année, si funeste à la France, il débarquait pour la troisième fois à New-York, et le 19 sa première séance musicale avait lieu.

Nous ne le suivrons pas à travers le continent américain où, dans l'espace de six à sept mois, il prit part à cent vingt et une séances musicales.

Il nous suffira de remarquer que l'entreprise fut non seulement fructueuse au point de vue pécuniaire, mais qu'elle lui donna aussi de suprêmes satisfactions artistiques.

Les Américains, plus initiés aux beautés de l'art que lors de ses premiers voyages, apprécièrent mieux le virtuose et surtout le compositeur. Vieuxtemps en éprouva une joie réelle, dont déborde une longue épitre adressée alors à son fils.

La fièvre continue dans laquelle vit un artiste, journellement en contact avec le public, l'avait fatigué outre mesure, et Dieu sait si ce voyage n'a pas contribué à ébranler cette nature robuste... Mais n'anticipons pas sur les événements, ils ne marcheront, hélas! que trop rapidement

Malgré ses succès récents, malgré son vif désir de retourner à Paris, où il s'était si bien habitué aux adulations que lui prodiguaient artistes et public, il était écrit que le Conservatoire de Bruxelles aurait l'honneur de le compter au nombre de ses professeurs, et ce fut l'éminent directeur actuel de cet établissement, M. *Gevaert*, qui parvint enfin à le décider à prendre la direction supérieure de l'école du violon, illustrée jadis par les *de Bériot* et les *Léonard.*

« Tout va bien, lui disait Gevaert dans sa lettre du 28 août 1871. Les premières ouvertures ont été très bien reçues par le Ministre, et je suis très content de la tournure que prennent les choses. Je ne vous en dis pas plus long pour aujourd'hui, dans quelques jours il sera peut-être bon que nous nous voyions, je vous écrirai alors, soit à Spa, soit à Verviers. »

Tout alla si bien, que le grand artiste entrait en fonctions au mois d'octobre suivant.

Pendant deux ans, il remplit sa lourde tâche avec passion. Rien ne peut donner une idée de l'ardeur et du dévouement qu'il apporta dans ce qu'il considérait comme une mission sacrée. Son enseignement clair, rationnel, méthodique, ne tarda pas à porter ses fruits.

Ses nombreux élèves, qui tous l'adoraient autant qu'ils l'admiraient, subirent l'ascendant magnétique de cette nature vibrante et se transformèrent en peu de temps.

Nous avons dit en quelle haute estime les plus grands artistes du siècle tenaient Vieuxtemps comme professeur. Sous ce rapport aussi, sa réputation était bien établie, et l'on ne s'étonnera pas, dès lors, que les principaux conservatoires aient désiré se l'attacher.

Nous avons sous les yeux une lettre de *Rubinstein*, datée de 1867, où ce musicien célébre, alors directeur de l'École de Saint-Pétersbourg, disait à son ami : « Vous étes riche, vous avez atteint votre but musicalement; est-ce que vous ne vous décideriez pas à revenir ici pour prendre les rênes de notre classe de violon?... J'attends votre réponse avec une impatience fiévreuse. »

Cette invitation amicale, pas plus que les propositions officielles de Fétis, en 1866, ne purent aboutir, on s'en souvient. Il était réservé à Gevaert de vaincre les dernières hésitations du grand artiste, et de faire bénéficier la Belgique d'un enseignement qui a laissé des traces ineffaçables.

Vieuxtemps avait autant souci de développer chez ses élèves le côté purement esthétique de l'art que la technique de l'instrument. Aucun morceau n'était exécuté avant d'avoir passé par le crible du raisonnement. Chaque thème était analysé, disséqué, envisagé dans ses rapports avec l'idée mère de l'œuvre, et cela, avec une sûreté de vue, une élévation de pensée tout à fait remarquables. L'éducation du compositeur nourri aux plus saines traditions déteignait sur le professeur-virtuose, le tout au grand bénéfice de ses disciples. Les résultats d'un tel enseignement, on le comprend aisément, ne se firent pas attendre, et dès la fin de la première année scolaire, les élèves surent prouver dans les concours publics que de Bériot avait trouvé un digne successeur.

La présence du maître en Belgique devait être exploitée au profit de l'art, et le pays, déjà si renommé pour ses virtuoses du violon, vit, grâce à lui, en augmenter le nombre.

En effet, tous ceux qui, ayant terminé leurs études dans les conservatoires, se sentirent une flamme au cœur, accoururent à Bruxelles pour lui demander des conseils, et le perfectionnement de leur talent. Ce fut le cas pour *Eugène Ysaye* et tant d'autres qui, élèves libres, et à côté de l'enseignement officiel du conservatoire, n'apportèrent à l'illustre artiste qu'une satisfaction purement platonique et toute de dévouement, mais elle lui suffisait.

Une grande œuvre d'initiation devait naître de cette circonstance que le Conservatoire de Bruxelles possédait dans son corps professoral, au moment de l'arrivée de Vieuxtemps, deux artistes de haute lignée, nous voulons parler de *Louis Brassin* et de *Joseph Servais*.

A l'union de ces trois hommes justement célèbres (aujourd'hui disparus, hélas !), à cette *trinité* artistique, Bruxelles a dû, pendant deux ans, ses plus grandes, ses plus pures, ses plus intimes jouissances musicales. Qui ne se souvient encore aujourd'hui de ces séances de musique de chambre où les auditeurs se sentaient transportés dans un monde nouveau? de ces exécutions merveilleuses, idéales, résultante naturelle de trois grandes âmes se confondant dans le même amour de l'art? Beethoven, Mozart, Schumann, comme ces trois musiciens parlèrent votre langue sublime!

Dans son livre intitulé : *Musique et Musiciens*, *Oscar Comettant*, se servant d'un aphorisme emprunté à *Brillat-Savarin*, dit : *On devient pianiste ; on naît accompagnateur*. Il y a certes là une grande vérité que je suis tenté d'appliquer à notre artiste, car, malgré son grand savoir et son génie musical, il n'a jamais été ce que l'on appelle un véritable *chef d'orchestre*. Il en avait été de même pour Beethoven et plus tard pour Schumann, ce qui met Vieuxtemps en assez bonne compagnie pour que ma remarque ne puisse l'atteindre dans sa gloire de grand musicien.

Le fait est que si son passage à la direction de l'orchestre des concerts populaires de Bruxelles n'a rien enlevé de son prestige, il n'a rien ajouté non plus à son auréole artistique.

Malgré le terrible labeur de ces quelques années passées à Bruxelles, l'admirable virtuose continua à se faire entendre de temps en temps dans le pays.

Paris le revit aussi tous les ans pendant les vacances, et ce fut de cette ville qu'il partit, au mois d'août 1873, pour se rendre à Nancy, où l'on organisait un concert au profit des malheureuses victimes de la guerre franco-allemande.

Il ne se doutait pas, le cher grand artiste, que là s'exhalerait son chant du cygne! Le fait m'est révélé par une lettre conservée religieusement par son fils, et sur l'enveloppe de laquelle je lis avec émotion ces quelques mots tracés par la main filiale : *le dernier concert de papa avant sa maladie, hélas!*

Cette lettre, datée du 19 août 1873, disait :

« Je suis informé, Monsieur, que vous voulez bien venir à Nancy, avec plusieurs autres artistes éminents de Paris, donner un concert au profit des malheureux de notre ville. Je suis profondément touché du généreux sentiment qui vous inspire en cette circonstance en faveur des nombreuses misères accumulées dans notre ville par la guerre, l'occupation, et surtout par l'annexion de l'Alsace et de la Lorraine, dont un grand nombre d'habitants sont venus se réfugier à Nancy. Je m'empresse de vous adresser, en mon nom et au nom de la ville de Nancy, mes plus sincères remerciements et l'expression de toute ma reconnaissance.

» Veuillez, Monsieur, agréer l'expression de mes sentiments distingués.

» *Le maire de Nancy*,

» BERNARD. »

Ce fut donc par une bonne action que se termina cette carrière si brillante; ce fut après qu'il eut séché les larmes des malheureux que les siennes coulèrent.

Pouvait-il être ici-bas affliction plus poignante pour un virtuose que de se voir tout à coup réduit au silence ? C'est cependant ce qui arriva quelques jours plus tard. Une attaque de paralysie tua cette main qui avait égrené des perles pendant un demi-siècle. Cet archet magique, désormais impuissant à faire vibrer les cordes de la lyre, muet comme le reste ! O calamité, deuil !... être mort et cependant vivre !... c'est le supplice qui, pendant plusieurs années, va être le lot du triomphateur de la veille, de l'affligé du lendemain.

La nouvelle de ce grand malheur se répandit dans le monde entier et jeta la consternation dans tous les cœurs. Les journaux de tous les pays consacrèrent de longs articles au passé si glorieux du grand artiste, et s'affligèrent d'un présent si cruel, si inattendu.

Les poètes, qui depuis son enfance avaient couvert sa route de fleurs, reprirent leur lyre pour chanter sa détresse et pleurer sur cette main perdue, sur le navrant silence de son violon enchanteur.

Dans ce flot de poésies, je ne puiserai que quelques strophes d'un long poème, intitulé : *La main*, et un sonnet sur *Le silence de Vieuxtemps.*

Après un long préambule sur cette main *qui disposait des flots de l'harmonie*, le poète ajoute :

Cette main qu'avec amour je chante,
C'est celle qu'on nomma reine de nos concerts,
C'est la déesse douce, aimée et bienfaisante
Entr'ouvrant l'orient, poétisant les airs :
C'est la main de Vieuxtemps, cette main éloquente
A qui nous devons tant de chants;
Que frappa tout à coup l'haleine dévorante
Qui détruit les épis et dévaste les champs!

Toi dormir, ô main magnifique!
Autant vaut qu'au bois poétique
Le rossignol mélancolique
Ait perdu son chant sans pareil,
Et qu'au grand lever de l'aurore
La nature qu'elle colore
Sous ses rayons conserve encore
Le silence de son sommeil.

Comment Dieu ne veut-il permettre
Que la main qu'il laissa se mettre
Dans ta main endormie, ô maître,
N'ait eu le don de l'éveiller,
Ainsi que celle d'une fée
Qui pour le prodige créée
Pouvait sur toute ombre levée
D'un signe la faire briller.

Comme hier, ô main généreuse,
Tu volerais! tu bénirais!
Tu répandrais prestigieuse
Les diamants dont tu te remplirais!
Comme l'aurore charmeresse
Tu ferais répandre des pleurs
Doux comme ceux de la déesse
Qui sont le sourire des fleurs!

Mais il n'est plus de fée dans la vie,
Dieu seul se charge du bonheur,
C'est lui qui nous rendra par sa grâce infinie
La main qui tient la clé du cœur.

Hélas! cette main qui parfois sembla vouloir se réveiller, jetant ainsi une lueur d'espérance au cœur du pauvre martyr, ne devait plus retrouver son éloquence; c'est ce qui fit éclore le sonnet suivant:

Voilà cinq ans — Euterpe en compte les journées —
Que son puissant archet reste silencieux!
Toutes les nations se disent étonnées :
Voyage-t-il encore? Où donc? Et sous quels cieux?

Quelles sont maintenant les âmes fortunées
Qui se pâment de joie à ses chants merveilleux ?
Quand nous reviendra-t-il des brillantes tournées
Où pleuvent les lauriers sur son front radieux ?

Sous des montagnes d'or l'Amérique jalouse
Le retient-elle? Ou, pour chercher sa noble épouse,
Ainsi qu'Orphée, a-t-il bravant les éléments,

Pour l'empire des morts abandonné le nôtre?
Non, le maître est muet, car de ce monde à l'autre
On aurait entendu les applaudissements.

Dès le début de cette terrible maladie qui enlevait au monde artiste l'une de ses gloires les plus pures, Vieuxtemps avait été transporté dans son petit hôtel de la rue Chaptal à Paris, où son gendre, le docteur *Édouard Landowski*, alors établi dans la capitale, lui prodigua les soins les plus assidus, les plus tendres.

Des sommités médicales furent appelées en consultation avec lui; rien de ce qu'il est humainement possible d'entreprendre pour rendre à cette main si précieuse son ancienne agilité ne fut négligé. Hélas! la science resta impuissante.

Sa fille, installée à son chevet, lui prodigua ses trésors d'affection filiale, relevant son courage, faisant luire à ses yeux l'espoir d'une guérison qu'elle savait impossible. La maladie suivit son cours normal, avec des fluctuations d'ordre sensitif plutôt que tangible. Les eaux de *Chatel-Guyon*, de *Bourbon-l'Archambault*, les fumigations, l'électricité, la gymnastique, le changement de climat, tout enfin fut tenté, sans résultat appréciable.

Le cerveau, heureusement, n'avait pas été atteint, et

Vieuxtemps conserva jusqu'à son dernier souffle une lucidité intellectuelle vraiment surprenante. C'est ainsi qu'il put continuer à enseigner, à composer, à s'occuper, en un mot, de cette chère musique, devenue la consolation de ses dernières années, après l'avoir enthousiasmé et porté de triomphe en triomphe durant toute sa vie antérieure.

En décembre 1873, il donna sa démission de chef d'orchestre des concerts populaires de Bruxelles; il l'avait déjà offerte au mois de mai de la même année, à cause du travail excessif que lui donnait cette direction; mais les administrateurs de la Société et les artistes de l'orchestre étaient parvenus à le faire revenir sur cette détermination. La maladie qui le frappait, en l'obligeant à des ménagements méticuleux, ne lui permettait plus de différer une retraite qui s'imposait absolument.

Les mêmes raisons de santé amenèrent Vieuxtemps à résilier, à la même époque, ses fonctions de professeur de la classe de perfectionnement de violon, au Conservatoire de Bruxelles.

Le Gouvernement n'accepta pas cette démission et il accorda à l'éminent artiste un congé illimité, dans l'espérance qu'une amélioration ulterieure dans l'état de sa santé lui permettrait de reprendre plus tard la direction de sa classe, qui fut confiée momentanément à l'un de ses plus fervents disciples, M. Alex. Cornélis.

Cet espoir sembla se réaliser à un moment donné, car la cure à Bourbon-l'Archambault lui faisait un bien extrême : « L'indépendance des doigts s'affirme tous les jours davantage, écrivait-il à sa fille; si le mieux que j'éprouve continue, je me remettrai à faire des gammes et . . . . . qui sait? . . . . » Quelle lueur dans cette âme désespérée! Il y a dans ce *qui sait* tout un avenir rêvé, un retour à la lumière qui ne devait, hélas! jamais se produire.

S'il faut en croire un journal, son amour-propre fut bien agréablement flatté le jour de l'inauguration de la saison à Bourbon. Un concert-spectacle avait été organisé et Vieuxtemps s'y était rendu, mais à peine était-il installé dans sa stalle, que tous les regards se tournaient vers lui et le désignaient à la curiosité du public. Aussi, le rideau à peine baissé sur le premier acte du *Maître de chapelle*, la salle entière acclama le pauvre grand artiste, que cette ovation émut jusqu'aux larmes.

Peu de temps après, il rentrait à Paris, plus calme, plus dispos, cédant aux pressantes sollicitations d'un de ses anciens élèves, *le prince de Chimay;* il reprit son violon et fit journellement des exercices et des gammes! « Je n'ai qu'à me louer de votre conseil, écrit-il au prince; tous les jours je constate un petit progrès. »

Le goût de la musique semble grandir au lieu de se calmer dans cette nature si éminemment artiste. C'est sa nourriture intellectuelle, il lui en faut coûte que coûte; aussi s'empresse-t-il de rouvrir ses salons et d'y implanter un quatuor composé de MM. *Papini*, *Marsick*, *Walfelghem* et *Jacquart*.

Le premier de ces artistes est florentin; les deux suivants, belges, et le quatrième, français.

Le répertoire classique fait naturellement le fond de ces soirées auxquelles le grand nom de Vieuxtemps donne un relief tout particulier.

Les sommités du monde artistique et littéraire se font

un devoir et un honneur d'y paraitre; bref, le pauvre grand musicien se retrouve dans son élément, et, n'était son abstention forcée, il serait encore le plus heureux des hommes.

Ce quatuor cosmopolite était admirablement composé, comme nous l'apprend cette phrase cueillie dans une lettre de Vieuxtemps à propos d'une de ces séances mémorables : « Ce sont des artistes de premier ordre, disait-il, et ils ont joué mon quatuor en *mi* d'une manière si remarquable, que j'ai fini par le croire beau. » Naïveté adorable, et bien digne d'un artiste de génie. Je ne connais pas cette œuvre qui se compose de trois quatuors, mais dans une très longue lettre que j'ai sous les yeux, *M. Lecourt*, de Marseille, en fait un éloge pompeux : « Voilà donc une œuvre complète, dit-il, tout s'y trouve Dans ces douze morceaux, vous avez touché toutes les cordes de la lyre, depuis le calme jusqu'à l'ouragan. Nulle part le style n'a hésité; tout est clair; tout respire et marche bien; les épisodes arrivent sans nuire à la pensée-mère et pour la rehausser par des jours imprévus; chaque note est à sa place, chaque partie se développe avec liberté et sans empiètement; et tout cela avec une distinction suprême et une sagesse qui sont l'attribut des grands maitres. »

Il ne nous déplait pas d'ouvrir une parenthèse à ce moment de notre récit, pour rapporter quelques fragments d'une lettre fort intéressante, adressée à Mme *Van Hemelryck*, d'Anvers.

Il y est question d'un concert *Pasdeloup* qui éveilla chez l'artiste des souvenirs bien doux. Qu'on en juge : « L'orchestre était en veine de belle exécution, dit-il;

l'ouverture de *Ruy Blas*, de Mendelssohn, par laquelle s'ouvrait la séance, et la *Symphonie héroïque* de Beethoven, qui la suivait, ont été dites en perfection. Aprés un *adagio* de Raff s'est présenté *Marsick*, avec la rude tâche devant soi de faire entendre à cinq mille personnes le concerto en *mi* majeur de votre serviteur dévoué. Le cœur me battait certainement plus fort qu'à lui, et par la pensée je songeais au temps où je jouais moi-même cette œuvre. De souvenir en souvenir, j'en vins à me retrouver dans les salons d'une certaine maison située rue Klopdorp à Anvers (1), au mois d'août 1840, d'où je partis pour l'exécuter au grand théâtre avec un succès que je n'ai jamais oublié... De là partit aussi comme un trait électrique ma réputation, qui se répandit non seulement dans l'Europe, mais dans l'univers entier. Eh bien, toutes ces impressions avec leurs différentes phases, je les ai revécues, éprouvées, à trente-six années d'intervalle, et en vous les décrivant, j'en ressens encore la puissance et le trouble. Il est vrai de dire aussi que c'est après ce nombre d'années que j'ai entendu pour la première fois mon œuvre exécutée selon mon cœur de virtuose et de compositeur. Beaucoup l'ont affronté, mais sans résultat. Seul, *Marsick* a osé escalader cette roche Tarpéienne de l'art musical. Son succès a été énorme. » Dans une autre lettre Vieuxtemps dit encore : « Je tiens le jeune Marsick pour le premier violon de Paris et de *mille autres lieux*. Et dire que c'est un Belge, un Liégeois, un compatriote, un mien concitoyen! J'en suis tout fier. »

Je ne cacherai pas la satisfaction que j'éprouve à rap-

(1) Chez M. Désiré Lejeune, père de Mme Van Hemelryck.

porter ici ces paroles qui exaltent le mérite d'un de mes anciens condisciples au Conservatoire de Liège.

XVII.

Nous avons dit que Vieuxtemps, malgré le mal terrible qui l'avait atteint, pouvait continuer à se livrer à la composition. C'était *con amore, con furore* qu'il obéissait à ce besoin de produire qui fut, toute sa vie, sa passion dominante.

C'est ainsi que de 1874 à 1879 plusieurs œuvres virent le jour; quelques-unes, très importantes, ne furent publiées qu'après sa mort.

Au nombre de celles qui furent gravées de son vivant, il nous faut citer une série de six morceaux de genre, dédiés à Mme Van Hemelryck, et intitulés : *Voix intimes.* « Dans cette œuvre, dit-il, je me suis proposé de faire un genre nouveau pour la musique de violon, dans lequel toutes les difficultés mécaniques sont évitées pour ne mettre en lumière que la noblesse du style, l'élévation et la pureté du sentiment. »

Il avait aussi sur le métier un concerto de violoncelle qu'il termina en janvier 1876.

« Je l'ai fait essayer, dit une de ses lettres, par mon vieil ami *Van der Heyden* qui en a fait ressortir les principales parties avec beaucoup de talent, de chaleur et d'énergie. Il en est enthousiasmé et prétend qu'il aura grand succès auprès des violoncellistes. »

Le mois suivant il est à Hal, chez *Joseph Servais,* où il

rencontre MM. *Gevaert*, *A. Dupont* et quelques autres artistes réunis pour entendre le fameux concerto de violoncelle exécuté cette fois par l'archet magistral de Joseph Servais.

C'est avec une joie d'enfant qu'il raconte à un ami les péripéties de cette journée « qui comptera dans les meilleures de sa vie. Joseph a été superbe, dit-il; il a joué comme un ange! Le concerto a fait son effet sur les artistes présents, et surtout sur Gevaert, qui m'a demandé si je pourrais être prêt avec l'orchestration pour le milieu de mars, ce qui lui permettrait de le faire exécuter au grand concert d'inauguration officielle des nouveaux locaux du Conservatoire, qui aura lieu à cette époque. J'ai dit *oui*, naturellement. »

Ainsi qu'il s'y était engagé bien imprudemment, il fut prêt pour l'époque fixée; c'est ce que j'ai pu constater par une lettre datée du 30 mars, où je lis : « J'ai terminé l'orchestration de mon concerto de violoncelle; chose à remarquer, ce travail ne m'a pas fatigué du tout; cependant j'y ai mis toute mon âme! »

Le violoncelliste *Hollmann* s'était aussi emparé de cette œuvre qu'il travaillait *con rabbia* pendant ses vacances à Maestricht, sa ville natale. De retour à Paris, il s'empressa d'aller demander les conseils de Vieuxtemps sur l'interprétation de son œuvre, et je tiens à consigner ici le parallèle que le grand virtuose établit entre ses deux interprètes : « Hollmann, dit-il, est le violoncelliste hollandais, au son puissant, à l'archet d'acier. Il joue superbement mon concerto, avec un son vigoureux, d'une force incroyable, mais avec moins de charme que Servais. Ce dernier est plus fin, plus élevé, plus délicat, plus distingué dans son expression et dans la modulation des timbres. Mais l'autre est jeune, ardent, travailleur, enthousiaste de son art et de son instrument, et avec quelques bons coups de *trique*, je ferai de ce taureau un superbe jouteur, avec lequel il sera dangereux de se mesurer. » L'avenir a donné raison à Vieuxtemps : Hollmann est aujourd'hui un terrible jouteur, ayant sa physionomie bien caractérisée, sa note à lui. Qui niera l'influence qu'un artiste comme Vieuxtemps a dû exercer sur le développement de ce talent si viril?... Je me rappelle avoir assisté, en 1876, à un concert *gala* à Amsterdam, où, sous la direction de l'auteur, Hollmann exécuta ce concerto de violoncelle avec un succès complet.

J'étais là avec *Ferdinand Hiller*, *Ernest Reyer*, *Verrulst* et d'autres artistes célèbres, qui tous applaudirent avec moi l'œuvre et son exécution absolument remarquable.

Le 28 février 1876 est une date à retenir, car ce jour-là Vieuxtemps avait organisé chez lui, rue Chaptal, à Paris, une grande soirée en l'honneur de son ami *Antoine Rubinstein*. *Papini*, *Samie*, *Adolphe Fischer* (le violoncelliste belge) et Mlle *Battu* s'y partagèrent les bravos d'un auditoire d'élite, composé de plus de 150 personnes.

Rubinstein s'y prodigua et, comme toujours, enthousiasma son public par son exécution géniale.

Il est curieux de lire, dans une lettre adressée à l'un de ses amis d'Anvers, l'hommage chaleureux et sincère que Vieuxtemps rendit à cette occasion à son émule en gloire et en talent. Le voici tel que je le trouve reproduit dans les éphémérides du *Guide Musical*, ce trésor de renseignements dus à la plume experte et élégante de M. *Félix*

Delhasse : « Rubinstein traite le piano comme jamais on ne l'a rêvé : sous ses doigts l'instrument se transforme, c'est idéal, c'est merveilleux, enchanteur; il vous transporte dans un monde nouveau, inconnu, où touches, marteaux, mécanique disparaissent, vous laissant subjugué ! C'est la musique, c'est l'harmonie même, c'est l'art et l'inspiration dans leur expression la plus magnifique, dans leur acception la plus élevée. C'est admirable et je suis encore sous l'impression de ce fleuve harmonique, de cette musique céleste, de ce scintillement d'étoiles, de ce roulement de tonnerre si saisissant, car tout cela se trouve dans la sonate en *fa mineur* de Beethoven, op. 57, qu'il nous a fait entendre et à laquelle il a imprimé un caractère tel que le titan ne l'a jamais soupçonné. Ce talent laisse une impression de grandeur, de noblesse et de force dont je ne puis vous donner qu'une faible idée : j'en suis tout remué, hors de moi ! »

Que tout cela est bien dit, et comme ces quelques lignes caractérisent bien le talent du célèbre pianiste auquel on ne pourrait, en effet, sans le diminuer, appliquer l'épithète de *virtuose! Rubinstein* et *Joachim* sont, de nos jours, les seuls instrumentistes capables de produire cette impression sur le public. Avec eux ce n'est plus le piano, ce n'est plus le violon que l'auditeur perçoit, c'est l'*art* dans son expression la plus élevée.

Invité par le roi de Hollande à passer quelques jours au château du Loo, Vieuxtemps quitta Paris le 22 mai pour se rendre à cette flatteuse invitation. *Listz*, *Gevaert*, *de Hartog*, *Batta*, les peintres *Gérome*, *Cabanel*, *Bouguereau*, etc., étaient en même temps que lui les hôtes de Sa Majesté Néerlandaise.

La fatigue du voyage et peut-être aussi la vie inaccoutumée à laquelle il fut forcé de s'astreindre altérèrent sa santé déjà si délabrée, et l'obligèrent de quitter la cour pour rentrer à Paris.

Le roi, ayant appris le motif du brusque départ de son hôte, s'informa par télégramme de sa santé, et lui donna en même temps l'assurance « qu'il serait toujours le bien-venu au château du Loo ».

Cette existence fiévreuse, les voyages, la composition à laquelle il se livrait toujours avec la même passion ne pouvaient que compromettre davantage encore son état. Aussi dut-il se résigner à aller faire une nouvelle cure à Bourbon-l'Archambault, ce dont il n'eut qu'à se féliciter, mais à un point de vue général seulement, car sa main gauche ne recouvra pas son ancienne souplesse.

Ni les exercices, ni les gammes auxquels il se soumettait régulièrement n'amenèrent de résultats appréciables, ce qui le désolait et lui aigrissait de plus en plus le caractère.

Il n'y avait vraiment plus qu'une voie à prendre pour adoucir autant que possible les dernières années de ce long martyre : c'était celle des distractions. Sa famille et ses amis s'ingénièrent à lui en procurer, et arrivèrent parfois à ramener un sourire sur ces lèvres décolorées, un rayon d'espoir et de bonheur dans ce cœur ulcéré.

Dans cette tâche toute d'affection, sa fille, Mme Landowska, jouait naturellement le principal rôle. Rien ne peut donner une idée des soins tendres dont elle entourait son cher malade : sa sollicitude était sans égale, sa préoccupation constante n'avait qu'un but, prolonger l'existence de ce père adoré par la toute-puissance de son amour filial.

Lorsqu'en janvier 1877 Vieuxtemps fut appelé à Verviers pour y diriger un concert composé en grande partie de ses œuvres, il eut la joie d'apprendre, par une lettre de son ami Prosper Grandjean, qu'en descendant du chemin de fer dans sa ville natale, il aurait la satisfaction de traverser la *rue Vieuxtemps*; le conseil communal venait en effet de donner le nom de l'illustre artiste à l'une des grandes artères de la ville.

Cet hommage qui, en flattant son amour-propre, répandait un baume salutaire sur sa vie attristée, le décida à revenir au milieu de ses concitoyens, qui le reçurent comme un dieu.

Ce fut à cette occasion que la lettre suivante fut adressée *aux bons amis de Verviers*, par la fille de Vieuxtemps : « Connaissant l'amitié tendre et sincère que tous deux vous lui avez vouée, amitié de laquelle il nous revient bien un peu aussi, je crois pouvoir me permettre de vous faire *confidentiellement* quelques recommandations au sujet de sa prochaine visite. Depuis le terrible malheur qui a frappé mon pauvre père en le privant de sa main gauche, depuis la grave maladie qui a failli nous le ravir, notre préoccupation constante est d'éloigner de lui, autant que possible, toute cause de désagrément ou d'irritation, car chez lui le moral est si entiérement lié à son état physique, qu'il suffit d'une vive émotion ou d'une contrariété pour que ses nerfs, déjà si fortement éprouvés, en soient affectés. Je compte donc sur votre bonne amitié à tous deux pour nous remplacer auprès de lui et écarter tout sujet d'émotion ou d'ennui. Je sais que chez vous il sera soigné et choyé on ne peut mieux. Vous le trouverez très bien en ce moment, et je ne doute pas que le plaisir qu'il éprouvera en se retrouvant au milieu de ses compatriotes et amis, qu'il aime tant, ne le maintienne dans ces bonnes dispositions. »

Quelle tendre sollicitude dans ces recommandations, et comme on y sent à chaque ligne le cœur aimant et douloureusement affecté d'une noble femme!

Nous avons dit que sa démission de professeur au Conservatoire royal de musique de Bruxelles, présentée au gouvernement en 1873, n'avait pas été acceptée. Les améliorations qui se manifestèrent dans son état de santé à la suite des cures qu'il fit aux eaux de Bourbon-l'Archambault et de Châtel-Guyon lui permirent, à partir de l'automne 1877 jusqu'au commencement de 1879, de reprendre ses cours, mais d'une façon absolument irrégulière. Les alternatives de bien et de mal se reproduisirent de plus en plus fréquemment, au point que pendant les derniers mois il ne lui était plus possible de fixer un jour ou une heure pour tenir sa classe. Enfin, malgré son vif désir d'être encore utile à ses concitoyens, il vit, malgré son ardent amour de l'art, l'impossibilité de supporter plus longtemps les fatigues que lui occasionnait l'enseignement. A la suite d'une aggravation subite de son état qui motiva son brusque départ de Bruxelles, il donna définitivement sa démission. Elle fut acceptée par arrêté royal du 30 juin 1879.

Son chagrin fut profond, immense. C'était comme la main défaillante du naufragé qui, à bout de force, lâche la planche de salut; c'était la nuit de cette triste existence, s'obscurcissant de plus en plus! A quoi se rattacherait-il désormais, si, privé lui-même de jouer de cet instrument que ses doigts faisaient parler naguère encore avec une éloquence sublime, il lui était refusé la consolation d'inculquer à ses chers élèves les principes du grand art qui l'avait illustré ?... Oh ! le triste soir d'une si belle vie !

Le regret de ne plus pouvoir enseigner fut peut-être aussi vif pour Vieuxtemps que celui que lui fit éprouver la perte de sa main gauche. Habitué, comme il l'était, à une activité dévorante tant matérielle qu'intellectuelle, le repos et les ménagements forcés auxquels il se voyait soumis l'exaspéraient à un point extrême, et contribuèrent pour beaucoup à empirer sa maladie.

Depuis quelque temps déjà le gendre de Vieuxtemps avait fondé à *Mustapha-Supérieur*, près d'Alger, une station sanitaire qui, grâce au climat exceptionnel du pays, était considérée comme une panacée universelle. Et, de fait, les goutteux, les rhumatisés, voire même les poitrinaires y trouvaient un soulagement.

Notre artiste y suivit sa fille et ne tarda pas à éprouver les bienfaits de cette vie en plein air et au soleil, sous un ciel toujours bleu. Une amélioration sensible se manifesta dans les premiers temps et lui permit de reprendre ses travaux de composition, ses relations avec les sommités du monde artistique, et de s'occuper de nouveau des choses de l'art, dont la première place restait toujours, est-il besoin de le dire, à sa chère musique.

XVIII.

Dès son arrivée sur le sol algérien, dit M. Delhasse, dans le *Guide musical* du 12 février 1885, Vieuxtemps y fut l'objet d'une ovation touchante, qu'il raconte ainsi dans son autobiographie : « Hier, 17 février, était mon anniversaire de naissance. Je complétais ma 59e année et entrais dans ma 60e, c'est-à-dire dans la période descendante de l'existence. Des bouquets, des fleurs m'ont été offerts; des amis, des connaissances sont venus me féliciter dans la soirée, lorsqu'à la surprise de tous un formidable accord de trompettes, de pistons, de trombones et autres instruments s'est fait entendre dans le jardin et a réveillé les échos d'alentour, au grand ébahissement des colons, des indigènes, des Arabes et des Européens. C'était la musique municipale de Mustapha qui venait m'apporter ses félicitations et me souhaiter la bienvenue dans le pays, sous forme de sérénade. Toute la localité en émoi s'était donné rendez-vous sous mes fenêtres aux premiers accords de l'orchestre. Mon incognito était donc trahi, et mon nom est peut-être en train de cheminer parmi les tribus arabes pour être transporté à travers le désert jusqu'au cœur de l'Afrique centrale ! »

Au bout de quelques mois de séjour, Vieuxtemps put donner une impulsion vraiment artistique à ce pays de peu de ressources au point de vue musical.

Il avait suffi de sa présence à Mustapha-Supérieur pour réveiller un groupe d'amateurs plus ou moins distingués. Ceux-ci vinrent immédiatement se placer sous sa direction et entreprirent avec lui l'organisation de séances de quatuors, qui bientôt purent se répéter deux fois par mois.

A ce groupe d'amateurs, au nombre desquels se trouvait l'un de mes bons amis, *M. Cartuyvels*, alors consul de Belgique à Alger et violoncelliste de mérite, vint bientôt se joindre un vieil ami de Vieuxtemps, artiste de profession celui-là, et bien connu dans le monde musical : nous voulons parler de *Van der Heyden*.

Après de nombreux succès dans les salons parisiens, Van der Heyden avait pris sa retraite à Bruxelles, où son amitié pour Vieuxtemps l'avait attiré. Le départ de son ami dicta le sien, et il alla le retrouver à Mustapha-Supérieur avec sa femme et sa fille.

Pareil dévouement se rencontre trop rarement pour ne pas être signalé.

Sa présence auprès du maitre à peu près jusqu'à la mort de celui-ci, le commerce journalier de relations intimes lui ont permis de fixer mille souvenirs de son séjour à Alger, souvenirs qui m'ont été communiqués par son aimable femme, avec une bonne grâce dont je lui suis fort reconnaissant.

Voici, d'après ce que m'ont conté M. et Mme Van der Heyden, de quelle façon notre artiste employait son temps dans cet oasis africain : à peine levé, le maitre, affublé d'une robe de chambre et les pieds dans des pantoufles, passait dans le salon magnifique que sa fille, Mme Landowska, avait fait aménager pour lui, et où il pouvait s'isoler complètement. C'est dans ce sanctuaire que s'élaborait ce qu'il appelait *sa cuisine musicale.* Défense à qui que ce fût d'y entrer sans son autorisation !

Un jour, un malheureux malade, amoureux de musique, et probablement désireux de voir un grand compositeur dans le feu de l'improvisation, s'était glissé furtivement dans le temple; mais, comme Argus, Vieuxtemps veillait, et Mercure lui-même s'armant de sa flute n'eût pu endormir sa vigilance. Il s'aperçut de la présence de l'intrus, entra dans une colère bleue et le renvoya impitoyablement. De ce jour, et dans l'intérêt de la santé de son père, si surexcité déjà par ses nerfs, Mme Landowska redoubla de précautions pour lui éviter semblable mécompte.

Le quatuor formé par le maître, et qui variait selon l'absence momentanée de l'un ou l'autre des exécutants, se composait au début de Mlle *Closset*, M. *Smetkoren*, premier et second violon, MM. *Schembré*, alto, et *Van der Heyden*, violoncelle.

Il fallait voir, aux jours fixés pour les répétitions, avec quel soin jaloux Vieuxtemps préparait les pupitres, allumait les bougies, arrangeait les musiques, et avec quelle anxiété il attendait son quatuor, qu'on allait chercher en voiture à Alger, afin que personne ne manquât au rendez-vous.

En attendant les retardataires, Van der Heyden travaillait les parties de violoncelle avec son ami. Celui-ci, cependant, fiévreux, agité, consultait à tout instant sa montre... « Ah! combien de mon temps, disait-il, on avait plus de feu sacré; c'était des heures entières qu'avant les séances nous répétions avec les Servais père et les autres des œuvres que nous connaissions par cœur! Quelle tiédeur chez cette génération nouvelle qu'un ou deux quatuors suffit souvent à lasser. »

Quelquefois aussi, constatant son impuissance à communiquer aux exécutants le feu sacré qui le possédait, il entrait dans des colères terribles; mais elles étaient passagères, et le pauvre artiste ne savait alors comment se faire pardonner ces moments d'emportement, que sa passion artistique excusait cependant si bien.

Lorsque, après avoir fait travailler les parties séparées

il arrivait à les mettre ensemble, c'était des conférences sans fin sur la valeur esthétique des œuvres exécutées, sur la manière de mettre chaque chose à sa place, de façon à faire ressortir l'idée générale des auteurs. Alors seulement se dévoilait sa grande science et son enthousiasme artistique.

Ce rude labeur durait souvent pendant sept ou huit jours avant qu'on arrêtât le programme d'une soirée, à laquelle on conviait l'élite de la colonie étrangère et algérienne, qui, est-il nécessaire de le dire, briguait fort la faveur d'une invitation.

Les salons de M. et Mme Landowski étaient, pour ces soirées, éclairés *a giorno* et abondamment ornés de fleurs et des plantes les plus rares.

A ce moment, me disait Van der Heyden, notre pauvre ami ne tenait plus en place. Sa physionomie se transfigurait; il rajeunissait de vingt ans en quelques heures. Vif, presque ingambe, il préparait tout, recevait son monde avec une bienveillance charmante et une exquise galanterie.

Le quatuor ouvrait la séance, puis venaient ensuite les solistes, chanteurs ou instrumentistes, qui tous avaient préalablement travaillé avec le maitre des œuvres triées sur le volet, car il se montrait fort difficile sur le choix des morceaux qui composaient les programmes de ses soirées.

Aussitôt la séance musicale terminée, la société passait dans une somptueuse salle à manger où une table abondamment pourvue de friandises l'attendait.

Les derniers invités partis, Vieuxtemps s'installait à la table avec sa famille et quelques intimes, disant : « Maintenant, nous avons bien gagné notre chocolat ! »

Puis il contait quelque historiette ayant trait à son enfance, à ses pérégrinations dans les deux mondes, et le charme de sa parole retenait parfois ses auditeurs jusque bien avant dans la nuit. Ces veilles, il faut le reconnaitre, n'étaient pas faites pour améliorer l'état de sa santé.

Un autre point inquiétait encore son entourage : c'était sa passion pour la composition.

En vain sa fille et son gendre avaient exigé, pour prolonger sa vie, qu'il abandonnât ses travaux : « Vois-tu, mon cher, disait-il à Van der Heyden, ils auront beau dire, ils n'obtiendront jamais cela de moi. » Et, de fait, il composa jusqu'à sa dernière heure.

En dehors de ses séances de quatuor où, selon son langage imagé, « il prenait des bains de bonne musique », il s'était consacré à l'éducation musicale du petit Henry Landowski, l'aîné des enfants de sa fille, et passait tous les jours plusieurs heures dans sa chambre à le faire travailler; puis il assistait ensuite dans son fauteuil, sa canne entre les jambes, aux leçons de violoncelle que Van der Heyden donnait quotidiennement à son second petit-fils, Paul.

Bien souvent encore, des artistes de passage venaient lui demander ses conseils et son patronage pour l'organisation de concerts où sa haute influence... et sa bourse étaient mises à contribution.

Le plus souvent il prêtait ses salons, plaçait des billets, s'évertuait à tirer d'embarras des confrères malheureux. Sa bonté était inépuisable, et Dieu sait si l'on en a abusé!

Lorsqu'au mois de mai 1880 Van der Heyden dut partir

pour Bruxelles, où l'appelaient des affaires de famille, Vieuxtemps en fut désolé. C'était la désorganisation de ses soirées musicales. « Plus de quatuors, plus de trios, lui écrivait-il un peu plus tard, mais *des gammes, force gammes!* » Il espérait donc encore rendre à sa pauvre main son élasticité d'antan?

Il insiste ensuite pour que son vieil ami lui amène le vicomte d'Estamberg à son prochain retour. « Ce serait charmant, ajoute-t-il, si tu pouvais le décider à venir s'adjoindre à nous. Nos études de quatuors y gagneraient une importance notable, car je ne compte plus guère sur nos anciens compagnons, plus ou moins grincheux ; avec lui, au contraire, quel nouvel élan! »

Au 5 juillet de la même année, le maître écrivait encore à Van der Heyden : « J'ai reçu ta lettre du 30 juin qui me donne de si bonnes nouvelles de mon second concerto de violoncelle, écrit spécialement pour *Joseph Servais*. Me voilà enfin rassuré et enchanté, puisque notre jeune ami l'exécute comme lui seul peut le faire. Je serais bien heureux de le lui entendre jouer, et j'espère que ma santé, toujours en progrès, me permettra bien un jour ou l'autre de réaliser ce rêve de tant d'années! »

Cet espoir, hélas! fut déçu, comme tant d'autres du reste.

Lorsqu'au mois d'août suivant il fut question de l'organisation de grandes fêtes à Liège, à l'occasion du cinquantenaire de notre indépendance, Vieuxtemps m'écrivit une longue lettre dont je détache les quelques paragraphes suivants : « Je profite de la circonstance pour te dire mes regrets de ne pouvoir assister en personne à nos fêtes nationales, moi, contemporain et produit de 1830!

Ce m'est un grand chagrin, mais ma santé ne me permet plus pareil déplacement, je n'y résisterais pas. J'ai lu dans quelques journaux que Liège, en vue d'éviter l'encombrement, avait décidé de ne célébrer le cinquantenaire de la Belgique que l'année prochaine, et qu'un grand festival musical serait organisé à cette occasion. Vous avez de beaux résultats à mettre en lumière, à choisir parmi les jeunes générations formées et instruites à votre école. Je citerai en toute première ligne *Ysaye,* qu'on n'éloignera pas j'espère en cette circonstance exceptionnelle. C'est un artiste éminent, distingué, que nous connaissons, apprécions et plaçons très haut, pour ma part du moins. Si donc, comme j'aime à le supposer, il était appelé à coopérer au concert d'artistes belges qui aura lieu nécessairement pendant le festival liégeois, je ne serais pas éloigné de mettre à la disposition du comité-directeur, incarné en ta personne, un *concerto* nouveau pour le violon, auquel je mets la dernière main en ce moment, écrit comme pour lui et qu'il exécuterait, j'en suis certain, avec l'entrain, la maëstria, l'originalité que tu lui connais, qu'on ne peut lui contester et qui, joints à ses qualités de son et de prestesse d'archet, en font une des personnalités remarquables du jour. Au fond, ajoutait-il, je travaille à deux concertos de violon : un en *sol* (le 6me), et un dernier en *la mineur* (le 7me). Tous deux sont de facture peu ordinaire, je crois, et tenus sévèrement dans l'école autant que possible, tout en n'excluant ni le brillant, ni l'effet si recherché par le virtuose. Je viens aussi de terminer un concerto de violoncelle pour *Servais*, que je tiens pour réussi ; c'est aussi l'avis de mon frère *Lucien*, qui le lui a accompagné, et s'y connait. » Il s'agit du 2e concerto, fort vanté par Van der Heyden dans sa lettre du 30 juin.

Il avait été question, en effet, de l'organisation à Liège d'un grand festival de musique, à l'occasion de nos fêtes nationales, et j'avais même soumis un programme complet à l'administration communale, dans lequel figurait le nouveau concerto du maitre, exécuté par Eugène Ysaye.

Je lui avais écrit à ce sujet, lui proposant de dédier son œuvre à la ville de Liège; mais sa modestie s'émut à cette idée, et il m'écrivait le 20 septembre 1880 : « Naturellement ta proposition m'enchante, mais *n'est-ce pas bien prétentieux, bien orgueilleux?* Il est vrai que c'est à Liège, où j'ai joué pour la première fois en sortant de Verviers, et où l'on a fait attention au moutard de 7 ans; où l'on m'en a donné une preuve palpable en me décernant un archet de Tourte, qui a été le compagnon de toute ma vie. Tout cela est vrai, mais toute une ville ne joue pas du violon, et les détails que je te donne ne peuvent être connus de tout le monde. Enfin, je ne demande pas mieux et laisse cela à la décision de gens moins intéressés que moi. » Il me disait encore en terminant sa lettre : « Ma santé est plus que satisfaisante depuis ta dernière missive, elle est même en amélioration. Il n'y a que mes jambes qui me donnent l'apparence *dô vi potins du 80 ans!* (1) Malgré cela, la tête est bonne et *toute imagination.* »

On le voit, le pauvre grand homme ne croyait avoir

(1) Intraduisible en français.

rien perdu de ses facultés créatrices, et j'en trouve la preuve dans cette phrase de sa lettre du 15 octobre suivant : « Mes 6e et 7e concertos, me disait-il, dominent tous les autres par leur conception, leur style et école. » Pure illusion d'un cerveau affaibli par la maladie, car ces deux œuvres sont loin de valoir celles de sa première jeunesse où s'étalait si vigoureusement sa nature primesautière. A peine découvre-t-on dans le 7e une lueur du grand style qui a inspiré le concerto en *mi*, et le 5e concerto en *la* (*Le Grétry*).

Après m'avoir énuméré les très nombreuses compositions tombées de sa plume depuis son arrivée à Alger, il ajoutait : « Malheureusement je n'ai personne pour me faire entendre tout cela, en juger en dernier ressort, couper ou changer. Il me faudrait quelqu'un, et ce quelqu'un c'est *Ysaye*, qui ferait bien de venir passer l'hiver ici, où je lui stylerais mes nouvelles choses. *J'entends toujours sa chanterelle, et je voudrais la réentendre encore!* Découvre-le moi, et qu'il arrive le plus tôt possible. »

Je ne pus, hélas ! lui donner cette satisfaction. Ysaye, à l'époque où je reçus cette lettre, faisait ample moisson de lauriers sur le théâtre même des grands exploits de Vieuxtemps, à Saint-Pétersbourg.

Ce fut un autre violoniste, *M. Jeño Hubay*, qui, se rendant aux sollicitations réitérées de Vieuxtemps, alla passer deux mois à Alger, où il eut l'insigne honneur de recevoir les dernières leçons du maître.

Je trouve dans un journal parisien, *la Renaissance musicale* (n° du 25 septembre 1881), une série de lettres de Vieuxtemps, communiquées à ce journal par M. Hubay, et dont quelques extraits intéresseront sans doute le lecteur :

« Mon cher Hubay (lettre du 4 février 1881).

» Je vous remercie de votre dernière lettre et je viens vous féliciter de vos succès chez *Pasdeloup*, *Colonne* et en Belgique. Je les ai appris avec bonheur par les journaux français et belges, ces derniers m'ayant été communiqués par le consul belge d'Alger, qui les reçoit de Liège, où vous avez eu un succès d'autant plus mérité et flatteur que cette ville est le berceau des violonistes les plus recommandables. Cette lettre n'a pas seulement pour but de vous féliciter, mais aussi de vous demander si vous ne pourriez arranger vos affaires de manière à pouvoir vous rendre à Alger au commencement d'avril. »

« Lorsque j'arrivai là-bas, nous apprend M. Jeño Hubay, je trouvai deux concertos pour violon, terminés (mais non instrumentés). Le 6e en *sol* majeur, et le 7e en *la* mineur, qui devait être le dernier (1). Ces deux concertos je les ai étudiés, d'après les intentions du maitre, pendant mon séjour à Alger. J'ai même joué le 6e, en *sol*, à la dernière soirée donnée chez Vieuxtemps. La mort si inattendue du maitre est venue, hélas ! tout interrompre, et beaucoup de ses ouvrages sont restés inachevés. Suivant le désir de la famille, je suis resté encore trois

(1) Dans une lettre précédente, Vieuxtemps apprenait à M. Hubay qu'il en avait commencé un huitième en *si* mineur, dont le premier allegro était terminé.

semaines pour mettre en ordre les manuscrits laissés par le maître. Sa famille m'apprit ainsi que Vieuxtemps avait dédié le 6e concerto à Mme *Normand-Néruda*, et le 7e, le dernier, à moi-même. Je tiens d'autant plus au dernier concerto de Henry Vieuxtemps, qu'il est non seulement grandiose, mais en même temps le chant du cygne de ce compositeur immortel, de mon maître adoré et de mon bienfaiteur. »

XIX.

Nous avons vu que Vieuxtemps aimait à se faire illusion sur le véritable état de sa santé, et se plaisait à rassurer ses amis sur ce point. Il avait cependant des moments de désespérance où son pauvre cœur ulcéré s'ouvrait tout entier et laissait voir toutes les amertumes de sa vie. « Ici encore, au commencement du printemps dernier, écrivait-il à la date du 18 août 1880, à un ami, on m'avait fait concevoir des espérances irréalisables. Je végète, je mange et bois bien, il est vrai, la tête est encore claire, les idées limpides, mais je sens mes forces diminuer tous les jours. Mes jambes sont d'une faiblesse extrême, mes genoux tremblants, et c'est à peine, mon ami, si je puis faire le tour du jardin, appuyé d'un côté sur un bras solide, et de l'autre sur mon gourdin. »

Ces alternatives d'espoir et de découragement sont vraiment curieuses à constater et se succéderont sans cesse jusqu'au jour fatal qui mettra un terme à ses souffrances. C'est ainsi que, dans une lettre écrite deux mois plus tard, il disait : « Je ne veux pas cependant tarder à vous dire que mon long silence n'est nullement motivé par le vôtre, mais occasionné par une recrudescence d'imagination et d'invention musicale. Vous n'avez pas idée de la facilité que j'éprouve depuis quelque temps à composer. Certes, chez moi, ça n'a jamais été un travail, mais aujourd'hui l'inspiration est plus active que jamais, plus spontanée, plus entière qu'à vingt ans. Jugez-en : outre le concerto de violoncelle de Servais, j'ai composé trois concertos (?) de violon ; huit morceaux caractéristiques pour violon avec accompagnement de piano ; plus, différents morceaux pour chant, pour flûte, ces derniers destinés à mon fils Max, qui en joue pas mal, et qui est ici en ce moment, en attendant qu'il se rende, soit dans l'intérieur de l'Algérie, soit au Sénégal. Tous ces travaux terminés, je me replongerai jusqu'au cou dans mon opéra (1), dont j'ai déjà refondu, changé et perfectionné les deux premiers actes, qui avaient des trous et des lacunes. » Puis plus loin il ajoute : « Ce qu'il y a de plus extraordinaire dans tout cela, c'est que je n'ai pas éprouvé la moindre fatigue, que toutes les inspirations me sont venues naturellement, simplement, sans effort. A quoi attribuer cela?... Je ne sais, mais je pense que le climat,

(1) Nous regrettons de n'avoir pu nous procurer la partition de cet opéra, qui, d'après une lettre que m'adressait de Mustapha-Supérieur, le 21 octobre 1881, Mme Landowska, « était entièrement terminé, et même orchestré en partie ». Il eût été intéressant de juger le grand musicien dans un genre tout nouveau pour lui, et vers lequel (il me l'a dit souvent) il se sentait vivement attiré. Nous savons que Vieuxtemps en a fait entendre des fragments à Paris, dans son hôtel de la rue Chaptal, avec la *Krauss* et le baryton *Agnesi* comme interprètes.

la nature grandiose, la vue de la mer, l'air des montagnes, le soleil, la vie qu'il nous donne, la béatitude que la contemplation de toutes ces merveilles donne à l'âme en sont la cause. »

Dans une autre lettre, il parle encore de sa santé. « Sauf les jambes qui flageolent, dit-il, elle est assez satisfaisante, mais *le premier étage, le grenier, les combles* surtout sont excellents ! Pour le reste, je suis de loin le mouvement européen, politique et musical, installé à ma fenêtre pour tout observer, comme le bon Dieu de la chanson de *Béranger*. »

Plus tard, il engage une de ses bonnes amies d'Anvers à venir s'installer à Mustapha-Supérieur. « Ici, dit-il, j'ai retrouvé la vie, l'intelligence, la vivacité de la pensée, et si je pouvais vous revoir, mon déclin serait un paradis ! C'est ma seule chance de vous revoir encore ici-bas, car mes essais de rapatriement ont été si désastreux pour moi, que je n'ai plus la moindre envie de les renouveler. Une première fois, *paralysie* qui m'a brisé net; une seconde fois, *fluxion de poitrine* qui a failli m'emporter ; qu'aurais-je à attendre une troisième fois? *Mon enterrement?* En tout cas, j'ai déjà écrit ma *marche funèbre*, elle existe ! »

Il n'est pas indifférent de connaître l'opinion du roi du violon sur deux violonistes-femmes qui se sont un moment disputé le sceptre de la virtuosité, et dont l'une, Mme *Norman-Néruda*, continue à étendre sa réputation dans les deux mondes. « Votre jugement sur Mlle *Tayau* est très correct et parfaitement juste, écrit-il au 6 décembre 1880. A sa sortie du conservatoire de Paris, elle est venue me demander des conseils que je ne lui ai pas marchandés. Comme vous le dites, elle joue beaucoup ma musique. Moi, je lui trouve encore quelquefois un peu trop de *masculin* dans le jeu; elle ne me reste pas assez femme, comme Mme *Norman-Néruda*, par exemple, qui est pour moi l'idéal de la violoniste. Jamais je n'ai entendu jouer du violon avec autant d'âme, de passion et de pureté. Elle est en même temps classique, poétique, et possède toutes les qualités du grand artiste. Vous regrettez que le son ne soit pas plus grand? mais elle ne serait plus *elle* alors, elle ne serait plus le *violon-femme* par excellence. »

Puis enfin, repris par l'idée de sa fin prochaine, il s'écrie plus loin : « Excusez encore une fois un sauvage caduc, grincheux, de mauvaise humeur, mais qui vous aime toujours de toute son âme et qui emportera cet amour jusqu'au tombeau. Il ne durera plus bien longtemps, car la vraie vieillesse a sonné pour lui. Il a ses 61 ans révolus, c'est le commencement de la fin! »

Malgré les idées noires qui hantaient parfois son esprit, Vieuxtemps continuait cependant à puiser ses plus douces jouissances dans sa chère musique. C'est ainsi que l'absence momentanée de son ami Van der Heyden n'avait en rien arrêté le mouvement musical à Mustapha-Supérieur. « Si vous croyez que les concerts à la station sanitaire ont cessé parce que des artistes tels que votre excellent père nous ont quittés, écrivait Mme Landowska à Mlle Van der Heyden, vous vous trompez. Le programme ci-joint vous prouve le contraire, en démontrant une fois de plus qu'*on fait des verges pour se fouetter*, et que votre père s'est formé un rival dangereux dans la personne de notre gros Paul, aux leçons duquel j'assiste; mais il n'en a pas pris beaucoup, car il a eu mal au doigt et bon papa a été aussi un peu souffrant... Quel dommage que nous n'entendions plus les réminiscences du bon vieux temps avec la paraphrase du concerto! Nous étions tellement habitués à voir les deux papas ensemble, qu'il nous manque quelque chose depuis que l'un d'eux est absent. C'est égal, le concerto de violoncelle nous fait défaut; nous voudrions réentendre le son magistral, la belle diction et l'exécution brillante de votre cher père qui avait su si bien s'identifier dans la pensée du compositeur, et nous nous rappellerons souvent avec plaisir les belles séances de l'hiver. *Schembré* et *Conqui* travaillent assidûment et viennent tous les dimanches prendre quelques conseils. »

On le voit, la musique ne chômait pas chez Vieuxtemps, et il semble qu'elle fut l'élément indispensable à sa nature poétique, la nourriture de son esprit insatiable de jouissances artistiques.

Il le déclare lui-même dans une lettre adressée à l'amie d'Anvers, et datée du 9 avril 1881, c'est-à-dire moins de deux mois avant sa mort : « Nous allons vivre pendant une dizaine de jours dans un brouhaha terrible, dit-il. Pensez donc ce que va être le concert de deux cents savants réunis ici, élaborant des projets, les discutant, les attaquant, les disloquant (1)? Heureusement que la musique sera là pour amener un peu d'harmonie dans leurs idées, les calmer et finir par les faire s'entendre. D'avance, je frémis d'une part, et donne la palme de l'autre à l'art, qui toute ma vie a été *mon rêve, ma foi, ma religion!* A propos, j'aurai peut-être à vous annoncer dans

(1) Il s'agit du *congrès scientifique* qui se tint en 1881 à Alger.

ma prochaine lettre la vente de mon *Guarnerius*. Je suis en pourparlers sérieux à ce sujet. Cela coûtera cher à l'acheteur, mais il en aura pour son argent, car ce violon est une perle unique, dont malheureusement je ne puis plus me servir. Néanmoins, m'en séparer me coûtera bien des larmes, et j'en ai déjà le cœur gros rien que d'y penser. Mais, quand je le regarde, je pleure de ne plus pouvoir l'interroger, l'animer, le faire parler ! » En effet, son ami Van der Heyden avait été chargé de négocier l'affaire avec le *duc de Camposelice*, qui était ravi de l'acquérir au prix de 17,000 francs, somme fixée par Vieuxtemps. Mais au moment de se dessaisir de son violon bien-aimé, le grand maître fut pris de remords, et, espérant en dégoûter l'amateur, il s'écria : « Si l'on met 17,000 francs, on peut bien en mettre 20,000. » Le duc, mis au courant de la situation, répondit par un chèque de 20,000 francs adressé à Van der Heyden, par l'intermédiaire de la maison Rotschild.

Croyant avoir vaincu toute résistance, l'ami s'en vint trouver Vieuxtemps de grand matin, et lui mit le chèque sous les yeux. Vous peindre le désespoir de Vieuxtemps n'est pas possible, me dit Van der Heyden. Il pleurait et ne pouvait se faire à l'idée de se séparer de son Guarnerius. Il demanda vingt-quatre heures pour réfléchir, mais ne voulut pas garder le chèque. « Emporte, emporte cet argent, disait le pauvre désolé ; je ne veux pas le voir ! »

Madame Landowska et son mari, craignant que ce grand chagrin n'amenât une rechute de la terrible maladie de leur bien-aimé père, prièrent leur ami de ne plus lui en reparler. Le duc de Camposelice fit de nouvelles instances auprès du négociateur pour qu'il offrit davantage encore, mais celui-ci déclara qu'il était inutile d'insister; il avait acquis la conviction que Vieuxtemps ne se séparerait à aucun prix de son instrument.

Le duc devint cependant plus tard l'heureux acquéreur du fameux Guarnerius, mais seulement après la mort du maitre et de sa fille, Mme Landowska.

. . . .

Depuis quelque temps, il était visible pour tous que la santé de Vieuxtemps déclinait. Le mal progressait et commençait à imprimer les affres de la mort sur la face blémie du patient. Une photographie qui m'a été offerte par sa fille le représente quinze jours avant le terrible événement qui enleva cette grande intelligence au monde artiste; elle est navrante à contempler. Son beau front de penseur est déprimé, son œil éteint, tout enfin dans la physionomie révèle la souffrance, l'angoisse !

Bien que prévue, la mort du maitre vint pourtant surprendre cruellement sa famille et ses amis. « En trois jours, écrit sa fille à M. Van der Heyden, tout a été fini : c'était un vendredi, il s'était levé mieux disposé que de coutume, avait déjeuné de bon appétit et plaisanté avec les enfants; à 3 $^1/_2$ heures j'ai éte forcée de sortir pour assister à l'enterrement du pauvre M. Jourdan père, qui venait de mourir, et, en l'embrassant avant de partir, j'étais loin de prévoir qu'il serait déjà frappé à mon retour. Il était en train d'écrire une page de musique; après, il est allé au jardin chercher Henry et Paul pour faire étudier ce dernier; la leçon, qui n'a duré que dix minutes, s'est passée dans le plus grand calme, comme les enfants et la bonne, à qui j'avais bien recommandé de ne pas s'éloigner, me l'ont assuré. Se plaignant un peu du manque d'air, il veut aller au jardin pour respirer, mais en se levant de son fauteuil il tombe frappé d'une nouvelle attaque de paralysie, la quatrième ! Croyant à une chute comme il en faisait quelquefois, les enfants se précipitent pour le relever, mais en vain; ils appellent alors, et la bonne, avec l'aide du domestique, parviennent à grand'peine à le mettre au lit (1). C'est à ce moment que moi-même je revenais après avoir rendu les derniers devoirs à un de nos bons amis et voisin ! Vous dire mon saisissement à la vue de tant de misère est impossible; le côté droit, le bon, venait d'être attaqué, la parole devenait de plus en plus difficile et bientôt on ne le comprenait plus que par intuition. Je veux vous épargner la narration de ces moments lamentables, où chaque minute emporte une espérance, une illusion, où l'on se sent absolument impuissant devant l'arrêt irrévocable et où l'on sait d'avance que tous les moyens employés restent sans effet. Tout ce qui était humainement possible a été fait, mais, malgré tous nos efforts, il rendait le dernier soupir le lundi 6 juin 1881, à 4 heures du matin, et, je

(1) « Trois jours après la nouvelle de la mort de Louis Jourdan, dit un journal que j'ai sous les yeux, nous recevions celle de la fin prématurée de Vieuxtemps. C'étaient deux grands intimes, et fatigués, souffrant tous les deux, ils avaient été demander le repos au même climat. Ils se voyaient tous les jours et, dans les avenues bordées de cactus et de figuiers de Barbarie de Mustapha, c'est ensemble qu'ils prenaient le « bain de soleil » qui leur était indispensable. Avec la susceptibilité et l'impressionnabilité nerveuse que la maladie avait laissée à Vieuxtemps, il serait possible que la mort de son vieil ami eût provoqué chez lui l'attaque à laquelle il a succombé ».

crois, sans ressentir un surcroît de souffrances. Pardonnez-moi, mon cher Monsieur Van der Heyden, de vous parler si longuement de notre chagrin, mais j'éprouve un réel soulagement de causer avec vous de notre *bien-aimé papa*, qui a toujours été le meilleur et le plus affectueux des pères, en même temps *qu'une des plus grandes gloires artistiques de son époque, et qui a pu regarder avec orgueil le chemin parcouru !* »

Cette phrase, bien qu'émanant de la fille de Vieuxtemps, n'en était pas moins l'expression universelle de l'admiration qu'avait su inspirer ce grand mort, ce glorieux enfant de la Belgique.

Tout ce qu'Alger contenait d'amis de Vieuxtemps, de fonctionnaires et d'étrangers avait tenu à honneur de lui rendre un dernier hommage en le conduisant au champ de repos.

L'inhumation à Alger fut provisoire, la municipalité de Verviers ayant réclamé immédiatement la dépouille mortelle de l'enfant illustre dont elle s'enorgueillissait à juste titre, pour lui faire des funérailles digne de lui.

. . . .

Ainsi s'éteignit sur la terre étrangère cette belle et noble figure d'artiste, cette existence de labeur dont l'aurore avait été un sourire, et le déclin une larme! Mais Vieuxtemps appartient désormais à l'histoire, et son nom brillera longtemps encore au firmament de l'art.

JEAN-THÉODORE RADOUX.

APPENDICE.

La cérémonie de la translation des cendres de Vieuxtemps dans sa ville natale eut lieu le 28 août 1881, et je crois devoir donner ici la relation complète qu'en ont faite les journaux de l'époque :

« La manifestation funèbre organisée par l'agglomération verviétoise à l'occasion de la translation des cendres de Henry Vieuxtemps a été imposante et digne, en quelque sorte, du grand virtuose qui sut jeter sur sa ville natale un éclat que les siècles ne terniront pas.

» On se sentait en présence d'un de ces deuils universels qui frappent en dehors des limites de la patrie du défunt.

» Partout, et particulièrement dans les rues que doit traverser le funèbre cortège, on voit aux fenêtres les couleurs nationales et franchimontoises.

» Les édifices publics, les établissements communaux sont pavoisés. Dans la rue de la Station, de la Tranchée, du Brou, Saint-Laurent, rue du Collège et place des Récollets principalement, on remarque une quantité de drapeaux en berne ou recouverts de crêpe.

» La ville avait une singulière physionomie le matin ; à chaque train débarquaient de véritables colonnes de visiteurs qui donnaient aux rues une animation extraordinaire, contrastant avec l'aspect funèbre des maisons. A chaque instant arrivaient des sociétés, bannières en tête, attendant l'heure de la cérémonie. La société royale l'*Émulation*, le Cercle catholique, le Cabinet littéraire et toutes les autres sociétés ont pavoisé leurs façades. Une tenture noire frangée de blanc et rehaussée d'une lyre de même couleur, entourée du chiffre de Henry Vieuxtemps, orne le balcon de la *Société royale de Chant*. La façade principale de la *Société d'Harmonie* se distingue entre toutes par sa décoration sévère et de bon goût : tout le long du péristyle serpentent d'immenses tentures noires retombant en larges festons retenus par des cordes d'or. Des portières de même étoffe, garnies de cordelières à glands d'or, ornent les deux entrées principales. Partout sur le parcours du cortège les réverbères sont voilés de crêpe. A partir de 11 heures, les trains du côté de l'Allemagne et de la ligne de Liège déversent en notre ville des milliers d'étrangers. A deux heures, le cortège commençait à se former à la gare, les sociétés se massaient, sous la direction des maîtres de cérémonie, le long de la rampe d'accès et rue de la Station, tandis que les autorités musicales et les invités se réunissaient près l'entrée de la gare aux marchandises, autour du wagon contenant le cercueil. C'est là qu'eurent lieu les présentations. A trois heures le cortège se mettait en marche. En tête s'avançaient douze gendarmes à cheval, suivis d'un détachement de gardes civiques portant le drapeau du *Clairon*. Commençait ensuite le long défilé, bannières crêpées en tête, des sociétés de musique qui avaient envoyé des députations comptant parfois jusqu'à soixante-dix membres. C'étaient : la *Société royale de Chant*, dont Vieuxtemps était le président d'honneur; la Société royale l'*Émulation*, la *Société d'Harmonie*, le *Cercle choral Vieuxtemps*, la *Franchimontoise*, la *Société popu-*

laire de Gymnastique, l'*OEuvre des soirées populaires*, le *Cercle Saint-Joseph*, le *Cercle d'Agrément*, le *Cercle Philharmonique* de Pepinster, la *Société de Chant* de Pepinster, les *Fanfares de Jemeppe*, la *Réunion des chœurs* d'Ensival, la *Société d'Harmonie* de Heusy, la *Lyre ouvrière* de Hodimont, l'*Écho des Montagnes* de Polleur, la *Fraternelle* de Franchimont-Theux, la *Légia* de Liége, la *Société de Sainte-Cécile* du Baelen, la musique des *Charbonnages de Mariemont et de Bascoup*, la *Fraternelle* de Stembert, l'*Harmonie* de Montzen, les *Fanfares Dolhaintoises*, la *Société des Amateurs* de Huy, la *Germania* de Verviers et la *Philharmonique* de Dolhain. Après un rang de tambours venait l'orchestre de la société d'*Harmonie* qui exécutait les deux marches funèbres léguées par Vieuxtemps. Ces marches, qui avaient été écrites par l'éminent artiste pour piano et violon, avaient été orchestrées par M. Kefer, directeur de l'école de musique de Verviers. Leur exécution produit sur la foule qui assiste découverte au passage du cortège, un effet saisissant. Le char funèbre suivait, attelé de six chevaux tenus en main et couverts de housses étoilées d'argent; sur ce char, une seule couronne, celle de la ville de Verviers. Les coins du poêle étaient tenus par MM. *A. Dupont*, *Radoux*, *Ortmans* et *J. Tasté*. MM. Radoux et Dupont représentaient les deux Conservatoires royaux de Liége et de Bruxelles, M. Ortmans, la ville de Verviers, et M. Tasté, les sociétés verviétoises. MM. Ortmans et Tasté alternaient avec les membres du collége et du conseil. La famille du défunt suivait immédiatement le char funèbre. Elle était représentée par le fils de Vieuxtemps qui, parti pour Alger à la mort de l'illustre défunt, avait accompagné ses restes mortels depuis Alger jusqu'en notre ville, pour ne s'en séparer, sous le poids d'une indicible émotion, qu'au bord de la tombe. Il avait à ses côtés les trois frères du défunt, MM. *Lucien, Jules* et *Ernest Vieuxtemps*, et son beau-frère M. le docteur *Landowski*, venu également d'Alger pour assister à la cérémonie. Arrivaient ensuite le Conseil communal, MM. *Léon d'Andrimont* et *Peltzer*, représentants de l'arrondissement, ainsi que plusieurs membres des conseils provincial et communal de Liége. Parmi les personnes étrangères venues pour assister à la cérémonie, nous avons remarqué MM. *Joseph Servais*, violoncelliste; *Colyns*, violoniste; *Joseph Dupont*, chef d'orchestre; *A. Cornélis, Jehin, Poncelet, Steveniers, Firket* et *Wauters*, du Conservatoire de Bruxelles; MM. *Henrotay, Verken, Carman, R. Massart* et *Hutoy*, du Conservatoire de Liége; MM. *Stennebruggen*, professeur au Conservatoire de Strasbourg; *Van der Heyden, Th. Nauss*, membre du comité des festivals du Bas-Rhin, délégué de la ville d'Aix-la-Chapelle; *Joseph Wieniawski*, pianiste; *Fr. Riga*, compositeur; *Alcan;* les sculpteurs *Mignon, de Tombay* et *Van de Kerchove-Nelson*, le président de la société *Momus* de Maestricht, dont Vieuxtemps avait la présidence d'honneur; les hommes de lettres *G. Frédérix, Dommartin, L. Solvay*, etc., etc. *E. Ysaye* et *Vonken*, qui avaient eu l'honneur de recevoir les conseils du maitre, portaient sur des coussins noirs frangés d'argent, le premier le violon de l'illustre défunt, et l'autre ses nombreuses décorations. A leur côté, un ouvrier de Gérard-Champs, M. Boland, portait une modeste couronne aux feuilles fripées, aux fleurs ternies. Elle avait été donnée au *maëstro* en 1872, par les ouvriers de

Verviers, lors d'une soirée musicale, et Vieuxtemps l'avait religieusement conservée comme un des plus beaux souvenirs de ses triomphes artistiques. Cette couronne se trouvait à Alger dans la chambre où le grand artiste a rendu le dernier soupir, et portait cette simple inscription en wallon :

LES OVRIS D'VERVI

A HENRY VIEUXTEMPS (1).

» Enfin, un peloton de gendarmes à pied fermait le cortège. Un kiosque destiné aux autorités et aux invités avait été dressé à l'extrémité ouest de la place des Récollets. En face se trouvait une immense estrade pour les exécutants de la cantate composée pour la circonstance par M. *Kefer;* cette œuvre, écrite en quelques jours, ne manquait pas d'un certain sentiment de grandeur, et a produit sur les assistants un excellent effet. Elle avait été inspirée par les vers suivants, de M. *K. Grün :*

Dans le ciel pur de l'harmonie,
Toujours épris de l'idéal,
Vieuxtemps travailleur de génie,
Brilla d'un éclat sans égal.

Il s'éleva l'âme éblouie.
Aux fiers sommets où la beauté
Verse la lumière infinie
Sur notre frêle humanité.

Ceint d'une auréole de gloire
Et tout chargé de verts lauriers,
Pénètre au temple de mémoire,
Enfant illustre de Verviers!

(1) *Les ouvriers de Verviers à Henry Vieuxtemps.*

Vers 4 heures, les autorités et les invités montaient sur l'estrade qui leur était réservée place du Martyr, tandis que les chanteurs se massaient en face sur l'estrade. En ce moment, la place du Martyr était splendide à voir. On peut évaluer à dix mille au moins le nombre des spectateurs, sans compter tous ceux qui garnissaient les fenêtres, les toits des maisons et jusqu'aux hauteurs des Mezelles, noires de monde. Grâce à un service d'ordre parfaitement organisé, un silence relatif régnait parmi cette foule énorme lorsque M. Ortmans prit la parole en ces termes :

« Messieurs,

» La mort de Henry Vieuxtemps est un deuil public pour la ville de Verviers.

» A peine ce fatal événement fut-il connu, que ses amis, ses concitoyens, réclamèrent les cendres du grand musicien qui a illustré Verviers et dont la glorieuse existence venait de s'éteindre loin de sa patrie.

» M. *Ponty* traduisit au conseil communal les vœux de la population tout entière, en proposant d'élever une statue à l'éminent compositeur, au virtuose incomparable, et de réclamer sa dépouille mortelle pour lui rendre les honneurs dus à son génie.

» Le conseil communal accueillit avec un empressement unanime cette proposition qui donnait une légitime satisfaction aux vœux de tous les Verviétois.

» Henry Vieuxtemps va reposer désormais dans sa ville natale, qu'il a tant aimée, qu'il a illustrée à travers les deux mondes. Il va reposer à côté d'un autre grand citoyen verviétois, le célèbre botaniste, le savant docteur Lejeune.

» Verviers, par ma voix, remercie les enfants de notre regretté concitoyen. Avec un empressement dont nous leur seront toujours reconnaissants, ils consentirent, malgré la douleur que leur cause une cruelle séparation, à rendre à Verviers les restes vénérés de leur illustre père.

» Aujourd'hui, Messieurs, nous les recevons au milieu de vous tous, ses amis, ses confrères, ses élèves favoris; nous les recevons en face de l'élite de nos artistes, de nos concitoyens, qui ont voulu rendre un suprême hommage à la mémoire de Vieuxtemps, glorifier ses talents et ses mérites.

» Une voix plus compétente que la mienne vous dira la valeur de ce musicien, de ce virtuose si sincèrement épris de son art, de ce maitre qui a légué à ses élèves des trésors inappréciables, de ce compositeur qui a laissé à la postérité des chefs-d'œuvre merveilleux.

» Je me bornerai à retracer brièvement une partie de sa vie, telle qu'il l'a écrite lui-même, et que j'extrais du *Guide musical.* »

Nous croyons pouvoir supprimer cette partie du discours de l'honorable bourgmestre, pour rapporter seulement la péroraison, qui rend un juste hommage au génie du maitre et aux excellentes qualités de l'homme de cœur :

« Vieuxtemps ne fut pas seulement un virtuose du

plus grand mérite, un musicien incomparable, il fut encore un patriote dévoué à son pays, à sa ville natale, surtout un bienfaiteur des malheureux dont il soulagea souvent les misères et les infortunes.

» Les établissements de bienfaisance de notre ville se rappellent ses bienfaits : jamais ils ne firent en vain appel à son dévouement, toujours il y répondit d'une manière digne et généreuse. Et ce ne fut pas sans une profonde émotion que Verviers vit, en janvier 1877, Vieuxtemps, dont la paralysie avait brisé l'archet merveilleux, reprendre le bâton de chef d'orchestre pour diriger avec une maëstria inspirée l'exécution de ses œuvres, dans le grand concert donné au profit des fourneaux économiques.

» Ce furent là ses adieux à sa chère ville de Verviers.

» Nous ne devions plus, hélas! le revoir. Vieuxtemps, Messieurs, joignait aux qualités éminentes qui lui valurent le titre glorieux de roi des violonistes des qualités non moins rares du cœur. Son âme d'artiste avait un amour passionné pour sa ville natale, des tendresses infinies pour sa famille, des trésors de dévouement pour ses amis, pour ses élèves, une bienfaisance inépuisable pour les malheureux.

» Aussi la ville de Verviers, en glorifiant la mémoire de Henry Vieuxtemps, ne rend pas seulement hommage à ses talents incomparables, à son génie musical qui ont charmé les deux mondes, illustré sa patrie, mais encore à l'homme de cœur qui a répandu à pleines mains ses bienfaits sur les malheureux. »

Après M. Ortmans, ce fut M. J.-Th. Radoux qui prononça le discours suivant :

« Messieurs.

» Ce n'est pas sans une profonde émotion qu'en ma qualité de directeur du Conservatoire royal de Liège je viens à mon tour rendre hommage à l'artiste illustre, au compositeur éminent dont l'Europe conservera le nom.

» C'est sciemment, Messieurs, que je dis l'Europe et non la Belgique, car Vieuxtemps appartient au monde entier, qui a applaudi le grand virtuose, l'homme qu'on a appelé l'empereur des violonistes, le Paganini belge !

» Mais ce qui a surtout placé notre concitoyen au premier rang des artistes dont l'histoire recueille le nom avec respect, ce qui l'a rendu supérieur à Paganini lui-même, c'est cette corde du génie qui a vibré si éloquemment dans ses vastes conceptions musicales, car Vieuxtemps n'était pas seulement un grand virtuose, il fut aussi un grand compositeur, un véritable créateur.

» A l'âge où l'artiste bégaie timidement des essais informes, Vieuxtemps écrivait des œuvres qui, par leur valeur technique, par l'élévation des idées exprimées, sont destinées à traverser les siècles.

» L'esprit humain reste confondu en présence d'une précocité aussi étonnante, et l'on se demande si le premier concerto en *mi* est bien l'œuvre d'un jeune homme ayant à peine atteint l'âge de 20 ans!... Dans cette œuvre géniale, Vieuxtemps donnait déjà la preuve d'un talent arrivé à toute sa maturité.

» C'est en Allemagne, je pense, que notre grand artiste exécuta pour la première fois ce concerto (1), et nous puisons dans nos souvenirs de jeunesse cette particularité que le virtuose dut attendre un certain temps avant de commencer le solo qui suit le premier *tutti*, tant retentirent les applaudissements du public enthousiaste, après l'audition de cette page d'un grandiose inconnu alors dans les œuvres du genre.

» Cette œuvre fut suivie de près par cette merveille de grâce et de tendresse qu'on nomme la *Fantaisie-Caprice*.

» Ici Vieuxtemps crée tout, la forme et le fond, et l'on peut dire qu'aujourd'hui encore (il y a quarante et un ans qu'elle a vu le jour) elle est restée un chef-d'œuvre, un modèle.

» Je ne puis, Messieurs, dans cette courte allocution, faire une étude complète et approfondie de l'œuvre de notre grand artiste. Un volume suffirait à peine à remplir cette tâche, et nous espérons qu'un jour il sera écrit.

» Ce que nous voulons aujourd'hui, c'est marquer à grands traits les principales étapes de sa carrière glorieuse et si bien remplie, et cueillir de ci, de là, dans l'écrin si riche qu'il lègue à la postérité, les perles les plus précieuses.

(1) Des renseignements ultérieurs m'ont appris que c'était en Russie.

» Au premier rang de celles-ci doit figurer l'*adagio-religioso* du concerto en *la majeur*, un vrai chef-d'œuvre par la pensée, d'une facture large et personnelle, d'un coloris si pur qu'*Auber* en l'entendant s'écria : *C'est une fresque de cathédrale !*

» C'est vers 1851 qu'apparut le *quatrième concerto en ré mineur* (1).

» Le génie mélodique de l'auteur ne brille peut-être pas ici au même degré que dans ses premières œuvres, mais la science du symphoniste y est poussée si loin, qu'on se prend à penser au maître des maîtres dans le genre, à Beethoven.

» Vieuxtemps doit avoir évoqué l'ombre du grand homme en composant cette œuvre.

» En effet, dans la première partie règne un sentiment mystique qui rappelle dans ses effluves poétiques le célèbre concerto de violon du symphoniste allemand.

» Dans la deuxième, notre artiste, retrouvant sa note personnelle, chante une de ces prières graves et imposantes dont il a le secret.

» Le *scherzo* nous le montre pétillant de verve, de caprice et d'esprit; le finale est une page d'exquise saveur symphonique.

» Jamais notre grand artiste n'a atteint plus haut à la perfection de la forme que dans cette œuvre, qui justifie le parallèle que je viens d'établir entre elle et le concerto de violon de l'immortel auteur de la neuvième symphonie.

(1) Nous avons dit qu'il fut terminé en 1850.

» C'est en 1859 (1) que Vieuxtemps écrivit, à la demande de *Fétis*, une œuvre destinée aux concours du Conservatoire royal de musique de Bruxelles.

» Déjà à cette époque, vous le savez, Messieurs, notre illustre concitoyen avait beaucoup voyagé.

» Il avait visité deux fois l'Amérique, son nom était devenu universel; mais cette existence fébrile de l'artiste avait énervé sa robuste constitution, et son regard se reportait souvent vers la patrie absente.

» Pour ceux qui ont eu le bonheur de connaître Vieuxtemps, pour ceux qui ont pu apprécier sa nature simple et bonne, l'idée d'écrire une œuvre spécialement destinée à son pays avait dû, dans les dispositions d'esprit où il se trouvait, faire vibrer en lui la fibre patriotique; une aspiration vers la patrie avait dû prendre naissance dans son cœur, car, empruntant une pensée musicale à jamais célèbre au plus célèbre de nos compositeurs dramatiques, à Grétry, Vieuxtemps, dans l'*adagio* de son œuvre, disait à ses concitoyens, dans cette langue des sons qu'il maniait avec tant d'autorité et de talent : *Où peut-on être mieux qu'au sein de sa famille!*

» Vous vous rappelez tous, Messieurs, l'accent ému que son archet magique savait donner à cette phrase....

» Qui de vous n'a saisi le sens qu'il y attachait?.... qui de vous n'a compris qu'il traduisait ainsi sa volonté de reposer un jour au milieu de vous, dans sa chère patrie qu'il adorait, dans sa ville natale, le berceau de sa jeunesse, le témoin de ses premiers pas dans la carrière?...

(1) Nous avons aujourd'hui des raisons de croire que c'était en 1860.

Oui, Messieurs, telle a été sa pensée en chantant avec toute son âme : *Où peut-on être mieux qu'au sein de sa famille!*

» Ce vœu de son cœur, Messieurs, vous l'avez accompli. Honneur à vous!

» Honneur à vous, qui, en décrétant l'érection d'une statue à Vieuxtemps sur l'une des places de la ville de Verviers, avez répondu aux aspirations de tous; car, en glorifiant sa mémoire, vous honorez le pays tout entier! (1) »

C'est dans le plus profond silence, ajoute le journal, que les auditeurs écoutent ce discours, dont la péroraison soulève quelques applaudissements rapidement étouffés.

Immédiatement après a lieu l'exécution de la cantate, puis le cortège se reforme dans le même ordre qu'à l'arrivée pour se rendre au champ de repos. Là, les commissaires chargés de l'organisation de la cérémonie ont très heureusement groupé la foule autour du caveau. Le centre ayant été réservé aux autorités, les bannières furent placées en face, les sociétés et la garde civique à droite, tandis que les porteurs de couronnes entouraient la fosse où, après de longs et pénibles efforts, vingt hommes parvinrent enfin à descendre le cercueil dans le caveau. Lorsque le silence fut rétabli, M. *Ed. Van den Boorn*, de Liège, donna lecture d'un long poème écrit par lui pour la circonstance, et dont la fin, qui a trait aux

(1) Dix années se sont écoulées depuis que le conseil communal de Verviers a décrété cette statue au grand homme, et le pays attend toujours qu'on lui rende ce juste hommage!... ah! les morts vont vite!!!

dernières et si cruelles années durant lesquelles l'archet du grand virtuose fut condamné au silence, produisit sur la foule une cruelle émotion :

. . . .
Mais tu ne fus pas seul à subir ces tortures,
Plus d'un illustre artiste a partagé ton sort ;
Ils eurent à souffrir des peines non moins dures,
Et furent, eux aussi, martyrs avant leur mort.
Hændel devint aveugle et dicta sa musique,
Schumann, esprit étrange, eut le cerveau troublé;
Et le grand Beethoven, ce géant symphonique,
Fut d'une surdité de vingt ans accablé!
Les foyers lumineux de toutes ces pensées
Seraient-ils par la mort éteints à tout jamais?
Ces lyres pour toujours seraient-elles brisées,
D'où sortirent jadis de si puissants effets?
Non! j'aime mieux de croire à quelqu'autre existence
Vers laquelle la mort nous ouvre le chemin.
Et dont ton art, Vieuxtemps, d'une idéale essence,
Semble nous dévoiler quelque reflet divin!

Après la lecture de cette pièce de vers, M. Ortmans a de nouveau prononcé ces quelques paroles :

« La ville de Verviers, a-t-il dit, est fière de posséder les cendres de Henry Vieuxtemps; ce caveau, sur lequel s'élèvera plus tard un monument digne de l'illustre virtuose, sera un but de pèlerinage pour la population verviétoise, qui ne cessera de le considérer comme une de ses gloires les plus pures. »

Puis, ce dernier hommage rendu au grand artiste, la foule est sortie lentement et silencieusement du champ des morts!...

Ces hommages rendus à l'illustre défunt firent naître dans le cœur de la fille de Vieuxtemps des sentiments de reconnaissance, qui s'exprimèrent douloureusement dans deux lettres adressées aux bonnes amies, Mmes Prosper Grandjean et Van der Heyden : « J'ai été profondément touchée et émue, disait la noble fille à Mme Grandjean, des honneurs qui ont été rendus à mon pauvre père par ses concitoyens. Vous ne sauriez croire quelle immense consolation on trouve dans ce deuil de tout un peuple s'associant au vôtre, et quel adoucissement à notre douleur de voir celui qu'on chérissait tant si unanimement apprécié et regretté. Aussi jamais, jamais je n'oublierai les derniers hommages rendus à la mémoire de notre cher défunt, avec tant d'amour et de recueillement, par ses compatriotes, et j'en suis profondément reconnaissante aux Verviétois. »

« Quels regrets pour moi de n'avoir pu venir en Belgique et assister avec les miens aux magnifiques obsèques qu'on a faites à mon pauvre père ! disait-elle quelques jours plus tard à Mme Van der Heyden. Vraiment, pour un souverain on n'aurait pu mieux faire, et, dans ce témoignage unanime de regrets, on éprouve un réel sentiment de consolation. Pauvre père, s'il avait pu *voir par lui-même* combien il était aimé et apprécié ! »

. . . .

Les journaux de tous les pays, est-il besoin de le dire, consacrèrent des articles biographiques à l'artiste dont le nom avait retenti si glorieusement pendant un demi-siècle dans les deux mondes. Les poètes pleurèrent en des stances dithyrambiques la mort de ce favori d'Apollon.

La cérémonie de la *translation des cendres de Vieuxtemps* dans sa ville natale fit éclore de longs poèmes ; je détache ces quelques vers de l'un d'eux :

Sur le terrain sacré de la philosophie
On a beau s'insurger contre ce mot : *Patrie!*
— C'est le mot qui toujours fera battre les cœurs —
Vieuxtemps! on t'y ramène; on t'y comble d'honneurs!
Tu t'es couvert de gloire... et cette heure est suprême...
Abaisse tes regards ... écoute! ... comme on t'aime!
Si là-haut ton esprit chez les bons est fêté
Ici, ton archet passe à l'immortalité!!

Pour compléter ce travail, nous croyons devoir donner quelques renseignements sur les enfants et les frères de l'illustre artiste que la Belgique a perdu.

Vieuxtemps eut quatre enfants, dont deux sont morts en bas âge.

Mme Julie-Henriette Landowska, que nous avons vue si tendrement bonne et affectueuse dans les soins qu'elle a donnés à son cher père pendant les neuf années qu'a duré sa maladie, est née le 14/26 octobre 1846 à Saint-Pétersbourg. Elle est morte d'une pneumonie à Alger, le 30 octobre 1882 (1).

Le frère de Mme Landowska, M. Maximilien Vieux-

(1) Son mari, le docteur Landowski, ne put supporter le chagrin que lui causa la perte de sa femme. Huit jours plus tard, il la suivait dans la tombe.

Pour comble de malheur, Jules Vieuxtemps, le plus jeune des frères du grand artiste, pliant sous le poids de la douleur et des inquiétudes causées par cette double catastrophe, fut pris d'une temps, ingénieur distingué, professe à Paris, où on le tient en très haute estime.

Il naquit également à Saint-Pétersbourg, le 25 décembre 1847 (6 janvier 1848).

Jean-Joseph-Lucien et Jules-Joseph-Ernest Vieuxtemps, frères du grand violoniste, ont tous deux embrassé la carrière artistique.

Le premier, né à Verviers le 5 juillet 1828, commença ses études musicales dans sa ville natale, puis alla les perfectionner à Paris sous la direction d'Ed. Wolf.

Son talent de pianiste lui valut maints succès flatteurs, et certaines de ses œuvres pour son instrument ont été publiées. Ce sont des caprices, valses, mazurkas, romances, fantaisies, ballades, etc. D'autres, plus importantes, sont restées manuscrites, bien qu'elles aient été exécutées avec succès.

Lucien Vieuxtemps est aujourd'hui encore professeur de piano à Bruxelles.

Le second, Ernest, né à Bruxelles le 18 mars 1832, est un violoncelliste remarquable.

En 1855, Henry, dont les concerts à Londres avaient une vogue extraordinaire, engagea Ernest à venir l'y rejoindre.

Le 5 mars de cette même année, les trois frères Vieux-

indisposition qui fut jugée sans gravité d'abord; cependant, un mois plus tard, il se disposait à quitter son bureau lorsqu'il succomba subitement par suite de la rupture d'un anévrisme.

M. et Mme Landowski ont laissé cinq enfants, dont deux, on l'a vu, paraissent bien doués pour l'art qui a illustré leur grand-père.

temps donnèrent au Théâtre royal de Liège un concert qui eut un grand succès.

Henry y exécuta un *Rondo giocoso* de sa composition ; Ernest, la *Fantaisie sur Lestocq*, de Servais; Lucien, sa *Fantaisie militaire*, et les trois frères réunis, la *Méditation sur un prélude de Bach*, pour piano, violon et violoncelle, de Charles Gounod.

J'assistais à ce concert, et je me souviens que Lucien et Ernest firent très bonne figure à côté de leur illustre frère. C'est, je crois, le plus bel éloge que je puisse faire de ces deux excellents artistes.

Depuis 1858, Ernest est violoncelle-solo du célèbre orchestre dirigé par sir Charles Hallé, et s'est fixé à Manchester, où son talent est très apprécié.

J.-Th. Radoux.

LISTE

DES ŒUVRES MUSICALES DE HENRY VIEUXTEMPS.

Op. 6. Variations sur un thème du *Pirate*.
7-8. Sept romances sans paroles.
9. Hommage à Paganini, caprice.
10. Grand concerto en *mi* majeur.
11. Fantaisie caprice.
12. Sonate pour piano et violon.
13. Duo concertant, pour piano et violon, sur *le duc d'Olonne*, avec Édouard Wolff.
14. Duo concertant, pour piano et violon, sur *Obéron*, avec Édouard Wolff.
15. Les Arpèges, caprice.
16. Six Études de concert.
17. Souvenir d'Amérique, sur *Yankee Doodle*.
18. *Norma*, fantaisie sur la quatrième corde.
19. Concerto en *fa* dièze mineur.
20. Duo concertant, pour piano et violon, sur *Don Juan*, avec Édouard Wolff.
21. Souvenir de Russie, fantaisie.
22. Six morceaux de salon.
23. Duo concertant, pour piano et violon, sur *l'Étoile du Nord*, avec Kullak.
24. Six morceaux sur des thèmes russes, intitulés : Divertissements d'amateurs.

Op. 25. Grand concerto en *la* majeur.

26. Duo concertant, pour piano et violon, sur *le Prophète*, avec Antoine Rubinstein.

27. Fantaisie slave.

28. Introduction et Rondo, en *mi* majeur.

29. Trois fantaisies sur les opéras : I. LOMBARDI, ERNANI, LUISA MILLER.

30. Élégie pour alto ou violoncelle, avec piano.

31. Grand concerto en *ré* mineur.

32. Trois morceaux de salon.

33. Bouquet américain (6 morceaux).

34 Trois Mährchen ou contes.

35. Fantasia Appassionata.

36. Sonate pour piano et alto ou violoncelle.

37. Concerto en *la* mineur.

38. Ballade et Polonaise.

39. Duo brillant pour violon et violoncelle avec piano et orchestre.

40. Feuilles d'album (3 numéros).

41. Ouverture pour orchestre et chœur, avec hymne belge.

42. Old England, caprice sur des airs anglais du XVIIe siècle.

43. Suite : Preludio, Minuetto, Aria, Gavotta.

44. Premier quatuor, en *mi* mineur.

45. Voix intimes, pensées mélodiques pour violon avec accompagnement de piano (6 numéros).

46. Concerto pour violoncelle, orchestre ou piano.

ŒUVRES POSTHUMES.

47. 6e concerto pour violon, en *sol* majeur.

48. Trente-six études, dédiées au Conservatoire de Paris.

49. Septième concerto, pour le violon.

Op. 50. Deuxième concerto pour violoncelle, en *si* mineur.
51. Deuxième quatuor.
52. Troisième quatuor.
53. Voies du cœur (9 numéros).
54. Trois fantaisies brillantes pour le violon.
55. Six morceaux pour violon seul.
56. Greeting to America.
57. Impressions et Reminiscences de Pologne.
58. Ma marche funèbre.
59. Allegro de concert.
60. Allegro et Scherzo pour piano et alto.
61. Divertissement pour violon seul.

DIFFÉRENTS MORCEAUX PUBLIÉS SANS NUMÉROS D'OEUVRES.

Trois cadences pour le concerto de Beethoven.
Transcription sur Lucie.
Transcription sur Halka, romance de Moniuszko.
Chansons russes.
Duo pour violon et violoncelle sur *les Huguenots,* avec Servais.
Le Trille du Diable, de Tartini, arrangement et accompagnement de piano.
Duo pour piano et violon sur *les Huguenots* avec Jos. Grégoire.
Duo pour piano et violon sur des Thèmes hongrois, avec Erckel.
Trois duos pour piano et violon, avec Édouard Wolff, sur Orphée, de Gluck — les Noces de Figaro — Preciosa.
Transcription pour alto de *la Nuit* de Félicien David.
Transcription pour alto du quintette de clarinettes, de Mozart.
Trio pour piano, violon et violoncelle sur *l'Africaine.*
Fantaisie sur *Faust* de Gounod.
Romance, *Souvenir d'amitié.*
Duo sur *Paul et Virginie* de Massé, avec Magnus.

POUR L'ANNUAIRE DE L'ACADÉMIE.

Notice sur Étienne-Joseph Soubre.

Cette liste des œuvres de Henry Vieuxtemps a été dressée par son fils, M. Maximilien Vieuxtemps, ingénieur à Paris.

NOTICE

SUR

JEAN-JOSEPH-ENGLEBERT-ALOÏS VAN WEDDINGEN

MEMBRE DE L'ACADÉMIE

né à Louvain, le 18 août 1841, mort à Laeken, le 7 juillet 1890.

Petit de taille, d'une complexion délicate, d'un regard vif et pénétrant, aimant à se plaindre de sa santé que d'ailleurs il ne ménageait pas toujours, plus préoccupé des travaux de l'esprit que des soins matériels de la vie, Aloïs Van Weddingen, quoique enlevé à l'âge de 49 ans, a laissé des écrits dont l'analyse dépasserait les limites d'une notice académique. Obligé de me restreindre, je me bornerai aux points les plus importants, m'efforçant, avant tout, de mettre en lumière ses principes et sa méthode.

Les travaux de l'esprit étaient extrêmement faciles à notre confrère; il se livrait avec charme et passion aux abstractions les plus élevées de la métaphysique. Partisan déclaré de la philosophie péripatéticienne, il s'attachait surtout à l'étude approfondie d'Aristote, corrigé et expliqué par saint Thomas et par les grands docteurs du moyen âge. Mais cet amour pour la scolastique ne l'empêchait pas de s'assimiler tout ce que les découvertes modernes et les méditations des penseurs contemporains ont réalisé de progrès dans le domaine de la psychologie et dans la solution du problème des bases de la certitude et de l'origine de nos connaissances.

Jean-Joseph-Englebert-Aloïs Van Weddingen naquit à Louvain, le 18 août 1841. Son père, Jean-Baptiste Van Weddingen, exerçait le métier de sellier et vivait dans une honnête aisance avec sa pieuse épouse, Marie-Thérèse De Wolf. Aloïs fut leur unique enfant. Dès ses plus tendres années il montra une intelligence précoce et un goût prononcé pour les choses de l'esprit. Sa tante aimait à le conduire chez un vieil ami de la famille, feu Vrysens, curé de Beersel, près de Bruxelles. Le bon curé prenait plaisir à provoquer les naïves et promptes saillies du petit Aloïs, dont l'intelligence primesautière se faisait déjà remarquer. Il plaçait l'enfant sur une chaise et l'on se délectait à entendre le petit prédicateur de 6 ans apostropher ses auditeurs. Van Weddingen avait conservé un doux souvenir du vieux curé et nous a laissé son portrait dans ces vers, que M. Antoine Clesse et d'autres ont appliqué à lui-même :

. . . Le curé du bourg, vieillard octogénaire,
Un de ces hommes bons que le peuple vénère,
Ame riche d'amour, étrangère aux partis,
Et comme le Sauveur s'inclinant aux petits (1).

(1) *Impressions d'enfance*, p. 12

Les parents d'Aloïs Van Weddingen, voyant le goût et les heureuses dispositions de leur enfant, confièrent son éducation aux Joséphites, qui dirigent à Louvain le collège de la Sainte-Trinité. Aloïs Van Weddingen fit dans cette maison un cours complet d'humanités avec de brillants succès. Aussi conserva-t-il toujours un grand attachement pour ses maîtres. Devenu aumônier de la cour, il revenait volontiers à la fête du supérieur. A cette occasion, il avait même composé un chant de circonstance, qui est devenu la *Brabançonne* du collège.

« Après avoir, dit M. de Haulleville, fait de solides études humanitaires au collège excellent de la Très-Sainte-Trinité, à Louvain, il entra adolescent, sur les conseils de son confesseur, dans la Compagnie de Jésus. Il fit son noviciat à Tronchiennes et occupa même dans cette maison une charge de confiance, tellement sa piété était édifiante. Il fut envoyé par ses supérieurs à Alost, pour y tenir, au collège de la Compagnie, d'abord la classe de septième, puis la chaire de rhétorique ; ses élèves l'aimaient beaucoup, parce qu'il donnait un enseignement très vivant. Il ne jouit pas longtemps de l'affection des rhétoriciens, car, au bout de quinze jours, le père recteur l'engagea à se choisir une carrière moins fatigante, à cause de la faiblesse de sa santé. Le jeune religieux en fut navré ; il quitta la Compagnie, et, après avoir songé un instant à entrer chez les Joséphites, il demanda à faire partie du clergé de Malines, et fut admis au collège du Saint-Esprit (1) ». C'était en 1862 ; il n'était pas encore prêtre ; il avait seulement reçu les ordres

(1) *Journal de Bruxelles* du 16 août 1890.

mineurs en 1859. Il suivit les cours de théologie à l'université catholique pendant sept ans, fut ordonné prêtre par le cardinal Sterckx le 24 septembre 1864, et, après avoir obtenu successivement les grades canoniques de bachelier et de licencié en théologie, il fut promu au grade de docteur, *summa cum laude*, le 12 juillet 1869. La cérémonie fut présidée par Monseigneur Dechamps, archevêque de Malines. Le jeune lauréat soutint brillamment les soixante-douze thèses réglementaires. Sa profonde connaissance de la métaphysique, sa dialectique subtile, sa facilité à démasquer les sophismes et à résoudre les difficultés par les distinctions de la scolastique emportèrent tous les suffrages. Pour satisfaire aux prescriptions académiques, il écrivit une dissertation, *De Miraculo*, qui fut son premier grand travail. La promotion du jeune Louvaniste fut un jour de fête pour la ville. Le conseil communal lui remit une médaille commémorative et ses concitoyens lui offrirent une plume d'or.

Durant ses études théologiques, le futur métaphysicien s'était déjà exercé à l'art d'écrire par des articles de revue. En 1864 il publia, dans la *Revue catholique* de Louvain, un article sur l'*Hymnologie grecque et l'Immaculée conception;* en 1866, une critique approfondie de l'ouvrage de Monseigneur Landriot, intitulé : *Le Christ et la tradition*, et un travail du même genre sur l'*Eucharistie*, du même prélat (1).

De temps à autre, il interrompait les études sérieuses pour composer quelques poésies fugitives, qui ne man-

(1) Voy. *Revue catholique*, 1864, pp. 336-350; 1866, pp. 291-299, 345-356, 451-458, 512-524.

quent ni d'inspiration, ni d'harmonie. Il semble que le théologien-poète eût cultivé les muses avec succès si des travaux plus sérieux n'avaient absorbé son temps. La première pièce, intitulée : *La prière*, date de 1861. Il la lut à la Société littéraire de l'Université catholique, en 1862, avec les suivantes : *Le pouvoir temporel ; La purification ; Tout passe; Dieu seul est grand ; Au tombeau d'une mère ; Le printemps du malheureux; Le chant de guerre du lévite ; Aspiration à Marie.* Ces petites pièces sont écrites dans le style classique et imprimées au tome IX des *Mémoires de la Société littéraire* (1). L'auteur en inséra quelques-unes dans le recueil qu'il publia plus tard sous le titre de *Feuilles de lierre.* En 1867, il lut encore à la *Société littéraire : Un jour d'été à la campagne; Pour une première messe;* L'*automne; Chant d'adieu; Hommage aux vainqueurs de Mentana.* Cette dernière pièce fut insérée au tome X des *Mémoires de la Société littéraire.* Ses *Feuilles de lierre,* publiées après 1870 (2), contiennent quelques autres pièces de la même époque.

Comme nous l'avons dit, Van Weddingen prit pour sujet de sa dissertation doctorale *le Miracle,* une des questions le plus agitées aujourd'hui entre ceux qui croient et ceux qui ne croient pas. Le rationalisme contemporain, quelle que soit sa forme ou ses procédés, qu'il soit psychologique avec Paulus, mythique avec Strauss et Littré, ou légendaire avec M. Renan, nie aujourd'hui

(1) Il en existe un tiré à part sous le titre *Poésies.* Louvain, Peeters, 1863. In-8° de 28 pages.

(2) Mon édition, Bruxelles, *Comptoir universel,* n'a pas de date. Le troisième tirage porte : « Louvain, 1873 ».

le miracle et rejette toute action surnaturelle de Dieu sur le monde. C'est cette doctrine que Van Weddingen combat dans sa dissertation *de Miraculo.*

Lorsque Dieu daigne parler aux hommes, il leur donne des signes certains auxquels ils reconnaissent sa parole. Ces signes, ce sont les miracles et les prophéties. Les miracles sont donc les critères de la révélation surnaturelle. C'est ce que l'auteur établit d'abord. Pour éviter la confusion et couper tout de suite court à diverses difficultés qui pourraient entraver la marche de la discussion, il donne une notion exacte de ce que l'on entend par *naturel, surnaturel, préternaturel.* Après avoir ainsi coupé les broussailles et aplani le chemin, il aborde directement son sujet et démontre que toujours, dans l'Église catholique, le miracle a été considéré comme la preuve manifeste et irréfragable de la révélation divine. Dieu, dans l'Ancien Testament, a démontré la mission de Moïse et des prophètes par des miracles nombreux et éclatants; Jésus-Christ, dans l'Évangile, en a appelé aux guérisons merveilleuses qu'il opérait pour établir sa divinité; les Pères de l'Église n'ont pas démontré autrement l'établissement, la propagation et l'existence de l'Église à travers les siècles. Si les philosophes païens, Celse, Porphyre et d'autres, attribuèrent les miracles de Jésus-Christ à la magie, ils ne les nièrent pas. A part quelques Juifs du moyen âge, il fallut attendre les déistes des deux derniers siècles et les rationalistes de celui-ci pour avoir des adversaires proprement dits du miracle. Dans le chapitre suivant, le jeune théologien discute les différentes définitions du miracle et admet celle de l'école : « le miracle est un fait ou effet sensible qui surpasse l'exigence et la faculté de toute la nature ». Le miracle est donc un fait sensible que l'homme peut constater, comme, par exemple, la résurrection de Lazare ou celle de Jésus-Christ. Ce fait sensible doit être produit en dehors des lois naturelles. Ce n'est pas qu'il faille absolument que l'effet produit soit contraire aux lois de la nature, ou qu'il ne puisse en aucune circonstance être produit par les forces de la nature, mais il est requis que, dans le cas donné et entouré de toutes ses circonstances, il ne puisse être produit naturellement par les moyens employés. Ainsi, la guérison du lépreux de Jéricho, opérée par une parole de Jésus, est un miracle. La guérison d'un lépreux n'est cependant pas au-dessus des forces de la nature. La médecine peut guérir la lèpre dans certains cas; mais, dans le cas donné, la guérison est un miracle, parce qu'elle est produite par un moyen qui, de sa nature, est inapte à la produire. Dieu seul est la cause efficiente du miracle; mais il se sert, quand il le veut, du ministère des hommes ou des anges. Il s'est servi de Moïse, des prophètes, des apôtres et des saints.

Quelle est la fin que Dieu se propose en faisant des miracles? La raison, par ses forces naturelles et le spectacle du monde, peut démontrer l'existence de Dieu, mais elle ne peut atteindre les vérités surnaturelles, les mystères de la foi. Les miracles suppléent au défaut de preuves naturelles pour ces vérités placées au-dessus des forces de la raison. Les miracles sont donc les critères certains de la révélation divine. L'auteur discute, d'une manière approfondie, toutes les questions qui se rapportent à ce point de doctrine.

Dans la seconde partie il prouve la possibilité et la

cognoscibilité du miracle. Peut-on discerner sûrement un miracle d'un autre événement? On l'a nié. On a dit : un fait, pour être miraculeux, doit être au-dessus de toutes les forces de la nature; or, nous ne connaissons pas toutes les forces de la nature. L'auteur résout cette difficulté et les autres qu'on oppose communément; il établit à quels signes on distingue les vrais miracles des faux prodiges. On a aussi voulu confondre les miracles avec les prestiges du spiritisme et avec les œuvres de la magie et du démon. Il montre la différence de ces deux ordres de faits. S'il n'a pas parlé des phénomènes plus récents de l'hypnotisme, c'est qu'ils ne faisaient pas encore sensation.

Voilà une courte analyse de ce travail d'apologétique, remarquable par la vigueur de la dialectique, l'érudition et la courtoisie de la polémique, qualités qui distinguent tous ses écrits. On pourrait reprocher à la dissertation *De Miraculo* d'user trop souvent des mots et des formules scolastiques auxquelles les modernes ne sont plus guère habitués. Je me rappelle aussi avoir entendu l'imprimeur se plaindre des ratures, des surcharges et des renvois du manuscrit *De Miraculo;* le typographe avait peine à s'y retrouver. Il en fut ainsi de tous les ouvrages que Van Weddingen publia, jusqu'au dernier, comme j'ai pu m'en assurer par la correction des deux dernières feuilles de son travail sur le *Traité de l'âme,* d'Aristote. Il mettait en pratique le conseil de Boileau :

Vingt fois sur le métier remettez votre ouvrage.

Il remaniait, ajoutait, retranchait, corrigeait au point

que sa copie, malgré une écriture correcte et facile, devenait difficile à déchiffrer.

A peine était-il reposé des fatigues du doctorat, qu'il reprit la plume pour traiter dans la *Revue catholique* la même question du miracle, en français, sous une forme moins scolastique et plus littéraire. « La question du miracle, dit-il en commençant, est sans contredit l'un des plus importants problèmes de la philosophie religieuse... Le rationalisme, bien qu'il proscrive au nom de la raison la croyance du miracle comme oiseuse en soi et contraire à la dignité de l'homme et à la sagesse de Dieu, ne la rejette pas absolument au nom de l'observation et de la science. C'est à l'athéisme positiviste qu'il appartenait d'appeler la doctrine de l'intervention miraculeuse une hypothèse antiscientifique *a priori*, dont l'énoncé seul implique contradiction. En cela, du moins, les positivistes sont logiques. Selon eux, le monde et l'âme humaine ne sont que le résultat de l'évolution des éléments physiques ; pour expliquer la genèse des choses, il n'est besoin que des mouvements divers de la matière avec le temps et ses multiformes hasards pour coefficients ; l'antique croyance d'un Être créateur et infini doit être définitivement classée parmi les chimères théologiques dont la civilisation, dans chacun de ses progrès, affaiblit le prestige et accélère la ruine. Pour la critique positiviste, il est trop évident que la foi au miracle ne saurait présenter aucun sens raisonnable, et qu'elle ne peut être prise à compte par le penseur que comme un exemple fameux des aberrations de la conscience, toujours prompte à prêter un corps et une personnalité aux secrètes énergies de la nature, sources des merveilleux phénomènes et de l'harmonie des mondes.

» Ainsi, la question du miracle est-elle intimement liée à tous les systèmes religieux et philosophiques qui ont pour objet le perfectionnement moral et le sens de la destinée humaine. Ainsi aboutit-elle sur ce terrain aux trois principales doctrines qui, depuis l'origine, partagent les esprits : la religion surnaturelle, le rationalisme sous tous ses aspects et l'athéisme matérialiste. C'est assez pour signaler son importance et pour justifier l'ardeur toujours renouvelée des philosophes à s'occuper d'un tel sujet.

» Nous nous sommes proposé d'aborder à notre tour l'étude critique du miracle. Nous rechercherons avant tout si, au temps où nous vivons, la thèse du miracle et du surnaturel est digne encore de préoccuper les esprits sérieux, ou bien si elle est tellement contraire aux conclusions certaines de la science qu'il est désormais interdit de la remettre en discussion. Nous établirons ensuite, au point de vue spéculatif, la possibilité et la convenance de l'intervention miraculeuse. Enfin, nous déterminerons les lois qui doivent présider à la constatation des faits miraculeux; nous démontrerons l'existence du miracle et la réalité d'une religion surnaturelle, révélée par Dieu lui-même et proposée par lui à la croyance des hommes (1). »

Il développa sa thèse dans cinq longs articles qui contiennent la matière d'un volume in-8° et ne forment pas une simple répétition de son traité *De Miraculo* (2). En

(1) *Revue catholique*, année 1870, t. I, pp. 626-628.

(2) Voy. *Revue catholique*, année 1870, t. XXIX, pp. 626-656; t. XXX, pp. 159-189, 230-254, 351-382; année 1871, t. XXXI, pp. 196-217.

même temps, il écrivait dans la même revue une chronique du concile du Vatican et vengeait la doctrine du magistère infaillible du vicaire de Jésus-Christ.

Dans un premier article, il s'en prend au livre *Le pape et le concile*, publié en allemand, sous le pseudonyme de Janus, qui faisait alors grand bruit au delà du Rhin et voulait empêcher le concile, sur le point de s'ouvrir, de définir le dogme de l'infaillibilité pontificale. Il montre que les principaux arguments, accumulés dans ce livre avec une vaste érudition, reposent sur des malentendus et sur une fausse notion de la doctrine traditionnelle sur le magistère infaillible du vicaire de Jésus-Christ. Dans un second article, publié un an et demi plus tard, il retrace les efforts du parti de l'opposition en Allemagne depuis la publication du livre de Janus jusqu'aux écrits de Acton, von Schulze et Döllinger. C'est l'histoire des commencements de ce qu'on a appelé le *vieux catholicisme*.

Ces deux articles, joints à la *Chronique du concile*, forment sans doute l'ouvrage désigné dans la *Bibliographie académique*, sous le titre : *Essais sur le concile œcuménique du Vatican et la définition de l'infaillibilité pontificale*, que nous n'avons su trouver nulle part (1).

(1) Ces quatre articles ont pour titre : *Le concile et les adversaires de l'infaillibilité en Allemagne*. (REVUE CATHOLIQUE, année 1869, t. XXVIII, pp. 692-716. Tiré à part); *Chronique du concile* (REVUE CATHOLIQUE, année 1870, t. XXIX, pp. 215-227; t. XXX, pp. 70-81); *Le parti de l'opposition théologique en Allemagne* (REVUE CATHOLIQUE, année 1871, t. XXXI, pp. 668-688). Dans la même revue, année 1871, t. XXXI, pp. 326-399, nous trouvons encore un article intitulé : *Un jugement de la haute cour ecclésiastique d'Angleterre*.

Sur ces entrefaites, il fut nommé aumônier de la Cour en remplacement de M. Coekelberghs, promu à la cure décanale et royale de Laeken. Il quitta donc en 1871 Louvain, pour aller habiter Bruxelles et finit par s'établir avec ses parents et sa tante chérie à Laeken, dans la modeste habitation où il est mort.

Sa nouvelle charge lui laissait du temps disponible. Il l'employa à ses études de prédilection : l'apologétique et la philosophie scolastique. En 1872, l'Académie royale de Belgique mit au concours la question suivante : « Exposer avec détails la philosophie de saint Anselme de Cantorbéry; en faire connaitre les sources, en apprécier la valeur et en montrer l'influence dans l'histoire des idées. »

Van Weddingen répondit à cette question par un savant mémoire qui, sur l'avis unanime des trois commissaires chargés d'examiner le travail, MM. Thonissen, Le Roy et Nève, obtint la médaille d'or et fut inséré au tome XXV des *Mémoires couronnés*. Il a paru séparément sous le titre : *Essai critique sur la philosophie de saint Anselme de Cantorbéry*. Bruxelles, 1875.

Selon l'auteur, la philosophie de saint Anselme, à la considérer en elle-même, n'a que peu de chose à nous apprendre aujourd'hui, mais elle inaugure une ère d'une haute importance : elle marque le moment où le génie franco-germain associe l'ontologie à la dialectique et les conceptions d'ensemble aux monographies de l'âge précédent. Bien que saint Anselme se soit surtout occupé des dogmes chrétiens, ses œuvres philosophiques ont néanmoins fait faire un grand pas à la science de son temps. Dans un premier chapitre, l'auteur expose l'état des études philosophiques au moment où Anselme publia son premier écrit, le *Dialogue du grammairien*, fragment d'introduction à la dialectique, qui traite de la signification des noms de qualité, et forme ce qu'on pourrait appeler la logique formelle du temps. Ce traité est analysé en détail et accompagné de savantes considérations sur l'*Organon* d'Aristote, alors imparfaitement connu, et sur le *terminisme formaliste* qu'introduisirent dans les écoles les glossateurs.

L'auteur montre déjà sa prédilection pour la philosophie péripatéticienne. Car il termine ainsi : « Les meilleurs esprits retournent chaque jour davantage aux fortes études de l'aristotélisme complété et élargi par les travaux des grands docteurs chrétiens, et confirmé en ses points essentiels par les découvertes de la science moderne (1). »

Dans le second chapitre, l'auteur développe les principes de métaphysique générale et d'idéologie qu'il tire des divers ouvrages de saint Anselme et principalement du dialogue *De veritate*. Il observe que la métaphysique de saint Anselme se rattache aux théories de Platon corrigées par saint Augustin, et qu'elle suppose constamment la contingence des êtres créés. Saint Anselme s'efforce de mettre en lumière la subordination des vérités particulières à la vérité nécessaire et immuable, et, d'une manière plus générale, le rapport du *relatif* à l'*absolu*. Il étudie la vérité en soi et comme type des êtres finis. « Les choses sont vraies, dit saint Anselme, quand elles sont comme elles doivent être » ; c'est-à-dire

(1) *Mémoire*, p. 53.

elles sont vraies, comme l'explique Van Weddingen, pour autant qu'elles répondent à leur fin, à leur loi essentielle, à leur tendance instinctive (1). La *vérité ontologique* embrasse, selon l'archevêque de Cantorbéry, la *vérité psychologique* ou l'assimilation idéale des êtres. La conception d'Anselme est profonde, mais imparfaitement formulée. « Mais ce qui domine les vues du docteur de Cantorbéry, dit Van Weddingen, ce qui en fait volontiers oublier les obscurités, c'est sa tentative de montrer *le lien de la vérité ontologique avec la vérité subjective de l'esprit.* A l'époque où le génie grec était à son apogée, Aristote signala le rapport de la dialectique et de la nature. L'humble moine du XIe siècle, qui osait établir le trait d'union de l'idéologie avec l'ontologie et la théodicée, la relation fondamentale de la *vérité et de l'être,* a par cela seul mérité l'immortalité. C'est d'après ces intuitions puissantes, non d'après les détails, qu'il faut juger sa philosophie. Qu'en un essai où nul ne le précéda sa plume ait oscillé quelquefois, qu'il y ait gardé les procédés imparfaits d'une époque presque barbare, ces taches fâcheuses ne peuvent nuire à sa gloire (2). »

Van Weddingen expose ensuite l'idéologie de saint Anselme, et en profite pour reconstruire à grands traits le système traditionnel de la connaissance, auquel, selon lui, s'est ralliée toute l'antiquité, et que l'on peut retrouver jusque dans nos penseurs contemporains. Il ramène ce système aux points suivants : la tendance naturelle, instinctive de l'esprit vers la connaissance

(1) *Mémoire*, p. 81.
(2) *Mémoire* cité, p. 87.

objective, inscrite par Aristote au début de sa métaphysique et mise en regard de la loi la plus universelle de la nature, l'infaillibilité, partant la légitimité ou la portée objective des tendances primitives des êtres organisés, le rapport représentatif des êtres avec leurs essences subsistant dans la lumière divine; le concours actif de l'absolu avec la raison créée dans l'acte de la connaissance.

D'après l'auteur, cette idéologie, dans ses traits essentiels, est celle de toute l'antiquité, depuis Platon et Aristote. C'est l'honneur d'Anselme de l'avoir restaurée dans les écoles. L'auteur, dans cette partie de son travail, ne pouvait manquer de s'occuper de l'*ontologisme* imputé au moine du Bec par les modernes. D'après lui, Anselme n'a pas partagé l'opinion de Mallebranche et de Gerdil, qui soutiennent que les idées générales et absolues sont vues par l'esprit en la lumière divine, directement et immédiatement présente à l'homme.

Ce qu'on a nommé l'*ontologisme* d'Anselme n'est que la doctrine de l'exemplarisme ou des rapports essentiels de l'intelligence créée avec la cause première. L'idéologie d'Anselme, d'après ce sentiment, suppose, non *la vision immédiate* de l'absolu, mais son *action immédiate* sur l'esprit.

Le chapitre III du mémoire expose les vues d'Anselme sur la nature de la substance physique, et détermine la part que le docteur du Bec a prise à la querelle des universaux. Le chapitre IV renferme une longue analyse de la théodicée d'Anselme, d'après les deux écrits fort connus sous le nom de *Monologue* et de *Prosloge*. C'est la partie la plus importante de la philosophie de l'archevêque de Cantorbéry. Depuis la renaissance des lettres, sous Charlemagne, la théodicée n'avait pas été traitée avec cette étendue et cette profondeur. L'auteur fait la critique du célèbre argument de saint Anselme : « Dieu est l'être au-dessus duquel on n'en peut penser de plus grand. »

Dans un dernier chapitre, l'auteur expose la doctrine de saint Anselme sur les rapports de la raison et de la foi, et montre quel est le vrai sens de la formule scolastique « philosophia theologiæ ancilla. » Saint Anselme n'admet pas le divorce entre la vérité révélée et la philosophie. « S'il faut en croire d'habiles gens, dit l'auteur, tout penseur qui fait le moindre état des enseignements de la foi trahit l'autonomie de la science; il l'asservit à un pouvoir étranger. Il y a dans cette vue une singulière confusion d'idées. Pour quiconque juge froidement les choses, ne parait-il pas évident que les philosophes ne doivent pas plus s'alarmer de la religion que de la physiologie et de la mécanique? Toute la dispute se réduit à une simple vérification. Le christianisme présente-t-il à l'adhésion de l'esprit des garanties suffisantes, aussi bien que les principes des sciences naturelles? Voilà ce qu'il importe de voir... Dans l'examen des titres de la révélation, la raison ne relève que d'elle-même, de l'évidence, non d'une autorité extérieure. Dans la discussion de la légitimité de la foi, l'esprit juge et conclut avec une autorité souveraine.

» Nous ne croyons, dit le docteur angélique, que parce que la raison le persuade. La philosophie, nul ne le nie, a un domaine distinct de la théologie; elle s'y meut avec une parfaite autonomie. Mais cette indépendance a sa limite; la raison finie est de sa nature subordonnée à la raison absolue, sa source, sa règle et sa fin. La foi a, dans un sens très vrai, son fondement dans un acte de raison. Mais, si l'impartiale investigation établit la réalité d'une communication de la vérité par Dieu à l'homme, n'est-il pas rationnel que celui-ci s'y soumette (1)? »

A peine ce grand travail était-il achevé que, malgré une infirmité persistante dont il souffrit le reste de ses jours, il en entreprit un autre qui parut presque en même temps. La science et les talents dont faisait preuve le nouvel aumônier de la Cour lui firent confier la charge importante et de haute confiance de donner un cours complet d'instruction religieuse et philosophique à Leurs Altesses Royales les princesses Stéphanie et Clémentine, et, plus tard, à Son Altesse Royale le prince Baudouin. Il s'acquitta de ce devoir à la satisfaction de ses augustes maitres. Sa Majesté la Reine et son Altesse Royale la Comtesse de Flandre se plaisaient à assister aux savantes leçons que le docte théologien saupoudrait, parfois, de quelques grains d'originalité et de causticité. Son Eminence le cardinal Dechamps, jugeant que ces leçons pouvaient servir à d'autres encore qu'à nos princes et princesses, engagea l'amônier à mettre par écrit la substance de ses leçons. De là sont nés *Les Éléments raisonnés de religion, apologétique fondamentale*, ouvrage destiné aux cours supérieurs d'humanité et de philosophie.

Les Éléments raisonnés parurent pour la première fois en 1875, et furent plusieurs fois réimprimés depuis.

Le cardinal Dechamps donna son approbation en ces

(1) *Mémoire* cité, pp 362-363.

termes : « Je bénis et j'approuve de grand cœur le livre que vous venez d'écrire à ma demande. Il vous fait honneur et fera grand bien aux âmes. » Comme le titre l'indique, l'ouvrage forme un exposé raisonné et apologétique de toute la doctrine chrétienne. Il serait trop long de l'analyser. C'est en même temps une esquisse raisonnée des dogmes de la foi et une démonstration de la religion mise à la hauteur de toutes les découvertes de la science moderne. L'auteur y fait preuve d'une très vaste érudition. Rien ne lui échappe, ni dans le domaine des sciences naturelles, ni dans le domaine des sciences historiques, archéologiques et philosophiques.

« Ce Manuel, dit l'auteur dans la préface, est, à nos yeux, une explication raisonnée, mais élémentaire des vérités religieuses, écrite surtout pour les jeunes chrétiens et dans la manière habituelle des écoles. Ce n'est pas une œuvre polémique. Un manuel de religion, si rudimentaire soit-il, touche à certaines questions à la fois délicates et élevées. D'après le programme ordinaire des études, auquel nous avons dû nous conformer, celles-ci se présentaient précisément dans les premières leçons. Nous avons été, de la sorte, amené à rappeler des théories un peu abstraites au sujet de la spiritualité de l'âme, de la contingence de la matière et de l'existence de Dieu. Nous nous sommes attaché surtout à établir le fait historique de la révélation et l'organisation donnée par le divin Révélateur à la doctrine évangélique, dans l'Église qu'il a fondée. Fort brièvement nous avons exposé les dogmes sacrés en particulier. »

L'auteur appuie surtout son apologétique sur *le fait divin*, comme lui en avait donné l'exemple le cardinal

Dechamps, remontant du fait de l'Église existant sous nos yeux à son divin Fondateur et à la révélation elle-même. Le cardinal Pie l'en félicita en ces termes : « J'ai particulièrement apprécié ce que vous dites si bien de la *Constatation populaire de la véritable doctrine religieuse*. Ce point avait été traité d'une manière neuve et saisissante par votre éminent métropolitain, alors qu'il était encore le Père Dechamps, et la première constitution doctrinale du concile du Vatican lui a fait l'honneur très mérité de reproduire le fond et à peu près la forme de son argument. Je m'explique donc fort bien que vous l'ayez mis en lumière avec complaisance (1). »

Un autre prélat ajoute aux éloges une critique qui me parait juste. Il dit à l'auteur : « Malgré la clarté de l'expression, votre pensée est si serrée, elle renferme tant de choses et des choses assez relevées, en peu de mots, qu'elle me parait s'adresser à la jeunesse universitaire, aux élèves de nos facultés de philosophie et à nos jeunes théologiens, plutôt qu'aux élèves des deux classes supérieures des humanités. »

Une seconde édition fut bientôt nécessaire. L'auteur y apporta quelques changements dans la disposition des matières et quelques éclaircissements. L'édition de 1888 contient un éclaircissement sur les troglodytes, qu'il regarde comme un type sauvage déchu, et un autre éclaircissement sur le transformisme et l'antiquité de l'espèce humaine. L'auteur y résume les principales données de la science actuelle. L'ouvrage fut apprécié par des prélats italiens. Monseigneur Gialdini, actuelle-

(1) Lettre du 19 septembre 1875.

ment évêque de Montepulciano, le traduisit en italien et le publia à Sienne en 1882.

En 1884 l'auteur, ayant fait hommage de ses *Éléments raisonnés* au cardinal Guibert, archevêque de Paris, reçut de l'éminent prélat, bon juge en fait d'écrits, la lettre suivante : « Je vous remercie pour l'envoi de votre apologétique à l'usage des instituts catholiques. Je l'ai parcourue. et plusieurs fois je me suis arrêté à vous lire ; le fond est de granit et le style d'une simplicité qui n'exclut ni la chaleur, ni parfois une grande éloquence. Je fais des vœux pour que votre ouvrage, fruit d'une science très vaste, soit étudié par nos jeunes gens et par leurs maîtres eux-mêmes. Son succès est assuré et Dieu le bénira (1).

En 1879 il publia *Notre-Dame de Montaigu*. C'est la description du sanctuaire de Montaigu et de ses environs, avec l'historique du culte qu'on rend en ce lieu à la sainte Vierge, et un aperçu sur les grâces surnaturelles et les guérisons les plus authentiques obtenues à Montaigu par l'intercession de la Mère de Dieu ; l'auteur ajoute à son exposé des considérations philosophiques et théologiques sur les miracles en général et sur la place des sanctuaires surnaturels dans l'économie générale de la religion. Le style est moins pur et moins châtié que celui de ses *Éléments raisonnés* de religion ; la description du paysage de Montaigu est un peu diffuse et outrée. Une édition de luxe enrichie des dessins de Karl Meunier a été donnée en 1889 par la Société belge de librairie.

Le grand Pontife Léon XIII venait de recommander au monde catholique l'étude de la philosophie comme

(1) Lettre du 29 août 1884.

remède aux doctrines positivistes et matérialistes qui menacent d'envahir la société pour la perdre, et il avait proposé comme modèle un des grands penseurs de l'humanité, saint Thomas d'Aquin, le plus grand philosophe du moyen âge. C'était le triomphe de la scolastique, objet de prédilection des études de notre confrère. Il écrivit aussitôt, dans la *Revue générale*, un savant travail sur l'Encyclique *æterni Patris* qui fut fort remarqué et valut à son auteur une lettre de Léon XIII lui-même. Une seconde édition corrigée parut bientôt après sous ce titre : *L'Encyclique de S. S. Léon XIII et la restauration de la philosophie chrétienne*. Bruxelles, Albanel, 1880.

Il fut inséré avec quelques remaniements dans le *Livre d'or* offert à Léon XIII par le comité belge de son jubilé sacerdotal.

L'auteur, ayant envoyé son travail sur l'Encyclique à M. Barthélemy Saint-Hilaire avec lequel il était en relation, en reçut la lettre suivante : « Je partage votre opinion sur l'Encyclique de S. S. Léon XIII. C'est un événement pour le catholicisme sans doute, mais c'en est un aussi pour le monde intellectuel. Le second empire avait proscrit chez nous jusqu'au nom de la philosophie ; c'est aujourd'hui un Pape éclairé qui la remet en honneur. La leçon vient de haut; et il faut espérer qu'elle sera entendue (1). »

Bientôt après, une nouvelle Encyclique de Léon XIII revendiqua, au nom de la foi et de la raison, l'unité et l'indissolubilité du mariage chrétien. Van Weddingen, selon le désir que le souverain Pontife lui avait fait

(1) Lettre du 8 octobre 1879.

exprimer, répondit aux adversaires de l'Encyclique, notamment à M. Alexandre Dumas fils. Cette œuvre de polémique montre en Van Weddingen un adversaire redoutable, sans mesquineries, évitant les personnalités, toujours courtois, s'élevant aux plus hautes sphères de la pensée et de là retombant sur les doctrines adverses pour les pulvériser. Le polémiste traite d'abord la question du mariage au point de vue de la religion surnaturelle; mais il appuie surtout sur le côté rationnel et discute à fond la question du divorce et du droit naturel.

« Ce sera, dit-il en commençant, l'honneur de ce grand pontificat qui ne fait que commencer, que d'avoir affirmé ces deux principes où s'appuie l'humanité, comme sur ses maitresses ancres, dans les tempêtes de la vie; la certitude de la raison contre le doute et le découragement et, en même temps, l'unité et la stabilité du foyer domestique contre la promiscuité et la licence des passions.

» Ce qui donne à ces deux actes de Léon XIII leur puissance dans le présent et leur efficacité pour l'avenir, c'est l'esprit dans lequel le pontife lui-même déclare qu'il a entendu les poser : je veux dire la pensée d'apaisement et de modération qui inspire le chef de la catholicité dans ces graves démarches, dont le retentissement, quel que soit le dénouement des crises présentes, sera considérable dans les consciences et dans l'histoire. Un même principe générateur a inspiré les deux documents pontificaux : la restauration générale de l'ordre social dans la vérité et la justice; la revendication de la dépendance des créatures intelligentes à l'égard de l'Être infini, source et loi de toutes les réalités. Ces relations, qui sont le fondement et la force de la famille et de l'État, la philosophie les détermine et la religion les sanctionne (1). »

L'auteur montre que la loi évangélique veut l'unité et l'indissolubilité du mariage et que Jésus-Christ, dont A. Dumas élève si haut la morale, a rappelé le mariage à son institution primitive; mais il s'appesantit surtout sur le droit naturel. Le droit naturel est en parfaite harmonie avec le droit évangélique. Le divorce ne répugne guère moins à la nature qu'à la religion : la famille, dans l'espèce humaine, est basée sur la raison et la liberté, comme elle est fondée sur l'instinct aveugle dans les groupes inférieurs de l'animalité. C'est l'amour qui choisit dans la vaste multitude les créateurs des foyers, centres de la tribu domestique; mais cet amour, dans l'homme, n'est pas seulement ce que Proudhon a nommé l'attraction personnelle des sexes. Jusque dans la plus despotique de ses tendances, l'être humain porte le signe de sa supériorité; sa pensée règle son action; son libre arbitre commande aux convoitises. L'auteur montre l'immense différence qu'il y a entre l'amour humain et l'amour organique de la brute. L'amour veut dans le mariage un lien qui dure; le besoin d'un soutien mutuel proteste contre le divorce, et l'enfant, qui sourit à son père et à sa mère, crée et veut entre eux un lien perpétuel. Les funestes suites du divorce montrent encore mieux combien il est antinaturel. Il est, d'ailleurs, contraire à la loi du *perfectionnement des espèces*. L'auteur développe ces idées avec beaucoup d'éloquence et répond aux nom-

(1) *L'Encyclique de Sa Sainteté Léon XIII sur le mariage et droit domestique chrétien.* Bruxelles, Albanel, p. 49.

breuses objections d'A. Dumas. Ce sont, croyons-nous, les plus belles pages qu'il ait écrites.

Pénétrant plus avant dans son sujet, l'auteur distingue les principes essentiels et primitifs du droit naturel qui portent avec eux la lumière de l'évidence, et les principes qui se tirent, non de la fin première de l'être, mais d'une fin secondaire. Avec les théologiens, il établit que la polygamie simultanée ou successive n'est pas contraire à la fin primordiale du mariage, qui est la procréation. Dieu a pu, en des circonstances spéciales, subordonnées au bien commun, dispenser de cette loi. Il termine en justifiant les faits et les lois de l'ancien et du nouveau Testament concernant le mariage. Ce travail fut apprécié. Peu après, Van Weddingen, qui avait déjà été nommé chanoine honoraire de la cathédrale de Malines, reçut le titre de camérier secret de Sa Sainteté.

Encouragé par ces succès, il reprit bientôt la plume pour donner un complément à son travail sur la philosophie de saint Thomas. A l'occasion du sixième centenaire d'Albert le Grand, le baron von Hertling, professeur à l'Université de Bonn, avait publié un grand et savant travail sur le maitre de saint Thomas d'Aquin. Van Weddingen saisit cette occasion pour faire une critique élogieuse de ce travail et en même temps exposer la doctrine d'Albert le Grand et de l'école sur la cosmologie, et particulièrement sur la matière et la forme. Selon lui, la théorie scolastique, d'après laquelle la composition élémentaire et primitive des corps se réduit à la matière première et à la forme substantielle, est la seule vraie et la seule qui s'accorde avec les plus récents progrès de la chimie :

« Ce n'est pas, dit-il, par une simple diversité de groupement des atomes qu'il faut expliquer la génération des êtres corporels : les corps simples aussi bien que les corps composés des chimistes sont autant de substances, spécifiquement distinctes l'une de l'autre, dont les éléments essentiels sont la « matière première » et la « forme substantielle », différente pour chacun de ces corps.

» La combinaison des divers corps simples implique dans le produit nouveau une permanence virtuelle des éléments; sans cela, le corps « engendré » ne serait pas le terme de leur combinaison, mais une création indépendante. On est ainsi amené à reconnaître dans les corps, d'une part, un fonds passif et homogène — la matière dans le sens le plus large — et, d'autre part, le type spécifique, la forme. Celle-ci se présente à l'esprit comme un principe actif, déterminant la matière à tel ou tel état particulier. C'est elle qui donne aux éléments des corps en voie de transformation leur être substantiel définitif. Elle se comporte à l'égard de ces éléments comme leur acte parfait ou leur « entéléchie ». Avec les aristotéliciens, les scolastiques voyaient la confirmation de ces vues dans les attributs des êtres corporels (1). »

Cette théorie a été développée récemment avec beaucoup de savoir et une ardente conviction par M. l'abbé Nys, dans sa dissertation : *Le problème cosmologique*. Albert le Grand applique également la théorie de la matière et de la forme aux actes de la vie végétative et

(1) *Albert le Grand, le maître de saint Thomas d'Aquin d'après les plus récents travaux*. Deuxième édition. Bruxelles. Albanel, p. 46.

de la vie animale, et il enseigne avec toute l'école que l'âme est la forme du corps. Van Weddingen explique longuement ces concepts, s'attache à les justifier et s'efforce de les mettre en harmonie avec les plus récentes données de la chimie et de la physiologie. Il est convaincu que c'est la seule doctrine qui explique d'une manière satisfaisante la nature des corps, la seule qui soit compatible avec les plus récents progrès des sciences physiques, chimiques, biologiques et physiologiques. On lira avec intérêt ces considérations mûrement réfléchies, quelquefois subtiles, où les théories scolastiques sont exprimées en langage moderne, ce qui offrait plus d'une difficulté.

Ce n'était pas seulement dans des livres, c'était aussi dans des revues et dans ses leçons au prince Baudouin qu'il traitait les questions de haute philosophie. Ainsi, il écrivit de 1875 à 1888 toute une série d'articles fortement pensés et très développés dans la *Revue générale*. Il suffit d'indiquer quelques titres : *La métaphysique en présence des sciences; Un problème de métaphysique positive*, à propos du livre de M. P. Janet, *Les causes finales; La philosophie scientifique*, examen critique du livre de M. H. Girard, intitulé : *Sciences, arts et philosophie; Psychologie spiritualiste*, consacré à la « connaissance de soi-même », de notre savant confrère C. Loomans ; *Une page de philosophie chrétienne*, étude sur *L'histoire de la philosophie* de J.-A. Conti, où il combat l'ontologisme et le système des idées innées; *La restauration de la philosophie scolastique*, étude critique sur l'opuscule de saint Thomas : *De ente et essentia*, commenté par le cardinal Pecci; il examine à fond la doctrine scolastique de la matière première et de la forme substantielle, et l'adopte avec conviction; *Une page de psychologie scolastique*, à propos de l'ouvrage de M. le professeur Fontaine, *De la sensation et de la pensée; La philosophie scolastique*, article consacré au traité de *Logique* de M. le professeur Lefebvre et au manuel de philosophie du P. Casteleyn; *Le cartésianisme en Belgique*, étude sur le mémoire couronné de M. Monchamp; *De l'enseignement de la philosophie dans les universités allemandes; Un apologiste belge*, le cardinal Dechamps, d'après ses œuvres complètes.

Ces travaux furent appréciés, même de ceux qui ne partageaient pas ses convictions. Voici la lettre qu'il reçut d'un savant Israélite : « Je vous remercie bien sincèrement de l'envoi de vos doctes ouvrages critiques et philosophiques. Depuis deux jours, je ne discontinue pas de les lire, attiré et subjugué à la fois par le charme du style, l'élévation de la pensée et la lucidité de l'exposition. Bien que mes convictions d'Israélite et de critique soient en désaccord avec les vôtres sur un grand nombre de points essentiels, je m'associe de grand cœur aux éloges unanimes qui ont été décernés à vos écrits, et tout particulièrement à votre apologétique du catholicisme. La Bible et la science formeront toujours un terrain de réconciliation pour les hommes d'élite de toutes les confessions monothéistes (1) ».

Sa plume exercée et féconde entremêlait à ces hautes spéculations, comme pour se distraire, des articles variés sur *L'harmonie et le symbolisme dans l'antiquité*, sur *La poésie*, sur *Les épopées chevaleresques* et d'autres. De

(1) Halevy. Lettre du 13 août 1887.

temps à autre, il faisait même quelques poésies. Nous trouvons dans la *Revue générale* quelques pièces fugitives, inférieures à celles que nous avons mentionnées plus haut : *Impressions d'enfance*, louées dans l'*Art moderne; Souvenirs lointains*, que M. A. Clesse trouvait pleins de charmes et de poésie; *A Sa Sainteté Léon XIII : Noël*. En 1877, il publia un petit poème philosophique intituté *Max Volmar* (1), dont il faisait très grand cas, mais qui manque

(1) *Max Volmar, fragment philosophique*. Bruxelles, Guyot, 1877. M. le baron de Haulleville caractérise en ces termes, dans le *Journal de Bruxelles* du 18 août 1890, les écrits poétiques de Van Weddingen :

« A. Van Weddingen, éminent philosophe, avait une prétention, celle d'être poète. Certes, elle n'était pas illégitime, car il avait l'âme enthousiaste et tous les instincts de vaticination qui sont l'attribut de ces « voyants » qu'on nomme poètes. Son imagination était riche, son style parfois pictural, et il trouvait facilement la rime. Trop facilement même, car ses vers n'étaient pas assez travaillés Il jetait rapidement sur le papier quelques strophes rapidement écrites. Ses idées étaient tellement abondantes, que le souci de la forme cessait parfois de l'obséder. Je possède des manuscrits poétiques de lui : ils ne sont presque pas raturés. Tel un sculpteur qui taillerait directement dans le marbre une statue dont il n'aurait pas fait d'abord la maquette corrigée avec un soin jaloux.

C'est ainsi qu'il a écrit d'un jet beaucoup de vers, bien pensés mais d'une forme imparfaite ou même médiocre. Son poème intitulé *Max Volmar*, auquel il tenait beaucoup, une sorte d'autobiographie, renferme des pensées superbes, dignes des plus grands poètes, mais la forme en est souvent vulgaire, sinon incolore et incorrecte. J'ai failli me brouiller avec lui parce que je n'admirais pas suffisamment cette œuvre de longue haleine, où le versificateur l'emporte trop souvent sur le poète.

de sentiment et se ressent de l'état fiévreux où se trouvait alors sa santé.

Tous ces travaux et les excellentes leçons de philosophie et de religion que l'aumônier de la Cour donnait aux princesses royales et au prince Baudouin lui valurent, en 1885, un témoignage de la satisfaction de Sa Majesté. Il reçut la décoration de l'Ordre de Léopold (1). Presque en même temps, à la demande de Monseigneur Du Rousseau, évêque de Tournai, et avec l'assentiment de son métropolitain, il fut nommé par Léon XIII prélat de la Maison pontificale. Le 10 mai 1886, il était nommé correspondant de la Classe des lettres de notre Académie et, le 5 mai dernier, il était élu membre à l'unanimité (2). Il fut très assidu aux séances et prit une part active à nos travaux. Dès 1887, il présentait un long et savant mémoire, qu'il retoucha et compléta, et qui parut en 1889 sous le titre, lui-même modifié : *Les bases de l'objectivité de la connaissance dans le domaine de la spontanéité et de la réflexion*. Il forme le tome XLII de nos Mémoires in-8°. Comme le titre l'indique, le mémoire a pour objet l'objectivité de nos connaissances et les bases sur lesquelles elles reposent. « C'est, dit l'auteur, dans la sphère de la spon-

(1) Il avait été nommé en 1876 chevalier de l'Ordre de François-Joseph, et en 1880 chevalier de l'Ordre de la Couronne de fer d'Autriche.

(2) Il avait été nommé, le 30 janvier 1879, membre de la Société provinciale des sciences, des arts et des lettres du Hainaut; le 20 janvier 1883, membre de l'Académie de la religion catholique de Rome; le 6 mai suivant, membre de l'Atheneo Veneto, et, le 8 juin de la même année, membre de l'Académie romaine de Saint-Thomas.

tanéité, dans les aspirations innées de l'esprit humain, dans les tendances instinctives de celui-ci que nous rechercherons les conditions préalables de l'objectivité de nos connaissances et de leur connexion intime avec les phénomènes de la nature. Les fonctions du sens intime et de la sensation, celles de la raison et de la volonté ont leur point de départ dans la tendance de ces puissances; chacune d'elles s'ordonne d'après ses lois organiques; et c'est enfin dans la satisfaction de leur effort spontané qu'elles trouvent leur complément (1). » Comme dans ses autres écrits, il se montre convaincu que la philosophie d'Aristote, corrigée par saint Thomas, est la vraie et la plus en harmonie avec les sciences modernes.

« Parmi les philosophies écrit-il (2), c'est celle d'Aristote, complétée par Augustin d'Hippone, saint Thomas, saint Bonaventure et Leibnitz, que nous avons trouvée la plus solide, le mieux en rapport avec l'esprit de la science moderne. Comme nos précédents travaux, cette étude est conçue dans le sens du péripatétisme et de la grande scolastique, interprétés sans aucun servilisme. Nous savons avec quelle circonspection il importe d'instituer entre les doctrines des analogies et des rapports. On prête volontiers des pressentiments merveilleux, la compréhension presque totale de la vérité à ses maitres de prédilection. Dans la recherche philosophique, notre premier, notre seul souci est la vérité. L'aristotélisme eut ses imperfections et ses défaillances, comme toute disci-

(1) P. 43.
(2) P 44.

pline humaine. C'est le devoir et le droit de ses sectateurs d'aujourd'hui de combler ces lacunes avec les ressources de la science de notre temps. Celle-ci, il est vrai, n'a renversé aucun des principes de cette philosophie : elle leur a donné seulement une ordonnance mieux adaptée à la méthode moderne. »

L'auteur divise son travail, qui est très étendu et, selon M. Fonsegrive, presque trop érudit, en trois parties et en onze chapitres. La première partie expose les lois fondamentales de la réalité et de la pensée, telles que l'observation et la réflexion les découvrent dans l'analyse de la raison; la seconde examine les facteurs objectifs et les éléments subjectifs de nos perceptions sensibles, de nos concepts généraux et des vérités supra-sensibles ; la troisième déduit les conclusions objectives qui lui paraissent établies sur le monde matériel, sur l'esprit et sur Dieu. On pourra différer d'avis — et c'est notre cas — avec l'auteur sur plus d'un point; mais on devra reconnaître qu'il traite son sujet à fond et qu'il mérite d'être cité parmi les penseurs contemporains. Je ne puis mieux faire que de rapporter ici le jugement qu'a porté sur ce livre, avec l'autorité de son savoir, M. Tiberghien :

« L'œuvre capitale de Van Weddingen est son livre sur l'objectivité de la connaissance humaine. Le but de l'auteur est d'établir la légitimité de nos connaissances, qu'elles aient leur source dans l'expérience ou dans la raison, et la démonstration de cette thèse se tire à la fois des tendances inconscientes imprimées dans la nature des êtres et des procédés dialectiques de l'esprit. L'ouvrage est un pur traité de métaphysique générale et positive, dirigé contre la critique négative de Kant et contre l'agnosticisme intolérable de Spencer. C'est ici que la pensée de notre regretté confrère atteint toute son élévation, se déploie dans toute son ampleur et se revêt de ses formes les plus riches, les plus neuves et les plus colorées. Le style est à la hauteur de l'intelligence. Nulle part Van Weddingen ne montre mieux quelle était l'étendue de son savoir et la sagacité de son esprit. Aucune découverte ne lui échappe dans aucune province de la science. Il connait les travaux des novateurs aussi bien que ceux des anciens et des scolastiques, et il reste fidèle à son projet fondamental : unir la philosophie à la religion, compléter les doctrines d'Aristote et de saint Thomas par les conquêtes des sciences contemporaines. Il est convaincu qu'aucune recherche n'est interdite à la raison, parce que la vérité est divine et qu'aucune vérité ne saurait être contraire à la vérité. Avec cette hauteur de conviction, il sait aussi éviter les exagérations des écoles sensualistes, qui se réclament de méthode expérimentale. Il aime la nouveauté, mais il n'accepte pas comme vrai tout ce qui est nouveau (1). »

Dans la pensée de l'auteur, ce grand travail n'était que le portique du temple, une introduction aux traités philosophiques qu'il méditait et qu'il se proposait de publier successivement. En effet, il ne tarda pas à présenter à la classe des lettres un nouveau mémoire, dont la dernière feuille était sous presse quand la mort vint le ravir. Ce

(1) Discours prononcé, au nom de l'Académie, le jour des funérailles. On lira avec intérêt le compte rendu que M. Fonsegrive consacre au livre de notre confrère dans la *Revue philosophique*, année 1890, pp. 543-550.

mémoire a pour titre : *L'esprit de la psychologie d'Aristote, étude critique sur le Traité de l'âme* (1).

Van Weddingen jugeait qu'il fallait commencer l'encyclopédie philosophique par la psychologie, et il considérait le traité d'Aristote περι ψυχης comme l'œuvre la mieux achevée du Stagirite. Il reconnait cependant que la phrase d'Aristote est souvent obscure et que les commentateurs sont loin de s'entendre; il s'efforce de la rendre claire et de justifier la doctrine du philosophe de Stagire, en l'expliquant par lui-même et par les travaux des grands docteurs du XIIIe siècle, Albert le Grand et saint Thomas.

Comme le titre l'indique, l'auteur recherche, avant tout, non les solutions particulières, non les détails, mais les grandes lignes du système, l'esprit de la psychologie d'Aristote; il se montre sincère admirateur du philosophe grec. Le travail étendu de Van Weddingen aurait gagné en agrément et en clarté pour le lecteur, si l'auteur l'avait divisé en chapitres ou en sections.

Aristote prend le mot ψυχη, âme, dans le sens large; il donne une âme aux végétaux, aux animaux et à l'homme. L'âme est pour lui le principe premier de la vie dans les êtres organisés ou, comme il s'exprime, « la forme d'un corps naturel qui a la vie en puissance.» L'âme humaine est une substance en acte ou entéléchie; elle est la forme substantielle du corps. L'auteur s'attache à justifier cette doctrine d'Aristote et à la dégager de ce qu'elle a d'inexact chez le philosophe grec. C'est le point fondamental de la doctrine aristotélicienne. Aristote traite longuement de la sensation et de ce qu'il appelle le « sens commun ». Sur

(1) Il est inséré dans le t. XLIV des Mémoires in-8°.

les rapports de l'âme et de l'organisme dans les fonctions psychiques, dit Van Weddingen, Aristote s'exprime parfois avec une obscurité qui touche, en apparence, à l'incorrection (1). On reconnait l'admirateur d'Aristote; Laforet est plus sévère dans son *Histoire de la philosophie* (2).

Le Stagirite considère ensuite l'intelligence. L'âme peut se penser elle-même; mais elle ne pense jamais sans images. Les images sont les sensations sans leur matière. Van Weddingen n'insiste pas sur la distinction entre l'intellect *actif* et l'intellect *passif*; il ne pense pas qu'Aristote ait enseigné le *monopsychisme*, ni que l'intellect actif soit impersonnel et extérieur à l'homme, selon le philosophe grec. « Quelque sentiment que l'on adopte sur l'extériorité ou l'impersonnalité de l'âme supérieure ou sur son union substantielle avec les autres facultés, il n'en faudra pas moins inférer que l'intelligence est spécifiquement distincte du corps; et c'est la conclusion fondamentale du Stagirite. Les exégètes ont tous relevé et commenté l'une des raisons prépondérantes et, selon quelques-uns, la plus pressante de toutes, pour laquelle Aristote revendique à l'esprit l'immatérialité : à savoir, la faculté de s'assimiler dans l'acte de connaissance toutes les formes des êtres corporels dépouillées de leurs attributs concrets et matériels ainsi que toutes les formes d'ordre intelligible (3). » Van Weddingen déduit des théories péripatéticiennes, non seule-

(1) P. 36.

(2) T. II, pp. 14 et suivantes.

(3) P. 86.

ment la spiritualité, mais aussi l'immortalité de l'âme. Car il ne se borne pas à exposer les idées d'Aristote en psychologie; il développe lui-même, avec une grande indépendance d'esprit, avec l'originalité d'une intelligence supérieure et un style à lui, son propre système et sa manière d'établir contre les matérialistes ces deux attributs caractéristiques de l'âme humaine : la spiritualité et l'immortalité.

« En fin de compte, dit-il en terminant, une vue unique résume toute la psychologie d'Aristote. Celle-ci est le développement de la définition qui fait de l'âme la forme substantielle, intelligente et libre d'un corps organisé, investi au préalable des conditions de structure et de forces physico-chimiques prérequises à l'évolution de la vie (1) ».

L'auteur ajoute en appendice les données d'Aristote sur les bases de la certitude et finit par l'éloge du célèbre philosophe.

Ce fut le dernier écrit de notre regretté confrère. Il avait été élu, comme nous l'avons dit, membre de la Classe des lettres le 5 mai dernier.

M. Tiberghien a dit avec vérité près du cercueil du défunt : « Quoiqu'il fût l'un des derniers élus de la Classe des lettres, il jouissait pleinement de l'estime et de l'affection de tous ses collègues, sans distinction d'opinions politiques ou religieuses; sa modestie, son aménité, sa charité étaient incomparables. Il était un modèle de confraternité académique. » Il montrait les mêmes qualités au dehors de l'Académie. Il n'oubliait pas son carac-

(1) P. 125.

tère sacerdotal. Sa charité et sa discrétion, rehaussées par un profond savoir et une grande modération, ont ramené à la foi plus d'un de ces esprits droits et sincères qui, trompés par les sophismes du jour, s'en étaient éloignés.

Mais un mal qui le minait depuis longtemps vint l'enlever en quelques jours. Le 5 juillet au soir, M. Coekelberghs, curé-doyen de Laeken, un de ses plus anciens amis, l'avertit de la gravité de son mal et de l'approche de sa fin. Il reçut cette communication avec un grand calme et une pleine soumission à la volonté de Dieu, sans émotion, sans trouble. Il reçut le saint Viatique avec une profonde humilité et une touchante piété, répétant souvent avec le prêtre : « *Domine adauge nobis fidem ;* Jésus, en vous je mets toute ma confiance ; je vous demande pardon de mes infidélités. » Le dimanche 6 juillet se passa sans beaucoup de souffrance. La maladie cependant s'aggravait d'heure en heure, et le lundi, 7 juillet, à 5 $^1/_2$ heures du matin, il s'endormit paisiblement dans le Seigneur, assisté à sa dernière heure par son vieil ami, M. le doyen de Laeken, à qui je dois ces détails intimes. Ses funérailles furent célébrées le jeudi, 10 juillet, en l'église paroissiale de Laeken, au milieu d'une assistance nombreuse et émue. Leurs Majestés le Roi et la Reine se firent représenter, et Son Excellence le nonce apostolique assista en personne à la cérémonie funèbre. Le corps fut ensuite transporté au cimetière bénit de Stroombeek, où il repose en la paix du Seigneur dans le caveau de la famille. A la levée du corps, M. Tiberghien exprima les regrets de l'Académie avec un langage élevé, dans le discours dont nous avons reproduit les principaux passages. Le clergé perd en Van Weddingen un membre des plus distingués, la philosophie un de ses adeptes les plus fervents et les plus instruits, et l'Académie un écrivain digne d'elle par ses talents, son activité et son caractère sympathique.

T.-J. Lamy.

LISTE DES OUVRAGES D'ALOÏS VAN WEDDINGEN.

PUBLICATIONS ACADÉMIQUES.

Dans les mémoires.

Essai critique sur la philosophie de saint Anselme. — Mémoire couronné. 1875. (*Mémoires* in-8°, t. XXV, VI-408 pages.)

Essai d'introduction à l'étude de la philosophie critique. Les bases de l'objectivité de la connaissance dans le domaine de la spontanéité et de la réflexion. 1889 (*Mémoires* in-8°, t. XLII, IV-878 pages).

L'esprit de la psychologie d'Aristote. Étude critique sur le Traité de l'âme. 1890. (*Mémoires* in-8°, t. XLIV, 158 pages).

OUVRAGES NON PUBLIÉS PAR L'ACADÉMIE.

Feuilles de lierre. In-24 de 199 pages. Sans lieu ni date. 2e édit., avec le titre : Feuilles de lierre, poèmes philosophiques. Louvain, Ch. Peeters, 1874.

Un épisode de la Fête-Dieu au Mont-Cornillon. Récit poétique. Bruxelles, 1874. In-8° de 24 pages.

Max Volmar, fragment philosophique. Bruxelles, Guyot, 1877. In-8° de 40 pages.

Cantate et scènes lyriques à l'occasion du XXVe anniversaire de supériorat de M. Théophile, supérieur de la maison de Melle. — Musique de M. Isidore De Vos, année 1874. In-8° de 32 pages.

Le centenaire de la fondation de la poudrerie royale de Wetteren. Bruges.

On s'en souvient toujours. Cantate dédiée au collège de la Sainte-Trinité.

De miraculo deque ejus in christiana demonstratione usu et valore. Dissertatio. Louvain, Van Linthout. 1869. Vol. in-8° de 446 pages.

Les éléments raisonnés de la religion. Apologétique fondamentale appropriée aux cours supérieurs d'humanités et de philosophie. Bruxelles, 1875. In-8° de XXII-463 pages. 2e édit., revue, remaniée et considérablement augmentée. Bruxelles, 1876. In-8° de XXIX-563 pages. 3e édition. 4e édition, 600 pages. 5e édition. 6e édition. 7e édition. 8e édition, revue et augmentée. Bruxelles, 1886. In-12 de XXXII-618 pages. 9e édition; c'est un second tirage de la même édition. — Cet ouvrage a été traduit en italien par Monseigneur Gialdini, actuellement évêque de Monte-Pulciano, sous ce titre : « Gli Elementi della religione apologetica fundamentale appropriata al corsi superiori di belle litlere e di philosofia, per A. Van Weddingen. Versione dal francese di mons. FELICE GIALDINI ». Siena, 1882. In-8° de XIV-378 pages.

Notre-Dame de Montaigu. Monographie religieuse. Bruxelles, 1879. Vol. in-12 de 265 pages.

Notre-Dame de Montaigu par Monseigneur Van Weddingen. Dessins de Karl Meunier. Éd. de luxe. Bruxelles, 1889. In-4° de 156 pages.

L'Encyclique de S.S. Léon XIII et la philosophie chrétienne. Essai critique. In-8° de 60 pages. Extrait de la *Revue générale*, année 1879. Une autre édition, revue et corrigée, parut peu après sous ce titre : L'Encyclique de S.S. Léon XIII et la restauration de la philosophie chrétienne, par A. Van Weddingen. Bruxelles, Albanel, 1880. In-8° de 100 pages.

L'Encyclique de S.S. Léon XIII sur le mariage et le droit domestique chrétien. Bruxelles, Albanel, sans date. Paru en 1880. In-8° de 238 pages.

Albert le Grand, le maître de saint Thomas d'Aquin, d'après les plus récents travaux critiques. Bruxelles, Albanel, 1881. In-8° de 97 pages. Des exemplaires portent sur la couverture 3e ou 4e édition.

Impressions d'enfance. Bruxelles, Polleunis. 1886. In-12 de 15 pages. Extrait de la *Revue générale*.

Une page de l'histoire de la philosophie primitive. La théodicée de Lao-T'sé. Louvain, 1885. In-8° de 74 pages. Extrait du *Muséon*.

DANS LA REVUE CATHOLIQUE DE LOUVAIN.

L'hymnologie grecque et l'Immaculée conception. Année 1864, pages 336-350.

Le Christ et la tradition. Étude sur un ouvrage de Monseigneur Landriot. Année 1866, pages 291-299, 345-356, 451-458, 512-524.

Le concile et les adversaires de l'infaillibilité en Allemagne. Année 1869, t. XXVIII, pages 692-716. — Chronique du concile. Année 1870, t. XXIX, pages 215-227 ; t. XXX, pages 70-87.

Le parti de l'opposition théologique en Allemagne. Année 1871, t. XXXI, pages 668-688.

Un jugement de la haute cour ecclésiastique d'Angleterre. Année 1871, t. XXXI, pages 326-339.

Le miracle, la critique et la religion. Année 1870, t. XXIX, pages 626-656; t. XXX, pages 159-189, 230-254, 351-382; année 1871, t. XXXI, pages 196-217.

DANS LA REVUE GÉNÉRALE.

La métaphysique en présence des sciences. Année 1875, t. II, pages 630-637.

Un problème de métaphysique positive. Année 1877, t. I, pages 878-920.

Noël. Poésie. Année 1878, t. I, pages 5-8. A Sa Sainteté Léon XIII. Poésie. *Ibid.*, pages 401-406.

L'harmonie et le symbolisme dans l'antiquité. *Ibid.*, pages 407-433, 479-512.

Un livre sur l'histoire de la poésie. Année 1878, t. II, pages 464-475.

Une nouvelle apologétique. Année 1879, t. I, pages 825-834.

L'Encyclique de Léon XIII sur la philosophie. Année 1879, t. II. pages 442-500.

La philosophie scientifique. Année 1880, t. I, pages 211-229.

L'Encyclique de Léon XIII sur le mariage. Année 1880, t. I, pages 677-731, 782-854; t. II, pages 64-126.

Psychologie spiritualiste. Année 1881, t. I, pages 321-348.

Deux moralistes belges. *Ibid.*, pages 876-902.

Un apologiste belge. Année 1881, t. II, pages 793-841.

L'autre vie. Année 1882, t. II, pages 744-762.

Une page de philosophie chrétienne. Année 1883, t. I, pages 233-273.

La restauration de la philosophie scolastique. Année 1884, t. I, pages 773-807.

Les erreurs sociales du temps présent. Année 1884, pages 85-108.

Une page de psychologie scolastique. Année 1886, t. I, pages 329-350.

La libre pensée contemporaine. Année 1886, t. II, pages 198-205.

L'Arménie chrétienne. *Ibid.*, pages 697-720.

Impression d'enfance et souvenir lointain. Poésies. *Ibid.*, pages 916-921.

Les épopées chevaleresques. Année 1887, t. II, pages 189-217.

Le cartésianisme en Belgique. *Ibid.*, pages 423-464.

L'Église et l'ordre social. Année 1888, t. I, pages 61-71.

La philosophie scolastique. *Ibid.*, pages 169-200.

De l'enseignement de la philosophie dans les universités allemandes. *Ibid.*, pages 870-897. — J'omets les comptes rendus d'ouvrages qui ne sont que de courtes annonces.

DANS LES ANNALES DE PHILOSOPHIE CHRÉTIENNE.

Étude critique sur l'opuscule *De Ente et essentia* de saint Thomas et sur le commentaire du cardinal Pecci. Année 1884, nouvelle série, t. X, pages 347-362.

DANS LES MÉMOIRES DE LA SOCIÉTÉ LITTÉRAIRE DE LOUVAIN.

Quelques poésies insérées aux tomes IX et X.

Dr L. de Koninck

NOTICE

SUR

Laurent-Guillaume DE KONINCK

MEMBRE DE L'ACADÉMIE

né à Louvain le 3 mai 1809, mort à Liége le 15 juillet 1887.

En constatant l'infinie variété des êtres sur le globe, l'esprit humain, avide de connaitre tout ce qui l'entoure, ne pouvait manquer de comprendre la nécessité de les classifier et de les cataloguer, et, lorsque l'attention se fut portée sur les fossiles renfermés dans les couches géologiques, la même opération s'imposa pour eux au même titre.

Ce n'est que de Linné, il y a un siècle et demi, sous l'impulsion provoquée par son esprit de méthode, son système de nomenclature et ses classifications, qu'on peut faire dater l'ère où la civilisation entreprit scientifiquement l'énorme tâche. Linné, durant sa longue existence d'activité, a commencé le double travail : classifications qui, pendant notre siècle, devaient être constamment perfectionnées, sans qu'on puisse encore entrevoir leur achèvement; catalogue général des productions naturelles, qui a pris et continue à prendre la plus large extension.

Ce grand inventaire de la nature, justement qualifié en Histoire naturelle d'*OEuvre linnéenne*, a été poursuivi avec une énergie et une persévérance prodigieuses. Si elle est bien avancée pour un certain nombre de groupes minéraux, végétaux et animaux, si elle est même parfois considérée comme ayant presque atteint les limites de son développement pour d'importantes parties du monde animal et végétal, nous observons néanmoins que les classifications de celles-ci et leurs catalogues sont constamment revisés et modifiés et le seront encore, que leurs listes sont non moins constamment enrichies d'espèces nouvelles, en même temps que chaque jour affluent d'autres données de toutes sortes sur leur histoire naturelle.

Mais tout autre est la situation particulièrement pour les groupes inférieurs d'animaux et de végétaux et, d'une manière plus générale encore, pour les fossiles. On peut dire qu'ils n'ont encore été l'objet que de recherches locales, et leur inventaire est tellement partiel que, à peu près sans exception, toute nouvelle recherche dans les régions même déjà explorées amène une importante récolte de formes inédites. Et comme l'exploration du globe est loin d'avoir été entreprise d'une manière égale sur tous les points, on est en droit d'affirmer que nous ne sommes à leur égard qu'au début de l'OEuvre linnéenne.

La biographie que l'Académie m'a confiée au commencement de cette année, aura précisément pour objet l'examen de la contribution fournie par un de nos savants dans cette grande élaboration. De Koninck a été avant tout un linnéiste; il a classé, décrit et catalogué un nombre considérable d'espèces fossiles, fait connaître leur distribution dans l'espace et dans le temps, concentrant son activité sur les époques anciennes de l'histoire du globe. Il était peu porté aux vues générales, à la recherche des lois et des phénomènes d'ensemble. Les voies déjà orientées, l'énumération méthodique de ce que la nature a produit dans une part déterminée de ses manifestations répondaient mieux à la tendance de son esprit; il y a laissé une grande trace.

Né à Louvain le 3 mai 1809, Laurent-Guillaume de Koninck prit successivement ses grades dans les facultés des sciences et de médecine. Dès lors, ses aptitudes le portèrent vers des recherches d'initiative bien plus que vers les côtés techniques et d'application de la science.

Ses études universitaires lui ayant fait aborder de nombreuses branches des connaissances positives, le jeune docteur, aspirant au professorat et après de fortes études complémentaires en Allemagne et à Paris, se dirigea d'abord vers les recherches chimiques. Nous le voyons notamment entreprendre tantôt seul, tantôt en collaboration avec une autre de nos illustrations, M. Stas, une série d'analyses sur les principes de certains végétaux.

Il devait bientôt abandonner spontanément cette voie. Mais ce début n'en eut pas moins une sérieuse influence sur sa carrière. Après un court séjour à l'Université de Gand, il fut nommé professeur de chimie à l'Université de Liège et le resta pendant trente-huit ans, jusqu'à son éméritat, qu'il obtint en 1876.

Dans l'entretemps et dès 1835, il s'était voué à la paléontologie, dans laquelle il devait atteindre un haut rang et il fut ainsi malheureusement amené à diviser ses forces, en les appliquant à la fois à un enseignement qui devait cesser de rentrer dans la sphère de ses études intimes, et à un labeur paléontologique ininterrompu auquel il allait consacrer tout le temps dont il disposait.

En embrassant l'œuvre énorme que nous allons analyser, on ne se douterait pas de cette double orientation dans sa carrière. Sa production paléontologique a été l'une des plus étendues de l'époque; il acquit dans cette branche une expérience supérieure; il y appliqua une énergie incessante. On dirait vraiment qu'elle fut sa seule préoccupation, si on ne savait d'autre part qu'il apporta le plus grand dévouement à ses cours et tous ses soins à se tenir professionnellement à la hauteur d'une science qui évoluait avec une extrême rapidité.

Au commencement de son enseignement universitaire, il menait de front ses recherches en chimie et en paléontologie. Mais ce fut bientôt à celles-ci qu'il appliqua tous ses loisirs.

Publiant, en 1834, une étude sur un Nautile de l'argile de Boom, il décrivit, trois ans plus tard, les coquilles qu'il avait rencontrées dans ce terrain, afin d'en fixer l'âge. Ce ne fut encore qu'un intermède. Il allait se fixer sur le sujet qui devait lui créer un nom dans la science.

Depuis son arrivée à Liège, le calcaire de Visé, déjà connu des paléontologistes par sa richesse en fossiles, était à sa portée. Il y réunit laborieusement d'importantes collections et il les compléta au moyen des fossiles des carrières de Tournai, dont le calcaire argileux avait également de la notoriété par l'abondance et la bonne conservation des espèces.

Les matériaux qu'il y découvrit lui montrèrent bientôt l'importance du sujet qu'il abordait.

L'excellent état des spécimens permettait d'apprécier la variété inattendue des formes spécifiques et révélait, dans les restes de cette époque antérieure à la houille, une richesse de vie de nature à changer les idées qu'on possédait à leur égard.

Ce terrain fossilifère avait déjà reçu sa place définitive dans les classifications géologiques. Il se rattachait au groupe que Murchison venait d'appeler, dans *Siluria*, Calcaire carbonifère.

De Koninck publia d'abord dans nos recueils, en 1841, un mémoire sur les Crustacés belges de ce terrain, en y joignant une espèce devonienne. Il abordait immédiatement après la publication d'une de ses œuvres capitales, la *Description des animaux fossiles qui se trouvent dans le Calcaire carbonifère de la Belgique*. Cet ouvrage parut en librairie par livraisons de 1842 à 1844 et comprend deux volumes in-4°, l'un de sept cents pages de texte et l'autre de soixante-neuf planches.

Les paléontologistes anglais surtout l'avaient déjà longuement précédé dans l'étude de cette faune paléozoïque. Martin en 1809, Sowerby en 1823, Phillips en 1834 en avaient décrit de nombreuses formes de la Grande-Bretagne, et beaucoup de groupes génériques étaient fixés.

Dans son étude sur les fossiles carbonifères belges, de

Koninck décrit et figure quatre cent trente-quatre espèces, réparties dans quatre-vingt-cinq genres. Il montre immédiatement combien ses travaux étaient nécessaires; ils faisaient presque la révélation d'un monde nouveau. Sur ces quatre cent trente-quatre espèces, deux cent huit, soit près de la moitié, sont nouvelles. Ses qualités scientifiques s'y présentent tout entières dans la précision des descriptions. Il fait minutieusement la critique de chaque espèce déjà décrite, expose en détail les caractères soit génériques, soit spécifiques, établit les ressemblances et les dissemblances que les formes peuvent présenter avec d'autres. Jointes à d'excellentes et nombreuses figures, ces descriptions définissaient clairement les types, en écartant cette suite de doutes, dus à des diagnoses insuffisantes, qui ont si souvent compliqué l'OEuvre linnéenne au point d'en paralyser l'essor. La partie géographique est également fort soignée. Les localités où les espèces antérieurement décrites ont été signalées, sont citées avec l'indication des terrains fournie par les auteurs; dès cette époque, il mentionne l'Angleterre, la France, l'Allemagne, la Russie et les États-Unis.

De Koninck poursuivait donc plusieurs buts dans cet important ouvrage.

Si l'idée, longtemps admise, que les animaux de nos mers anciennes présentaient une simplicité d'organisation plus grande que dans les mers plus récentes, avait déjà fait son temps, il établissait que, dès l'époque carbonifère, la complication faunique, la diversification des genres et des espèces pouvaient rivaliser avec toute autre époque. La question pourrait nous étonner aujourd'hui que nous savons que les terrains siluriens et devoniens ne le cèdent en rien sous ce rapport au Calcaire carbonifère qui leur a succédé. Mais alors ces connaissances n'existaient pas, et maints paléontologistes accueillaient même d'abord avec quelque réserve la multiplicité des formes admises par l'auteur.

Le grand principe de la spécialisation des faunes, pour la détermination de l'âge des terrains et l'établissement de leur parallélisme, était l'objet d'une ardente conviction chez notre savant. On pouvait prévoir sans peine qu'il allait devenir chez nous chef d'école. Il appréciait combien cette méthode avait déjà fait puissamment ses preuves. Grâce à elle, les terrains de l'Amérique du Nord et de la Russie venaient en effet d'être rattachés chronologiquement à la série géologique de l'occident de l'Europe.

Enfin, nous voyons aussi une autre tendance se dessiner dans ses études. Elle ne fera que s'accentuer dans l'avenir. A ces époques anciennes, un même type spécifique peut prendre une extension géographique considérable et être reconnu non seulement dans toute l'Europe, mais dans l'Amérique du Nord. Notre auteur contribuera plus tard à introduire la notion d'espèces cosmopolites.

C'est autour de ces trois points de vue qu'allaient se concentrer désormais presque tous les travaux de de Koninck.

Dans l'œuvre considérable qu'il venait de réaliser, il avait été livré à ses propres forces. La réunion des collections et des livres, la publication en librairie de son ouvrage dénotent autant la puissance de sa force morale que l'étendue des sacrifices qu'il sut s'imposer. Sa passion scientifique ne fit que grandir.

En 1851, il avait réuni de nouveaux matériaux et faisait paraître un supplément de soixante-cinq pages et cinq planches à sa Description des fossiles carbonifères belges. Il y décrivait cinquante-deux espèces, dont vingt-neuf étaient inédites.

Mais, dans l'intervalle, sa production avait été extrêmement active. Elle prenait en 1847 une direction un peu différente. Ce n'était plus des faunes locales, quelque étendues qu'elles fussent, qu'il mettait à l'étude. S'inspirant des travaux de de Buch, il abordait des monographies zoologiques embrassant la description de genres importants dans la série des couches où se trouvent leurs restes.

De Koninck choisit, à cet effet, deux genres de longévité assez restreinte, mais comptant parmi les représentants les plus curieux des faunes paléozoïques, les *Productus* et les *Chonetes*. Descriptions génériques, descriptions spécifiques, synonymies, figuré des espèces y présentent, dans un volume d'une splendide exécution typographique, les solides qualités ordinaires de notre auteur. Les données stratigraphiques relatives à chaque type y sont nettement définies, mais l'un des côtés remarquables de sa nouvelle œuvre est la distribution géographique étendue qu'il indique pour beaucoup d'espèces.

Les explorations s'étaient rapidement multipliées sur divers points du globe. L'Asie, l'Amérique méridionale, l'Australie, les régions polaires elles-mêmes avaient commencé à fournir leurs contingents. De Koninck, étendant ses opinions de 1842, n'hésite pas à reconnaitre que des mêmes formes spécifiques se trouvent dans les deux hémisphères, dans les continents les plus distants, sous les climats les plus opposés.

Ainsi l'espèce devonienne qu'il décrivait sous le nom de *Productus Murchisonianus* (1), est signalée par lui non seulement en Belgique, en France, en Angleterre, en Allemagne, en Russie, mais à la fois dans l'État de New-York et en Tasmanie. Le *Productus semireticulatus* est mentionné, outre ces diverses régions, en Bolivie, d'après le voyage d'Alcide d'Orbigny, et dans l'Himalaya; une autre espèce carbonifère, le *Productus giganteus*, dans toute l'Europe et au Groenland, et ainsi de suite pour les autres formes.

Ce sont des questions sur lesquelles il nous donnera encore l'occasion de revenir.

Sa double monographie comprenait pour les *Productus* soixante-deux espèces, dont vingt-trois ont été révélées par lui, et pour les *Chonetes* vingt-quatre espèces, dont la connaissance de six lui est due.

C'est vers cette époque aussi que, poursuivant son principe des applications de la paléontologie au parallélisme des couches, il fit connaître l'existence du terrain devonien en Chine, par la description de deux Brachiopodes découverts au nord de Canton. L'un est un *Spirifer*, auquel il a conservé son nom chinois, *Spirifer Cheehiel*, dont les affinités sont grandes avec notre *Spirifer speciosus*, et qu'il annonce avoir reconnu également parmi des fossiles de Tasmanie au milieu desquels se trouvait la *Strophalosia productoïdes*. L'autre est la *Rhynchonella Yue-*

(1) Aujourd'hui *Strophalosia productoïdes*.

nammensis, rapprochée par Davidson de la *R. laticosta* du devonien d'Angleterre.

D'autre part, des fossiles, rapportés du Spitzberg et identifiés d'abord à des formes carbonifères, sont démontrés par notre actif confrère comme comprenant des espèces caractéristiques du Permien.

Les méthodes pour établir la chronologie géologique étaient alors vivement discutées. Deux écoles se présentaient en lutte.

L'une purement stratigraphique voulait déterminer le parallélisme des couches par les seuls rapports de position et de composition de celles-ci. Ses brillants exploits lui avaient donné un grand prestige. Les maîtres de la géologie, surtout sur le continent, et leurs disciples avaient souvent fait un usage si efficace du procédé et obtenu des résultats si saillants, qu'en répudiant l'intervention d'autres principes qu'ils considéraient comme non rigoureusement établis et du reste comme inutiles, ils semblaient s'appuyer sur une expérience réellement décisive.

L'autre école s'était développée presque parallèlement à celle-là en Angleterre et en France. Constatant des modifications continues dans les formes organiques à travers l'ensemble des terrains, elle avait formulé la loi que les faunes et les flores diffèrent d'autant plus des types actuels qu'elles se trouvent dans des couches stratigraphiquement plus anciennes, qu'elles sont d'autant plus ressemblantes entre elles qu'elles sont plus voisines dans la série des couches, qu'au surplus leur ordre de développement est constant dans tous les endroits explorés sur le globe. D'où la conclusion que le véritable moyen d'établir le parallélisme chronologique est fourni par la paléontologie.

La lutte était ardente. Elle s'était déjà engagée avec éclat à la Société géologique de France. Elle ne tarda pas à se présenter chez nous, où les deux écoles comptaient aussi d'éminents champions.

André Dumont représentait l'école stratigraphique, et son œuvre prouvait assez combien il y était passé maître. Ayant pu ne pas recourir à l'aide de la paléontologie, ses convictions sur l'efficacité du caractère stratigraphique, qu'il appelait *caractère géométrique*, étaient très fortes. Celles de de Koninck ne l'étaient pas moins. Il voyait opérer sûrement par les fossiles des raccordements positifs entre les terrains des pays les plus éloignés. C'était dans la paléontologie qu'il voulait exclusivement trouver le procédé de raccordements chronologiques.

L'école stratigraphique était du reste à son déclin. Les travaux de Murchison, Sedgwick, de Verneuil, Deshaye, d'Archiac et tant d'autres avaient démontré le pouvoir et l'efficacité de la méthode opposée. Beaucoup de membres de l'école stratigraphique, et des plus illustres, étaient devenus éclectiques. On vit notamment Léopold de Buch, imitant l'exemple de Caton qui voulut apprendre le grec dans sa vieillesse, entreprendre dans la dernière partie de sa carrière d'importants travaux paléontologiques et acquérir dans la science des fossiles un premier rang. D'Omalius d'Halloy n'alla pas aussi loin. Alors qu'il avait pu par le seul emploi de la stratigraphie dresser la carte géologique de l'ancien Empire français, on le vit bientôt insérer, dans son Traité de géologie, les listes étendues de fossiles belges, dressées par nos paléontologistes pour chacun des terrains et faire une place de plus en plus grande à la paléontologie.

Deux individualités aussi tranchées et éminentes que l'étaient Dumont et de Koninck, produisant simultanément des travaux considérables et défendant chez nous des écoles adverses, devaient évidemment donner lieu à un débat public devant l'Académie. Ils y soutinrent, en 1847, leurs principes avec vigueur et presque avec passion. La discussion eut un grand retentissement. Elle ne pouvait cependant avoir de solution immédiate : c'était à l'avenir, du reste prochain, à en décider.

Aujourd'hui, nous savons, par une longue expérience, que les deux méthodes sont au même degré et mutuellement indispensables, que l'une ne peut marcher sûrement sans l'autre, et on les a conjointes sous le nom, non pas transactionnel, mais en tous points justifié, de Paléontologie stratigraphique. Mais, sous plusieurs rapports, la paléontologie l'emporta.

Le classement des couches d'une même série repose sur elle dès qu'elle peut intervenir.

En outre, lorsqu'il y eut conflits — et ils ont été fréquents — entre la paléontologie et la stratigraphie, la victoire est restée à la paléontologie; c'est dans le sens des indications de celle-ci que l'expérience prouve qu'il faut toujours conclure en pareil cas, dès que la détermination des fossiles est reconnue exacte. Les fameux débats sur l'âge de l'anthracite des Alpes occidentales, survenus quinze ans plus tard, ont été la sanction définitive de la méthode. Nos terrains ont servi du reste eux-mêmes souvent de champs de démonstration fructueux et non moins concluants.

Enfin les parallélismes chronologiques à distance n'ont pu être établis que par la paléontologie, et ils se sont étendus à toutes les parties de la terre.

L'étude de la faune du Calcaire carbonifère n'absorbait pas alors toute l'activité scientifique de de Koninck. Il pensait à aborder la faune de notre terrain devonien, à la suite des belles recherches des paléontologistes allemands et français sur les provinces rhénanes et le Hartz. Mais nos couches devoniennes sont d'exploration paléontologique ingrate, parce que leurs fossiles, malgré leur abondance, sont fort exceptionnellement en agglomérations variées. Elles exigent de nombreux, déplacements et des recherches prolongées, presque une exploration minutieuse, pour fournir des matériaux comparables à ceux qui sont concentrés dans quelques gites du Calcaire carbonifère. De Koninck, livré à ses seules ressources, ne pouvait mener à bien cette laborieuse et coûteuse recherche. Il la tenta cependant, et nous le voyons, à partir de 1853, insérer, dans les éditions successives du Traité de d'Omalius d'Halloy, des listes de fossiles distribués en quatre groupes fauniques, correspondant à autant de groupes stratigraphiques importants de notre Devonien.

Il en revint donc au Calcaire carbonifère. Les nouveaux progrès qu'il allait lui faire réaliser sont bien de nature à atténuer nos regrets qu'il n'ait pas été en mesure d'enrichir la science de la description de notre grande faune devonienne.

C'est à la même époque qu'il commença ses voyages à travers l'Europe pour étudier les gites fossilifères et les collections. L'Angleterre, où le Calcaire carbonifère est très développé, fut l'objet de ses nombreuses visites, même jusque dans sa vieillesse.

L'élaboration de son ouvrage de 1842 lui avait fait remarquer des groupes insuffisamment étudiés, faute surtout de matériaux. Il se promettait d'y revenir.

Les Crinoïdes et les Coralliaires étaient de ce nombre.

En 1854, il publiait, en collaboration avec H. Le Hon, un long mémoire sur nos Crinoïdes carbonifères. Les auteurs remaniaient et précisaient cette classe difficile. De quinze espèces décrites en 1842, le nombre en était porté à cinquante-trois.

Il ne fit paraître sa revision des Coralliaires carbonifères belges qu'en 1872. Il en décrivait soixante-dix-neuf formes. Ses études antérieures ne lui en avaient fourni que seize, et les matériaux qu'il avait communiqués à Milne-Edwards et Haime pour leur grand travail, n'en avaient fait connaître que trente-quatre. Sur ces soixante-dix-neuf formes, quarante-trois sont nouvelles.

Dans l'intervalle, de Koninck interrompait ces recherches pour mettre son autorité à la disposition de savants étrangers qui le priaient de faire la description des fossiles recueillis par eux dans diverses régions.

En 1863, il se chargeait de décrire une collection de fossiles indous considérés comme homogènes et de même âge carbonifère. Ils avaient été découverts dans le Punjaub et appartenaient au musée de Calcutta. Davidson en traitait les Brachiopodes; de Koninck s'appliqua aux autres groupes dont il fit connaître quarante-deux espèces.

Quelques-unes de celles-ci se rapportent au genre *Ceratites*, ce qui ne les lui fit classer dans le Calcaire carbonifère que sous toute réserve. Ce ne fut pas sans raison. Le service géologique de l'Inde a bientôt démontré que les couches à Cératites de ces contrées sont triasiques. Un Nautile est évidemment tertiaire et reconnu par l'auteur comme tel. Mais les autres espèces sont réellement carbonifères. Les Céphalopodes, Gastéropodes et Lamellibranches sont décrits comme espèces particulières, alors que parmi les Brachiopodes, sur vingt-quatre espèces, Davidson en identifiait dix aux formes européennes, et de Koninck faisait la même assimilation à quatre espèces sur six de Coralliaires.

Le grand ouvrage du Dr Waagen sur le *Calcaire à Productus* des mêmes régions (1879-1883), ne reproduit que partiellement ces identifications. Parmi les nombreuses espèces qu'il en décrit, quelques-unes restent assimilées à des espèces européennes; d'autres y sont étroitement apparentées. Ces dernières sont réellement des formes correspondantes ou mieux représentatives, et quand nous voyons les géologues des Indes appeler leur Calcaire carbonifère *Calcaire à Productus*, nom qu'une partie du nôtre a reçu et qu'il mériterait aussi de prendre tout entier, on doit reconnaître combien étaient sérieuses les premières constatations qui fixèrent la foi de l'école paléontologique.

Le Musée impérial de Vienne demandait, de son côté, à de Koninck, en 1873, de décrire les fossiles de même âge de la Carinthie. Il en ressortit, avec descriptions et figures à l'appui, une liste de cinquante-sept espèces, dont vingt-trois nouvelles viennent accroître le catalogue général.

Ce fut en 1877 le tour de l'Australie à faire appel à ses connaissances. De nombreux fossiles paléozoïques avaient été recueillis dans la Nouvelle-Galles du Sud, et le Révérend Clarke, qui les avait découverts, demanda à de Koninck de les décrire. On comprend avec quel empressement l'actif savant saisit cette occasion.

La flore et la faune australienne présentent à notre époque, par leur spécialisation, l'un des côtés intéressants des règnes organiques. Si la faune des côtes se rattache d'autre part à celle de l'océan Pacifique, elle n'en reste pas moins profondément distincte de celle des mers européennes. En fut-il toujours ainsi?

Des espèces siluriennes, devoniennes et carbonifères avaient déjà été mentionnées, au cours des trente dernières années, comme identiques ou du moins comme fort voisines dans le continent australien et dans les continents de l'autre hémisphère. On y avait gagné la notion de véritables espèces cosmopolites à l'époque paléozoïque. Je rappelle notamment notre *Strophalosia productoïdes*, divers *Productus* carbonifères et autres signalés par notre confrère, dès 1847, dans ces régions australes.

Mc Coy, dont nous retrouverons plus loin le nom à propos du Calcaire carbonifère d'Irlande reproduisant notre faune de Waulsort, venait de déclarer en 1866 qu'il concluait, sans hésiter, à l'identité spécifique générale de la faune marine des deux hémisphères à l'époque silurienne. De Koninck recevait plusieurs milliers de fossiles siluriens, devoniens et carbonifères. Son enquête allait donc pouvoir s'étendre à l'ensemble de la période primaire et lui permettre de faire un important examen comparatif du caractère de ces faunes.

Il décrit dans le silurien cinquante-neuf espèces, parmi lesquelles, à son avis, treize seulement sont nouvelles, tout en appartenant à des genres représentés en Europe et en Amérique par des espèces trés voisines. Les quarante-six espèces connues sont toutes du silurien supérieur et se répartissent en groupes successifs comparables à ceux des continents septentrionaux. De Koninck confirmait donc l'opinion émise par Mc Coy, et montrait qu'à l'égard de la faune silurienne, jusqu'en Australie, existait la concordance déjà si intéressante observée entre l'Europe et l'Amérique, puis étendue plus tard par M. Von Richthofen à la Chine, à savoir le grand nombre de genres et méme d'espèces communs à ces continents et l'étroit parallélisme dans leur ordre d'apparition.

Il reconnait quatre-vingt-une espèces dans le devonien de la Nouvelle-Galles du Sud. Trente d'entre elles seulement sont nouvelles, tout en ayant aussi, à l'exception de quatre, leurs analogues en Europe et en Amérique; les cinquante et une autres sont identifiées aux formes des continents septentrionaux. Il les répartit en deux groupes stratigraphiques correspondant à des parties de notre devonien moyen et de notre devonien supérieur.

Ce n'est pas sans un profond intérêt qu'on voit notre auteur y retrouver plusieurs des types les plus caractéristiques de notre Devonien : les *Cyathophyllum vermiculare* et *helianthoïdes*, les *Alveolites subæqualis, basaltica, reticulata, Orthis striatula, Strophalosia productoïdes, Leptæna interstrialis, Atrypa reticularis, Spirifer Verneuili* et autres. La proportion d'espèces cosmopolites, admise par lui, n'est du reste pas plus forte que celle indiquée quelques années plus tard dans le sud-ouest de la Chine par M. Kayser, qui, d'après les fossiles rapportés par M. von Richthofen, sur vingt-huit espèces de niveaux stratigraphiques analogues, en admet onze communes à l'ensemble du devonien du globe, sept autres se retrouvant spécialement dans les couches rhéno-belges, une en Amérique, une en Australie.

Aucun genre n'était nouveau dans le Silurien de la Nouvelle-Galles du Sud. Dans son Devonien, de Koninck en reconnait deux sur trente-cinq. Il y signale aussi deux anomalies de détail : elles ne sont certes pas suffisantes, ajoute-t-il, pour empêcher de considérer les faunes devoniennes d'Australie et d'Europe comme contemporaines et produites dans des circonstances, sinon tout à fait identiques, au moins très analogues.

On pouvait croire, d'après les travaux antérieurs de Mc Coy et de Dana, qu'il n'en serait pas de même pour le Calcaire carbonifère. De Koninck arrive à des conclusions opposées et les formule presque dans les mêmes termes que pour la faune devonienne : « la plupart des formes carbonifères de la Nouvelle-Galles du Sud ont en Europe et en Amérique, sinon des représentants identiques, au moins d'autres très voisins et analogues ». Ce jugement est basé sur cent soixante-seize espèces, dont il identifie soixante-quatorze aux espèces européennes, et qu'il répartit en soixante-douze genres, dont cinq restent spéciaux à l'Australie.

Je place très haut cette œuvre de de Koninck. Elle est certainement l'une de celles où la philosophie naturelle peut puiser des données précieuses. Cette vérification magistrale des appréciations de ses prédécesseurs sur les faunes paléozoïques d'Australie et les résultats auxquels il a su atteindre, ne peuvent guère recevoir ultérieurement d'importantes modifications. Notre auteur a eu entre les mains des matériaux relativement considérables, fruits des labeurs de trente années d'un infatigable chercheur, et lorsqu'il porte son jugement, c'est avec l'expérience de toute une carrière d'étude et de maniement des faunes anciennes.

Qu'une proportion plus ou moins grande de ces formes identifiées soit plus tard, par l'un ou l'autre de leurs caractères secondaires, érigée en espèces particulières, comme James Hall l'a fait pour l'Amérique, elles n'en demeureront pas moins des types spécifiques intimement apparentés aux nôtres et susceptibles d'être envisagés, notamment sous le nom d'espèces représentatives, comme variétés géographiques. De Koninck restera parmi ceux qui ont largement contribué à reconnaître qu'il a existé à ces époques lointaines une étrange uniformité organique, des types cosmopolites, et qu'un étroit parallélisme universel s'établit dans l'évolution des faunes à travers ces temps.

Nous sommes arrivés à l'époque de la carrière de notre illustre confrère où il semblait que, comblé de lauriers, il n'avait à aspirer qu'au repos. C'eût été méconnaitre cette nature vigoureuse et toute d'énergie, toujours au travail, et ne pensant qu'à faire progresser sa chère science. Il sentait qu'il avait un couronnement à donner à son œuvre et il s'y préparait depuis longtemps.

J'aurai ici à parler de mon intervention personnelle, non pas pour exposer en quoi, particulièrement par la nature de nos fonctions, elle a pu contribuer à le seconder, mais afin de permettre de mieux apprécier l'étendue et le caractère de la nouvelle tâche que de Koninck a entreprise, lorsque, se faisant admettre à l'éméritat, après trente-huit années d'enseignement et à l'âge de 66 ans, il concentra toutes ses forces sur une nouvelle description des fossiles du Calcaire carbonifère de la Belgique.

On a vu que son ouvrage de 1842 consistait autant dans un accroissement du catalogue carbonifère que dans une revision des espèces antérieurement décrites. Nous avons insisté sur le soin de sa critique, sur sa circonspection à identifier des types voisins. Néanmoins il me faisait souvent part de ses doutes sur la légitimité de ses assimilations entre des formes voisines provenant de Tournai et de Visé, et de son désir d'en faire la vérification. Depuis lors aussi, la faune de Waulsort et d'autres localités des environs de Dinant avait été découverte; à sa richesse de types et à la belle conservation des fossiles, qui en faisaient la rivale des premiers gites, se joignait une longue série de formes spéciales et nouvelles, et de Koninck y avait immédiatement reconnu la reproduction d'une faune restée jusqu'alors exclusivement l'apanage de plusieurs localités de l'Irlande, où elle avait été partiellement décrite par J. Sowerby et Mc Coy.

Ces deux circonstances appelaient la reprise du sujet sur de larges bases, et il fallait en disposer longuement l'exécution.

Ayant été appelé en 1868 à la direction du Musée royal d'histoire naturelle de Bruxelles, j'avais à le développer dans ses diverses parties et à déterminer le sens dans lequel on pourrait le plus utilement le faire. Le Gouvernement accueillit ma proposition de réunir principalement toutes nos productions naturelles, puis de les soumettre à une étude approfondie. Les fossiles devaient naturellement tenir une grande place dans ce programme. L'étonnante richesse paléontologique de notre pays apparaissait de plus en plus clairement. Les découvertes les plus inattendues s'y succédaient et faisaient entrevoir de telles ressources pour l'établissement de grands types fauniques, que la voie à suivre paraissait s'imposer d'elle-même.

L'exploration scientifique du territoire, la réunion de collections vastes et variées s'organisèrent. L'État consentit à la création des *Annales du Musée*, ce qui revenait, dans les conditions où ces mesures reçurent leur application, à décréter d'utilité publique la connaissance de l'histoire naturelle du pays. Nos recueils académiques ne se prêtaient pas à l'exécution des travaux en vue, car nos règlements prescrivent l'achèvement complet des manuscrits, planches comprises, présentés à la Compagnie, et, par le fait, les frais de dessin de ces œuvres essentiellement iconographiques eussent été à la charge des auteurs, ce qui n'était pas possible.

Des savants belges s'étaient dès lors préparés, par une longue carrière, à l'étude de groupes paléontologiques particulièrement remarquables chez nous et d'une importance presque unique. C'était un devoir pour notre pays de mettre tout d'abord à profit, pour l'avancement de la science et pour le renom de la patrie, les éminentes connaissances et l'activité d'hommes qui l'avaient déjà illustrée en maintes occasions.

L'énorme quantité d'ossements de Cétacés miocènes et pliocènes, recueillis à Anvers par mon prédécesseur, M. le vicomte Du Bus, étaient à décrire et se trouvaient appelés à créer la Cétologie fossile, sur laquelle la science ne possédait encore que peu de données. M. P.-J. Van Beneden était certes désigné pour les faire connaitre au monde savant. Après qu'ils eurent été mis en ordre et classés, ils furent mis à sa disposition avec les moyens d'action que réclamait une œuvre aussi étendue. Je n'ai pas à rappeler ici avec quelle persévérance il embrassa une si grande tâche.

En même temps que ces ossements de Cétacés, un très grand nombre de mollusques avaient été réunis dans les mêmes terrains miocènes et pliocènes. Leur collection fut encore complétée et pourvue de nombreux matériaux de comparaison étrangers. Il y avait là de beaux éléments pour fixer définitivement le type conchyliologique de ces époques dans nos régions nord-tempérées. Feu Henri Nyst était de son côté le savant désigné par ses travaux de carrière pour cette œuvre éminemment désirable, qu'il a réalisée pour le terrain pliocène.

Nous venons de constater qu'une nouvelle description de nos fossiles carbonifères n'était pas moins à poursuivre et, non moins aussi que ses deux éminents confrères, de Koninck désirait s'en charger.

J'avais fait don au Musée de ma collection de fossiles de la région de Dinant. Successivement le Gouvernement mit la direction en mesure d'acquérir d'autres collections nombreuses et de haute importance : celle de Ryckholdt qui, après avoir habité Tournai, s'était établi à Visé pour recueillir passionnément pendant de longues années les fossiles du Calcaire carbonifère; la collection d'admirables spécimens de Tournai réunis par Le Hon; celles de Cantraine, de Nyst, de Chapuis, de M. Piret et de de Koninck lui-même. Le Musée reçut des dons importants de M. Wincqz de Soignies, et fit encore faire des recherches dans plusieurs gîtes. C'était, en y comprenant diverses collections privées et des collections de comparaison variées, une accumulation de matériaux qui permettait d'envisager la question sous tous ses côtés, de dresser de la faune de cette époque un catalogue aussi complet qu'il était possible, de fixer définitivement les caractères de chaque forme d'après un grand nombre de spécimens bien conservés, ce qui était un avantage inestimable, de s'assurer enfin si on avait affaire à un ensemble faunique uniforme ou à un ensemble évolutif dans lequel il existait des faunes successives.

De Koninck, dont il nous reste à analyser le grand ouvrage qu'il avait en vue, se mit à l'œuvre en 1875.

Sans désemparer, il vint classer lui-même au Musée les énormes matériaux, des centaines de mille spécimens, sur lesquels il allait opérer, et organisa son travail avec une grande entente. Il désignait les groupes qui devaient lui être successivement envoyés à Liège, où un dessinateur se rendait également pour exécuter les planches sous ses yeux. Il allait absorber les douze dernières années de sa vie dans la nouvelle tâche qu'il s'assignait.

L'un des buts à atteindre était donc de s'assurer si les fossiles de notre Calcaire carbonifère forment plusieurs ensembles fauniques successifs et assez différentiés pour constituer des groupes géologiques distincts.

Par cette donnée de paléontologie stratigraphique, on pourrait enfin fixer définitivement l'allure de la faune et les bases chronologiques d'un de nos terrains qui prend presque une valeur classique. On va voir combien cette conquête a été laborieuse.

Les circonstances se prêtent étrangement à compliquer l'étude des relations stratigraphiques entre les deux réservoirs fossilifères où de Koninck puisa ses premiers matériaux.

Le calcaire argileux de Tournai, dont les couches ondulent sur une grande longueur, est entouré de dépôts crétacés et tertiaires qui voilent ses relations de superposition et le laissent à l'état d'ilot séparé.

De son côté, le calcaire de Visé se présente en une petite masse isolée, surmontée de phtanites houillers. Cette masse non stratifiée est de composition uniformément calcareuse, et rien n'y décèle extérieurement l'existence de roches d'époques distinctes.

Or, il se trouve que le bas de la masse est du calcaire devonien à *Rhynchonella cuboïdes*, lequel est séparé du calcaire carbonifère dans le reste du pays par de fort épaisses séries de schistes et de psammites dont on ne trouve pas de trace ici. Le calcaire devonien et le calcaire carbonifère s'y soudent sans interposition ni stratification visible. En 1842, la paléontologie stratigraphique n'était pas assez avancée pour permettre de les distinguer, et de Koninck devait inévitablement réunir à la faune carbonifère les fossiles devoniens de Visé, dont il décrivit onze espèces.

Mais il s'agissait également de saisir les relations chronologiques entre les faunes de Tournai et de Visé. Aucune donnée paléontologique comparative n'existant alors pour le guider, puisqu'il était le premier à étudier ces faunes, il tendit vers la solution la plus simple et les synchronisa, en interprétant leurs différences par des considérations de géographie physique.

Sur ces entrefaites, les résultats de la grande exploration de la Russie étaient connus, et, dans cette région, le calcaire à *Productus giganteus* et autres espèces caractéristiques de Visé est inférieur au calcaire à *Spirifer mosquensis*. De Koninck crut que le Spirifer de Tournai était le même que ce dernier. Fidèle adepte de l'école pour laquelle il était en plein combat, appliquant la donnée des explorateurs de la Russie, il renonça en 1847 à son opinion de synchronisme pour admettre, logiquement avec ses principes, que le calcaire de Tournai était postérieur à celui de Visé.

Mais Dumont annonça bientôt que, d'après la stratigraphie de l'ensemble de notre Calcaire carbonifère, l'inverse avait eu lieu, que le calcaire de Tournai était, au contraire, antérieur au calcaire de Visé, et M. Gosselet, quelques années après, le démontrait, preuves paléontologiques et stratigraphiques en mains. Vers le même temps, la faune de Waulsort fut découverte ; je démontrai de mon côté que les roches qui la recèlent prennent stratigraphiquement place entre les deux autres groupes de calcaires, au milieu desquels j'établis diverses subdivisions que j'eus du reste à remanier ultérieurement.

De Koninck ne contesta pas ces résultats, bien qu'ils fussent en opposition avec les indications des gîtes qu'il avait primitivement explorés. Si les gros Spirifers de Tournai, de Soignies, des Écaussines, etc., sont réellement le *Spirifer mosquensis*, il y avait interversion dans son apparition en Belgique et en Russie. A la suite d'expériences répétées, la paléontologie a exclu cette sorte de phénomènes Il s'agissait dès lors de faire concorder les données chronologiques contradictoires en présence. Le Musée ayant pu se procurer un nombre suffisant d'exemplaires de l'espèce russe, de Koninck fut en mesure de faire une comparaison plus complète avec l'espèce belge. Dans un travail où il fit, en 1883, l'étude des principaux Spirifers de notre terrain, il reconnut que celle-ci est non pas le *Spirifer mosquensis*, mais le *Spirifer cinctus*, déjà connu dans le nord de la Russie, en Irlande et aux États-Unis.

Cette question tranchée, il restait à envisager en elle-même la faune d'ensemble recueillie dans nos riches gites, où elle présentait des ressemblances et des différences encore insuffisamment définies. Sa distinction précise en faunes successives qu'il va opérer, sera l'un des côtés saillants de l'œuvre finale de de Koninck.

Il était donc établi que Waulsort est postérieur à Tournai et que Visé est postérieur à Waulsort. Les rapports paléontologiques de ces faunes locales, dont les collections étaient restées dispersées, ne pouvaient se dégager nettement que par leur comparaison directe et par conséquent seulement après la réunion des nombreuses collections énumérées plus haut. Leur classement donna rapidement la solution.

En 1878, publiant le volume qui forme la première partie de sa dernière œuvre, de Koninck démontra que ces faunes correspondent à trois époques successives dans la formation du Calcaire carbonifère, et ne présentent pas le développement graduel et progressif que j'avais été d'abord porté à y voir : pendant ces époques, concluait-il, les conditions biologiques ont été assez différentes les unes des autres pour que l'ensemble des espèces de chacune de ces époques, prise isolément, suffise pour la caractériser et la distinguer.

Les travaux que j'exécutais simultanément pour le levé de la Carte géologique du royaume, au 20000e, faisaient connaitre, en confirmation, par l'étude des origines des roches de ces trois époques, presque uniquement représentées cependant par des éléments calcareux, combien les phénomènes géologiques et les conditions de vie furent, en effet, différents pendant leur durée, et notamment le grand développement que le phénomène corallien prit pendant l'époque de Waulsort.

Cette évolution, dans les opinions sur la chronologie intime de notre Calcaire carbonifère et sur les caractères respectifs de ses faunes successives, porte donc sur l'un des problèmes géologiques les plus ardus qui, je crois, se soit encore présenté. La solution, qui réclama quarante ans, n'en est plus contestable aujourd'hui.

Les cinq autres volumes de l'ouvrage de de Koninck, les treize cent trois espèces qu'il décrit et figure, ont établi la vérité de sa conclusion sur des bases définitives.

Dans un tableau synoptique, sur lequel nous aurons à revenir, pour les Céphalopodes et les Gastéropodes, comprenant six cent soixante-neuf espèces tant pélagiques que littorales, il établit notamment que quatre-vingt-huit espèces sont absolument spéciales à Tournai, quarante-cinq à Waulsort, deux cent trente-neuf à Visé. Mais il indique que les autres, sauf deux ou trois formes communes à deux étages, ne sont que relativement caractéristiques de chacun des trois horizons, en ce sens qu'on remarque entre elles des analogies plus ou moins étroites; on pourrait les appeler espèces stratigraphiquement représentatives.

De Koninck ne voit du reste pas plus de rapprochements paléontologiques entre Tournai et Waulsort qu'entre Waulsort et Visé. Il insiste souvent sur ce fait; les preuves à l'appui en montrent toute la réalité.

Cette conclusion sera, avec les données de son ouvrage sur l'Australie, son plus beau titre en paléontologie stratigraphique. C'est, du reste, l'un des progrès géologiques les plus sérieux réalisés dans notre pays; il assigne à notre terrain un point de départ initial dans la manière d'envisager la faune de ces temps anciens.

Les éléments qui amenèrent de Koninck à la séparation de ces trois groupes fauniques sont imposants, ainsi qu'on va en juger.

En 1878 et en 1880, les deux premières parties de l'œuvre à laquelle il vouait la fin de son existence, étaient publiées. Elles comprenaient les Poissons et les Céphalopodes dans deux cent quatre-vingt-cinq pages de texte et cinquante planches, les unes et les autres de format petit in-folio. Le groupe des poissons, si difficile par l'état généralement fragmentaire de leurs restes, y est représenté par quarante-trois espèces de Ganoïdes et de Sélaciens, dont quinze étaient inédites. Les Céphalopodes comptent cent soixante-sept espèces, parmi lesquelles quatre-vingt-treize n'avaient pas été décrites antérieurement, et qu'il répartit en sept genres déjà connus.

En 1881 et en 1883, deux autres parties, embrassant les Gastéropodes, décrivaient et figuraient, dans quatre cent dix pages et dans cinquante-sept planches, cinq cent deux espèces, dont trois cent soixante-trois sont créées par lui et qu'il distribue dans cinquante-six genres, quatorze d'entre eux étant nouveaux.

En 1885, c'était le tour des Lamellibranches, dans une cinquième partie comportant deux cent quatre-vingt-trois pages et quarante et une planches, et pour l'exécution de laquelle il s'adjoignit le concours de M. Fraipont. Il y reconnaissait quatre cent soixante espèces, dont trois cent quarante-neuf étaient nouvelles, trente-cinq genres, dont quatre nouveaux.

La sixième partie fut éditée en 1887, sans avoir été terminée, et devait comprendre une première série de familles de Brachiopodes. De Koninck, hélas! succombait avant de l'avoir menée à bonne fin. Il y traitait dans cent cinquante-quatre pages et trente et une planches les Térébratulides, les Rhynchonellides, les Athyrides et une partie des Spiriférides, distribués en huit genres tous connus et en cent trente espèces, dont soixante et onze considérées comme nouvelles.

On sera longtemps à regretter que le maitre n'ait pu achever cette classe dont les représentants ont, par leur abondance et leur fréquence, un rôle prépondérant, de même qu'ils constituent les formes les plus intéressantes de ce terrain. Il est surtout fâcheux qu'il n'ait pas eu le temps d'aborder les *Productus*, l'un de ses groupes de prédilection dès 1843.

De Koninck excellait, nous l'avons déjà remarqué à plusieurs reprises, dans le travail linnéen, dans le classement et la distinction des formes. Il poussait à un degré de précision extraordinaire ses diagnoses et se livrait sur chaque espèce à une observation très détaillée, que sa grande expérience lui rendait aussi facile que sûre.

On a pu trouver exagéré et découlant d'idées trop absolues le nombre de genres et d'espèces qu'il a créés dans son dernier répertoire. Parfois des critiques se sont élevées, comme si ces divisions avaient été faites à la légère, en vertu d'opinions surannées telle que la doctrine de l'immuabilité des espèces et de l'indépendance complète de la faune de chaque étage géologique, ou bien sous l'empire d'une tendance d'auteur à amplifier son œuvre et à donner un grand développement à son catalogue, en tenant compte des plus légères différences et en mettant celles-ci sur le même rang que les caractères importants. Ce serait mesquinement méconnaître la pensée du savant et la portée qu'elle est certainement appelée à recevoir.

Pour ce qui concerne les genres, nous remarquons que, dans les seuls Céphalopodes, Gastéropodes, Lamellibranches et les quatre familles de Brachiopodes décrites, il admet cent et six genres, résultant pour beaucoup de l'adoption des coupes déjà introduites dans les grands groupes génériques des premiers auteurs linnéistes, puis du tronçonnement fait par lui-même de quelques-uns de ceux-ci, et même d'autres qu'il avait d'abord créés personnellement. C'est ainsi que, sur ces cent et six genres, trente-quatre sont nouveaux. La proportion est considérable.

Le grand genre *Pleurotomaria* de Defrance, dans les Gastéropodes, disparait entre autres pour faire place à sept nouveaux genres. Cette opération a pu paraitre une complication d'utilité douteuse. Est-il bien nécessaire de pratiquer ces fractionnements parmi de nombreuses formes constituées en groupes presque naturels, à caractères faciles à saisir, pour en ériger les tronçons en groupes placés sur le même rang que celui qu'on détruit, en les faisant reposer sur des caractères moins généraux et de constatation souvent difficile, surtout chez les fossiles empâtés dans une roche dure?

On doit remarquer que ce sort a été réservé à presque tous les genres, conçus dans un esprit linnéen plus large, pour quelque règne que ce soit, dans le vivant comme dans le fossile. Il ne fait même que s'accentuer chez les auteurs récents. Malgré les inconvénients pratiques qui en résultent, les naturalistes ont dû s'y soumettre, car il faut grouper génériquement les espèces non d'après leurs affinités générales, mais spéciales : c'est là l'esprit même des classifications. Quand une partie de ces espèces, malgré des ressemblances d'ensemble, s'écartent d'un plan resserré de conformation, on est forcément porté à les séparer des autres. En quoi peuvent intervenir alors les appréciations personnelles? c'est dans la valeur plus ou moins grande accordée à ces caractères dissidents. On divisera le genre primitif en sous-genres, même en simples sections, ou bien on en détachera des genres autonomes.

De Koninck, disposant, comme je l'ai dit, d'un nombre exceptionnel de spécimens d'une excellente conservation, était à même de préciser ces caractères génériques mieux qu'on n'avait encore pu le faire, en se basant, par exemple, dans les *Pleurotomaria*, sur la disposition de l'ombilic, la forme et l'allure des tours des pire, la disposition de la bande du sinus, etc. Par ces caractères, il reconnaissait sept plans distincts de conformation parmi les soixante et onze espèces qui auraient pu prendre place dans l'ancien genre *Pleurotomaria*.

Ces distinctions devaient être faites. La seule modification, susceptible d'être apportée à la systématique de l'auteur, sera l'application du point de vue indiqué ci-dessus, de regarder les caractères des nouveaux groupes génériques comme indiquant seulement des sous-genres ou des sections de genres. Si la mesure trouve des partisans, elle aura sans doute aussi des adversaires.

Le sujet de la multiplicité des espèces a plus de gravité. Si elle est exagérée, elle tend à dissimuler des rapports réels entre des formes connexes et peut introduire fictivement des différences entre des groupes de couches; si elle est trop restreinte, elle méconnaît des caractères séparatifs et peut celer des distinctions stratigraphiques qu'il importe de noter. De Koninck se préoccupait beaucoup de la question et m'en a souvent entretenu.

Lorsque je constate, disait-il, une différence quelconque, même très minime, dans une série d'individus d'une forme déterminée, j'en fais une espèce distincte, à la double condition que cette différence soit constante et propre à l'un des trois étages du Calcaire carbonifère.

D'autres, peut-être, n'en auraient fait que des variétés. On ne peut cependant méconnaitre que ces différences morphologiques, corroborées par la répartition stratigraphique, devaient être l'objet d'une distinction soigneuse, quelles que fussent les théories préférées. Les formes, pourvues de ces conditions, devaient à tous points de vue être nommées. Elles ne sont pas des variétés accidentelles, car il ne s'agit pas ici de modifications se répétant chez quelques individus d'un même horizon géologique et pouvant s'interpréter comme des simples variations dues à l'action des milieux. La double circonstance de modifications constantes en fonction du temps, requise par de Koninck, leur donne une tout autre importance. Ce qu'on eût pû reprocher, et avec raison, au savant, c'eût été de ne pas signaler et accentuer ces distinctions. Elles l'ont été, et nous devons y reconnaître du véritable esprit scientifique, un progrès marqué, en conformité avec la marche de l'histoire naturelle à notre époque.

Il y a, du reste, lieu de faire ici, rien que pour les terrains primaires, un rapprochement significatif.

Deux des paléontologistes célèbres de notre temps, Joachim Barrande et James Hall, dans leurs immenses travaux sur le Silurien de la Bohême, sur le Silurien et le Devonien des États-Unis, obéissent à la même tendance que de Koninck pour notre Calcaire carbonifère. Les uns et les autres ont consacré leur existence à l'étude de groupes fauniques géographiquement et stratigraphiquement circonscrits. En possession d'une quantité colossale de matériaux, ils ont pu étudier chaque forme sur un grand nombre de spécimens, et, y appliquant l'expérience d'une longue carrière, après avoir reconnu les analogies, ils se sont appliqués à saisir minutieusement les différences auxquelles ils ont attribué, sans hésiter, une valeur spécifique lorsqu'elles coïncident avec un horizon géologique spécial.

Aussi un même reproche a été fait à ces illustres travailleurs : « ils multiplient outre mesure les espèces ».

On perd de vue que leurs résultats comme leurs opinions sont le fruit de l'expérience de toute leur vie, le produit d'une étude approfondie s'il en fut, qu'ils ont pu y arriver par la circonstance capitale et fort rare d'avoir été en possession d'éléments d'appréciation aussi étendus qu'il était nécessaire, qu'ils expriment par le fait non pas des vues fantaisistes, mais des réalités inéluctables qui se sont imposées à eux. Je pense qu'il est peu de naturalistes monographes qui, se trouvant en pareille situation, agissent autrement.

Dès qu'elles se trouvaient appropriées ainsi qu'il vient d'être dit, nos formes carbonifères, quelles que fussent leurs affinités, ont donc été spécifiées, nommées, munies de descriptions et de figures fort précises.

Cependant, en 1883, de Koninck, ayant connaissance des objections qui s'élevaient contre ces spécificités multiples, publia dans le *Bulletin du Musée royal d'histoire naturelle*, en vue d'aider à démêler leurs relations d'analogie et de distribution, un travail digne de fixer l'attention la plus sérieuse.

Il y insérait en trois colonnes un tableau synoptique des espèces de Poissons, de Céphalopodes et de Gastéropodes, qu'il avait admises dans les trois étages de notre Calcaire carbonifère, en indiquant les formes absolument spéciales à chacun de ces étages et celles qui, au contraire, par leurs attaches morphologiques, pouvaient être considérées comme stratigraphiquement correspondantes.

Dans son esprit, ce tableau était, je crois, un simple rapprochement, une sorte de complément de classification, en même temps qu'une nouvelle justification de l'existence de trois faunes spéciales dans notre terrain. Mais je lui attribuais une autre portée. On y trouve, mises en regard, les espèces isolées et les espèces voisines les unes des autres. Dans son examen, suivant les tendances d'un chacun, rien ne s'oppose en effet à ce qu'on conserve à toutes les formes décrites leur autonomie spécifique, ou bien que, ne maintenant cet attribut qu'aux formes sans analogues stratigraphiques, on considère, au contraire, les formes parallélisées seulement comme des variétés d'évolution. Ce travail est donc de nature à atténuer les critiques, fondées ou non.

On peut en outre y trouver une sorte d'acheminement vers une œuvre qui est certainement dans le désir de tous pour l'ensemble des termes de la série géologique : le classement synoptique des formes à affinités étroites suivant leur distribution dans le temps. C'est l'introduction dans cette voie que je trouve en germe dans cette dernière œuvre du maître.

Mais si nous embrassons l'ensemble de ses travaux sur la Belgique et les contrées lointaines, nous voyons en définitive que ses appréciations sur les limites de la spécificité se balancent entre deux points de vue tranchés, pouvant par le fait donner lieu à des tendances contradictoires, à des aperçus en apparence peu cohérents. Il peut sembler presque exorbitant qu'on déclare identiques des formes d'un terrain trouvées en Europe, en Amérique, aux Indes et jusqu'en Australie, alors que le même auteur n'hésite pas à séparer, dans un petit coin de l'Europe, les formes les plus voisines, dès qu'elles se trouvent dans des niveaux distincts du même terrain.

Dans les résultats de la confrontation de faunes anciennes provenant de divers continents, nous observons chez les premiers auteurs la propension à remarquer les rapprochements et à identifier les formes. C'est ce qui a eu lieu notamment d'abord pour les faunes européennes et américaines et a aidé à établir la puissance de la paléontologie stratigraphique pour les raccordements à distance. Les similitudes entre beaucoup de formes sont tout au moins étroites; chacun en tombe d'accord, et la donnée d'*espèces cosmopolites* à laquelle de Koninck a largement collaboré est bien admise pour ces époques par beaucoup d'autorités, même les plus récentes.

Mais bientôt l'opération contraire se fit jour. Dans beaucoup de cas, on n'admit plus l'identité, mais seulement des analogies, et on fit des *espèces représentatives*. Presque toutes les espèces siluriennes et devoniennes américaines, annoncées par les premiers observateurs comme ne différant pas de celles d'Europe, furent érigées par James Hall, aidé par d'énormes matériaux, en espèces distinctes, quelles que fussent leurs intimes ressemblances avec les nôtres, comme nous avons vu qu'il avait aussi érigé en espèces distinctes des formes très voisines existant dans des niveaux géologiques différents.

Le grand paléontologiste et ses imitateurs pour d'autres contrées n'ont pas moins raison que leurs prédécesseurs. Dans ce cas aussi, si la donnée de l'analogie étroite est à relever, celle des différences qui s'y associent ne devait pas moins l'être. C'est donc la reproduction dans le sens régional de l'opération qui vient d'être signalée pour la distribution verticale, et elle tient aux mêmes causes, dont la principale réside, on ne saurait trop y insister, dans la possession d'éléments considérables d'étude. Lorsqu'un auteur, quelque expérimenté qu'il soit, doit se prononcer sur des formes représentées par un très petit nombre d'exemplaires, quelquefois même par un seul, il tend vers l'identification, en d'autres termes, à élargir la spécificité, en tenant surtout compte des similitudes. Quand il dispose, au contraire, de nombreux spécimens pour chaque forme, il tend à multiplier les séparations et à restreindre la spécificité, parce que, pouvant apprécier aussi bien les dissemblances que les ressemblances, il veut préciser les distinctions auxquelles il attache justement une grande valeur.

Ainsi prit place, je le répète, à côté de la notion des espèces cosmopolites, la notion, plus particulariste, mais en réalité connexe, des espèces représentatives, reproduisant au fond la notion des variétés géographiques des naturalistes qui opèrent sur le vivant. Les premières sont sans doute appelées à être fort réduites en nombre, mais les unes et les autres ont à peu près la même signification en géologie, car l'ordre d'apparition des faunes dont ces espèces font partie, est essentiellement le même sur tout le globe.

C'est dans cet ordre d'idées qu'il faut, à mon avis, apprécier la double tendance, en apparence opposée, qu'on remarquera dans les travaux de de Koninck, identifiant à des espèces des continents septentrionaux cent soixante-onze espèces siluriennes, devoniennes et carbonifères d'Australie, tandis qu'il sépare en espèces distinctes de nombreuses formes à peine différentes provenant de niveaux successifs de notre carbonifère. Comme on le voit, les deux points de vue ne sont pas inconciliables ; ils dépendent des circonstances et non de principes différents.

De Koninck fut terrassé par l'apoplexie en plein travail, et il y succombait le 15 juillet 1887, presque octogénaire. Il était à peu près aux deux tiers de son ouvrage. Quand il le commença en 1875, bien qu'il comprit l'étendue de la tâche, il ne prévoyait pas qu'elle dût prendre de pareilles proportions. Il avait compté sur quinze cents formes à décrire. Les Poissons, les trois premières classes des Mollusques et quatre familles de Brachiopodes n'étaient pas loin d'atteindre ce chiffre. Il lui restait à achever cette quatrième classe, à reprendre les Bryozoaires, les Crustacés, les Crinoïdes, les Coralliaires, à aborder les Foraminifères et autres groupes du bas de l'échelle animale. Les parties qu'il a menées à bonne fin sont néanmoins si importantes que nous pouvons les considérer, au seul point de vue morphologique, comme l'œuvre capitale de sa vie.

L'illustre savant reçut naturellement, au cours de sa carrière, beaucoup d'honneurs en Belgique et à l'étranger. L'Angleterre particulièrement, où ses travaux devaient être plus appréciés qu'ailleurs, vu l'extension qu'y prend le Calcaire carbonifère, lui décerna de hautes distinctions.

Il a travaillé jusqu'à la dernière heure. S'étant voué à l'étude des fossiles dès 1833, il s'y est livré sans relâche pendant cinquante-quatre ans. Le labeur qu'il accomplit est considérable. C'est par milliers que se comptent ses pages de descriptions et par centaines les planches qu'il y joignit.

D'Archiac, voulant en 1878 faire apprécier d'une manière tangible l'effort de la paléontologie française, avait dressé un tableau indiquant le nombre des pages et des planches publiées en France sur les fossiles.

J'ai fait exécuter le même relevé pour l'œuvre de de Koninck à l'occasion de la présente biographie scientifique, et il fournit les chiffres suivants : mille et deux pages et soixante-dix-neuf planches in-8°, mille cinq cent trente-six pages et cent vingt-six planches in-4°, mille cent trente-deux pages et cent quatre-vingt-cinq planches in-folio !

Si l'on se rappelle que cette immense production, tout en s'appliquant parfois à l'ensemble des faunes paléozoïques, a, presque tout entière, porté sur une même époque géologique dont il a envisagé la faune des régions les plus distantes, qu'en outre il a embrassé, à peu de choses près, toutes les parties du règne animal qui y sont représentées, on pourra se rendre plus exactement compte encore de la rare activité, de la persévérance à toute épreuve du savant que nous avons perdu.

La place qu'il a occupée dans la science, l'éclat qu'il a jeté sur la patrie lui donnent tout droit à notre reconnaissance.

C'est avec vérité qu'on peut dire de de Koninck : Il a honoré son pays !

É. DUPONT.

LISTE DES TRAVAUX SCIENTIFIQUES

DE LAURENT-GUILLAUME DE KONINCK (1).

TRAVAUX PALÉONTOLOGIQUES ET GÉOLOGIQUES.

1833. Notice sur un moule pyriteux de Nautile de Deshayes, Defr. ou de l'Adour, Basterot. (*Bul. Soc. géol. de France*, t. IV, p. 437.)

1838. Description des coquilles fossiles de l'argile de Basele, Boom, Schelle, etc. (*Nouv. Mém. Acad. Roy. de Belg.*, in-4o, t. XI, 37 p., 4 pl.)

1841. Mémoire sur les Crustacés fossiles de la Belgique. (*Ibid.*, t XIV, 20 p., 1 pl.)

1842-44. Description des animaux fossiles qui se trouvent dans le terrain carbonifère de la Belgique. Liége, in-4o, 1 vol., 650 p., et atlas de 69 pl.

1843. Sur le genre *Bembix* et sur une nouvelle espèce d'*Orthis* des terrains crétacés de la Belgique. (*Mém. Soc. Roy. Sc. de Liége*, t. I, p. 205, 1 pl.)

1843. Notice sur l'existence de Chéloniens fossiles dans l'argile de Basele. (*Bul. Acad. Roy. de Belg.*, 1re série, t. X, 1re part., p. 32.)

1843. Notice sur une coquille fossile des terrains anciens de la Belgique. (*Ibid.*, t. X, 1re part., p. 207, 1 pl.)

1843. Rapport sur le mémoire de M. H. Nyst, sur les coquilles et polypiers fossiles des terrains tertiaires de la Belgique (*Ibid.*, 1re série, t. X, 1re part., p. 413)

(1) Cette liste, sauf quelques compléments et rectifications, est extraite d'une intéressante notice biographique publiée l'an dernier par M. J. Fraipont, et de la *Bibliographie académique* de 1886.

1846. Notice sur quelques fossiles du Spitzberg. (*Bul. Acad. Roy. de Belg.*, 1re série, t. XIII, 1re part., p. 592.)

1846. Notice sur deux espèces de Brachiopodes du terrain paléozoïque de la Chine. (*Ibid.*, t. XIII, 2e part., p. 415, 11 p., 1 pl.)

1847. Monographie du genre *Productus*. (*Mém. Soc. Roy. Sc. de Liége*, t. IV, 208 p., 19 pl.)

1847. Recherches sur les animaux fossiles. Monographie des genres *Productus* et *Chonetes*. (Liége, in-4o, 1 vol., xvii-246 p., 21 pl.)

1847. Notice sur la valeur du caractère paléontologique en géologie. (*Bul. Acad. Roy. de Belg.*, 1re, série t. XIV, 2e part., p. 62.)

1847. Réplique aux observations de M. Dumont sur la valeur du caractère paléontologique en géologie. (*Ibid.*, t. XIV, 2e part., p. 279.)

1849. Nouvelle notice sur les fossiles du Spitzberg. (*Ibid*, t. XVI, 2e part., p. 632, 1 pl.)

1851. Description des animaux fossiles qui se trouvent dans le terrain carbonifère de la Belgique. Supplément. Liège, in-4o, 1 vol., 66 p., 5 pl.

1851. Rapport sur la description des « Entomostracés fossiles des terrains tertiaires de la France et de la Belgique, par J. Bosquet. » (*Bul. Acad. Roy. de Belg.*, 1re série, t. XVIII, 1re part., p. 145.)

1851 Discours sur les progrès de la paléontologie en Belgique. (*Ibid*, t XVIII, 2e part., p. 648.)

1853. Notice sur le genre *Davidsonia*. (*Mém. Soc. Roy. Sc. de Liége*, t. VIII, p. 129, 1 pl.)

1853. Notice sur le genre *Hypodema*. (*Ibid.*, t. VIII, p. 140, 1 pl.)

1853. Listes des fossiles recueillis dans les terrains devoniens et carbonifères de la Belgique, publiées dans la *Géologie de la Belgique*, par J.-J. d'Omalius d'Halloy, 11 p.

1853. Recherches sur les Crinoïdes du terrain carbonifère de la Belgique (en collaboration avec H. Le Hon). (*Mém. Acad. Roy. de Belg.*, in-4°, t. XXVIII, 215 p, 7 pl.)

1854. Communication sur des ossements fossiles découverts dans la Campine. (*Bul. Acad. Roy. de Belg.*, 1re série, t. XXI, 2e part, p. 552.)

1854. Notice sur un nouveau genre de Crinoïdes du terrain carbonifère de l'Angleterre. (*Mém. Acad Roy. de Belg.*, in-4°, t. XXVIII, 6 p., 1 pl)

1855. Notice sur une nouvelle espèce de *Davidsonia*. (*Mém. Soc. Roy. Sc. de Liège*, t. X, p. 28, 1 pl)

1856. Notice sur la distribution de quelques fossiles carbonifères. (*Bul. Acad. Roy. de Belg.*, 1re série, t. XXIII, 2e part, p. 309.)

1857. On the Genus *Woodocrinus* (en collaboration avec Edw. Wood). (*Brit. Assoc. Rep.*, 2e part., p. 76, 2 pl.)

1857. Sur deux nouvelles espèces siluriennes appartenant au genre *Chiton*. (*Bul. Acad. Roy. de Belg.*, 2e série, t. III, p. 190, 1 pl.)

1858. On a new Genus of *Crinoïdea* discovered in the mountain limestone of Swaledale by Edw Wood, with a description of the Genus. (*The Geologist*, p 12, 2 pl)

1858. Sur quelques Crinoïdes paléozoïques nouveaux de l'Angleterre et de l'Écosse. (*Bul. Acad. Roy. de Belg.*, 2e série, t. IV, 16 p., 1 pl.)

1858. Le même travail traduit. (*The Geologist*, p. 146.)

1859. Rapport sur une découverte d'ossements fossiles faite à St-Nicolas. (*Bul. Acad. Roy. de Belg.*, 2e série, t. VIII, p. 109)

1859. Traduction avec notes et additions du Mémoire sur les genres et les sous-genres de Brachiopodes munis d'appendices spiraux, par Davidson. (*Mém. Soc. Roy. Sc. de Liège*, t. XVI, 51 p., 2 pl.)

1860. Sur deux nouvelles espèces siluriennes appartenant au genre *Chiton*. (*Ann. d'Hist. Nat.*, p. 91.)

1862. Listes des fossiles recueillis dans les terrains devonien et carbonifère de la Belgique, publiées dans l'*Abrégé de Géologie*, 7e édition, par J.-J. d'Omalius d'Halloy, 9 p.)

1863. Notice sur les fossiles de l'Inde découverts par M. le Dr Fleming, d'Édimbourg. (*Mém. Soc. Roy. Sc. de Liége*, t. XVIII, 26 p., 8 pl.)

Le même en anglais. (*Quart. Journ. Geol. Soc. of London*, t. XIX, 18 p., 8 pl.)

1863. Notice sur quelques Brachiopodes carbonifères recueillis dans l'Inde par MM. le Dr Fleming et W. Purdon et décrits par Ch. Davidson. — Traduction (*Mém. Soc. Roy. Sc. de Liége*, t. XVIII, 17 p., 4 pl.)

1864. Notice sur le *Palædaphus insignis* (en collaboration avec M. P.-J. Van Beneden) (*Bul. Acad. Roy. de Belg.*, 2e série, t. XVII, p. 143, 2 pl.)

1868. Notice sur quelques fossiles devoniens des environs de Sandomirz en Pologne. (*Ibid.*, t. XXVI, p. 17.)

1868. Listes des fossiles recueillis dans le terrain devonien de la Belgique, publiées dans le *Précis élémentaire de Géologie*, 8e édition, par J.-J. d'Omalius d'Halloy, 3 p.)

1869. Sur quelques Échinodermes remarquables des terrains paléozoïques. (*Bul. Acad. Roy. de Belg.*, 2e série, t. XXVIII, p. 544, 1 pl.)

1869. Rapport sur le Mémoire reçu en réponse à la question de Géologie. (*Ibid.*, p. 593.)

1870. Notice sur un nouveau genre de Poisson fossile de la Craie supérieure : *Ancistrognathus*. (*Ibid.*, t. XXIX, p. 75; t. XXX, p. 27.)

1871. Nouvelles recherches sur les animaux fossiles du terrain carbonifère de la Belgique : Coralliaires. — Résumé. (*Ibid.*, t. XXXI, p. 316.)

1872. Nouvelles recherches sur les animaux fossiles du terrain carbonifère de la Belgique : Coralliaires. (*Mém. Acad. Roy. de Belg.*, in-4°, t. XXXIX, 178 p., 15 pl)

1872. Rapport sur le Mémoire relatif aux roches plutoniennes de la Belgique et de l'Ardenne française. (*Bul. Acad. Roy de Belg.*, 2e série, t. XXXIV, p. 596.)

1873. Monographie des fossiles carbonifères de Bleiberg en Carinthie. (*Bruxelles*, in-4°, 1 vol., 116 p., 4 pl.)

1874. Sur les fossiles carbonifères découverts dans la vallée de Sichon (Forez), par M. Julien. (*Ann. Soc. géol. de Belg*, t. I, p. 3.)

1874. Communication sur la Commission des États-Unis chargée de la publication de la carte géologique du pays. (*Bul. Acad. Roy de Belg.*, 2e série, t. XXXVII, p. 596.)

1875. Notice sur le calcaire de Malowka et sur la signification des fossiles qu'il renferme. (*Bul. Soc. Nat. de Moscou*, t. XLVIII, 2e partie, 14 p.)

1876. Rapport sur un Mémoire de M. Renard, intitulé : Sur la structure et la composition minéralogique du coticule et ses rapports avec le phyllade oligistifere. (*Bul. Acad. Roy. de Belg.*, 2e série, t. XLII, p. 462.)

1876. Rapport sur un Mémoire de M. Mourlon, intitulé : Sur l'étage devonien des psammites du Condroz, dans la vallée de la Meuse, entre Lustin et Hermeton-sur-Meuse. (*Ibid.*, t. XLII, p. 829.)

1876. Notice sur quelques fossiles recueillis par G. Dewalque dans le système gedinnien de A. Dumont. (*Ann. Soc. géol. de Belg.*, t. III, 26 p., 1 pl)

1877-78. Recherches sur les fossiles paléozoïques de la Nouvelle-Galles du Sud (Australie). (*Mém. Soc. Roy. de Liége.*, t. VI et VII, 373 p., 24 pl.)

Le même travail publié dans les *Transact. Roy. Soc. Sidney.*

1878. Sur une nouvelle espèce de Crustacé du terrain houiller de la Belgique. (*Bul. Acad. Roy. de Belg.*, 2e série, t. XLV, p. 409, 1 pl.)

1878. Faune du Calcaire carbonifère de la Belgique. Première partie : Poissons et genre Nautile, in-f°, 132 p., 31 pl. (*Ann. Mus. Roy. d'Hist. nat. de Belg.*, t. II.)

1879. *Belgian Carboniferous limestone*. London, in-4°.

1880. Rapport sur un Mémoire de M. Van den Broeck intitulé : Sur les phénomènes d'altération des dépôts superficiels par l'infiltration des eaux météoriques, étudiés dans leurs rapports avec la Géologie stratigraphique. (*Bul. Acad. Roy. de Belg.*, 2e série, t. XLIX, p. 615.)

1880. Faune du Calcaire carbonifère de la Belgique. Deuxième partie : Céphalopodes (*suite*), in-f°, 133 p., 19 pl. (*Ann. Mus. Roy. d'Hist. nat. de Belg.*, t. V.)

1881. Notice sur le *Prestwichia rotundata*, J. Prestwich, découvert dans le schiste houiller de Hornu, près Mons. (*Bul. Acad. Roy. de Belg.*, 3e série, t. I, p. 479, 1 pl.)

1881. Faune du Calcaire carbonifère de la Belgique. Troisième partie : Gastéropodes, in-f°, 170 p., 21 pl. (*Ann. Mus. Roy. d'Hist. nat. de Belg.*, t. VI.)

1881. Sur quelques Céphalopodes nouveaux du Calcaire carbonifère de l'Irlande. (*Ann. Soc. géol. de Belg*, t. VI, 11 p., 2 pl.)

1882. Notice sur la famille des *Bellerophontidæ*. (*Ibid.*, 19 p. 1 pl.)

1883. Distribution géologique des fossiles carbonifères de la Belgique. (*Bul. Mus. Roy. d'Hist. nat. de Belg.*, t. II, 33 p.)

1883. Notice sur le *Spirifer mosquensis* et sur ses affinités avec quelques autres espèces du même genre. (*Bul. Mus. Roy. d'Hist. nat. de Belg.*, t. II, 23 p., 3 pl.)

1883. Faune du Calcaire carbonifère de la Belgique. Quatrième partie : Gastéropodes (*suite et fin*), in-f°, 240 p., 36 pl. (*Ann. Mus. Roy. d'Hist. nat. de Belg.*, t. VIII.)

1885. Observations relatives aux espèces fossiles qui ont été recueillies par M. Julien dans le terrain carbonifère du Morvan. (*Bul. Acad Roy. de Belg.*, 3e série, t. IX, p. 376.)

1885. Faune du Calcaire carbonifère de la Belgique. Cinquième partie : Lamellibranches, in-fo, 283 p., 41 pl. (en collaboration avec J. Fraipont). (*Ann. Mus. Roy. d'Hist. nat. de Belg.*, t. XI.)

1886. Notice sur le parallélisme entre le Calcaire carbonifère du N.-O. de l'Angleterre et celui de la Belgique (en collaboration avec M. Lohest). (*Bul. Acad. Roy. de Belg.*, 3e série, t. XI, p. 541.)

1887. Faune du Calcaire carbonifère de la Belgique. Sixième partie : Brachiopodes, in-fo, 153 p., 37 pl. (*Ann. Mus. Roy. d'Hist. nat. de Belg*, t. XIV.)

TRAVAUX CHIMIQUES ET AUTRES.

1833. Tableau synoptique des principales combinaisons chimiques. (Louvain, in-fo.)

1834. Mémoire sur une nouvelle méthode de préparer la salicine (en collaboration avec Hensmans). (*Bul. Acad. Roy. de Belg.*, 1re série, t. I, p. 116.)

1835. Note additionnelle au précédent mémoire (*Ibid.*, t. II, p. 231.)

1836. Sur l'analyse de deux calculs d'un volume considérable, l'un biliaire et l'autre rénal. (*Ibid.*, t. III, p. 279.)

1836. Mémoire sur les propriétés de la phloridzine. (Louvain, 1 vol. in-8o.)

1838. Note sur l'emploi de la phloridzine. (*Bul. Acad. Roy. de Belg.*, t. IV, p. 94.)

1839. Éléments de chimie inorganique. (Liège, 1 vol. in-8o.)

1840. Note sur la populine. (*Bul. Acad. Roy. de Belg.*, t. VII, 1re part., p. 25.)

1842. Notice sur le sulfocarbamylate de potasse. (*Ibid.*, t. IX, 2e part., p. 546, 2 pl.)

1842. Examen comparatif des garances de Belgique et des garances étrangères (en collaboration avec J.-T.-P. Chandelon). (*Mém. Soc. Roy Sc. de Liège*, t.I.)

1851. Sur l'emploi des vases en zinc dans l'économie domestique et agricole (en collaboration avec E. Gauthy). (*Ann. du Conseil de salubrité publique de Liège*, t. III)

1851. Notice sur la vie et les travaux de P.-S.-C.-E. Louyet. (*Annuaire de l'Acad. Roy. de Belg.*)

1862. De l'influence de la chimie sur les progrès de l'industrie. (*Bul. Acad. Roy. de Belg.*, 2e série, t. XIV, p. 501.)

1864. Rapport sur l'eau minérale d'un puits artésien d'Ostende et analyse de cette eau. (*Ibid.*, 2e série, t. XVIII, p. 113.)

1864. Rapport au nom du jury pour le prix quinquennal des sciences physiques et mathématiques 1859-1863. (*Ibid.*, 2e série, t. XVIII, p. 516.)

1864. Rapport sur l'Exposition universelle de Londres en 1862. (*Documents et rapports*, t. I.)

1865. Résumé de la théorie chimique des types. Bruxelles, 1 vol. in-12.

1867. Tableau des principales séries de composés organiques, à l'usage des élèves. Liège, 1 vol. in-12.

1869. Notice sur F.-J. Cantraine. (*Annuaire de l'Acad. Roy. de Belg.*)

1873. Rapport sur les travaux de chimie présentés à l'Académie Royale des Sciences, des Lettres et des Beaux-Arts de Belgique pendant la période séculaire 1772-1872. (Centième anniversaire de fondation.)

1876. Rapport sur la question suivante du concours : On demande de nouvelles expériences sur l'acide urique et ses dérivés, principalement au point de vue de leur structure chimique et de leur synthèse. (*Bul. Acad. Roy. de Belg.*, 2e série, t. XLII, p. 940.)

LISTE

DES

SOCIÉTÉS, ÉTABLISSEMENTS ET RECUEILS PÉRIODIQUES, AVEC LESQUELS L'ACADÉMIE EST EN RELATION.

La lettre A, placée à la suite du nom d'une société, etc., signifie que celle-ci reçoit toutes les publications de l'Académie.

B signifie qu'elle reçoit les *Bulletins* et l'*Annuaire*.
» M » » les *Mémoires*.
» C » » le *Compte rendu* des séances de la Commission d'histoire.
» K » » les *Chroniques* publiées par cette Commission.
» E » » les *OEuvres des grands écrivains du pays* (1).
» N » » la *Biographie nationale*.

EUROPE.

BELGIQUE.

Anvers. . . . Académie d'archéologie. BMN.
Académie royale des beaux-arts. E.
Archives communales. BC.
Archives provinciales. M.

(1) Il n'a plus rien été publié de ces travaux depuis 1885.

Anvers . . . . Athénée royal. BM.
Bibliothèque communale. BMCKE.
Société de géographie. B.
Société de médecine. B.
Société de pharmacie. B.
Arlon. . . . . . Archives de l'État. CKE.
Athénée royal. BM.
Bibliothèque communale. BMCKE
Société archéologique. CK.
Ath. . . . . . . Athénée royal. BM.
Bibliothèque communale. BMCKE.
Audenarde . . Bibliothèque communale. MCKE.
Bruges . . . . Archives de l'État. BCKE.
Athénée royal. BM.
Bibliothèque communale. BMCKE.
Séminaire de Bruges. CK.
Société archéologique. C.
Société d'émulation. BMCKN.
Bruxelles . . . Abeille (l'). B.
Académie royale de médecine. BMC.
Académie royale des Beaux-arts. B.
Annales de médecine vétérinaire. B.
Annales d'oculistique. B.
Annales des travaux publics. BM.
Archives générales du royaume. BMCKE.
Association belge de photographie. B.
Athénée royal. BM.
Bibliothèque de Sa Majesté le Roi. A.
Bibliothèque du Comte de Flandre. BMCKEN.
Bibliothèque royale. A.
Bibliothèque royale : Section des manuscrits. BM.
Bollandistes (les). BMCKFN.
Chambre des Représentants. BMCKE.
Commission centrale de statistique. BMCK.

Bruxelles . . . Commission des échanges internationaux. A.
Commission royale des monuments. BCE.
Commissions royales d'art et d'archéologie. B.
Conseil de perfectionnement de l'enseignement moyen. B.
Conservatoire royal (Annuaire).
Cour d'appel. BCK.
Cour de cassation. BMCK.
Cour de cassation (Parquet) BM.
Cour des comptes. CK.
École de médecine vétérinaire. BM.
École militaire. BM.
Ministère des Affaires Étrangères : Biblioth. CKE.
Ministère de l'Agriculture, de l'Industrie et des Travaux publics :
a) Bibliothèque centrale. BMCKE.
b) Bibliothèque de la direction de l'agriculture. B.
c) Biblioth de la direction des Ponts et Chaussées. BM.
Ministère de l'Intérieur et de l'Instruction publique :
a) Bibliothèque centrale. BMCKE.
b) Biblioth. de la direction des beaux-arts. BME.
c) Biblioth. de la direction des lettres et des sciences. B
d) Bibliothèque du Cabinet du Ministre. E.
Ministère des Chemins de fer, Postes et Télégraphes : Biblioth. BMCK.
Ministère des Finances : Bibliothèque. BMCKE.
Ministère de la Guerre : BMCKE.
Ministère de la Justice : Bibliothèque. BMCKE
Moniteur belge. BM.
Moniteur industriel belge. BM (in-8°).
Musée royal d'antiquités. E.
Musée de l'industrie (École industrielle). B.

Bruxelles .. Musée royal d'histoire naturelle. BM.
Musée royal de peinture. BM.
Musée scolaire national. B.
Observatoire royal. BMCKE.
Presse médicale belge (la). B.
Sénat. BMCKE.
Société d'anthropologie de Bruxelles. B.
Société centrale d'architecture. BC.
Société royale de botanique. BM.
Société belge d'électriciens. B.
Société entomologique. B.
Société royale belge de géographie. B.
Société belge de géologie, de paléontologie et d'hydrologie. B.
Société royale malacologique. BM.
Société belge de microscopie. B.
Société royale de médecine publique de Belgique. B.
Société royale de numismatique. B.
Société royale de pharmacie. B.
Société des sciences médicales et naturelles. BM.
Tribunal de 1re instance. BM.
Université libre. BMCKE.

Charleroi . . . Bibliothèque communale. E.
Athénée royal. BM.
Société paléontologique et archéologique. BCKE.

Chimay . . . . Athénée royal. BM.
Bibliothèque communale. CKE.

Courtrai. . . . Bibliothèque communale. MCKE.

Eecloo . . . . . Bibliothèque communale. E.

Enghien . . . . Cercle archéologique. BC.

Furnes. . . . . Bibliothèque communale. CKE.

Gand . . . . . Koninklijke vlaamsche Academie van taal- en letterkunde. A.
Archives de l'État. BMCKE.

Gand. . . . Athénée royal. BM.
Cour d'appel. MC.
Messager des sciences historiques. B.
Revue de l'Instruction publique. B.
Séminaire. CK.
Société académique d'histoire. C.
Société de médecine. B.
Université. BMCKE.
Willems-Fonds. BN.
Gembloux. . . Institut agricole de l'État. BM.
Hasselt . . . . Archives de l'État. CKE.
Athénée royal. BM.
Bibliothèque communale. BMCKE.
Société des mélophiles. B.
Huy . . . . . . Athénée royal. BM.
Bibliothèque populaire. BM.
Cercle hutois des Sciences et des Beaux-Arts C.
Ixelles. . . . . Athénée royal. BM.
Liège. . . . . . Archives de l'État. BCKE.
Athénée royal. BM.
Bibliothèque communale. B.
Cour d'appel. C.
École normale primaire d'institutrices, de l'État : Section normale moyenne. B.
Écho vétérinaire (l'). B.
Institut archéologique. BN.
Scalpel (le). B.
Séminaire CK.
Société d'émulation. BMN.
Société des bibliophiles liégeois. B.
Société des étudiants libéraux, à l'Université. B
Société géologique de Belgique. BM.
Société médico-chirurgicale. B.
Société royale des sciences. BM.

Liège. . . . . . Université. BMCKE.
Lierre . . . . . Bibliothèque communale. E.
École normale de l'État. BMCKE.
Lokeren . . . . Bibliothèque communale. E.
Louvain . . . . Analectes pour servir à l'histoire ecclésiastique de la Belgique C.
Athénée royal. BM.
Bibliothèque communale. E.
Société littéraire. BN.
Université catholique. BMCKE.
Malines . . . . Athénée royal. BM.
Bibliothèque communale. BMCKE.
Grand Séminaire. BMCKE.
Mons. . . . . . Archives de l'État. BMCKE.
Athénée royal. BM.
Bibliothèque communale. BMCKE.
Cercle archéologique. BC.
École normale. E.
Société des sciences, arts et lettres. BMCN.
Namur. . . . . Archives de l'État. CKE.
Athénée royal. BM.
Bibliothèque communale. } A.
Société archéologique. }
Séminaire. CK.
Nieuport . . . Bibliothèque communale. E.
Nivelles . . . . École normale de l'État. BMCKE.
Société archéologique. E.
Ostende . . . . Athénée royal. BM.
Bibliothèque communale. BMCKE.
Saint-Nicolas. Bibliothèque communale. E.
Cercle archéologique du pays de Waes. BCKEN.
Saint-Trond . Bibliothèque communale. B.
Termonde. . . Bibliothèque communale. BMCKE.
Tirlemont. . . Bibliothèque communale. CKE.

Tongres . . . . Athénée royal. BM.
Société scientifique et littéraire. BCKN.
Tournai . . . . Archives de l'État. BMCKE.
Athénée royal. BM.
Bibliothèque communale. BMCKE.
Séminaire. CK.
Société historique et littéraire. BCKN.
Verviers. . . . Athénée royal. BM.
Bibliothèque communale. BMCKE.
Ypres . . . . . Bibliothèque communale. BMCKE.

ALLEMAGNE.

Altenbourg . . Naturforschende Gesellschaft des Osterlandes. B.
Bamberg . . . Naturforschende Gesellschaft. B.
Berlin . . . . . Akademie der Wissenschaften. BMKN.
Archives de l'État. CK.
Archæologische Gesellschaft. B.
Königliche Bibliothek. M.
Berliner Gesellschaft für Anthropologie, Ethnologie und Urgeschichte. B.
Deutsche chemische Gesellschaft. B.
Deutsche geologische Gesellschaft. B.
Gesellschaft für Erdkunde. B.
Gesellschaft naturforschender Freunde. B.
Geologische Landesanstalt und Berg-Akademie. B.
Légation belge. K.
K. preuss. meteorologische Institut. B.
Physikalische Gesellschaft. B.
Physiologische Gesellschaft. B.
Sternwarte. B.
Universität. K.

Bonn. . . . . . Naturhistorischer Verein der preussischen Rheinlande und Westphalens. B.
Rhenisches Museum. K.
Universität. BMK.
Verein von Alterthumsfreunden im Rheinlande. B.
Brême. . . . . Naturwissenschaftlicher Verein. B.
Breslau . . . . Gesellschaft für vaterländische Cultur. BM.
Verein für Geschichte und Alterthum Schlesiens. B.
Brunswick . . Verein für Naturwissenschaft. B.
Carlsruhe. . . Archives du Grand-Duché de Bade. CK.
Naturwissenschaftlicher Verein. B.
Cassel. . . . . Verein für Naturkunde. B.
Colmar. . . . . Société d'histoire naturelle. B.
Dantzig . . . . Naturforschende Gesellschaft. BM.
Darmstadt. . . Bibliothek. B.
Verein für Erdkunde. B.
Dresde. . . . . Königliche Bibliothek. CK.
Gesellschaft für Natur- und Heilkunde. B.
Verein für Erdkunde. B.
Dürkheim . . . Naturwissenschaftlicher Verein der Rheinpfalz. B.
Dusseldorf . . Archives provinciales. CK.
Erlangen . . . Physikalisch-medizinische Societät. BM.
Francfort s/M. Physikalischer Verein. BM.
Senckenbergische naturforschende Gesellschaft. BM.
Fribourg (*Bade*). Naturforschende Gesellschaft. B.
Universität. K.
Fulda . . . . . Verein für Naturkunde. B.
Giessen . . . . Oberhessische Gesellschaft für Natur- und Heilkunde. B.
Universität. KM.
Görlitz. . . . . Oberlausitzische Gesellschaft der Wissenschaften. K.
Gotha . . . . . Bibliothek. CK.
Geographische Anstalt von J. Perthes. BM.

Göttingen . . . Gesellschaft der Wissenschaften. BMK.
Sternwarte. B.
Universität. K.

Halle. . . . . . Leopoldino-Carolinische deutsche Akademie der Naturforscher. BM.
Naturwissenschaftlicher Verein für Sachsen und Thüringen. BM.
Verein für Erdkunde zu Halle a/Saale. B.
Universität. K.

Hambourg. . . Naturwissenschaftlicher Verein. BM.

Hanau. . . . . Wetterauische Gesellschaft für die gesammte Naturkunde. B.

Hanovre. . . . Historischer Verein für Niedersachsen. C.

Heidelberg. . . Naturhistorisch-medizinischer Verein. B.
Universität. BMCK.

Iéna . . . . . . Medizinisch-naturwissenschaftliche Gesellschaft. B.
Universität. K.

Kiel . . . . . . Gesellschaft für die Geschichte der Herzogthümer Schleswig, Holstein und Lauenbur. BC.
Universität. B.

Königsberg . . Physikalisch-ökonomische Gesellschaft. BM.
Universität. MCK.

Leipzig . . . Astronomische Gesellschaft. BM.
Archiv der Mathematik und Physik. B.
Beiblätter zu den Annalen der Physik und Chemie. B.
Gesellschaft der Wissenschaften. BM.
Verein für Erdkunde. B.
Universität. K.
Zoologischer Anzeiger. B.

Leisnig. . . . . Geschichts- und Alterthums-Verein. B.

Magdebourg Naturwissenschaftlicher Verein. B.

Marbourg . . . Jahresbericht über die Fortschritte der chemie. B.
Universität. BM.

Metz . . . . . . Académie des lettres, sciences, arts et agriculture. BM.

Munich . . . . Akademie der Wissenschaften. BMKN.
Königl. Hof- und Staats-Bibliothek. BMC.
Repertorium der Physik. B.
Sternwarte. B.
Universität. K.

Munster . . . . Westfalischer provinzial-Verein für Wissenschaft und Kunst. B.

Neisse . . . . . Philomathie. B.

Nuremberg . . Germanisches Nationalmuseum. BMC.

Ratisbonne . . Bayerische botanische Gesellschaft. BM.
Naturwissenschaftlicher Verein (ci-devant Zoologisch-mineralogischer Verein). B.
Société historique du Haut-Palatinat. C.

Strasbourg . . Kaiserl. Universitäts- und Landesbibliothek. BMCK.
Société des sciences, agriculture et arts de la Basse-Alsace. B.

Stuttgart. . . . Königliche Bibliothek. BMCK.
Verein für vaterländische Naturkunde in Württemberg. B.

Thorn . . . . . Coppernicus-Verein f. Wissenschaft u. Kunst. B.

Tübingen . . . Universität. BMK.

Ulm . . . . . . Verein für Kunst und Alterthum in Ulm und Oberschwaben. B.

Wiesbaden . . Verein für Naturkunde. B.

Wurzbourg . . Historischer Verein von Unterfranken und Aschaffenburg. C.
Physikalisch-medizinische Gesellschaft. B.
Universität. K.

AUTRICHE-HONGRIE.

Brunn. . . . . Naturforschender Verein. B.
Budapest. . . Magyar tudomanyos Akademia. BM.
Bureau de statistique. B.
Institut royal hongrois de géologie. BM.
Universität. BM.
Cracovie . . . Académie des sciences. BM.
Gratz. . . . . . Historischer Verein für Steiermark. B.
Naturwissenschaftlicher Verein für Steiermark. B.
Universität. BM.
Inspruck . . . Ferdinandeum für Tirol und Vorarlberg. BM.
Klagenfurt . . Naturhistorisches Landes-museum von Kärnten. B.
Lemberg (*Leopol*) Institut Ossolinski. BMCK.
Löcse. . . . . . Ungarischer Karpathenverein. B.
Prague. . . . . Böhmische Gesellschaft der Wissenschaften. BM.
Société mathématique. B.
Sternwarte. B.
Trieste. . . . . Museo civico di storia naturale di Trieste. BM.
Società adriatica di scienze naturali. B.
Vienne. . . . . Akademie der Wissenschaften. BMCN.
Anthropologische Gesellschaft. B.
Central-Anstalt für Meteorologie und Erdmagnetismus. B.
Geographische Gesellschaft. B.
Geologische Reichsanstalt. BM.
Ministerium für Cultur und Unterricht. CK.
Naturhistorisches Hofmuseum. B.
Sternwarte. B.
Universität. CK.
Verein zur Verbreitung naturwissenschaftlicher Kenntnisse. B.
Von Kuffner'schen Sternwarte. B.

Vienne . . . . . Zoologisch-botanische Gesellschaft. B.

DANEMARK.

Copenhague. . Det kongelige danske Videnskabernes Selskab BMKN.
Institut météorologique danois. B.
Société royale des antiquaires du Nord. B.

ESPAGNE.

Madrid . . . . Academia de ciencias. BMN.
Academia de ciencias morales y politicas. B.
Academia de la historia. BMCKN.
Academia de jurisprudencia y legislacion. B.
Sociedad geográfica. B.
San-Fernando. Academia de bellas artes. B.
Instituto y Observatorio de marina. B.

FRANCE.

Abbeville . . . Société d'émulation. B.
Amiens . . . . Bibliothèque de la ville. K.
Société des antiquaires de Picardie. BMN.
Société industrielle. B.
Société linnéenne du Nord de la France. B.
Angers . . . . Société d'agriculture, sciences et arts (ancienne Académie d'Angers). B.
Société industrielle et agricole. BM.
Arras . . . . . Académie des sciences, lettres et arts. B.
Commission départementale des monuments historiques et antiquités du Pas-de-Calais. B.

Besançon . . . Académie des sciences, belles-lettres et arts. B.
Bibliothèque publique. K.
Société d'émulation du Doubs. BM.

Bordeaux. . . Académie des sciences, belles-lettres et arts. B.
Société des sciences physiques et naturelles. BM.
Société linnéenne. BM.

Boulogne s/M. Bibliothèque de la ville. K.

Caen. . . . . . Académie nationale des sciences, arts et belles-lettres. B.
Société linnéenne de Normandie. B.

Cambrai . . . Société d'émulation. BMN.

Châlon s/S. . . Société d'histoire et d'archéologie. CK.

Chambéry. . . Société savoisienne d'histoire et d'archéologie B.

Cherbourg. . . Société des sciences naturelles. B.

Dax . . . . . . Société de Borda. B.

Dijon. . . . . . Académie des sciences, arts et belles-lettres. BM.
Archives générales du département de la Côte-d'Or. B.

Douai.. . . . . Bibliothèque de la ville. KC.
Société d'agriculture, de sciences et d'arts. BMCKN.

Dunkerque . . Société pour l'encouragement des sciences, des lettres et des arts. B.

Le Havre . . . Société d'études diverses. B.

Lille. . .... . Archives générales du département du Nord BMCK.
Comité flamand de France. C.
Société des architectes du Nord de la France B.
Société des sciences, de l'agriculture et des arts. BMN.
Société géologique du Nord. B.

Limoges. . . . Société archéologique et historique du Limousin. B.

Lyon. . . . . . Académie des sciences, belles-lettres et arts. B.
Société académique d'architecture. B.

Lyon . . . . . . Société d'agriculture, histoire naturelle et arts utiles. BM.
Société linnéenne. B.
Université B.
Marseille . . . Société scientifique industrielle. B.
Montpellier . . Académie des sciences et lettres. BM.
Bibliothèque publique. K.
Nancy . . . . . Académie de Stanislas. BM.
Société des sciences. BM.
Paris. . . . . . Académie nationale de médecine. BM.
Archives nationales. CK.
Bibliothèque de l'Arsenal. K.
Bibliothèque de la Sorbonne. K.
Bibliothèque Mazarine. K.
Bibliothèque nationale. MK.
Bibliothèque Sainte-Geneviève. K.
Bulletin scientifique de la France et de la Belgique (Giard). B.
Corps législatif. K.
Cosmos, revue des sciences. B.
Département des manuscrits de la Bibliothèque nationale. K.
École des chartes. K.
École normale supérieure. BMCK.
École polytechnique. BM.
Institut de France. BMCKN.
Journal de l'Agriculture. B.
Journal des savants. CK.
Ministère des Affaires Étrangères. K.
Ministère de la Guerre. K
Ministère de l'Instruction publique et des cultes. CK.
Comité des Travaux historiques institué près le Département de l'Instruction publique. K.

Paris. . . . . Commission du Répertoire des Travaux historiques de France. B.
Moniteur scientifique. B.
Musée Guimet. B.
Muséum d'histoire naturelle. BM.
Nature (la). B.
Polybiblion (le). B.
Progrès médical (le). B.
Revue britannique. BM.
Revue des questions historiques. BC.
Revue internationale de l'Électricité et de ses applications. B.
Revue scientifique, et Revue politique et littéraire. BM.
Semaine des constructeurs (la). B.
Société académique indo-chinoise de France. BM
Société nationale d'agriculture de France. B.
Société d'anthropologie. B.
Société nationale des antiquaires. B.
Société de biologie. B.
Société des études historiques. B.
Société de l'histoire de France. BCÑK.
Société de géographie. B.
Société géologique de France. BM.
Société mathématique. B.
Société météorologique de France. B.
Société philomatique. B.
Société zoologique de France. B.

Reims . . . . . Académie nationale. B.
Bibliothèque de la ville. K.

Rouen . . . . . Académie des sciences, belles-lettres et arts. B.
Société d'émulation de la Seine-Inférieure. B.
Société des amis des sciences naturelles. B.

Saint-Omer. . Société des antiquaires de la Morinie. BCK.

Soissons . . . . Société archéologique, historique et scientifique. B.
Solesmes. . . . Bibliothèque de l'abbaye. MCK.
Toulouse. . . . Académie de législation. B.
Société archéologique du midi de la France. B.
Société d'histoire naturelle. B.
Valenciennes. Société d'agriculture, sciences et arts. BMC.

GRANDE-BRETAGNE ET IRLANDE.

Birmingham. . Philosophical Society. B.
Cambridge. . . Philosophical Society. BM.
Dublin . . . . . Royal Dublin Society. B.
Royal irish Academy. BMN.
Royal geological Society of Ireland. B.
Édimbourg . . Botanical Society. B.
Geological Society. B.
Laboratory of the royal College of physicians. B.
Royal physical Society. B.
Royal Society. BMN.
Glasgow. . . . Geological Society. B.
Biological Society. B.
Philosophical Society. B.
Liverpool. . . . Literary and philosophical Society. B.
Londres . . . . Anthropological Institute. BM.
British Museum (Natural history). BM.
Chemical Society. B.
Entomological Society. BM.
Geological Society. BM.
House of Commons. CK.
Institute of royal british Architects. B.
Institute of civil Engineers. BM.
Institution of mechanical Engineers. B
Iron. B.
Linnean Society. BM.

Londres . . . . London Library. K.
Mathematical Society. B.
Meteorological Society. B.
Microscopical Society. B.
Museum of practical Geology. BM.
Nature. B.
Numismatic Society. B.
Public Record Office. KE.
Royal asiatic Society. BM.
Royal astronomical Society. BM.
Royal geographical Society. BM.
Royal Greenwich Observatory. B.
Royal historical Society of Great-Britain. B.
Royal Institution of Great Britain. BM
Royal Society. BMN.
Royal Society of antiquaries. BMK.
Royal statistical Society. B.
Zoological Society. BM.

Manchester . . Philosophical and literary Society. BM.

Newcastle-upon-Tyne. Institute of mining and mechanical engineers. B.

Oxford. . . . . Radcliffe Observatory. B.

GRÈCE.

Athènes . . . . Bibliothèque nationale. K.
Chambre des Députés. BMK.
Société littéraire « Le Parnasse. » B.

ITALIE.

Arezzo . . . . . Accademia Petrarca di scienze, lettere ed arti. B.

Bologne. . . . . Accademia delle scienze dell' Istituto. BM.

Brescia. . . . . Ateneo. B.

Florence.... Bibl. nazionale (R. Istituto di studi superiori). B.
Museo di fisica e storia naturale. BM.
Rivista scientifico-industriale. B.
Società entomologica italiana. B.

Lucques .... Accademia di scienze, lettere ed arti. BM.

Mantoue.... Accademia Virgiliana. B.

Milan...... Istituto lombardo di scienze e lettere. BM.
Società italiana di scienze naturali. BM.

Modène..... Accademia di scienze, lettere ed arti. BM.
Società dei naturalisti. B.

Naples..... Società Reale. BMN.
Station zoologique. BM.

Padoue .... Società veneto-trentino di scienze naturali. B.

Palerme.... Accademia di scienze lettere ed arti. BM.
Circolo matematico. B.
Reale Scuola superiore d'agricoltura. B.
Società di scienze naturali ed economiche. B.

Pesaro..... Accademia agraria. B.

Pise ...... Scuola normale superiore. B.
Società toscana di scienze naturali. B.

Portici..... R. Scuola superiore d'agricoltura. B.

Rome...... Accademia dei Lincei. BMN.
Accademia pontificia de' Nuovi Lincei. BM.
Biblioteca nazionale centrale Vittorio Emanuele. B
Bibliothèque du Vatican. K.
Bullettino del vulcanismo italiano. B.
Comitato geologico d'Italia. B.
Comitato di artiglieria e genio. B.
École française. K.
Ministero dei Lavori pubblici : Biblioteca e Archivio tecnico. B.
Società italiana delle scienze (dite des XL). BM.
Società romana di storia patria. CK.

Rome . . . . . Stazioni agrarie e laboratori di chimica agraria del Regno. B.

Turin . . . . Accademia reale delle scienze. BMN.
Deputazione sovra gli studi di storia patria. K.

Venise . . . . . Istituto veneto di scienze, lettere ed arti. BM.

Vérone . . . . . Accademia d'agricoltura, commercio ed arti. B.

Vicence. . . . . Accademia olimpica. B.

LUXEMBOURG (GRAND-DUCHÉ DE).

Luxembourg. . Institut grand-ducal : *a.* Section historique. BMCKN. *b.* Section des sciences. BM.

PAYS-BAS

Amsterdam. . Université (ci-devant : Athénée illustre). N.
Koninkl. Akademie van wetenschappen. BMCKN.
Zoolog. Genootschap « Natura Artis magistra. » BM.

Bois-le-Duc. . Genootschap van kunsten en wetenschapp. BMK.

Delft. . . . . . École polytechnique. B.

Groningue. . Université. CK.

Harlem. . . . . Hollandsche Maatschappij der Wetenschapp. BMF.
Teyler museum. BM.

La Haye. . . . Koninklijke bibliotheek. A.
Entomologische Vereeniging. B.
Instituut voor de taal- land- en volkenkunde van Nederlandsch Indië. B.

Leeuwarden. . Friesch Genootschap van geschied- oudheid- en taalkunde. F.

Leyde. . . . . . Maatschappij der nederlandsche Letterkunde. B.
Nederlandsche dierkundige Vereeniging. B.
Observatorium. B.
Universiteit. BMK.

Maestricht . . Société historique et archéologique. BC.
Bibliothèque des Archives du Duché de Limbourg. CK.
Middelbourg. . Zeeuwsch Genootschap van wetenschappen. B.
Rotterdam. . . Bataafsch Genootschap der proefondervindelijke wijsbegeerte. BM.
Utrecht. . . . . Genootschap van kunsten en wetenschappen. BM.
Historisch Genootschap. BCKN.
Universiteit. K.

PORTUGAL.

Lisbonne. . . . Academia real das sciencias. BMKN.
Observatorio do Infante don Luiz. B.

ROUMANIE.

Bucharest. . . Institut météorologique. B.
Jassy. . . . . . Société scientifique et littéraire. B.

RUSSIE.

Dorpat . . . . . Dorpater Naturforscher Gesellschaft. B.
Universität. BM.
Helsingfors . . Société de géographie finlandaise. B.
Société finlandaise des sciences. BM.
Societas pro fauna et flora Fennica. B.
Kazan . . . . . Université. BM.
Mitau . . . . . Kurländ. Gesellschaft für Literatur und Kunst. B.
Moscou . . . . Musées public et Roumiantzow. BM.
Société impériale d'agriculture. B.

Moscou . . . . Société impériale des amis d'histoire naturelle, d'anthropologie et d'ethnographie, attachée à l'Université. BM.
Société impériale des naturalistes. BM.
Odessa. . . . . Société des naturalistes de la Nouvelle-Russie. B.
Poulkova . . . Observatoire impérial. B.
St-Pétersbourg. Académie impériale des sciences. BMN.
Bibliothèque impériale. BM.
Comité géologique à l'Institut des Mines. BM.
Commission impériale archéologique. BM.
Jardin impérial de botanique. B.
Observatoire physique central. B.
Société de chimie. B.
Société impériale russe de géographie. BM.
Université impériale. BM.
Tiflis. . . . . . Administration des mines du Caucase. B.

SUÈDE ET NORWÈGE.

Bergen . . . Bergens Museum. B.
Christiania . . Kongelige Frederiks-Universitet. BM.
Gothembourg . Vetenskaps och Vitterhets Samhället. B.
Lund. . . . . . Université. BM.
Stockholm. . . Acta mathematica. (Mittag-Leffler). B.
Bibliothèque royale. K.
Institut royal géologique de la Suède. B.
Musée du Nord. BM.
Nordiskt medicinskt Arkiv. B.
Société entomologique. B.
Vetenskaps Akademien. BMN.
Vitterhets, Historie och Antiqvitets Akademien. BM.
Trondhjem . . Norske Videnskabers Selskabet. B.
Upsal. . . . . Societas regia scientiarum. BM.
Université. BM.

SUISSE.

Bâle . . . . . . Naturforschende Gesellschaft. B.
Berne . . . . . Bibliothèque fédérale. KE.
Bibliothèque publique. K.
Société helvétique des sciences naturelles. BM.
Coire. . . . . . . Naturforschende Gesellschaft Graubündens. B.
Genève. . . . . Bibliothèque universelle : Archives des sciences physiques et naturelles. B.
Bibliothèque publique. CK.
Institut national genevois. BMN.
Société de géographie. B.
Société de physique et d'histoire naturelle. BM.
Lausanne . . . Société d'histoire de la Suisse romande. B.
Société vaudoise des sciences naturelles. BM.
Neuchâtel . . . Société des sciences naturelles. B.
St-Gall. . . . . Bibliothèque publique. K.
Naturwissenschaftliche Gesellschaft. B.
Zurich . . . . . Naturforschende Gesellschaft. B.

TURQUIE.

Constantinople. Sylloge grec. BM.

AMÉRIQUE.

ARGENTINE (RÉPUBLIQUE).

Buenos-Ayres. Museo público. BM.
Sociedad cientifica Argentina. B.
Cordova . . . . Academia nacional de ciencias exactas. B.

BRÉSIL.

Rio-de-Janeiro. Bibliothèque nationale. K.
Gouvernement brésilien. K.
Instituto historico, geographico e ethnographico. BM.
Museu nacional. B.
Sociedad geographia. B.

CANADA.

Halifax . . . . Nova Scotlian Institute of natural science. B.
Montréal. . . . Natural history Society. B.
Ottawa. . . . . Société royale du Canada. B.
Geological and natural history Survey of Canada. B.
Toronto. . . . . Canadian Institute. B.

CHILI.

Santiago. . . . Observatorio nacional. B.
Universidad de Chile. BM.

COSTA-RICA.

San José . . . . Lick Observatory Mount Hamilton (California). BM.

ÉTATS-UNIS D'AMÉRIQUE.

Albany . . . . . New-York State Library. BM.
Baltimore. . . . John Hopkins University. BM.
Boston . . . . . American Academy of arts and sciences. BM.
Natural history Society. BM.

Cambridge . . . Harvard College Observatory. BM.
Museum of comparative zoölogy. BM.

Granville, Ohio. Denison University laboratories. B.

Iowa-City . . . University. B.

Lincoln . . . . University of Nebraska. B.

New-Haven. . . Connecticut Academy of sciences. BM.
American Journal of sciences and arts. BM.
Observatory of Yale University. B.

New-York . . . American geographical and statistical Society. B.
New-York Academy of sciences (ci-devant : Lyceum of natural history). B.

Philadelphie. . Academy of natural sciences. BM.
American naturalist. B.
American philosophical Society. BM.
Franklin Institute. B.
Historical Society. BMCKN.
Second geological Survey of Pennsylvania. BM.
Wagner free Institute of science. B.

Saint-Louis. . . Academy of sciences. B.
University. KE.

Salem . . . . . Essex Institut. B.
Peabody Academy of science. BM.

San Francisco. California Academy of sciences. B.

Washington . . Bureau of Education. B.
Department of Agriculture. B.
Government. K.
United States geological Survey. BM.
Smithsonian Institution. BMF.
United States naval Observatory. B
War Departement; Office of the surgeon general U. S. army; Medical museum. B.
Signal Office. M.

MEXIQUE.

Mexico. . . . . Sociedad de geografia y estadistica. BM.
Sociedad mexicana de historia natural. B.
Sociedad cientifica « Antonio Alzate ». B.

AFRIQUE.

AFRIQUE AUSTRALE.

Le Cap. . . . . . South african philosophical Society. B.

ALGÉRIE.

Alger . . . . . École supérieure des lettres. B.
Bône. . . . . . Académie d'Hippone. B.

ÉGYPTE.

Alexandrie. . Institut égyptien. BME.
Le Caire . . . Société khédiviale de géographie. B.

ILE MAURICE.

Port-Louis . . Royal Society of arts and sciences. B.

ASIE.

INDE ANGLAISE.

Calcutta . . . Asiatic Society of Bengal. BM.
Geological Survey of India. BM.

Calcutta. . . .	Meteorological department of the Government of India (ci-devant: « Meteorological Committee »). B.

JAPON.

Tokyo (*Yedo*) .	Deutsche Gesellschaft für Natur- und Völkerkunde Ost-Asiens. B.
	Seismological Society of Japan. B.
	University of Japan BM.

OCÉANIE.

AUSTRALIE.

Brisbane. . . .	Royal Society of Queensland. B.
Melbourne. . .	Observatoire. B.
	Public Library, Museum, and national gallery of Victoria. BMCKN.
	Royal Society of Victoria. B.
Sydney.	R. Society of New South Wales. B.
	Linnean Society of New South Wales. B.

INDES NÉERLANDAISES.

Batavia	Bataviaasch Genootschap van kunsten en wetenschappen. BM.
	Observatorium. B.
	Natuurkundige Vereeniging. BM.
Buitenzorg . .	Jardin botanique de l'État. B.

NOUVELLE-ZÉLANDE.

Wellington . .	New Zealand Institute. B.

CAISSE CENTRALE DES ARTISTES BELGES.

EXPOSÉ DE LA SITUATION

DE LA CAISSE CENTRALE DES ARTISTES, AU 31 DÉCEMBRE 1889, PAR H. HYMANS, SECRÉTAIRE.

Messieurs,

La situation de la Caisse centrale des artistes ne diffère pas sensiblement de ce qu'elle était à la fin du précédent exercice. Le bilan accuse un accroissement de l'actif résultant, en premier lieu, du produit normal des sommes placées à intérêt, ensuite de deux dons, l'un de 100 francs, prélevé par M. Ch. Léon Cardon sur le produit des entrées à l'exposition de tapisseries anciennes, organisée par cet artiste, dans une des salles du Musée, l'autre de 602 fr. 41 c., somme que nous a attribuée le Cercle artistique et littéraire de Bruxelles et formant l'ensemble des recettes de l'exposition japonaise ouverte dans ses salons.

S'il nous est agréable de pouvoir mentionner comme traditionnelle la libéralité de M. Cardon, non moins que celle du Cercle, c'est avec une gratitude d'autant plus vive que nous enregistrons ces nouvelles preuves de sollicitude pour l'œuvre dont la gestion nous est confiée.

Il a été longtemps de règle d'admettre la Caisse à participer aux recettes des expositions d'œuvres d'art ouvertes dans les diverses villes du pays. Sans avoir entièrement cessé, les interventions de l'espèce se font rares. L'année dernière, par exemple, comme la précédente, d'ailleurs, nos démarches auprès des organisateurs de divers salons de peinture, ayant obtenu un succès manifeste, sont restées sans aucune suite.

Nous n'avons pas à rechercher ici les causes d'une indifférence si contraire aux vues des promoteurs de notre institution et, qu'on nous permette de l'ajouter, si préjudiciable à son avenir. Réduite à la seule cotisation des membres effectifs et honoraires, la Caisse pourra se trouver quelque jour très fort en peine de satisfaire à des obligations que le temps a nécessairement pour effet d'accroître en nombre comme en étendue.

A la cotisation minime du sociétaire, vient se substituer brusquement l'obligation de servir une rente à ses héritiers et rien n'est sans doute plus naturel que de voir les cas de l'espèce se multiplier au cours d'un même exercice.

Le bon vouloir, le désintéressement, la sagesse des administrateurs ne suffisent donc pas pour donner à l'avenir de notre institution les garanties nécessaires et force nous sera quelque jour d'écarter absolument les demandes d'intervention temporaires, pour concentrer autant que possible nos ressources sur le service des pensions. Il doit donc nous être permis de convier tous les membres de la Classe des beaux-arts à user d'influence pour faire apprécier à sa juste valeur l'œuvre de la Caisse. Insistons sur ce fait, par lui-même assez éloquent, que déjà quinze pensions de veuves sont imputées sur ses revenus.

Le chiffre de nos membres effectifs n'est pas resté stationnaire. De 74 qu'il était en 1888, il rétrograde, en 1889, à 70. Hâtons-nous d'ajouter que cinq noms nouveaux figurent à la liste des membres honoraires : ceux de cinq membres du comité qui, sur leur demande, passent, peut-on dire, à la réserve. En effet, les membres honoraires renoncent aux avantages attribués par les statuts aux membres effectifs.

Mieux vaudrait, assurément, que le chiffre des premiers grossît sans appauvrir la liste des membres effectifs. Comptons sur le temps pour voir se réaliser ce *desideratum*, sur le temps et, veuillez nous permettre de l'ajouter, sur nos efforts unis.

Efforçons-nous de faire ressortir ce fait que les promoteurs de l'institution n'ont jamais songé à lui attribuer le caractère d'une société de secours mutuels. Que si, grâce au ciel, pour beaucoup d'artistes, l'affiliation à la Caisse est une pure question de philanthropie, c'est précisément à ceux-là qu'il appartient d'assurer la prospérité d'une institution dont leurs confrères moins favorisés devront quelque jour éprouver les bienfaisants effets.

C'est plus qu'il n'en faut, sans doute, pour éveiller la sollicitude de cette partie nombreuse du public belge en qui l'amour des arts se joint à l'esprit de charité pour réaliser des merveilles, chaque fois qu'un appel est fait à son concours en faveur des victimes de l'infortune.

État général

DES RECETTES ET DES DÉPENSES DE LA CAISSE CENTRALE DES ARTISTES EN 1889, DRESSÉ EN CONFORMITÉ DE L'ARTICLE 13 DU RÈGLEMENT, PAR EDM. MARCHAL, TRÉSORIER.

I. — RECETTES.

1. Encaisse au 1er janvier 1889 . . . fr.	1,113 19	
2. Cotisations des membres associés et protecteurs	1,220 »	
3. Intérêts des fonds placés au Crédit communal	15,453 »	
4. Dons (Société pour l'encouragement des beaux-arts à Anvers, 957 francs ; M. Graef, 100 francs ; Cercle artistique à Bruxelles, 602 fr. 41 c.; M. Félix Cardon, 100 francs).	1,759 11	
Ensemble . . . fr.		19,545 60

II. — DÉPENSES.

1. Pensions et subsides . . . . . . fr.	6,200 »	
2. Achat de rentes pour capitalisation .	12,167 64	
3. Frais divers	350 »	
Ensemble . . . fr.		18,972 59
D'où résulte, au 31 décembre 1889, une encaisse de fr.		573 01

IIIJ — RÉSUMÉ.

A. Avoir de la Caisse au 31 décembre 1889 . . fr. 351,473 01
B. Capitaux placés au Crédit communal 4 ½ p. %. 350,900 »
C. Intérêts annuels de ces capitaux. . . . . . 15,453 »
D. Progression du capital en 1889 . . . . . . 11,000 »
E. Progression des intérêts pendant la même année. 495 »

Bordereau des valeurs appartenant à la Caisse centrale des artistes belges, se trouvant, à la date du 31 décembre 1889, entre les mains du trésorier de l'Association.

A. Certificats d'inscription au grand-livre du Crédit communal.

DATE.	NUMÉROS.	CAPITAL.	RENTE ANNUELLE.
1879, 8 mai . . .	5982	238,000	10,710 »
1880, 30 juin . . .	6550	10,500	472 50
1881, 26 février . .	6689	6,000	270 »
— 19 novembre .	6838	10,000	450 »
1882, 14 août . . .	6974	6,200	279 »
1883, 6 juin . . .	7112	11,700	526 50
— 16 novembre .	7190	5,900	265 50
1884, 9 mai . . .	7323	5,000	225 »
1885, 21 mars. . .	7479	5,600	252 »
— 5 novembre .	7569	8,000	360 »
1886, 27 mai . . .	7712	6,500	292 50
1887, 30 novembre .	7980	15,500	697 50
1888, 31 décembre .	8207	11,000	495 »
1889, 4 décembre .	8394	11,000	495 »
		350,900	15,790 »

B. En numéraire, la somme de 573 fr. 01 c.

COMPOSITION DES COMITÉS.

(Janvier 1891.)

COMITÉ CENTRAL (1).

Bureau de la Classe des Beaux-Arts.

MM. HYMANS, directeur;
N. .... vice-directeur;
J. LIAGRE, secrétaire perpétuel.

Membres délégués de la Classe.

MM. Éd. FÉTIS;
H. HYMANS, secrétaire du comité,
EDM. MARCHAL, trésorier du comité;
A. SAMUEL;
DEMANNEZ.
N........

Sous-comité d'Anvers.

MM. SCHADDE, président;
P. KOCH, administrateur de l'Académie royale des Beaux-arts.

Sous-comité de Gand.

MM. F. VANDER HAEGHEN, président;
A. SAMUEL.

Sous-comité de Liège.

MM. le Bon DE SELYS LONGCHAMPS, président.
RADOUX.

(1) Voyez article 5 du Règlement.

MINISTÈRES DE L'INTÉRIEUR ET DES FINANCES.

CAISSE CENTRALE DES ARTISTES.

Léopold, Roi des Belges,

A tous présents et à venir, salut.

Vu le règlement adopté par la Classe des beaux-arts de l'Académie royale de Belgique, pour l'établissement d'une Caisse centrale des artistes belges, qui serait destinée à assurer des pensions et des secours aux artistes infirmes et à leurs familles;

Vu le désir exprimé par ladite Classe de voir ce règlement consacré par une disposition royale;

Considérant que l'institution projetée offre un haut degré d'utilité et mérite, à tous égards, le patronage du Gouvernement;

Sur le rapport de notre Ministre de l'Intérieur et vu l'avis de notre Ministre des Finances,

Nous avons arrêté et arrêtons :

Art. 1er. Est approuvé, dans sa forme et teneur, le règlement suivant :

Règlement.

Art. 1er. Il est formé, sous la dénomination de *Caisse centrale des artistes belges,* une Association dont le but est d'assurer des pensions et des secours aux artistes infirmes et à leurs familles.

L'Association a son siége à Bruxelles, au secrétariat de l'Académie royale de Belgique.

ART. 2. Pour être membre de l'Association, il faut : 1° être agréé par le comité; 2° signer une adhésion aux présents statuts, dans la forme qui sera ultérieurement déterminée; 3° payer exactement la cotisation, fixée à un franc par mois (1).

Tout membre de l'Association qui manque à cet engagement cesse de faire partie de l'Association.

Le comité juge des causes qui empêchent un membre de payer exactement sa cotisation et décide si le membre doit être relevé de sa déchéance.

ART. 3. La Caisse est instituée pour les artistes peintres, sculpteurs, graveurs, dessinateurs, musiciens, architectes et littérateurs, qui seront invités à s'associer conformément à l'article 4 ci-après.

Les membres de l'Académie sont admis de droit dans l'Association.

L'Association admet dans son sein, comme membres honoraires, les amateurs qui consentent à contribuer à l'alimentation de la Caisse.

ART. 4. Pour la première formation de l'Association, le comité adressera aux artistes qui se sont fait honorablement connaître par leurs travaux, une invitation personnelle de s'associer, accompagnée d'un exemplaire des présents statuts.

Chaque année, des invitations seront adressées de la même manière aux artistes qui auraient été involontairement oubliés dans les invitations des années précédentes, ou qui se seront fait connaître récemment par la production d'un ouvrage important.

ART. 5. Les intérêts de la Caisse centrale des artistes belges

(1) Et n'avoir pas dépassé l'âge de 40 ans. (Décision du comité directeur, en date du 6 octobre 1859.)

sont gérés par un comité composé du bureau de la Classe des beaux-arts de l'Académie royale de Belgique, auquel seront adjoints six membres de la Classe, nommés par elle.

La durée du mandat de ces six membres est de cinq ans; les membres sortants peuvent être réélus (1).

Si l'un des académiciens désignés pour faire partie du comité vient à être nommé membre du bureau de la Classe, il lui est donné un suppléant pour la durée de son mandat de membre du bureau.

Le comité peut délibérer au nombre de cinq membres.

Les résolutions sont prises à la majorité absolue des suffrages; en cas de partage, la voix du président est prépondérante.

Il est tenu procès-verbal des délibérations; les procès-verbaux font mention des membres qui ont assisté à la séance.

Le comité se réunit au moins une fois par mois, au plus tard la veille du jour de la séance de la Classe des beaux-arts.

Le comité nomme, parmi les associés, un agent dans chaque localité importante sous le rapport des arts.

Art. 6. Le directeur de la Classe des beaux-arts préside le comité; il est remplacé, en cas d'absence, par le vice-directeur.

La Classe nomme un trésorier parmi les six membres du comité dont le choix lui est confié.

Le comité fait un règlement d'ordre intérieur, lequel est soumis à l'approbation de la Classe des beaux-arts.

Art. 7. Les sources de revenu de la Caisse centrale des artistes belges sont :

1° La cotisation personnelle obligatoire des membres de l'Association;

(1) Le renouvellement du comité a eu lieu en février 1888.

2° La rétribution volontaire des amateurs, membres honoraires;

3° Les dons et legs des particuliers;

4° Les subventions qui seront réclamées du Gouvernement et autres autorités;

5° Le produit des expositions, des concerts ou des fêtes publiques que le comité pourra organiser dans l'intérêt de la Caisse et, en général, de toutes les recettes qui seront réalisées en dedans et en dehors de l'Association.

Art. 8. La cotisation personnelle des membres de l'Association, ainsi que la rétribution volontaire des amateurs, est acquittée tous les mois entre les mains du trésorier de l'Association pour Bruxelles, et, pour la province, chez l'agent du comité (1).

Les quittances à délivrer sont coupées dans un registre à souche parafé par le président et le secrétaire perpétuel.

Le 15 de chaque mois, le trésorier et les agents de comité dans les provinces versent chez l'agent du caissier général de l'État de leur ressort les sommes provenant desdites cotisations et rétributions mensuelles.

Les agents provinciaux transmettent immédiatement au trésorier le récépissé du versement.

Art. 9. Les subsides accordés à l'Association, soit par l'État, soit par la province, soit par la commune, sont liquidés au profit du secrétaire perpétuel de l'Académie, lequel acquitte les mandats. Le trésorier encaisse les sommes et opère le versement dans la forme prescrite à l'article qui précède. Il en est

(1) Il est néanmoins facultatif aux personnes qui le préfèrent de solder en un seul versement leur cotisation annuelle.

de même des sommes de toute autre recette quelconque, opérée au profit de l'Association.

Toutefois, pour éviter des pertes d'intérêts, le comité peut autoriser le placement immédiat de tout ou partie de ces sommes.

Le trésorier de l'Association ne peut conserver en caisse une somme excédant 500 francs en espèces.

Toute somme versée à la Caisse lui est définitivement acquise.

Il n'y a lieu, en aucun cas, à restitution.

Art. 10. Le directeur de l'administration du trésor public ouvre un compte courant à la Caisse centrale des artistes belges.

Tous les trois mois, il communique un extrait de ce compte au Ministre de l'Intérieur, qui le transmet au secrétaire perpétuel.

Art. 11. L'avoir de l'Association est placé en rentes sur l'État, ou en obligations du trésor. Le comité statue sur les placements qui sont opérés par l'intermédiaire du Ministère des Finances.

Toute inscription nominative de rente porte l'annotation suivante :

La présente inscription ne pourra être transférée qu'à la demande de la Caisse centrale des artistes belges.

Les intérêts des capitaux inscrits au nom de l'Association lui sont portés en compte par l'administration du trésor.

Les titres des rentes demeurent déposés au Ministère des Finances.

Art. 12. Dans la séance qui suit la communication de l'extrait de compte dont il est parlé à l'article 10, le comité statue sur le placement des fonds disponibles.

Art. 13. Le compte et le bilan de la Caisse sont dressés chaque année; ils sont soumis à l'examen du comité, qui les arrête définitivement. Ce compte, accompagné d'un exposé général de l'administration de la Caisse pendant l'année écoulée, est inséré dans l'*Annuaire de l'Académie royale de Belgique* et dans le *Moniteur*.

Chaque membre de l'Association reçoit un exemplaire de cet exposé général, par les soins du comité.

Art. 14. Le comité n'emploie en dépenses que les intérêts de l'année précédente ou les arrérages produits par les fonds appartenant à l'Association, sans jamais toucher au capital. Jusqu'au jour où les intérêts annuels des capitaux de l'Association auront atteint la somme de six cent cinquante francs, le comité est autorisé à disposer, chaque mois, d'une somme de cinquante francs.

Art. 15. Le comité prononce dans toutes les questions de collation de pension ou de secours; il détermine le taux et la durée de ces derniers, selon les circonstances, dont l'appréciation lui est abandonnée.

Les membres de l'Association qui se croiraient lésés par une décision du comité peuvent en appeler à la Classe des beaux-arts, laquelle, après avoir entendu les observations du comité, réforme ou maintient la décision.

Art. 16. La Caisse prend à sa charge :

1° Des pensions;

2° Des secours temporaires.

Les pensions sont exclusivement destinées aux veuves; elles sont conférées par la Classe des beaux-arts, sur la proposition du comité; elles ne peuvent excéder douze cents francs par an et ne sont accordées, dans aucun cas, qu'après dix années de participation à la Caisse (1); la veuve qui se remarie cesse d'y avoir droit.

Les secours accordés aux orphelins prennent la dénomination de *bourses d'éducation*.

Les bourses d'éducation ne peuvent excéder quatre cents francs par an; elles ne peuvent être conservées au delà de l'âge de dix-huit ans accomplis.

Art. 17. Le comité nomme, parmi les membres de l'Association, un patron à tout orphelin titulaire d'une bourse d'éducation.

Le patron veille à ce que l'orphelin boursier acquière un état en rapport avec la position que son père occupait.

Le patron est le seul intermédiaire entre le boursier et le comité; il signale à ce dernier tous les faits importants qui intéressent l'orphelin placé sous son patronage.

Art. 18. L'association est pourvue d'un conseil judiciaire et d'un conseil médical dont les membres sont nommés par le comité.

Le conseil judiciaire est composé de la manière suivante :

1° D'avocats à la Cour de cassation;

2° D'avocats et d'avoués à la Cour d'appel;

3° D'un notaire.

Les membres de ce conseil sont consultés individuellement par le comité sur les questions relatives aux intérêts des veuves

(1) La disposition additionnelle rendant obligatoire la participation à la Caisse pendant la durée de dix ans, a été approuvée par arrêté royal du 19 avril 1852.

et orphelins secourus par l'Association. Leurs vacations sont entièrement gratuites. L'Association ne prend à sa charge que les frais de justice.

Art. 19. Le conseil médical est composé de la manière suivante :

1° De docteurs en médecine;

2° De docteurs en chirurgie en nombre proportionnel aux besoins;

3° De pharmaciens dans chaque localité où le comité en jugera l'institution nécessaire.

Les médecins de ce conseil prêtent gratuitement leurs soins, sur la réquisition du comité ou de son agent, aux artistes malheureux faisant partie de l'Association.

Le pharmacien fournit, sur l'ordonnance du médecin du conseil, les médicaments à des prix réduits, d'après un tarif arrêté de commun accord avec le comité.

Art. 2. Nos Ministres de l'Intérieur et des Finances sont chargés, chacun en ce qui le concerne, de l'exécution du présent arrêté.

Donné à Bruxelles, le 10 janvier 1849 .

LÉOPOLD.

Par le Roi :

Le Ministre de l'Intérieur,

Ch. Rogier.

Le Ministre des Finances,

Frère-Orban.

AVIS IMPORTANT.

—

L'article 7 de l'arrêté royal du 10 janvier 1849 approuvant les statuts de la Caisse centrale des artistes range au nombre des sources de revenus de celle-ci les dons et legs faits par des particuliers. Le legs de 10,000 francs compris dans le testament de M. Édouard De Biefve ne nous a pas été délivré parce que la Caisse ne jouit pas de la personnification civile. Les trois Classes de l'Académie royale n'ont pas, individuellement, davantage qualité pour recevoir. Mais le Gouvernement a toujours accepté au nom de l'Académie les legs qui lui ont été faits par M. le baron de Stassart le baron de Saint-Genois, Ducpétiaux, Joseph De Keyn, Teirlinck et Adelson Castiau. Si M. Édouard De Biefve avait fait son legs à l'Académie avec affectation spéciale à la Classe des beaux-arts pour le service de la Caisse des artistes, nul doute que le Gouvernement ne l'eût accepté.

Avis aux personnes qui auraient l'intention de faire des libéralités à notre institution.

LISTE DES MEMBRES DE L'ASSOCIATION.

(Janvier 1891.)

Protecteurs.

SA MAJESTÉ LE ROI.

S. A. R. Mgr LE COMTE DE FLANDRE.

Membres honoraires.

	Quotité par an.
BEERNAERT, Mlle Euphrosine, peintre, rue du Buisson, 20, à Bruxelles	12
BRIAVOINNE, Mme, rue de Ligne, 43, à Bruxelles	20
BRUGMANN, G., consul de Suède, rue d'Arenberg, 9, à Bruxelles	12
BUCHERON-GALLAIT, Mme, peintre, rue de Prony, 91, à Paris.	20
DAELE, Auguste, rue Haute-Porte, 20, à Gand.	12
DE HAAS, J.-H., peintre, place de Luxembourg, 9, à Bruxelles	20
DE HEMPTINNE, C., industriel, rue des Meuniers, 52, à Gand.	12
DE LALAING, le comte Jacques (de l'Académie), rue Ducale, 42, à Bruxelles	15
DE SENZEILLE, le baron, propriétaire, au château de Bruille par Binche	12
FOLOGNE, Égide, architecte, rue de Namur, 12, à Bruxelles.	12
HYMANS, Henri (de l'Académie), conservateur des estampes à la Bibliothèque royale, rue de la Croix, 44, à Ixelles.	12
KOCH, Pierre, avocat, administrateur de l'Académie royale des Beaux-arts, boulevard Léopold, 86, à Anvers . . .	12

Lambert de Rothschild, Léon, consul général de Grèce, rue d'Egmont, 2, à Bruxelles. 20

Liagre, J.-B.-J., secrétaire perpétuel de l'Académie royale de Belgique, rue Caroly, 23, à Ixelles 12

Marchal, le chev. Edm. (de l'Académie), secrétaire adjoint de l'Académie royale de Belgique, rue de la Poste, 63, à St-Josse-ten-Noode 12

Markelbach, A. (de l'Académie), peintre, chaussée d'Haecht, 155, à Schaerbeek 24

Maus, Henri (de l'Académie), directeur général honoraire des ponts et chaussées et des mines, rue de Naples, 41, à Ixelles 12

Oppenheim, Mme Joseph, rue Royale, 8, à Bruxelles . . . 25

Prisse, le baron É., à Saint-Nicolas (Waes) 12

Schadde, Jos. (de l'Académie), professeur à l'Académie des beaux-arts, rue Leys, 18, à Anvers. 12

Sigart, Fl., avocat, rue de l'Arbre-Bénit, 105, à Ixelles . 12

Stallaert, J.-J.-F. (de l'Académie), peintre, professeur à l'Académie des beaux-arts de Bruxelles, rue des Chevaliers, 20, à Ixelles 12

Van der Haeghen, Ferdinand (de l'Académie), bibliothécaire de l'Université de Gand, chaussée de Courtrai, 81, à Gand. 12

Wilmotte, Ch., place de Meir, 42, à Anvers 20

Membres effectifs.

Allaert, Polydore-François, artiste peintre, rue du Perroquet, 22, à Gand 12

Balat, Alph. (de l'Académie), architecte, rue de Londres, 17, à Ixelles 12

Benoit, Peter (de l'Académie), directeur de l'école de musique, Marché Saint-Jacques, 13, à Anvers 12

Beyaert, Henri (de l'Académie), architecte, rue du Trône, 18, à Ixelles 12

Biot, G. (de l'Académie), graveur, rue Van Beethoven, 6, à Anvers 12

Blaes, Arnold-Joseph, ancien professeur au Conservatoire, rue Joseph II, 9, à Bruxelles 12

Canneel, Théodore-Joseph, peintre, directeur de l'Académie des beaux-arts, rue du Béguinage, 109, à Gand 12

Capronnier, J.-B., peintre sur verre, rue Rogier, 251, à Schaerbeek 12

Charlier, Guillaume, statuaire, avenue de Cortenberg, 31, à Bruxelles 12

Clays, Paul-Jean (de l'Académie), peintre, rue Seutin, 27, à Schaerbeek 12

Dauge, Franz, peintre, rue de Suède, 49, à Bruxelles . . . 12

De Block, Eug., peintre, rue Bréderode, 139, à Anvers (Sud). 12

De Groot, G. (de l'Académie), avenue Louise, 406, à Bruxelles 12

Demannez, Joseph (de l'Académie), graveur, rue de la Ferme, 8, à St-Josse-ten-Noode 12

De Selys Longchamps, le baron Edm. (de l'Académie), boulevard de la Sauvenière, 34, à Liège 12

Dewaele, Joseph, architecte, prof. à l'Académie, Coupure, 93, Gand 12

Dupont, Auguste (de l'Académie), professeur au conservatoire royal, 98, rue de Stassart, à Ixelles 12

Fétis, Éd. (de l'Académie), conservateur en chef de la Bibliothèque royale, professeur à l'Académie des beaux-arts, rue de Ruysbroeck, 55, à Bruxelles 12

Fraikin, C.-A. (de l'Académie), statuaire, chaussée d'Haecht, 182, à Schaerbeek 12

Gevaert, F.-A. (de l'Académie), directeur du Conservatoire royal, place du Petit-Sablon, 16, à Bruxelles. 12

Guffens, Godfried (de l'Académie), peintre, place Le Hon, 4, à Schaerbeek 12

HASELEER, E.-A., peintre, rue Philomène, 47, à Schaerbeek. 12
HEMLEB, professeur de musique, Place du Théâtre, 39, à Namur. 12
HENNE, Alex. (de l'Académie), secrétaire honoraire de l'Académie des beaux-arts, rue de Livourne, 12, à Ixelles . 12
HENNEBICQ, J. (de l'Académie), peintre, rue de Lausanne, 1, à Saint-Gilles 12
HERBO, Léon, peintre, rue des Drapiers, 28, à Ixelles. . . 12
HERTOGS, Joseph, architecte, avenue du Commerce, 162, à Anvers. 12
HOFMAN, J., architecte-ingénieur, marché au Fil, 8, à Gand 12
JAQUET, Joseph (de l'Académie), statuaire, prof. à l'Académie des beaux-arts, rue des Palais, 156, à Schaerbeek. 12
LAGAE, Jules, statuaire, rue Jolly, 24, à Schaerbeek . . . 12
LAMMENS, Jean-Charles, peintre, professeur à l'Académie des beaux-arts, boulevard du Béguinage, 7, à Gand . . 12
LAMORINIÈRE, peintre, rue de la Province, 163, à Anvers . 12
LAUREYS, Félix (de l'Académie), architecte, boulevard du Nord, 9, à Bruxelles. 12
MAILLY, Éd. (de l'Académie), rue St-Alphonse, 31, à St-Josse-ten-Noode 12
MEUNIER, Ch.-Jean-Baptiste (de l'Académie), graveur, rue Maes, 16, à Ixelles. 12
MOYSARD, Louis, chef de musique pensionné du 2e régiment de lanciers, rue de Potter, 8, à Schaerbeek 12
MUSSELS, F., ancien chef de musique du 1er régiment de lanciers, à Thulin (Hainaut) 12
PAULI, Adolphe (de l'Académie), professeur d'architecture à l'Université, place des Fabriques, 1, à Gand 12
PION, Louis, peintre, rue de la Bienfaisance, 16, à Saint-Josse-ten-Noode 12
PLATTEEL, Franç., régisseur des concerts, etc., au Conservatoire royal, chaussée de Bruxelles, 30, à Forest. . . . 12
PORTAELS, Jean (de l'Académie), peintre, directeur de

l'Académie des beaux-arts, rue Royale, 232, à St-Josse ten-Noode 12

PORTIELJE, Gérard, artiste peintre, rue de l'Harmonie, 80, à Anvers 12

RADOUX, Théodore (de l'Académie), directeur du Conservatoire royal, boulevard Piercot, à Liège. 12

ROFFIAEN, Fr., peintre, rue Godecharle, 16, à Ixelles. . . 12

ROOSES, Max. (de l'Académie), conservateur du Musée Plantin, rue de la Province (Nord), 99, à Anvers 12

ROUSSEAU, Jean (de l'Académie), directeur général des beaux-arts, des lettres et des sciences, rue du Conseil, 59, à Ixelles et à Mousty-Ottignies. 12

SAMUEL, Adolphe (de l'Académie), directeur du Conservatoire royal, place de l'Évêché, 1, à Gand 12

SLINGENEYER, Ernest (de l'Académie), peintre, rue du Commerce, 113, à Bruxelles. 12

STAS, J.-S. (de l'Académie), rue de Joncker, 13, à St-Gilles. 12

STOBBAERTS, artiste peintre, rue Vifquin, 63, à Schaerbeek. 12

STROOBANT, François, peintre, rue d'Édimbourg, 8, à Ixelles. 12

TIBERGHIEN, Louis, peintre, boulevard de Bruxelles, à Gand. 12

VAN BIESBROECK, L., sculpteur, professeur à l'Académie des beaux-arts de Gand, rue d'Egmont, 13, à Gand 12

VAN DAMME, Émile, peintre, rue Vanderlinden, 56, à Schaerbeek 12

VANDEN BOGAERDE, François-Liévin, chef de musique pensionné du 9e régiment de ligne, à Alost. 12

VANDEN EYCKEN, Charles, peintre, rue de Robiano, 85, à Schaerbeek. 12

VAN EVEN, Edward (de l'Académie), archiviste de la ville de Louvain. 12

VANDERPLAETSEN, peintre, avenue Brugmann, 289, à Uccle. 12

VAN KEIRSBILCK, professeur à l'Académie des beaux-arts de Bruxelles, rue Thiéfry, 47, à Schaerbeek 12

VAN KUYCK, peintre, longue rue d'Argile, 242, à Anvers . . 12
VAN LAMPEREN, M., ancien bibliothécaire du Conservatoire, rue de Florence, 47, à Ixelles 12
VAN LEEMPUTTEN, Frans, artiste peintre, rue Vanderlinden, 53, à Schaerbeek 12
VAN STRYDONCK, Guillaume, peintre, rue Vilain XIIII, 24, à Bruxelles 12
VAN VOLXEM, Jean-Baptiste, professeur au Conservatoire, rue Saint-Gilles, 25, à Saint-Gilles-Bruxelles 12
VERPLANCKE, Bern., professeur à l'Académie des beaux-arts, rue des Douze Chambres, 56, à Gand 12
VERWÉE, Alfred, peintre, rue de la Consolation, à Schaerbeek. 12
VINÇOTTE, Thomas (de l'Académie), statuaire, rue de la Consolation, 97, à Schaerbeek 12
WAGENER, A. (de l'Académie), administrateur-inspecteur de l'Université de Gand, boulevard du Jardin zoologique, 27, à Gand 12
WATELLE, Ch.-Henri, professeur de musique, rue Duquesnoy, 5, à Bruxelles 12
WAUTERS, Émile, peintre (de l'Académie), rue Froissart, 111, à Bruxelles 12

N. B. Les associés qui négligent de faire connaître leur changement de domicile s'exposent à être considérés comme ayant renoncé à faire partie de l'Association.

TABLE.

FIN DE LA TABLE.

Lightning Source UK Ltd.
Milton Keynes UK
UKHW051453020119
334537UK00024B/78/P